Husserl and Merleau-Ponty, The Phenomenology of Perception

by Nam-In Lee

Published by Hangilsa Publishing Co., Ltd., Korea, 2013

후설과 메를로-퐁티

지각의 현상학

이남인 지음

한길사

후설과 메를로-퐁티
지각의 현상학

지은이 · 이남인
펴낸이 · 김언호
펴낸곳 · (주)도서출판 한길사

등록 · 1976년 12월 24일 제74호
주소 · 10881 경기도 파주시 광인사길 37
www.hangilsa.co.kr
E-mail: hangilsa@hangilsa.co.kr
전화 · 031-955-2000~3   팩스 · 031-955-2005

부사장 · 박관순 | 총괄이사 · 김서영 | 관리이사 · 곽명호
영업이사 · 이경호 | 경영이사 · 김관영 | 편집주간 · 백은숙
편집 · 박희진 노유연 최현경 이한민 박홍민 김영길
관리 · 이주환 문주상 이희문 원선아 이진아 | 마케팅 · 정아린

CTP 출력 인쇄 · 예림 | 제본 · 예림바인딩

제1판 제1쇄 2013년 6월 25일
제1판 제4쇄 2023년 4월 14일

값 27,000원
ISBN 978-89-356-6893-9 93160

이 저서는 2008년 정부(교육과학기술부)의 재원으로 한국연구재단의
지원을 받아 수행된 연구임(NRF-2008-812-A00305).

"주체는 세계로 향한 존재이며 세계는 늘 주관적으로 머무는데,
그 이유는 세계의 직물과 구조가 주체의 초월운동을 통해 기획되었기 때문이다."
■메를로-퐁티, 『지각의 현상학』에서

"참된 철학의 무한히 열려 있는 땅, 즉 '약속된 땅'이 자신 앞에
펼쳐져 있음을 보게 되는데, 이 땅을 그 자신은
더 이상 완전히 경작된 것으로서 경험하지 못할 것이다."
■후설, 『이념들 III』에서

책을 내면서

필자가 현상학에 입문하게 된 계기는 후설이나 하이데거가 아니라 메를로-퐁티를 통해서다. 지금으로부터 약 30여 년 전 학부 3학년 시절, 한 전숙 교수님의 '인식론' 수업에서 메를로-퐁티의 작품 강독이 진행되었는데, 그때 읽은 책이 『지각의 우위』(*The Primacy of Perception*)였다. 영문 강독을 겸한 강의여서 매 시간 영어로 된 텍스트를 한 구절 한 구절 꼼꼼하게 읽어가며 열띤 토론을 벌였다. 당시 지각세계에 대한 메를로-퐁티의 심원한 분석을 접하면서 현상학에 매료되었고, 그 후 메를로-퐁티는 필자의 영원한 학문적 스승이자 동반자 역할을 해왔다.

이 책은 메를로-퐁티의 주저인 『지각의 현상학』을 후설의 현상학과 비교하면서 양자의 관계를 해명한다. 『지각의 현상학』은 후설의 『논리연구』, 하이데거의 『존재와 시간』과 더불어 현대철학의 새로운 지평을 연 세기적인 작품이다. 필자는 『지각의 현상학』을 아주 높이 평가하는데, 그 어떤 현대철학의 명저보다도 이 책을 통해 배운 바가 많기 때문이다. 그러나 그 난해성 때문에 아직도 국내외 학계에서 연구가 충분하게 이루어지지 않은 상황이며, 앞으로 철저한 연구가 다방면으로 이루어져야 할 것이다.

오래전부터 국내외의 많은 연구자들은 메를로-퐁티의 『지각의 현상학』보다는 그의 후기철학에 훨씬 더 많은 관심을 보여왔다. 필자는 이러한 현실을 안타깝게 생각한다. 메를로-퐁티의 후기철학은 그가 불행하게도 일찍 타계한 탓에 몇몇 단편적인 시도들만을 담고 있다. 그것은 어떤 체계적인 형태를 갖춘 것도 아니요 내용 역시 풍부하지 않을뿐더러 극히 불투명하기 때문에 배울 수 있는 것이 그리 많지 않다. 또『지각의 현상학』에 대한 이해가 충분하지 않으면 그 누구도 메를로-퐁티의 후기 철학을 제대로 이해하기가 쉽지 않다.

『지각의 현상학』은 이전의 다양한 철학과 학문에 영향을 받고 또 그와 대결하면서 등장했다. 그렇기 때문에 그 정체를 충분히 이해하기 위해서는 다양한 관점에서 철저하게 연구할 필요가 있다. 이러한『지각의 현상학』의 형성과정에 가장 큰 영향을 미친 것이 바로 후설의 현상학이다. 따라서『지각의 현상학』을 올바로 이해하기 위해서는 후설의 현상학과의 관계를 해명할 필요가 있으며, 이러한 동기에서 이 책은 집필되었다. 이 책이 표방하는 가장 중요한 구호를 "메를로-퐁티의 철학을 올바로 이해하기 위해서『지각의 현상학』으로 돌아가자!"라고 표현하고 싶다.

독자들은 필자의 집필 의도를 오해하지 않길 바란다. 예를 들어『지각의 현상학』에서 전개된 현상학과 후설의 발생적 현상학 사이에 유사성이 존재한다는 사실을 상세하게 해명하였는데,『지각의 현상학』에 있는 모든 것이 후설의 발생적 현상학 속에 들어 있음을 주장하려는 것으로 받아들이지 않기를 당부한다. 이런 식으로 진의를 곡해할 독자가 있다면 이 책을 읽지 않기를 권한다.『지각의 현상학』이 후설의 발생적 현상학과 여러 가지 점에서 유사성이 있을지라도 그것은 후설의 발생적 현상학으로 환원되지 않는 나름의 고유하고 위대한 의미가 있다.

앞으로『지각의 현상학』에 대한 연구가 다방면으로 철저하게 진행되고, 이를 통해 메를로-퐁티의 후기철학에 대한 연구도 보다 더 탄탄한 토대 위에서 이뤄지고 현대철학의 새로운 지평이 열릴 수 있기를 기대한다.

후설이나 메를로-퐁티에 관심을 둔 독자들에게 당부하고 싶은 것이 또 하나 있다. 후설에 관심 있는 분들은 메를로-퐁티를, 메를로-퐁티에 관심 있는 분들은 후설을, 동시에 관심 가지고 공부해야 한다는 것이다. 후설과 메를로-퐁티는 여러 가지 핵심 측면에서 서로를 보충해주는 관계에 있다. 특히 전문 연구자일 경우 후설에만 관심을 가진 채 메를로-퐁티에 대해 관심을 두지 않는다면 후설을 정확하고 깊이 있게 이해할 수 없다. 마찬가지로 메를로-퐁티에만 관심을 가진 채 후설에 대해 관심을 두지 않는 연구자는 메를로-퐁티 역시 정확하고 깊이 있게 이해할 수 없다.

필자는 이미 발표한 글들 가운데 몇 편을 이 책에 부분적으로 사용하였는데, 그 목록은 다음과 같다. 필요한 경우 해당 부분에서 인용 사실을 명기한 곳도 있지만 그렇지 않은 곳도 있음을 밝혀둔다.

「후설의 초월론적 현상학과 메를로-퐁티의 지각의 현상학」, 철학연구회 엮음, 『철학연구』83(2008).

「현상학적 환원과 현상학의 미래」, 한국현상학회 엮음, 『철학과 현상학 연구』54(2012).

"Static-Phenomenological and Genetic-Phenomenological Concept of Primordiality in Husserl's Fifth *Cartesian Meditation*", in: *Husserl Studies* 18/3(2002).

"Phenomenology of Intersubjectivity in Husserl and Buber", in: *Husserl Studies* 22/2(2006).

"Husserl's Phenomenology and Merleau-Ponty's Phenomenology of Perception", in: YU Chung-Chi(ed.), *Phenomenology 2010 : Volume 1 : Selected Essays from Asia and Pacific Phenomenology in Dialogue with East Asian Tradition*, Zeta Books, 2010.

책을 내면서 감사해야 할 분들이 많이 있다. 무엇보다 바쁜 와중에도

이 책의 초고를 읽어주고 여러 가지 문제점을 지적해준 주성호·박신화·
김태희·이종주·김상록 박사 들에게 깊이 감사드린다. 최종 원고의 교정
을 맡아 수고해준 서울대학교 대학원 박사과정의 박지영·신호재·이슬
기·최일만 학생 들에게도 고마움을 전한다.

홍콩 중문대학(中文大學)의 라오 곡잉(Lau Kwok-ying) 교수에게도 깊
은 감사의 뜻을 전한다. 메를로-퐁티를 주제로 박사학위를 취득한 후 현
상학 전반에 걸쳐 연구하고 있는 라오 교수는 국제학회에서 필자와 여
러 차례 만나 후설과 메를로-퐁티의 관계에 대해서 토론했다. 라오 교수
는 처음에는 의견을 달리했지만 여러 번의 토론을 거친 후 필자의 견해
를 수용하게 되었다. 라오 교수와의 토론은 후설과 메를로-퐁티의 관계
에 대한 책을 쓰도록 필자에게 동기를 부여했다. 더블린 아일랜드 국립
대학교(University College Dublin)의 모란(D. Moran) 교수에게도 감사의 뜻
을 전한다. 그는 2008년 8월 서울대학교에서 개최된 제22회 세계철학대
회에서 후설과 메를로-퐁티의 관계를 다룬 논문을 발표하면서 필자에
게 많은 자극을 주었다. 더불어 이 책의 주제에 대해 토론하면서 좋은 의
견을 제시해주신 한국현상학회 및 한국철학계의 모든 분들에게도 감사
의 마음을 전한다. 그분들과의 토론이 없었더라면 이 책의 출간은 불가능
하였을 것이다. 도움을 주신 많은 분들을 일일이 거명하지 못함을 아쉽게
생각한다.

마지막으로 학술출판의 어려운 사정에도 불구하고 이 책을 기꺼이 맡아
주신 한길사의 김언호 사장님과 출간을 위해 수고해주신 박희진 편집부장
과 임소정 씨를 비롯해 한길사 여러분에게도 깊은 감사의 말씀을 전한다.

2013년 6월
관악산 연구실에서 이남인

차례

1

서론

■ 연구의 필요성

■ 기존의 연구들

■ 연구의 목표 및 논의 순서

1 연구의 필요성

메를로-퐁티는 신체의 현상학을 전개해나가면서 현상학의 새로운 영역을 개척하였고, 이후 현상학 및 현대철학의 전개과정에서 중대한 역할을 했다. 그런 그에게 결정적인 영향을 미친 철학자 가운데 한 사람은 현상학의 창시자인 후설이다. 그의 주저『지각의 현상학』[1]이 출간된 1945년 훨씬 이전부터 메를로-퐁티는 후설의 영향을 받아 현상학을 전개해나갔다. 토드바인(T. Toadvine)에 따르면, 그는 21세 되던 1929년 후설이 파리에서 행한 "초월론적 현상학 입문"(Einleitung in die transzendentale Phänomenologie, *Hua* I, XXIII)에 관한 강연을 들었다. 그 후 메를로-퐁티는 후설이 생전에 발표한 저술들뿐 아니라 후설의 미발간 유고들을 부단히 연구하면서 자신의 철학을 만들어나갔다.[2] 이처럼 후설의 저술을 연구하면서 자신의 철학세계를 다져나가는 메를로-퐁티의 작업은 후기까지 계속된다. 이러한 사실을 단적으로 보여주는 예는 그의 후기 저술인『보이는 것과 보이지 않는 것』[3]에 수록된 '작업노트'이다. 여기에서 그는 '현상학적 환원', '지향성', '상호주관성', '초월론적 발생', '근원설립', '생활세계', '시간의식', '절대적인 것' 등 후설의 현상학의 핵심개념들과 씨름하면서 자신의 철학을 개척해나갔다.

이처럼 메를로-퐁티가 후설의 영향을 받아 자신의 현상학을 전개해나갔기 때문에, 이러한 사정을 반영하면서 그동안 후설의 현상학과 메를

---

1) M. Merleau-Ponty, *Phénoménologie de la perception*, Paris: Librairie Gallimard, 1945. 아래에서 이 책은 *PP*로 줄여서 인용한다.

2) 메를로-퐁티의 후설 연구에 대한 자세한 논의는 T. Toadvine, "Merleau-Ponty's Reading of Husserl. A Chronological Overview"를 참조할 것. 여기서 토드바인은 메를로-퐁티가 후설의 사상을 자신의 것으로 만들어나가는 과정에 대한 "정확한 연대기적 기록"(T. Toadvine, "Merleau-Ponty's Reading of Husserl. A Chronological Overview", 228)을 시도하고 있다.

3) M. Merleau-Ponty, *Le visible et l'invisible*, Paris: Galimard, 1964.

로-퐁티의 지각의 현상학의 관계를 해명하려는 여러 연구들이 있었다. 2절에서 자세하게 살펴보겠지만, 양자 사이의 관계를 해명하고자 한 기존의 연구들을 보면 우리는 아직도 그 관계가 불투명한 채로 남아 있음을 확인하게 된다.

일군의 연구자들은 후설과 메를로-퐁티 사이에 근본적인 차이점이 존재한다고 주장하는가 하면, 다른 일군의 연구자들은 유사성이 존재한다고 주장한다. 상황을 더욱더 복잡하게 만드는 것은 양자 사이에 차이점이 존재한다고 주장하는 연구자들이 동일한 논거를 제시하면서 그 차이점을 보여주는 것도 아니고, 양자 사이에 유사성이 존재한다고 주장하는 연구자들 또한 동일한 논거를 제시하면서 그 유사성을 보여주는 것도 아니라는 사실이다.

이러한 상황에서 우리는 이 책에서 후설의 현상학과 메를로-퐁티의 『지각의 현상학』에서 전개된 지각의 현상학 사이의 관계를 규명하고자 시도할 것이다.[4] 이러한 작업은 다음과 같이 여러 가지 점에서 중요한 의미가 있다.

첫째, 메를로-퐁티의 철학을, 무엇보다도 이 연구의 핵심주제인 메를로-퐁티의 지각의 현상학의 정체를 정확하게 이해하는 데 크게 기여할 것이다. 메를로-퐁티의 지각의 현상학은 여러 가지 점에서 애매성을 보이고 있는데, 이 연구는 후설의 현상학과의 비교를 통해 그 정체를 보다 더 선명히 드러낼 것이다. 더 나아가 이 연구는 지각의 현상학을 넘어서 그것이 출간되기 이전 메를로-퐁티의 철학뿐 아니라 그 후 전개된 그의 후기철학을 정확하게 이해하는 데도 중요한 역할을 할 수 있을 것이다.

---

4) 메를로-퐁티의 현상학의 경우 지각의 현상학, 즉 메를로-퐁티의 주저인 『지각의 현상학』에서 선보인 현상학에만 초점을 맞출 것이다. 이 책에서 우리는 『지각의 현상학』과 '지각의 현상학'이라는 표현을 사용할 것인데, 전자는 메를로-퐁티의 저서, 후자는 이 저서에서 전개된 현상학을 가리킨다.

지각의 현상학을 포함해 메를로-퐁티의 철학이 현대철학의 여러 분야에서 차지하고 있는 중요한 위치를 염두에 두면 이러한 작업이 지니는 의미는 더욱더 분명해진다.

둘째, 후설의 현상학을 보다 더 깊이 이해하기 위해서도 중요한 의미를 지닌다. 지난 수십 년 동안 국내외에서 수행된 후설의 현상학에 대한 다양한 연구를 통해 그 새로운 측면이 해명되었고, 그에 대한 이해가 심화된 것이 사실이다. 그럼에도 불구하고 아직도 후설의 현상학에 대한 오해가 많은 것이 사실이다. 예를 들어 여전히 후설의 현상학을 전통적인 반성철학·의식철학 등으로 간주하면서 일면적으로 이해하는 연구자들이 적지 않다. 이러한 상황에서 이 연구는 그동안의 연구를 통해 충분하게 드러나지 않았던 후설의 현상학의 여러 가지 새로운 측면을 해명하면서 그에 대한 이해를 심화하는 데 기여할 수 있을 것이다.

셋째, 메를로-퐁티의 현상학과 후설의 현상학 사이의 대화를 위한 토대를 마련하고 그를 통해 현상학 및 현대철학의 새로운 가능성을 모색하는 데 기여할 수 있을 것이다. 아직도 후설의 현상학과 메를로-퐁티의 지각의 현상학 사이에 존재하는 유사성과 차이점이 충분하게 밝혀지지 않은 가운데 양자 사이의 대화가 잘 이루어지지 않고 있는 것이 사실이다. 이러한 상황에서 그 유사성과 차이점을 분명히 해명하고자 하는 이 연구는 중요한 의미를 가진다.

2 기존의 연구들

그러면 기존의 연구들이 이 주제에 대해서 어떻게 서로 다른 의견을 제시하는지 ① 실존철학의 문제, ② 관념론의 문제, ③ 현상학적 방법의 문제, ④ 지향성, 주관, 상호주관성 등 몇 가지 중요한 현상학적 주제들로 나누어서 살펴보기로 하자.

①후설의 현상학과 메를로-퐁티의 지각의 현상학이 실존철학으로 간주될 수 있느냐 하는 문제와 관련해 즈레츠(T. F. Geraets)와 매디슨(G. B. Madison)은 서로 다른 견해를 피력한다.

즈레츠는 1971년 출간된 한 저서에서[5] 생활세계를 중심으로 전개되는 후설의 초월론적 현상학은 실존철학으로 간주될 수 있으며, 메를로-퐁티의 지각의 현상학 역시 실존철학이기 때문에 양자는 실존철학이라는 점에서 공통점을 보이고 있다는 견해를 피력한다. 후설의 경우 실존철학으로서의 초월론적 현상학의 구상이 처음부터 있었던 것이 아니라 현상학의 발전과정에서 서서히 생겨난 것이듯이, 메를로-퐁티의 경우에도 자신의 철학을 처음부터 실존철학으로 규정했던 것은 아니다. 메를로-퐁티는 "관념론과 실재론, 비판철학과 객관주의적 학문 사이의 '제3의 길'"[6]을 통해 "초월론적 철학 전체를 버리지도 않고, 그렇다고 해서 분명하게 초월론적으로 구성하는 의식의 관점을 취하지도 않기를"[7] 바라면서 철학을 전개해나갔는데, 그 결과가 바로 『지각의 현상학』에 나타난 실존철학이다.[8] 메를로-퐁티가 지각의 현상학을 실존철학으로 전개할 수 있었던 이유는 그가 후설의 현상학에서 생활세계, 작동하는 지향성 등 실

---

5) T. F. Geraets, *Vers une nouvelle philosophie transcendentale. La Genèse de la philosophie de M. Merleau-Ponty jusqu'à la Phénoménologie de la perception*, The Hague: Martinus Nijhoff, 1971.

6) G. B. Madison, *The Phenomenology of Merleau-Ponty. A Search for the Limits of Consciousness*, Athens: Ohio University Press, 1981, 268.

7) G. B. Madison, 같은 책, 268; T. F. Geraets, 1971, 2.

8) 즈레츠에 따르면 메를로-퐁티가 실존철학으로의 결정적인 전환을 이룬 시기는 『행동의 구조』와 『지각의 현상학』 사이인 1939년이다. 『행동의 구조』는 객관주의적 학문의 태도와 초월론적 학문의 태도 사이에서 이중적인 모습을 보이고 있으며, 그러한 점에서 현상학과 전통적인 의식철학으로서의 초월론적 관념론이 그 안에서 하나로 섞여 있는 데 반해 『지각의 현상학』에서는 이 둘이 서로 분리된 것으로 나타난다. T. F. Geraets, "Merleau-Ponty according to Madison", in: G. B. Madison, 같은 책, 269 참조.

존철학의 근본개념들을 발견하였기 때문이다. 후설은 이와 같은 개념들을 통해 실존철학으로서의 초월론적 현상학을 전개하면서 메를로-퐁티가 실존철학으로서의 지각의 현상학을 전개하는 데 결정적인 영향을 미쳤다.

매디슨은 이러한 즈레츠의 견해를 정면으로 반박하면서, 메를로-퐁티의 지각의 현상학은 실존철학인 데 반해 후설의 초월론적 현상학은 실존철학일 수 없다는 견해를 피력한다. 매디슨에 의하면 후설은 엄밀한 학문으로서 철학의 이념을 포기하지 않았으며, 엄밀학으로서의 철학의 이념이 전개된 것이 관념론으로서의 초월론적 현상학인데, 초월론적 현상학은 결코 실존철학일 수 없다. 따라서 지각의 현상학을 실존철학으로 전개하면서 메를로-퐁티가 후설의 초월론적 현상학으로부터 영향을 받았다는 것은 납득할 수 없는 일이다.[9] 물론 매디슨은 메를로-퐁티 자신이 후설의 후기 현상학을 실존철학으로 규정하고 있으며, 후설의 후기 초월론적 현상학에 실존철학적 개념들이 등장한다는 사실도 잘 알고 있다. 그럼에도 불구하고 그는 후설의 현상학은 초월론적 철학이요, 초월론적 철학은 절대적으로 구성하는 의식을 중심으로 전개되는 관념론이기 때문에 실존철학이 될 수 없다는 견해를 견지하고 있다. 이 점과 관련해 그는 후설의 후기 현상학을 실존철학으로 규정하는 메를로-퐁티가 후설의 현상학의 정체에 대해 오해하고 있다고 한다.[10]

매디슨 이외에도 후설의 초월론적 현상학이 실존철학이 될 수 없다고 생각하는 연구자들이 더 있다. 예를 들어 딜론(M. C. Dillon)은 실존철학과 본질학이 양립할 수 없다는 전제에서 출발해 후설의 초월론적 현상학은 순수현상학이요, 순수현상학은 본질학이기 때문에 실존철학이 될 수

---

9) G. B. Madison, 같은 책, 270.
10) G. B. Madison, 같은 책, 271.

없다고 주장한다.[11] 그리고 스미스(M. B. Smith)는 인식론과 존재론이 서로 다른 것이라는 전제에서 출발해 후설의 초월론적 현상학은 인식론인데 반해 메를로-퐁티의 지각의 현상학은 존재론이기 때문에 양자는 근본적으로 다르다고 주장한다.[12] 이 경우 인식론이란 인식의 가능근거를 해명하는 철학을 뜻하며 존재론이란 인간존재인 실존을 탐구주제로 삼는 철학, 즉 실존철학을 뜻한다. 이 점과 관련해 그는 인식론적 초월, 존재론적 초월, 형이상학적 초월을 구별하면서, 후설의 현상학이 인식론적 초월의 문제를 다루고 있는 데 반해 메를로-퐁티는 존재론적 초월의 문제를 다루고 있다고 말한다.[13]

이처럼 즈레츠가 후설의 후기 초월론적 현상학이 실존철학이며 이러한 실존철학의 영향을 받아서 메를로-퐁티가 실존철학으로서의 지각의 현상학을 전개해나갔다고 주장한 이래 그에 대한 여러 가지 반대 입장이 제기되었다. 그렇다고 해서 후설의 후기 초월론적 현상학이 실존철학으로 간주될 수 있다는 견해가 없었던 것은 아니다. 모란(D. Moran)은 후설의 후기 초월론적 현상학이 일종의 실존철학으로 간주될 수 있다고 생각한다. 이 점과 관련해 그는 "메를로-퐁티의 후설은, 무한한 가능성을 통해 실존을 무시한 순수한 본질주의자가 아니라 본질을 실존 속으로 돌려 이해하고자 한 사람이었다"[14]고 말한다. 그에 따르면 후설은 단순히 본

---

11) M. C. Dillon, "Gestalt Theory and Merleau-Ponty's Concept of Intentionality", in: *Man and World* 4(1971), 444 참조.

12) M. B. Smith, "Transcendence in Merleau-Ponty", D. Olkowski/J. Morley (eds.), Merleau-Ponty, *Interiority and Exteriority, Psychic Life and the World*, Albany: State University of New York Press, 1999, 36 참조.

13) M. B. Smith, 같은 글.

14) D. Moran, "Husserl and Merleau-Ponty on Embodied Experience", in: T. Nenon/P. Blosser(eds.), *Advancing Phenomenology. Essays in Honor of Lester Embree*, Dordrecht: Springer, 2010, 180.

질주의자가 아니라, 본질의 뿌리를 실존에서 추적하고자 한 실존철학자다. 그는 후설의 현상학에서 '지각의 우위라는 명제', '지각세계의 구성에 있어 감각들의 엮여 있음과 감각들 사이의 의사소통', '후설의 의식의 ABC', '정감적 삶에 대한 후설의 견해', '지각에 대한 후설의 견해', '정상성', '자연적 태도와 초월론적 태도' 등을 추적하면서 후설의 현상학이 메를로-퐁티의 지각의 현상학과 유사성이 있음을 해명하고 있다.[15]

②후설의 초월론적 현상학과 메를로-퐁티의 지각의 현상학이 관념론인가 하는 문제와 관련해서도 그동안 다양한 견해가 제시되었다. 이제 매디슨과 즈레츠 사이의 논쟁을 출발점으로 하여 이 점을 살펴보자.

매디슨은 후설의 초월론적 현상학을 의식을 중심으로 전개되는 전통적인 관념론으로 간주한다. 그는 메를로-퐁티의 지각의 현상학이 전통적인 관념론은 아니지만 거기에는 관념론적 잔재가 들어 있다고 평가한다. 메를로-퐁티의 지각의 현상학이 관념론적 잔재를 가지고 있는 이유는 그가 관념론인 후설의 초월론적 현상학으로부터 영향을 받으면서 지각의 현상학을 전개해나갔기 때문이며, 이 점이 메를로-퐁티의 지각의 현상학의 한계이다.[16] 그에 따르면 지각의 현상학이 관념론적 잔재를 지니고 있기 때문에 메를로-퐁티는 그것을 극복하기 위하여 『보이는 것과 보이지 않는 것』을 중심으로 하는 후기철학으로 넘어갈 수밖에 없었고, 후기철학에 가서야 비로소 관념론의 잔재를 완전히 청산했다.

그러나 즈레츠는 매디슨과 견해를 달리한다. 그는 메를로-퐁티가 『지각의 현상학』에서 의식철학의 언어, 즉 관념론적 언어를 사용하고 있음을 인정한다.[17] 그러나 그에 따르면 메를로-퐁티가 『지각의 현상학』에

---

15) D. Moran, 같은 글.

16) G. B. Madison, 1981, 285 참조.

17) "『지각의 현상학』의 철학적 언어는 의식철학의 그것이다."(T. F. Geraets, "Merleau-Ponty according to Madison", in: G. B. Madison, *The Phenomenology of Merleau-*

서 관념론적 언어를 사용한다고 해서 지각의 현상학이 전통적인 의미의 관념론인 것은 아니다. 지각의 현상학은 이미 전통적인 의미의 관념론을 극복했다. 이 점과 관련해 그는 "이 모든 언어체계는 '의식'과 '대상' 사이의 철저한 구별을 중심으로 분절되고 있으나, 메를로-퐁티가 이런 언어를 사용하는 방식은 바로 저 구별 자체를 문제시하고 있다"[18]고 말한다. 그에 따르면 지각의 현상학에서 가장 중요한 사실은 "관념론적 의미로 이해된 '세계 안에 있는 존재'"가 아닌, "탈지성화된 주체일 뿐 아니라 자신의 실존 앞에 서 있는 주체로서 이해된 세계 안에 있는 존재"[19]이다. 더 나아가 즈레츠에 따르면 메를로-퐁티의 지각의 현상학과 마찬가지로 후설의 후기 초월론적 현상학 역시 비록 그것이 관념론적 언어를 사용한다고 하더라도 관념론으로 규정되어서는 안 된다.

이제 이 주제에 대한 거비치(A. Gurwitsch)의 견해를 살펴보자. 이 점을 살펴보기 전에 우선 짚고 넘어가야 할 것은, 관념론과 실재론이 철학의 핵심개념임에도 불구하고 그것들이 가치중립적인 개념으로 사용되지 않는 경우가 많다는 사실이다. 즈레츠와 매디슨의 논쟁에서도 이 두 개념은 가치중립적으로 사용되고 있지 않다. 예를 들어 매디슨은 암암리에 실재론은 바람직한 철학적 입장인 데 반해 관념론은 그렇지 못한 입장이라고 전제하면서 논의를 전개하고 있다. 그러나 그와는 반대로 거비치는 관념론은 타당한 입장인 데 반해 실재론은 그렇지 못한 입장이라고 전제하면서 후설의 초월론적 현상학의 입장에서 메를로-퐁티의 지각의 현상학이 가지고 있는 문제점을 비판한다. 그에 따르면 후설의 초월론적 현상학은 '초월론적 현상학적 관념론'[20]이다. 이 경우 초월론적 현상학적 관

Ponty, Athens, Ohio: Ohio University Press, 1981, 278)

18) T. F. Geraets, 같은 곳.

19) T. F. Geraets, 같은 글, 284.

20) A. Gurwitsch, *The Field of Consciousness*, Pittsburgh: Duquesne University Press,

념론이란 모든 대상이 의식과 상관관계 속에서 존재한다는 철학적 입장을 뜻한다. 그러나 이러한 규정에 따르면 메를로-퐁티의 지각의 현상학은 완전한 의미에서 초월론적 현상학적 관념론이 아니다.[21] 그 이유는 지각의 현상학이 객관과학은 의식과의 상관관계 속에서 해명하고 있음에도 불구하고 객관과학의 밑바탕에 있는 지각의 세계는 그 상관관계 속에서 해명하고 있지 않기 때문이다. 거비치에 따르면 메를로-퐁티는 존재하는 모든 것을 의식과의 상관관계 속에서 해명하지 못하여서 "지각의 현상학을 완전히 초월론적인 의미"(phenomenology of perception in the full transcendental sense)[22]로 전개하지 못했던 것이다. 이러한 맥락에서 토드 바인은 거비치가 메를로-퐁티의 지각의 현상학을 '초월론적 실재론'[23]으로 간주한다고 생각한다.

거비치와는 또 다른 관점에서 제에봄(T. Seebohm)은 후설의 초월론적 현상학은 관념론이지만 메를로-퐁티의 지각의 현상학은 관념론이 아니라는 견해를 피력한다. 그에 따르면 후설의 초월론적 현상학은 대상이 소여되는 방식을 탐구하는 철학인 데 반해 메를로-퐁티의 지각의 현상학은 대상이 소여되는 방식에는 관심이 없고 절대적으로 주어진 순수한 그 무엇을 직접적으로 기술하는 철학이다.[24] 이러한 견해에 따르면 메를

1964, 225.

21) 초월론적 현상학적 관념론이라는 개념을 칸트 등의 고전적인 관념론 또는 후설의 『이념들 I』에서 선보인 정적 현상학의 관념론과 동일시하는 연구자들이 있는데, 그 대표적인 예는 로베르(F. Robert)이다. F. Robert, *Phénoménologie et ontologie. Merleau-Ponty lecteur de Husserl et Heidegger*, Paris: L'Harmattan, 2005, 101 참조.

22) A. Gurwitsch, 1964, 171.

23) T. Toadvine, "Phenomenological Method in Merleau-Ponty's Critique of Gurwitsch", in: *Husserl Studies* 17/3 (2000), 199.

24) T. M. Seebohm, "The Phenomenological Movement: A Tradition without Method? Merleau-Ponty and Husserl", in: T. Toadvine/L. Embree (eds.), *Merleau-Ponty's Reading of Husserl*, Dordrecht: Kluwer Academic Publishers, 2002, 67 참조.

로-퐁티의 지각의 현상학은 대상을 의식과의 상관관계에서 탐구하려는 시도를 전혀 하지 않는 완전한 실재론이라 할 수 있다.

③이제 현상학적 방법의 문제와 관련된 연구자들의 견해를 살펴보자. 이 경우에도 우리는 다양한 견해들이 존재함을 확인할 수 있다. 후설의 현상학이 현상학적 환원의 방법을 사용하고 있다는 사실은 잘 알려져 있으며 따라서 모든 연구자들이 이 점에 대해서는 의견의 일치를 보이고 있다. 그러나 메를로-퐁티가 지각의 현상학을 전개하면서 현상학적 환원을 사용하고 있는지 하는 점에 대해서는 다양한 견해가 있다.

잘 알려져 있듯이 메를로-퐁티는『지각의 현상학』서문에서 "환원이 가르쳐주는 가장 큰 교훈은 완전한 환원의 불가능성이다"(*PP*, VIII)라고 말한다. 그런데 메를로-퐁티의 이 명제를 어떻게 이해하느냐에 따라 메를로-퐁티가 지각의 현상학을 전개하면서 현상학적 환원을 수행하느냐 하는 문제에 대해 다양한 견해가 존재한다. 6장에서 자세하게 살펴보겠지만 이 점과 관련해 다음과 같은 여러 견해가 있다. 딜론을 비롯하여 많은 연구자들은 메를로-퐁티가 지각의 현상학을 전개하기 위해서 현상학적 환원을 전혀 필요로 하지 않는다고 한다.[25] 그리고 거비치는 메를로-

---

25) 다음의 연구들이 이러한 견해를 피력하고 있다. R. M. Zaner, *The Problem of Embodiment: Some Contributions to a Phenomenology of Body*, Den Haag: Martinus Nijhoff, 1964, 142; M. C. Dillon, *Merleau-Ponty's Ontology*, Evanston: Northwestern University Press, 1997, 70ff.; R. C. Kwant, *The Phenomenological Philosophy of Merleau-Ponty*, Pittsburgh: Duquesne University Press, 1963, 164; E. Matthews, *The Philosophy of Merleau-Ponty*, Chesham: Acumen, 2002, 34; T. Carmen/M. B. N. Hansen, "Introduction", in: T. Carmen/M. B. N. Hansen(eds.), *The Cambridge Companion to Merleau-Ponty*, Cambridge: Cambridge University Press, 2006, 8; S. Priest, *Merleau-Ponty*, London: Routledge, 1998, 24; R. McClamrock, *Existential Cognition: Computational Minds in the World*, Chicago: University of Chicago Press, 1995, 187-188. 이 점에 대해서는 J. Smith, "Merleau-Ponty and Phenomenological Reduction", in: *Inquiry* 48/6(2005)를 참조.

퐁티가 지각의 현상학을 전개하면서 부분적으로만 현상학적 환원을 사용하고 부분적으로는 사용하지 않는다고 한다.[26] 더 나아가 벨렌스(A. de Waehlhens)를 비롯해 일군의 연구자들은 메를로-퐁티가 지각의 현상학을 전개하면서 현상학적 환원의 방법을 사용한다는 견해를 피력한다.[27] 그러나 여기서 주목해야 할 점은 이들이 메를로-퐁티가 사용하는 현상학적 환원의 방법의 정체에 대하여 동일한 입장을 가지고 있지 않다는 사실이다.

④이제 지향성, 주관, 상호주관성 등 몇몇 개별적인 현상학적 주제와 관련된 연구자들의 견해를 살펴보기로 하자.

지향성은 후설의 현상학뿐 아니라 메를로-퐁티의 지각의 현상학의 핵심적인 주제 중 하나다. 그런데 후설의 현상학에 등장하는 지향성과 메를로-퐁티의 지각의 현상학에 등장하는 지향성이 동일한 것이냐에 대해서도 연구자들 사이에 의견대립이 존재한다. 예를 들어 딜론은 메를로-퐁티의 지각의 현상학에 등장하는 지향성은 후설의 현상학에 등장하는 지향성과 다르다는 견해를 피력한다. 그 이유는 메를로-퐁티의 지각의 현상학에 등장하는 지향성은 형태심리학의 영향을 받은 것인 데 반해 후

---

26) A. Gurwitsch, 1964, 171.

27) W. de Waehlhens, *Une philosophie de l'ambiguïté*, Louvain: Publications universitaires de Louvain, 1967, 89ff.; H. Spiegelberg, *The Phenomenological Movement: A Historical Introduction*, 2nd edition, Den Haag: Martinus Nijhoff, 1969, 534; R. J. Devettere, "Merleau-Ponty and Husserlian Reductions", in: *Philosophy today* 17/4 (1973); G. B. Madison, 1981, 302; S. Heinämaa, "Merleau-Ponty's Modification of Phenomenology: Cognition, Passionand Philosophy", in: *Synthese* 118/1 (1999); S. Heinämaa, "From Decisions to Passions: Merleau-Ponty's Interpretation of Husserl's Reduction", in: T. Toadvine/L. Embree(eds.), *Merleau-Ponty's Reading of Husserl*, Dordrecht: Kluwer Academic Publishers, 2002; J. Smith, 2005; L. Vanzago, "Body or Flesh? The Problem of Phenomenological Reduction in Merleau-Ponty's Philosophical Development", in: *Analecta Husserliana* LXXXVIII(2005).

설의 지향성은 그와 무관한 것이기 때문이다.[28] 물론 메를로-퐁티의 지향성 개념이 후설의 그것과 유사해 보이는 점이 있는 것도 사실이다. 예를 들어 메를로-퐁티도 후설과 마찬가지로 의식, 지향성을 실천적이라고 부르는 경우가 있다. 그러나 이러한 유사성은 겉보기에 불과할 뿐 양자 사이에는 근본적인 차이가 존재한다.[29] 제에봄 역시 후설의 지향성과 메를로-퐁티의 지향성 사이에 근본적인 차이가 존재한다는 의견을 가지고 있다. 그에 따르면 후설이 수동성, 발생의 문제 등을 해명하면서 메를로-퐁티의 지각의 현상학에 등장하는 지향성 개념에 도달하긴 했으나, 다시 전통적인 관념론에 해당하는 초월론적 현상학적 관점에서 지향성을 분석하고자 시도하였기 때문에 그 지향성이 지닌 본래 모습을 포착할 수 없었다.[30]

토드바인은 이러한 연구자들과는 다른 견해를 보인다. 그에 따르면 『지각의 현상학』에 등장하는 작동하는 지향성 개념은 후설의 영향을 받아 정립된 것이며, 그러한 점에서 양자 사이에는 유사성이 존재한다.[31]

주관 역시 후설의 초월론적 현상학뿐 아니라 메를로-퐁티의 지각의 현상학에서도 핵심적인 역할을 담당한다. 후설의 초월론적 현상학은 초월론적 주관을 중심으로 전개되고 있으며 메를로-퐁티의 지각의 현상학은 "육화된 주관"(le sujet incarné, *PP*, 64, 180)을 중심으로 전개되고 있다. 그런데 후설의 초월론적 주관과 메를로-퐁티의 육화된 주관 사이의 관계에 대해서도 서로 다른 견해가 존재한다. 예를 들어 드라이퍼스(H. L.

---

28) M. C. Dillon, "Gestalt Theory and Merleau-Ponty's Concept of Intentionality", in: *Man and World* 4(1971), 436 참조.

29) M. C. Dillon, 같은 글, 439 참조.

30) T. M. Seebohm, 2002, 65ff.

31) T. Toadvine, "Merleau-Ponty's Reading of Husserl, A Chronological Overview", in: T. Toadvine /L. Embree(eds.), *Merleau-Ponty's Reading of Husserl*, Dordrecht: Kluwer Academic Publishers, 2002, 241ff.

Dreyfus)는 양자 사이에 근원적인 차이가 존재한다고 생각한다. 그에 따르면 인지와 학습의 문제와 관련하여 '표상주의적 입장'과 '반표상주의적 입장'이 있는데, 후설은 표상주의적 입장, 메를로-퐁티는 반표상주의적 입장을 취한다. 표상주의적 입장을 취하는 후설에 따르면 인지와 학습은 표상적 내용이라 불리는 '지향적 내용'(intentional content)을 통해 이루어지는 과정이며, 그러한 점에서 신체는 인지와 학습에서 중요한 역할을 담당하지 않는다.[32] 그러나 반표상주의적 입장을 취하는 메를로-퐁티에 따르면, 그의 '지향궁'에 관한 이론이 말해주듯이 학습은 표상에 토대를 둔 지성작용을 통해서가 아니라 그 어떤 표상의 매개도 없이 신체적 차원에서 직접적으로 이루어지며, 그러한 점에서 신체는 인지와 학습에서 결정적으로 중요한 역할을 담당한다.[33]

모란은 드라이퍼스와는 다른 견해를 보인다. 그에 따르면 후설의 경우에도 신체는 인지 및 학습에서 결정적으로 중요한 역할을 하며, 더 나아가 이 점에 있어서 메를로-퐁티가 후설로부터 영향을 받았다.[34]

상호주관성의 문제에 있어서도 연구자들 사이에 의견의 대립이 존재한다. 예를 들어 딜론은 후설이 『위기』에서 시작한 생활세계 개념이 지닌 존재론적 함축을 철저하게 파고들었다면 초월론적 관념론 및 그것이 함축하고 있는 유아론을 수정했을 것이며 메를로-퐁티와 유사한 입장에 도달했을 것이라고 주장하면서, 그의 초월론적 현상학을 일종의 유아론으로 간주한다.[35]

자하비(D. Zahavi)는 딜론과는 다른 견해를 보인다. 그는 상호주관성을

---

32) H. L. Dreyfus, "Intelligence without Representation – Merleau-Ponty's Critique of Mental Representation", in: *Phenomenology and Cognitive Sciences* 1/4(2002), 372.

33) H. L. Dreyfus, 같은 글, 373.

34) D. Moran, 2010, 177-178.

35) M. C. Dillon, 1997, 87.

해명하고 있는 후설의 유고들을 분석하면서 그의 현상학이 유아론이 아니며, 상호주관성의 문제와 관련해 후설이 메를로-퐁티와 유사한 입장을 견지하고 있다고 말한다.[36]

3 연구의 목표 및 논의 순서

후설의 현상학과 메를로-퐁티의 지각의 현상학의 관계에 대한 기존의 연구를 살펴보면 이처럼 서로 대립적인 견해들이 존재함을 확인할 수 있다.[37] 이런 견해들을 대하면서 우리는 당혹감을 가지지 않을 수 없다. 더 나아가 각각의 연구자들이 대부분의 경우 충분한 문헌적인 전거를 제시하면서 자신의 견해를 피력하는 것을 보면 더욱더 큰 당혹감을 느끼게 된다.

우리는 이 책에서 이처럼 당혹스러운 주제에 대한 해결을 시도하고자한다. 이러한 해결책은 이 주제에 대한 지금까지의 연구에서 그 누구도 시도하지 않았던 것이다. 이 점과 관련해 우리는 우선 후설의 현상학이 한 가지 유형이 아니라 다양한 얼굴로 구성되어 있다는 사실에 유의해야한다. 메를로-퐁티는『지각의 현상학』서문에서 후설을 비롯해 여러 현상학자들이 전개해나간 여러 유형의 현상학을 돌이켜볼 때 그들 사이에 "모순"(*PP*, I)이 존재한다고 말하면서, 현상학이 다양한 얼굴을 가지고 있다는 사실을 지적하고 있다.

이와 같은 사실은 무엇보다도 현상학의 창시자인 후설의 현상학의 경

---

36) D. Zahavi, "Merleau-Ponty on Husserl", in: T. Toadvine/L. Embree(eds.), *Merleau-Ponty's Reading of Husserl*, Dordrecht: Kluwer Academic Publishers, 2002, 23.

37) 피터스마(H. Pietersma), 매디슨 등은 후설에 대한 메를로-퐁티의 견해가 "이중적이다" 또는 "애매모호하다"고 평가하고 있다. 이 점에 대해서는 다음을 참조할 것. H. Pietersma, "Merleau-Ponty and the Problem of Knowledge", in: D. Welton/H. Silverman(eds.), *Critical and Dialectical Phenomenology*, Albany: State University of New York Press, 1987, 182; G. B. Madison, 1981, 270.

우에 타당하다. 필자가 여기저기서 논의하였듯이[38] 후설의 현상학은 영역적 존재론, 형식적 존재론, 초월론적 현상학 등 다양한 차원의 현상학을 아우르고 있으며, 그중에서도 초월론적 현상학은 정적 현상학과 발생적 현상학으로 나누어지는데, 후설은 정적 현상학과 발생적 현상학을 가리켜 "현상학의 두 얼굴"(Hua XV, 617)이라 부른다.

뒤에서 자세하게 살펴보겠지만 메를로-퐁티의 지각의 현상학은 한편으로는 후설의 정적 현상학과 그 근본이념이 다르고, 다른 한편으로는 후설의 발생적 현상학과 그 근본이념이 유사하다. 바로 이러한 이유 때문에 후설의 현상학과 메를로-퐁티의 지각의 현상학을 비교하는 연구들을 살펴보면 대립적인 견해들이 등장했던 것이다.

후설의 정적 현상학이 그 근본이념에 있어서 지각의 현상학과 다르기 때문에, 후설의 정적 현상학을 염두에 두면서 그것을 메를로-퐁티의 지각의 현상학과 비교할 경우 우리는 후설의 현상학과 메를로-퐁티의 지각의 현상학이 다르다는 결론에 도달할 수 있다. 후설의 현상학과 메를로-퐁티의 지각의 현상학이 다르다고 주장하는 연구자들은 대부분의 경우 후설의 현상학을 그의 정적 현상학과 동일시하고 있다고 할 수 있다.

다른 한편 후설의 발생적 현상학이 그 근본이념에 있어서 메를로-퐁티의 지각의 현상학과 유사하기 때문에, 후설의 발생적 현상학을 염두에 두면서 그것을 메를로-퐁티의 지각의 현상학과 비교할 경우 우리는 후설의 현상학과 메를로-퐁티의 지각의 현상학 사이에 유사성이 존재한다는 결론에 도달할 수 있다. 지금까지 후설의 현상학과 메를로-퐁티의 지각의 현상학 사이에 근원적인 유사성이 존재한다고 주장한 연구자들은 대부분 암암리에 후설의 현상학을 그의 발생적 현상학과 동일시하고 있다고 할 수 있다.

---

38) 이남인, 『현상학과 해석학』, 서울: 서울대학교출판부, 2004의 1장을 참조.

이처럼 후설의 현상학과 메를로-퐁티의 지각의 현상학을 비교할 경우 후설의 초월론적 현상학이 정적 현상학과 발생적 현상학이라는 두 개의 얼굴을 가지고 있다는 사실에 주목할 필요가 있다. 우리는 이러한 경우에만 내실 있는 비교연구가 가능하다고 생각한다. 이 책의 목표는 바로 후설의 초월론적 현상학이 정적 현상학과 발생적 현상학으로 나누어진다는 사실에 주목하면서, 후설의 현상학과 메를로-퐁티의 지각의 현상학을 비교하고 그 유사성과 차이점을 해명하는 데 있다. 우리는 이 책에서 후설의 현상학과 메를로-퐁티의 지각의 현상학을 그 근본구도에 초점을 맞추어 비교하면서 양자 사이의 유사성과 차이점을 해명하고자 한다. 이러한 작업을 통하여 지금까지의 연구로 드러난 양자 사이의 차이점뿐 아니라 유사성도 보다 더 선명한 모습으로 그 정체가 밝혀질 것이다. 우리의 논의는 다음과 같은 순서로 진행될 것이다.

우선 2장에서 지각의 현상학의 '입문'을 중심으로 그 정체에 대한 예비적인 해명을 시도할 것이다. 여기서 우리는 지각의 현상학이 현상적 장을 해명함을 목표로 하는 현상학적 심리학과 초월론적 장을 해명함을 목표로 하는 초월론적 현상학을 두 축으로 하여 전개되는 현상학이라는 사실과 더불어, 이러한 지각의 현상학을 구상함에 있어 메를로-퐁티가 후설로부터 결정적인 영향을 받았다는 사실을 논할 것이다.

이어 3장에서는 이후에 이루어질 논의를 위한 토대를 마련하기 위하여 정적 현상학과 발생적 현상학의 구별에 대해 논할 것이다. 메를로-퐁티는 지각의 현상학의 '서문'에서 현상학의 다양한 규정들에 대해 언급하면서 암묵적으로 정적 현상학과 발생적 현상학의 구별에 대해서도 언급하고 있는데, 우리는 메를로-퐁티의 이러한 언급을 출발점으로 삼아서 정적 현상학과 발생적 현상학의 구별에 대해 논할 것이다.

4장에서는 후설의 정적 현상학과 메를로-퐁티의 지각의 현상학을 비교할 것이다. 이를 위하여 우선 『이념들 I』에 나타난 '파악작용-감각내용의 도식', 지향성, 초월론적 주관, 초월론적 현상학적 환원 등을 중심으로 정적 현상학이 무엇인지 살펴보고, 이러한 정적 현상학에 대해 메를로-퐁티가 가하는 비판의 내용과 더불어 그와 같은 비판이 지닌 의의 및 한계도 아울러 검토할 것이다. 이러한 논의를 통하여 우리는 후설의 정적 현상학과 메를로-퐁티의 지각의 현상학이 서로 근본이념을 달리하는 두 가지 유형의 현상학이라는 사실을 구체적으로 이해할 수 있게 될 것이다.

5장에서는 『지각의 현상학』의 핵심적인 내용을 정리할 것이다. 거기서 우리는 『지각의 현상학』의 본문 목차에 따라 ① 신체, ② 지각세계, ③ 대자-존재와 세계로 향한 존재의 순으로 지각의 현상학의 내용을 검토할 것이다. 이러한 5장의 논의는 후설의 발생적 현상학과 메를로-퐁티의 지각의 현상학의 관계에 대해 6장과 7장에서 이루어질 논의를 위한 토대를 마련할 것이다.

6·7장에서는 후설의 발생적 현상학과 메를로-퐁티의 지각의 현상학의 관계를 검토할 것이다. 이러한 논의를 통하여 우리는 양자가 그 근본이념에 있어서 유사성을 보이고 있다는 사실을 살펴볼 것이다. 우선 6장에서는 후설의 발생적 현상학과 메를로-퐁티의 지각의 현상학의 관계를 양자가 분석하고자 하는 사태와 양자가 사용한 방법을 중심으로 검토할 것이다. 이어 7장에서는 신체, 지각세계, 대자-존재와 세계로 향한 존재 등 『지각의 현상학』에서 다룬 다양한 주제들과 관련하여 후설의 발생적 현상학과 메를로-퐁티의 지각의 현상학의 관계를 해명할 것이다. 6장의 논의가 후설의 발생적 현상학과 메를로-퐁티의 지각의 현상학 사이의 관계에 대한 총론이라고 한다면, 7장의 논의는 그에 대한 각론에 해당한다고 할 수 있다.

8장에서는 후설의 초월론적 현상학과 메를로-퐁티의 지각의 현상학의 관계와 관련해 앞에서 충분히 논의되지 않은 유사성과 차이점을 검토할 것이다. 우선 정적 현상학과 발생적 현상학으로 나누어지는 후설의 초월론적 현상학과 메를로-퐁티의 현상학이 모두 초월론적 관념론이라는 사실을 해명할 것이다. 이어 후설의 초월론적 현상학 중에서 정적 현상학은 지각의 현상학과 그 근본이념을 달리한다는 사실을 염두에 두면서 정적 현상학에 대한 메를로-퐁티의 견해를 비판적으로 검토할 것이다. 마지막으로 후설의 발생적 현상학과 지각의 현상학 사이에 존재하는 차이점을 살펴보고, 양자의 관계와 관련해 앞으로 해결해야 할 과제들을 검토하면서 이 책 전체의 논의를 마무리지을 것이다.

2

메를로-퐁티의 지각의 현상학의 근본구상

- 객관적 세계로부터 현상적 장으로의 귀환

- 현상적 장과 현상학적 심리학

- 초월론적 장의 해명과 초월론적 현상학

- 지각의 현상학의 두 기둥: 현상학적 심리학과 초월론적 현상학

- 지각의 현상학과 현상학적 환원의 방법

- 메를로-퐁티의 지각의 현상학의 근본구상에 대한 후설의 영향

2장의 목표는 이 책의 전체적인 논의를 전개하는 데 필요한 토대를 마련하기 위하여 메를로-퐁티의 지각의 현상학이 분석하고자 하는 사태가 무엇이며, 그것이 후설의 현상학에서 분석된 사태와 어떤 관계를 가지고 있는지 개괄적으로 해명하는 데 있다. 이러한 목표를 위하여 『지각의 현상학』의 '입문'을 집중적으로 분석할 것이다. 메를로-퐁티는 이 '입문'에서 지각의 현상학이 분석하고자 하는 사태가 무엇인지 보여주고 있다. "전통적 선입견들과 현상으로의 귀환"(PP, 7)이라는 제목이 보여주듯이, 메를로-퐁티에 따르면 경험주의 철학과 지성주의 철학 등의 전통철학은 여러 가지 선입견을 가지고 있으며, 이러한 선입견 때문에 전통철학은 현상학이 해명해야 할 본래적인 현상의 영역으로 진입하지 못하고 있다. 이러한 이유에서 메를로-퐁티는 이 '입문'에서 전통적 선입견을 비판적으로 검토하면서 이러한 선입견 때문에 은폐되어 있는 현상의 영역이 무엇인지 해명하고 있다.

메를로-퐁티는 지각의 현상학이 다루어야 할 현상의 영역을 현상적 장이라 부르기도 하고 초월론적 장이라 부르기도 한다. 이 장에서는 이러한 현상적 장과 초월론적 장은 무엇인지, 그리고 현상적 장과 초월론적 장은 어떤 관계를 가지고 있는지 해명할 것이다. 현상학에서 현상, 즉 사태와 그 사태를 해명하기 위한 현상학적 방법은 서로 분리될 수 없다. 따라서 이 장에서는 현상적 장과 초월론적 장을 해명하면서 지각의 현상학을 전개하는 데 필요한 현상학적 방법이 무엇인지도 아울러 고찰할 것이다. 이 책의 목표가 후설의 현상학과 메를로-퐁티의 지각의 현상학의 관계를 해명하는 데 있기 때문에, 우리는 후설의 현상학이 메를로-퐁티의 지각의 현상학에 어떤 영향을 미쳤는지에 초점을 맞추어 2장의 논의를 진행할 것이다.

1 객관적 세계로부터 현상적 장으로의 귀환

『지각의 현상학』의 '입문'은 '전통적 선입견들과 현상으로의 귀환'이라는 제목을 달고 있으며 모두 4장으로 구성되어 있다. 1장에서 3장에 이르는 세 장에서는 현상으로의 귀환을 방해하는 전통적 선입견들이 다루어지고 있는데, 1장에서는 감각, 2장에서는 연상과 기억, 그리고 3장에서는 주의와 판단을 분석하면서 이러한 작업이 이루어지고 있다. 이 세 개의 장에서 분석되고 있는 현상인 감각·연상·기억·주의·판단 등은 모두지각의 현상학의 주제인 지각과 밀접하게 연결되어 있는 현상이다. 메를로-퐁티에 따르면 전통철학은 부당한 선입견을 가지고 이러한 현상들을 분석했기 때문에, 그 정체뿐 아니라 지각이라는 사태를 올바로 파악할 수 없었던 것이다.

따라서 지각의 현상학을 올바로 전개하기 위하여 일차적으로 이루어져야 할 작업은 다름 아닌 전통철학이 가지고 있는 선입견들을 비판하면서 그 한계를 폭로하는 일이다. 여기서 메를로-퐁티가 전통철학으로 간주하면서 비판하는 것은 경험주의 철학과 지성주의 철학이다. 이 경우 경험주의 철학이란 로크(J. Locke), 흄(D. Hume) 등으로 대표되는 영국 경험론뿐 아니라, 경험론의 정신을 계승하면서 발전해나간 콩트식의 실증주의 철학, 더 나아가 과학주의 철학까지 포괄한다. 다른 한편 지성주의 철학은 데카르트에서 시작하여 스피노자, 라이프니츠로 이어지는 근대의 합리론 철학뿐 아니라, 합리론과 경험론을 비판하고 양자를 종합하면서 등장하긴 했지만 지성의 우위를 인정하는 칸트의 비판철학까지도 포괄한다.

잘 알려져 있듯이 경험주의 철학과 지성주의 철학은 여러 가지 점에서 대립되는 철학적 입장이다. 이러한 대립은 특히 칸트 이전의 경험론과 합리론의 경우 극명하게 드러난다. 예를 들어 합리론 철학의 선구자인 데카르트는 경험에 기초한 관념, 허구적인 관념과 더불어 타고난 관념, 즉 선천적 관념의 존재를 인정하고 있으나, 경험론자인 로크는 선천적 관념의 존재를 부정하고 모든 관념을 경험에서 유래하는 것으로 간주하고 있다.

이처럼 경험주의 철학과 지성주의 철학이 여러 가지 점에서 대립적임에도 불구하고 근원적인 공통점을 가지고 있다. 그 공통점이란 바로 양자 모두 메를로-퐁티가 객관주의적 사유라 부르는 차원에 머물고 있다는 데 있다. 여기서 객관주의적 사유[1]란 존재하는 모든 것을 "제3자에게"(a la troisième personne, *PP*, 72) 나타나는 것처럼 고찰하는 사유, 다시 말해 모든 것을 제3자적 관점에서 고찰하는 사유를 뜻한다. 객관주의적 사유에게 수학적 대상, 자연적 대상뿐 아니라, 문화적 대상, 사회적 대상, 역사적 대상, 심지어는 우리의 주관적 경험·의식·감각·지각 등도 모두 제3자적 관점에서 고찰된 것으로 드러난다. 경험주의 철학과 지성주의 철학의 차이점이란 단지 이처럼 제3자적 관점에서 고찰된 것으로 드러난 것의 구조를 파악하는 방식의 차이에 불과할 뿐이다. 즉 지성주의 철학은 선천적인 것 또는 선험적인 것의 존재를 인정하는 반면 경험주의 철학은 그 존재를 인정하지 않는다는 점에서만 차이가 난다고 할 수 있다.

그런데 객관주의적 사유는 나름의 심각한 한계를 가지고 있다. 그 한계란 다름 아닌 객관주의적 사유가 객관화된 대상에만 함몰되어 있기 때문에 객관화되기 이전의 원초적인 사유, 다시 말해 근원적인 삶의 영역을 포착할 수 없다는 데 있다. 객관주의적 사유에게 이러한 원초적인 사유, 근원적인 삶의 영역은 존재하지 않는 영역에 불과하거나 설령 존재한다

---

1) 메를로-퐁티는 이러한 사유를 가리켜 '객관적 사유'라고 부른다. 그러나 그것은 정확하게 표현하자면 객관적 사유가 아니라 '객관주의적 사유'라 할 수 있다. 객관적 사유란 사태를 있는 그대로 바라봄으로써 현상학적 정신에 충실한 사유라 할 수 있으나, 객관주의적 사유는 모든 것을 제3자적인 관점에서 고찰하고자 하기 때문에 비현상학적 사유라 할 수 있다. 객관주의적 사유의 가장 전형적인 예로는 물리학적 실증주의를 들 수 있다. 이러한 이유에서 이 책에서는 객관적 사유 대신 객관주의적 사유라는 표현을 사용하고자 한다.

고 할지라도 존재론적으로 아무런 의미도 지니고 있지 않은 영역에 불과하다. 객관주의적 사유에게 참답게 존재하는 진정한 존재의 영역은 객관화를 통해 제3자적 관점에서 드러난 존재영역이다. 그러나 객관주의적 사유가 전제하고 있는 것과는 달리 원초적인 사유, 근원적인 삶의 영역이 존재하며, 그것은 그 어떤 객관화된 존재영역보다도 더 생생하게 체험된다. 더 나아가 원초적인 사유, 근원적인 삶의 영역은 객관화된 존재영역의 토대 또는 원천이 되며, 그러한 점에서 그것은 후자보다 더 참다운 의미에서 존재하는 영역이라 할 수 있다.

메를로-퐁티의 지각의 현상학이 목표로 삼는 것은 바로 객관주의적 사유의 이면에 숨어 있는 원초적인 사유의 영역, 근원적인 삶의 영역을 포착하고 해명하는 일이다. 이러한 이유에서 메를로-퐁티는 객관주의적 사유의 한계 안에 머물고 있는 지성주의 철학과 경험주의 철학을 동시에 검토하면서 양자가 공유하고 있는 근본전제를 비판하는 것이다.

그러면 『지각의 현상학』의 '입문'에서 분석되고 있는 감각·연상·기억·주의·판단 등 다양한 현상 중에서 감각을 중심으로 메를로-퐁티가 객관주의적 사유를 어떻게 비판하고 있으며 그를 통해 어떻게 현상적 장으로 귀환하고 있는지 살펴보자.[2] 메를로-퐁티는 『지각의 현상학』의 '입문'에서 연상·기억·주의·판단 등의 현상에 앞서 맨 먼저 감각현상을 분석하고 있다. 그 이유는 감각이 모든 의식현상 중 가장 단순한 현상이기 때문이다. 메를로-퐁티에 따르면, 전통철학에서 감각은 "순수인상" (l'impression pure, *PP*, 10)으로 간주되거나 "순수성질"(une qualité pure, *PP*,

---

2) 앞서 지적하였듯이 메를로-퐁티는 『지각의 현상학』 '입문'에서 감각·연상·기억· 주의·판단 등 다양한 현상과 관련해 전통적 선입견을 밝혀내면서 현상적 장으로 귀환하고자 시도한다. 비록 거기서 다양한 현상을 분석하고 있지만 그 각각과 관련된 메를로-퐁티의 핵심적인 논지가 동일하기 때문에 우리는 그중에서 감각에 국한시켜 그의 논의를 소개하고자 한다.

11)로 간주된다. 그러나 이 두 경우를 살펴보면 모두 감각의 정체를 올바로 파악하지 못하고 있음을 알 수 있다.

우선 감각을 순수인상으로 파악하는 경우를 살펴보자. 여기서 순수인상으로서의 감각이란 "내가 [대상들을 통해] 촉발되는 방식과 내 자신의 상태에 대한 체험"을 뜻한다. 메를로-퐁티가 예를 들고 있듯이 순수인상으로서의 감각의 예로는 내가 눈을 감고 있을 때 "나와의 그 어떤 거리도 없이 나를 둘러싸고 있는"(*PP*, 9) 것처럼 체험되면서 내 두 눈 주위로 펼쳐지는 회색빛, 또는 내가 선잠이 들었을 때 "내 머릿속에서 진동하는 […] 소리"(*PP*, 9) 등을 들 수 있을 것이다. 우리는 순수인상으로서의 감각을 메를로-퐁티와 더불어 "나누어지지 않았고 순간적이며 점적인 '충격'의 체험"(*PP*, 9)이라 부를 수 있을 것이다. 이러한 예가 보여주듯이 순수인상으로서의 감각은 그 어떤 것과도 관계를 맺고 있지 않은 "절대적인 항"(des termes absolus, *PP*, 9)과 같은 그 무엇이라 할 수 있다. 여기서 감각이 그 어떤 것과도 관계를 맺고 있지 않은 절대적인 항으로서 파악된다 함은 두 가지 사실을 함축하고 있다.[3] 그것은 어떤 하나의 감각이 다른 감각과 무관하게 독립적으로 존재한다는 사실과 동시에 감각이 그 어떤 외적 대상과의 관계도 가지고 있지 않은 순전히 주관적인 체험에 불과하다는 사실이다.

그 어떤 다른 것과도 관계를 맺고 있지 않은 절대적인 항과 같은 순수인상으로서의 감각은 존재하지 않는다. 우리의 경험을 반성해보면 순수인상으로서의 감각을 확인할 수 없다. 우선 그 어떤 외적인 것과도 관계를 맺고 있지 않은 절대적인 항으로서 순전히 주관적인 체험으로서의 감

---

3) 물론 메를로-퐁티는 이 두 가지 사실을 분명하게 나누어 논의하고 있지 않지만, 필자가 보기에는 순수인상으로서의 감각의 문제를 해명하면서 이 두 가지 사실을 분명하게 나누어 논의할 필요가 있다. 그에 따라 이 두 가지 사실을 나누어서 순수인상으로서의 감각의 문제를 정리하였다.

각은 존재하지 않는다. 이 점과 관련해 모든 감각은 이미 "어떤 의미를 담지하고 있다"(PP, 9) 사실에 주목할 필요가 있다. 앞서 순수인상의 예로 제시된 내 눈 주위로 펼쳐진 회색빛 또는 내 머릿속에서 진동하는 소리도 그것을 경험하는 주관에게 나름의 의미를 가지고 있는 것이며, 이처럼 의미를 담지하고 있기 때문에 그것은 순전한 주관적인 체험이 아니라 이미 대상과 관련을 맺고 있는 것이라 할 수 있다. 더 나아가 이미 의미를 담지하고 있으며, 그러한 점에서 대상적인 것과 관련을 맺고 있는 그 어떤 감각도 다른 감각들과의 관계가 절연된 채 '절대적인 항'으로서 존재할 수 없다. 그 어떤 감각도 그것이 현출하기 위한 터인 장이 없이는 존재할 수 없으며, 그런 점에서 모든 감각은 "'어떤 장'의 한 부분"(PP, 10)을 이루면서 존재하는 것이다. 이러한 이유에서 메를로-퐁티는 "따라서 순수인상은 확인할 수 없을 뿐만 아니라 지각의 한 계기로서 파악할 수도 없고, 그래서 생각해볼 수도 없다"(PP, 10)고 천명한다.

이제 감각을 순수성질로 정의하려는 시도를 살펴보자. 이러한 시도는 감각을 순수인상으로 정의하려는 것보다는 더 바람직하다고 할 수 있다. 그 이유는 "본다는 것은 색이나 빛깔을 가지고 있다는 것이요, 듣는다는 것은 소리를 가지고 있다는 것이요, 느낀다는 것은 성질을 가지고 있다는 것을 뜻하고"(PP, 10), "빨강과 초록은 감각작용이 아니라 감각할 수 있는 것이요, 성질은 의식의 요소가 아니라 대상의 속성이며"(PP, 10), 따라서 감각이란 단순한 감각체험이 아니기 때문이다.

그러나 감각을 '순수성질'로 정의하려는 시도 역시 나름의 문제점을 가지고 있다. 그 이유는 이 경우 논자들은 감각을 순수성질로 정의하면서 마치 이것이 이미 완벽하게 결정되어 객관적인 세계에 존재하며, 그러므로 그 어떤 애매성이나 비결정성도 가지고 있지 않다고 생각하기 때문이다. 그러나 뒤에서 살펴보겠지만, 우리가 경험할 수 있는 감각적 성질은 그 정체가 완벽하게 결정되어 있는 것이 아니라 애매성·불투명성으로 가득 차 있는 경험의 영역이며, 따라서 그것은 객관적 세계에 존재하는 것이 아니다. 이러한 감각적 성질과는 달리 그 정체성이 완벽하게 결정된 것으로 경험되는 대상의 객관적 성질은 객관적 세계에 존재하는 것이다. 그러므로 감각적 성질을 객관적 세계에 존재하는 객관적 성질로 간주하는 한 우리는 "세계의 선입견"(le préjugé du monde, PP, 11), 더 정확하게 말하자면 "객관적 세계의 선입견"(PP, 12)에 빠져 "경험의 오류"(l' experience error, PP, 11)를 범하고 있는 것이다.

이와 같이 감각은 순수인상도 아니요 객관적인 성질도 아니다. 이 둘은 모두 객관주의적 사유가 구성해낸 것으로서 객관적 세계에 존재하는 것이다. 이에 반해 객관주의적 사유에 의해 오염되지 않은 진정한 의미의 근원적인 감각은 객관적 세계가 구성되기 훨씬 이전부터 존재해온 원초적인 경험의 영역에서 존재하는 것이다. 이처럼 메를로-퐁티는 객관주의적 사유가 전개해나간 감각이론에 대한 비판을 통해 객관주의적 사유에 의해 물들지 않은 원초적인 경험의 영역으로 귀환하고자 한다. 이러한 원초적인 경험의 영역은 그로부터 우리의 모든 여타의 경험과 경험대상 및 세계가 분출하는 원천으로서, 메를로-퐁티는 이것을 "선객관적인 영역"(PP, 38)[4]이라고 부른다.

다음 절에서 살펴보겠지만 '선객관적인 영역'으로서 이러한 원초적인 경험의 영역은 다층적인 구조를 가지고 있는데, 그중 가장 원초적인 층은 다름 아닌 객관주의적 사유에 의해 물들지 않은 진정한 의미의 감각의 장이다. 이러한 진정한 의미의 감각의 장은 그 정체가 투명하게 규정

---

4) "공간적이고 시간적이며 수적인 총체들이 우리 마음대로 처리할 분명한 자기동일적인 용어들로 표현될 수 없도록 하는 것은, 때로는 지각된 것이 점성을 가지고 있는 것으로서 그 맥락에 달라붙어 있는 현상이요, 때로는 그 안에 적극적인 비결정성이 존재한다는 사실이다. 그리고 우리가 지각함을 이해하기 바랄 경우 우리 안에서 해명해야 할 것은 '저 선객관적인 영역'(ce domaine préobjectif)이다."(PP, 19)

되어 있는 것이 아니라 불투명성과 애매모호함으로 가득 차 있는 영역이다. 이러한 감각의 장 안에서 감각의 주체, 감각작용들, 그리고 감각대상들은 서로 분리할 수 없이 내밀하게 소통하며 결합되어 있다. 또한 이처럼 내밀하게 소통하며 결합되어 있는 가운데 감각의 대상들은 감각의 주체에게 어떤 의미를 지닌 것으로서 경험된다. 이러한 점에서 감각의 장은 나름의 원초적인 의미를 잉태하고 있는 경험의 영역이다. 이처럼 원초적인 의미를 잉태하고 있는 감각의 장이 앞서 열려 있기 때문에 그것을 지평으로 삼아 감각작용들과 감각대상들이 존재할 수 있는 것이지, 감각작용들과 감각대상들이 앞서 존재하고 그들의 종합을 통해 감각의 장이 형성되는 것이 아니다. 바로 이러한 감각의 장을 토대로 원초적인 경험의 영역을 구성하는 다른 층들이 형성될 수 있는 것이다.

감각의 장을 최하부층으로 하는 이러한 원초적인 경험영역으로서의 '선객관적인 영역'이 다름 아닌 '현상적 장'이다. 현상적 장은 우리가 선과학적 삶 속에서 사물을 이해하고 타인과 교류하며 역사적으로 삶을 영위해가는 세계이다. 현상적 장이란 과학적인 세계, 즉 "객관적 세계 이편에 존재하는 생활세계"(*PP*, 69)를 의미하는 것으로 이러한 생활세계 속에서 "우리는 객관적 세계의 권리와 한계를 이해할 수 있는"(*PP*, 69) 것이다. 그러면 이제 절을 바꾸어 현상적 장에 대해 보다 더 자세하게 살펴보기로 하자.

2 현상적 장과 현상학적 심리학

메를로-퐁티는 지각의 현상학의 주제인 현상적 장을 생활세계라고 부르기도 하고 "지각된 세계"(le monde perçu, *PP*, 235ff.)라고 부르기도 한다. 현상적 장은 바로 지각의 현상학의 핵심적 주제인 지각에 주어지는 세계, 즉 지각의 세계이다. 따라서 현상적 장이 무엇인지 보다 더 구체적으로 이해하기 위해서 지각이 무엇을 의미하는지 검토할 필요가 있다.

메를로-퐁티는 『지각의 현상학』의 '입문' 4장에서 '현상적 장'의 문제를 다루면서, 자신의 지각개념을 경험론의 지각개념과 대비시키며 지각에 대해 정의한다. 지각의 현상학의 주제인 지각은 경험론의 지각과는 전혀 다르다. 메를로-퐁티는 지각을 "본능적인 하부구조와 지성의 작용을 통해 그 위에 구축된 상부구조"(PP, 65)로 정의하고 있다. 지각이 이처럼 '본능적인 하부구조와 지성의 작용을 통해 그 위에 구축된 상부구조'를 포괄하고 있기 때문에 그것은 "생명적인 속성과 합리적인 지향"(PP, 65)을 모두 포함하고 있다. 이 경우 생명적인 속성이란 본능적인 삶의 층, 정서적인 삶의 층 등을 포괄하는 것으로 원초적인 지각의 세계에서 때로는 무의식적으로, 때로는 의식적으로 부단히 작동하는 의식의 심층을 의미한다. 이와는 달리 합리적인 지향은 이러한 의식의 심층에 뿌리박고 있으면서 이미 선과학적 생활세계의 삶 속에서 작동하는 개념화 작용, 판단작용, 추론작용 등을 포괄하는 것으로 원초적인 지각세계에서 작동하는 낮은 단계의 이성작용을 뜻한다.

이처럼 '생명적인 속성과 합리적인 지향'을 모두 포괄하는 지각은 영국 경험론이 이해하고 있는 지각과는 전혀 다르다. 이 점을 이해하기 위해서 영국 경험론의 지각개념을 잠시 살펴볼 필요가 있다. 예를 들어 흄은 『인간본성론』에서 지각을 '우리의 마음에 부딪혀 우리의 사유와 의식으로 향하는 길을 트는'[5] 것들로 정의한다. 흄에 따르면 두 가지 종류의 지각이 있는데, 인상(impression)과 관념(idea)이 그것이다. "이 둘의 차이는 그것들이 우리의 마음에 부딪히는 힘과 생생함의 정도에 있다."[6] 그는 '가장 큰 힘과 충격으로 들어오는 지각', 즉 가장 생생한 지각을 인상이라 부르고 사유와 추론작용 속에서 흐릿한 형태로 작동하는 지각, 즉

---

5) D. Hume, *A Treatise of Human Nature*, Oxford: Oxford University Press, 1987, 1.
6) D. Hume, 같은 곳.

인상의 '흐릿한 상'을 관념이라 부른다.[7]

흄처럼 이런 방식으로 이해된 지각은 지각의 현상학에서 분석되고 있는 지각과 다르다. 흄의 경우 지각은 메를로-퐁티의 경우와는 달리 '본능적인 하부구조'라는 구성요소를 포함하고 있지 않을 뿐 아니라, 지성의 요소도 포함하고 있지 않다. 이러한 점에서 메를로-퐁티는 경험론의 지각개념에 문제점이 있다고 생각한다. 이러한 문제점과 관련하여 메를로-퐁티는 카시러(E. Cassirer)를 언급하면서[8] 다음과 같이 적고 있다.

"카시러가 말하고 있듯이, 지각을 위로부터 잘라내면서 경험론은 그것을 또한 아래로부터도 잘라내었다. 인상은 이념적인 의미와 마찬가지로 본능적이며 정감적인 의미 또한 결여하고 있다. 우리는 지각을 밑에서 잘라내고 그것을 단번에 인식으로 간주하고 그 실존적 원천을 망각하는 것은 지각을 위로부터 잘라내는 것이라고 덧붙여 말할 수 있을 것이다. 그 이유는 그렇게 하는 것은 지각에 있어서 결정적인 요소인바 "참되고 정밀한 세계의 분출"을 당연시하고 그에 대해 침묵하는 것과 동일하기 때문이다."(PP, 65)

지각의 현상학이 해명하고자 하는 현상적 장은 '본능적인 하부구조와 지성의 작용을 통해 그 위에 구축된 상부구조'의 총체, 다시 말해 '생명적인 속성과 합리적인 지향'의 총체로 이해된 지각에 의해 경험되는 세계이다. 여기서 유의해야 할 점은, 지각을 구성하는 한 가지 요소인 '지성의 작용', '합리적인 지향' 등은, 앞서도 지적했듯이, 선과학적 삶의 세계에서 작동하는 개념화 작용, 판단작용, 기억작용, 예상작용, 추론작용 등을 뜻하는 것이지, 과학적 사유로서의 지성의 작용을 의미하는 것이 아니라

---

7) D. Hume, 같은 곳.

8) 메를로-퐁티는 "Cassirer, Philosophie der symbolischen Formen, T, III, Phänomenologie der Erkenntnis, pp. 73-78"(PP, 65)을 언급하고 있다.

는 사실이다. 만일 지각을 구성하는 지성의 작용, 합리적인 지향 등이 객관주의적 사유 또는 과학적 사유를 뜻하는 것이라면 현상적 장은 당연히 자신의 구성요소 중 하나로 과학적 세계를 포함할 것이다. 그러나 현상적 장은 선과학적 삶의 세계를 의미하는 것으로서 과학적 세계와 동일한 것이 아니며, 과학적 세계를 하나의 구성요소로 포함하고 있지도 않다. 현상적 장은 과학적 사유가 한 번도 발을 디디지 않은 세계, 다시 말해 과학적 사유가 존재하기 훨씬 이전부터 존재해온 세계이다.

현상적 장이 과학적 세계와 다르다고 해서 그것이 후자와 아무런 관련이 없는 것은 아니다. 현상적 장은 바로 그 안에서 "참되고 정밀한 세계의 분출"(*PP*, 65)이 일어나는 원천·토대이다. 이러한 이유에서 과학적 세계의 정체를 이해하기 위해서 현상적 장으로 귀환해야 하는 것이다. "따라서 철학적인 첫 번째 행위는 객관적 세계 이편에 존재하는 생활세계로 귀환하는 일인데, 그 이유는 우리가 객관적 세계의 한계와 더불어 권리를 이해할 수 있는 것은 바로 그 안에서의 일이기 때문이다[…]."(*PP*, 69) 메를로-퐁티가 『지각의 현상학』의 '입문' 4장에서 현상적 장을 해명하기에 앞서 과학적 세계를 해명하는 것은 바로 이런 이유 때문이다.

현상적 장의 구조를 해명하는 일은 지각의 현상학의 핵심적인 과제 중 하나에 속한다. 그런데 현상적 장에 대한 해명은 일차적으로 자연적 태도에서 수행된다. 이 경우 자연적 태도가 자연주의적 태도와 구별되는 것임은 두말할 필요도 없다. 그 이유는 자연주의적 태도를 취하는 한 우리는 과학적 세계에 머물면서 현상적 장으로 귀환할 수 없기 때문이다. 자연주의적 태도와 구별되는 이러한 자연적 태도를 구체적으로 현상학적 심리학적 태도라 부를 수 있을 것이다. 이러한 맥락에서 메를로-퐁티는 자연적 태도에서 현상적 장의 구조를 해명하는 과정을 "심리학적 반성"(*PP*, 73)이라 부르고, 그에 따라 그를 통해 정립될 수 있는 현상학을 "현상학적 심리학"(la psychologie phénoménologique, *PP*, 71)이라 부른다.

지각의 현상학은 이처럼 자연적 태도에서 현상적 장의 구조를 해명해 나가면서 현상학적 심리학의 모습을 보이게 된다. 현상학적 심리학의 과제는 현상학적 심리학적 태도에서 현상적 장으로서의 "생활세계를 기술하는 데"(PP, 73) 있다. 이 경우 생활세계를 기술한다 함은 생활세계가 주체에게 어떻게 경험되는지 기술함을 의미하며, 그것은 구체적으로 생활세계가 주체에게 경험되는 지향적 방식을 기술함을 뜻한다. 이러한 맥락에서 메를로-퐁티는 생활세계에 대한 해명을 "지향적 분석"(PP, 71)이라 부르고 있다. 이러한 지향적 분석은 그를 향한 "어떤 방법적 통로"(PP, 71)도 없는 "알려지지 않은 실재에 대한 경험"(PP, 71)을 뜻하는 것이 아니라, 엄밀한 방법적 절차를 통해 "의식의 선과학적 삶을 해명하는 작업 또는 그것을 백일하에 드러내는 작업"(PP, 71)을 뜻하는 것으로서, 그런 작업을 통해서만 생활세계에 대한 철학이 하나의 학으로서 정립될 수 있는 것이다. 생활세계를 기술함을 목표로 하는 현상학적 심리학에서 '지향적 분석'은 핵심적인 위치를 차지한다. 물론 이 경우 지향적 분석이 해명을 목표로 하는 지향성은, 뒤에서 자세하게 논의하겠지만, 지성주의적 의미의 고전적 지향성이 아니라 원초적인 지각의 세계에서 살아 숨쉬는 "작동하는 지향성"(PP, XIII, 478)을 뜻한다.

이처럼 현상학적 심리학이 생활세계가 주체에게 경험되는 방식을 지향적으로 기술함을 목표로 하기 때문에 그것은 경험을 연구하는 다음과 같은 몇 가지 심리학 또는 철학과 구별된다.

첫째, 현상학적 심리학은 물리주의적 심리학과 구별된다. 물리주의적 심리학은 심리현상을 물리적 인과관계의 망 속에 존재하는 것으로 간주하면서 심리현상을 물리현상으로 환원시켜 파악한다. 물리주의적 심리학에게 물리적 인과관계의 망을 벗어나 존재할 수 있는 것은 아무것도 없으며 이 점에 있어서는 심리현상도 예외일 수 없다. 물리주의적 심리학은 외적 관찰의 방법을 비롯해 물리학적 방법을 사용하여 심리현상을 해명하고자 한다. 따라서 물리주의적 심리학은 자연과학적 방법을 통해서는 파악할 수 없는 심리현상의 본성인 지향성을 파악할 수 없다. 물리주의적 심리학이 설령 지향성이 존재한다는 사실을 알고 있다 할지라도, 그것은 지향성을 물리적 인과관계의 망 속에서 존재하는 것으로 파악하려 하기 때문에, 결국 물리현상으로 환원될 수 없는 지향성의 본성을 파악할 수도 없고 지향적 의식 속에서 경험되는 생활세계의 구조 역시 기술할 수 없다.

둘째, 현상학적 심리학은 내성주의적 심리학과 구별된다. 현상학적 심리학이 물리주의적 심리학과 구별된다고 해서 그것이 곧바로 내성의 방법에 기초한 내성주의 심리학과 동일한 것은 아니다.

"이처럼 우리가 객관적 세계의 선입견을 넘어서면서 발견하는 것은 결코 어두운 내적 세계가 아니다. 그리고 저 생활세계는 베르그송(H. Bergson)적인 내면성처럼 소박한 의식에 의해 절대적으로 알려져 있지 않은 채로 존재하지도 않는다."(*PP*, 71)

메를로-퐁티는 베르그송식의 내성주의적 심리학을 비판하면서 현상적 장이 의식의 상태, 심리적 상태, 생의 흐름 등으로 표현될 수 있는 내적 세계, 즉 내면성의 영역이 아님을 강조하고 있다. 현상적 장은 우리가 일상적 삶을 살아가고 있는 생활세계로서, 그것은 베르그송이 제시하는 직관의 방법 또는 내성의 방법을 통해서 파악될 수 있는 것이 아니다. 베르그송에 따르면, 직관이란 주체가 객체의 흐름 속으로 들어가 그것과 하나가 되는 방법으로서 일상인들에게는 접근이 불가능하다. 그리고 이러한 직관의 방법은 지향적 분석으로서의 현상학적 반성의 방법과는 구별된다. 지향적 분석으로서의 현상학적 반성의 경우 주체는 대상과 지향적 관계를 맺기 때문에 양자는 서로 구별되며, 따라서 주체와 대상 사이의 합일이란 애당초 불가능한 일이다. 현상학적 입장에서 보자면 주체와 대상 사이의 합일을 목표로 하는 베르그송식의 직관은 신비적이고 비현상학적이라 할 수 있다. 이러한 이유에서 메를로-퐁티는 "의식의 직접적인 소여'로의 귀환은 희망이 없는 일이 되어버렸다"(*PP*, 70)고 지적하면서 베르그송을 비판하고 있다. 바로 이러한 맥락에서 메를로-퐁티는 "베르그송의 오류는 사유하는 주체가 그가 사유하는 대상과 융합될 수 있으며 인식이 존재와 뒤섞이면서 자신이 부풀어오른다고 믿은 데 있다[…]"(*PP*, 76)고 말한다.

셋째, 현상학적 심리학은 반성철학과 구별된다. 현상학적 심리학에 따르면 그 누구도 현상학적 심리학의 대상인 현상적 장을 남김 없이 파악할 수 없다. 그러나 반성철학은 사유하는 자아가 "자기가 생각하는 대상을 […] 남김 없이 파악할 수 있을 것으로"(*PP*, 76) 생각하며 그처럼 파악된 대상을 유일하게 존재하는 대상으로 간주하는데, 여기에 "반성철학의 오류"(*PP*, 76)가 놓여 있다. 반성철학의 오류로부터 벗어나기 위해서 반성하는 자아 또는 사유하는 자아와 "선반성적 주체"(*PP*, 76)가 구별되며, 더 나아가 현상적 장으로서의 생활세계를 경험하는 주체는 반성하는 자아 또는 사유하는 자아가 아니라 선반성적 주체라는 사실에 주목해야 한다. 따라서 생활세계를 지향적으로 기술하기 위해서 선반성적 주체에 초점을 맞추어 그 경험을 지향적으로 분석하면서 구조를 해명하도록 해야 한다. 그러나 반성철학은 반성하는 자아 또는 사유하는 자아에만 시선을 집중한 채 선반성적 주체의 경험을 분석하기는 고사하고 선반성적 주체 및 그에 의해 경험되는 생활세계가 존재한다는 사실조차 철저하게 망각하고 있다. 물론 반성철학은 스스로 지향적 분석을 수행한다고 주장할 수도 있다. 그 이유는 반성하는 자아 또는 사유하는 자아 역시 나름의 경험을 가지고 있으며, 이러한 경험 역시 나름의 지향성을 지니고 있기 때문이다. 그러나 반성하는 자아 또는 사유하는 자아의 경험이 가지고 있는 지향성은 객관화적 지향성으로 생활세계에 대한 경험으로서 근원적으로 작동하는 지향성과는 구별되며, 그러한 점에서 반성철학이 수행하는 지향적 분석은 현상학적 심리학이 수행하는 그것과는 전혀 다르다.

3 초월론적 장의 해명과 초월론적 현상학

그러나 현상학적 심리학이 현상적 장을 해명하는 유일한 학문은 아니다. 이 점을 이해하기 위하여 현상적 장이 서로 다른, 그러나 서로 밀접히 연결되어 있는 두 가지 방식으로 철학적으로 주제화될 수 있다는 사실에 주목할 필요가 있다. 현상적 장을 주제화하는 하나의 방식은 자연적 태도에서 그것이 우리에게 경험되는 대로 기술하는 것이요, 다른 하나의 방식은 자연적 태도를 벗어나 초월론적 태도로 이행해 현상적 장이 어떻게 구성되는지 그 구성과정을 해명하는 것이다.[9] 자연적 태도에서 현상적 장을 그것이 우리에게 경험되는 대로 기술하는 학이 현상학적 심리학이요, 초월론적 태도에서 현상적 장이 어떻게 구성되는지 해명하는 학이 초월론적 현상학이다. 메를로-퐁티에 따르면, 현상학적 심리학을 충실하게 전개할 경우 우리는 자연스럽게 초월론적 현상학에 이르게 되며 지각의 현상학은 초월론적 현상학으로 탈바꿈하게 된다.

메를로-퐁티의 지각의 현상학이 초월론적 현상학이라는 사실을 구체적으로 해명하기에 앞서 짚고 넘어가야 할 사실이 있다. 메를로-퐁티의 지각의 현상학이 초월론적 현상학이라는 명제는 많은 연구자들에게 커다란 거부감을 불러일으킬 수 있다. 실제로 1장에서 살펴보았듯이 지각의 현상학을 초월론적 현상학으로 간주하지 않는 연구자들이 많이 있다. 그리고 이러한 연구자들의 견해를 뒷받침하기라도 하듯이 메를로-퐁티 역시『지각의 현상학』의 그 어느 곳에서도 자신의 현상학을 명시적으로 초월론적 현상학이라고 부르고 있지 않다. 그러나 이러한 사실이 지각의 현상학이 초월론적 현상학과 무관한 철학이라는 사실을 뒷받침하지는

---

9) 물론 이 경우 구성은 고전적 관념론적 의미의 구성 또는 후설의 정적 현상학적 의미의 구성을 뜻하는 것이 아니라, 발생적 현상학적 의미의 구성 또는 지각의 현상학적 의미의 구성을 뜻한다. 메를로-퐁티는『지각의 현상학』에서 구성개념에 대해 이중적인 태도를 취하고 있는데, 뒤에서 이 점을 자세하게 살펴볼 것이다.

못한다. 그 이유는 메를로-퐁티 스스로 이 책에서 전개된 철학을 현상학, 즉 지각의 현상학이라고 부르며, 그러한 지각의 현상학이 현상학적 심리학적 태도에서뿐 아니라 "초월론적 태도"(*PP*, 72)에서 전개된다고 말하는데, 이처럼 초월론적 태도에서 전개되는 현상학을 초월론적 현상학이라 부를 수 있음은 당연한 일이기 때문이다.

물론 뒤에서 자세하게 논의하겠지만, 이 경우 초월론적 현상학은 전통적인 의미의 초월론적 현상학, 즉 후설이 『이념들 I』에서 전개한 정적 현상학으로서의 초월론적 현상학과는 전혀 다른 모습을 보이고 있으며, 후설의 발생적 현상학으로서의 초월론적 현상학과 여러 가지 점에서 유사성을 보이고 있다. 따라서 지각의 현상학이 초월론적 현상학으로 전개된다고 말하기보다는 초월론적 현상학의 한 유형으로 전개된다고 말하는 편이 더 적절할 것이다. 이 점과 관련해 후설의 경우에도 『이념들 I』에서 선보인 정적 현상학으로서의 초월론적 현상학, 현상학적 심리학을 통해 전개되는 초월론적 현상학, 생활세계의 현상학을 통해 전개되는 초월론적 현상학 등 다양한 유형의 초월론적 현상학이 존재한다는 사실에 유의할 필요가 있다.

초월론적 현상학을 후설이 『이념들 I』에서 전개한 정적 현상학과 동일시하며 이러한 유형 이외에는 그 어떤 초월론적 현상학도 가능하지 않으리라고 생각하는 연구자들에게 메를로-퐁티의 지각의 현상학이 초월론적 현상학으로 전개된다는 사실은 납득할 수 없는 일이 될 것이다. 그런데 많은 연구자들은 초월론적 현상학을 후설이 『이념들 I』에서 전개한 정적 현상학으로서의 초월론적 현상학과 동일시하고 있다. 예를 들어 메를로-퐁티의 현상학 연구에서 커다란 영향력을 행사하고 있는 바르바라스(R. Barbaras)는 후설의 초월론적 현상학, 즉 구성적 현상학을 『이념들 I』에서 전개된 정적 현상학으로서의 초월론적 현상학과 동일시하면서 그에 대해 논의하고 있다.[10] 이처럼 많은 연구자들이 후설의 초월론적 현상학을 정적 현상학으로서의 초월론적 현상학과 동일시함에 따라 일반적으로 정적 현상학이 초월론적 현상학의 대명사로 간주되고 있다. 필자는 메를로-퐁티가 자신의 지각의 현상학을 초월론적 현상학이라고 명시하지 않은 이유는 그렇게 할 경우 지각의 현상학이 『이념들 I』에서 전개된 정적 현상학으로서의 초월론적 현상학으로 오해될 소지가 있기 때문이라고 생각한다.

실제로 메를로-퐁티는 지각의 현상학을 초월론적 현상학의 한 유형으로 간주하였다. 그는 『지각의 현상학』에서 전개된 철학을 현상학이라고 부르면서, 그것을 단순히 현상학으로 간주하지 않고 초월론적 철학으로 이해하면서 초월론적 현상학으로 간주하고 있다. 이 점과 관련해 그는 『지각의 현상학』에서 "고전적 유형의 초월론적 철학들"(PP, 74)을 비판하면서 "어떤 철학이 초월론적이 된다"(PP, 76)는 말은 그것이 "근본적으로"(PP, 76) 된다는 것을 뜻한다고 말한다. 그리고 어떤 철학이 근본적으로 될 수 있으려면 "절대적 의식"(PP, 76), 즉 고전적인 유형의 초월론적 철학의 핵심주제인 초월론적 주체 자체를 비판적인 관점에서 검토해야 하고 "이성의 저 가정을 철학적인 근본 물음"(PP, 76)으로 재인식할 수 있어야 한다고 말한다. 여기서 우리는 메를로-퐁티가 '고전적인 유형의 초월론적 철학들'은 진정한 의미에서 근본적이지 못하고, 따라서 그것은 참된 의미에서 초월론적 철학으로 불릴 수 없으며, 이와는 달리 그 한계를 비판하면서 등장한 지각의 현상학이 진정한 의미에서 근본적이며, 그러한 점에서 진정한 의미의 초월론적 철학으로 불릴 자격이 있다고 생각하고 있음을 알 수 있다. 이러한 논의를 통해 우리는 메를로-퐁

---

10) R. Barbaras, *Le Désir et la distance. Introduction à une phénoménologie de la perception*, Paris: J. Vrin, 1999; *Introduction à la philosophie de Husserl*, Chatou: Éditions de la Transparence, 2004.

티가 지각의 현상학을 초월론적 현상학의 한 유형으로도 간주하고 있음을 알 수 있다.

그러면 어떤 이유에서 메를로-퐁티의 지각의 현상학이 초월론적 현상학의 한 유형으로 간주될 수 있는지 살펴보자. 이 점과 관련해 메를로-퐁티는 "심리학자의 기술이 충실한 것인 한 그 기술 속에는 이미 초월론적 태도가 함축되어 있다"(*PP*, 72)고 말한다. 이러한 입장에 따르면 현상적 장의 구조를 충실하게 기술하는 일은 그것이 우리의 의식에 어떻게 주어지는지, 즉 어떻게 구성되는지 해명하는 일을 함축한다. 따라서 현상적 장의 구조를 충실하게 기술하고자 할 경우 현상학적 심리학은 현상적 장의 구조를 단지 기술하는 작업을 넘어서 그것이 어떻게 구성되는가 하는 문제를 다루지 않을 수 없기 때문에 현상학적 심리학은 초월론적 현상학으로 이행하지 않을 수 없다.[11] 이처럼 현상적 장을 충실하게 기술하고자 할 경우 단지 현상적 장의 내부에 머물면서 그것을 기술하는 데 그치지 않고 현상적 장을 넘어서 그것이 의식에 어떻게 주어지면서 구성되는지를 기술해야 한다. 이 점에 대해 메를로-퐁티는 다음과 같이 말한다.

---

11) 그동안 메를로-퐁티의 지각의 현상학을 초월론적 현상학으로 해석하려는 연구들이 발표되었다. 드베테르(R. J. Devettere)는 메를로-퐁티가 초월론적 장의 문제를 해명하면서 후설보다 더 철저하게 "새로운 초월론적 철학"(R. J. Devettere, "Merleau-Ponty and Husserl's Reductions", in: *Philosophy today* 17/4(1973), 308)을 전개하고자 한다고 평가하고 있다. 로이터(M. Reuter)는 메를로-퐁티가 지각의 현상학을 전개하면서 '생활세계의 선험성'(the a priori of the Lifeworld)에 대한 논의를 통해 '초월론적 현상학적 틀'(a transcendental phenomenological framework)과 관계를 맺고 있다고 생각한다. 이 점에 대해서는 M. Reuter, "Merleau-Ponty's Notion of Pre-reflective Intentionality", in: *Synthese* 118(1999), 81을 참조할 것. 켈켈(A. L. Kelkel) 역시 초월론적 장의 문제를 논의하면서 메를로-퐁티의 지각의 현상학이 쇄신된 형태이긴 하지만 초월론적 현상학으로 전개된다고 간주하는데, 이 점에 대해서는 A. L. Kelkel, "Merleau-Ponty entre Husserl et Heidegger de la phénoménologie à la 'topologie de l'Être'", in: *Recherches sur la philosophie et le langage* 15(1993), 190을 참조할 것.

"연구대상으로서의 의식은 우리를 상식의 가정들 밖으로 끌고 가지 않고는 소박하게나마도 분석될 수 없다는 특성을 지니고 있다. 예를 들어 만일 의식이 신체 속에 갇혀 있고 신체를 통해 세계 자체의 작용의 영향을 받는다는 사실을 전적으로 인정하면서 지각에 대한 실증심리학을 수립하고자 할 경우, 우리는 대상과 세계를 그것들이 의식에 현출하는 대로 기술하게 되고 더 나아가 직접적으로 현전하는 이 세계, 즉 우리가 알고 있는 유일한 세계가 동시에 우리가 그에 대해 말할 수 있는 유일한 세계가 아닌지 물어보게 된다. 심리학은 언제나 세계구성의 문제에 다다르게 된다."(*PP*, 72-73)

여기서 메를로-퐁티는 심리학, 즉 현상학적 심리학이 스스로의 임무에 충실할 경우 그것은 반드시 '세계구성의 문제'에 직면하면서 자연스럽게 초월론적 현상학으로 이행하게 된다는 사실을 분명히 밝히고 있다. 이 인용문에서 "대상과 세계를 그것들이 우리의 의식에 현출하는 대로 기술한다" 함은 바로 "대상과 세계가 우리의 의식 안에서 구성되는 대로 기술한다"는 뜻을 지니고 있다. 이처럼 현상학적 심리학을 전개해나가면서 현상적 장의 구조를 기술할 경우, 그러한 기술이 충실한 기술이 되려면 당연히 현상적 장의 구성과정에 대한 기술을 포함하지 않을 수 없는 것이다. 이와 같이 현상적 장의 구성과정을 충실하게 기술하기 위해서는 자연적 태도를 버리고 초월론적 현상학적 태도로 넘어가야 하는데, 바로 이러한 맥락에서 메를로-퐁티는 "심리학자의 기술이 충실한 것인 한 그러한 기술 속에는 이미 초월론적 태도가 함축되어 있다"(*PP*, 72)고 말하는 것이다.

이처럼 지각의 현상학은 현상적 장을 기술함을 목표로 하는 현상학적 심리학의 단계를 넘어서 현상적 장의 구성을 해명함을 목표로 하는 초월론적 현상학의 한 유형으로 이행한다. 초월론적 현상학은 초월론적 구성의 문제를 해명함을 목표로 하며, 이 점에 있어서는 초월론적 현상학의 한 유형인 지각의 현상학도 예외가 아니다. 지각의 현상학이 해명하고자 하는 핵심적인 사태 중 하나는 구성의 문제이다. 이 경우 구성이란 주관이 대상 및 세계에 의미를 부여하는 과정을 뜻하며, 그러한 한 그것은 형식적인 관점에서 볼 때 후설의 『이념들 I』의 경우와 동일한 의미를 가지고 있다고 할 수 있다.[12] 그러나 뒤에 논의하겠지만, 그 구체적인 내용을 살펴보면 지각의 현상학이 해명하고자 하는 구성은 후설이 『이념들 I』에서 분석하고 있는 것과는 전적으로 다르다. 『이념들 I』에서 후설이 분석하고 있는 것이 파생적인 차원의 구성이라고 한다면 지각의 현상학이 분석하고자 하는 것은 근원적인 차원의 구성이기 때문이다. 이러한 이유에서 메를로-퐁티는 『지각의 현상학』에서 "참된 구성의 문제"(*PP*, 77)를 해명하는 일을 지각의 현상학의 핵심적인 과제 중 하나로 간주하며 동시에 구성작용을 수행하는 주체인 '참된 초월론적인 것"(le véritable transcendental, *PP*, 418)을 해명함을 지각의 현상학의 과제로 간주하기도 한다. 그런데 『지각의 현상학』에서 '참된 의미의 구성작용을 수행하는 주체'는 "육화된 주관"(*PP*, 64, 180)이며, 이처럼 육화된 주관이 세계 구성작용을 수행하기 때문에 메를로-퐁티는 그것을 "초월론적 주관"(*PP*, 415)이라고 부르고 있다.

여기서 우리는, 벵케(E. A. Behnke)가 잘 보여주고 있듯이,[13] 메를로-

---

12) 『이념들 I』에서 전개된 후설의 초월론적 현상학에서 구성이 무엇을 뜻하는지에 대해서는 4장에서 자세하게 살펴볼 것이다.

13) E. A. Behnke, "Merleau-Ponty's Ontological Reading of Constitution in *Phéno-ménologie de la perception*", in: T. Toadvine/L. Embree(eds.), *Merleau-Ponty's Reading of Husserl*, Dordrecht: Kluwer Academic Publishers. 버크(P. Burke) 역시 『지각의 현상학』에서 구성개념이 이중적인 의미로 사용되고 있음을 지적하면서 "메를로-퐁티는 '구성'이라는 용어에 대해 늘 불편해하고 있다"(P. Burke, "Merleau-Ponty's Appropriation of Husserl's Notion of 'Präsenzfeld'", in: B. Hopkins(ed.), *Husserl in Contemporary Context*, Dordrecht: Kluwer Academic Publishers, 1997)고 말한다.

퐁티가 『지각의 현상학』에서 구성개념을 이중적인 의미로 사용하고 있다는 사실에 유의해야 한다. 그는 한편으로 이 개념을 고전적이고 관념론적인 의미의 구성을 지칭하기 위한 개념으로 사용하고 있다. 이 경우 그는 구성개념에 대해 비판적인 태도를 취한다. 이러한 맥락에서 그는 상호주관성의 현상학을 전개하면서 "자연적인 세계와 사회적 세계와 더불어 우리는 참된 초월론적인 것을 발견했다"(PP, 418)고 말한 후, 이 경우 '참된 초월론적인 것'은 "그를 통해 그늘도 없고 불투명성도 없는 세계가 무관심한 관찰자 앞에 정돈되는 구성적 작용의 총체"(PP, 418)가 아니라고 단언한다. 이 경우 그가 염두에 두고 있는 '구성적 작용의 총체'는 고전적 관념론적 의미에서의 구성적 작용의 총체를 의미하는 것이다. 바로 이러한 맥락에서 그는 "말브랑슈(N. Malebranche)가 말하듯이 지금까지 미완의 작품으로만 남아 있는 세계는 [⋯] 구성하는 주체를 필요로 하지 않고 그것을 배제하기까지 한다"(PP, 465)고 말한다.

그러나 다른 한편 그는 『지각의 현상학』에서 구성개념을 긍정적인 의미를 지닌 개념으로 사용하기도 한다. 이 경우 구성개념은 지각의 현상학의 핵심개념 중의 하나이다. 앞서 살펴보았듯이 그는 '참된 구성의 문제'를 해명하는 일을 지각의 현상학의 핵심적인 과제 중 하나로 간주하고 있다. 이 점과 관련해 그는 어린아이가 성장하는 과정에서 세계의 의미변화가 일어나는 과정을 해명하면서 "그때부터 새로운 '상황'이 있었으며, 세계는 새로운 의미의 층을 받아들였다"(PP, 466)고 말하는데, 이처럼 새로운 의미의 층을 받아들이는 과정이 지각의 현상학이 해명하고자 하는 구성작용 중 하나이다. 그리고 그는 연상과 관련해 그것이 "의미적인 총체의 [⋯] 구성"(PP, 65)이라고 분명히 밝히고 있으며, 또 감각의 구조를 해명하는 과정에서 감각 속에서 "매 순간 세계의 재창조 또는 재구성"(une re-création ou une re-constitution du monde, PP, 240)이 이루어지고 있다는 사실을 지적하면서, 감각이 일종의 구성작용이라는 사실을 분명히 밝히고 있다. 이 점과 관련해 그는 "결합의 일반적인 기능이 […] 모든 지향적 삶에 공통적이며"(*PP*, 65), 따라서 그것이 칸트의 오성작용에만 한정될 수 없는 것이기 때문에 이 오성작용 역시 근본적으로 새롭게 규정될 필요가 있음을 언급하고 있다.

그러면 현상학적 심리학으로부터 초월론적 현상학으로 이행해가면서 우리가 '세계구성의 문제'에 직면하게 되면 현상학적 심리학의 탐구대상인 현상적 장은 어떤 변화를 겪게 되는가? 메를로-퐁티에 따르면 이 경우 현상적 장은 초월론적 장으로 탈바꿈한다. 이 점과 관련해 그는 앞서 살펴본 인용문에서 "심리학은 언제나 세계구성의 문제에 다다르게 된다"(*PP*, 73)고 말한 후, 이어서 다음과 같이 적고 있다.

"심리학적 반성은, 따라서 일단 시작되면 자신의 고유한 운동에 의해서 자기 자신을 넘어선다. 객관적인 세계가 우리에게 알려지는 것은 현상들을 통해서이기 때문에 객관적 세계와 비교해 현상들이 지니고 있는 근원성을 이해한 후에 심리학적 반성은 모든 가능한 대상을 현상들과 통합하고, 어떻게 모든 가능한 대상이 현상들을 통해서 구성되는지 발견하려고 한다. 그와 동시에 현상적 장은 초월론적 장으로 탈바꿈한다."(*PP*, 73)

이 인용문에서 "심리학적 반성은, 따라서 일단 시작되면 자신의 고유한 운동에 의해서 자기 자신을 넘어선다"는 말은, 앞서 살펴보았듯이, 심리학적 반성은 현상적 장을 충실하게 기술하려고 하는 한에서 필연적으로 초월론적 반성으로 이행하지 않을 수 없다는 사실을 뜻한다. 그리고 이처럼 심리학적 반성이 초월론적 반성으로 이행해감에 따라 우리는 어떻게 "모든 가능한 대상이 현상들을 통해서 구성되는지 발견하려고" 노력하며, 이처럼 노력하게 되면 "현상적 장은 초월론적 장으로 탈바꿈한다". 이 경우 현상적 장은 현상학적 심리학의 탐구주제이며, 초월론적 장은 초월론적 현상학적 태도에서 자신의 모습을 드러내는 것으로 초월론적 현상학의 탐구주제이다.

『지각의 현상학』에 나오는 초월론적 장이 무엇을 뜻하는지 해명하기에 앞서 이러한 해석에 제기될 수 있는 가능한 반론 하나를 살펴보기로 하자. 그 반론이란 바로 이 인용문에 나오는 "그와 동시에 현상적 장은 초월론적 장으로 탈바꿈한다"라는 구절을 토대로 초월론적 장이 지각의 현상학의 핵심적인 주제라는 우리의 견해를 뒷받침할 수 없다는 것이다. 이러한 반론에 따르면 "그와 동시에 현상적 장은 초월론적 장으로 탈바꿈한다"는 구절에 나오는 '초월론적 장'은, 지각의 현상학이 해명하고자 하는 사태가 아니라 고전적 관념론이 해명하고자 하는 사태이다. 실제로 앞의 인용문에 이어 계속되는 메를로-퐁티의 다음과 같은 해명을 살펴보면, 이러한 반론이 타당한 것이 아닌가 생각할 수 있다. 메를로-퐁티는 "그와 동시에 현상적 장은 초월론적 장으로 탈바꿈한다"고 한 후 계속해서 다음과 같이 말한다.

　"이제 의식이 다양한 인식의 보편적 초점이기 때문에 의식은 단정적으로 어떤 특정한 존재영역, 어떤 특정한 심리적 내용의 총체이기를 그치며, 그것은 심리학적 반성이 처음에 인식했던 형식의 영역 안에 머물지 않고 그러한 영역 속에 갇혀 있지 않게 된다. 형식은 모든 사물과 마찬가지로 의식에 대해 존재하는 것이다. 이제 더 이상 의식이 불투명한 소여로서 자신 안에 가지고 있는 생활세계를 기술하는 것이 문제가 아니라, 그것의 구성이 문제이다. 객관적인 세계에 앞서 존재하는 생활세계가 자신의 모습을 드러낼 수 있도록 했던 해명작업이 생활세계에 대해서도 행해지며, 그러한 해명작업은 현상적 장 이편에 존재하는 초월론적 장이 자신의 모습을 드러낼 수 있도록 한다. […] 따라서 이러한 새로운 '환원'은 하나의 유일한 참된 주체, 즉 생각하는 자아만을 알게 될 것이다. 소산적 자연으로부터 능산적 자연으로의 이행, 즉 구성된 것으로부터 구성하는 것으로의 이행은 심리학에 의해 시작된 주제화 작업을 완성시킬 것이며, 나의 지식 안에서 그 어떤 암묵적인 것이나 함축적인 것도 허용하지 않을 것이다. 그것은 나의 경험에 대한 온전한 소유를 가능하게 할 것이며, 반성하는 것과 반성되는 것 사이의 완전한 일치를 실현시킬 것이다. 그러한 것이 초월론적 철학의 일상적인 관점이며, 적어도 겉보기에는 초월론적 현상학의 프로그램이다."(*PP*, 73)

이 인용문을 살펴보면 메를로-퐁티가 '현상적 장 이편에 존재하는 초월론적 장'에 대해 극히 비판적인 태도를 보이고 있음을 알 수 있다. 그런데 이 점과 관련해 유의해야 할 것은, 이 인용문에서 '초월론적 장'과 관련해 언급되고 있는 자아·구성 등이 사실은 지각의 현상학이 해명하고자 하는 사태들이 아니라 그것이 비판하고 있는 사태들이라는 사실이다. 예를 들어 메를로-퐁티가 언급하고 있는 '생각하는 자아'로서의 '하나의 유일한 참된 주체'는 고전적 관념론의 주체를 뜻하는 것이다. 그 이유는, 지각의 현상학에서 주체는 하나밖에 없는 것이 아니라 무수히 다양한 것이기 때문이다. 이와 마찬가지로 구성개념 역시 지각의 현상학이 해명하고자 하는 참다운 의미의 구성개념이 아니라, 그것이 비판하고 있는 부정적인 의미를 지닌 구성개념이다. 그 이유는 이러한 구성개념에 따르면 '구성하는 것으로부터 구성하는 것으로의 이행'이 "나의 지식 안에서 그 어떤 암묵적인 것이나 함축적인 것도 허용하지 않을 것이요", "나의 경험에 대한 온전한 소유를 가능하게 할 것이며 반성하는 것과 반성되는 것 사이의 완전한 일치를 실현시킬 것인데", 이런 방식으로 이해된 구성은 '애매성의 철학'을 표방하는 지각의 현상학이 해명하고자 하는 '참다운 구성'이 아니기 때문이다. 이러한 사정을 고려하면,『지각의 현상학』에서 메를로-퐁티가 언급하고 있는 초월론적 장은 지각의 현상학이 해명하고자 하는 사태가 아니라 그가 비판하고 있는 고전적인 관념론이 해명하고자 하는 사태라고 결론을 내려야 할 것처럼 보인다.

그러나 이러한 사실을 토대로 초월론적 장이 지각의 현상학의 주제가 아니라고 주장하는 것은 타당하지 않다. 이 점과 관련해『지각의 현상학』

에 나타난 초월론적 장의 개념이 이중적인 의미를 지니고 있다는 사실에 주목할 필요가 있다. 메를로-퐁티는 『지각의 현상학』에서 이 개념을 긍정적인 의미를 담기도 하고 부정적인 의미를 담기도 해서 사용한다.

앞서 살펴본 경우처럼 메를로-퐁티는 한편으로 『지각의 현상학』에서 초월론적 장이라는 개념을 부정적인 의미를 담아서 사용하기도 하는데, 그는 이처럼 부정적인 의미의 초월론적 장 개념에 대해서는 비판적인 태도를 취하고 있다. 이외에도 그는 『지각의 현상학』의 3부 1장에서 '사유'의 문제를 해명하면서 초월론적 장이라는 개념을 부정적인 의미로 사용하고 있다. 거기서 그는 데카르트적 사유에 대해 논하면서 데카르트적 사유의 주체를 우리의 실존과는 아무런 상관도 없는 "스피노자의 신"(*PP*, 427)과 유사한 것으로 치부한다. 바로 이러한 맥락에서 그는 데카르트적 사유의 주체를 "나에게 접근가능한 모든 것을 보편적으로 구성하는 것"(*PP*, 427)이라고 규정하고, 그것을 "그 어떤 비밀도 없고 밖도 없는 초월론적 장과 같은 것"(*PP*, 427)이라고 부르면서 초월론적 장을 부정적인 의미를 가지고 있는 개념으로 사용하고 있다. 이처럼 부정적인 의미의 초월론적 장은 '그 어떤 비밀도 없고 밖도 없는' 것으로서 필증적인 명증의 양상에서 파악될 수 있는 주체의 사유의 장을 뜻한다. 여기서 알수 있듯이 부정적인 의미의 초월론적 장 역시 점적인 존재가 아니라 장이며, 그러한 점에서 초월론적인 것을 이처럼 장으로 파악하는 철학은 그것을 점적인 것으로 파악하는 철학보다 일보 진전된 것이라 할 수 있다. 그러나 이 철학이 이 장을 필증적인 명증의 양상에서 남김 없이 파악될 수 있는 것으로 간주하는 한 그것은 커다란 한계를 가지고 있다고 할 수 있다.

여기서 우리는 『지각의 현상학』에 나오는 "그와 동시에 현상적 장은 초월론적 장으로 탈바꿈한다"라는 구절 다음에 계속되는 긴 인용문의 정체가 무엇인지 이해할 수 있다. 이 인용문에서 메를로-퐁티는 현상학적 심리학에서 초월론적 현상학으로 이행해감에 따라 '현상적 장'이 '초월론적 장'으로 탈바꿈하지만 이 초월론적 장의 정체를 올바로 파악하지 못하면서 그릇된 방향으로 나아간 전통적인 초월론적 철학의 모습을 기술하고 있는 것이다. 『이념들 I』에서 전개된 후설의 초월론적 현상학을 비롯해 이처럼 그릇된 방향으로 나아간 전통적인 초월론적 철학은, 앞서 살펴보았듯이, 초월론적 장을 필증적 명증의 양상에서 남김 없이 파악될 수 있는 것, 즉 부정적인 의미의 초월론적 장으로 치부한다. 이러한 부정적인 의미의 초월론적 장은 『지각의 현상학』이 해명하고자 하는 초월론적 장과 전혀 다른 것이며, 이러한 이유에서 메를로-퐁티는 그에 대해 비판적인 입장을 취하고 있는 것이다.

그러나 메를로-퐁티는 『지각의 현상학』에서 초월론적 장을 긍정적인 의미를 지닌 개념으로도 사용하면서 그것을 지각의 현상학의 핵심적인 주제 중 하나로 간주하고 있다. 예를 들어 그는 『지각의 현상학』의 '입문' 4장에서 초월론적 장을 긍정적인 의미를 지닌 개념으로 사용하기도 하면서 긍정적인 의미의 초월론적 장을 지각의 현상학이 해명해야 할 핵심주제로 간주한다. 이와 관련해 그는 『지각의 현상학』의 '입문' 4장의 논의를 마무리하면서 "이제 현상적 장이 충분하게 한정되었으니까"(*PP*, 77), "심리학자의 자기비판이 […] 결정적으로 현상적 장을 초월론적 장으로 전환시킬 것을 기대하면서"(*PP*, 77) 심리학자와 더불어 우리의 첫걸음을 내딛자고 말하면서, 현상적 장뿐 아니라 초월론적 장을 해명함을 그 이후에 전개될 지각의 현상학의 핵심적인 과제로 간주하고 있다.

이와 더불어 그는 참다운 현상학적 반성과 관련해 그것이 무관심한 관찰자에 의해 수행되는 무관심한 작용이 아니라, "비반성적인 것의 사실성에 참여하는 창조적인 작용"(*PP*, 74)이라는 사실을 강조한 후 "이것이 어째서 모든 철학 중에서 오직 현상학만이 초월론적 장에 대해 말하는가 하는 이유이다"(*PP*, 74)라고 말하면서, 초월론적 장이 지각의 현상학의 핵심적인 주제라는 사실을 지적하고 있다. 여기서 그는 현상학적 반성이란 "부분적인 시각과 제한된 능력"(PP, 74)밖에 가지고 있지 않기 때문에 초월론적 장이라는 개념은 "세계 전체와 우리 앞에 객관적으로 전개되어 있는 모나드들의 복수성"(PP, 74)을 모두 파악할 수 없다는 사실을 의미한다고 밝히고 있다. 여기서 우리는 "부분적인 시각과 제한된 능력"밖에 가지고 있지 않기 때문에 "세계 전체와 우리 앞에 객관적으로 전개되어 있는 모나드들의 복수성"을 모두 파악할 수 없다는 생각은 '애매성의 철학'을 표방하는 지각의 현상학의 핵심적인 정신이라는 사실에 유의할 필요가 있다.

그뿐 아니라 메를로-퐁티는 초월론적 장이 지각의 현상학의 핵심적인 주제라는 사실과 관련해 사유의 문제를 다루고 있는 『지각의 현상학』의 3부 1장에서 주체와 세계의 관계를 해명하면서 "저 개방된 세계의 통일성에는 주체의 개방되고 무한정한 통일체가 대응해야 한다"(PP, 464)는 사실을 지적한다. 이어 그는 도대체 나, 즉 주체는 누구인가라는 물음을 던지면서 "나는 하나의 장이다[…]"(PP, 465)라고 말하고 있다. 전후 맥락이 보여주듯이 이 경우 '장'은 초월론적 장을 뜻하며, 내가 하나의 장인 이유는 내가 '개방되고 무한정한 통일체'를 가지고 있기 때문이다.

이처럼 『지각의 현상학』에 나타난 초월론적 장 개념은 이중적인 의미를 지니고 있다. 그리고 지금까지 살펴보았듯이, 초월론적 장 개념의 이중성은 이 주제를 집중적으로 다루고 있는 『지각의 현상학』의 '입문' 4장의 후반부에서도 확인할 수 있다. 따라서 이 부분을 어떻게 독해하느냐에 따라 초월론적 장이 지각의 현상학의 핵심주제라는 주장도 할 수 있으며, 또 그 반대의 주장도 할 수 있다. 물론 지금까지 논의되었듯이, 전체적인 맥락과 더불어 이러한 이중적인 의미를 고려하면서 이 부분을 읽을 경우 초월론적 장은 지각의 현상학의 핵심적인 주제라는 사실이 밝혀진다. 초월론적 장이 지각의 현상학의 주제가 아니라는 주장은 이 부분에서 논의되고 있는 부정적인 의미의 초월론적 장에 초점을 맞추어 이 부분을 독해할 경우 나오는 필연적인 귀결이라 할 수 있다.

그러면 초월론적 장이 구체적으로 무엇을 뜻하는지 살펴보기로 하자. 그러기 위해 현상학적 심리학적 태도로부터 초월론적 현상학적 태도로 이행해갈 때 현상적 장이 구체적으로 어떤 변화를 겪게 되는지 검토해야 한다. 이 점과 관련해 우리는 우선 현상학적 심리학적 태도에서 현상적 장, 즉 생활세계는 존재하는 모든 것의 총체로서 경험된다는 사실에 주목할 필요가 있다. 다시 말해 현상학적 심리학적 태도에서 그 어떤 것도 현상적 장을 넘어서 존재할 수 없다. 이 점에 있어서는 의식의 영역도 예외가 아니다. 현상학적 심리학적 태도를 취하면 의식의 영역은 현상적 장의 한 요소로서 경험된다. 그러나 우리가 초월론적 현상학적 태도로 이행해가면 전혀 다른 상황이 전개된다. 우선 초월론적 현상학적 태도를 취하면 현상적 장의 한 요소로 경험되던 의식의 영역은 더 이상 현상적 장의 한 요소로 등장하지 않고 현상적 장을 구성하는 토대, 즉 초월론적인 것으로 자신의 모습을 드러낸다. 그에 따라 현상적 장은 초월론적인 것에 의해 구성된 세계로 경험되며, 이처럼 구성된 세계는 더 이상 '존재하는 모든 것의 총체'라는 의미를 지니지 않는다. 그 이유는 세계란 초월론적인 것에 의해 구성된 것이요, 따라서 그것은 초월론적인 것에 의존적일 수밖에 없기 때문이다.

여기서 우리는 현상적 장과 초월론적 장 사이에 한편으로는 동일성이 존재하고 다른 한편으로는 차이가 존재한다는 사실에 유의할 필요가 있다. 이처럼 양자 사이에 동일성과 차이가 존재하는 이유는, 우리가 현상학적 심리학적 태도를 취할 때 현상적 장으로 경험되던 것이 초월론적 현상학적 태도를 취하게 되면 초월론적 장으로 자신의 모습을 드러내며, 그 역도 성립하기 때문이다. 즉 초월론적 장과 현상적 장 사이에는 한편으로는 동일성이, 다른 한편으로는 차이가 존재한다고 할 수 있다. 말하자면 동일한 그 무엇이 "초월론적 태도"(*PP*, 72), 즉 초월론적 현상학적 태도를 취하면 초월론적 장으로 자신의 모습을 드러내고 현상학적 심리학적 태도를 취하면 현상적 장으로 자신의 모습을 드러내는 것이라 할 수 있다.[14] 따라서 양자 사이의 차이를 낳는 것이 다름 아닌 태도의 차이다.

여기서 현상적 장과 초월론적 장 사이에 존재하는 동일성과 차이를 염두에 두면서 각각 양자를 대상으로 하는 현상학적 심리학과 초월론적 현상학의 관계를 다시 한 번 짚고 넘어갈 필요가 있다. 지금까지 우리는 지각의 현상학이 현상학적 심리학에서 출발하여 현상학적 심리학의 내재적인 논리에 따라 초월론적 현상학으로 이행한다는 사실을 살펴보았다. 이러한 입장에 따르면 현상학적 심리학과 초월론적 현상학은 서로 무관하게 별개로 존재하는 두 가지 유형의 독립적인 현상학으로 간주될 수 있다. 그러나 우리는 양자가 별개로 존재하는 독립적인 유형의 현상학이 아니라는 사실에 유의해야 한다. 이미 현상학적 심리학이 내재적인 논리에 따라 초월론적 현상학으로 이행한다는 사실 속에 양자가 서로 분리할 수 없듯이 밀접하게 결합되어 있다는 사실이 함축되어 있다. 실제로 양자는 서로가 서로를 함축하는 관계에 있는데, 그 이유는 양자 사이에 '평행성'[15]이 존재하기 때문이다. 말하자면 현상학적 심리학은 우리가 초월론

---

14) 이러한 동일성과 차이의 관계는 현상적 장과 객관적 세계 사이에서도 존재한다고 할 수 있는데, 그 이유는 동일한 것이 현상학적 심리학적 태도를 취하면 현상적 장으로 자신의 모습을 드러내지만 객관과학적 태도를 취하면 객관적 세계로 자신의 모습을 드러내기 때문이다. 이러한 사실을 토대로 일반화해서 말하자면, 여기서 문제가 되고 있는 동일성과 차이의 관계는 초월론적 장, 현상적 장, 객관적 세계 사이에서 존재하는 것이라 할 수 있다. 말하자면 동일한 하나의 세계가 객관과학적 태도에서는 객관적 세계로, 현상학적 심리학적 태도에서는 현상적 장으로, 초월론적 현상학적 태도에서는 초월론적 장으로 자신의 모습을 드러내는 것이다.

15) M. Merleau-Ponty, *Merleau-Ponty à la Sorbonne*, Grenoble: Cynara, 1988, 412. 여기서 메를로-퐁티는 '심리학과 현상학 사이의 평행성'(parallélisme entre psychologie

적 현상학적 태도를 취할 경우 초월론적 현상학으로 탈바꿈하며, 반대로 초월론적 현상학은 우리가 현상학적 심리학적 태도를 취할 경우 현상학적 심리학으로 탈바꿈한다. 따라서 현상학적 심리학으로부터 초월론적 현상학으로 나아가는 길뿐 아니라, 초월론적 현상학으로부터 현상학적 심리학으로 나아가는 길도 존재한다는 사실에 유의할 필요가 있다. 현상학적 심리학과 초월론적 현상학 사이에 이처럼 서로 오가는 길이 존재하며, 그에 따라 양자가 분리할 수 없이 밀접하게 결합되어 있기 때문에 메를로-퐁티는 양자 사이에 "상호 얽혀 있음 또는 감쌈의 관계"(le rapport d'entrelacement ou d'enveloppement réciproque)[16]가 존재한다고 말한다. 메를로-퐁티는『지각의 현상학』에서 이 두 가지 길을 활용하면서 지각의 현상학을 전개하고 있다.

지금까지의 논의를 통해 초월론적 장이 현상적 장을 구성하는 초월론적인 것과, 이러한 초월론적인 것에 의해 구성된 세계의 결합체라는 사실을 알 수 있다. 이 경우 초월론적 장을 구성하는 두 요소 중 구성된 세계가 그것을 구성하는 초월론적인 것에 의존해 있기 때문에 구성된 세계를 구성하는 초월론적인 것, 즉 "참된 초월론적인 것"(le véritable transcendental, PP, 418)을 초월론적 장이라 부를 수도 있다. 우리가 '참된 초월론적인 것'을 초월론적 장이라 부르는 이유는, 세계구성의 근거가 되는 초월론적인 것이 점적인 것이거나 단수인 것이 아니라 다수이며, 이 다수의 것이 서로서로 연결되어 하나의 장을 형성하고 있기 때문이다. 여기서 알 수 있듯이, 초월론적 장은 초시간적인 칸트의 초월론적 의식과 유사한 그 무엇이 아니요, 자아의 초월론적 반성작용과 동일시될 수 있는

---

et phénoménologie)에 대해 언급하는데, 이 경우 평행성은 현재 우리가 논의하고 있는 현상학적 심리학과 초월론적 현상학 사이의 평행성을 뜻한다.

16) M. Merleau-Ponty, 같은 책, 413.

것도 아니다. 초월론적 반성작용과 더불어 다양한 유형의 능동적인 지향성들이 초월론적 장의 요소들임은 두말할 필요도 없다.

그러나 초월론적 반성작용과 능동적 지향성들의 밑바탕에서 그것들이 작동하기 훨씬 이전부터 부단히 자신의 기능을 수행하는 다양한 유형의 "선반성적 사유작용"(le cogito préréflexiv, *PP*, 344)과 "작동하는 지향성"(*PP*, XIII, 478)이 존재하는데, 초월론적 장은 이 모든 요소도 포함한다. 그뿐 아니라 초월론적 장은 하나의 초월론적 주체의 내부에 갇혀 있는 것이 아니고 하나의 주체를 다른 주체와 연결시키면서 여러 주체들 사이에 걸쳐서 존재하는 것이다.

이러한 이유에서 메를로-퐁티는 "후설이 말하듯이 초월론적 주관은 상호주관일 수 있다"(*PP*, VII)고 지적한다.[17] 이처럼 초월론적 장은 상호주관적 차원, 즉 사회적 차원을 지니고 있다. 더 나아가 그 어떤 초월론적 주관도 역사적 맥락을 벗어나 존재할 수 없으며, 그러한 점에서 모든 사유는 "역사적 사유"(le Cogito historique, *PP*, 425)라 할 수 있는데, 이러한 사실은 초월론적 장이 역사적 차원을 지니고 있음을 보여주고 있다. 초월론적 장의 역사적 차원 속에 "우리의 탄생 또는 세대성"(notre naissance, ou, notre générativite, *PP*, 489)이 포함됨은 물론이다. 초월론적 장이란 지금까지 살펴본 모든 초월론적인 것을 포괄하는 통일적인 장을 뜻한다. 두말할 것도 없이 '참된 초월론적인 것'으로서의 초월론적 장은 고전적 관념론의 초월론적 장과는 달리 애매모호함과 불투명성을 가득 담고 있는 장이며, 따라서 그 구성요소들이 모두 필증적인 명증의 양상에서 파악될 수 있는 장이 아니다.

---

17) 이 점과 관련해 메를로-퐁티는 다른 곳에서 "초월론적 주관은 드러난 주관이요 자신과 타인에게 드러난 앎이며, 이러한 이유에서 그것은 상호주관이다"(*PP*, 415)라고 말한다.

지금까지의 논의를 통해 드러났듯이, 지각의 현상학은 현상적 장의 구조를 해명함을 목표로 하는 현상학적 심리학에서 시작하여 초월론적 장의 구조를 해명함을 목표로 하는 초월론적 현상학으로 이행해간다. 그리고 우리가 이처럼 현상학적 심리학에서 시작해 초월론적 현상학으로 이행해가는 지각의 현상학을 정립하려면 두 가지 유형의 반성이 필요하다. 그것은 다름 아니라 앞서 살펴본 "심리학적 반성"(*PP*, 73), 즉 현상학적 심리학적 반성과 초월론적 태도로의 이행 이후에 가능한 "두 번째 단계의 반성"(*PP*, 77), 즉 초월론적 현상학적 반성이다. 이러한 두 가지 유형의 반성을 하려면 두 가지 유형의 현상학적 환원이 필요한데, 우리는 그것을 현상학적 심리학적 환원과 초월론적 현상학적 환원이라 부를 수 있을 것이다.[18] 메를로-퐁티는 지각의 현상학을 전개하면서 "참다운 '현상학적 환원'"(*PP*, 58, 60)의 필요성에 대해 언급하고 있는데, 이 경우 그가 염두에 두고 있는 참다운 현상학적 환원은 현상학적 심리학적 환원과 초월론적 현상학적 환원을 포괄하는 것이라 할 수 있다.

그런데 여기서 지각의 현상학의 정체를 정확하게 이해하려면 그것을 전개하는 데 필요한 '두 번째 단계의 반성'을 가능하게 하는 초월론적 현상학적 환원의 정체에 대해 올바로 알아야 한다. 이 점과 관련해 이러한 초월론적 현상학적 환원을 통해 우리가 해명하고자 하는 것이 다름 아닌 초월론적 장이며, 초월론적 장이 무수히 많은 불투명한 요소들을 포함하고 있다는 사실에 유의할 필요가 있다. 말하자면 여기서 문제가 되고 있는 초월론적 현상학적 환원은 우리의 주제적 시선을 무수히 많은 불투명한 요소들을 포함하고 있는 초월론적 장 전체로 향하도록 하면서 그에 대한 초월론적 반성을 가능하게 하기 위한 방법적 절차이다. 따라서 이러

---

18) 우리는 『지각의 현상학』에서 사용되는 현상학적 환원의 방법에 대해서 5절과 6장 3절에서 자세하게 논의할 것이다.

한 초월론적 현상학적 환원을 제대로 수행하지 못할 경우 진정한 의미의 초월론적 반성을 수행할 수도 없고, 그에 따라 초월론적 장 전체를 체계적으로 해명할 수도 없다.

메를로-퐁티에 따르면 실제로 여기서 문제가 되고 있는 초월론적 현상학적 환원과 진정한 의미의 초월론적 반성을 올바로 수행하지 못하여서 진정한 의미의 초월론적 장으로 진입하지 못한 철학이 있었다. 그것은 다름 아닌 "고전적인 유형의 초월론적 철학들"(*PP*, 74)로, 그 대표적인 예는 후설의 『이념들 I』에서 전개된 초월론적 현상학을 들 수 있다. 뒤에서 논의하겠지만 『이념들 I』에서 전개된 후설의 초월론적 현상학은 정적 현상학이다.[19] 그런데 정적 현상학의 경우 시간의식과 더불어 의식흐름을 발견하면서 초월론적 의식의 영역을 일종의 초월론적 장으로 이해하고 있다. 이 점과 관련해 후설은 『이념들 I』에서 초월론적 현상학적 환원을 통해 자신이 모습을 드러내는 초월론적 의식들의 총체를 가리켜 "절대적인 체험들의 무한한 장"(*Hua* III/1, 107)이라고 부르면서 이것을 "현상학의 근본적인 장"(*Hua* III/1, 107)으로 규정한다. 두말할 것도 없이 이처럼 초월론적 주관을 일종의 장으로 이해하고 있는 정적 현상학은, 초월론적 장의 존재에 대해 전혀 알지 못하고 "참다운 유일한 하나의 주체, 즉 사유하는 자아"(*PP*, 73)를 분석하고 있는 칸트의 초월론적 철학보다 훨씬 더 앞서 나간 철학이라 할 수 있다.[20]

19) 이 점에 대해서는 *PP*, 73ff. 참조. 3장에서 살펴보겠지만, 후설의 『이념들 I』에서 전개된 초월론적 현상학은 정적 현상학으로서 그것은 발생적 현상학과 구별된다.

20) 후설의 정적 현상학에 대한 메를로-퐁티의 태도가 일의적이지 않다는 사실에 유의할 필요가 있다. 여기서 논의되듯이, 그는 한편으로 후설의 정적 현상학이 부정적인 의미의 초월론적 장을 해명함을 목표로 하며, 그러한 한 그것이 칸트의 초월론적 철학과 근본적으로 다르다고 생각하고 있다. 그러나 그는 다른 한편, 3장에서 살펴보겠지만, 후설의 정적 현상학을 칸트의 초월론적 철학과 유사한 것으로 간주한다. 후설의 정적 현상학에 대한 메를로-퐁티의 견해는 여러 가지 문제점을 가지고 있는

그럼에도 불구하고 메를로-퐁티의 견해에 따르면, 정적 현상학은 의식흐름 중에서 필증적인 명증의 양상에서 포착될 수 있는 의식들에 초점을 맞추어 분석하고, 초월론적 주관을 필증적 명증의 양상에서 포착될 수 있는 주관으로 간주했기에 진정한 의미의 초월론적 장으로 진입할 수 없었다. 이 점과 관련해 메를로-퐁티는 후설이 후기에 생활세계를 해명하면서 "두 번째의 '환원'을 통해" 생활세계를 다시 "세계의 모든 불투명성"이 해소될 수 있는 "보편적 구성의 초월론적 흐름"(*PP*, 419) 안에서 해명하려 하고 있다고 지적하고 있다. 앞서 우리는 메를로-퐁티가 『지각의 현상학』에서 초월론적 장이라는 개념을 긍정적인 의미를 지닌 개념과 부정적인 의미를 지닌 개념 등 이중적인 의미를 지닌 개념으로 사용한다는 사실을 살펴보았는데, 후설의 정적 현상학에서 확인할 수 있는 초월론적 장의 개념은 부정적인 의미를 지닌 개념이라 할 수 있다.

이처럼 메를로-퐁티의 지각의 현상학이 초월론적 현상학으로 규정될 수 있기 때문에 그것을 초월론적 철학 또는 초월론적 현상학으로 해석하려는 몇몇 연구자들이 있는데, 그 대표적인 예로는 즈레츠, 하이네마(S. Heinämaa), 스미스(B. Smyth), 가드너(S. Gardner)를 들 수 있다.[21] 즈레츠와 하이네마는 『지각의 현상학』에 등장하는 '초월론적 장', '초월론적인 것' 등의 개념을 언급하면서 지각의 현상학이 초월론적 현상학이라는 견

데, 이 점에 대해서는 3장, 4장 5절, 8장 2절 등에서 자세하게 논의할 것이다.

21) T. F. Geraets, *Vers une nouvelle philosophie transcendentale. La Genèse de la philosophie de M. Merleau-Ponty jusqu'à la Phénoménologie der la Perception*, the Hague: Martinus Nijhoff, 1971; S. Heinämaa, "From Decisions to Passions: Merleau-Ponty's Interpretation of Husserl's Reduction", in: T. Toadvine/L. Embree(eds.), *Merleau-Ponty's Reading of Husserl*, Dordrecht: Kluwer Academic Publishers, 2002; B. Smyth, "Merleau-Ponty and the 'Naturalization' of Phenomenology", in: *Philosophy today* 54 (2010); S. Gardner, "Merleau-Ponty's Trancendental Theory of Perception", 미발간 논문(www.ucl.ac.uk/~uctyseg/merleauponty.pdf).

해를 피력하고 있다.[22] 이들의 생각은 두말할 것도 없이 타당하다 할 수 있다. 앞서도 논의했듯이, 필자도 『지각의 현상학』에 나오는 '초월론적 장', '초월론적인 것' 등의 개념이 지각의 현상학을 초월론적 현상학으로 해석할 수 있도록 해주는 좋은 전거들이라고 생각한다. 그럼에도 불구하고 이들은 초월론적 현상학으로서의 지각의 현상학의 정체와 관련하여 그것이 다름 아닌 현상학적 심리학적 환원을 통한 초월론적 현상학[23]이 라는 사실을 해명하지 않고 있으며, 그러한 점에서 한계를 가지고 있다.

스미스와 가드너에 따르면 메를로-퐁티의 지각의 현상학은 '지향성의 일반적 구조들을 경험의 필연적·선험적인 초월론적 조건들로서'[24] 해명하고자 하는 이론이다. 비록 세세한 내용에 있어서는 이 두 연구자들의 견해가 다르지만 그들은 모두 메를로-퐁티의 지각의 현상학을 '경험의 선험적인 가능조건들'을 해명하고자 하는 칸트의 초월론적 철학의 심화과정으로 이해하고 있다. 이 점과 관련해 가드너는 지각의 현상학을 '관념론적 형이상학의 한 형태'로 간주하며, 스미스는 메를로-퐁티가 분석하고 있는 '지각의 세계'(the perceptual world)가 '선험적인 필연성들'(a priori necessities)에 의해 구조화되어 있다고 말한다.[25] 더 나아가 스미스는 메를로-퐁티의 지각의 현상학이 후설의 초월론적 현상학보다는 칸트의 초월론적 철학과 유사성을 가지고 있다고 주장하면서 '메를로-퐁티의 칸트로의 귀환'[26]에 대해 언급한다. 그러나 앞선 논의를 통해서 우리는 이들의 견해가 타당하지 않음을 알 수 있다. 메를로-퐁티의 지각의 현

22) T.F. Geraets, 같은 책, 160-171; S. Heinämaa, 같은 글, 129.
23) 지각의 현상학이 현상학적 심리학을 통한 초월론적 현상학적 환원의 방법을 통해 정립되는 현상학이라는 사실에 대해서는 아래 5절과 6절에서 자세하게 다루어질 것이다.
24) B. Smyth, 2010, 157.
25) B. Smyth, 같은 글, 158 참조.
26) B. Smyth, 같은 글, 158-159.

상학은 칸트의 초월론적 철학이 아니라 후설의 현상학적 심리학을 통한 초월론적 현상학과 맥을 같이하는 것이기 때문이다. 이 점과 관련해 메를로-퐁티가 지각의 현상학을 전개하면서 칸트의 초월론적 철학을 지성주의의 대표적인 예로 간주하면서 그에 대해 비판하고 있다는 사실을 기억할 필요가 있다.[27]

지각의 현상학이 초월론적 장의 정체를 해명함을 목표로 하는 초월론적 철학의 일종임에도 불구하고 많은 연구자들은 그것이 초월론적 철학이라는 사실을 인정하지 않는다. 그 대표적인 예는『지각의 현상학』의 독일어 번역자인 뵘(R. Boehm)이다. 이 점과 관련해 그는 "메를로-퐁티는 초월론적 철학자로서 머물지 않는다"[28]고 분명히 밝히고 있다. 뵘에 따르면 초월론적 철학이란 경험의 가능조건을 연구하긴 하지만 그러한 연구를 경험과학과의 대화 없이 수행해나가는 철학을 뜻한다. 이 점과 관련해 그는 '자족적인 초월론적 철학'[29]이라는 표현을 사용하기도 한다. 이 경우 그가 초월론적 철학이라는 표현으로서 일차적으로 염두에 둔 것은 칸트의 초월론적 철학이지만, 후설의 초월론적 현상학까지 염두에 두었는지는 불투명하다.

---

27) 물론 우리는 지각의 현상학의 과제가 경험이 가능하기 위한 "필연적·선험적인 초월론적 조건들" 또는 "선험적인 필연성들"(a priori necessities) 등을 해명하는 데 있다는 이들의 견해 및 메를로-퐁티의 지각의 현상학과 칸트의 초월론적 철학의 관계를 검토할 필요가 있다. 이와 관련된 연구들로는 다음의 것들을 참조할 것. H. Hall, "The A Priori and the Empirical in Merleau-Ponty's Phenomenology of Perception", in: *Philosophy today* 23(1979); D. Leder, "Merleau-Ponty and the Critique of Kant", in: *Graduate Faculty Philosophy Journal* 9(1983); D. Coole, "The Aesthetic Realm and the Lifeworld: Kant and Merleau-Ponty", in: *History of Political Thought* 5(1984); M. C. Dillon, "Apriority in Kant and Merleau-Ponty", in: *Kant-Studien* 78(1987).

28) R. Boehm, "Vorrede des Übersetzers", in: *Phänomenologie der Wahrnehmung*, trans. R. Boehm, Berlin: Walter de Gruyter, 1966, XVII.

29) R. Boehm, 같은 곳.

우리는 메를로-퐁티의 지각의 현상학이 칸트의 초월론적 철학과 아무런 관계가 없다는 뵘의 견해에 전적으로 동감한다. 메를로-퐁티는『지각의 현상학』의 여러 곳에서 칸트의 초월론적 철학을 고전적 유형의 관념론이라고 규정하면서 그에 대해 비판하고 있기 때문이다. 그뿐 아니라 뵘이 메를로-퐁티의 지각의 현상학이『이념들 I』을 중심으로 전개된 후설의 정적 현상학과 다르다고 한다면, 우리는 그의 견해에 대해서도 전적으로 동의한다. 4장에서 살펴보겠지만, 메를로-퐁티 역시 후설의 정적 현상학이 현상적 장과 초월론적 장을 올바로 주제화할 수 없다는 이유로 그에 대해 비판하고 있기 때문이다. 그러나 뵘의 견해가 메를로-퐁티의 지각의 현상학은 현상학적 심리학의 단계에 머물러 있을 뿐 초월론적 철학과 아무런 관계도 없다는 것을 함축하고 있다면 우리는 그에 동의할 수 없다. 그 이유는 메를로-퐁티의 지각의 현상학은 현상학적 심리학의 단계에만 머물러 있지 않고 진정한 의미의 초월론적 장을 해명함을 목표로 하는 초월론적 현상학으로 전개되기 때문이다.[30]

4 지각의 현상학의 두 기둥: 현상학적 심리학과 초월론적 현상학

지금까지의 논의를 통해 지각의 현상학의 정체가 드러났다. 지각의 현상학은 우선 현상학적 심리학을 하나의 구성요소로 가지고 있다. 지각의 현상학은 일차적으로 현상학적 심리학으로 전개되어야 하는데, 이 점에

---

30) 뵘 이외에도 1장에서 살펴본 매디슨, 딜론, 스미스 등 메를로-퐁티의 지각의 현상학은 실존철학이요, 후설의 현상학은 그렇지 않다고 하는 대부분의 연구자들 역시 메를로-퐁티의 지각의 현상학을 초월론적 철학으로 간주하지 않는다. 그러나 이 점과 관련하여 유의해야 할 점은, 이 경우 이들이 염두에 두고 있는 초월론적 철학은 칸트의 초월론적 철학 또는 후설의 정적 현상학이라는 사실이다. 그들은 이러한 두 가지 유형의 초월론적 철학 너머에 제3의 유형의 초월론적 철학, 즉 발생적 현상학 또는 지각의 현상학으로서의 초월론적 철학이 존재한다는 사실을 깨닫지 못했다고 할 수 있다.

대해 메를로-퐁티는 『지각의 현상학』의 '입문' 4장의 논의를 마치면서 다음과 같이 말하고 있다. "그런데 이제 현상적 장이 충분히 한계지어졌으니까 이제 저 애매한 영역으로 들어가고 심리학자와 더불어 우리의 첫발을 떼보도록 하자[…]."(PP, 77) 여기서 알 수 있듯이 『지각의 현상학』의 입문에 이어 시작되는 '신체'에 관한 1부의 논의는 현상학적 심리학적 관점에서 시작한다.

메를로-퐁티의 지각의 현상학에 대한 기존의 연구를 살펴보면, 지각의 현상학을 현상학적 심리학으로 이해하고 있는 연구자가 있음이 확인된다. 예를 들어 앞서 언급된 뵘은 지각의 현상학을 현상학적 심리학으로 간주한다. 지각의 현상학이 현상학적 심리학이라는 사실을 해명하면서 그는 뉴턴과 칸트 이후 경험과학과 철학 사이에 아무런 실질적인 대화가 없었다는 사실을 강조한다.[31] 말하자면 철학은 경험과학과 아무런 대화도 없이 경험과학의 가능조건을 탐구해왔으며, 경험과학 역시 철학과 아무런 대화도 없이 자신의 대상영역을 탐구해왔던 것이다. 그러나 메를로-퐁티는 칸트와는 사정이 전혀 다른데, 그는 『지각의 현상학』뿐 아니라 이미 『행동의 구조』에서도 끊임없이 "무엇보다도 신체와 영혼에 관한 학문들, 즉 생리학과 심리학과 대결하였다".[32] 뵘에 따르면 물론 메를로-퐁티가 이러한 작업을 처음으로 시도했던 것은 아니며, 그 이전에 이미 '후설 다음으로 카시러와 셸러 등의 철학자, 골트슈타인 학파의 심리학자와 생리학자들, 그리고 형태심리학자들'[33]이 이러한 작업을 했다. 이러한 이유에서 그는 『지각의 현상학』의 독일어 번역본을 '현상학적-심리학적 연구'[34] 총서에 출간하는 일이 적절하다고 지적하고 있다.

---

31) R. Boehm, 1966, XVIII.
32) R. Boehm, 같은 글, XIX.
33) R. Boehm, 같은 곳.
34) R. Boehm, 같은 곳.

그러나 앞서 논의했듯이, 지각의 현상학은 단지 현상학적 심리학의 단계에 머물고 마는 것은 아니다. 후설의 경우와 마찬가지로 메를로-퐁티에게서도 현상학적 심리학은 초월론적 현상학의 전(前) 단계로서 초월론적 현상학에 이르는 통로이다. 이 점과 관련해 메를로-퐁티는 "이처럼 우리는 심리학 없이는 시작할 수 없었으며 심리학만으로 시작할 수도 없었다. 철학이란 해명된 경험 이외의 것이 아니기 때문에 경험은 철학을 예기한다"(PP, 77)고 말한다. 앞서도 지적했지만, 지각의 현상학은 말하자면 현상학적 심리학의 단계에서 시작해 지각의 구조를 충실하게 분석하면서 자신의 내재적인 논리 때문에 초월론적 현상학의 단계에 이르게 된다.

지금까지의 논의를 통해 드러났듯이 지각의 현상학은 현상학적 심리학과 초월론적 현상학을 두 가지 구성요소로 포함하고 있는 현상학이며, 그에 따라 현상학적 심리학과 초월론적 현상학을 지각의 현상학을 구성하는 두 기둥이라고 부를 수 있을 것이다. 앞서 말한 바와 같이 현상학적 심리학과 초월론적 현상학 중 지각의 현상학은 우선 현상학적 심리학으로 전개된다. 그러면 지각의 현상학이 이처럼 현상학적 심리학으로 먼저 전개되어야 하는 이유는 무엇인가? 이와 관련해 다음 두 가지 이유를 제시할 수 있다.

첫째, 우리는 일상적으로 자연적 태도에서 살아가고 있으며, 이러한 점에서 자연적 태도는 우리가 취할 수 있는 일차적인 태도라 할 수 있다. 이와는 달리 초월론적 태도는 우리가 일상적으로 취하는 태도가 아니라 자연적 태도의 일반정립을 배제할 때 가능한 태도이다. 이러한 이유에서 우리는 초월론적 현상학을 전개하기에 앞서 자연적 태도에서 현상학적 심리학을 우선 전개할 수 있는 것이다. 이처럼 자연적 태도에서 전개되는 현상학적 심리학은 현상적 장을 해명하면서 자연주의적 태도에서 은폐되어 있던 많은 것들을 보여준다. 이런 점에서 현상학적 심리학은 자신의 고유한 가치를 지니고 있다고 할 수 있다.

둘째, 현상학적 심리학은 진정한 의미의 초월론적 현상학으로 넘어갈 수 있는 징검다리 역할을 할 수 있으며, 이러한 이유에서 초월론적 현상학에 앞서 현상학적 심리학을 전개할 필요가 있는 것이다. 이 점과 관련하여 유의할 점은 현상학적 심리학은 주체의 현재적 체험뿐 아니라, 그것을 넘어서 의식의 심층 및 과거에 존재하는 다양하고 풍부한 체험들을 해명할 수 있다는 사실이다. 이처럼 풍부한 체험들을 앞서 분석하고 해명하지 않은 채 초월론적 현상학으로 넘어갈 경우, 그렇게 정립된 초월론적 현상학은 내용이 공허하고 추상적인 초월론적 현상학에 머물 위험을 안고 있다. 이러한 위험을 극복하고, 초월론적 현상학을 공허하며 추상적인 초월론적 현상학이 아니라 내용이 풍부한 진정한 의미의 초월론적 현상학으로 정립하기 위해서는 현상학적 심리학을 앞서 정립할 필요가 있는 것이다. 바로 이러한 맥락에서 메를로-퐁티는 『지각의 현상학』의 '입문' 4장에서 현상적 장과 초월론적 장에 대해 논의한 후 이 장의 마지막 부분에서 다음과 같이 적고 있다.

"이것이 바로 우리가 심리학을 통해 지각에 대한 연구를 시작해야만 했던 이유이다. 그렇게 하지 않았더라면 우리는 초월론적 문제의 의미를 전혀 파악하지 못했을 텐데, 그 이유는 자연적 태도에서 출발하여 그곳에 이르는 경로를 방법적으로 따라가지 못했을 것이기 때문이다. 반성철학이 그러하듯이, 처음부터 영원히 주어진 것으로 상정하게 될 초월론적인 영역에 우리를 위치시키지 않고 참된 구성의 문제를 회피하고 싶지 않았기 때문에 현상적 장을 자주 찾아보고 심리학적 기술들을 통해 현상이라는 주제에 대해서 알아야 할 필요가 있었다."(*PP*, 76-77)

이 인용문의 마지막 부분에 암시되었듯이, 지각의 현상학을 전개하면서 현상학적 심리학을 통해 초월론적 현상학으로 넘어간다고 해서 우리가 늘 초월론적 현상학의 차원에 머물러야 하는 것은 아니다. 초월론적 현상학의 차원에 머물다가, 필요할 경우 다시 현상학적 심리학의 차원으로 넘어가서 심리현상을 분석한 후 초월론적 현상학의 차원으로 다시 귀환할 수 있으며, 또 그래야만 하는 것이다. 위의 인용문에서 '현상적 장을 자주 찾아보고'라는 구절은 바로 이러한 상황을 표현하고 있다. 말하자면 우리는 지각의 현상학을 전개하면서 현상학적 심리학에서 초월론적 현상학으로 이행하기도 하고, 다시 초월론적 현상학에서 현상학적 심리학으로 이행하기도 하면서 현상적 장과 초월론적 장을 해명할 수 있는 것이다.

물론 현상학적 심리학이 초월론적 현상학에 앞서 전개될 필요가 있다고 해서, 메를로-퐁티의『지각의 현상학』의 서술도 이러한 순서에 따라서 이루어지고 있으며 이러한 순서가『지각의 현상학』의 목차에도 반영되어 있으리라고 생각해서는 안 된다. 실제로『지각의 현상학』의 목차를 살펴보면, 이러한 순서에 따라 기술되어 있지 않음을 확인할 수 있으며 그 순서를 암시하는 어떤 단서도 발견할 수 없다. 그뿐 아니라 목차에서 현상학적 심리학과 초월론적 현상학의 구별은 고사하고 '현상학적 심리학', '초월론적 현상학' 등의 용어도 발견할 수 없다.

이러한 사정을 염두에 두면서 혹자는 현상학적 심리학과 초월론적 현상학이 지각의 현상학을 구성하는 두 개의 축이라는 우리의 견해가 부당하다고 반박할지도 모른다. 그러나 앞서 논의한 바와 같이, 메를로-퐁티는『지각의 현상학』의 '입문' 4장에서 현상학적 심리학과 초월론적 현상학을 구별하고 있으며, 이러한 구별은 지각의 현상학의 전체적인 구도를 이해함에 있어 결정적으로 중요한 의미를 지니고 있다. 그리고『지각의 현상학』을 자세하게 읽어보면, 그중 어떤 부분은 주로 현상학적 심리학의 관점에서 기술되었고 어떤 부분은 주로 초월론적 현상학의 관점에서 기술되었음을 확인할 수 있다.

예를 들어 1부 2장 '신체경험과 고전적 현상학'은 주로 현상학적 심리학의 관점에서 집필되었다. 이 점과 관련해 우리는 1부 2장의 논의를 마무리지으면서 메를로-퐁티가 다음과 같이 언급하고 있음을 주목할 필요가 있다.

"의식이라고 하는 것, 아니 경험이라고 하는 것은 내적으로 세계·신체·타자들의 옆에 있는 것이 아니라, 그들과 내적으로 교류하고 있는 것, 그들과 함께 있는 것을 뜻한다. 심리학을 한다는 것은 필연적으로 이미 앞서 완성된 사물들 한가운데서 움직이는 객관주의적 사유의 이편에서, 그것이 없이는 객관적 인식이 존재할 수 없는바 사물에 대한 일차적인 열림과 만나는 것이다. 심리학자가 자기 자신을 대상들 중 하나로 파악하고자 했던 순간조차 그는 자기 자신을 경험으로써, 다시 말해 과거·세계·신체, 그리고 타자에게 거리 없이 드러남으로써 재발견하지 않을 수 없었다. 그러니까 이제 고유한 신체의 특징들로 돌아가서 우리가 연구를 그쳤던 곳에서 다시 그에 대해 연구를 시작하기로 하자. 그렇게 함으로써 우리는 근대심리학의 진보과정을 추적하고 근대심리학과 더불어 경험에로의 귀환을 수행하게 될 것이다."(*PP*, 113)

이 구절이 보여주듯이 메를로-퐁티는 경험에 대한 현상학적 연구와 관련해 심리학이라는 용어를 사용하고 있다. 이는 그가 여기서 수행하고 있는 분석이 현상학적 심리학적 분석이라는 사실을 보여주고 있다. 실제로 이 구절을 잘 살펴보면 우리는 메를로-퐁티가 그곳에서 수행하고 있는 분석이 현상학적 심리학적 분석이라는 사실을 알 수 있다. 예를 들어 그는 자신이 그곳에서 수행하고 있는 분석과 관련해 그것이 '객관주의적 사유의 이편에서' 존재하며 바로 객관주의적 사유를 가능하게 해주는 것을 분석함을 목표로 한다고 언급하고 있다. 이러한 언급은 그의 분석이 객관과학적 태도가 아니라 현상학적 심리학적 태도에서 수행되는 것임을 뜻한다. 더 나아가 그는 심리학자는 '자기 자신을 대상들 중의 하나'로 파악한다고 말하는데, 이러한 언급을 통해서 우리는 이 단계에서 이루어지고 있는 현상학적 분석이 아직 초월론적 현상학적 분석이 아니라는 사실을 알 수 있다. 그 이유는 초월론적 현상학적 분석의 경우 주체는 '자기 자신을 대상들 중의 하나'로 파악하는 것이 아니라, 모든 대상과 더불어 세계 자체를 구성하는 주관으로 파악하기 때문이다. 이러한 사실은 메를로-퐁티가 수행하고 있는 경험에 대한 분석이 구체적으로 현상학적 심리학적 분석임을 보여주고 있다.

그러나 1부 2장의 경우와는 달리 2부 '지각된 세계'는 그 제목이 암시하듯이 주로 초월론적 현상학의 관점에서 집필되었다. 예를 들어 메를로-퐁티는 2부 1장에서 '감각'에 대한 논의를 시작하면서 "그것[지각]은 처음부터 그에 대해 […] 인과 범주를 적용할 수 있는 세계 속의 사건으로 주어지지 않으며, 매 순간 세계의 재창조 또는 재구성으로서 주어진다"(*PP*, 240)고 말하면서 '재창조', '재구성' 등에 대해 언급하고 있는데, 이는 2부의 주된 관심사가 세계구성의 문제를 해명하는 데 있으며, 그러한 한 2부의 분석이 주로 초월론적 현상학의 관점에서 수행되고 있음을 보여주고 있다.

실제로 2부를 구성하고 있는 네 개의 장을 살펴보면, 구성의 문제를 해명하는 데 집중하면서 초월론적 현상학적 분석을 수행하고 있음을 알 수 있다. 2부의 네 개의 장은 각각 '감각', '공간', '사물과 자연적 세계', '타인과 인간적 세계' 등의 제목을 달고 있는데, 1장은 지각세계의 최하부층인 감각세계의 구성문제를 해명하고 있고, 2장은 공간구성의 문제를 해명하고 있으며, 3장과 4장은 각기 자연적 세계의 구성문제와 사회적 세계의 구성문제를 해명하고 있다. 필자의 견해에 따르면 이 네 개의 장은 다시 발생적 구성의 관점에 따라 배열되어 있다. 우선 발생적 관점에서 볼 때 가장 근원적인 차원인 감각세계의 구성이 1장에서 논의되고, 이어 자연적 세계의 한 요소인 공간의 구성이 2장에서 논의되며, 그를 토대로 3장에서 자연적 세계의 구성이 전반적으로 논의된 후, 마지막으로 4장에서 자연적 세계 위에 구축되는 사회적 세계의 구성이 논의되고 있다. 이러한 점에서『지각의 현상학』의 2부는 전반적으로 구성의 문제를 해명함을 목표로 하면서 초월론적 현상학적 분석을 수행하고 있다고 할 수 있다.

지금까지 우리는『지각의 현상학』의 어떤 부분은 주로 현상학적 심리학의 관점에서 기술되었고 어떤 부분은 주로 초월론적 현상학의 관점에서 기술되었음을 확인할 수 있었다. 그런데 이 점과 관련해 유의해야 할 점은, 어떤 한 부분이 주로 현상학적 심리학의 관점에서 기술되고 있을 경우에도 그것이 동시에 초월론적 현상학의 관점에서 기술되고 있기도 하고, 또 어떤 한 부분이 주로 초월론적 현상학의 관점에서 기술되고 있을 경우에도 그것이 동시에 현상학적 심리학의 관점에서 기술되고 있기도 하다는 사실이다. 이러한 사실은 앞서 살펴보았듯이, 현상학적 심리학과 초월론적 현상학 사이에 '평행관계'가 존재한다는 사실에서 나오는 필연적인 귀결이다. 앞서 4절에서 살펴보았듯이, 바로 양자 사이의 평행관계 때문에 현상학적 심리학에서 초월론적 현상학으로 나아가는 길이 가능하고 동시에 초월론적 현상학으로부터 현상학적 심리학으로 나아가는 길이 가능한 것이다.

그런데 메를로-퐁티는『지각의 현상학』의 여러 곳에서 심리학적 연구성과들을 현상학적으로 해석하면서 지각의 현상학을 전개하고 있다. 이처럼 해석작업을 하는 경우 현상학적 심리학에서 초월론적 현상학으로 이행하기도 하고 다시 초월론적 현상학에서 현상학적 심리학으로 이행하는 작업을 반복하지 않을 수 없다. 그 이유는 어떤 특정한 심리학적 연구성과를 현상학적으로 해석할 경우 그 정체를 총체적으로 해명하기 위하여 그것을 현상학적 심리학의 관점에서 고찰하는 작업과 초월론적 현상학의 관점에서 고찰하는 작업을 반복해서 수행할 필요가 있기 때문이다. 그리고 이처럼 현상학적 심리학과 초월론적 현상학 사이에서 어느 하나로부터 다른 하나로 이행하는 작업을 반복하면서 심리학적 연구성과들을 현상학적으로 해석할 경우, 그러한 해석 결과를 담고 있는 부분들은 현상학적 심리학의 관점과 초월론적 현상학의 관점에서 중첩적으로 기술되는 것이다.

필자의 견해에 따르면 『지각의 현상학』의 많은 부분은 이와 같이 이중적인 관점에서 중첩적으로 기술되고 있다. 이 점과 관련해 우리는 지각의 현상학의 두 기둥으로서 현상학적 심리학과 초월론적 현상학이 서로 무관하게 존재하는 것이 아니라 서로가 서로를 감싸 안으면서 하나의 기둥에서 다른 기둥으로의 이행이 부단히 일어나는, 즉 내밀한 관계에 있는 두 개의 기둥이라는 사실에 유의할 필요가 있다.

5 지각의 현상학과 현상학적 환원의 방법

그러면 메를로-퐁티는 지각의 현상학을 전개하면서 어떤 방법을 사용하고 있는가? 앞 절에서 간단히 언급했듯이, 그가 지각의 현상학을 전개하면서 주로 사용하고 있는 방법은 현상학적 환원의 방법이다. 지금까지의 논의에서 우리는 지각의 현상학을 전개하기 위하여 메를로-퐁티가 사용하고 있는 현상학적 환원의 방법과 접할 기회가 있었다. 이 점과 관련해 메를로-퐁티가 지각의 현상학을 전개하면서 '심리학적 반성', '초월론적 태도' 등의 개념에 대해 언급하고 있음을 기억할 필요가 있는데, 바로 그가 언급하고 있는 '심리학적 반성', '초월론적 태도' 등은 지각의 현상학에서 사용되고 있는 현상학적 환원의 방법과 밀접한 관계가 있다. 그리고 앞서 살펴보았듯이, 실제로 메를로-퐁티는 『지각의 현상학』에서 객관주의를 비판하면서 근원적인 지각체험으로 귀환하기 위한 방법으로서 '참다운 '현상학적 환원''이 필요하다고 말하고 있다. 이제 메를로-퐁티가 지각의 현상학을 전개하면서 사용하고 있는 현상학적 환원의 방법을 조금 더 자세하게 살펴보기로 하자.

메를로-퐁티가 지각의 현상학을 전개하면서 현상학적 환원의 방법을 사용하고 있다는 사실을 이해하기 위해서는 현상학적 환원이 무엇을 뜻하는지 알아야 한다. 현상학적 환원이란 "태도변경"을 뜻한다.(*Hua* III/1, 61 참조) 따라서 현상학적 환원의 정체를 이해하기 위해서 태도변경이 무엇인지 살펴보아야 하며, 태도변경이 무엇인지 이해하기 위해서는 현상학에서 '태도'가 무엇을 뜻하는지 살펴보아야 한다.[35]

현상학에서 태도란 어떤 한 주체 또는 다수의 주체들이 어떤 특정한 주도적인 관심에 따라 세계를 바라보고 그것을 대하며 살아가는 통일적인 관점을 뜻한다. 이처럼 태도를 구성하는 두 가지 중요한 요소는 '주도적인 관심'과 '통일적인 관점'이다. '주도적인 관심'이란 주체가 가지고 있는 무수히 다양한 관심 중 해당 시기에 주도적인 위치를 차지하게 된 관심을 뜻한다. 그리고 태도를 '통일적인 관점'이라고 부르는 이유는 태도가 이 세상에 존재하는 어떤 특정한 대상만을 향한 것이 아니라, 그 대상을 포함해 세계 안에 존재하는 모든 대상, 더 나아가 그것들이 현출할 수 있는 터인 세계를 향하고 있는 것임을 뜻한다.

이처럼 태도가 세계 및 세계 안에 존재하는 모든 대상을 향한 주체의 통일적인 관점을 의미하기 때문에, 우리가 어떤 특정한 태도를 취하면 세계 및 세계 안에 존재하는 대상들 전체는 그러한 태도에 의해 조명되어 특정한 모습을 보이게 된다. 그러면 이제 몇 가지 예를 통해 이 점을 구체적으로 살펴보기로 하자.

어떤 사람이 등산하면서 산자락에 핀 아름다운 꽃을 본 경험을 생각해 보자. 이 경우 그가 어떤 태도를 취하느냐에 따라 이 꽃을 비롯해 주위에 있는 다른 대상들, 더 나아가 세계 전체는 각기 다른 모습을 보일 수 있다. 꽃을 보면서 그 아름다움에 흠뻑 취해 있을 경우 그는 이 꽃에 대해

---

35) 현상학적 환원에 대한 아래의 논의는 이남인, 「현상학적 환원과 현상학의 미래」에서 발췌하였다.

미적 태도를 취하고 있다고 할 수 있다. 이런 태도를 취할 때 그는 이 꽃뿐 아니라 그 옆에 있는 다른 꽃들, 나무들, 바위들을 비롯해 일체의 것들을 미적 대상으로 경험한다. 그 이유는 그가 이 모든 대상들이 현출할 수 있는 터인 세계를 미적 세계로 경험하기 때문이다.

그러나 이 꽃을 감상하던 중 그 주위에 있던 꽃들이 훼손되었음을 발견하고 그런 행위를 한 사람들을 책망하면서 그것을 옳지 않은 것으로 판단한다고 가정해보자. 이 경우 그는 윤리적 태도를 취하면서 환경윤리적 관점에서 그들의 행위를 책망하고 있다고 할 수 있다. 이럴 때 그는 그 꽃을 비롯해 그 주위에 있는 많은 꽃, 더 나아가 바위·나무·물·곤충·동물 등 그 산 속에 있는 온갖 것들을 윤리적 배려의 대상으로 경험한다고 할 수 있다. 그 이유는 그가 이 모든 대상들이 현출할 수 있는 터인 세계를 윤리적 배려의 세계, 즉 윤리적 세계로 경험하기 때문이다.

또 그가 산을 오르면서 종교적으로 경건한 감정이 일어나 거기에 흠뻑 취했을 경우를 생각해보자. 이 경우 그는 그 꽃뿐 아니라 등산하면서 만나는 모든 것을 종교적 의미를 지닌 대상으로 경험할 수 있을 것이다. 만일 그리스도교 신자라면 그는 이 모든 것을 그리스도교적 세계관에 따라 창조주의 피조물로 경험할 수 있을 것이며, 불교 신자라면 이 모든 것을 불교적 세계관에 따라 윤회의 결과로 경험할 수 있을 것이다. 이처럼 모든 것을 종교적 의미를 지닌 대상으로 경험하게 되는 이유는 그가 종교적 태도를 취하면서 이 모든 대상들이 현출할 수 있는 터인 세계를 종교적 의미를 지닌 세계, 즉 종교적 세계로 경험하기 때문이다.

지금까지 세 가지 서로 다른 태도를 살펴보았다. 이러한 세 가지 태도 이외에 우리가 취할 수 있는 태도는 물론 수없이 많다. 이 모든 태도의 공통된 특징은 주체가 어떤 특정한 주도적인 관심에 따라 세계를 바라보고 그것을 대하며 살아가는 통일적인 관점이라는 데 있다. 그리고 주체가 어떤 특정한 태도를 취하면 세계는 그 태도에 의해 채색된 특정한 의미를 지닌 세계로 주체에게 현출한다. 말하자면 다양한 태도에는 다양한 유형의 세계가 대응한다.

　그런데 이와 같은 다양한 태도들과 관련해 주목해야 할 점은, 우리가 어떤 하나의 태도에서 머물다 다른 태도로 이행해갈 수 있다는 사실이다. 앞서 살펴본 예의 경우 미적 태도에서 머물다가 윤리적 태도, 종교적 태도, 경제적 태도 등으로 이행할 수 있으며, 또 그 반대의 경우도 가능하다. 이처럼 어떤 하나의 태도로부터 다른 태도로 이행하는 과정이 '태도변경'인데, 이러한 태도변경이 다름 아닌 현상학적 환원이다. 그리고 태도변경을 통해 우리가 취하게 되는 새로운 태도는 다양할 수 있는데, 그에 따라 현상학적 환원 역시 다양한 명칭으로 불릴 수 있다. 예를 들어 태도변경을 통해 미적 태도, 윤리적 태도, 종교적 태도, 경제적 태도 등을 취하게 될 경우 이처럼 다양한 유형의 태도변경은 각각 미적 현상학적 환원, 윤리적 현상학적 환원, 종교적 현상학적 환원, 경제적 현상학적 환원 등으로 불릴 수 있다.

　현상학적 환원에 대한 지금까지의 논의를 통해 알 수 있듯이 메를로-퐁티 역시 지각의 현상학을 전개해나가면서 현상학적 환원의 방법을 사용하고 있다. 그가 현상학적 환원의 방법을 사용해야 하는 이유는, 지각의 현상학을 전개하기 위해서는 그것이 해명하고자 하는 사태를 분석하기 위하여 나름의 고유한 태도를 취해야 하기 때문이다. 바로 이러한 이유에서 그는 『지각의 현상학』에서 근원적인 지각체험으로 귀환하기 위한 방법으로서 '참다운 '현상학적 환원''이 필요하다고 말하는 것이다. 여기서 알 수 있듯이, 현상학적 환원의 문제와 관련한 논의에서 실제로 문제가 되는 것은, 메를로-퐁티가 지각의 현상학을 전개하면서 실제로 현상학적 환원의 방법을 사용하는지 그렇지 않은지 하는 점이 아니라 어떤 유형의 현상학적 환원의 방법을 사용하느냐 하는 점이다. 그리고 메를로-퐁티가 지각의 현상학을 전개하면서 어떤 유형의 현상학적 환원을 사용하는지 해명하기 위해 우리는 지각의 현상학이 해명하고자 하는 사태를 고려하면서 이 사태를 파악하는 데 필요한 태도가 무엇인지 고찰할 필요가 있다.

앞서 살펴보았듯이, 지각의 현상학이 해명하고자 하는 사태는 현상적 장과 초월론적 장이며, 지각의 현상학이 현상적 장을 해명하고자 할 경우 그것은 현상학적 심리학으로 전개되고, 초월론적 장을 해명하고자 할 경우 초월론적 현상학으로 전개된다. 그런데 우선 현상적 장을 해명하면서 지각의 현상학을 현상학적 심리학으로 전개해나가기 위해서 우리는 현상적 장으로의 귀환을 방해하는 태도에 대해서 판단중지하면서 현상적 장으로 주제적 시선을 향하도록 하는 새로운 태도로의 전환, 즉 태도변경이 필요하다. 이러한 태도변경이 다름 아닌 현상학적 심리학적 환원이다. 이러한 태도변경을 현상학적 심리학적 환원이라고 부르는 이유는 그것이 현상학적 심리학을 가능하게 하는 방법적 토대이기 때문이다. 그리고 이러한 현상학적 심리학적 환원을 통해 우리는 "심리학적 반성"(*PP*, 73)을 수행하면서 지각의 현상학을 "현상학적 심리학"(*PP*, 71)으로 전개해나갈 수 있는 것이다.

그러나 지각의 현상학은 현상학적 심리학의 단계에만 머물지 않고 초월론적 장의 구조를 해명하면서 초월론적 현상학으로 전개된다. 그런데 초월론적 장을 해명하면서 지각의 현상학을 초월론적 현상학으로 전개해나가기 위해서 우리는 초월론적 장으로의 귀환을 방해하는 태도에 대해 판단중지하면서 초월론적 장으로 주제적 시선을 향하도록 하는 새로운 태도로의 전환, 즉 태도변경이 필요하다.

여기서 우리는 초월론적 장으로의 귀환을 방해하는 태도가 다름 아닌 자연적 태도라는 사실에 유의할 필요가 있다. 자연적 태도의 일반정립, 즉 "존재하는 것의 총체는 세계이다"라는 태도를 취하는 한 우리는 초월론적 장이 존재한다는 사실을 포착할 수도 없고, 따라서 초월론적 장으로 주제적 시선을 돌릴 수도 없다. 그 이유는 초월론적 장이란 세계를 구성하는 주관의 작용의 장과 그 상관자로서의 대상적 장의 총체를 의미하며, 이 경우 구성하는 주관의 작용의 장은 그 대상적 상관자인 대상적 장의 구성적 토대이지만, 자연적 태도에 머무는 한 우리는 주관의 작용의 장을 세계 속에 있는 다양한 영역 중의 하나로 파악하면서 그것이 모든 것의 구성적 토대라는 사실을 철저하게 망각하고 있기 때문이다.

따라서 지각의 현상학을 초월론적 현상학으로 전개하기 위해서 우리는 자연적 태도를 버리고 초월론적 장의 존재를 파악할 수 있는 새로운 태도, 즉 "초월론적 태도"(PP, 72)로의 변경이 필요한데, 이러한 태도변경을 초월론적 현상학적 환원이라 부를 수 있을 것이다. 이러한 초월론적 현상학적 환원을 통해 우리는 초월론적 반성을 수행하면서 지각의 현상학을 초월론적 현상학으로 전개해나갈 수 있다.

이처럼 지각의 현상학을 전개하기 위하여 메를로-퐁티는 현상학적 심리학적 환원의 방법과 초월론적 현상학적 환원의 방법을 사용하고 있다. 실제로『지각의 현상학』을 자세하게 읽어보면, 메를로-퐁티 역시 지각의 현상학을 전개하기 위해서 이 두 가지 유형의 현상학적 환원이 필요하다는 사실을 인정하고 있음을 확인할 수 있다. 앞서 우리는 메를로-퐁티가『지각의 현상학』의 '입문' 4장에서 '현상학적 심리학'의 방법으로 '심리학적 반성'을 제시한다는 사실을 살펴보았는데, 이러한 심리학적 반성은 현상학적 심리학적 환원의 토대 위에서만 가능한 것이다. 그리고 메를로-퐁티는 현상적 장으로부터 초월론적 장으로의 이행문제를 해명하면서 "심리학자의 기술이 충실한 것인 한 그러한 기술 속에는 이미 초월론적 태도가 함축되어 있다"(PP, 72)고 말하면서 초월론적 장을 해명하기 위해서는 '초월론적 태도'가 필요하다는 사실을 암시하고 있다. 여기서 그가 말하는 초월론적 태도는 바로 자연적 태도로부터 초월론적 태도로의 태도변경을 의미하는 초월론적 현상학적 환원을 통해서 확보될 수 있는 것이다.

이처럼 메를로-퐁티는 지각의 현상학에서 현상학적 심리학적 환원의 방법과 초월론적 현상학적 환원의 방법을 사용하고 있다. 그런데 우리는 지각의 현상학에서 사용되고 있는 이 두 가지 현상학적 환원의 방법을 하나로 묶어서 현상학적 심리학을 통한 초월론적 현상학적 환원의 방법이라고 부를 수 있을 것이다. 물론 현상학적 심리학적 환원이 초월론적 현상학적 환원과 독립적으로 수행될 수 있음은 두말할 필요도 없으며, 이처럼 현상학적 심리학적 환원만 수행되었을 경우 그것을 현상학적 심리학적 환원이라고 불러야 할 것이다. 그러나 앞서 살펴본 의미의 초월론적 현상학적 환원이 수행되었을 경우 그것은 필연적으로 현상학적 심리학적 환원이 수행되었음을 함축하기 때문에 우리는 그것을 현상학적 심리학을 통한 초월론적 현상학적 환원의 방법이라고 부를 수 있는 것이다.

1장 2절에서 살펴보았듯이, 많은 연구자들이 메를로-퐁티가 지각의 현상학을 전개하면서 현상학적 환원의 방법을 사용하지 않는다는 생각을 가지고 있다. 지금까지의 논의를 통해 우리는 이러한 연구자들의 견해가 부당함을 알 수 있다. 6장 3절에서는 이러한 견해를 피력하는 연구자들이 어떤 문제점을 가지고 있는지 딜론의 경우를 예로 들어 구체적으로 살펴볼 것이다. 이 절의 논의를 마무리하면서 메를로-퐁티가 지각의 현상학을 전개하면서 사용하고 있는 현상학적 환원의 방법과 관련해 다음과 같은 몇 가지 사실을 지적하고자 한다.

첫째, 메를로-퐁티는『지각의 현상학』서문에서 "현상학적 환원이 가르쳐주는 가장 큰 교훈은 완전한 환원의 불가능성이다"(*PP*, VIII)라고 말하고 있다. 1장 2절에서 살펴보았듯이, 메를로-퐁티의 이 명제를 염두에 두면서 일군의 연구자들은 메를로-퐁티의 지각의 현상학은 현상학적 환원, 즉 초월론적 현상학적 환원을 사용하지 않는다고 주장한다. 그러나 지금까지의 논의를 통해서 이러한 견해가 부당함이 밝혀졌다. 메를로-

퐁티의 이 명제가 구체적으로 무엇을 의미하는지 6장에서 자세하게 살펴볼 것이다.

둘째, 메를로-퐁티는 지각의 현상학을 전개하면서 지금까지 살펴본 현상학적 심리학적 환원의 방법과 초월론적 현상학적 환원의 방법 이외에도 헐어내기, 쌓아가기, 해석의 방법 등 다양한 유형의 현상학적 방법을 사용하고 있다. 6장에서 메를로-퐁티의 지각의 현상학이 발생적 현상학의 한 유형이라는 사실을 살펴보면서 어떤 이유에서 메를로-퐁티가 이러한 여타의 방법들을 사용해야 하는지 구체적으로 살펴볼 것이다.

셋째, 지각의 현상학에서 사용되고 있는 초월론적 현상학적 환원의 방법이 후설의 『이념들 I』에서 선보인 초월론적 현상학적 환원의 방법과 동일한 것이 아니라는 사실에 유의할 필요가 있다. 이 점과 관련해 우리는 후설이 『이념들 I』에서 선보인 초월론적 현상학적 환원의 방법 이외에도[36] 다양한 유형의 초월론적 현상학에 이르는 여러 가지 초월론적 현상학적 환원의 방법을 개발했다는 사실에 유의해야 한다. 그런데, 뒤에서 살펴보겠지만, 후설이 개발한 이처럼 다양한 유형의 초월론적 현상학적 환원의 방법 중 메를로-퐁티가 지각의 현상학에서 사용하고 있는 초월론적 현상학적 환원의 방법과 유사한 것이 존재하는데, 그에 대한 논의는 다음 절에서 이루어질 것이다.

6 메를로-퐁티의 지각의 현상학의 근본구상에 대한 후설의 영향

지금까지의 논의를 통해 우리는 메를로-퐁티의 지각의 현상학의 근본구상을 이해하였다. 그런데 메를로-퐁티는 지각의 현상학을 전개해나감에 있어 그것이 해명하고자 하는 사태뿐 아니라 그 방법에 있어서도 후

---

36) 『이념들 I』에서 선보인 초월론적 현상학적 환원은 정적 현상학적 의미의 초월론적 현상학적 환원인데, 그에 대해서는 4장 3절에서 자세하게 살펴볼 것이다.

설로부터 결정적인 영향을 받았으며, 따라서 양자 사이에는 근원적인 유사성이 존재한다. 그러면 이제 이 점을 사태 규정과 방법의 두 가지 측면으로 나누어서 살펴보기로 하자.

1) 사태 규정에 있어서 후설이 메를로-퐁티에 미친 영향

앞서 살펴보았듯이, 메를로-퐁티의 지각의 현상학이 해명하고자 하는 사태는 현상적 장과 초월론적 장이다. 그런데 메를로-퐁티의 지각의 현상학의 핵심주제인 현상적 장과 초월론적 장은 후설의 현상학이 해명하고자 하는 핵심주제들이며, 이처럼 주제 설정에 있어서 메를로-퐁티는 후설로부터 결정적인 영향을 받았다. 그러면 우선 현상적 장의 문제부터 살펴보기로 하자.

메를로-퐁티의 지각의 현상학에서 분석되고 있는 현상적 장은 후설의 현상학에 나타난 생활세계와 동일하다. 메를로-퐁티에 따르면 현상적 장이란 자연적 태도에서 경험되는 생활세계를 뜻하는데, 이러한 생활세계는 『이념들 II』에서부터 시작하여 『위기』를 비롯한 후설의 후기 저술에서 현상학의 핵심적인 주제로 등장하는 것이다. 후설의 현상학에 나타난 생활세계는 메를로-퐁티의 지각의 현상학에 나타난 현상적 장과 마찬가지로 객관적인 세계의 원천을 뜻한다. 이처럼 메를로-퐁티의 지각의 현상학에서 분석되고 있는 현상적 장이 후설의 현상학에 나타난 생활세계와 동일한 것이기 때문에 메를로-퐁티는 현상적 장을 '생활세계'라고 부르기도 하는 것이다.

앞서 살펴보았듯이 메를로-퐁티는 지각의 현상학에서 객관주의적 사유를 비판하면서 그러한 사유를 통해서는 포착되지 않는 근원적인 세계인 현상적 장으로 귀환하고 있다. 그런데 이 점에 있어서는 후설의 경우도 마찬가지다. 후설 역시 생활세계를 포착하기 위하여 객관주의적 사유를 비판하고 있다. 실제로 객관주의적 사유로서의 지성주의 철학과 경험주의 철학이 공유하는 근본전제에 대한 메를로-퐁티의 비판은 여러 가지 점에서 후설의 현상학을 연상시킨다. 우리는 지성주의와 경험주의에 대한 비판을 통해 현상적 장으로 귀환하는 메를로-퐁티의 작업이 후설로부터 결정적으로 영향을 받았다고 생각한다.[37]

우선 지성주의 철학과 경험주의 철학에 대한 메를로-퐁티의 비판과 관련해 후설 역시 자신의 현상학을 전개해나가면서 철학사와 비판적으로 대결하고 있고, 그중에서도 데카르트 이후에 전개되는 근대철학과 대결하고 있다는 사실을 주목할 필요가 있다. 그 가장 대표적인 예는 1923, 24년에 후설이 행한『제일철학』에 관한 강의다. 이 강의는 후설 전집 VII권과 VIII권으로 출간되었는데, 강의의 전반부에 해당하는 VII권에서 후설은 플라톤 이후의 철학사, 그중에서도 데카르트 이후에 전개되는 합리론과 경험론에 대해 자세하게 다루고 있다. 여기서 우리가 특히 주목해야 할 점은, 메를로-퐁티에게 그처럼 많은 영향을 주었던『위기』의 2부와 3부의 초반부에서 후설은 생활세계의 현상학을 본격적으로 전개하기에 앞서 갈릴레이와 데카르트에서 시작하여 칸트에 이르기까지 근대철학의 발전과정을 추적하면서 그에 대해 비판적으로 고찰하고 있다는 사실이다.

그런데 이러한 비판적 고찰의 핵심은 객관주의적 경향 때문에 근대철학이 근원적인 존재영역인 생활세계와 초월론적 주관의 영역을 망각할 수밖에 없었다는 것이다. 이 점과 관련해 후설은 근대철학을 여러 가지 측면에서 비판하고 있다. 그는 "수학의 자연화"(*Hua* VI, 20ff.)를 통해 수

---

37) 다스튀르(F. Dastur) 역시 우리와 동일한 견해를 피력한다. 그에 따르면 메를로-퐁티는 후설에게서 '새로운 초월론적 관념론 주창자'가 아니라, '전통적인 실재론과 관념론 사이의 대립을 넘어서는 철학의 주창자'를 발견했다. 이 점에 대해서는 F. Dastur, *Chair et langage. Essai sur Merleau-Ponty*, Fougères: Encre Marine, 2001, 31 참조.

학적인 자연을 발견함으로써 근대 자연과학의 초석을 놓은 갈릴레이를 "발견의 천재이자 은폐의 천재"(*Hua* VI, 53)라고 부르는데, 그 이유는 갈릴레이가 수학적 자연을 발견한 천재이긴 하지만 그와 동시에 생활세계의 존재를 은폐하고 망각하도록 만들었기 때문이다. 후설은 '생각하는 나'의 존재를 발견함으로써 근대철학의 문을 연 데카르트를 "객관주의적 합리주의라는 근대적 이념뿐 아니라 그것을 폭발시킨 초월론적 동기의 근원적 정초자"(*Hua* VI, 74)라고 말하면서, 그가 초월론적 철학의 정초자이긴 하지만 객관주의적 사유 경향으로 인해 생활세계의 영역과 초월론적 주관의 영역으로 진입하지 못했다고 비판한다. 이 점에 있어서는 칸트도 예외가 아니다. 후설에 따르면 칸트는 초월론적 철학의 문을 연 철학자다. 그러나 그의 초월론적 철학은 객관주의적 사유의 영향으로 과학의 가능근거만 파고들었을 뿐 과학적 세계의 토대가 되는 생활세계 및 과학적 사유의 밑바탕에서 작동하는 원초적인 삶의 영역을 천착할 수 없었다. 바로 이러한 맥락에서 후설은 "표층적 삶의 차원과 심층적 삶의 차원 사이의 대립"(*Hua* VI, 120)을 지적하면서 생활세계와 초월론적 주관의 심층까지 파고든 자신의 초월론적 현상학이 '심층적 삶의 차원'을 해명한 철학인 데 반해 칸트의 초월론적 철학은 표층적 삶의 차원만을 다룬 철학이라면서 그에 대해 비판하고 있다.

여기서 알 수 있듯이 지성주의와 경험주의를 비판하고 그를 통해 객관주의적 사유의 세계를 넘어 근원적 세계인 현상적 장의 영역으로 진입하며 지각의 현상학을 전개해나가는 과정에서 메를로-퐁티는 후설의 현상학, 그중에서도 『위기』를 중심으로 전개된 생활세계의 현상학으로부터 결정적인 영향을 받았다. 『지각의 현상학』 '입문'의 1-3장에서 이루어진 지성주의와 경험주의에 대한 비판과 '전통적 선입견'에 대한 분석은 근대철학에 대한 후설의 비판과 맥을 같이하는 것이라 할 수 있다. 말하자면 『지각의 현상학』 '입문'에 나타난 '전통적 선입견'에 대한 메를로-퐁티의 비판은 근대철학의 한계에 대한 후설의 통찰을 '감각'·'연상'·'기억'·'주의'·'판단' 등의 다양한 현상에 구체적으로 적용시킨 것이라 할 수 있다.

그런데 메를로-퐁티는 현상적 장뿐 아니라 초월론적 장을 지각의 현상학의 주제로 설정하는데, 우리는 그가 이 주제와 관련해서도 후설로부터 커다란 영향을 받았다고 생각한다. 이 점과 관련해 후설이 『데카르트적 성찰』에서 초월론적 현상학과 데카르트의 철학 사이에 존재하는 '본질적인 차이점'을 지적하면서, 초월론적 주관을 일종의 장으로 규정하고 있다는 사실에 주목할 필요가 있다.

"어쨌든 데카르트의 사유과정과의 본질적인 차이점이 드러났는데, 이러한 차이점은 계속해서 앞으로 전개될 전체 성찰을 위해 결정적인 역할을 담당할 것이다. 데카르트와는 달리 우리는 초월론적 경험의 무한한 장을 해명하는 과제 속으로 깊이 빠져들 것이다. 데카르트적인 명증, 즉 '나는 생각한다, 나는 있다'는 명제의 명증은 아무런 결실도 맺을 수 없었는데, 그 이유는 이 명제가 초월론적 판단중지의 순수한 방법적 의미를 해명하는 일을 소홀히 했을 뿐 아니라, 자아 스스로 초월론적 경험을 통하여 체계적으로 무한하게 해석될 수 있다는 사실을 주목하는 일도 소홀히 하였기 때문이다[…]."(*Hua* I, 70)

여기서 후설은 현상학이 해명하고자 하는 자아, 즉 초월론적 주관에 대한 경험의 성격에 대해 말하고 있다. 비록 후설이 이 점을 분명하게 지적하고 있지는 않지만, 데카르트의 경우 방법적 회의를 통해 자신의 모습을 드러내는 자아는 반성하는 자아의 반성작용과 동일한 현재 시점에서 존재하며, 그러한 점에서 필증적 명증의 양상에서 경험될 수 있는 사유작용들의 담지자이다. 그리고 그것은 현재 시점에서 존재하는 사유작용들의 담지자로서 과거지평과 미래지평은 물론 사회적 지평과 역사적 지평도 가지고 있지 않기 때문에, 현재 순간에만 존재하는 점적인 존재라 할 수 있다. 다시 말해 데카르트의 자아를 점적인 존재라고 규정하는 이유는 데카르트적 자아에 대한 반성적 경험은 현재적인 사유작용에 대한 경험을 넘어서지 못하기 때문이다.

후설은 인용문에서 바로 이러한 데카르트의 자아론을 비판하고 있는 것이다. 그에 따르면 초월론적 주관은 현재 시점에만 존재하는 점적인 존재가 아니다. 그것은 과거지평과 미래지평, 더 나아가 사회적 지평과 역사적 지평을 지니고 있다. 그리고 초월론적 현상학의 과제는 이처럼 다양한 지평을 지니고 있는 초월론적 주관의 총체를 해명하는 일이다. 그러나 초월론적 주관의 다양한 지평 속에는 불투명한 양상에서 주어지는 무한히 많은 초월론적 경험들이 숨어 있으며, 이러한 점에서 그는 '초월론적 경험의 무한한 장'을 언급하면서 이 장을 해명하는 일이 초월론적 현상학의 과제라고 주장하는 것이다.

물론 후설은, 4장에서 자세하게 살펴보겠지만, 초월론적 현상학을 정적 현상학으로 전개하고 있는 『이념들 I』에서 초월론적 자아를 "절대적인 체험들의 무한한 장"(*Hua* III/1, 107)이라고 부르면서 초월론적 주관의 문제와 관련해 『데카르트적 성찰』에서와 유사한 입장을 취하고 있는 것처럼 보인다. 그러나 양자 사이에는 결정적인 차이점이 존재하는데, 예를 들어 『이념들 I』에서는 아직 초월론적 의식이 능동적인 의식으로 간주되면서 수동적인 의식의 영역을 포괄하지 못하는 데 반해, 『데카르트적 성찰』에서 초월론적 의식은 수동적 의식을 비롯해 능동적 의식의 한계를 넘어서는 다양한 유형의 의식의 삶을 포괄하고 있다. 그리고 『이념들 I』에서 후설은 초월론적 주관을 현재 반성하는 주관에 의해 필증적인 명증의 양상에서 경험될 수 있는 체험들의 담지자로 규정하려는 경향을 보이면서 데카르트와 유사한 입장을 가지고 있었으나, 『데카르트적 성찰』에서 그는 "극단적으로 비판적인 예견 속에서, 그리고 어떤 형태든 저 오래된 데카르트적 성찰을 필연적으로 변혁할 준비가 된 채"(*Hua* I, 48) 현상학을 전개해나갔다. 여기서 알 수 있듯이 『데카르트적 성찰』에 나타난 '초월론적 경험의 무한한 장'은 『이념들 I』에 나타난 "절대적인 체험들의 무한한 장"(Hua III/1, 107)과는 본질적으로 다른 성격을 보이고 있으며, 그러한 점에서 후설은 『데카르트적 성찰』에서 데카르트적인 입장을 극복하고 있다고 할 수 있다. 『데카르트적 성찰』에 나타난 이러한 후설의 견해는 초월론적 장을 해명함을 지각의 현상학의 중요한 과제 중 하나로 규정하는 메를로-퐁티의 생각과 유사하며, 그러한 점에서 후설은 메를로-퐁티에게 결정적인 영향을 미쳤다고 할 수 있다. 메를로-퐁티에 대한 후설의 영향과 관련해 다음과 같은 두 가지 사실을 지적하고자 한다.

첫째, 우리는 메를로-퐁티가 후설이 현상학을 전개해나가면서 '초월론적 경험의 무한한 장'에 대해 논하고 있다는 사실을 충분히 숙지하고 있었다고 생각한다. 이 점과 관련해 그가 레비나스(E. Levinas)와 파이퍼(G. Pfeiffer)에 의해 불어로 번역되어 1931년 프랑스 파리에서 출간된 『데카르트적 성찰』(Méditations Cartésiennes)을 읽었다는 사실을 주목할 필요가 있다.[38] 그뿐 아니라, 그는 이 저서가 출간되기 전에 후설이 1929년 2월 파리에서 "초월론적 현상학 입문"(Hua I, XXIII)이라는 제목으로 행한 강의를 들었는데, 이 강의에서도 후설은 초월론적 주관이 "함축적인 지향성들"(Hua I, 198), "지향적 지평들"(Hua I, 198)을 지니고 있다는 사실을 지적하고 있다. 여기서 우리는 후설이 언급하고 있는 함축적인 지향성들, 지향적 지평들이 명료한 양상에서 파악될 수 없는 의식작용들을 포함하는 것으로서 오직 초월론적 장 속에서만 존재할 수 있는 것들이라는 사실에 유의할 필요가 있다.

---

38) E. Husserl, *Méditations Cartésiennes*, Paris: Colin, 1931. 메를로-퐁티가 이 책을 읽었다는 사실에 대해서는 *PP*, I의 주 1을 참조.

둘째, 앞서 메를로-퐁티의 경우 초월론적 태도에서 자신의 모습을 드러내는 초월론적 주관과 생활세계의 결합체가 넓은 의미의 초월론적 장이며, 초월론적 주관은 좁은 의미의 초월론적 장이라는 사실을 살펴보았다. 여기서 우리는 후설이 『데카르트적 성찰』에서 언급하고 있는 '초월론적 경험의 무한한 장', 즉 초월론적 장이 메를로-퐁티의 좁은 의미의 초월론적 장에 해당함을 알 수 있다. 그러나 이 점과 관련하여 후설의 초월론적 현상학이 넓은 의미의 초월론적 장을 주제화하고 있지 않다고 생각해서는 안 된다. 초월론적 주관과 생활세계의 결합체로서 넓은 의미의 초월론적 장이 후설의 초월론적 현상학의 핵심주제임은 물론이다.

지금까지 우리는 메를로-퐁티의 지각의 현상학이 해명하고자 하는 사태와 후설의 발생적 현상학이 해명하고자 하는 사태가 유사하다는 사실을 살펴보았다. 그러나 이러한 우리의 견해와는 달리 양자가 전혀 다르다고 주장하는 연구자도 있다. 예를 들어 딜론은 지각의 현상학이 해명하고자 하는 현상적 장으로서의 생활세계와 후설의 현상학에 등장하는 생활세계가 비록 용어상으로는 동일하지만 그것이 지시하는 사태는 전혀 다른 것이라고 주장한다. 물론 그는 지각의 현상학을 떠받들고 있는 지각의 우위라는 입장이 현상학적이며 "사태 자체로 귀환하라"는 후설의 구호와 일치하는 것으로 간주한다.[39] 그럼에도 불구하고 그에 따르면 메를로-퐁티의 지각의 우위라는 명제는 후설의 현상학과 부합할 수 없는데, 그 이유는 후설이 지성주의의 길을 걸으며 "사물의 본성이 그의 종합 또는 구성을 지배하는 법칙으로부터 파생된다"[40]는 입장을 취하면서 메를로-퐁티가 비판하고 있는 '경험의 오류'[41]를 범하고 있기 때문이다. 이

39) M. C. Dillon, *Merleau-Ponty's Ontology*, 53, Evanston: Northwestern University Press, 1997, 53.
40) M. C. Dillon, 같은 곳.
41) M. C. Dillon, 같은 곳.

때 경험의 오류란 앞서 형성된 고정적인 개념들을 현상에 부여하는 오류를 뜻하는데, 이러한 오류를 범할 경우 지성의 틀을 통해서 현상을 봄으로써 현상을 현상 자체로 포착할 수 없게 된다. 딜론에 따르면 후설의 생활세계는 이처럼 경험의 오류를 통해서 지성의 틀을 통해 지성화된 세계이며, 따라서 그것은 '의식에 의해 지향된 대로의 대상', '초월론적 구성의 산물, 판단중지, 즉 내재적 영역으로의 환원 이후에 남는 것'[42]에 불과하다. 그러나 후설의 생활세계와는 달리 메를로-퐁티의 지각의 세계는 경험의 오류를 통해 지성화되기 이전의 근원적이며 원초적인 세계로서 애매모호함으로 가득 찬 생동하는 세계이며 그 모든 의미의 원천인 세계이다. 딜론에 따르면 "지각된 세계는 모든 합리성, 가치와 경험이 언제나 전제되어 있는 토대이다".[43]

그러나 이러한 딜론의 입장은 타당하지 않다. 7장에서 자세하게 살펴보겠지만, 후설의 경우에도 지각세계로서의 생활세계는 능동적 종합 또는 구성을 통해 지성화된 세계가 아니다. 후설의 원초적인 생활세계는 원초적인 수동적 지향성들을 통해 체험된 세계로서 애매모호함으로 가득한 생동하는 세계를 뜻하며 그 모든 의미의 원천이 되는 세계이다. 이러한 점에서 지각세계로서의 후설의 생활세계는 메를로-퐁티의 지각의 세계와 동일한 것이라 할 수 있다. 이와 같은 사실은 생활세계를 발생적 현상학적 관점에서 분석해보면 분명하게 드러난다. 발생적 현상학의 경우 생활세계는 시간적인 발생적 정초의 관점에서 분석되며 생활세계를 이러한 방식으로 분석할 때 생활세계를 낳게 한 모든 유형의 지향성이 분석 주제로 등장한다. 이때 지향성은 능동적 지향성뿐 아니라 수동적 지

---

42) M. C. Dillon, 같은 책, 70.
43) M. C. Dillon, 같은 책, 156; M. Merleau-Ponty, *The Primacy of Perception*, trans. J. Edie, Evanston: Northwestern University Press, 1964, 13.

향성까지 포함하는데, 수동적 지향성이 불투명하고 애매모호하기 때문에 그 지향적 상관자인 생활세계 역시 불투명하고 애매모호한 성격을 가진 것으로 분석된다. 이처럼 발생적 현상학에서 분석되는 불투명하고 애매모호한 성격을 지닌 생활세계는 지성주의적 성격을 지니지 않으며, 그것은 메를로-퐁티의 지각의 세계와 동일한 것이라 할 수 있다. 그리고 발생적 현상학적 분석을 통해 드러나는 생활세계가 메를로-퐁티의 지각의 세계 또는 생활세계와 마찬가지로 모든 합리성·가치·경험의 토대임은 두말할 필요도 없다.

물론 생활세계에 대한 후설의 분석 속에는 딜론의 주장을 뒷받침하는 듯한 부분이 있는 것이 사실이다. 이 점과 관련해 생활세계에 대한 후설의 분석이 가지고 있는 이중적인 특성을 주목할 필요가 있다. 앞서 우리는 생활세계를 발생적 현상학적 관점에서 분석할 수 있는 가능성에 대해 살펴보았는데, 생활세계를 정적 현상학적 관점에서도 분석할 수 있다.[44] 정적 현상학은 초월론적 구성을 타당성의 초시간적 정초관계의 관점에서 해명함을 목표로 하는데, 정적 현상학에서는 생활세계 역시 타당성의 초시간적 정초관계의 관점에서 분석되며, 생활세계를 이러한 방식으로 분석할 경우 생활세계가 가지고 있는 명증, 즉 '생활세계적 명증'이 일차적인 분석의 대상이 된다.[45] 그 이유는 명증적인 의식이 그렇지 못한 의식의 타당성의 정초토대가 되기 때문이다. 이 경우 생활세계적 명증이 일차적인 분석의 대상이 된다 함은 생활세계가 가지고 있는 다양한 측면 중에서 불투명한 부분은 모두 배제되고, 명증적인 양상에서 파악될 수 있

---

44) 정적 현상학과 발생적 현상학의 구별에 대해서는 3장에서 자세히 다룰 것이다.

45) *Hua* XV, 617쪽을 참조할 것. 거기서 후설은 정적 현상학을 "완전한 세계직관의 확립을 위한 체계적인 방법"(die systematische Methode der Herstellung einer vollkommenen Weltanschauung, *Hua* XV, 617)으로 규정하고 있는데, '완전한 세계직관'이란 '완전한 명증'을 뜻한다.

는 생활세계의 측면이 일차적인 분석의 대상이 됨을 뜻한다. 이처럼 정적 현상학에서 생활세계의 불투명한 부분이 모두 배제되기 때문에 그것은 지성주의적 성격을 지닌 것처럼 보일 수 있다.

딜론은 이처럼 정적 현상학과 발생적 현상학의 구별에 따라 이중적인 성격을 보이고 있는 후설의 생활세계 중 발생적 현상학에서 분석되고 있는 생활세계가 아니라 정적 현상학에서 분석되고 있는 명증성의 원천으로서의 생활세계만을 주목하면서, 후설의 생활세계가 메를로-퐁티의 지각의 세계와 다르다는 견해를 피력하고 있는 것이다. 딜론이 이러한 그릇된 주장을 하는 이유는 그가 후설의 현상학을 지성주의와 동일시하기 때문이다. 물론 후설의 정적 현상학이 그가 비판하고 있는 지성주의와 동일한 것인지 하는 문제도 더 검토할 필요가 있지만, 설령 그것이 지성주의라 하더라도 후설의 생활세계와 관련된 그의 견해는 일면적이라 할 수 있다.[46]

---

46) 바르바라스 역시 딜론과 유사한 입장을 취하고 있다. 이 점과 관련해 그는 "생활세계에 대한 후설의 기술은 철두철미 저 객관주의에 종속되어 있다"(R. Barbaras, *Le tournant de l'expérience. Recherches sur la philosophie de Merleau-Ponty*, Paris: J. Vrin, 1998, 77)고 말한다. 그는 후설의 생활세계에 대한 자신의 견해를 개진하면서 후설의 생활세계를 "공간-시간적인 존재자들의 총체"(R. Barbaras, *Le tournant de l'expérience*, 71)로 규정한다. 후설은 『위기』에서 "세계는 사물들의 총체, [⋯] 공간-시간적인 존재자들의 총체이다"(*Hua* VI, 145)라고 말하는데, 바로 이 대목을 염두에 두면서 바르바라스는 후설의 생활세계에 대한 자신의 생각을 드러내고 있다고 할 수 있다. 그러나 '공간-시간적인 존재자들의 총체'로서의 세계는 자연적 태도에서 자신의 모습을 드러내는 세계로서 초월론적 현상학이 궁극적으로 해명하고자 하는 "세계지평"(*Hua* VI, 146), 즉 모든 대상들의 보편적인 지평이 아니다. 말하자면 초월론적 현상학적 의미에서의 생활세계는 '공간-시간적인 존재자들의 총체'가 아니라 '세계지평'이다. 따라서 후설의 생활세계를 '공간-시간적인 존재자들의 총체'로 규정하면서 후설의 생활세계 개념이 객관주의에 종속되어 있는 것이라고 하는 바르바라스의 비판은 후설의 생활세계 개념에 대한 오해에서 비롯된 부당한 비판이라 할 수 있다. 그리고 앞서 논의되었듯이, 생활세계를 초월론적 현상학적으로 해명하고자 할 경우 생활세계는 정적 현상학적으로 분석될 수도, 발생적 현상학적

그런데 후설의 초월론적 현상학에서 생활세계에 대한 분석이 이중적인 성격을 보이고 있다는 사실을 그 누구보다 잘 알고 있었던 현상학자는 다름 아닌 메를로-퐁티다. 그는 『지각의 현상학』에서 생활세계에 대한 후설의 분석과 관련해 다음과 같이 기술하고 있다.

"후설은 그의 후기철학에서 모든 반성이 생활세계(Lebenswelt)에 대한 기술을 하면서 시작해야 한다는 사실을 인정한다. 그러나 그는 제2의 '환원'을 통하여 생활세계의 구조가 다시 그 안에서 세계의 모든 불투명성이 해명되어야 하는바, 보편적 구성의 초월론적 흐름 안으로 되돌려져야 한다는 사실을 덧붙인다. 그러나 분명한 것은 다음의 둘 중 하나다. 즉 구성은 세계를 투명하게 만들긴 하지만, 이 경우 우리는 왜 반성이 생활세계를 매개로 해서 이루어져야 하는지 이해할 수 없거나, 아니면 반성은 세계의 어느 것을 취하지만 이 경우 반성은 세계로부터 불투명성을 제거할 수 없거나이다. 논리주의적인 시기를 연상시키는 많은 것들을 지나서 후설의 사유는 점차 이 두 번째 방향으로 나아가는데, 이러한 사실은 그가 합리성을 문제로 삼고, 궁극적으로 볼 때 '유동적인' 의미화를 인정하고 […] 인식을 근원적인 믿음에 정초하는 데서 알 수 있다."(PP, 419)

이 인용문에 나타나 있듯이, 메를로-퐁티는 생활세계에 대한 후설의 분석에는 '세계를 투명하게' 만드는 분석과 '세계로부터 불투명성을 제거할 수 없는' 분석 등 두 가지가 존재함을 지적하고 있다. 이 경우 전자는 생활세계에 대한 정적 현상학적 분석을 뜻하며, 후자는 그에 대한 발생적 현상학적 분석을 뜻한다고 할 수 있다. 메를로-퐁티는 생활세계에 대한 분석과 관련해 후설이 후기에 가서 점차 발생적 현상학의 방향으로

으로 분석될 수도 있으며, 발생적 현상학적으로 분석될 때 그것은 메를로-퐁티의 지각의 현상학에 등장하는 생활세계와 유사한 모습을 보이고 있다. 바르바라스는 이러한 사실도 간과하면서 후설의 생활세계 개념이 객관주의에 종속되어 있다고 주장하는 것이다.

나아가지만 후기에도 여전히 정적 현상학적 분석이 존재한다고 말하고 있다. 물론 그에 따르면 정적 현상학적 분석은 그릇된 분석이요 발생적 현상학적 분석은 타당한 분석이다. 따라서 후설이 후기에 가서도 정적 현상학적 분석을 수행하는 것은 온당한 일이 아니다.[47]

2) 현상학의 방법에 있어서 후설이 메를로-퐁티에 미친 영향

그러나 현상학의 주제인 사태 규정뿐 아니라 방법적인 측면에 있어서도 메를로-퐁티의 지각의 현상학과 후설의 현상학 사이에는 유사성이 존재하며, 이 점에 있어서도 메를로-퐁티는 후설로부터 결정적인 영향을 받았다. 이러한 사실을 이해하기 위해서는 현상학적 관점에서 볼 때 사태와 방법은 분리되어 존재하는 것이 아니라는 사실에 유의할 필요가 있다. 사태를 해명하기 위한 방법은 사태의 본성에 토대를 두고 있는 것으로서 그로부터 도출되는 것이다. 후설의 현상학이 해명하고자 하는 사태와 메를로-퐁티의 지각의 현상학이 해명하고자 하는 사태가 동일하기 때문에 이 두 유형의 현상학을 전개하기 위한 방법 역시 유사할 수밖에 없다.

앞서 우리는 메를로-퐁티가 지각의 현상학을 전개하면서 현상학적 심리학을 통한 초월론적 현상학적 환원의 방법을 사용한다는 사실을 살펴보았다. 그런데 메를로-퐁티가 사용하고 있는 이러한 초월론적 현상학적 환원의 방법의 출처는 다름 아닌 후설의 현상학이다. 잘 알려져 있듯이, 후설은 『이념들 I』에서 데카르트적 길을 통한 초월론적 현상학적 환

---

47) 이처럼 메를로-퐁티가 정적 현상학을 지성주의 철학, 그릇된 철학으로 간주하는 것과는 달리 우리는 정적 현상학 역시 발생적 현상학과 마찬가지로 나름의 고유한 권리를 가지고 있다고 생각하는데, 이 점에 대해서는 3장을 비롯해 여러 곳에서 자세하게 논의할 것이다.

원의 방법을 개발하였다.[48] 그러나 후설은 발생적 현상학을 전개해나가면서 데카르트적 길을 통한 초월론적 현상학적 환원의 방법으로는 무한한 초월론적 경험의 장을 적절하게 해명할 수 없다는 사실을 직시하게 되었다. 그에 따라 그는 무한한 초월론적 경험의 장을 해명할 수 있는 새로운 초월론적 현상학적 환원의 방법을 개발하였는데, 그 대표적인 예로는 현상학적 심리학을 통한 초월론적 현상학적 환원의 방법과 생활세계를 통한 초월론적 현상학적 환원의 방법을 들 수 있다.

그런데 이 두 유형의 초월론적 현상학적 환원의 방법은 그 내용에 있어 메를로-퐁티가 지각의 현상학을 전개하면서 사용하고 있는 현상학적 심리학을 통한 초월론적 현상학적 환원과 동일한 것이며, 바로 이러한 점에서 메를로-퐁티는 지각의 현상학을 전개해나가면서 그 방법적인 측면에 있어서도 후설의 현상학으로부터 결정적인 영향을 받았다고 할 수 있다. 이제 이 점을 후설의『위기』에 나오는 현상학적 심리학을 통한 초월론적 현상학적 환원의 방법과 생활세계를 통한 초월론적 현상학적 환원의 방법을 검토하면서 조금 더 자세하게 살펴보기로 하자.

후설은『위기』의 3부 '초월론적 물음의 해명과 그와 관련된 심리학의 기능'에서 초월론적 현상학에 이르는 두 가지 길을 해명하고 있다. 그는 그가 처음에 개척했던바,『이념들 I』에서 선보인 데카르트적 길을 통한 초월론적 현상학적 환원의 방법이 명증적 양상에서만 포착될 수 있는 초월론적 의식만을 파악할 수 있으며, 그러한 한 많은 한계를 지니고 있다는 사실을 자각하면서『위기』에서 초월론적 현상학에 이르는 두 개의 길을 개척하고 있다. 하나의 길은 "앞서 주어진 생활세계로부터 되물음으로써 초월론적 현상학적 철학에 이르는 길"(*Hua* VI, 105)이고, 또 하나의

---

48) 데카르트적 길을 통한 초월론적 현상학적 환원이 정적 현상학적 의미의 초월론적 현상학적 환원인데, 그에 대해 5장 3절에서 자세하게 살펴볼 것이다.

길은 "심리학을 통해 현상학적 초월론적 철학에 이르는 길"(*Hua* VI, 194)이다. 여기서 앞의 길이 다름 아닌 생활세계를 통한 초월론적 현상학적 환원의 방법이며 뒤의 길이 현상학적 심리학을 통한 초월론적 현상학적 환원의 방법이다.

그러면 우선 생활세계를 통한 초월론적 현상학적 환원의 방법에 대해 살펴보자. 이러한 환원의 방법은 생활세계의 현상학을 통한 초월론적 현상학을 정초하기 위한 방법이다. 이러한 현상학을 위해서 우선 생활세계의 현상학을 전개해야 한다. 그리고 생활세계의 현상학을 전개하기 위해서는 일차적으로 객관과학에 대한 판단중지(*Hua* VI, 138)를 수행해야 한다. 객관과학은 암암리에 자연과학적 세계를 우리가 경험할 수 있는 유일한 세계로 간주하면서 과학적 세계가 사실은 선과학적인 생활세계에 뿌리를 두고 있는 "'논리적' 구축물"(*Hua* VI, 130)에 불과하다는 사실을 깨닫지 못하고 있다. 따라서 생활세계를 경험하기 위해서 '객관세계에 대한 판단중지'를 통해서 생활세계로 귀환해야 하는데, 이러한 환원을 생활세계적 환원이라 부를 수 있다. 이처럼 생활세계적 환원을 수행한 후 우리는 "생활세계의 선험성"(*Hua* VI, 140)을 해명하면서 "생활세계의 존재론"(*Hua* VI, 173)을 정립할 수 있다.

생활세계의 존재론은 자신의 고유한 가치를 지닐 수 있으며 그것을 전개하는 일은 그 고유한 가치 때문에 의미를 가질 수 있다. 그것은 초월론적 현상학으로 넘어가기 위한 디딤돌 역할을 할 수도 있다. 그 이유는 자연적 태도에서 모든 것의 토대 역할을 담당하는 생활세계가 사실은 초월론적 상호주관에 의해 구성된 산물이기 때문이다. 생활세계는 자신의 원천을 초월론적 상호주관에 두고 있는 것으로서 이것과 비교해보면 파생적이다. 생활세계의 구조를 보다 더 근원적으로 해명하고 동시에 초월론적 주관을 해명하기 위해서 우리는 "자연적 삶의 태도에 대한 총체적인 변화로서의 초월론적 판단중지"(*Hua* VI, 151)를 수행하고 초월론적 주관으로 귀환해야 한다. 바로 이러한 귀환과정이 초월론적 현상학적 환원으로서 그것은 "세계와 세계의식 사이의 초월론적 상관관계에 대한 발견과 연구"(*Hua* VI, 154)를 가능하게 해준다. 이런 방식으로 우리는 생활세계를 통한 초월론적 현상학을 정초할 수 있으며, 그것이 가능하게 하기 위해서는 생활세계적 환원과 초월론적 현상학적 환원을 연속적으로 사용할 필요가 있는데, 이처럼 연속적으로 사용된 두 가지 환원을 합쳐서 생활세계를 통한 초월론적 현상학적 환원이라고 부른다.

이제 현상학적 심리학을 통한 초월론적 현상학적 환원의 방법에 대해 살펴보자. 이러한 환원의 방법은 현상학적 심리학을 통한 초월론적 현상학을 정초하기 위한 방법이다. 후설은 현상학적 심리학을 통한 초월론적 현상학을 전개하는 일이 가능함을 보여주기 위해서 "물리주의적 객관주의와 늘 새롭게 자신의 존재를 알리고 있는 '초월론적 동기' 사이의 투쟁이라는 관점에서 전개된 칸트 이후 철학사의 특징"(*Hua* VI, 194)을 고찰한다. 그에 따르면 칸트 이후 전개된 철학사의 주요 특징은 한마디로 "초월론적 철학과 심리학의 불운한 결별"(*Hua* VI, 201)이다. 이러한 결별의 원천은 초월론적 철학과 심리학을 철저하게 구별하고 초월론적 철학을 심리학과 아무런 관련도 없는 학문으로 만들어버린 칸트에게 있다.

칸트에 따르면 초월론적 통각의 통일체로서의 초월론적 의식은 초월론적 철학의 주제이며, 이와는 달리 경험적 의식은 심리학의 주제이다. 이처럼 초월론적 철학과 심리학이 결별하면서 초월론적 철학은 더 이상 사회적이며 역사적인 상황에 처해 있는 구체적인 인간존재를 다룰 수 없게 되었다. 이런 식으로 초월론적 철학은 초월론적 통각의 통일체로서의 추상적이며 논리적인 초월론적 의식만을 해명하는 추상적인 철학이 되고 말았다. 구체적인 인간존재를 해명하면서 구체적인 철학으로 탈바꿈할 수 있기 위해서 초월론적 철학은 이제 사회적이며 역사적인 상황에 처한 구체적인 인간존재를 연구주제로 삼고 있는 심리학의 도움이 필요하다. 이러한 맥락에서 심리학을 통한 초월론적 현상학의 구상이 등장하게 되는 것이다.

그러면 후설이 초월론적 현상학으로 넘어가기 위한 디딤돌로 생각하고 있는 심리학은 어떤 심리학인가? 자연과학적 심리학은 그와 같은 역할을 할 수 없다. 그것은 심리현상이 물리현상과 동일한 방식으로 연구될 수 있다고 가정하면서 출발하기 때문에 심리현상이 지향성을 가지고 있다는 사실을 파악할 수 없다. 예를 들어 자연과학적 심리학은 심리현상이 물리현상과 마찬가지로 자연적 인과관계의 망 속에 존재하는 것이라고 생각하면서 심리현상들을 지배하는 일반적인 자연법칙을 발견하고자 한다. 이런 방식으로 연구하면서 자연과학적 심리학은 심리현상이 가지고 있는 지향성이 존재한다는 사실조차 깨닫지 못한다. 따라서 그와 같은 사실을 깨닫고 그 구조를 해명하려면 자연과학적 심리학의 선입견으로부터 벗어나야 한다. 그 일을 위해서 자연과학적 심리학에 대해 판단중지를 수행해야 하는데, 이것이 곧 "현상학적 심리학적 판단중지"(*Hua* VI, 247)이며, 이러한 판단중지를 통해 우리는 심리현상이 가지고 있는 지향성을 파악할 수 있는 것이다. 그리고 현상학적 심리학적 판단중지를 수행하고 지향성으로 시선을 돌리는 작업이 바로 "현상학적 심리학적 환원"(*Hua* VI, 238)인데, 그를 통해 "내적 경험에 토대를 둔 심리학"(*Hua* VI, 217)을 전개할 수 있다.

현상학적 심리학은 자신의 고유한 가치를 가지고 있으며, 그 때문에 상세하게 전개될 필요가 있다. 그러나 그것은 초월론적 현상학으로 넘어가기 위한 디딤돌 역할을 할 수 있다. 현상학적 심리학이 그와 같은 역할을 할 수 있는 이유는 현상학적 심리학의 탐구주제인 현상학적 심리학적 주관과 초월론적 현상학의 탐구주제인 초월론적 주관 사이에 평행성이 존재하기 때문이다. 양자 사이의 평행관계는 다음과 같은 것을 함축한다. ①구성된 것으로서 세계 안에 존재하는 현상학적 심리학적 주관은 어떤 점에서 초월론적 주관과 동일하다. ②양자 사이의 차이점은 '동일한' 주관이 경험되는 방식의 차이에서 유래하는데, 이 '동일한' 주관이 현상학적 심리학적 태도에서 경험되면 우리는 그것을 현상학적 심리학적 주관, 초월론적 현상학적 태도에서 경험되면 그것을 초월론적 주관이라 부른다. 따라서 우선 현상학적 심리학적 태도에서 현상학적 심리학적 주관을 해명한 후 현상학적 심리학적 태도로부터 초월론적 태도로 넘어가면 초월론적 주관과 만나게 되며, 그것을 통해 초월론적 현상학을 전개해나갈 수 있다.

우리는 이처럼 현상학적 심리학적 환원과 초월론적 현상학적 환원을 연속적으로 사용하면서 현상학적 심리학을 통한 초월론적 현상학을 정초할 수 있다. 그런데 바로 현상학적 심리학을 통한 초월론적 현상학을 정초하기 위하여 이처럼 연속적으로 사용되는 두 가지 환원을 합쳐서 현상학적 심리학을 통한 초월론적 현상학적 환원이라고 부른다.

지금까지의 논의를 통하여 우리는 메를로-퐁티가 지각의 현상학을 전개하면서 사용하고 있는 현상학적 심리학을 통한 초월론적 현상학의 구상에서 후설의 현상학으로부터 결정적인 영향을 받았음을 알 수 있다. 그런데 여기서 지금까지 살펴본 현상학적 심리학을 통한 초월론적 현상학적 환원과 생활세계를 통한 초월론적 현상학적 환원 중 메를로-퐁티에게 영향을 미친 것이 앞의 것만이 아니라는 사실에 유의할 필요가 있다. 메를로-퐁티는『지각의 현상학』에서 현상학적 심리학을 통한 초월론적 현상학적 환원을 구상함에 있어서 앞서 살펴본 후설의 두 가지 유형의 환원으로부터 똑같이 영향을 받았다.[49] 실제로 그는 지각의 현상학을 전개하면서 이 두 가지 초월론적 현상학적 환원의 방법을 함께 사용하고

---

49) 드베테르 역시 필자와 유사한 견해를 피력하고 있는데, 이 점에 대해서는 R. J. Devettere, 1973을 참조할 것.

있다. 예를 들어『지각의 현상학』1부 3장에서 고유한 신체를 분석할 경우, 그는 고전적 심리학적 분석을 비판적으로 검토하면서 현상학적 심리학을 통한 초월론적 현상학적 환원의 방법을 사용하여 지각의 현상학을 초월론적 현상학으로 전개하고 있고, 2부에서 지각된 세계의 구성문제를 해명할 경우에는 생활세계에 대한 논의를 끌어들여 생활세계를 통한 초월론적 현상학적 환원의 방법을 사용하면서 지각의 현상학을 초월론적 현상학으로 전개하고 있다. 따라서 메를로-퐁티가 지각의 현상학에서 사용하고 있는 현상학적 심리학을 통한 초월론적 현상학적 환원의 방법은 후설의 현상학적 심리학을 통한 초월론적 현상학적 환원의 방법과 동일한 것이 아니라 앞서 살펴본 두 가지 유형의 초월론적 현상학적 환원을 합쳐놓은 것과 동일한 것이라는 사실에 유의할 필요가 있다.[50]

지금까지의 논의를 통해 메를로-퐁티가 지각의 현상학을 전개해나가면서 그것이 다루고자 하는 사태의 규정과 이 사태를 해명하기 위한 방법과 관련해 후설의 현상학으로부터 결정적인 영향을 받았음을 알 수 있다. 이제 다음과 같은 몇 가지 사실을 지적하면서 이 절의 논의를 마무리하기로 하자.

첫째, 앞서 후설의 경우 초월론적 현상학으로 넘어가기 위한 토대로서 살펴본 '내적 경험에 토대를 둔 심리학'인 현상학적 심리학은 사실학이

---

50) 후설의 용어를 사용해서 표현하자면 지각의 현상학에서 초월론적 현상학으로 이행하기 위한 디딤돌 역할을 하는 학문은 현상학적 심리학과 생활세계의 현상학이다. 메를로-퐁티는 지각의 현상학을 전개하면서 현상학적 심리학과 생활세계의 현상학을 명료하게 구별하지 않는다. 이 점과 관련해 드베테르는 후설이『위기』에서 명료하게 구별하고 있는 '현상학적 심리학적 환원과 생활세계적 환원'(the phenomenological-psychological and Lebenswelt reduction)이『지각의 현상학』에서는 "구별되지 않고 있다"(undifferentiated)고 말한다(R. J. Devettere, 1973, 304). 따라서 필자는 메를로-퐁티가 지각의 현상학에서 초월론적 현상학으로 이행하기 위한 디딤돌 역할을 하는 학문을 현상학적 심리학이라고 부르는 것이 적절하지 않다고 생각한다.

다. 사실학으로서의 현상학적 심리학은 심리현상을 특정한 시간, 공간, 역사적 상황 속에 존재하는 경험적 사실로서 간주하고 그에 대해 연구한다. 그러나 우리는 사실학으로서의 현상학적 심리학을 토대로 형상적 환원을 수행하면서 심리현상의 다양한 본질들을 파악하여 본질학으로서의 현상학적 심리학을 전개할 수 있고, 그것을 토대로 초월론적 현상학에 도달할 수 있다. 그런데 후설은 사실학으로서의 현상학적 심리학뿐 아니라 본질학으로서의 현상학적 심리학을 통해 초월론적 현상학에 도달하고자 하는 데 반해, 메를로-퐁티는 주로 사실학으로서의 현상학적 심리학을 통해 초월론적 현상학에 도달하고자 한다.

둘째, 이 절에서 우리가 메를로-퐁티의 지각의 현상학과 유사성을 가지고 있다고 논의한 후설의 초월론적 현상학은 발생적 현상학이다. 이 점과 관련해 3장에서 자세하게 살펴보겠지만, 후설의 초월론적 현상학이 정적 현상학과 발생적 현상학으로 나누어지며, 그중에서 정적 현상학은 지각의 현상학과 그 근본이념이 다르나 발생적 현상학은 후자와 근본이념을 같이하고 있다는 사실을 유의할 필요가 있다.

셋째, 후설의 발생적 현상학과 메를로-퐁티의 지각의 현상학 사이에는 지금까지 살펴본 것보다 훨씬 더 구체적인 차원에서 유사성이 존재한다. 양자 사이에는 그것이 해명하고자 하는 사태뿐 아니라 방법에 있어서도 지금까지 살펴본 것보다 훨씬 더 구체적인 차원에서 유사성이 존재한다. 예를 들어 양자는 모두 초월론적 장의 전체적인 구조를 해명하기 위하여 헐어내기, 쌓아가기, 해석의 방법 등을 사용하고 있다. 사태에 있어서뿐 아니라 방법론적 관점에서 볼 때 양자 사이에 얼마나 많은 유사성이 존재하는지 6장과 7장에서 구체적으로 살펴볼 것이다.

3

정적 현상학과 발생적 현상학

- 정적 현상학과 발생적 현상학의 구별에 대한 메를로-퐁티의 견해

- 메를로-퐁티의 견해에 대한 비판적 검토

- 정적 현상학과 발생적 현상학의 구별

우리는 메를로-퐁티가 지각의 현상학을 전개하면서 후설로부터 결정적인 영향을 받았다는 것을 알았다. 메를로-퐁티는 후설의 현상학을 긍정적으로 평가하고 있다. 그러나 그의 태도가 언제나 긍정적인 것만은 아니다. 그는 다른 한편으로는 후설의 현상학을 비판적으로 평가하고 있으며, 이러한 점에서 그의 평가는 이중적이다.

메를로-퐁티가 이중적인 평가를 내리는 이유는 후설의 현상학이 실제로 이중적인 모습을 보이고 있기 때문이다. 이 점과 관련해 우리는 후설이 그 근본이념에 있어 서로 구별되는 두 가지 유형의 초월론적 현상학, 즉 정적 현상학과 발생적 현상학을 발전시켰다는 사실에 주목해야 한다. 그리고 이처럼 서로 다른 두 가지 유형의 초월론적 현상학 중 메를로-퐁티는 정적 현상학에 대해서는 비판적 입장을 취하지만 발생적 현상학에 대해서는 호의적인 태도를 보인다.

3장의 목표는 메를로-퐁티가 후설의 초월론적 현상학에 대해 이중적인 태도를 보인다는 사실을 살펴보면서, 그가 이처럼 이중적인 태도를 보이는 이유는 바로 후설이 정적 현상학과 발생적 현상학이라고 하는 서로 다른 두 가지 유형의 초월론적 현상학을 전개하였기 때문이라는 사실을 밝히고, 정적 현상학과 발생적 현상학이 정확하게 어떻게 구별되는지 해명하는 데 있다. 1절에서는 메를로-퐁티가 정적 현상학과 발생적 현상학의 구별에 대해서 어떤 태도를 취하고 있는지 살펴보고, 2절에서 이러한 메를로-퐁티의 견해를 비판적으로 검토한 후, 3절에서 정적 현상학과 발생적 현상학의 올바른 구별에 대해 살펴볼 것이다. 정적 현상학과 발생적 현상학의 구별은 이후 이 책에서 이루어질 전체적인 논의를 위한 틀을 제공할 것이다.

1 정적 현상학과 발생적 현상학의 구별에 대한
메를로-퐁티의 견해

메를로-퐁티는『지각의 현상학』에서 정적 현상학과 발생적 현상학의 구별에 대해 논의는 고사하고 언급조차 하지 않고 있다. 그럼에도 불구하고 우리는 그가 양자 사이의 구별에 대해 알고 있었으며, 이러한 구별이 후설의 현상학을 이해하는 데 중대한 의미가 있다는 사실도 숙지하고 있었다고 생각한다. 이 점과 관련해 그는『지각의 현상학』서문에서 후설의 현상학의 성격과 관련해 그것이 여러 가지 점에서 "모순"(*PP*, I)을 지니고 있다는 사실을 논하면서, 그러한 모순 중 하나에 대해 다음과 같이 기술하고 있다.

"그것은 있는 그대로의 우리의 경험을, 학자, 역사가 또는 사회학자가 제공할 수 있는 그에 대한 심리학적 발생과 인과적 해명에 대한 어떤 고려도 없이, 직접적으로 기술하고자 하는 시도이다. 그렇지만 후설은 그의 후기 작품들에서 '발생적 현상학'에 대해 언급한다[…]."(*PP*, I)

이 인용문에 나타나 있듯이 여기서 문제가 되고 있는 두 가지 유형의 현상학은 우리의 경험에 대한 직접적인 기술을 목표로 하는 기술적 현상학과 발생의 구조를 탐구하는 발생적 현상학이다. 그런데 메를로-퐁티가 명백하게 밝히고 있듯이 여기서 언급한 발생적 현상학은 후설의 발생적 현상학이다. 이 점을 분명히 하기 위하여 메를로-퐁티는 앞의 인용문에서 후설의 발생적 현상학을 언급하면서 그에 대해 주를 달아, 파이퍼와 레비나스에 의해 번역되어 1931년 파리에서 출간된 후설의『데카르트적 성찰』의 불역본 120쪽 이하에 발생적 현상학이라는 개념이 등장함을 지적하고 있다. 그리고 이 인용문에서 발생적 현상학과 '모순' 관계에 있으며 그와 대비되어 언급되고 있는 또 다른 유형의 현상학인 기술적 현상학은 정적 현상학이라 할 수 있다. 그 이유는, 메를로-퐁티는 기술적 현상학을 '심리학적 발생과 인과적 해명에 대한 어떤 고려도 없이, 직접적으로 기술하고자' 하는 현상학으로 이해하고 있기 때문이다. 이 점과 관련해 후설 역시『데카르트적 성찰』에서 정적 현상학을 발생적 현상학과 대비되는 개념으로 사용하고 있다. 예를 들어 그는 메를로-퐁티가 인용하고 있는『데카르트적 성찰』에서 상호주관성의 문제를 해명하며 "여기서 문제가 되고 있는 것은, 시간적으로 전개되는 발생에 대한 해명이 아니라 정적인 분석이다"(*Hua* I, 136)라고 말하면서 발생적 현상학과 정적 현상학을 대비시키고 있다. 메를로-퐁티가 정적 현상학과 발생적 현상학의 구별을 명시적으로 언급하고 있지는 않지만, 그는 후설이 서로 구별되는 두 가지 유형의 현상학을 전개해나갔다는 사실을 잘 알고 있었다.

이제 메를로-퐁티가 정적 현상학과 발생적 현상학의 구별을 어떻게 이해하고 있는지 조금 더 자세히 살펴보자. 메를로-퐁티에 따르면 기술적 현상학으로서의 정적 현상학은 다름이 아니라『이념들 I』을 비롯한 "후설의 어떤 칸트적인 텍스트들"(*PP*, 320)에서 고전적인 지성주의의 한 유형으로 전개된 초월론적 현상학이다. 그것은 지각의 현상학과는 '모순' 관계에 있는 철학이며, 발생적 현상학은 고전적인 지성주의의 한계를 넘어서는 초월론적 현상학으로서 지각의 현상학과 동일한 지반에서 전개되고 있다. 우리는 후설의 초월론적 현상학에 대한 메를로-퐁티의 이러한 상반된 평가를 현상학의 거의 모든 핵심적인 주제와 관련하여 확인할 수 있는데, 이 점을 초월론적 주관 또는 초월론적 자아를 중심으로 살펴보자.

메를로-퐁티는 후설의 정적 현상학에 나타난 초월론적 주관 또는 초월론적 자아를 칸트의 초월론적 의식, 즉 초월론적 통각의 통일체와 유사한 것으로 이해한다. 그에 따르면 후설은 자신의 '어떤 칸트적인 텍스트들'에서 정적 현상학을 전개하면서 초월론적 주관 또는 초월론적 자아를 전통적인 초월론적 철학의 대표적인 유형에 해당하는 칸트의 초월론적 철학에 등장하는 초월론적 통각의 통일체와 유사한 것으로 취급하고 있다. 후설의 초월론적 주관과 칸트의 초월론적 의식의 유사성과 관련하여 메를로-퐁티는『지각의 현상학』에서 다음과 같이 적고 있다.

"그러니까 우리에게 운동의 통일성은 실제적인 통일성이 아니다. 마찬가지로 그것은 다양성도 아니다. 그리고 우리가 후설의 어떤 칸트적인 텍스트들과 마찬가지로 칸트에게서도 확인할 수 있는 종합 이념에 대해 비난하는 것은 바로 그것이 적어도 이념적으로 그것이 뛰어넘어야 할 실제적 다양성을 전제한다는 사실이다. 우리에게 근원적인 의식인 것, 그것은 자기 앞에 자유롭게 다양성을 정립하며 그것을 송두리째 구성하는 초월론적 자아가 아니라, 다양한 것을 시간의 도움을 통해서만 지배하며 그에 대해 자유 자체도 하나의 운명인 그러한 자아이다[…]."(PP, 320)

이 인용문에 나타나 있듯이 메를로-퐁티는 후설의 어떤 저작들을 칸트적인 저작들이라고 부르며 그러한 저작들에서 후설이 초월론적 주관을 칸트와 같은 방식으로 규정하고 있는 것으로 이해하고 있다. 그러면 이제 메를로-퐁티가 후설의 초월론적 주관을 칸트의 초월론적 의식과 유사한 것으로 간주하면서 그것을 구체적으로 어떻게 이해하고 있는지, 방금 살펴본 인용문과 더불어『지각의 현상학』의 '입문' 4장의 후반부(PP, 73ff.)를 중심으로 조금 더 자세히 살펴보기로 하자.

① 칸트의 초월론적 통각의 통일체와 유사한 후설의 초월론적 주관 또는 초월론적 자아는 앞의 인용문에도 암시되어 있듯이 초시간적인 주관이다. 후설의 초월론적 주관은 시간성과는 아무런 관련도 없는 주관이다.

② 초시간적인 주관으로서 초월론적 주관은 따라서 변화하는 주관이 아니다. 초월론적 주관은 언제나 동일한 것으로 머무는 주관이다. 그러므로 그것은 "하나의 통일체"(une Unité, PP, 75)에 불과하다.

③ 불변하는 주관인 초월론적 주관은 시간 속에서 변화해가는 경험적 주관과 구별된다. 칸트의 경우 불변하는 초월론적 의식이 변화하는 경험적 의식과 엄격하게 구별되듯이 후설의 경우도 초월론적 주관은 경험적

주관과 구별된다.

④다수인 경험적 의식과 구별되는 초월론적 의식 또는 초월론적 주관이 하나이기 때문에 초월론적 주관과 관련해서는 상호주관성의 문제가 제기되지 않는다. 그와 관련해서는 나의 주관과 너의 주관의 구별은 존재하지 않으며, 나의 주관과 너의 주관을 비롯해 모든 주관은 동일한 하나의 통일체인 초월론적 주관에 참여하는 주관에 불과하다.

⑤초월론적 주관은 세계를 구성하는 주관 또는 구성하는 의식이다. 그러나 이 경우 구성하는 의식으로서의 초월론적 주관은 개별적인 인간의 구성하는 의식이 아니라, "보편적인 구성하는 의식"(une conscience constituante universelle, *PP*, 74)이다. 이 경우 '보편적인 구성하는 의식'이란 다양한 모든 경험적인 의식을 포괄하는, 구성하는 의식이 하나의 보편적인 통일체임을 뜻한다.

⑥ 구성하는 의식으로서의 초월론적 주관은 사유하는 자아이다. 사유하는 자아로서의 초월론적 자아는 의지작용과 감정작용을 가지고 있지 않은 자아로서 사유작용과 사유대상이 일치할 수 있도록 사유대상을 필증적인 명증의 양상에서 남김 없이 파악할 수 있는 자아인데, 이 점과 관련해 메를로-퐁티는 다음과 같이 적고 있다.

"따라서 이러한 새로운 '환원'은 하나의 유일한 참된 주체, 즉 생각하는 자아만을 알게 될 것이다. 소산적 자연으로부터 능산적 자연으로의 이행, 구성된 것으로부터 구성하는 것으로의 이행은 심리학에 의해 시작된 주제화 작업을 완성시킬 것이며, 나의 지식 안에서 그 어떤 암묵적인 것이나 함축적인 것도 허용하지 않을 것이다. 그것은 나에게 나의 경험에 대한 온전한 소유를 가능하게 할 것이며, 반성하는 것과 반성되는 것 사이의 완전한 일치를 실현시킬 것이다. 그러한 것이 초월론적 철학의 일상적인 관점이며, 적어도 겉보기에는 초월론적 현상학의 프로그램이다." (*PP*, 73)

메를로-퐁티는 이 인용문에 나타난 '초월론적 현상학의 프로그램'에 주를 달아 "이 프로그램은 후설의 대부분의 텍스트 안에서, 그리고 그의 후기에 출간된 텍스트들 안에서도 이러한 용어들로 설명되고 있다"(*PP*, 73)고 말한다.

⑦ 이처럼 초월론적 주관의 경우 나의 경험에 대한 온전한 소유가 가능하고 반성하는 것과 반성되는 것 사이의 일치가 가능한 이유는 그것이 능동적인 지향성의 주관이기 때문이다. 그러므로 능동적인 지향성의 주관인 초월론적 주관은 그 어떤 수동적 지향성도 가지고 있지 않은 주관이며, 따라서 그것은 어떤 역사적 상황 또는 사회적 상황과도 무관한 주관이다. 초월론적 주관이 모든 상황을 초월해 있는 주관이라는 사실과 관련해 메를로-퐁티는 다음과 같이 말한다.

"비판주의와 같은 철학은 최종적인 분석에서 수동성이 가지고 있는 저 저항에 어떤 중요성도 부여하지 않는다[…]. 그러한 철학은, 따라서 철학자의 사유가 어떤 상황에도 속박되어 있지 않음을 암시한다."(*PP*, 75)

지금까지 메를로-퐁티가 후설의 초월론적 주관을 칸트의 초월론적 의식과 유사한 것으로 이해하고 있음을 살펴보았다. 이러한 초월론적 주관은 앞서 2장에서 살펴본바, 메를로-퐁티가 지각의 현상학을 전개해나가면서 분석하고자 한 초월론적 장과는 아무런 관련도 없는 주관이다. 그러한 이유로 메를로-퐁티는 지각의 현상학을 전개해나가면서 이러한 의미의 초월론적 주관을 비판하는 것이다.

그러나 다른 한편 메를로-퐁티는 후설의 발생적 현상학을 염두에 두면서 초월론적 주관에 대해 지금까지 논의된 것과는 전혀 다른 방식으로 이해하고 있다. 그는 후설이 발생적 현상학을 전개해나가면서 칸트의 초월론적 의식과는 전혀 다른 초월론적 주관을 분석의 주제로 삼고 있음을 인정한다. 그 가장 대표적인 예는 『지각의 현상학』의 서문에 나오는 다음의 구절인데, 여기서 메를로-퐁티는 우선 고전적인 지성주의로서의 초월론적 관념론의 초월론적 의식에 대해 상세하게 기술한 후 후설의 초월론적 주관이 그것과 다르다는 사실을 분명하게 밝히고 있다.

"철저하게 전개된 초월론적 관념론은 세계로부터 그 불투명성과 초월을 제거해버린다. 세계란 인간으로서 또는 경험적 주체로서의 우리가 아니라 모두가 하나의 유일한 빛이요, 저 일자를 나누지 않고 거기에 참여하는 한에서 우리가 표상하는 바로 그것이다. 반성적 분석은 세계의 문제와 마찬가지로 타자의 문제도 무시해버리는데, 그 이유는 그것이 의식의 첫 번째 섬광과 더불어 타당성에 있어 보편적 진리로 나아갈 수 있는 능력을 내 안에 나타나게 하고, 타자 또한 그 어떤 개체성도 없고 장소와 신체도 없는 상태에서 타자와 자아가 영혼의 유대인 참된 세계 안에서 단하나의 것이기 때문이다. 어째서 자아가 타자를 생각할 수 있는지를 이해해야 할 어려움도 존재하지 않는데, 그 이유는 자아, 그리고 결과적으로 타자도 현상의 조직 속에서 파악되지 않고 실존한다기보다는 타당성을 지닌 것으로 있기 때문이다. 저 얼굴들과 저 동작들 뒤에 감춰진 것은 아무것도 없고 내가 도달할 수 없는 어떤 풍경도 존재하지 않으며, 다만 빛 때문에 생긴 약간의 그림자가 있을 뿐이다. 그러나 우리는 이와는 달리 후설에게 타자의 문제가 존재하며 다른 자아는 하나의 역설이라는 사실을 알고 있다."(*PP*, VI)

이 인용문에서 메를로-퐁티는 우선 초월론적 관념론의 주관에 대해 비판하면서 초월론적 주관에 대해 논하기 시작한다. 메를로-퐁티에 따르면 초월론적 관념론의 주관은 경험적 주체가 아니라, 우리 모두가 참여하는 일자요 유일한 빛이다. 그것은 개체성·장소·신체성 등을 지니고 있지 않은 주관이며, 따라서 구체적인 역사적 상황과 사회적 상황 속에서 실존하는 주관이 아니다. 그러므로 초월론적 관념론의 주관은 나와 너의 구별이 없는 주관이며 이런 점에서 초월론적 관념론의 경우에는 타자의 문제, 상호주관성의 문제가 제기되지 않는다.

그러나 후설의 발생적 현상학에서 초월론적 주관은 초월론적 관념론의 주관과 전혀 다른 모습을 보이고 있다. 그 이유는 초월론적 관념론에서와는 달리 후설의 발생적 현상학에서는 타자의 문제가 제기되며, 다른 자아는 그 정체를 해명해야만 할 하나의 역설로 등장하기 때문이다. 이러한 맥락에서 메를로-퐁티는 후설의 초월론적 주관이 초월론적 통각의 통일체로서의 칸트의 초월론적 의식과는 달리 다수의 주관을 허용하는 주관이며, 따라서 초월론적 주관이 초월론적 상호주관이라는 사실과 관련해 "사유는 나를 상황 속에서 발견해야 하며, 바로 이러한 조건에서만 후설이 말하듯이 초월론적 주관이 상호주관이 될 수 있다"(*PP*, VII)고 천명한다.

이제 우리는 메를로-퐁티가 이해하고 있는 후설의 초월론적 주관의 또 다른 모습을 다음과 같이 정리할 수 있을 것이다.

① 후설의 초월론적 주관은 칸트의 초월론적 의식과는 달리 시간 속에서 존재하는 주관이다. 시간성은 초월론적 주관을 구성하는 핵심적 요소이다. 시간성이 결여되어 있다면 그 어떤 주관도 진정한 의미에서 초월론적 주관이라 불릴 수 없다. 바로 이러한 이유에서 메를로-퐁티는 『지각의 현상학』의 3부 '즉자-존재와 세계로 향한 존재'의 2장에서 시간성을 해명하고 있다. 메를로-퐁티에 따르면 "시간을 분석하는 일은 앞서 주어진 주관성 개념으로부터 결론들을 이끌어내는 일이 아니라, 시간을 통해 주관성의 구체적인 구조에 접근하는 일이다".(*PP*, 469)

② 시간성을 본질로 가지고 있는 초월론적 주관은 시간 속에서 부단히 변화하는 주관이다. 그리고 이처럼 부단히 변화하는 초월론적 주관은 서로 다른 두 순간에 동일한 의식 내용을 가지고 있는 주관으로 머물 수 없다.

③ 부단히 변화하는 주관이기 때문에, 초월론적 주관은 칸트의 초월론적 의식이 아니라 칸트의 경험적 의식에 더 가까운 주관이다. 칸트의 경험적 의식이 다수이듯이 후설의 초월론적 주관 역시 다수이다. 바로 이러한 이유에서 초월론적 주관은 초월론적 상호주관으로만 존재할 수 있다.

그리고 나의 초월론적 주관은 다른 초월론적 주관을 모두 장악하고 파악할 수 없다. 나의 초월론적 주관에게 다른 초월론적 주관은 '초월자'이며 양자는 엄밀하게 구별된다.

④초월론적 주관은 세계 및 대상을 완전히 파악할 수 없다. 그 이유는 그 모든 초월론적 주관에게 세계 역시 '초월자'이기 때문이다. 초월론적 주관의 대상 및 세계 파악의 경우 '사유된 것과 사유하는 것 사이의 일치'가 언제나 보장되는 것은 아니다.

⑤초월론적 주관은 자신의 지향성을 통해 나름대로 세계를 구성하는 주관이다. 그러나 이 경우 구성하는 주관으로서의 초월론적 주관은 "보편적인 구성하는 의식"(une conscience constituante universelle, *PP*, 74)이 아니라 일차적으로는 개별적인 의식이다.

⑥ 구성하는 주관으로서의 초월론적 주관은 사유하는 작용만을 가지고 있지 않다. 초월론적 주관은 사유하는 작용뿐 아니라 의지작용과 감정작용까지 가지고 있는 주관이며, 능동적인 작용뿐 아니라 수동적인 작용도 가지고 있는 주관이다. 따라서 초월론적 주관은 자기 자신의 전체적인 모습을 필증적 명증의 양상에서 온전히 파악할 수 있는 주관이 아니다.

⑦ 초월론적 주관이 능동적 지향성뿐 아니라 수동적 지향성도 지니고 있다 함은, 그것이 어떤 역사적 상황 또는 사회적 상황 속에서 존재하는 주관임을 뜻한다. 초월론적 주관은 다양한 상황의 제약을 받고 있는 주관이다. 그런데 상황에 처해 있는 존재는 실존이라 불리며, 따라서 초월론적 주관은 실존하는 주관이라 불릴 수 있다.

이처럼 정적 현상학과 발생적 현상학의 구별을 염두에 두면서 메를로-퐁티는 후설의 초월론적 주관에 대해 이중적인 태도를 보이고 있다. 메를로-퐁티는 후설의 초월론적 주관을 한편으로는 칸트의 초월론적 의식과 유사한 것으로, 다른 한편으로는 칸트의 초월론적 의식과 전혀 다른 것으로 이해하고 있다. 칸트의 초월론적 의식과 전혀 다른 모습을 보이고 있는 후설의 초월론적 주관이 메를로-퐁티가 『지각의 현상학』에서 분석하고 있는 실존하는 주관임은 두말할 필요도 없다. 이 점과 관련하여 메를로-퐁티는 『지각의 현상학』에서 시간성의 문제를 해명하면서 다음과 같이 지적하고 있다.

"주관성은 자기 자신과의 부동의 동일성이 아니다. 시간에 대해서와 마찬가지로 주관성에 대해서도, 그것이 주관성이 되기 위해서는 타자에 대해서 열려 있고 자신을 넘어서야 한다는 것이 본질적이다. 우리는 주관성을 구성하는 것으로 표상하고 주관성의 다양한 경험 또는 체험을 구성된 것으로 표상해서는 안 된다. 초월론적 주관[초월론적 관념론적 의미의 초월론적 주관]을 참된 주관으로 간주하고 경험적 자아를 초월론적 주관의 그림자 또는 항적(航跡)으로 취급해서는 안 된다. 만일 그들의 관계가 그러한 것이라면 우리는 구성하는 것을 향해 물러날 수 있을 것이고, 그러한 반성은 시간을 파괴하며 어떠한 장소도 시간도 가지고 있지 않은 반성이 되고 말 것이다."(*PP*, 487-488)

이처럼 메를로-퐁티에 따르면 후설의 정적 현상학과 발생적 현상학은 초월론적 주관을 서로 다른 방식으로 이해하고 있다. 정적 현상학은 초월론적 주관을 초개인적이며 초시간적인 초월론적 의식으로 이해하고, 발생적 현상학은 그것을 사회성과 역사성을 지니며 시간 속에서 전개해나가는 구체적으로 실존하는 주관으로 이해한다. 동일한 하나의 주관이 초시간적이면서 동시에 시간적일 수 없기 때문에, 정적 현상학과 발생적 현상학의 구별을 이러한 방식으로 이해할 경우 양자 사이에는 '모순'이 존재한다. 양자 사이의 '모순'과 관련해 메를로-퐁티는 정적 현상학은 부당한 철학인 데 반해 발생적 현상학은 타당한 철학이라고 생각한다.

2 메를로-퐁티의 견해에 대한 비판적 검토

메를로-퐁티가 후설이 정적 현상학과 발생적 현상학을 구별하고 있다는 사실을 잘 알고 있었음에도 불구하고 그가 양자의 구별을 얼마나 정확하게 이해하고 있었는지 하는 점은 더 살펴볼 필요가 있다. 필자의 생각에 양자의 구별에 대한 그의 견해는 나름의 문제점을 안고 있다. 그의 견해가 가지고 있는 결정적인 문제점은 정적 현상학에 대한 이해가 커다란 한계를 안고 있다는 데 있다. 메를로-퐁티는 후설의 정적 현상학을 칸트의 초월론적 철학과 유사한 것으로 간주하는데, 양자 사이에는 유사성이 있는 것도 사실이지만 넘을 수 없는 커다란 차이점도 존재하기 때문이다.[1] 그러면 이제 메를로-퐁티가 '후설의 어떤 칸트적인 텍스트'의 가장 전형적인 예로 간주하는 『이념들 I』을 중심으로 순수자아, 즉 초월론적 자아의 개념을 검토하면서 어떤 점에서 메를로-퐁티의 견해에 문제가 있는지 살펴보기로 하자.

후설은 『이념들 I』의 57절에서 현상학적 환원의 문제와 관련해 순수자아의 문제를 다루고 있다. 이 경우 순수자아는 다름 아닌 초월론적 의식의 주관, 즉 초월론적 주관을 뜻한다. 초월론적 주관을 순수자아라 부르는 이유는 그것이 초월론적 현상학적 환원을 통해 자연적 태도의 일반정립으로부터 순화된 자아이기 때문이다. 그런데 순수자아는 세계 및 세계 내 대상을 구성하는 모든 초월론적 의식이 그로부터 발산하는 발산중심이라 할 수 있다. 이러한 점에서 모든 초월론적 의식은 순수자아와 관련을 맺고 있다고 할 수 있다. 예를 들어 어떤 꽃을 바라보면서 그것을 감상할 경우 나의 초월론적 의식은 순수자아와 관련을 맺고 있다. 그리고

---

1) 앞서 2장 3절에서 '초월론적 장의 해명과 초월론적 현상학'의 문제를 살펴보면서 지적하였듯이, 후설의 정적 현상학에 대한 메를로-퐁티의 태도는 이중적이다. 그는 후설의 정적 현상학을 때로는 칸트의 초월론적 철학과 유사한 것으로 간주하기도 하고 때로는 전혀 다른 것으로 간주하기도 한다. 지금까지 3장에서 우리는 메를로-퐁티가 후설의 정적 현상학을 칸트의 초월론적 철학과 유사한 철학으로 간주하는 경우를 예로 들어 논의를 전개하고 있다. 후설의 정적 현상학에 대한 메를로-퐁티의 태도가 이중적이라는 사실은 뒤에서 다시 논의될 것이다.

이처럼 순수자아가 나의 모든 초월론적 의식과 관련을 맺고 있기 때문에 우리는 나의 모든 초월론적 의식 속에는 나의 순수자아가 살고 있으며 거꾸로 나의 순수자아는 나의 모든 초월론적 의식을 "동반할 수 있다"고 말할 수 있다. 이러한 점에서 후설의 순수자아와 칸트의 초월론적 의식, 즉 초월론적 통각의 통일체 사이에는 유사성이 있다고 할 수 있는데, 이 점과 관련해 후설은 다음과 같이 말한다.

"그것은[순수자아는] 특별한 의미에서 모든 현실적인 사유작용 속에서 살고 있으며, 그러나 모든 배경체험들 또한 그에게 속하고 그것은 그 것들에게 속한다. 이 모든 배경체험들은 나의 것인바, 하나의 체험류에 속하는 것으로서 이 모든 배경체험들은 현실적인 사유작용들로 바뀌거나 그러한 것들 속으로 편입될 수 있다. 칸트적인 용어로 말하자면 '나는 생각한다'는 나의 모든 표상을 동반할 수 있어야만 한다."(*Hua* III/1, 123)

여기서 후설은 순수자아가 나의 모든 현실적인 사유작용들 속에서 살아가며 그러한 점에서 순수자아 역시 나의 모든 현실적인 사유작용들을 동반한다고 말한다. 그러나 나의 순수자아가 동반할 수 있는 것은 단지 현실적인 사유작용뿐 아니라 모든 배경의식까지 포함한다. 그 이유는 이 모든 배경의식들은, 비록 그것들이 현실적인 의식은 아니지만, 현실적인 의식으로 바뀔 수 있기 때문이다. 이처럼 순수자아가 나의 현실적인 사유작용뿐 아니라 나의 모든 배경체험까지도 동반할 수 있기 때문에 후설은 칸트적인 용어를 빌려 "'나는 생각한다'는 나의 모든 표상을 동반할 수 있어야만 한다"고 말하면서 현실적인 의식뿐 아니라 배경의식까지 포함하는 다양한 초월론적 의식과 순수자아의 관계를 표현하고 있는 것이다.

필자는 바로 이처럼 후설이 『순수이성비판』에 나오는 "나는 생각한다는 것은 나의 모든 표상을 동반할 수 있어야 한다"[2]는 문구를 인용하면

---

2) I. Kant, *Kritik der reinen Vernunft*, Hamburg: Felix Meiner, 1956, B, 131.

서 순수자아와 초월론적 의식의 관계를 설명하고 있기 때문에, 많은 연구자들처럼[3) 메를로-퐁티 역시 후설의 순수자아와 칸트의 초월론적 의식을 동일한 것으로 간주한다고 생각한다. 이러한 사실을 감안하면 우리는 메를로-퐁티와 더불어 고전적 지성주의에 해당하는 후설의 정적 현상학의 경우 순수의식 또는 초월론적 주관이 칸트의 초월론적 의식 또는 초월론적 통각의 통일체와 동일한 것이라고 결론을 내려야 할지 모른다. 이 점과 관련해 우리는 후설이『이념들 I』에서만 칸트의 문구를 인용하면서 순수자아를 해명하고 있는 것이 아니라, 그 후 집필된『이념들 II』에서도 다음과 같이 순수자아 개념에 대해 해명하고 있음을 염두에 둘 필요가 있다.

"순수자아는 나의 모든 표상을 동반할 수 있어야 한다. 이러한 칸트의 명제는 우리가 표상이라는 말을 모든 불명료한 어두운 의식으로 이해할 경우 훌륭한 의미를 지닌다. 원칙적으로 순수자아는 수행되지 않은 (특정한 의미에서 무의식적인, 각성되지 않은) 모든 지향적 체험 안으로 들어가면서 살아갈 수 있다[…]."(*Hua* IV, 108)

그러나『이념들 I』에 나타난 후설의 순수자아, 즉 초월론적 주관이 칸트의 초월론적 의식과 다른 것이라는 사실에 유의할 필요가 있다. 양자 사이의 결정적인 차이점은 칸트의 경우 초월론적 의식이 초개인적인 의식이며 단 하나의 초월론적 의식 이외에는 존재하지 않는 데 반해 후설의 경우 초월론적 주관은 개인적인 의식이며, 따라서 단 하나의 초월론적 주관만 존재하는 것이 아니라 무수히 많은 초월론적 주관이 존재한다

---

3) J. Thyssen, "Das Problem der transzendentalen Subjektivität und die idealistischen Theorien", in: *Kant-Studien* 50(1958/59); G. Funke, *Zur transzendentalen Phänomenologie*, Bonn: Bouvier, 1972, 146; G. Funke, *Phänomenologie-Metaphysik oder Methode?*, Bonn: Bouvier, 1972, 9ff.; H. Drüe, *Edmund Husserls System der phänomenologischen Psychologie*, Berlin: Walter de Gruyter, 1963, 240; M. Theunissen, *Der Andere. Studien zur Ontologie der Gegenwart*, Berlin: Walter de Gruyter, 1977, 24.

는 데 있다. 앞서 살펴본 인용문에서도 후설은 칸트를 염두에 두고 "'나는 생각한다'는 나의 모든 표상을 동반할 수 있어야만 한다"고 말하면서도 다른 한편 순수자아에 의해 동반되는 체험류를 가리켜 '나의 것'이라고 밝히면서 순수자아가 나의 순수자아라는 사실을 암시하고 있다. 이처럼 『이념들 I』에서 순수자아는 개별적인 자아이다. 이 점과 관련해 후설은 순수자아와 관련해 그것이 "각각의 체험류에 대해 원칙적으로 다른 자아"(*Hua* III/1, 124)라고 말하면서 순수자아가 개별적인 자아라는 사실을 명시하고 있다.

물론 『이념들 I』의 57절에는 순수자아가 칸트의 순수의식과 동일한 것이라는 해석을 보강시켜줄 수 있는 것처럼 보이는 구절도 있는 것이 사실이다. 거기서 후설은 하나의 체험류 속에서 생겨났다 사라지는 체험이 다양한 것과는 달리 자아는 "절대적으로 자기동일적인 것"(*Hua* III/1, 123)이라고 지적하면서 다음과 같이 말하고 있다.

"적어도 원칙적으로 고찰하면 모든 사유작용은 변하고, 왔다가 멀어져 간다[…]. 그러나 거기에 반해 순수자아는 원칙적으로 필연적인 것처럼 보이며, 체험들의 현실적이며 가능적인 모든 변화에도 불구하고 절대적으로 자기동일적인 것으로서 그것은 어떤 의미에서도 체험 자체의 내실적 부분이나 계기가 될 수 없다."(*Hua* III/1, 123)

그러나 이 경우 후설이 순수자아를 자기동일적이라고 부르는 이유는, 순수자아가 칸트적인 의미에서 모든 개별적인 자아 너머에 있는 자기동일적인 것이기 때문이 아니라 어떤 하나의 순수자아가 속한 체험류에 들어 있는 체험들이 무수히 다양한 것과는 달리 순수자아는 하나이기 때문이다.

이처럼 무수히 많은 순수자아가 존재한다는 사실에서 출발하는 후설의 정적 현상학은 칸트의 초월론적 철학과는 전혀 다른 철학이다. 따라서 후설의 정적 현상학에서는 상호주관성의 문제가 제기될 뿐 아니라, 그것은 모든 현상학적 문제들 중 가장 중요한 문제로 간주된다. 이 점과 관련

해 우리는, 앞서 살펴보았듯이, 후설이 제5『데카르트적 성찰』에서 상호
주관성의 현상학을 전개하면서 "여기서 문제가 되고 있는 것은, 시간적
으로 전개되는 발생에 대한 해명이 아니라 정적인 분석이다"(*Hua* I, 136)
라고 말하고 있다는 사실에 유의할 필요가 있다. 말하자면 제5『데카르
트적 성찰』에서 전개된 상호주관성의 현상학은 정적 현상학적 상호주관
성의 현상학인 것이다. 그러나 칸트의 초월론적 철학의 경우는 사정이 전
혀 다르다. 단 하나의 초월론적 의식만 인정하는 칸트의 초월론적 철학에
서는 처음부터 상호주관성의 문제가 들어설 여지가 없다. 이러한 점에서
후설의 정적 현상학과 칸트의 초월론적 철학 사이에는 넘지 못할 심연이
놓여 있다고 할 수 있다.

여기서 우리는 메를로-퐁티가 『이념들 I』을 비롯해 '후설의 어떤 칸트
적인 텍스트들'이라고 부르는 텍스트들이 지금까지 살펴보았듯이 실제
로는 전혀 칸트적인 텍스트가 아니라는 사실에 유의할 필요가 있다. 만일
우리가 이 텍스트들을 칸트적인 텍스트라 부른다면 그것은 극히 형식적
인 의미에서만 그럴 수 있을 뿐이다. 이 점과 관련해 후설은 자신이 초월
론적 현상학을 전개하면서 칸트로부터 커다란 영향을 받았지만 실제로
자신의 초월론적 철학과 칸트의 초월론적 철학 사이에 존재하는 일치점
이 단지 "외적인 것"(*Hua* VII, 386)에 불과하다고 생각하고 있다. 물론 후
설과 칸트 사이의 차이는 후설이 발생적 현상학을 전개해나감에 따라 더
욱더 커지지만, 이미 후설의 정적 현상학과 칸트의 초월론적 철학 사이에
도 넘을 수 없는 심연이 존재한다.

후설의 정적 현상학과 칸트의 초월론적 철학 사이에 존재하는 차이점
과 관련하여 한 가지 더 지적하고 넘어가야 할 사실이 있다. 앞서 후설의
저술을 살펴보면서 그가 "'나는 생각한다'는 나의 모든 표상을 동반할 수
있어야 한다"는 칸트의 명제를 인용하며 양자의 관계를 오해하도록 기술
하는 대목이 있다는 사실을 살펴보았는데, 그 밖에도 그렇게 만드는 또

다른 요소가 존재한다. 그것은 바로 후설이 자신의 초월론적 현상학을 본질학으로 전개하면서 초월론적 주관의 본질을 파악하고자 한다는 데 있다. 이 경우 개별적인 초월론적 주관이 다양함과는 달리 초월론적 주관의 본질은 '하나'이며 '초시간적'이다. 이처럼 초월론적 주관의 본질이 '하나'이며 '초시간적'이기 때문에 그것은 칸트의 초월론적 통각의 통일체로서의 초월론적 의식과 유사한 것처럼 보인다. 그러나 양자 사이에는 결정적인 차이가 존재하는데, 그 이유는 칸트의 초월론적 통각의 통일체로서의 초월론적 의식은 그 무엇의 '본질'이 아니기 때문이다.

필자는 메를로-퐁티가 이처럼『지각의 현상학』의 여러 곳에서 후설의 정적 현상학을 칸트의 초월론적 철학과 동일시하고 있음에도 불구하고 그 역시 양자 사이에 근본적인 차이점이 존재한다는 사실을 충분히 알고 있었다고 생각한다. 이 점과 관련하여 앞서 2장에서 논의된 초월론적 장을 다시 한 번 간단하게 검토할 필요가 있다.

앞서 우리는『지각의 현상학』에 긍정적인 의미의 초월론적 장과 부정적인 의미의 초월론적 장 등 두 가지 초월론적 장이 등장하며, 부정적인 의미의 초월론적 장을 다루고 있는 철학의 대표적인 예로는 후설의 정적 현상학을 들 수 있다는 사실을 살펴보았다. 후설의 정적 현상학이 부정적인 의미의 초월론적 장을 탐구주제로 삼는다 함은 그것이 초월론적 주관을 칸트적인 의미의 초월론적 의식과 동일한 것으로 간주하지 않음을 의미한다. 그 이유는 부정적인 의미의 초월론적 장은 무수히 많은 유형의 초월론적 의식을 포함하고 있는 것인 데 반해 칸트적인 의미의 초월론적 의식은 단 하나의 초월론적 의식만으로 이루어진 것이기 때문이다. 이러한 이유에서 우리는 메를로-퐁티가『지각의 현상학』에서 후설의 정적 현상학과 칸트의 초월론적 철학 사이에 근본적인 차이점이 존재한다는 사실을 충분히 인식하고 있었다고 생각한다. 이러한 점을 고려하면, 메를로-퐁티가『지각의 현상학』에서 후설의 정적 현상학과 칸트의 초월론적 철학과 관련해 한편으로는 양자 사이의 동일성을, 다른 한편으로는 양자 사이의 차이점을 인정하는 이중적인 태도를 보인다고 말할 수 있다.

3 정적 현상학과 발생적 현상학의 구별

지금까지 우리는 정적 현상학과 발생적 현상학의 구별에 대한 메를로-퐁티의 견해에 문제점이 있음을 살펴보았다. 그러면 양자의 구별과 관련해 후설은 어떤 입장을 취하는가? 필자가 이미 다른 곳에서 여러 차례에 걸쳐 해명하였듯이[4] 후설은 그에 관해 다음과 같이 서로 다른 두 가지 견해를 피력한다.

첫째, 정적 현상학과 발생적 현상학은 모두 시간 속에서 전개해나가는 초월론적 주관의 초월론적 구성작용을 해명함을 목표로 한다. 그러나 정적 현상학은 이미 구조화되어 있는 초월론적 주관의 능동적인 구성의 층을 다루고, 발생적 현상학은 초월론적 주관의 능동적인 구성의 층뿐 아니라 수동적인 구성의 층의 발생과정까지 연구한다. 이러한 구별에 따르면 정적 현상학은 발생적 현상학의 전 단계에 해당하며 발생적 현상학은 정적 현상학의 심화된 단계에 해당한다. 정적 현상학이 해명하고자 하는 주관인, 이미 구조화되어 있는 초월론적 주관의 능동적인 구성의 층은 발생적 현상학이 해명하고자 하는 초월론적 발생 속으로 흡수되고 말기 때문이다. 정적 현상학과 발생적 현상학을 이러한 방식으로 이해할 경우 양자 사이에는 아무런 모순도 존재하지 않으며 양자는 양립가능하다. 정적 현상학은 비록 표층의 문제를 다루고 있기는 하지만 나름의 의미를 지닐

---

4) 예를 들어 N.-I. Lee, *Edmund Husserls Phänomeologie der Instinkte*, Dordrecht/Boston/London: Kluwer Academic Publishers, 1993, 17ff.;『현상학과 해석학』, 서울: 서울대학교출판부, 2004, 311 이하. 특히『현상학과 해석학』에서 양자 사이의 구별에 대해 자세히 다루었으니 참조하기 바란다. 이제 이 절에서 상호주관성의 현상학을 중심으로 양자 사이의 구별을 살펴볼 것이다.

수 있으며 발생적 현상학은 발생적 현상학 나름의 의미를 지닐 수 있기 때문이다.

둘째, 정적 현상학과 발생적 현상학 모두 초월론적 주관의 구성작용을 해명함을 목표로 하지만 양자는 초월론적 구성을 해명하는 관점에서 차이가 난다. 정적 현상학은 구성을 타당성의 초시간적 정초관계의 관점에서 해명하고자 하며, 발생적 현상학은 시간적인 발생적 정초관계의 관점에서 해명하고자 한다. 정적 현상학과 발생적 현상학의 구별을 이러한 방식으로 이해할 경우에도 양자 사이에는 아무런 모순이 존재하지 않으며 양자는 양립가능한데, 관점의 차이로 인해 정적 현상학과 발생적 현상학은 각자 나름의 의미를 지닐 수 있기 때문이다.

필자는 이러한 두 가지 입장 중 두 번째 입장이 타당하다고 생각한다. 후설은 정적 현상학과 발생적 현상학을 초월론적 현상학의 서로 구별되는 "두 가지 얼굴"(*Hua* XV, 617)이라고 부르는데, 초월론적 현상학이 이처럼 두 얼굴을 가지고 있다는 견해는 첫 번째 입장과는 조화될 수 없으나 두 번째 입장과는 조화될 수 있기 때문이다. 이 점과 관련해 우리는 첫 번째 입장을 취할 경우 정적 현상학이 발생적 현상학에 흡수되기 때문에 정적 현상학이 발생적 현상학과 구별되는 또 다른 얼굴이라고 말할 수 없다는 사실에 유의해야 한다.

이처럼 두 가지 구별방식 중에서 두 번째 구별방식이 타당할 뿐 아니라, 그것이 앞으로의 논의를 위해 아주 중요한 역할을 할 것이기 때문에 그에 대해 자세하게 살펴보고자 한다. 그런데 이 두 번째 구별방식을 자세하게 살펴보아야 하는 또 다른 이유는 그것이 첫 번째의 구별에 비해 이해하기가 훨씬 더 어렵기 때문이다. 첫 번째 구별방식에 따라 정적 현상학은 이미 구조화되어 있는 초월론적 주관의 능동적인 구성의 층을 다루고 발생적 현상학은 초월론적 주관의 능동적인 구성의 층뿐 아니라 수동적인 구성의 층의 발생과정을 연구한다고 말할 경우, 우리는 그것이 무엇을 뜻하는지 쉽게 이해할 수 있다. 그러나 두 번째 구별방식에 따라 정적 현상학은 구성을 타당성의 초시간적 정초관계의 관점에서 해명하고자 하며 발생적 현상학은 시간적인 발생적 정초관계의 관점에서 해명하고자 한다고 말할 경우, 우리는 그것이 정확히 무엇을 뜻하는지 쉽게 이해할 수 없다. 타당성의 초시간적 정초관계, 시간적인 발생적 정초관계 등의 개념이 이해하기 쉽지 않기 때문이다.

이제 타당성의 초시간적 정초관계를 해명함을 목표로 하는 정적 현상학과 시간적인 발생적 정초관계를 해명함을 목표로 하는 발생적 현상학이 어떻게 구별되는지 상호주관성의 현상학을 중심으로 살펴보기로 하자.[5]

상호주관성의 현상학은 사회성에 관한 현상학이다. 다양한 유형의 사회가 존재하기 때문에 상호주관성의 현상학이 해명해야 할 사태는 무궁무진하다. 이처럼 다양한 사태 중에서도 상호주관성의 현상학이 일차적으로 해명해야 할 것은 타인경험, 타인의 심리상태에 대한 경험의 구조이다. 타인경험이 사회적 관계의 토대가 되기 때문이다. 그런데 타인경험이 상호주관성의 현상학의 탐구대상이 될 경우 그것은 상호주관성에 관한 존재론적 현상학의 대상이 될 수도, 상호주관성에 관한 초월론적 현상학의 대상이 될 수도 있다.

상호주관성에 관한 존재론적 현상학은 자연적 태도에서 전개되는 것으로서 타인경험과 관련해 타인경험의 본질구조가 무엇인지 탐구함을 목표로 한다. 타인경험은 외부지각·내적 지각·기억·예상·상상·판단작용·추론작용·감정작용·의지작용 등과 더불어 인간이 가질 수 있는 다

---

5) 정적 현상학과 발생적 현상학의 구별 및 상호주관성의 현상학에 대한 아래의 논의 내용은 다음의 두 논문에서 따왔다. N.-I. Lee, "Static-Phenomenological and Genetic-Phenomenological Concept of Primordiality in Husserl's Fifth *Cartesian Meditation*", in: *Husserl Studies* 19(2002); "Phenomenology of Intersubjectivity in Husserl and Buber", in: *Husserl Studies* 22/2(2006).

양한 경험 중의 하나이며, 이들 각각의 의식이 나름의 고유한 본질을 가지고 있듯이 타인경험 역시 나름의 고유한 본질을 가지고 있는데, 존재론적 현상학은 여타의 의식과 달리 타인경험만이 가지고 있는 고유한 본질을 탐구함을 목표로 한다. 우리는 타인경험을 다른 유형의 의식들과 비교하면서 그 본질을 해명할 수 있다.

그러면 타인경험을 외적 지각과 비교하면서 그 본질을 파악해보자. 외적 지각은 대상에 대한 직접적인 지각이다. 나는 이 책상을 그 어떤 매개도 없이 직접적으로 지각한다. 그러나 외적 지각과는 달리 타인경험, 즉 타인의 심리적 상태에 대한 경험은 아무것도 매개되지 않은 채 수행되는 무매개적인 지각이 아니다. 나는 이 책상을 그 어떤 매개도 없이 직접적으로 지각하듯이 다른 사람의 심리상태를 직접적으로 지각할 수 없다. 나는 외적 지각의 대상과는 달리 다른 사람의 심리상태를 그의 언어적·신체적 표현 등을 매개로 해서만 경험할 수 있다. 이 경우 나는 타인의 심리상태를 경험하기 위해서 내가 경험하는 타인의 언어적·신체적 표현 등을 '해석해야' 한다. 이러한 논의를 통해 타인경험의 본질이 '언어적 표현 또는 신체적 표현 등을 토대로 한 해석적 경험'이라는 사실이 드러난다.

상호주관성에 관한 초월론적 현상학은 타인경험의 '가능근거'를 해명함을 목표로 한다. 이처럼 초월론적 현상학을 통해 타인경험의 가능근거를 해명하려면 초월론적 태도를 취해야 하고, 그러기 위해서는 자연적 태도의 일반정립에 대한 판단중지를 수행하고 초월론적 현상학적 환원을 수행해야 한다. 이처럼 초월론적 현상학적 환원을 수행하게 되면 우리에게 앞서 '해석적 경험'으로 드러났던 타인경험이 구체적으로 어떤 모습을 보이고 있는지 그 전모가 드러난다. 예를 들어 저 타인경험이 세계와 세계지평에 대한 경험으로서의 세계의식을 토대로 수행된 것이라는 사실, 그것이 역사적으로 형성된 것이라는 사실, 그것이 나와 타인들 사이의 의사교환을 토대로 수행된 것이라는 사실, 더 나아가 이 각각의 경우에 그것은 노에시스-노에마 상관관계를 보이고 있다는 사실 등 자연적 태도에서는 드러나지 않는 여러 가지 사실들이 밝혀진다. 상호주관성에 관한 초월론적 현상학은 바로 초월론적 현상학적 환원을 통해 드러난 이러한 사실들이 어떻게 타인경험을 위한 가능조건으로 기능할 수 있는지 하는 점을 탐구함을 목표로 한다.

그러나 상호주관성에 관한 초월론적 현상학은 다시 정적 현상학과 발생적 현상학으로 나누어진다. 이 둘은 모두 타인경험의 가능근거를 해명함을 목표로 하지만 그중 정적 현상학은 '타당성의 초시간적 정초관계'의 관점에서 타인경험의 가능근거를 해명함을 목표로 하며, 발생적 현상학은 '시간적인 발생적 정초관계'의 관점에서 타인경험의 가능근거를 해명함을 목표로 한다.

우선 상호주관성의 정적 현상학은 우리에게 타인경험이 이루어졌다고 가정하고, 이처럼 이루어진 타인경험의 타당성이 문제가 되었을 경우 이성적이며 자율적인 주체들인 우리가 어떤 방식으로 그 타당성을 정당화할 수 있는지 해명하면서 타인경험과 관련해 그 타당성의 초시간적 정초관계를 해명하고자 한다. 이 경우 우리는 이성적이며 자율적인 주체가 될 수 있으려면 타인의 권위에 호소해서는 안 되며, 따라서 우리 각자는 우선 근원적인 명증의 양상에서 경험할 수 있는 "고유한 영역"(die Eigenheitssphäre, *Hua* I, 124), 즉 "원초적인 영역"(*Hua* I, 169)으로 들어가야 한다. 그 이유는 바로 이러한 영역이 우리 각자가 그것을 주체적으로 검토하면서 명증의 원리에 기초해 자율적으로 판단을 내릴 수 있는 영역이기 때문이다. 물론 이 경우 우리 각자는 타인의 의견을 경청할 수도 있으나 모든 사안에 대해 최종적인 판단을 내리는 자는 우리 각자이며, 따라서 그러한 판단에 대해서 책임을 져야 한다.

후설은 이와 같이 각자가 자신의 '고유한 영역'으로 돌아가는 과정을 "원초적 환원"(*Hua* XV, 50, 117)이라 부른다. 이처럼 원초적인 환원을 통해 원초적인 영역에 도달한 후 타인의 심리상태에 대한 경험의 타당성을 정당화하기 위해 우리 각자가 호소해야 할 것들이 무엇인지 제시할 수 있다. 이 점과 관련하여 우리 각자는 '타인의 신체상태에 대한 경험'의 타당성, '나의 신체상태와 나의 심리상태가 밀접히 연결되어 있다는 사실에 대한 경험'의 타당성 등을 타인의 심리상태에 대한 경험의 타당성을 정당화할 수 있는 토대로서 제시할 수 있을 것이다. '타인의 신체상태에 대한 경험'의 타당성과 '나의 신체상태와 나의 심리상태가 밀접히 연결되어 있다는 사실에 대한 경험'의 타당성이 주어지면 나는 그것을 토대로 타인의 심리상태에 대한 나의 경험이 타당하다는 사실을 정당화시킬 수 있기 때문이다. 예를 들어 나는 "내가 화상을 당하면 아픔을 체험한다"는 사실의 타당성과 "타인이 화상을 당했다"는 사실의 타당성을 토대로 "화상을 당한 타인이 아픔을 겪고 있다"는 사실을 정당화시킬 수 있는 것이다.

그러나 상호주관성에 대한 발생적 현상학은 이미 이루어진 타인경험과 관련해 그것이 '시간적인 발생적 정초관계'의 관점에서 볼 때 어떤 순서에 따라 이루어졌는지 해명함을 목표로 한다. 모든 경험이 그렇듯이 타인경험 역시 세계지평에 대한 경험을 토대로 수행되며, 따라서 발생적 현상학의 관점에서 볼 때 우리 각자가 가지고 있는 세계지평에 대한 경험은 타인경험을 위한 토대가 된다. 그런데 우리는 타인경험을 위한 토대로서 우리 각자가 매 순간 가지고 있는 세계지평에 대한 경험을 발생적 현상학적 의미의 원초적인 영역이라 부를 수 있는데, 그것이 타인경험에 앞서는 '원초적인 것'이기 때문이다. 두말할 것도 없이 이러한 원초적인 영역은 그보다 더 원초적인 것으로부터 발생적으로 형성된 것이며, 따라서 원초적인 영역을 발생적 현상학적 관점에서 남김 없이 해명하기 위해서 우리는 지금까지 우리가 체험했던 모든 세계지평에 대한 경험을 추적해나가야 한다. 상호주관성의 발생적 현상학은 세계지평에 대한 모든 역사와 더불어 매 순간 이러한 세계지평을 토대로 타인경험이 가능하기 위해서 발생적으로 전제되어야 할 것들을 남김 없이 해명함을 목표로 한다.

이러한 논의를 토대로 상호주관성의 정적 현상학과 발생적 현상학의 차이점을 이해할 수 있다. 앞서 우리는 정적 현상학의 경우뿐 아니라 발생적 현상학에서도 원초적인 영역이 존재함을 살펴보았는데, 원초적인 영역의 정체를 보다 더 자세히 살펴보면 양자 사이의 차이점이 선명하게 드러난다. 정적 현상학의 경우 원초적인 영역은 나에게만 고유한 것으로 상호주관적인 영역이 아니며, 바로 이러한 이유에서 후설은 정적 현상학적 의미의 원초적인 영역을 염두에 두면서 "유아론적 가상"(*Hua* I, 176)에 대해 언급하고 있는 것이다.

물론 나뿐만 아니라 모든 주관이 이러한 원초적인 영역을 가지고 있기 때문에 '유아론적 가상'은 그야말로 하나의 '가상'에 불과하다. 그리고 이처럼 나에게만 고유한 원초적인 영역은 우리 각자가 그에 대해 최종적인 책임을 질 수 있는 것으로, 그것은 여타의 것보다 더 명증적인 영역으로서 여타의 영역을 위한 '타당성의 초시간적 정초'의 토대가 된다.

발생적 현상학의 경우는 사정이 전혀 다르다. 발생적 현상학에서 원초적인 영역은 나만의 고유한 영역이 아니다. 이 점과 관련해 우리는 타인 경험의 토대가 되는바, 매 순간 우리 각자가 가지고 있는 세계지평에 대한 경험은 타인과의 교섭 속에서 형성된 경험이며, 그러한 점에서 그것은 이미 타인의 경험이 함께 들어와 있는 영역이라는 사실에 주목할 필요가 있다. 그리고 발생적 현상학적 의미의 원초적인 영역은 언제나 그 어떤 다른 영역보다 더 명증적인 영역이라 할 수 없다. 예를 들어 우리 각자가 매 순간 가지고 있는 세계지평에 대한 경험으로서의 발생적 현상학적 의미의 원초적인 영역은 많은 경우 명증적이라기보다 오히려 흐릿하고 불투명하며 애매모호한 영역이라 할 수 있다. 우리가 매 순간 가지고 있는 원초적인 영역보다 더 원초적인 영역들은 모두 과거지평 속에서 존재하며, 따라서 그것들이 우리가 현재 시점에서 매 순간 체험하는 원초적인 영역보다 더 흐릿하고 불투명하며 애매모호한 영역임은 두말할 필요도 없다.

　지금까지의 논의를 통해 정적 현상학과 발생적 현상학의 차이점을 이해할 수 있다. 정적 현상학은 우리가 경험하는 그 무엇의 타당성의 초시간적 정초관계를 해명하기 위하여 그것을 떠받들고 있는 타당성(들)을 초시간적 관점에서 해명함을 목표로 하는 현상학이고, 발생적 현상학은 우리가 경험하는 그 무엇의 시간적인 발생적 정초관계를 해명하기 위하여 그것을 발생적으로 가능하게 해주는 것들을 시간적인 발생의 관점에서 해명하고자 하는 현상학이다. 정적 현상학적 분석은 불투명한 소여의 정체를 해명하기 위해 거기에서 시작해 그 타당성의 정초토대인 명증적인 소여를 제시하는 방향으로 진행되는데, 그 이유는 정적 현상학의 경우 모든 불투명한 소여들의 타당성의 토대는 명증적인 소여이기 때문이다. 그러나 발생적 현상학적 분석은 꼭 불투명한 소여에서 시작해 명증적인 소여를 향해 나아가야 하는 것은 아니다. 발생적 현상학은 발생적 정초관계를 해명함을 목표로 하며, 명증적인 소여가 언제나 명증적이지 않은 소여의 발생적 토대가 되는 것은 아니기 때문이다. 발생적 현상학은 어떤 소여가 있을 경우 그 소여의 투명성의 정도와 무관하게 그것보다 시간적으로 앞서면서 그 발생을 가능하게 해주는 일체의 것을 해명함을 목표로 한다.[6]

---

6) 양자 사이의 차이점에 대해 후설은 『형식논리학과 초월론적 논리학』에서 다음과 같이 적고 있다. "정적 분석이 사념된 대상의 통일체를 실마리로 삼아 불명료한 소여방식(unklare Gegebenheitsweise)으로부터 지향적 변양으로서의 그 소여방식의 소급지시관계를 추적하면서 명료한 것(das Klare)을 향해 분석해나가는 반면, 발생적 지향적 분석은 모든 의식과 그 지향적 대상 자체가 그때마다 속해 있는 구체적인 전체 연관에로 향해 있다. 이 경우 곧바로 적극적인 판단작용을 수행하는 주체가 놓여 있는 구체적인 상황에 속하는 다른 형태의 지향적인 소급지시관계들이 문젯거리로 등장한다[…]."(Hua XVII, 316)

4

후설의 정적 현상학과 메를로 – 퐁티의 지각의 현상학

- 파악작용 – 감각내용의 도식과 지향성 개념

- 정적 현상학적 의미의 초월론적 주관

- 정적 현상학과 현상학적 환원의 문제

- 후설의 정적 현상학에 대한 메를로–퐁티의 비판

- 비판적 평가

4장의 목표는 후설의 정적 현상학에 대한 메를로-퐁티의 비판을 살펴보면서 메를로-퐁티가 지각의 현상학을 전개하게 되는 배경을 이해하는 데 있다. 이 경우 후설의 정적 현상학이라 함은 무엇보다도 1913년에 출간된 『이념들 I』에서 선보인 현상학을 뜻한다. 물론 후설의 정적 현상학이란 『이념들 I』에서 전개된 현상학에만 국한되는 것은 아니다. 정적 현상학은 한편으로는 『논리연구』를 비롯하여 『이념들 I』 이전에 출간된 저술들에서도 전개되고 있으며, 다른 한편으로는 『데카르트적 성찰』, 『위기』 등 『이념들 I』 이후 출간된 저술들에서도 전개되고 있다. 그럼에도 불구하고 우리가 이 장에서 『이념들 I』에서 전개된 현상학을 중심으로 후설의 정적 현상학을 살펴보고자 하는 이유는, 메를로-퐁티가 후설의 현상학을 비판적 관점에서 바라보면서 일차적으로 염두에 두고 있는 것이 『이념들 I』에서 전개된 현상학이기 때문이다. 물론 우리는 뒤에서 정적 현상학의 핵심적인 내용을 정리하고 그에 대해 평가하는 과정에서 필요할 경우 부분적으로 다른 저술들도 고려할 것이다.

1절에서 『이념들 I』에 나타난 파악작용-감각내용의 도식과 지향성 개념을 검토하고, 이어 2절에서는 초월론적 주관의 문제를 검토한 후 3절에서 초월론적 현상학적 환원의 문제를 검토할 것이다. 그런데 정적 현상학의 다양한 주제에 대한 메를로-퐁티의 비판은 모두 후설의 정적 현상학이 지각의 현상학이 해명하고자 하는 사태인 현상적 장, 초월론적 장에 도달하지 못했다는 사실에 대한 비판으로 수렴된다. 이 점을 4절에서 '정적 현상학과 현상적 장에 대한 망각'이라는 제목 아래서 검토할 것이다. 우리는 후설의 정적 현상학에 대한 메를로-퐁티의 비판이 지각의 현상학을 전개하는 데 중요한 의미를 지니고 있다는 사실을 인정한다. 그럼에도 불구하고 메를로-퐁티의 비판이 전적으로 타당한 것은 아니라고 생각하며, 그에 따라 5절에서 후설의 정적 현상학에 대한 메를로-퐁티의 비판을 비판적으로 검토할 것이다.

1 파악작용-감각내용의 도식과 지향성 개념

후설은 『이념들 I』에서 파악작용-감각내용의 도식에 따라 지향성 개념을 해명하고 있다. 이러한 도식에 따라 지향성 개념을 해명하려는 시도가 『이념들 I』에서 처음 등장했던 것은 아니다. 후설은 이미 『논리연구』에서 파악작용-감각내용의 도식에 따라 지향성 개념을 해명하고 있다. 물론 『이념들 I』에 나타난 파악작용-감각내용의 도식과 『논리연구』에 나타난 그것 사이에는 그 핵심적인 내용에 있어서 커다란 차이가 존재하지는 않는다. 그럼에도 불구하고 양자가 서 있는 철학적 맥락이 다르다는 사실을 고려하면 둘 사이에는 나름의 차이가 존재한다고 할 수 있다. 이점과 관련해 우리는 1900/01년에 출간된 『논리연구』에서 선보인 현상학이 자연적 태도의 일반정립을 전제하고 전개되는 기술적 심리학 또는 현상학적 심리학인 데 반해 『이념들 I』에서 선보인 현상학은 자연적 태도의 일반정립에 대한 판단중지 및 현상학적 환원을 토대로 전개되는 초월론적 현상학이라는 사실에 주목할 필요가 있다. 따라서 『이념들 I』의 파악작용-감각내용의 도식은 『논리연구』의 그것과는 달리 초월론적 구성, 현상학적 환원, 초월론적 주관 등 초월론적 현상학의 핵심적인 주제들과 관련되어 다루어지고 있다.

후설에 따르면 파악작용-감각내용의 도식은 우리가 "내재적 반성 속에서 통일적인 시간적 사건"(*Hua* III/1, 192)으로서 확인할 수 있는 다양한 체험들에 대한 분석을 토대로 정립된 이론이다. 이러한 도식을 이해하기 위해서 우리 의식의 장에 존재하는 체험들이 지향적 체험과 비지향적 체험으로 나누어진다는 사실을 이해해야 한다.

지향적 체험은 지향성, 즉 '대상을 향한 자아의 의식적 관계'를 가지고 있는 체험이다. 예를 들어 내가 어떤 풀을 지각할 경우 이러한 지각체험은 '대상을 향한 자아의 의식적 관계', 즉 지향성을 가지고 있으며, 그러한 한 그것은 지향적 체험이라 할 수 있다. 이 풀에 대한 지각과 마찬가지로 여타의 외적 지각, 즉 외부대상에 대한 지각은 지향성을 가지고 있는 지향적 체험이다. 그러나 외적 지각만 지향적 체험으로 규정될 수 있는 것은 아니다. 그 밖에 내적 지각·기억·예상·상상·사랑·미움·증오 등 수없이 많은 지향적 체험이 존재한다.

그러나 후설에 따르면, 우리 의식의 장에는 지향적 체험뿐 아니라 비지향적 체험도 존재한다. 후설은 이러한 비지향적 체험의 대표적인 예로 "감각내용"(*Hua* III/1, 192), 즉 감각을 들고 있다. 그러면 내가 어떤 소리를 들을 경우를 예로 들어 감각이 무엇인지 살펴보자. 지금 내가 있는 공간 어느 한구석에서 어떤 음이 울려퍼지고 있다고 가정하자.[1] 이때 이 음이 처음 울려퍼지는 순간에 주목하면 나는 경우에 따라 서로 구별되는 두 가지 상태를 체험할 수 있다. 대부분의 경우 그 음을 체험할 때 나는 그것이 내가 있는 공간의 어느 한구석에서 울려퍼지고 있다고 생각하면서 그 음을 '객관적인 공간의 어느 한 지점에서 울려퍼지는 음'으로 지각한다. 그러나 경우에 따라서 나는 그 음을 '객관적인 공간의 어느 한 지점에서 울려퍼지는 음'이 아니라, 객관적인 공간에 대한 아무런 의식도 없이 그저 단순히 내가 주관적으로 체험하고 있는 음, 혹은 단순한 나의 체험의 상태로 의식할 수도 있다. 우리는 내가 그 음을 이런 방식으로 체험할 경우를 또 다른 경우, 즉 내가 그 음이 어디에서 울려퍼지는지 확실하게 알지 못한다고 생각하며 그 음을 체험할 경우와 혼동해서는 안 된다. 후자의 경우에는 비록 그곳이 어디인지 정확하게 알지 못하지만 나는 음을 '객관적인 공간' 어디에선가 울려퍼지는 음으로 대상화하여 그것을 지향하면서 '지각하고' 있으나, 전자의 경우에는 대상화하여 지향하면서 지각하지 못하고 단지 감각의 상태에 있기 때문이다. 말하자면 우리는 전

---

1) 후설은 『이념들 II』(*Hua* IV, 23)에서 이러한 예를 통해 양자의 차이점을 설명하고 있다.

자의 경우에는 음을 대상화하면서 그에 대한 '지각'(Wahrnehmung)을 가지고 있으나, 후자의 경우에는 그에 대한 '감각'(Empfindung)만을 가지고 있는 것이다. 감각의 예가 보여주듯이 아직 대상을 대상화하여 지향하면서 체험하지 못하는 체험이 비지향적 체험이다.

후설은『이념들 I』에서 이처럼 지향적 체험과 비지향적 체험을 구별할 수 있다고 생각하고 있다. 파악작용-감각내용의 도식은 지향적 체험의 구조를 해명하기 위해 고안된 도식이다. 후설에 따르면 가장 단순한 유형의 지향적 체험의 예에 해당하는 지각체험의 경우 그것이 존재하기 위해서는 비지향적 체험인 감각자료가 앞서 주어져야 하며, 노에시스적 체험이 바로 이러한 감각자료에 나름의 의미를 부여하게 되면 그러한 의미를 지닌 대상이 지향적 대상으로서 지각된다. 여기서 알 수 있듯이 지향적 체험으로서의 어떤 하나의 지각체험은 ① 감각자료, ② 지향적 대상으로서의 지각된 대상, ③ 의미를 부여하는 체험의 층, 즉 노에시스적 체험의 층 등 세 가지로 이루어져 있다. 이때 감각자료는 '감각내용'이라 불리고, 감각자료에 의미를 부여하여 지향적 대상인 지각대상을 산출하는 작용은 '파악작용'이라고 불리며, 그에 따라 이처럼 '감각내용', '파악작용'이라는 개념을 사용하여 지향적 체험의 구조를 설명하는 이러한 도식은 '파악작용-감각내용의 도식'이라 불린다.

그러면 어떤 외적 지각대상에 대한 지각체험이 있을 경우 그것을 구성하는 세 가지 요소 중 감각자료라는 요소와 여타의 두 가지 요소는 어떤 관계에 있는가? 우선 감각자료와 지향적 대상 사이의 관계를 살펴보면, 감각자료는 지향적 대상이 지향적 대상으로서 우리에게 경험될 수 있기 위한 재료에 비유될 수 있다. 이 점과 관련하여 후설은 앞의 인용문에서 비지향적 체험으로서의 감각자료와 지향적 대상으로서의 사물적 계기를 혼동해서는 안 된다고 강조하면서, 지향적 대상으로서의 사물적 계기가 비지향적 체험으로서의 감각자료를 "통해서 체험적으로 '현출한다'"

(*Hua* III/1, 192)고 말한다. 이처럼 그것을 통해 지향적 대상이 체험적으로 현출하게 되는 재료로서의 감각자료가 없이는 우리는 그 어떤 지향적 대상도 체험할 수 없다. 그리고 하나의 지향적 대상이 다른 지향적 대상과 그 내용에 있어 구별될 수 있는 일차적인 이유도 바로 그 재료가 되는 감각자료가 다른 지향적 대상의 감각자료와 다르기 때문이다. 예를 들어 어떤 하나의 나무가 다른 나무와 다른 지향적 대상으로 경험되는 이유는, 전자를 전자로서 현출하게 하는 재료인 감각자료가 후자를 후자로서 현출하게 하는 재료인 감각자료와 다르기 때문이다.

그러면 지향적 대상의 재료에 해당하는 감각자료는 지향적 체험과 어떤 관계에 있는가? 지향적 체험이란 바로 우리에게 주어진 재료인 감각자료를 가공하여 그로부터 특정한 지향적 대상을 산출함으로써 그것이 어떤 의미를 지닌 지향적 대상으로 현출할 수 있도록 해주는 요소이다. 지향적 체험이 지닌 이러한 기능을 후설과 더불어 '의미부여 기능'이라 부를 수 있을 것이다. 지향적 체험은 의미를 지니고 있지 않은 재료로서의 비지향적 체험에 의미를 부여하여 어떤 대상이 의미를 지닌 대상으로 현출할 수 있도록 해주는 기능이기 때문이다. 이 점과 관련해 후설은 "저 감각적인 계기 위에, 말하자면 '영혼을 부여하는', 의미를 부여하는 (또는 본질적으로 의미를 함축하는) 층, 즉 그것을 통해 그 자체로 지향성을 전혀 지니고 있지 않은 감각적인 것으로부터 바로 구체적인 지향적 체험이 생겨나는바, 저 층이 놓여 있다"(*Hua* III/1, 192)고 말한다.

이처럼 지향적 체험으로서의 지각체험은 ①지향적 대상으로서의 지각된 대상, ②지각된 대상을 향하고 있는 지향적 체험, ③이러한 지향적 체험의 밑바탕에 놓여 있는 감각자료 등 세 가지 요소를 가지고 있으며 그들은 서로 밀접하게 연결되어 있다.

파악작용-감각내용의 도식은 단지 지향적 체험의 하나인 지각체험만을 분석하기 위해 사용될 수 있는 것이 아니다. 이러한 도식은 일반화시켜 지각체험뿐 아니라 모든 유형의 지향적 체험을 분석하기 위한 도식으로 활용될 수 있다. 이 점과 관련하여 앞서 파악작용과 대비시키면서 감각내용을 '재료'에 비유하였음을 상기할 필요가 있다. 실제로 후설은 『이념들 I』에서 지향성 개념을 분석하면서 감각내용을 "재료" 혹은 "질료"(Hyle, Stoff, *Hua* III/1, 191ff.)라 부르고 있다. 그리고 이처럼 감각내용을 재료 혹은 질료라고 부를 수 있다면 우리는, 아리스토텔레스의 형이상학적 도식을 원용하여, 그러한 재료를 토대로 지향적 대상을 산출하는 능력을 지닌 지향적 체험 혹은 지향성을 '형상'이라 부를 수 있을 것이다. 실제로 후설은 "감각적 질료, 지향적 형상"(sensuelle Hyle, intenionale Morphé, *Hua* III/1, 191)이라 말하면서 양자를 대비시키고 있다. 그런데 여기서 유의해야 할 점은 질료와 형상이 상대적인 개념이라는 사실이다. 말하자면 아리스토텔레스의 형이상학에서와 마찬가지로 후설의 현상학에서도 어떤 특정 단계의 것은 그 이전 단계의 것과 비교하면 형상의 지위를 차지하지만 그보다 더 높은 단계의 형상과 비교하면 그 질료 역할을 담당할 수 있는 것이다.

이처럼 '파악작용-감각내용의 도식'에 따라 가장 단순한 유형의 지향체험인 지각체험의 구조를 분석해보면, 그것은 ① 감각자료, ② 지향적 대상으로서의 지각된 대상, ③ 의미를 부여하는 체험의 층인 노에시스적 체험의 층 등 세 가지 요소로 이루어져 있다. 여기서 우리는 이러한 세 가지 요소에 따라 현상학이 크게 세 가지 방향으로 전개될 수 있다는 사실에 주목해야 한다. 우리는 우선 의미를 부여하는 체험의 층에 초점을 맞추어 이러한 체험을 집중적으로 분석해나갈 수 있는데, 이때 등장하는 현상학이 바로 "노에시스에 관한 학"(die Noetik, *Hua* III/1, 299)이다. 감각자료에 의미를 부여하는 체험의 층이 노에시스적 체험의 층이라 불리기 때문이다. 그리고 우리는 나름의 의미를 지닌 지향적 대상인 지각된 대상에 초점을 맞추어 그것을 집중적으로 분석해나갈 수 있는데, 이때 등장하는 현상학이 '노에마에 관한 학'(die Noematik)이다. 이러한 현상학이 노에마에 관한 학이라고 불리는 이유는 나름의 의미를 지닌 지향적 대상이 바로 노에마라 불리기 때문이다. 마지막으로 우리는 지향적 체험의 재료로서 그 밑바탕에 놓여 있는 감각자료에 초점을 맞춰 그것을 집중적으로 분석해나갈 수 있는데, 이때 등장하는 현상학이 "순수질료학"(die reine Hyletik, *Hua* III/1, 198)이다.

후설이『이념들 I』에서 가장 역점을 두고 전개시킨 현상학은 노에시스에 관한 학이다. 물론 그가 노에시스에 관한 학을 전개해나가면서 부분적으로 노에마에 관한 학을 전개시켰음은 두말할 나위도 없다. 노에시스와 노에마는 상관관계에 있으며, 따라서 노에시스를 연구할 경우 대개는 노에마도 함께 연구해야 하기 때문이다. 그러나 후설은『이념들 I』에서 질료학에 대해 언급하고 있기는 하지만 질료학은 거의 전개하지 않았다. 이처럼 그가『이념들 I』에서 질료학을 소홀히 하고 노에시스에 관한 학과 노에마에 관한 학에 더 많은 노력을 기울인 이유는, 그가 질료학을 노에시스에 관한 학과 노에마에 관한 학, 비교해볼 때 부차적인 위치를 차지하는 현상학에 불과하다고 생각했기 때문이다.

그러면 후설이『이념들 I』에서 질료학을 부차적인 위치를 차지하는 현상학으로 간주한 이유는 무엇인가? 이 점과 관련해 우리는 후설이『이념들 I』에서 노에시스로서의 지향성과 비지향적 체험으로서의 질료를 서로 엄밀히 대비시키면서 한편으로는 지향성을 "질료가 없는 형상"(*Hua* III/1, 193)이라 부르고 다른 한편으로는 질료를 "형상이 없는 질료"(*Hua* III/1, 193) 또는 "의미 없는, 비합리적인 질료"(*Hua* III/1, 197)라 부르고 있다는 사실에 유의할 필요가 있다. 이러한 그의 견해에 따르면 '형상이 없는 질료'는 '의미 없는, 비합리적인' 것이요, 따라서 이처럼 '의미 없는, 비합리적인' 질료를 탐구함을 목표로 하는 질료학은 대상의 의미 구성을 추적하고자 하는 그 현상학적 기획으로 볼 때는 부차적인 의미밖에 차지할 수 없는 것이다. 그리고 이러한 현상학적 기획으로 볼 때 의미부여 기능을 지니고 있는 노에시스로서의 지향성을 탐구함을 목표로 하는 노에시스에 관한 현상학이 전체 현상학에서 핵심적인 위치를 차지하게 됨은 두말할 필요도 없다. 이러한 사정을 염두에 두면서 후설은 노에시스에 관한 학과 질료학의 관계에 대해 다음과 같이 기술하고 있다.

"노에시스적 계기와 관련된 고찰이 노에시스적-현상학적 고찰이라 불리듯이, 특히 질료적인 것을 다루는 현상학적 고찰은 질료적-현상학적 고찰이라 불린다. 비교할 수 없을 정도로 중요하고 풍부한 분석들은 노에시스적인 측면에 놓여 있다."(*Hua* III/1, 196)

2 정적 현상학적 의미의 초월론적 주관

후설은 『이념들 I』에서 지향성에 대한 분석을 토대로 '초월론적 의식' 또는 '초월론적 체험'에 대한 논의를 전개한다.(*Hua* III/1, 99ff.) 이 경우 초월론적 의식이란 대상 및 세계를 초월론적으로 구성하는 의식을 뜻한다. 의식의 흐름 속에는 무수히 많은 초월론적 의식이 존재하며 그것들은 부단히 초월론적 구성작용을 수행하는데, 이처럼 초월론적 구성작용을 수행하는 의식의 주체가 순수자아(*Hua* III/1, 123) 또는 초월론적 주관이다. 이 점과 관련해 지적하고 넘어가야 할 점은, 물론 후설이 『이념들 I』에서 순수자아라는 개념은 사용하지만 초월론적 주관이라는 개념은 본격적으로 사용하고 있지 않다는 사실이다. 그럼에도 불구하고 그의 초월론적 현상학에서 순수자아와 초월론적 주관이 동일한 것을 뜻하므로 우리는 『이념들 I』에 나타난 구성작용의 주체를 초월론적 주관이라 부르면서 그에 대해 논의하고자 한다. 그러면 이제 『이념들 I』에 나타난 초월론적 주관에 대해 살펴보자.

후설의 현상학에서 초월론적 주관은 초월론적 구성을 수행하는 주체를 뜻한다. 이 경우 초월론적 구성이란 의식의 노에시스인 지향성이 질료를 토대로 의미를 지닌 대상을 산출하는 과정을 뜻한다. 이 점과 관련해 후설은 초월론적 주관이 구성한 대상을 "질료적인 체험을 '토대로' 노에시스적인 기능들을 '통해' '초월론적으로 구성된 것'"(*Hua* III/1, 228)이라고 부르고 있다. 여기서 알 수 있듯이, 대상에 대한 초월론적 구성은 "질료적인 체험을 '토대로' 노에시스적 기능들을 '통해'" 수행되는 것이며, 이러한 점에서 본래적인 초월론적 구성기능을 담당하는 것은 질료적인 체험이 아니라 노에시스로서의 지향성이다. 말하자면 초월론적 주관이란 다양한 유형의 지향성을 담지하고 있으며, 그러한 지향성을 통해 부단히 다양한 유형의 초월론적 구성을 수행하는 주관이라 할 수 있다.

우리는 초월론적 주관 및 초월론적 구성과 관련해 '초월론적'이 정확하게 무엇을 뜻하는지 이해할 필요가 있다. 방금 살펴보았듯이, 초월론적 구성이란 초월론적 주관이 질료를 토대로 노에시스로서의 지향성을 통하여 의미로서의 대상인 노에마를 구성하는 과정을 뜻한다. 이 경우 노에시스로서의 지향성을 담고 있는 지향적 체험의 층과 질료로서의 비지향적 체험은 모두 체험으로서 초월론적 주관의 '체험류'에 속하며, 바로 이러한 점에서 양자는 모두 체험류에 '내재적'(immanment)이라 불린다.

그러나 지향적 체험의 층과 비지향적 체험인 질료와는 달리 의미로서의 대상은 체험류에 속하는 것이 아니라, 그에 대해 "대립해 있는 것", 그와는 "원칙적으로 다른 것", "비내실적인 것", 다시 말해 "초월적인 것"(*Hua* III/1, 228)이다. 말하자면 초월론적 구성이란 구체적으로 체험류에 내재적인 지향적인 체험의 층과 비지향적 체험인 질료가 합작하여 초월적인 것인 의미로서의 대상 및 세계를 산출하는 과정을 뜻한다.[2] 이처럼

---

2) 필자는 이미 출간된 다른 저술들에서 후설이 사념된 대상을 "더 많은 것과 더불어 사념된 대상"(*Hua* I, 84)으로 규정하는 것을 염두에 두면서 초월론적 구성을 '더 많이 사념함'으로 정의하였다. 이 경우 '더 많이 사념함'은 '앞서 주어진 것을 넘어서 더 높은 차원의 초월자를 구성하는 과정'으로 이해될 수 있을 것이다. 이 점에 대해서

지향적 체험과 질료로서의 비지향적 체험이 '초월적인 것'인 의미로서의 대상을 산출하기 때문에, 저 체험들은 후자가 존재할 수 있기 위한 가능 조건이라 할 수 있다. 또한 이처럼 '초월적인 것'인 의미로서의 대상이 존재할 수 있는 가능근거인 체험은 초월론적 체험[3] 또는 초월론적 의식이라 불리며, 더 나아가 이러한 체험 또는 의식의 담지자인 주관은 초월론적 주관이라 불린다.

는 *Edmund Husserls Phänomeologie der Instinkte*, Dordrecht/Boston/London: Kluwer Academic Publishers, 1993, 17ff.;『현상학과 해석학』, 73 이하 등을 참조할 것. 이 점과 관련해 후설은『데카르트적 성찰』에서 타자경험을 분석하면서 타자경험의 구성이 "통일적으로 초월해가는 경험의 방식 속에서"(*Hua* I, 144) 수행된다고 지적하고 있다. 그런데 이러한 해명은『이념들 I』에 나타난 초월론적 구성을 토대로 우리가 현재 수행하고 있는 해명과 전혀 다른 것이 아니다. 그 이유는『이념들 I』에서도 초월론적 구성은 초월론적 주관이 앞서 주어진 질료를 토대로 노에시스적 체험을 통해 초월자를 경험하는 과정으로 규정되며, 바로 이러한 점에서 그것은 '더 많이 사념함'으로 이해될 수 있기 때문이다. 물론 이 경우 '질료'가 아무런 의미도 지니고 있지 않은 것이며, 그러한 점에서 전혀 사념된 것이 아니기 때문에 '질료를 토대로 노에시스적 체험을 통해 초월자를 경험하는 과정'을 '더 많이 사념함'이라고 규정할 수 있느냐는 반문이 제기될 수 있다. 이 점과 관련해 우리는 후설이『이념들 I』을 출간한 후, 거기서 질료로 간주되었던 것을 아무 의미도 가지고 있지 않은 것이 아니라 이미 의미를 가진 것으로 규정하고 있다는 사실을 염두에 둘 필요가 있다. 이러한 사정을 고려하면서 필자는 이전의 저술들에서 초월론적 구성을 '더 많이 사념함'으로 규정하였던 것이다. 말하자면 필자가 이전의 저술들에서 해명한 후설의 초월론적 구성개념은 주로『이념들 I』이후의 저술들을 토대로 규정된 것이다.

3) 후설은 *Hua* III/1, 228에서 순수체험 영역을 '초월론적' 체험영역이라 부른다. 여기서 알 수 있듯이, 후설은『이념들 I』에서 초월론적 체험이 노에시스적 체험과 질료적 체험 모두를 포괄하는 것으로 간주한다. 그러나 앞서 살펴보았듯이, 초월론적 구성 기능을 수행하는 것은 질료적 체험이 아니라 노에시스적 기능이며, 그러한 한 본래적인 의미의 초월론적 체험은 노에시스적 기능을 지닌 지향적 체험의 층이라 할 수 있다. 이러한 점을 감안하면『이념들 I』에서 초월론적 체험이 이중적인 의미를 지니고 있다고 할 수 있다. 넓은 의미의 초월론적 체험은 질료적인 체험뿐 아니라 지향적 기능을 지닌 지향적 체험의 층을 포괄하지만, 본래적인 의미의 초월론적 체험은 후자만을 뜻한다. 이 점에 대해서는 뒤에서 다시 한 번 논의될 것이다.

초월론적 구성에 대한 이러한 논의를 토대로 초월론적 주관과 그를 통해 구성되는 세계의 관계를 이해할 수 있다. 앞서 살펴보았듯이, 초월론적 구성은 노에시스적 체험으로서의 지향성이 질료를 토대로 대상을 산출하는 과정을 뜻한다. 여기서 노에시스적 체험과 질료적 체험은 대상을 산출하는 것이요, 반대로 대상은 노에시스적 체험과 질료적 체험에 의해 산출된 것이다. 따라서 노에시스적 체험과 질료적 체험은 근원적이며 독립적인 것이요, 그를 통해 산출된 대상은 파생적이며 전자에 의존적인 것이라 할 수 있다. 그런데 초월적 대상의 총체가 다름 아닌 의미로서의 세계이기 때문에 초월론적 구성이 함축하는 것은 바로 의미로서의 세계가 초월론적 의식에 의존적이라는 사실이다. 이 점과 관련해 후설은 "의식상관자로서의 자연적 세계"(Hua III/1, 99)라고 말하는데, 여기서 자연적 세계가 의식상관자라는 말은 한편으로는 의미로서의 자연적 세계가 초월론적 의식에 의해 산출된 것이며 그러한 한 이 의식에 의존적이라는 사실을 뜻하며, 다른 한편으로는 의미로서의 세계를 산출하는 초월론적 의식은 의미로서의 세계에 대해 독립적이라는 사실을 뜻한다. 그런데 후설은 『이념들 I』에서 양자의 관계에 대해 다음과 같이 기술하고 있다.

"이처럼 내재적 존재는 의심할 여지도 없이 그것이 존재하기 위하여 그 어떤 '것'도 필요로 하지 않는다는 의미에서 절대적인 존재이다. 다른 한편 초월적 '사물들'의 세계는 철두철미 의식에, 그것도 논리적으로 생각해낸 의식이 아니라 현실적인 의식에 의존적이다."(Hua III/1, 104)

이 인용문에서 후설은 초월론적 의식을 '내재적 존재'라고 부르고 더 나아가 그것을 '절대적인 존재'라 부르고 있다. 후설이 초월론적 의식을 내재적 존재라 부르는 이유는, 이미 앞서 지적되었듯이, 그것이 초월적 대상과는 달리 초월론적 주관의 의식흐름 속에 내재해 있는 의식이기 때문이다. 그리고 그가 그것을 절대적 존재라 부르는 이유는 그것이 자신이 존재하기 위해 그 어떤 초월적인 것도 필요로 하지 않는 존재이기 때문이다. 이러한 논의를 토대로 우리는 초월론적 주관은 절대적인 존재이며 의미로서의 세계는 상대적인 존재이기 때문에, 의미로서의 세계와 그것을 구성하는 초월론적 주관 사이에 존재방식에 있어 넘을 수 없는 심연이 존재한다는 사실을 알 수 있다.

그런데 후설은 『이념들 I』에서 초월론적 의식과 대상 및 세계 사이에 놓여 있는 구성적 관점에서의 심연이 양자가 우리에게 경험되는 방식의 차이에도 그대로 반영되는 것처럼 생각하고 있다. 그에 따르면 대상 및 세계를 구성하는 토대인 초월론적 의식은 반성적 의식에 의해 필증적 명증의 양상에서 경험될 수 있으나, 이와는 달리 대상 및 세계는 필증적 명증의 양상에서 경험되지 않으며, 그러한 한 양자 사이에는 경험방식에 있어서도 넘을 수 없는 심연이 존재한다. 초월론적 의식은 음영을 통해 주어지지 않으며, 그러한 한 그것은 필증적인 명증을 지니지만 세계와 대상은 늘 음영이 진 채로 주어지며, 이러한 점에서 그것은 늘 상대적인 명증, 즉 개연적 명증밖에 지니지 않는다. 초월론적 의식에 대한 반성적 경험은 필증적인 것으로 최종적일 수 있으나, 세계와 대상에 대한 경험은 언제나 그릇된 것으로 판명될 가능성을 지니고 있다. 그러한 한 그것이 지니고 있는 명증은 언제나 잠정적인 것에 불과하며 결코 최종적인 것일 수 없는데, 이 점에 있어서는 자연적 태도의 일반정립의 토대에서 구성된 심리학적 체험도 예외가 아니다. 초월론적 의식 또는 초월론적 체험과는 달리 심리학적 체험은 자연적 태도의 일반정립을 토대로 경험되는 것이기 때문에 그에 대한 경험은 필증성을 지닐 수 없다. 바로 이러한 맥락에서 후설은 "초월적인 심리학적 체험은 우연적이요 상대적이며, 초월론적인 체험은 필연적이며 절대적"(*Hua* III/1, 118)이라고 지적하고 있다. 이처럼 초월론적 의식에 대한 경험이 지닌 필증적 명증과 의미로서의 세계에 대한 경험이 지닌 개연적 명증 사이에 심연이 존재한다는 사실과 관련해 후설은 다음과 같이 적고 있다.

"이처럼 '우연적인 것'인바, 세계의 정립에 대해 '필연적이며' 단적으로 의심할 바 없는 나의 순수자아와 자아체험에 대한 정립이 대립해 있다. 생생하게 주어진 모든 사물적인 것은 존재하지 않을 수도 있으나, 생생하게 주어진 그 어떤 체험도 존재하지 않을 수 없다. 이것이 이 필연성과 저 우연성을 규정하는 본질법칙이다."(*Hua* III/1, 98)

후설은 『이념들 I』에서 초월론적 의식을 절대적 존재라 부르고 있다. 그에 따르면 초월론적 의식은 세계의 존재에 비해 절대성을 지니고 있다. 그러나 지금까지의 논의를 통해 드러났듯이 초월론적 의식의 절대성은 일의적인 의미를 지니고 있는 것이 아니다. 그것은 두 가지 서로 다른 뜻을 가지고 있는데, 이러한 서로 다른 두 가지 뜻은 그 존재방식과 경험방식에 뿌리를 두고 있다.

첫째, 초월론적 의식의 존재방식과 관련하여 그 절대성은 그것이 의미로서의 대상과 세계를 구성하는 토대로서 후자가 없이도 자족적으로 존재할 수 있는 존재라는 사실을 뜻한다. 이 경우 절대성은 세계가 초월론적 의식과 비교해볼 때 가지게 되는 존재 성격인 상대성에 대립되는 개념이라 할 수 있다.

둘째, 초월론적 의식의 소여방식과 관련하여 그 절대성은 그것이 필증적 명증의 양상에서 경험될 수 있는 존재라는 사실을 뜻한다. 이 경우 절대성은 초월론적 의식과 비교해볼 때 세계가 경험될 수 있는 방식인 개연적 명증에 대립되는 개념이라 할 수 있다.

여기서 우리는 이러한 두 가지 의미의 절대성이 동일한 것이 아니라는 사실에 유의할 필요가 있다. 그 이유는, 뒤에서 초월론적 현상학적 환원의 문제를 검토하면서 조금 더 자세하게 살펴보겠지만, 모든 초월론적 의식은 존재방식에 있어 절대성을 지니기는 하되 그렇다고 해서 모든 초월론적 의식이 필증적인 명증의 양상에서 주어지는 것은 아니며, 따라서 모든 초월론적 의식이 소여방식에 있어서 절대성을 지니는 것이 아니기 때문이다. 후설은『이념들 I』에서 초월론적 의식의 존재방식에 있어서의 절대성과 경험방식에 있어서의 절대성이 다른 것임에도 불구하고 이 양자를 명료하게 구별하면서 그에 대해 논의하고 있지 않다.

여기서 주목할 점은 후설이『이념들 I』에서 초월론적 의식이 지니고 있는 두 가지 절대성 중 소여방식에 있어서의 절대성에 초점을 맞추어 초월론적 주관의 구조를 해명하는 데 많은 부분을 할애하고 있다는 사실이다. 바로 이러한 이유에서 많은 연구자들은『이념들 I』을 토대로 후설의 초월론적 현상학에 나타난 초월론적 주관을 필증적 명증의 양상에서 포착될 수 있는 주관으로 이해하고 있다.

이 점과 관련해 한 가지 더 지적해야 할 점은,『이념들 I』에 나타난 초월론적 의식은 주로 노에시스적 체험으로서의 능동적인 의식을 뜻한다는 사실이다. 물론 이 점과 관련해『이념들 I』에 나타난 내재적 존재 또는 절대적 존재로서의 초월론적 의식개념을 자세하게 검토해보면 그것이 일의적인 개념이 아니라 이중적인 의미를 지닌 개념이라는 생각이 든다. 여기서 초월론적 의식개념이 가지고 있는 이러한 이중성은 서로 구별되는 두 가지 유형의 내재적 존재, 즉 비지향적 체험과 능동적 작용으로서의 노에시스적 체험인 지향적 체험이 존재한다는 사실에서 유래한다.

이러한 두 가지 유형의 체험 모두를 초월론적 의식으로 간주할 것인가, 아니면 둘 중 어느 하나만을 초월론적 의식으로 간주할 것인가에 따라 우리는 넓은 의미의 초월론적 의식과 좁은 의미의 초월론적 의식을 구별할 수 있을 것이다. 이 경우 넓은 의미의 초월론적 의식은 앞서 살펴본 지향적 체험과 비지향적 체험 두 가지를 다 포함한다. 이 두 가지 유형의 체험이 모두 초월론적 의식이라 불릴 수 있는 이유는, 파악작용-감각내용의 도식에 따르면 이 두 가지 의식이 협력하여 초월적 대상의 세계가 구성되기 때문이다. 이러한 맥락에서 후설은 "질료와 노에시스적 형식의 절대적 영역"(*Hua* III/1, 228)이라고 말하며 질료와 노에시스적 체험을 절대적인 것, 즉 초월론적인 것으로 간주한다. 그러나 좁은 의미의 초월론적 의식은 노에시스적 체험만을 뜻한다. 파악작용-감각내용에 따르면 초월론적 작용으로서의 구성작용이란 대상에 나름의 의미를 부여하는 작용을 뜻하는데, 이러한 의미의 구성작용을 수행하는 것은 노에시스적 체험이기 때문이다. 이 점과 관련해 우리는 후설이 대상의 구성을 설명하면서 "질료적인 체험을 '토대로' 노에시스적인 기능들을 '통해' 초월론적으로 구성된 것'"이라고 표현하며 질료적인 체험은 단지 구성을 위한 토대만을 제공하고 본래적인 의미의 구성작용을 수행하는 것은 노에시스적 체험이라는 사실을 암시하고 있다는 점에 유의할 필요가 있다.

이러한 점을 고려하면 『이념들 I』에서 초월론적 의식은 일차적으로 고유한 의미의 초월론적 구성작용을 뜻하는 노에시스적 체험으로서의 능동적 체험을 뜻한다. 그리고 이 경우 능동적 체험이란 구체적으로 객관화적 작용이거나 그러한 작용을 토대로 가지고 있는 비객관화적 작용을 뜻하기 때문에 이러한 작용들이 『이념들 I』에 나타난 본래적인 의미의 초월론적 의식이라 할 수 있다. 바로 이러한 이유에서 많은 연구자들과 더불어 메를로-퐁티도 후설의 초월론적 의식을 능동적 의식과 동일시하는 것이다. 이와 같은 견해에 따르면 후설의 초월론적 의식은 그 어떤 수동적 의식도 포함하고 있지 않다.

지금까지 살펴본 『이념들 I』에 나타난 초월론적 주관과 관련해 다음과 같은 두 가지 사실을 지적하고자 한다.

첫째, 앞서 논의되었듯이, 후설은 『이념들 I』에서 초월론적 주관을 필증적 명증의 양상에서 경험될 수 있는 주관으로 규정하려는 경향을 보이고 있다. 그런데 이와 같이 할 때 나의 체험만이 나에게 필증적인 명증의 양상에서 경험될 수 있으며 타인의 체험은 그렇지 않기 때문에, 각각의 초월론적 주관에게 자신의 체험만이 초월론적 의식으로 규정될 수 있다. 바로 이러한 이유에서 『이념들 I』에서 전개된 초월론적 현상학은 "유아

론적 가상"(*Hua* I, 176)을 보이고 있다. 물론 앞서 3장 3절에서 논의되었
듯이 그것은 어디까지 가상에 불과할 뿐 실재는 아니다.

둘째, 후설이『이념들 I』에서 시간성의 문제를 다루고 있음에도 불구하
고(*Hua* III/1, 180ff.) 그는 시간성과 관련하여 초월론적 의식의 구조를 본
격적으로 분석하고 있지 않으며, 더 나아가 세대성·역사성의 문제와 관
련하여 초월론적 의식을 분석하고 있지도 않다. 이러한 사실 역시 그가
『이념들 I』에서 필증적 명증의 양상에서 경험될 수 있는 초월론적 의식
및 초월론적 주관에 초점을 맞추고 초월론적 현상학을 전개한 데서 나타
난 필연적인 귀결이라 할 수 있다. 이 점과 관련해 우리는 초월론적 의식
의 시간성·세대성·역사성 등은 필증적 명증의 양상에서 파악될 수 없는
어두운 지평을 가지고 있다는 사실에 유의할 필요가 있다.

3 정적 현상학과 현상학적 환원의 문제

2장에서 살펴보았듯이, 초월론적 주관의 정체를 드러내고 그 구성작용
과 더불어 그를 통해 구성되는 대상 및 세계의 관계를 해명하기 위한 방
법적 절차가 초월론적 현상학적 환원이다. 앞서 우리는 후설이 초월론적
현상학의 다양한 길을 개척하였다는 사실을 살펴보았다. 후설은『이념들
I』에서 이처럼 다양한 초월론적 현상학적 환원의 길 중에서 데카르트적
길을 통한 초월론적 현상학적 환원의 길을 개척하였다. 실제로 후설 스스
로도 자신이『이념들 I』에서 개척한 현상학적 환원의 방법을 데카르트적
길을 통한 초월론적 현상학적 환원이라고 부르고 있다. 이 점과 관련해
그는『위기』에서 생활세계를 통한 초월론적 현상학적 환원, 현상학적
심리학을 통한 초월론적 현상학적 환원 등의 문제를 다루며 이러한 환
원의 방법과 대비시키면서 자신이『이념들 I』에서 개발한 초월론적 현상
학적 환원의 길을 "데카르트적"(*Hua* VI, 157-158) 길이라 부르고 있다.

후설은『위기』에서 '데카르트적 길'을 통한 초월론적 현상학적 환원의

방법을 여타의 초월론적 현상학적 환원의 방법들과 비교하면서 그것을 다른 방법들보다 "훨씬 더 짧은 길"(*Hua* VI, 157)이라 부르고 있다. 이처럼 '훨씬 더 짧은 길'인 데카르트적 길을 통한 초월론적 현상학적 환원의 방법은 다른 방법들에 비해 "단점"(*Hua* VI, 158)을 가지고 있는데, 그 이유는 그것이 "일회적인 도약을 통해"(in einem Sprunge, *Hua* VI, 158) 단번에 초월론적 자아에 도달하며, 그에 따라 초월론적 자아를 "겉보기에 내용이 공허한 상태로"(*Hua* VI, 158) 포착하기 때문이다.

『위기』에서 후설은 자신이 『이념들 I』에서 개발한 데카르트적 길을 통한 초월론적 현상학적 환원의 방법을 회고하면서 마치 그것이 이미 완성되어 그 정체가 분명한 것으로 간주하고 있다. 그러나 필자는 후설이 『이념들 I』에서 데카르트적 길을 통한 초월론적 현상학적 환원의 방법을 어느 정도 제시하고 있음에도 불구하고 그 완성된 모습을 명시적으로 보여주고 있지는 않다고 생각한다.[4] 필자의 견해에 따르면 데카르트적 길을 통한 초월론적 현상학적 환원은 두 단계로 나누어진다. 첫 번째 단계는 초월론적 의식들의 흐름으로 귀환하는 단계이고, 두 번째 단계는 그러한 흐름 중 필증적인 명증의 단계에서 파악될 수 있는 초월론적 의식의 영역으로 귀환하는 단계인데, 이 두 번째 단계가 제5 『데카르트적 성찰』에서 선보인 정적 현상학적 의미의 원초적 환원이다. 후설은 『이념들 I』에서 이러한 두 단계 중 첫 번째 단계는 명료한 형태로 해명하고 있지만, 두 번째 단계에 대해서는 그 필요성을 충분히 의식하고 있었음에도 불구하

---

4) 따라서 후설이 『이념들 I』에서 기술하고 있는 초월론적 현상학적 환원은 애매성을 보이고 있으며 그에 대한 해석 역시 다의적일 수 있다. 『이념들 I』을 비롯한 후설의 초중기 초월론적 현상학에 나타난 초월론적 현상학적 환원에 대해 필자가 『현상학과 해석학』의 2장 3절에서 행한 해명과 지금 필자가 여기서 행하고 있는 해명 사이에 유사성과 더불어 차이점도 존재하는데, 양자 사이에 차이점이 존재하는 이유는 후설이 『이념들 I』에서 기술하고 있는 초월론적 현상학적 환원이 애매성을 보이고 있기 때문이다.

고 그에 대해 명시적으로 논의하고 있지 않다. 이제 『이념들 I』을 중심으로 두 단계로 나누어지는 정적 현상학적 의미의 초월론적 현상학적 환원의 방법에 대해 살펴보자.

①우선 정적 현상학적 의미의 초월론적 현상학적 환원을 구성하는 첫 번째 단계의 환원에 대해서 살펴보자. 우리가 자연적 태도에서 살아가면서 초월론적 현상학적 환원을 수행하는 일은 결코 쉬운 일이 아니다. 따라서 초월론적 현상학적 환원의 구조를 살펴보기 위해서 무엇보다도 먼저 초월론적 현상학적 환원이 가능하다는 사실을 이해해야 하는데, 후설은 『이념들 I』의 2부 '현상학적 근본고찰'에서 초월론적 현상학적 환원이 가능하다는 사실에 대해 논의하고 있다. 이 점과 관련해 그는 30절에서 '자연적 태도의 일반정립'을 설명한 후, 31절에서 "이제 이러한 태도에 머무는 대신 우리는 그것을 철저하게 변화시켜보고자 한다. 이제 이러한 변화의 원칙적 가능성에 대해 확신할 필요가 있다"(*Hua* III/1, 61)고 말한다.[5] 후설은 『이념들 I』에서 이러한 원칙적인 가능성을 데카르트의 보편적 회의의 시도를 통해 해명하고 있으며, 이와 같은 이유로 『위기』에서 이러한 환원의 방법을 데카르트적 길을 통한 초월론적 현상학적 환원의 방법이라고 부르는 것이다.

잘 알려져 있듯이, 데카르트는 『제일철학에 관한 성찰』[6]에서 보편적 회의를 통해 명증적으로 주어지는 생각하는 자아에 도달한다. 그런데 후설에 따르면 데카르트의 보편적 회의의 시도를 잘 살펴보면 거기에 자연

---

5) 이 점에 대해 후설은 초월론적 현상학적 환원에 대해 설명한 후 다음과 같이 적고 있다. "우리에게 본질적인 것은 자연적 태도 및 그의 일반정립에 대한 배제로서의 현상학적 환원이 가능하다는 명증과 그것을 수행한 후에 절대적 또는 초월론적으로 순수한 의식이 잔여로서 남으며, 이러한 잔여에 실재성을 부여한다는 일이 모순이라는 사실에 대한 명증이다."(*Hua* III/1, 121)

6) R. Descartes, *Meditationes de prima philosophia, Oeuvres de Descartes VII*, publiées par C. Adam & P. Tannery, Paris: Librairie philosophique J. Vrin, 1973.

적 태도로부터 초월론적 태도로의 변경을 뜻하는 초월론적 현상학적 환원의 핵심적인 내용이 들어 있다. 그러면 이제 후설이 초월론적 현상학적 환원을 설명하면서 데카르트의 보편적 회의의 작용 속에 들어 있는 어떤 요소를 염두에 두고 있는지 살펴보자.

우리는 보편적 회의를 원할 경우 자유에 따라 언제나 마음껏 수행할 수 있다. 그에 대해 우리가 아무리 확신하고 있는 것이라 하더라도 마음껏 회의할 수 있다. 우리가 자연적 태도에서 가지고 있는 모든 것이 회의의 대상이 될 수 있다. 이러한 점에서 데카르트의 회의는 보편적 회의라 불리는 것이다. 그런데 이처럼 보편적 회의의 시도를 할 경우 우리는 대상 및 세계에 대한 믿음, 즉 정립작용에 대해 그것이 타당하다고 말할 수도 없고 부당하다고 말할 수도 없는 상태에 처하면서 해당 정립작용을 괄호치고 그에 대해 판단을 유보하게 되는데, 바로 이러한 의식상태가 후설이 초월론적 현상학적 환원의 핵심적인 요소로 간주하는 판단중지의 태도이다.[7]

그런데 후설이 『이념들 I』에서 데카르트에 의지해 설명하고 있는 현상

---

7) 이 점에 대해 후설은 다음과 같이 서술한다. "우리는 동일한 존재자료(Seinsmaterie)를 의심하고 동시에 확실한 것으로 간주할 수 없다. 마찬가지로 존재하는 것으로서 의식된 어떤 것을 의심하려는 시도는 정립에 대한 어떤 폐기를 필연적으로 동기화하고 있다는 사실도 분명하다. 그리고 이것이 바로 우리의 관심을 끄는 것이다. 그것은 정립이 반정립으로 바뀌는 것도 아니요, 긍정이 부정으로 바뀌는 것도 아니다. 그것은 또한 추측, 어떤 생각이 듦, 미결정 상태, 의심 [⋯] 등으로 바뀌는 것도 아니다. 그와 같은 것은 우리의 자유로운 처분에 속하지 않는다. 오히려 전적으로 고유한 그 무엇이 문제가 된다. 우리가 수행한 정립을 우리는 포기하지 않으며, 우리가 새로운 판단동기를 끌어들이지 않는 한 [⋯] 그것이 있는바 그 자체로 존속하는 우리의 확신도 바꾸지 않는다. 그럼에도 불구하고 그것은 변양을 겪는다. 그것이 있는바 그대로 존속하는 동안 우리는 말하자면 그것을 '작용 밖에' 놓고, 그것을 '배제하며', 그에 대해 '괄호친다'. 괄호쳐진 것이 괄호 안에 있고 배제된 것이 배제의 연관 밖에 존재하듯이 그것은 계속해서 거기에 있다. 우리는 다음과 같이 말할 수도 있다. 정립은 체험인데, 우리가 그에 대한 '사용'을 중지하는 것이다[⋯]." (*Hua* III/1, 63)

학적 판단중지란 다름 아닌 자연적 태도의 일반정립에 대한 판단중지, 즉 초월론적 현상학적 판단중지를 뜻한다. 그리고 초월론적 현상학적 판단중지는 자연적 태도의 일반정립을 완전히 배제하고 괄호쳐, 내가 자연적 태도에서 주어지는 세계에 대해 그 어떤 판단도 하지 않도록 하는 방법적 조치다. 따라서 초월론적 현상학적 판단중지가 부정의 작용을 의미하는 것이 아님은 물론이다. 부정의 작용이란 나름대로 자연적 세계에 대해 어떤 판단을 내리는 것이기 때문이다. 그것은 또한 회의의 작용과도 구별된다. 비록 회의의 시도 속에 초월론적 현상학적 판단중지의 요소가 들어 있는 것은 사실이지만, 그럼에도 불구하고 회의의 작용을 전체적으로 살펴보면 그것은 결국 나름대로 특정한 유형의 판단, 즉 "그 어떤 것이 회의스럽다"는 판단을 내리는 것이기 때문이다.

그러면 우리는 초월론적 현상학적 판단중지를 통해 무엇을 획득하는가? 자연적 태도의 일반정립을 괄호치고 배제하는 초월론적 현상학적 판단중지는 자연적 태도에서 주어지는 자연적 세계 전체를 배제해 세계에 대해 아무런 판단도 내리지 않는 것인가? 그러나 초월론적 현상학적 판단중지를 이처럼 일상적인 의미의 '배제', '괄호침'으로 이해할 경우 우리는 초월론적 현상학적 판단중지에 대해 근본적으로 오해하고 있는 것이다. 그 이유는 초월론적 현상학적 판단중지는 자연적 태도의 일반정립을 괄호치면서 자연적 태도에서는 전혀 자신의 모습을 드러내지 않는, 철저하게 새로운 '사태'를 드러내기 때문이다. 현상학적 판단중지를 통해 자신의 모습을 드러내는 새로운 사태란 다름 아니라 앞서 살펴본 '초월론적 구성'이라는 사태다. 다시 말해 초월론적 현상학적 판단중지를 통해 자연적 태도에서는 철저하게 은폐되어 있는 초월론적 구성이 현상학적으로 반성하는 나의 시선에 들어오게 되는 것이다.

그러면 이처럼 초월론적 현상학적 환원을 수행하면서 나의 반성적 시선 속으로 들어오는 초월론적 구성이라는 사태는 구체적으로 무엇인가?

154

앞서 충분히 논의했듯이, 이 경우 초월론적 구성이라는 사태는 초월론적 주관이 자신의 다양한 초월론적 의식을 통하여 대상 및 세계를 구성하며, 따라서 초월론적 주관은 대상 및 세계를 구성하는 절대적 존재요, 대상 및 세계는 초월론적 주관에 의해 구성되는 상대적 존재라는 사실을 뜻한다. 여기서 우리가 대상 및 세계를 구성하는 초월론적 주관에 초점을 맞추어 초월론적 구성이라는 사태를 살펴보면 지금까지 수행된 초월론적 현상학적 환원을 통해서 파악되는 초월론적 주관은 과거에서 현재를 거쳐 미래를 향해 끊임없이 흘러가는 다양한 초월론적 의식들의 주관임이 드러난다. 이 점과 관련해 우리는 후설이 『이념들 I』에서 지적하고 있듯이 "체험류는 하나의 무한한 통일체이고, 흐름의 형식은 하나의 순수자아의 모든 체험을 필연적으로 포괄하는 형식이다"(*Hua* III/1, 184)라는 사실을 기억할 필요가 있다. 이처럼 초월론적 주관은 체험류 속에서 끊임없이 흘러가는 무수히 많은 초월론적 의식들을 통해서 자신의 초월론적 구성작용을 수행하면서 세계를 구성하고 경험하는 것이다.

지금까지 살펴본 것이 『이념들 I』에서 후설이 명료한 형태로 제시하고 있는 초월론적 현상학적 환원의 핵심적인 내용이며 그것은 데카르트적 길을 통한 초월론적 현상학적 환원의 첫 단계에 해당한다. 앞서 지적되었 듯이, 『위기』에서 후설은 바로 『이념들 I』에서 논의된 이러한 방법을 회고하면서 그것을 '데카르트적 길'이라고 부르고 있다. 이 점과 관련해 우리는 후설이 그것을 '데카르트적 길'이라고 부르는 것이 부분적으로 타당성이 있다고 평가한다. 앞서 살펴보았듯이, 후설은 데카르트의 방법적회의에 의지하여 이러한 방법을 개척해나갔기 때문이다. 그럼에도 불구하고 이러한 방법이 데카르트적 길을 통한 초월론적 현상학적 환원이라고 불리기에는 미흡한 점이 있는 것도 사실이다. 무엇보다 중요한 이유는 지금까지 논의된 방법을 통해서는 과거에서 현재를 거쳐 미래를 향해 흘러가는 초월론적 의식들의 체험류와 그를 통해 구성되는 세계만 발견할 수 있을 뿐 데카르트처럼 방법적 회의를 통해 필증적 명증의 양상에서 주어지는 의심할 수 없이 확실한, 사유하는 자아를 발견하는 데까지 나아가지는 못하기 때문이다. 말하자면 지금까지 논의된 초월론적 현상학적 환원의 방법만으로는 필증적 명증의 양상에서 경험되는 초월론적 의식의 영역만을 주제적으로 연구할 수 있는 방법적 토대가 마련되어 있지 않다. 바로 이러한 이유에서 필증적 명증의 양상에서 주어지는 초월론적 의식의 영역을 확보하기 위한 방법적 토대를 마련해야 하는데, 그것이 바로 지금까지 논의된 초월론적 현상학적 환원의 단계를 넘어서는 두 번째 단계의 환원의 방법이다.

② 이러한 두 번째 단계의 초월론적 현상학적 환원의 방법은 필증적 명증의 양상에서 경험될 수 있는 초월론적 의식의 영역을 확보함을 목표로 한다. 이 두 번째 단계의 환원의 정체를 이해하기 위해서 우선 앞서 살펴본 첫 번째 단계의 환원을 통해서 확보된 초월론적 의식의 영역이 필증적인 명증의 관점에서 볼 때 어떤 성격을 가지고 있는지 살펴볼 필요가 있다. 이 점과 관련하여 우리는 첫 번째 단계의 환원을 통해 확보된 체험류 속에서 흘러가는 무수히 많은 초월론적 의식들이 모두 필증적인 명증의 양상에서 체험될 수 있는 것이 아니라는 사실에 유의해야 한다. 물론 나는 나의 체험류 안에 있는 무수히 많은 초월론적 의식들 중 현재 시점에서 생생하게 흘러가는 나의 초월론적 의식을 필증적인 명증의 양상에서 포착할 수 있다. 그러나 이러한 초월론적 의식 너머에 필증적인 명증의 양상에서 파악될 수 없는 수많은 의식들이 존재한다. 예를 들어 나는 나의 체험류의 먼 과거지평에서 존재하는 나의 초월론적 의식을 필증적인 명증의 양상에서 파악할 수 없다.(*Hua* III/1, 79 참조) 그리고 이처럼 나의 체험류의 먼 과거지평에서 존재하는 초월론적 의식까지 가지 않더라도 파지의 양상에서 파악될 수 있는 초월론적 의식과 관련해서도 과연 그것이 필증적 명증의 양상에서 파악될 수 있느냐 하는 문제가 제기될

수 있다. 더 나아가 나의 체험류에는 나와 의사소통의 관계에 있는 타인들의 초월론적 의식도 들어와 있는데, 이러한 타인들의 초월론적 의식은 나에게 결코 필증적인 명증의 양상에서 경험될 수 없다.

따라서 우리는 첫 번째 단계의 환원을 수행한 후 그것을 통해 개시되는 무수히 많은 초월론적 의식들 중 필증적인 명증의 양상에서 파악될 수 있는 나의 초월론적 의식의 영역을 확보할 수 있는 방법을 모색해야 한다. 실제로 후설은『이념들 I』에서 그 방법을 모색하고 있다. 예를 들어 그는 초월론적 현상학적 환원을 수행한 후 내가 초월론적 의식의 흐름 속에서 드러나는 다양한 초월론적 의식들에 대해 반성할 경우 저 의식들이 나의 반성하는 의식에 의해 경험되는 다양한 방식들에 주목한다.(*Hua* III/1, 78-79 참조) 예를 들어 저 의식들은 나의 반성하는 의식에 지각의 방식으로 경험될 수도 있고 기억의 방식으로 경험될 수도 있다. 그런데 이처럼 초월론적 의식들이 경험되는 다양한 방식 중 필증적인 명증의 성격을 지닐 수 있는 것은 오직 지각의 방식뿐이다. 초월론적 의식에 대한 지각, 즉 "내재적 지각"(*Hua* III/1, 78)이 필증적인 명증의 성격을 지닐 수 있는 이유는 이 경우 "지각작용과 지각대상이 본질적으로 무매개적인 통일체를 형성하기"(*Hua* III/1, 78) 때문이다. 바로 이러한 이유에서 그는 『이념들 I』의 46절에 "내재적 지각의 회의불가능성, 초월적 지각의 회의가능성"(*Hua* III/1, 96)이라는 제목을 붙이고 있다.

그러나 이 점과 관련하여 유의해야 할 점은,『이념들 I』에 나타난 필증적 명증의 양상에서 주어지는 초월론적 의식의 영역을 확보하기 위한 방법에 대한 후설의 숙고가 방법적 관점에서 볼 때 불충분하다는 사실이다. 후설은『이념들 I』에서 다른 초월론적 주관들과 무관하게 존재하는 나의 체험류가 이미 앞서 주어져 있고, 이처럼 앞서 주어진 체험류 안에서 필증적 명증의 양상에서 경험될 수 있는 체험의 영역을 한정하고 있다. 그러나 나의 체험류는 다른 초월론적 주관들과 무관하게 존재하는 것이 아니라 그들에게 영향을 주기도 하고 그들로부터 영향을 받기도 하면서 존재한다. 그러므로 나의 체험류 속에서 확인할 수 있는 초월론적 의식들 중 필증적 명증의 양상에서 주어질 수 있는 의식의 영역을 한정하기 위해서 나는 우선 다른 초월론적 주관들의 체험류로부터 나의 초월론적 주관의 체험류를 추상하여 분리할 필요가 있다. 이러한 작업이 이루어져야 나는 비로소 이렇게 추상된 나의 의식흐름 중 내재적 지각을 통해 필증적 명증의 양상에서 경험될 수 있는 나의 초월론적 의식의 영역으로 나의 주제적인 시선을 돌릴 수 있는 것이다.[8]

후설은『이념들 I』을 집필한 후 필증적 명증의 양상에서 경험될 수 있는 나의 초월론적 의식의 영역을 추상해 체계적인 방법을 개발하기 위하여 노력하였는데, 그 방법이 다름 아닌 제5『데카르트적 성찰』에 나타난 정적 현상학적 의미의 원초적 환원이다.[9] 바로 이러한 의미의 원초적 환원의 방법을 통해 우리 각자는 자신에게만 고유한 원초적인 영역을 확보할 수 있는데, 이러한 원초적인 영역이란 다름 아닌 나에게 필증적 명증의 양상에서 경험될 수 있는 초월론적 의식의 영역이다.

지금까지의 논의를 통해 드러났듯이 데카르트적 길을 통한 초월론적 현상학적 환원의 방법은 ①과거에서 현재를 거쳐 미래로 흘러가는 초월론적 의식의 흐름으로 귀환하는 방법을 뜻하는 1단계의 환원과, ②이러한 의식흐름 중 필증적인 명증의 양상에서 경험될 수 있는 초월론적 의식의 영역으로 귀환하기 위하여 그 영역을 한정하기 위한 방법인 정적 현상학적 의미의 원초적 환원으로 구성되어 있다. 초월론적 주관과 그에

---

8) 필자는『현상학과 해석학』(126쪽 이하)에서 후설의 초중기 현상학에 나타난 초월론적 현상학적 환원의 방법에 대해 논하면서 여기서 논의되고 있는 두 번째 단계의 환원, 즉 정적 현상학적 의미의 원초적 환원에 대해 논의하지 않았다.

9) 앞서 3장 3절에서 정적 현상학과 발생적 현상학의 구별을 살펴보면서 정적 현상학적 의미의 원초적 환원에 대해 살펴보았다.

의해 구성되는 대상 및 세계의 구조를 타당성의 초시간적 정초의 관점에서 해명함을 목표로 하는 정적 현상학은 이처럼 두 단계로 구성된 데카르트적 길을 통한 초월론적 현상학적 환원의 방법을 통해서 전개될 수 있다.

4 후설의 정적 현상학에 대한 메를로-퐁티의 비판

지금까지 우리는 『이념들 I』에 나타난 정적 현상학을 파악작용-감각내용의 도식, 지향성 개념, 초월론적 주관, 초월론적 현상학적 환원 등을 중심으로 살펴보았다. 그런데 메를로-퐁티는 후설의 정적 현상학에 대해 비판하고 있다. 그 비판의 핵심은 정적 현상학이 지각의 현상학이 해명하고자 하는 사태인 현상학 장과 초월론적 장을 망각하고 있다는 것이다. 그러면 이제 ① 후설의 파악작용-감각내용의 도식, ② 지향성 개념, ③ 초월론적 주관, ④ 초월론적 현상학적 환원의 문제를 중심으로 후설의 정적 현상학에 대한 메를로-퐁티의 비판을 살펴보자.

① 메를로-퐁티는 후설의 파악작용-감각내용의 도식이 지성주의적 도식이며, 따라서 우리는 그것을 통해 지각의 현상학이 분석하고자 하는 사태를 올바로 파악할 수 없다고 비판한다. 그에 따르면 후설이 『이념들 I』에서 질료학의 대상으로 간주하고 있는 질료, 즉 '형상이 없는 질료' 또는 '의미 없는, 비합리적인 질료'는 허구에 불과하다.[10] 후설은 노에시스적인 체험이 이처럼 '형상이 없는 질료'를 해석하고 거기에 의미를 부여하면서 대상 및 세계와의 관계가 처음으로 형성되는 것으로 간주하고 있다. 이처럼 노에시스적인 체험에 의한 "해석, 통각, 인식의 지향성"(*PP*, 178)이 작동하기 훨씬 이전에 우리는 신체를 통하여 원초적인 지각의 차원에서 '작동하는 지향성'을 통해 이미 세계와 근원적

---

10) 파악작용-감각내용의 도식에 대한 비판에 대해서는 *PP*, 178 등을 참조.

인 지향적 관계를 맺고 있다.

메를로-퐁티는 이와 같이 노에시스적 지향성이 작동하기 훨씬 이전에 우리가 신체를 통해 이미 세계와 근원적으로 관계를 맺고 있다는 사실을 다양한 예를 통해 해명하고자 시도한다. 예를 들어 그는 신체의 종합을 분석하는 과정에서 지팡이를 통한 지각과 색에 대한 어린이의 지각을 분석하면서 이 점을 해명하고 있다.(*PP*, 178-179)

맹인이 지팡이를 사용하는 경우를 생각해보자. 이 사람이 이전에는 맹인이 아니었으나 어떤 사고로 맹인이 되었고, 맹인이 된 후 지팡이를 사용하기 시작했다고 가정하자. 이 맹인이 점차 지팡이를 사용하는 일에 익숙해지면 이제 그것은 그에게 친숙한 도구가 될 것이다. 그러면 이 지팡이가 맹인에게 친숙한 도구가 되었을 경우를 생각해보자. 이 경우 이 지팡이는 세계 속에 있는 여러 대상들 중 하나가 아니라 자신의 신체 일부처럼 기능할 것이다. 이 맹인의 신체적 공간은 이전처럼 단순히 그 손끝에 한정되는 것이 아니라 지팡이로까지 확장된다. 말하자면 지팡이는 맹인의 손의 연장처럼 경험되고 그것을 통해 그의 신체적 공간의 일부를 이루게 되는 것이다. 그리고 이와 더불어 메를로-퐁티가 "저 지팡이가 친숙한 도구가 됨에 따라 그의 촉각적 대상들의 세계는 후퇴하고, 이제 그것은 더 이상 그의 손끝 피부에서 시작하는 것이 아니라 지팡이 끝에서 시작한다"(*PP*, 177)라고 말하듯이 이 맹인의 촉각적 세계는 이전에는 그의 손끝 피부에서 시작하였지만 이제는 지팡이 끝에서 시작한다.

이 경우 지성주의는 맹인이 손끝에서 전해지는 지팡이에 대한 감각자료를 노에시스적인 체험을 통해 '해석'하면서 그것에 대한 객관적 지식을 획득한다고 해석할 것이다. 그러나 메를로-퐁티에 따르면 이러한 해석은 부당하다. 지팡이가 이처럼 친숙한 도구가 되었을 경우, 이 맹인에게 지성주의가 전제하는바 지팡이로부터 손끝으로 전해지는 '감각자료'는 존재하지 않기 때문이다. 그와 같은 감각자료는 지성주의가 자신의 이론을 정당화하기 위하여 설정한 허구에 불과한 것이다. 여기서 알 수 있듯이, 이 맹인은 친숙한 도구인 지팡이를 마치 자신의 신체처럼 사용하면서 대상과 직접적이며 원초적으로 접촉하고 있는 것이지, 지성주의가 전제하듯이 지팡이로부터 손끝으로 전해진 감각자료를 노에시스적인 체험을 통해 해석하면서 표상적 대상을 산출하고 그와 간접적이며 매개적으로 관계맺고 있는 것이 아니다.

또 다른 예로 어린이가 청색과 적색을 구별하는 습관을 형성해가는 과정을 살펴보자.(*PP*, 178-179 참조) 어린이가 이 두 색을 구별하는 습관은 여타의 색들에 대한 경험의 도움을 받아 형성된다. 그러나 문제는 지성주의가 전제하듯이 이 어린이가 감각자료로서 주어진 청색과 적색을 지향적 체험을 통해 파악하고 구별하고 비교하면서 색의 의미를 파악하는가 하는 점이다. 다시 말해 습관 형성에서 결정적인 요소가 바로 청색과 적색이라는 감각자료들을 색이라는 하나의 범주 밑에 정돈하는 저 지성적 작용인가 하는 점이다. 두말할 것도 없이 지성주의가 전제하는 것과는 달리 어린이는 이미 청색과 적색을 비교하여 색이라는 범주를 파악하기 위해 이미 훨씬 전에 신체를 통하여 청색은 무엇이며 적색은 무엇인지, 양자가 어떻게 구별되는지 하는 점을 파악하고 있다. 어린이는 그 어떤 오성적 사유가 작동하기 이전에 이미 신체를 통하여 어떤 색이 우리에게 어떤 의미를 지니고 있는지 파악할 수 있는 능력을 가지고 있기 때문이다. 말하자면 우리의 신체는 어떤 오성적 사유의 도움 없이도 다양한 색을 체험하면서 그 각각이 신체에 대해 지니는 의미에 따라 "진동할"(*PP*, 179) 수 있는 능력을 가지고 있다. 이처럼 어린이는 오성적 사유가 작동하기 이전에 이미 신체적 차원에서 색을 포착할 수 있는 능력을 가지고 있는데, 바로 이러한 능력이 색을 구별하는 습관 형성에 결정적으로 중요한 의미를 지니고 있는 것이다.

이처럼 메를로-퐁티는 다양한 예를 통하여 지성주의가 전제하고 있는 파악작용-감각내용의 도식이 타당하지 않음을 보여주고 있다. 그에 따르면 파악작용-감각내용의 도식은 사태 자체에 대한 올바른 파악을 통해 정립된 이론이 아니라 지성주의적인 선입견의 산물에 불과하며, 따라서 현상학적 분석을 올바로 수행하려면 파악작용-감각내용의 도식으로부터 벗어나야 하는데, 메를로-퐁티는 지성주의가 전제하고 있는 파악작용-감각내용의 도식의 부당성에 대해 다음과 같이 비판적으로 기술하고 있다.

"지성주의는 사물들의 측면으로부터 사물 자체로 나아가는 통로, 기호로부터 의미화 작용으로 나아가는 통로를 해석, 통각, 앎의 지향으로밖에는 이해하지 못한다. 매 단계의 감각적 소여들과 측면들은 동일한 지성적 핵이 드러난 다양한 모습으로서 파악된다. 그러나 저러한 분석은 기호와 의미화 작용을 한꺼번에 파괴해버린다. 그것은 이미 의미를 '품고 있는' 감각적인 내용을 객관화시키고, 법칙이 아니라 하나의 사물인 불변하는 핵을 객관화시키면서 양자를 분리시켜버린다. 그것은 주체와 세계의 유기적인 관계, 의식의 적극적인 초월작용, 그것을 통해 의식이 자신의 기관과 기구를 수단으로 하여 사물과 세계 속으로 자신을 던져나가는바, 저 운동을 은폐시킨다."(*PP*, 178)

그런데 메를로-퐁티에 따르면 후설이 언제나 파악작용-감각내용의 도식을 고수했던 것은 아니다. 후설은 이 도식에 문제점이 있다는 사실을 직시하였다. 메를로-퐁티에 따르면 후설은 파악작용-감각내용의 도식을 1905년의 『내적 시간의식의 현상학』에 관한 강의에서 폐기하였는데, 이 점과 관련해 그는 이 강의에 나오는 "모든 구성이 파악내용-파악의 도식에 따라 이루어지는 것이 아니다"(*PP*, 178)라는 구절을 인용하고 있다.

②후설의 파악작용-감각내용의 도식에 대한 메를로-퐁티의 비판은 곧바로 후설의 지향성 개념에 대한 비판으로 연결된다. 메를로-퐁티는 후설이 『이념들 I』에서 발전시킨 지향성 개념을 "고전적인 지향성 개

넘"(*PP*, 281)의 한 유형으로 규정한다. 이 점과 관련하여 그는 "우리는 이 개념[고전적인 지향성 개념]을 통하여 라시에즈-레이(P. Lachiéze-Rey) […]와 같은 칸트주의자의 개념이나 그의 철학의 두 번째 시기(*Ideen*의 시기)의 후설의 개념을 이해한다"(*PP*, 281)고 말한다. 그런데 고전적인 지향성 개념은 여러 가지 한계를 가지고 있다.

앞서 논의하였듯이, 파악작용-감각내용의 도식은 비지향적 체험을 지향적 체험의 질료로 간주하고, 그것을 '형상이 없는 질료'로 간주하면서 아무런 의미도 지니고 있지 않은 순수하게 비합리적인 것으로 취급하고 있다. 그러나 이러한 견해에는 문제가 있다. 『이념들 I』에서 후설이 전제하는 것과는 달리 그가 '형상이 없는 질료'라고 부른 감각자료는 이미 의미를 "잉태하고 있는"(*PP*, 178) 것이기 때문이다. 감각자료가 의미를 잉태하고 있다 함은 감각을 통해 그 어떤 객관화적 지향성이 작동하기 이전에 우리는 이미 대상과 원초적인 관계를 맺고 있음을 뜻한다. 앞서 색에 대한 감각을 살펴보면서 논의하였듯이, 우리는 신체를 통해 각각의 색에 따라 서로 다른 방식으로 '진동하면서' 다양한 색을 감각하는 것이다. 바로 이처럼 감각이 대상과 원초적인 관계를 가지고 있기 때문에 감각이 지향성을 지니고 있다는 사실을 알 수 있다. 메를로-퐁티는 이와 같이 감각의 차원에서 근원적으로 작동하는 지향성을, 앞서 언급했듯이, '작동하는 지향성'이라 부른다. 후설은 『이념들 I』에서 정적 현상학을 전개해 나가면서 객관화적 지향성만 포착하였을 뿐 이처럼 객관화적 지향성이 활동하기 이전에 원초적인 차원에서 활동하는 작동하는 지향성은 포착하지 못한 것이다.

이렇게 감각자료가 지향성을 지니고 있기 때문에 그것은 이미 '대상적인 것'을 포함하고 있는 것이라 할 수 있다. 이러한 점에서 감각자료를 대상과의 관계가 결여된 단순한 주관적 체험으로 간주하는 후설의 견해는 심각한 문제를 안고 있다. 감각자료는 단순한 주관적 체험이 아니라 작동하는 지향성을 통해 대상적인 것과 관계를 맺고 있다. 물론 이 경우 작동하는 지향성이 관계맺고 있는 대상적인 것이 객관화적 지향성의 상관자인 객관화된 대상이 아님은 두말할 필요도 없다. 그것은 객관화적 대상이 출현하기 이전 원초적인 차원에서 신체적 주관인 우리에게 신체를 통해 현출하는 것으로서, 엄밀하게 말하자면 일상적인 의미에서 대상이라 불릴 수 없다. 그것은 오히려 선대상적인 것이라고 불려야 한다. 바로 이와 같이 원초적인 차원에서 신체적 주관에게 '선대상적인 것'으로서 현출하는 것을 토대로 우리는 객관화적 지향성의 상관자인 객관화된 대상을 경험할 수 있다.

앞서 2장에서 『지각의 현상학』의 '입문' 1장에 나오는 '감각'의 문제를 살펴보면서 감각을 "순수인상"(l'mpression pure, *PP*, 10)으로 간주하거나 "순수성질"(une qualité pure, *PP*, 11)로 간주하는 전통철학을 비판적으로 고찰하였다. 그런데 메를로–퐁티에 따르면 『이념들 I』에서 선보인 후설의 정적 현상학은 감각을 순수인상으로 간주하는 전통철학과 유사하다고 할 수 있다. 앞서 살펴보았듯이, 전통철학은 '순수인상'을 "내가 [대상들을 통해] 촉발되는 방식과 내 자신의 상태에 대한 체험"(*PP*, 9), "나누어지지 않았고 순간적이며 점적인 '충격'의 체험"(*PP*, 9) 등으로 규정하면서 그것을 일종의 체험으로 간주한다. 이와 마찬가지로 후설 역시 『이념들 I』에서 감각을 비지향적 체험으로 규정하면서 그것을 일종의 체험으로 간주하고 있다.

따라서 『이념들 I』에서 선보인 후설의 정적 현상학은 감각의 문제와 관련하여 앞서 2장에서 살펴본 전통철학의 문제점을 대부분 가지고 있다고 할 수 있다. 감각의 문제와 관련하여 전통철학이 가지고 있는 가장 심각한 문제점은, 그것이 감각을 원자론적으로 해석하며 감각이 원초적인 감각의 장에 뿌리박고 있다는 사실을 포착하지 못하고 이처럼 원초적인 감각의 장 및 현상적 장을 망각하면서 그곳으로 귀환하지 못했다는 데 있다. 후설의 정적 현상학 역시 이러한 전통철학과 마찬가지로 원초적인 감각의 장 및 현상적 장을 망각하면서 그곳으로 귀환하지 못하는 오류를 범하고 있다.

③이제 후설의 정적 현상학의 초월론적 주관에 대한 메를로-퐁티의 비판을 살펴보자. 앞서 우리는 후설의 정적 현상학에 나타난 초월론적 주관에 대한 메를로-퐁티의 견해를 살펴보면서, 메를로-퐁티가 후설의 정적 현상학의 초월론적 주관을 칸트의 초월론적 의식과 동일시하며 그러한 점에서 정적 현상학의 초월론적 주관에 대한 그의 비판에 문제가 있음을 보았다. 그럼에도 불구하고 메를로-퐁티가 후설의 정적 현상학의 초월론적 주관을 칸트의 초월론적 의식과 동일시하는 점을 도외시할 경우 후설의 정적 현상학의 초월론적 주관에 대한 메를로-퐁티의 이해에는 일면 타당한 점이 있다고 할 수 있다. 이 점을 염두에 두면서 후설의 정적 현상학의 초월론적 주관에 대한 메를로-퐁티의 비판을 검토하기로 하자.

메를로-퐁티에 따르면 후설의 초월론적 주관은 대상과 세계를 구성하는 주관인데, 이 경우 구성작용을 수행하는 것은 일차적으로 능동적 작용으로서의 객관화적 작용 또는 객관화적 작용에 토대를 두고 있는 초월론적 의식이다. 그리고 이러한 초월론적 의식은 그와 관련해 반성하는 것과 반성되는 것 사이의 완전한 일치, 즉 필증적 명증이 가능한 의식이다. 말하자면 후설의 초월론적 주관은 필증적 명증의 양상에서 파악될 수 있는 객관화적 기능을 지니고 있는 초월론적 의식의 주관이다.

그러나 메를로-퐁티의 지각의 현상학의 입장에서 보자면 이러한 의미의 초월론적 주관은 근원적인 차원에서 구성기능을 수행하는 주관이 아니며, 따라서 그것은 지각의 현상학이 해명하고자 하는 진정한 의미의 “초월론적 주관”(*PP*, 415)이라 할 수 없다. 메를로-퐁티에 따르면 진정한 의미의 세계 구성작용을 수행하는 주관은 육화된 주관인데, 후설의 정적 현상학의 초월론적 주관은 이처럼 육화된 주관의 표층에 불과하다. 그러므로 후설의 정적 현상학에서 제시된 초월론적 주관은 '진정한 의미의 초월론적인 것'(*PP*, 418)이라 불릴 수 없다. 그것은 '진정한 의미의 초월론적인 것'이 되기에는 여러 가지로 한계가 있으며, 따라서 그것은 다음과 같이 여러 면에서 보완되어야 한다.

첫째, 진정한 의미의 초월론적인 것이 되려면 정적 현상학적 의미의 초월론적 주관은 객관화적 지향성뿐 아니라 객관화적 지향성의 심층에서 살아 숨쉬는 다양한 유형의 작동하는 지향성의 주관으로 확장되어야 한다. 객관화적 지향성의 심층에서 살아 숨쉬는 작동하는 지향성의 주관이 바로 육화된 주관이다. 육화된 주관은 단지 능동적인 지향성의 담지자가 아니라 수동적인 지향성, 즉 작동하는 지향성의 담지자이기도 하다. 그리고 이러한 작동하는 지향성은 초월론적으로 반성하는 의식에 의해 필증적 명증의 양상에서 완전하게 파악되지 않는다.

둘째, 그러나 정적 현상학적 의미의 초월론적 주관을 신체적 주관으로까지 확장한다고 해서 진정한 의미의 초월론적인 것에 도달하지는 못한다. 진정한 의미의 초월론적인 것에 이르려면 초월론적 주관의 시간성을 고려하면서, 정적 현상학적 의미의 초월론적 주관을 단순히 현재 순간에만 존재하는 주관이 아니라 현재 속에서 살아가면서 과거지평과 미래지평을 가지고 있는 주관으로 확장하여야 한다.

셋째, 정적 현상학에서 초월론적 주관은 개별적인 주관 혹은 유아론적 주관처럼 다루어진다. 그러나 모든 초월론적 주관은 상호주관적 연관 속에서 살아가는 주관이며, 어떤 초월론적 주관도 유아론적으로 살아갈 수 없다. 정적 현상학적 의미의 초월론적 주관은 상호주관적인 초월론적 주관으로 확장되어야 한다.

넷째, 정적 현상학적 의미의 초월론적 주관은 마치 초역사적 주관처럼 다루어진다. 그 모든 초월론적 주관은 역사적·세대적 연관 속에서 살아가며, 어떤 주관도 역사적·세대적 연관을 벗어나 살아갈 수 없다. 정적 현상학적 의미의 초월론적 주관은 역사적인 초월론적 주관, 세대간적인 초월론적 주관으로 탈바꿈해야 한다.

④ 정적 현상학적 의미의 초월론적 주관에 대한 메를로-퐁티의 비판은 정적 현상학적 의미의 초월론적 현상학적 환원에 대한 그의 비판과 밀접하게 연결되어 있다. 앞서 우리는 정적 현상학적 의미의 초월론적 현상학적 환원에 대해 살펴보면서, 그것이 두 단계로 구성되며 후설은『이념들 I』에서 첫 번째 단계에 대해서는 충분히 해명하고 있지만 두 번째 단계에 대해서는 명료한 형태로 해명하고 있지 않다는 사실에 대해 검토했다. 그런데 메를로-퐁티는 후설의 정적 현상학적 의미의 초월론적 현상학적 환원을 그것을 구성하는 두 단계 중 주로 두 번째 단계, 즉 명증적으로 파악될 수 있는 체험의 영역을 확보하기 위한 단계에 초점을 맞추어 이해하고 있다. 이러한 맥락에서 그는『지각의 현상학』에서 초월론적 현상학적 환원을 설명하면서 "구성된 것으로부터 구성하는 것으로의 이행"은 "나에게 나의 모든 경험을 완벽하게 장악하도록 할 것이며, 반성하는 것과 반성되는 것 사이의 일치를 실현시킬 것이다"(PP, 73)라고 말한다. 이경우 나의 모든 경험을 완벽하게 장악한다는 말은 반성하는 것과 반성되는 것 사이의 일치, 즉 나의 모든 경험을 필증적 명증의 양상에서 파악함을 뜻한다. 그러나 메를로-퐁티에 따르면 초월론적 현상학적 환원은 나의 경험만이 아니라 내가 경험하는 일체의 것들을 필증적인 명증의 양상에서 파악할 수 있도록 해주는 방법이다. 이 점과 관련하여 그는『지각의 현상학』의 서문에서 현상학적 환원을 설명하면서 "환원은 그 앞에서 세계가 절대적 투명성 속에서 드러나는바, 초월론적 의식으로의 귀환"(PP, V)으로 제시된다고 말한다.

여기서 우리는 정적 현상학적 의미의 초월론적 현상학적 환원에 대한 메를로-퐁티의 이해에 문제점이 있음을 알 수 있다. 무엇보다도 큰 문제점은 그가 정적 현상학적 의미의 초월론적 현상학적 환원에 대해 체계적으로 설명하고 있지 않다는 데 있다. 앞서 우리는 정적 현상학적 의미의 초월론적 현상학적 환원이 두 단계로 구성되어 있다는 사실을 살펴보았는데, 메를로-퐁티는 이 점에 대해 전혀 논하고 있지 않다.[11] 그리고 그는 정적 현상학적 의미의 초월론적 현상학적 환원이 나의 모든 경험을 필증적 명증의 양상에서 파악할 수 있도록 해준다고 주장하는데, 이것은 두 번째 단계의 환원에 대해서만 타당할 뿐 첫 번째 단계의 환원에 대해서는 타당하지 않다. 앞서 살펴보았듯이 첫 번째 단계의 환원을 통해서 우리는 체험류 속에서 주어지는 다양한 초월론적 의식들을 만나게 되는데, 이 모든 의식들이 필증적 명증의 양상에서 파악될 수 있는 것은 아니기 때문이다. 더 나아가 그는 정적 현상학적 의미의 초월론적 현상학적 환원을 '그 앞에서 세계가 절대적 투명성 속에서 드러나는바, 초월론적 의식으로의 귀환'으로 규정한다. 그러나 이러한 규정은 타당하지 않다. 그 이유는, 『이념들 I』에서도 논의되고 있듯이(*Hua* III/1, 96ff. 참조), 세계는 초월적인 것들의 총체를 뜻하며 모든 초월적인 것들이 그러하듯이 그 총체인 세계도 의심가능한 것으로서 결코 필증적 명증의 양상에서 주어지지 않기 때문이다.

이처럼 정적 현상학적 의미의 초월론적 현상학적 환원에 대한 메를로-퐁티의 이해에 문제점이 있음에도 불구하고 우리는 그에 대한 메를로-퐁티의 비판의 핵심을 이해할 수 있다. 그의 비판의 핵심은 정적 현상학적 의미의 초월론적 현상학적 환원은 진정한 의미의 초월론적 장을 해명하기 위한 적절한 방법이 될 수 없다는 것이다. 바로 이러한 이유에서

---

11) 물론 후설 자신이 『이념들 I』에서 초월론적 현상학적 환원을 이처럼 명료하게 두 단계로 나누어서 논하고 있지 않기 때문에, 메를로-퐁티가 이 두 단계의 환원에 대해 논하고 있지 않다는 우리의 비판은 메를로-퐁티의 입장에서 보면 정당한 것이 아니라고 할 수 있다.

메를로-퐁티는 정적 현상학적 의미의 초월론적 현상학적 환원을 비판하면서 지각의 현상학을 전개하기에 적합한 환원의 방법을 모색하는데, 이것이 바로 2장에서 살펴본 현상학적 심리학을 통한 초월론적 현상학적 환원의 방법이다. 그리고 메를로-퐁티는 현상학적 심리학을 통한 초월론적 현상학적 환원과 관련해『지각의 현상학』서문에서 "환원이 가르쳐주는 가장 큰 교훈은 완전한 환원의 불가능성이다"(PP, 8)라는 저 유명한 말을 하는데, 6장에서 이 말의 진정한 의미가 무엇인지 해명할 것이다.

지금까지의 논의를 통해 우리는 정적 현상학에 대한 메를로-퐁티의 비판의 핵심이 무엇인지 이해할 수 있다. 그것은 바로 정적 현상학은 지각의 현상학이 해명하고자 하는 사태인 현상적 장과 초월론적 장을 해명할 수 없다는 사실로 귀착된다. 그에 따르면 전통적인 지성주의의 한 유형인 후설의 정적 현상학은 객관화된 세계의 표층을 뚫고 심층으로 들어가야만 비로소 발견할 수 있는 원초적인 현상적 장과 초월론적 장으로의 진입을 방해하는 철학이다. 바로 이러한 이유로 그는 지각의 현상학을 전개하면서 여러 곳에서 후설의 정적 현상학을 신랄하게 비판하고 있는 것이다. 그러나 메를로-퐁티에 따르면 후설이 늘 객관주의적 사유에 머물면서 진정한 의미의 현상적 장으로 진입하지 못했던 것은 아니다. 그에 따르면 후설은 후기에 정적 현상학의 한계를 인식하고 그것을 넘어서 새로운 현상학을 전개하면서 진정한 의미의 현상적 장으로 귀환하였는데, 이 점에 대해 그는 "후설이 현상적 장으로의 귀환이 무엇을 의미하는지 충분히 의식하게 된 것은 그의 후기에서다"(PP, 61)라고 지적하고 있다.

5 비판적 평가

우리는 후설의 정적 현상학에 대한 메를로-퐁티의 비판이 지각의 현상학을 전개하기 위해 지니는 의미를 충분히 이해할 수 있다. 그럼에도 불구하고『이념들 I』에서 전개된 후설의 정적 현상학에 대한 메를로-퐁티의 비판이 전적으로 타당하다고 생각하지 않는다. 이 점과 관련해 앞서 정적 현상학적 의미의 초월론적 주관과 정적 현상학적 의미의 초월론적 현상학적 환원에 대한 메를로-퐁티의 이해에 문제점이 있음을 살펴보았다. 여기서 우리는 『이념들 I』에서 전개된 정적 현상학의 전체적인 구상과 관련하여 그에 대한 메를로-퐁티의 비판이 가지고 있는 문제점만을 살펴보고자 한다. 이 점과 관련해 『이념들 I』에 나타난 정적 현상학이 애매성을 지니고 있다는 사실에 유의할 필요가 있다. 이처럼 애매성을 지니고 있는 『이념들 I』에 나타난 정적 현상학을 어떻게 이해하느냐에 따라 그에 대한 메를로-퐁티의 비판에 대한 평가도 달라질 수 있다고 생각한다.

앞서 우리는 후설의 정적 현상학과 발생적 현상학의 관계를 이해할 수 있는 두 가지 방식이 존재함을 살펴보았다. 당연히 이러한 두 가지 방식에 상응해 정적 현상학을 이해하는 방식도 두 가지가 있다. 그 한 가지 이해방식에 따르면, 정적 현상학은 발생적 현상학의 전 단계에 해당하며, 따라서 정적 현상학은 발생적 현상학에 흡수될 수 있다. 그러나 또 하나의 이해방식에 따르면 시간적인 발생적 정초관계를 해명함을 목표로 하는 발생적 현상학과는 달리 정적 현상학은 타당성의 초시간적 정초관계를 해명함을 목표로 하며, 그러한 한 정적 현상학은 발생적 현상학으로 환원될 수 없으며 나름의 고유한 권리를 가지고 있다.

지금까지 우리는 정적 현상학에 대한 두 번째 이해방식이 타당하다고 생각하면서 논의를 전개해왔다. 그런데 사실은 『이념들 I』에서 전개된 정적 현상학의 정체는 그처럼 일의적이지 못하며, 앞서 언급한 두 가지 방식으로 이해될 수 있는 여지를 충분히 남겨놓고 있다. 그런데 정적 현상학을 어떤 방식으로 이해하느냐에 따라 후설의 정적 현상학에 대한 메를로-퐁티의 비판에 대한 평가도 각기 다른 의미를 가질 수 있다. 필자의 견해에 따르면 정적 현상학을 발생적 현상학의 전 단계로 이해할 경우 정적 현상학에 대한 메를로-퐁티의 비판은 대체로 타당하다고 할 수 있지만, 정적 현상학을 발생적 현상학과는 이념을 달리하는 현상학으로 이해할 경우 그의 비판은 타당하지 않다고 할 수 있다. 이제 그 점에 대해 자세히 살펴보기로 하자.

①우선『이념들 I』에서 전개된 정적 현상학으로서의 초월론적 현상학은 발생적 현상학의 전 단계로 이해될 수 있는 여지를 가지고 있다. 예를 들어 후설은『이념들 I』의 85절에서 감각자료와 지향적 형상을 구별하면서 감각자료를 지향적 형상을 위한 토대, 즉 지향적 형상의 "감각적 토대"(*Hua* III/1, 192)라고 부르고 있다. 그런데 여기서 감각자료가 지향적 형상의 '감각적 토대'라고 할 경우 이 토대는 타당성의 초시간적 정초토대라기보다는 시간적인 발생적 정초토대를 뜻하는 것이라 할 수 있다.『이념들 I』의 논의에 따르면 지향적 형상뿐 아니라 감각자료 역시 체험으로 이해되고 있으며, 따라서 발생적 관점에서 볼 때 감각자료가 지향적 형상에 시간적으로 선행하기에 양자 사이에는 발생적 정초관계가 성립하기 때문이다. 후설은 또 85절의 논의를 시작하면서 "모든 체험시간성을 구성하는 최종적인 의식의 어두운 심층으로 내려가는 작업을 하지 않는 […] 우리의 고찰단계"(*Hua* III/1, 191-192)라고 말하면서 85절에서 분석되고 있는 초월론적 구성의 층이 그보다 더 깊이 놓여 있는 층, 즉 의식의 어두운 심층에 토대를 두고 있다는 사실을 지적한다. 그런데 이 경우 의식의 어두운 심층은 85절에서 분석되고 있는 의식의 층에 대해 시간적인 발생적 정초토대의 역할은 할 수 있어도 타당성의 초시간적 정초토대의 역할은 할 수 없다. 그 이유는 그것이 의식의 어두운 심층이라서 85절에서 분석되고 있는 의식의 층처럼 필증적 명증의 양상에서 파악될 수 없기 때문이다.

여기서 알 수 있듯이『이념들 I』에서 전개된 정적 현상학은 발생적 현상학의 전 단계로 이해될 수 있는 가능성을 가지고 있다. 그런데 거기서 전개된 정적 현상학을 이처럼 발생적 현상학의 전 단계로 이해할 경우 그에 대한 메를로-퐁티의 비판은 전체적으로 타당성을 지니고 있다고 할 수 있다. 후설이 거기서 지향적 형상과 감각자료가 결합된 초월론적 구성의 층을 주로 분석하며 이 층을 발생적으로 정초해주는 보다 더 깊은 층, 즉 '모든 체험시간성을 구성하는 최종적인 의식의 어두운 심층'은 분석하고 있지 않기 때문이다. 메를로-퐁티는 바로 『이념들 I』에 나타난 정적 현상학의 한계를 비판하고 그것이 다루지 못한 보다 심층적인 차원의 초월론적 구성을 해명하면서 지각의 현상학을 전개해나가고 있는 것이다.

그러나 이 점과 관련해서 한 가지 지적해야 할 점은, 비록 거기서 전개된 정적 현상학을 발생적 현상학의 전 단계에 해당하는 현상학으로 이해할 경우에도 후설은, 메를로-퐁티가 비판하고 있듯이, 단지 파악작용-감각내용의 도식에 따라 파악작용의 역할을 수행하는 능동적인 지향성, 다시 말해 객관화적 지향성과 객관화적 지향성에 토대를 둔 비객관화적 지향성만을 지향성으로 간주하면서 분석을 수행하고 있는 것은 아니라는 사실이다. 후설은 『이념들 I』에서 이미 능동적이지 않은 의식들에 대해서도 그것이 지향성을 가지고 있을 가능성을 열어놓고 있다.[12] 예를 들어 그는, 그것이 판단이든 감정이든 의지든 간에, 능동적이고 현실적인 의식이 나타나기 이전의 수동적인 의식상태에 대해서도 그것이 지향성을 가질 가능성이 있다고 하면서 다음과 같이 적고 있다.

"마음에 듦, 소망함, 판단함 등등은 특유의 의미에서 '수행된' 것인데, 말하자면 이러한 수행 속에서 '생동적으로 활동하는' 자아에 의해서 수행된다. […] 그러나 그러한 의식방식은 '수행되지' 않고서도 이미 '자아를 자극할' 수 있고, '배경에서' 나타날 수 있다. 그 고유한 본질에 따라 볼 때 이러한 비현실적인 것들도, 그럼에도 불구하고, 이미 '무엇에 관한

---

12) 이러한 점에서 『이념들 I』에 나타난 지향성 개념은 일의적이라 할 수 없다.

의식'이다. 그에 따라 우리는 사유함, '…로 향한 시선' 또는 […] 주의를 기울임 등을 지향성의 본질 속으로 함께 끌어들여 파악하지 않았다. 오히려 이러한 사유적인 것은 우리가 지향성이라 부르는 일반적인 것의 특별한 양상으로서 타당성을 지닌다."(*Hua* III/1, 189)

이 인용문에 나타나 있듯이, 후설은 감정자극 등과 같이 의식의 배경에서 '자아를 자극할 수 있는' 비현실적인 의식들도 이미 지향성을 지니고 있는 것으로 간주한다. 그러나 이러한 비현실적인 의식들은 앞서 살펴본 엄밀한 의미에서의 지향적 체험, 즉 능동적인 체험이 아니다. 그것들은 오히려 수동적인 체험이라고 불려야 하며, 실제로 후설은『이념들 II』,『수동적 종합에 대한 분석』등을 비롯해『이념들 I』을 출간한 후 집필된 저술들에서 이러한 체험들을 분석하고 있다. 그런데 이와 같은 수동적인 체험들은 정적 현상학이라기보다는 발생적 현상학의 주제라 할 수 있다. 여기서 우리는 정적 현상학을 발생적 현상학의 전 단계로 이해할 경우에도『이념들 I』에서 전개된 초월론적 현상학은 단지 정적 현상학의 단계에만 머물러 있지 않고 발생적 현상학의 단계로까지 심화되고 있기 때문에 이중성을 지니고 있음을 알 수 있다. 물론『이념들 I』에서는 발생적 현상학적 분석이 극히 단편적으로만 시도되고 있으며 메를로-퐁티의 지각의 현상학의 수준에는 도달하지 못했기 때문에, 정적 현상학을 발생적 현상학의 전 단계로 이해할 경우에도『이념들 I』에 나타난 정적 현상학에 대한 메를로-퐁티의 비판은 대체적으로 타당하다고 할 수 있다.

②그런데 앞서『이념들 I』에 나타난 초월론적 현상학적 환원을 살펴보면서 드러났듯이 거기서 전개된 초월론적 현상학은 발생적 현상학과는 그 근본이념을 달리하는 정적 현상학으로 이해될 수 있는 가능성을 충분히 가지고 있다. 필자의 견해에 따르면 후설은『이념들 I』을 집필하면서 거기서 전개된 초월론적 현상학을 발생적 현상학과 원칙적으로 구별되는 정적 현상학으로 발전시키는 일을 과제로 설정했으며, 실제로 거기서

전개된 현상학은 전체적으로 볼 때 발생적 현상학과 구별되는 정적 현상학이라 할 수 있다.

정적 현상학을 이처럼 발생적 현상학과는 근본적으로 이념을 달리하는 현상학으로 이해할 경우 정적 현상학에 대한 메를로-퐁티의 비판이 심각한 문제점을 안고 있음을 알 수 있다. 정적 현상학은 발생적 현상학으로 환원될 수 없는 정적 현상학 나름의 고유한 권리를 지니고 있기 때문이다. 예를 들어 메를로-퐁티는 정적 현상학이 현상적 장의 발생적 구조를 해명함에 있어 커다란 한계를 지닌다고 비판하지만, 이러한 그의 비판은 정당하다고 할 수 없다. 후설이『이념들 I』에서 전개시킨 정적 현상학은 발생적 현상학과는 달리 현상적 장의 발생적 구조를 해명함을 목표로 하는 현상학이 아니기 때문이다. 더 나아가 정적 현상학은 발생적 현상학으로는 불가능한 고유의 문제들을 해결할 수 있는데, 절대적으로 타당한 명증적인 인식의 영역이 존재한다는 사실을 보여줌으로써 회의주의를 논파하는 일이 대표적인 예라 할 수 있다. 이처럼 정적 현상학은 발생적 현상학에 양도할 수 없는 고유한 권리 및 의의를 가지고 있기 때문에 후설의 정적 현상학에 대한 메를로-퐁티의 비판은 한계가 있다고 할 수 있는데, 이 점을 8장 2절에서 다시 한 번 검토할 것이다.

5

메를로 – 퐁티의 지각의 현상학

- 신체

- 지각된 세계

- 대자 – 존재와 세계로 향한 존재

5장의 목표는 메를로-퐁티의 지각의 현상학의 전체적인 구도를 살펴보는 데 있다. 5장의 논의는 6장과 7장에서 메를로-퐁티의 지각의 현상학과 후설의 발생적 현상학을 비교하기 위한 토대를 마련해줄 것이다. 이장에서 우리는 후설의 발생적 현상학에 대한 고려 없이 메를로-퐁티의지각의 현상학을 그 근본구도를 생각하면서 고찰할 것이다.

앞서 2장에서『지각의 현상학』의 '입문'을 중심으로 지각의 현상학이해명하고자 하는 사태가 현상적 장이요 동시에 초월론적 장이라는 사실을 살펴보았다. 이제 우리는『지각의 현상학』의 '입문'에 이어 1-3부에서 전개된 지각의 현상학의 내용을 살펴볼 것이다.『지각의 현상학』의1부는 바로 현상적 장과 초월론적 장을 구성하는 토대로서 신체의 문제를, 2부는 신체를 통해 구성되는 세계인 지각된 세계의 문제를 다루고 있으며, 3부는 '세계로 향한 존재'를 토대로 '대자적 존재'를 해명하고 있다. 이 장에서는 이러한 순서에 따라 지각의 현상학의 전체적인 구조를조감하고자 한다.

1 신체

모든 지각대상은 원초적 삶 속에서 다양한 관점을 통해 다양한 방식으로 경험된다. 모든 지각대상은 "공간적 관점"(*PP*, 83)과 "시간적 관점"(*PP*, 83)을 통해서 경험된다. 그런데 이처럼 모든 지각대상이 다양한 관점에서 경험될 수 있는 이유는 바로 지각의 주체인 내가 신체를 가지고있기 때문이다. 이러한 점에서 신체는 모든 지각경험의 대상들과 지각세계가 그 나름의 의미를 가지고 우리에게 현출할 수 있는 토대이다. 따라서 우리는 지각대상과 지각세계를 해명하기 위해서 신체를 해명해야 하는 것이며, 메를로-퐁티 역시『지각의 현상학』의 1부에서 신체를 분석하고 있는 것이다.

1) 신체에 대한 기계론적 생리학과 고전적 심리학

이처럼 지각대상이 공간적 관점과 시간적 관점을 통해 주어지며, 그러한 한 지각경험의 핵심이 "관점"(*PP*, 85)에 있음에도 불구하고 객관적 사유는 이러한 사실을 철저하게 망각하고 있다. 객관적 사유는 선술어적 경험 속에서 현출하는 다양한 지각대상 대신 "이념"(*PP*, 85)으로서의 대상을 정립하고, 원초적인 지각세계 대신에 '이념'으로서의 객관적 세계를 정립시킨다. 따라서 객관적 세계의 이면에 숨어 있는 원초적인 세계 및 그것이 현출하기 위한 토대인 고유한 신체를 해명하기 위해 일차적으로 해야 할 작업은 고유한 신체에 대한 파악을 방해하는 객관적 사유의 정체와 그 한계를 해명하는 일이다. 이러한 맥락에서 메를로-퐁티는 객관적 사유의 예로 기계론적 생리학과 고전적 심리학을 비판적으로 검토하고 있다.

메를로-퐁티에 따르면 기계론적 생리학과 고전적 심리학은 '고유한 신체', 즉 "그에 대해 내가 현실적인 경험을 가지고 있는 신체"(*PP*, 90)를 망각하였다. 이 점을 이해하려면 데카르트적 이원론을 살펴볼 필요가 있다. 잘 알려져 있듯이, 데카르트는 연장실체로서의 물체와 사유실체로서의 영혼을 나누고 있다. 이 두 유형의 실체는 그 본질적인 구조에 있어 엄밀하게 구별되는 것으로, 연장실체로서의 물체는 사유할 수 없으며 사유실체로서의 영혼은 펼쳐져 있을 수 없다. 이 경우 연장실체인 물체는 물리학의 대상이 되며 사유실체인 영혼은 제일철학으로서의 형이상학의 대상이 된다. 그러나 메를로-퐁티에 의하면 데카르트는 이처럼 이원론을 전개했기에 신체와 영혼의 정체를 올바로 파악할 수 없었다.

메를로-퐁티에 따르면 우선 신체는 결코 데카르트의 이원론을 토대로 기계론적 생리학이 전제하는 것과는 달리 순수한 연장실체가 아니다. 그리고 이와 마찬가지로 영혼 또는 심리현상 역시 데카르트가 생각하고 기계론적 생리학이 전제하듯이 순수사유로 구성되어 있는 것도 아니다. 우리가 생생하게 경험하는 신체와 심리현상은 서로 엄밀하게 구별되는 두 가지 존재영역이 아니라, '실존'(existence)이라고 불리는 동일한 사태의 서로 다른 두 층에 불과할 뿐이다. 말하자면 우리의 고유한 몸은 실존이라고 불리는 총체적인 사태의 하부층에 해당하며, 심리현상은 동일한 사태의 상부층에 해당한다. 이 두 가지는 연속선 위에서 존재하는 서로 다른 두 가지 현상으로 그들 사이에는 단지 정도의 차이만 있을 뿐이다.

이처럼 우리의 신체와 심리현상이 모두 실존을 구성하는 한 계기이기 때문에 양자는 서로 무관한 것이 아니다. "그들 모두는 지향적인 극 또는 세계를 향하고 있으며"(PP, 103) 그러한 점에서 세계로 향한 존재인 실존의 계기들인 것이다. 이처럼 이 두 현상이 실존을 구성하는 두 층이기 때문에 한 층이 다른 층에 대해 영향을 미치는 일이 가능하며, 경우에 따라 한 층에서 다른 층으로의 변화도 가능한 것이다. 우리 인간은 이처럼 비인격적인 실존의 층과 인격적인 실존의 층이 상호작용하는 운동 속에서 존재한다. 구체적인 인간은 데카르트가 그리고 있듯이 정신과 유기체가 외적이며 우연히 결합된 존재가 아니다. 구체적인 인간이란 때로는 비인격적인 육신의 모습을 취하기도 하고 때로는 인격적 모습을 취하기도 하며, 더 나아가 비인격적 실존으로부터 인격적 실존으로 이행하기도 하고 인격적 실존으로부터 비인격적 실존으로 이행하기도 하는 부단한 "실존의 오르내림 운동"(PP, 104)이라 할 수 있다.

그러면 기계론적 생리학과 고전적 심리학의 문제점을 조금 더 자세하게 살펴보자. 기계론적 생리학은 모든 대상들을 "외적이며 기계론적 관계"(PP, 87)에 놓여 있는 것으로 여기며 신체의 모든 부분들 역시 단지 '외적이며 기계론적 관계'에 있는 것으로 간주하고 그에 대한 연구를 시작한다. 신체를 이런 방식으로 연구할 경우 신체가 가지고 있는 의식과 영혼은 완전히 사라지고 "신체는 모호한 행동개념이 우리로 하여금 거의 망각하도록 한, 완벽하게 청소된 기계로 탈바꿈한다."(PP, 90)

그러나 기계론적 생리학은 고유한 신체를 연구하는 데 커다란 한계를 가지고 있다. 기계론적 생리학이 지닌 한계를 보여주는 예는 수없이 많다. 예를 들어 머리카락으로 피부의 특정 부위에 자극을 줄 경우, 초기의 지각들은 매번 특정 지점에 위치한 것으로 분명히 구별되어 나타난다.(PP, 89 참조) 그러나 자극이 되풀이되어감에 따라 위치 지정은 점차 부정확해지고, 지각은 피부의 한 지점이 아니라 넓게 퍼져 나타나며, 감각 역시 특정한 성격을 지닌 것으로 나타나지 않는다. 감각은 이제 촉각으로 나타나는 것이 아니라 한순간 차가운 느낌이었다가 다음 순간에는 뜨거운 느낌이 되기도 하며, 그 후에는 자극이 움직이기도 하고 피부 위에서 원을 그리는 것 같은 느낌을 주기도 한다. 그리고 마지막에 가서는 아무것도 느껴지지 않는다.

이러한 예에서 알 수 있듯이, 감각이란 유기체 밖에 있는 어떤 객관적 상황이 만들어낸 사실적인 결과가 아니라 '유기체가 자극을 맞이하고 자극과 관계를 맺는 방식'이다. 어떤 자극이 실제로 어떤 감각기관에 가해질 경우에도 만일 이 감각기관이 저 자극을 받아들일 준비가 되어 있지 않으면, 말하자면 그것을 받아들일 수 있도록 조율되거나 감응되어 있지 않으면 그 어떤 감각도 생기지 않는다. "자극을 받아들임에 있어서 유기체의 기능이란, 말하자면 특정한 형태의 흥분을 '수태하는' 일이다. '심리-물리적인 사건'은, 따라서 더 이상 '세계적인' 인과성의 유형을 가지고 있지 않으며, 뇌는 대뇌피질 이전의 단계에서도 끼어드는 '형태부여'의 장소가 된다[…]."(PP, 89)

기계론적 생리학과는 달리 고전적 심리학은 어떤 점에서 지각의 현상학과 마찬가지로 '고유한 신체'와의 연관 속에서 심리현상을 연구하고 있다. 이러한 점에서 고전적 심리학은 기계론적 생리학보다 훨씬 더 진전된 입장이라고 할 수 있다. 물론 고전적 심리학이 객관적 사유의 한계를 완전하게 극복하지는 못하였지만, 그것은 고유한 신체가 가지고 있는 다음 네 가지 중요한 특징에 주목하고 있다.

첫째, 나의 신체는 책상·의자·나무·꽃 등 우리가 일상적으로 경험하는 여타의 대상들과 구별되는데, 나의 신체 이외의 대상들이 나로부터 멀어질 수 있는 것과는 달리 나의 신체는 나로부터 멀어질 수 없기 때문이다. 외적 대상이 나로부터 멀어질 수 있고 나의 지각장에서 완전히 사라질 수 있다는 사실은 그것이 나에게 다양한 관점에서 경험되는 것임을 함축하고 있다. 이처럼 다양한 관점에서 지각될 수 있다고 하는 것은 외적 지각대상의 본질이다. 그러나 외적 지각대상과는 달리 신체는 단 하나의 관점에서만 지각된다. 내가 나의 신체로부터 멀어질 수 없기 때문이다. 그리고 이처럼 단 하나의 관점에서 이루어지는 신체에 대한 지각은 극히 불완전한 방식으로만 경험되며, 따라서 나는 나의 신체에 대해 "완전한 구성"(*PP*, 108)을 기대할 수 없다.

둘째, 신체는 여타의 외적 대상들과는 달리 소위 "이중감각"(*PP*, 109)을 가지고 있다. 예를 들어 내가 오른손과 왼손을 맞대고 누를 경우 나의 오른손이 감각하는 주체로 나타나면 왼손은 감각된 대상으로 현출하고, 반대로 나의 왼손이 감각하는 주체로 나타나면 오른손은 감각된 대상으로 현출하면서 두 가지 현상이 교대로 나타나는데, 이러한 현상이 바로 이중감각이다. 이러한 이중감각이 가능한 이유는 우리의 신체가 "모종의 반성능력"(*PP*, 109)을 가지고 있기 때문이다. 우리의 신체는 그 무엇이 외부에서 접촉하는 순간 단순히 거기에 머물지 않고 자신의 상태를 느끼면서 그것을 통해 접촉하는 것이 무엇인지 탐색하려는 능력을 가지고 있는데, 이러한 것이 바로 신체가 지닌 반성능력이다.

셋째, 외적 대상이 단순히 표상된 대상인 데 반해 우리의 신체는 "감응력을 지닌 대상"(un objet affectif, *PP*, 109)이다. 예를 들어 내가 "발이 아프다"고 말할 경우 이 말은 "내 발을 찌른 못이 나를 아프게 했듯이 내 발이 나를 아프게 했다"는 의미가 아니다. 이 말은 아픔이 공간적인 위치를 지닌 것으로서 드러나며 그것이 아픔을 가진 공간을 구성하는 한 요소라는 사실을 뜻한다. "내 발이 아프다"는 말은 "나는 내 발이 이 아픔의 원인이라고 생각한다"를 뜻하는 것이 아니라, "이 아픔이 내 발에서 나온다"는 것을 뜻한다.

넷째, 신체 이외의 외적 대상과는 달리 우리의 신체는 "운동감각"(PP, 110)을 가지고 있다. 고전적 심리학이 운동감각에 관한 이론을 가지고 보여주고 싶었던 것은 "내 신체를 가지고 내가 수행하는 운동이 가지고 있는 근원성"(PP, 110)이다. 이 점과 관련해 나의 신체운동이 가지고 있는 직접성에 주목할 필요가 있다. 우리의 신체운동은 직접성을 지니며 이 점이 신체의 운동이 모든 여타의 객관적인 대상들의 운동과 구별되는 점이다. 예를 들어 내가 어떤 대상을 움직일 경우 나는 우선 어느 시점에 내 신체를 사용하여 그 대상을 어떤 위치까지 옮겨놓은 후 그것을 그 다음 시점에 다른 위치까지 옮겨놓는데, 이러한 점에서 이 대상의 운동은 매개적이요 간접적이라 할 수 있다. 그러나 나의 신체의 운동은 이처럼 매개적이며 간접적으로 이루어지지 않는다. 내가 나의 신체를 움직일 경우 나는 그것을 어떤 매개도 없이 직접적으로 움직이기 때문이다.

이처럼 고전적 심리학은 고유한 신체의 특성에 대해 주목하였다. 그럼에도 불구하고 메를로-퐁티에 따르면 고전적 심리학은 다음 두 가지 점에서 한계를 가지고 있다.

첫째, 고전적 심리학자들은 신체와 여타 대상 사이의 명료한 구별을 수행하지 못했다. 그 이유는 그들이 객관주의적 사고가 가지고 있는 "비인격적 사유"(PP, 110) 또는 "보편적 사유"(PP, 112)에 머물러 있기 때문이다. 비록 우리의 고유한 신체의 특성을 알아차리기는 했지만, 그들은 이처럼 비인격적 사유 또는 보편적 사유에 머물러 있으면서 고유한 신체를 망각하고 부지불식간에 그것을 객관적인 세계 속에 존재하는 여러 대상들 중 하나로 간주했던 것이다.

둘째, 고전적 심리학은 신체와 여타의 대상들 사이에 존재하는 이러한 구별이 철학에 대해 지닐 수 있는 함축이 무엇인지 통찰하지 못하였다. 그런데 지금까지 살펴본 고유한 신체가 가지고 있는 여러 가지 특성이 함축하고 있는 것은, 모든 심리현상은 세계를 비롯해 세계 속에서 만날 수 있는 다양한 초월자와의 "선객관적인 관계"(*PP*, 112), 즉 세계로 향한 존재 또는 실존의 한 양상이라는 사실이다.

2) 고유한 신체의 공간성과 운동성

기계론적 심리학과 고전적 심리학에 대한 비판을 통해 신체와 영혼의 정체가 어느 정도 밝혀졌다. 이제 신체와 영혼의 정체를 그 근원에서부터 이해하기 위해서 고유한 신체에 대한 분석을 철저하게 수행해야 한다. 메를로-퐁티는 신체도식과 지향궁 개념을 중심으로 고유한 신체의 구조를 해명하고 있다.

신체도식과 지향궁 개념을 이해하기 위하여 우선 나의 고유한 신체의 부분들이 서로서로 어떤 관계에 있는지 살펴보자. 우리는 신체의 부분들 사이의 관계가 외적 사물들 사이에서 확인할 수 있는 물리적 관계와는 전혀 다른 것임을 알 수 있다. 팔을 비롯한 나의 신체부위들 각각은 서로서로 물리적 관계를 맺으면서 외적으로 병치되어 있는 것이 아니라, "근원적인 방식으로"(*PP*, 114) "서로가 서로에게 포함되어"(*PP*, 114) 내적으로 내밀한 관계를 맺고 있다. 예를 들어 나의 오른발은 오른쪽 다리와 연결되어 있을 뿐 아니라, 몸통, 머리, 왼쪽 다리, 왼쪽 발 등 나의 신체 각 부분들과도 내밀하게 연결되어 있다. 나의 신체부위들 사이에 존재하는 이러한 내밀한 관계가 물리적 관계가 아님은 물론이다. 외적 사물들과는 달리 나의 신체부위들은 객관적 공간 안에서 물리적 인과관계에 따라 외적으로 병치되어 존재하는 것이 아니기 때문이다.

이처럼 나의 신체가 서로서로 분리될 수 없듯이 하나의 내밀한 체계를 이루고 있기 때문에 나는 행위하는 매 순간 신체 각 부분이 어디에 존재하는지 암묵적으로 이해하고 있다. 그런데 이처럼 내가 매 순간 나의 신체부위가 어디 있는지 알 수 있는 이유는 내가 "신체도식"(schéma corporel, *PP*, 114ff.)을 지니고 있기 때문이다.[1] 여기서 신체도식은 실존의 핵심적 특성 중 하나로서 "나의 신체가 세계를 향해 있다"(que mon corps est au monde, *PP*, 117)는 사실을 표현하는 것이다. 이 점과 관련해 우리는 실존으로서의 유기체가 세계를 향해 있으면서 매 순간 어떤 "목표"(*PP*, 119)를 가지고 그것을 실현하고자 노력하고 있다는 사실에 유의할 필요가 있다. 그런데 신체도식은 바로 유기체가 자신의 목표를 실현시키기 위하여 그 목표에 대응하는 가치에 따라 각 신체부위를 적극적으로 통합시킬 수 있는 능력을 뜻한다. 이와 같이 신체도식이 신체부위들을 통합시킬 수 있는 능력을 뜻하기 때문에, 메를로-퐁티는 고유한 신체의 '운동성'을 "근원적인 지향성"(*PP*, 160)으로 이해할 수 있다고 말하면서 "의식은 근원적으로 '나는 생각한다'의 문제가 아니라 '나는 할 수 있다'의 문제다"(*PP*, 160)라고 말한다. 여기서 알 수 있듯이, 신체도식은 주체가 자신의 신체의 여러 부분들의 위치를 암묵적인 양상에서 통일적으로 이해하면서 그것들을 통합시켜 그때마다 주어진 어떤 목표를 달성할 수 있는 실천적 능력을 뜻한다.

신체도식에 대한 이러한 논의를 통해 우리는 신체의 공간성이 무엇을 뜻하는지 이해할 수 있다. 우리는 매 순간 살아가면서 우리 신체부위들이

---

1) 신체도식 개념은 심리학·생리학 등에서 다양한 의미로 사용되고 있다. 신체도식 개념이 지니고 있는 다양한 의미에 대해서는 다음 두 논문을 참고할 것. S. Gallagher, "Body Schema and Intentionality", in: J. L. Bermúdez/A. Marcel/N. Elian, *The Body and the Self*, London/Cambridge: The MIT Press, 1995; S. Gallagher, "Body Image and Body Schema in a Deafferented Subject", in: *The Journal of Mind and Behavior* 16/4(1995).

어디에 위치하고 있는지 알고 있다. 예를 들어 글을 쓰고 있을 때도 나는 오른손, 왼손, 몸통, 두 다리, 두 발, 머리 등 신체 각 부분이 어디에 위치하고 있으며 그것들이 어떻게 연결되어 있는지 알고 있다. 물론 나는 나의 각 신체부위들의 위치에 대해 언제나 명료하며 주제적인 형태로 알고 있는 것이 아니라, 대개의 경우 암묵적이며 비주제적인 형태로 알고 있다. 이처럼 내가 나의 신체부위들의 위치를 알고 있다 함은 내가 나의 신체의 공간성을 이해하고 있음을 뜻한다. 그런데 내가 신체도식을 통해 이해하고 있는 나의 신체의 공간성은 객관적 대상들의 공간성과는 구별된다. 객관적 대상들의 공간성이 '위치의 공간성'이라고 한다면 나의 신체의 공간성은 "상황의 공간성"(*PP*, 116)이라고 할 수 있다. 여기서 위치의 공간성이 서로 외적이며 배타적인 관계에 있는 대상들 사이에서 확인할 수 있는 공간성이라고 한다면, 상황의 공간성은 서로가 서로를 감싸고 서로가 서로를 함축하는 신체부위들 사이에서 확인할 수 있는 공간성이다. 그것은 실존적 기획을 가지고 있는 고유한 신체의 공간성이다.

우리의 고유한 신체가 지니고 있는 이러한 상황의 공간성은 대상의 공간성과는 달리 늘 '여기'라고 하는 성격을 가지고 있다. 두말할 것도 없이 상황의 공간성이 가지고 있는 '여기'는 위치의 공간성에서 확인할 수 있는바, 객관적인 좌표평면 위에서 존재하는 여타의 지점과 구별되는 지점으로서의 여기를 뜻하는 것이 아니다. 그것은 "최초의 좌표의 설정, 적극적인 신체가 대상에 닻을 내림, 자신의 과제에 직면하여 신체가 놓인 상황"(*PP*, 117)을 뜻한다. 바로 이러한 점에서 "신체적 공간은 외적 공간과 구별되며 자신의 부분을 앞에 전개하는 대신 감싸안을 수 있는데, 그 이유는 그것이 풍광이 자신의 모습을 드러내기 위해 필요한 방의 어두움이며, 그 위에서 동작과 그 목표가 드러나는바 잠의 원천 또는 불투명한 능력의 창고이고, 그 앞에서 정확한 존재자들, 생김새와 점들이 현출할 수 있는바 비존재의 영역이기 때문이다."(*PP*, 117) 이처럼 신체적 공간성은 그로부터 여타의 모든 것들이 분출하여 우리에게 현출할 수 있는 원천이다. 따라서 메를로-퐁티는 대상이 현출할 수 있는 원천인 신체적 공간과 외적 공간이 하나의 "실천적 체계"(PP, 115)를 이루고 있다고 말한다.

이처럼 외적 공간과 하나의 실천적 체계를 이루고 있는 신체의 공간은 유기체의 행동을 통해 구성된다. 그러므로 유기체의 행동을 잘 분석해보면 신체의 공간성을 보다 더 깊이 있게 이해할 수 있다. 바로 이러한 이유에서 메를로-퐁티는 "붙잡음"(Greifen)이라는 행동과 "가리킴"(Zeigen)이라는 행동을 대비시키면서 분석한다.(PP, 120ff.) 이 경우 전자는 구체적 행동을 뜻하고 후자는 추상적 행동을 뜻한다. 구체적 행동과 추상적 행동의 예를 살펴보면, 이 두 유형의 행동이 어떻게 구별되는지 쉽게 이해할 수 있다.

예를 들어 모기가 신체의 어느 부위를 물 경우 나는 어떤 생각도 하지 않고 즉시 그곳을 향해 손을 날릴 수 있는데, 이처럼 어떤 생각도 없이 즉각적으로 반응하면서 나오는 행동이 구체적 행동이다. 이와는 달리 누군가가 나의 신체의 한 부분을 자로 찍어주면서 그곳을 짚어보라고 하면, 나는 앞의 경우처럼 어떤 생각도 없이 즉각적으로 그곳을 향해 손을 날리는 것이 아니라 시간적 여유를 가지고 그 위치를 생각해가면서 나의 손을 옮겨놓는다. 이와 같이 시간적 여유를 가지고 생각하면서 이루어지는 행동이 추상적 행동이다.

정상적인 사람은 구체적 행동뿐 아니라 추상적 행동도 아무 문제 없이 잘 수행한다. 그러나 특정한 병을 앓고 있는 환자들의 경우 구체적인 행동은 아무 문제 없이 잘 수행하지만 추상적인 행동은 잘 수행하지 못하는 경우가 있다. 예를 들어 대부분의 환자들은 모기가 신체의 어느 부위를 물 경우 그 신체부위를 향해 즉각 손을 날릴 수 있다. 그러나 어떤 환자는 눈을 감고 신체의 어느 부위를 잡아보라고 하면 잡지 못하기도 하고, 다른 환자는 신체의 한 부위를 만진 후 그 지점이 어딘지 말하라고 하면 답하지 못하기도 한다. 또 어떤 환자는 80밀리미터나 떨어져 있는 신체의 두 지점을 구별하지 못하기도 한다.

메를로-퐁티는 구체적 행동과 추상적 행동을 올바로 구별하지 못한 두 가지 견해를 비판적으로 검토하면서 양자의 구별에 대한 자신의 이론을 전개해나가는데, 그가 비판적으로 검토하고 있는 두 가지 견해는 다름 아닌 경험주의와 지성주의이다.

경험주의는 구체적 행동과 추상적 행동의 물리적 원인을 추적하면서 그 구별에 대해 설명하고자 한다. 그에 따르면 구체적 행동의 원인은 촉각자료에 있으며, 이와는 달리 추상적 행동의 원인은 시각자료에 있다. 앞서 우리는 어떤 환자의 경우 모기가 물 때 그곳을 향해 즉각 손을 날릴 수 있음에도 불구하고 눈을 감은 상태에서 신체의 어떤 부위를 잡아보라고 하면 못하는 경우가 있음을 살펴보았다. 이러한 예는 구체적 행동의 원인이 촉각자료에 있으며, 반면 추상적 행동의 원인이 시각자료에 있다는 경험주의의 입장을 뒷받침하는 것처럼 보인다.

그러나 경험주의는 문제점이 있다. 예를 들어 정상인의 경우 촉각자료와 시각자료가 공존하며, 이처럼 양자가 공존하기 때문에 촉각자료는 질적 변화를 경험하게 된다. 따라서 정상인의 경우 시각자료와 완벽하게 분리된 순수한 촉각자료는 존재하지 않는다. 그러나 태어날 때부터 맹인인 사람의 경우 시각자료와 완벽하게 분리된 순수한 촉각자료가 존재한다. 이는 이 두 경우 촉각자료가 동일한 것이 아님을 보여주고 있다. 이처럼 촉각자료의 정체가 불투명하기 때문에 인과성의 원리에 따라 촉각자료를 구체적 운동의 원인으로 제시하고자 하는 경험주의는 문제점을 지니고 있다.

경험주의와는 달리 지성주의는 어떤 현상을 해명하기 위하여 그 "이유" 또는 "지성적 가능조건"(*PP*, 140)을 추적한다. 이 경우 어떤 현상의 '이유' 또는 '지성적 가능조건'이란 다름 아닌 모든 질료적 내용에 의미를 부여하여 지성적 세계를 창조하는, 절대적으로 구성하는 의식을 뜻한다. 이처럼 절대적으로 구성하는 의식을 전제하는 지성주의에 따르면, 어떤 환자가 다른 사람이 만지는 자신의 신체부위를 지적할 수 없는 이유는 바로 그가 구성하는 의식을 통해 "범주적 태도"(PP, 140)를 취하면서 객관적 세계를 직면하는 주체가 되지 못했기 때문이다.

그러나 추상적 행동과 구체적 행동에 대한 지성주의의 설명 역시 타당하지 않다. 지성주의가 가정하는 순수대자적 존재인 절대적으로 구성하는 의식과 순수즉자적 존재인 단순한 사물로서의 생리학적 신체의 구별이 타당하지 않기 때문이다. 우선 구체적 행동의 담지자인 신체는 지성주의가 상정하듯이 순수즉자적 존재로서의 단순한 사물이 아니다. 그것은 이미 자신 안에 넓은 의미에서 세계를 향한 지향성, 즉 "운동지향성"(PP, 128)을 담고 있으며, 따라서 그것은 가장 낮은 단계의 실존으로 간주되어야 한다. 다른 한편 유기체의 의식 역시 그것이 신체를 통해 구현되는 한 지성주의가 상정하듯이 대상을 절대적으로 구성하는 의식이 될 수 없다. 유기체의 의식은 절대적 투명성 속에서 경험될 수도 없으며 세계 및 세계 내 대상과 무관한 의식일 수도 없다. 유기체의 의식은 언제나 세계를 향해 있으며, 따라서 늘 애매성 속에서 경험된다.

이처럼 언제나 세계를 향해 열려 있는 유기체의 의식은 근원적인 실존에 뿌리박고 있으며 그 자체가 실존을 구성하는 한 계기다. 판단작용·추론작용·표상작용·상징작용 등 다양한 유형의 의식은 유기체가 그를 통해 자신의 기획과 가치를 실현하고자 노력하는 기투행위다. 따라서 구체적 행동과 추상적 행동은 서로 다른 영역에 속하는 것이 아니며, 실존이라고 하는 동일한 사태를 구성하는 서로 다른 계기다.(PP, 144 참조)

경험주의와 지성주의는 구체적 행동과 추상적 행동이 뿌리박고 있는 유기체의 실존의 차원을 망각하고 있다. 구체적 행동과 추상적 행동을 올바로 해명하려면 실존의 차원을 해명해야 하는데, 이 점에 대해 메를로-

퐁티는 "병리적인 경우에 대한 연구는, 따라서 경험주의와 지성주의, 설명과 반성이라고 하는 고전적 양자택일을 넘어서는 새로운 유형의 분석, 즉 실존적 분석을 우리가 인식하도록 해주었다"(*PP*, 158)고 말하고 있다.[2]

구체적 행동과 추상적 행동에 대한 실존적 분석은 신체의 공간의 정체를 이해할 수 있는 실마리를 제공한다. 우선 우리는 구체적 행동에 대한 분석을 통해 우리가 신체도식을 통해 이미 선의식적 차원에서 신체의 공간을 점유하고 있으며 그것을 자유롭게 사용할 수 있는 능력이 있음을 알 수 있다. 구체적 행동과 연결된 이러한 신체의 공간은 외적 공간과 하나의 '실천적 체계'를 이루고 있으며, 바로 이처럼 '실천적 체계'로서 앞서 열린 세계를 토대로 해서만 구체적 행동이 가능한 것이다. 이 점과 관련해 우리는 그 어떤 개별적인 행동도 그것이 전개될 수 있는 장이 존재하지 않으면 불가능하며, 실천적 체계로서 앞서 열린 세계가 구체적 행동을 위한 장의 역할을 하고 있다는 사실에 유의할 필요가 있다.

그러나 신체의 공간은 단지 구체적 행동을 가능하게 하는 신체의 공간에만 한정되는 것이 아니다. 우리는 추상적 행동에 대한 분석을 통해 구체적 행동을 가능하게 하는 공간 너머에 새로운 신체의 공간이 존재함을 알 수 있다. 이러한 새로운 신체의 공간은 추상적 행동을 실마리로 삼아 정상인의 공간체험과 환자의 공간체험을 비교해보면 그 정체가 분명히 드러난다. 앞서 우리는 어떤 행동이 가능하려면 그 행동이 전개될 수 있는 장이 앞서 열려 있어야 한다는 사실을 지적하였다. 여기서 추상적 행동을 위한 이러한 새로운 장이 정상인의 경우 앞서 살펴본바 구체적 행동을 가능하게 하는 장인 원초적 세계에 뿌리박고 있음은 두말할 필요도

---

2) 여기서 메를로-퐁티가 말하는 실존적 사유는 후설의 발생적 현상학과 밀접하게 연결되어 있는데, 이 점에 대해 그는 "[…] 현상학이 발생적 현상학이 되지 않는 한 인과적 사유와 자연주의의 공격적인 반격은 정당화된 채로 있을 것이다"(*PP*, 147)라고 지적한다.

없다. 그럼에도 불구하고 이 새로운 장은 저 원초적 세계와는 구별되는 것이며,[3] 바로 정상인의 경우 이러한 새로운 장이 앞서 열려 있기 때문에 추상적 행동이 가능한 것이다. 이러한 사실은 어떤 환자가 추상적 행동을 할 수 없는 이유는 바로 추상적 행동을 위한 새로운 장이 앞서 열려 있지 않기 때문임을 함축한다. 어떤 환자가 추상적인 행동을 하라는 주문을 받을 경우 추상적인 행동을 하기 위해 여러 가지 사전 동작을 취하는 이유는, 추상적 행동을 위해 필요한 장을 앞서 열 필요가 있기 때문이다.

이처럼 신체의 공간은 중층적인 구조를 가지고 있다. 신체의 공간의 맨 아래층에는 구체적 행동을 가능하게 하는, 앞서 주어진 세계와 하나의 실천적 체계를 이루고 있는 신체의 공간이 자리잡고 있다. 그러나 이러한 신체의 공간을 토대로 새로운 신체의 공간이 자리잡고 있는데, 이 새로운 신체의 공간은 추상적 운동을 가능하게 해주는 새로운 장과 하나의 실천적 체계를 이루고 있는 신체의 공간이다. 그런데 중층적인 구조를 가지고 있는 신체적 공간에는 중층적인 구조를 가지고 있는 세계가 대응한다. 이처럼 중층적인 구조를 가지고 있는 신체적 공간과 세계는 서로 대응관계에 있다. 바로 이러한 맥락에서 메를로-퐁티는, 앞서 살펴보았듯이, 신체와 세계가 "하나의 체계"를 이루고 있다고 말하는 것이다.(PP, 171 참조)

그러면 중층적인 신체적 공간과 세계가 대응관계 속에서 존재하며 하나의 '실천적 체계'를 이루는 이유는 무엇인가? 그 이유는 신체가 본래 '세계의 닻'이며 '세계로 향한 존재'이기 때문이다. 신체는 "운동의 힘, '운동기획', 운동지향성"(PP, 128)을 가지고 있으며, 바로 이러한 지향성

---

3) 이 점과 관련해 메를로-퐁티는 다음과 같이 적고 있다. "그에 따라 추상적 행동과 구체적 행동의 구별이 분명해진다. 구체적 행동의 토대는 주어진 세계이며 이와 반대로 추상적인 행동의 토대는 구성된다."(PP, 128)

때문에 원초적인 차원에서 세계를 향할 수 있고 '세계로 향한 존재'가 될 수 있는 것이다. 그리고 이처럼 원초적인 차원에서 확인할 수 있는 이러한 운동지향성을 토대로 다양한 유형의 지향성이 나타나는데, 이 모든 지향성 역시 신체를 토대로 등장한 것이기 때문에 모두 운동지향성의 성격을 가지고 있다. 이와 같이 신체는 원초적인 운동지향성을 비롯해 무수히 많은 운동지향성의 발산중심이라 할 수 있다.

그런데 이처럼 다양한 운동지향성은 서로 무관하게 존재하는 것이 아니라 유기적인 통일체를 이루고 있다. 메를로-퐁티는 이처럼 다양한 운동지향성의 통일체를 "지향궁"(un arc intentionel, *PP*, 158)이라 부르면서 "의식의 삶은—인식적 삶, 욕구의 삶 또는 지각적 삶은—'지향궁'에 의해 연결되어 있다"(*PP*, 158)고 말한다. 그러나 지향궁이 단순히 의식 주체가 가지고 있는 운동지향성의 통일체에 머무는 것은 아니다. 운동지향성의 통일체인 지향궁은 거기서 한 걸음 더 나아가 "감각의 통일, 감각과 지성의 통일, 감성과 운동성의 통일"(*PP*, 158)을 낳게 하며, 궁극적으로는 "우리의 과거, 우리의 미래, 우리의 인간적 환경, 우리의 물리적 상황, 우리의 이데올로기적 상황, 우리의 도덕적 상황을 우리 주위에 기획투사한다".(*PP*, 158) 여기서 알 수 있듯이, 지향궁이란 다양한 유형의 운동지향성을 통일시키고 다양한 유형의 의미의 통일체를 가능하게 하며 궁극적으로는 특정한 상황과 더불어 다양한 유형의 의미의 세계를 주체에게 열어주면서, 그때마다 주체가 주어진 상황 속에서 다양한 삶의 문제들을 극복하며 실존할 수 있도록 해주는 원천이다.

앞서 우리는 추상적 행동을 수행할 수 없는 환자의 경우를 살펴보았는데, 이 환자가 추상적 행동을 할 수 없는 궁극적인 이유는 바로 지향궁에 문제가 발생했기 때문이다. 말하자면 정상인의 경우 지향궁이 원활하게 기능을 수행하는 것과는 달리 이 환자는 지향궁에 이상이 생겨 제 기능을 수행하지 못한다고 할 수 있다. 이 점에 대해 메를로-퐁티는 "고유하게 지적인 장애는—판단의 장애와 의미의 장애는—궁극적인 결함으로 간주되어서는 안 되며, 그것들 역시 동일한 실존적 맥락에 위치시켜야 한다"(PP, 155)고 말한다.

우리가 신체의 운동성에 대한 분석을 통해 발견한 사실은 "'의미'라는 단어의 새로운 의미"(PP, 172)이다. 이 점과 관련해 경험주의도 지성주의도 의미의 원천을 해명하지 못하였다는 사실에 주목해야 한다. 경험주의는 외적 대상들 사이의 외적인 연상작용을 통해 의미의 원천을 해명하고자 하지만 의미는 외적인 연상작용을 통해 해명될 수 있는 것이 아니다. 경험주의가 상정하는 연상작용과 같은 외적인 것이 의미의 원천이 될 수 없다. 이러한 점에서 경험주의를 비판하며 자신의 철학적 입장을 개진해 나간 지성주의는 우선은 올바른 길로 들어섰다고 할 수 있다. 그러나 지성주의는 모든 의미의 원천을 "순수자아"(PP, 172)에서 찾으려 하면서 그릇된 길로 접어들었다. 지성주의는 "보편적으로 구성하는 의식"(PP, 172)이 구성해낸 추상적인 의미들만 일면적으로 해명할 수 있을 뿐 '신체적 경험'을 통해 구성되는 저 풍부한 의미를 모두 놓치고 말았다. 자신의 고유한 공간을 지니며 그것을 통해 외부의 실천적 공간과 연결되어 있는 나의 신체는 "일반적인 기능처럼 행동하는 저 유의미한 핵"(PP, 172)으로서 유기체의 모든 의미는 바로 이 핵을 원천으로 하여 그로부터 분출하는 것이다.

3) 성적 존재로서의 신체

메를로-퐁티가 지적하고 있듯이 『지각의 현상학』의 일차적인 목표는 "우리에 대한 존재자의 발생"(PP, 180)을 해명하는 데 있다. 여기서 '존재자의 발생'을 해명한다 함은 그것을 통해 우리에게 세계와 대상이 현출하게 되는바 "저 원초적인 기능"(PP, 180)을 분명하게 드러냄을 뜻하며, 『지각의 현상학』의 목표는 바로 신체를 저 사건이 일어나는 곳으로 기술하는 데 있다. 앞서 살펴보았듯이, 메를로-퐁티는 고유한 신체의 공간성을 해명하면서 존재자의 발생을 해명하고자 한다. 그러나 그는 이러한 작업을 통해서 존재자의 발생에 있어 신체가 담당하는 역할이 아직 충분하게 드러나지 않았다고 평가한다. 따라서 그는 존재자의 발생에 있어 신체의 역할을 보다 더 극명하게 보여주고자 하는데, 바로 이러한 맥락에서 그가 분석하는 것이 성적 욕망이다.[4]

그는 성적 욕망의 정체에 대해 근본적으로 오해하고 있는 두 가지 철학적 입장을 비판하면서 그것을 해명하고자 한다. 그 첫 번째 입장은 지성주의다. 지성주의는 인간의 다양한 심리적 작용 중 가장 밑바탕에 놓여 있는 작용을 표상작용으로 간주하고 여타의 작용들은 모두 표상작용에 토대를 두고 있는 것으로 본다. 이러한 입장에 따르면 성적 욕망 역시 표상적 작용에 토대를 두고 있어야 하기 때문에, 표상작용이 없으면 성적 욕망도 발현할 수 없다. 두 번째 입장은 기계론이다. 그에 따르면 성적 행위는 기계적으로 일어나는 반사행위에 불과하다. 기계론에 따르면 다양한 성적 욕망은 서로 무관하게 국부적으로 일어나는 것으로 마치 모자이크 같아서, 오직 생리학적 반사체계로서의 "우리의 신체조직"(PP, 180)을 통해 설명될 수 있다.

그러나 메를로-퐁티에 따르면 지성주의와 기계론은 성적 욕망과 성적 행위의 정체를 올바로 파악하고 있지 못하다. 메를로-퐁티는 이러한 사

---

4) 그는 존재자의 발생에 있어서 신체의 역할을 극명하게 보여주기 위해서는 성적 욕망과 관련된 정감의 문제를 분석할 필요가 있다고 생각하는데, 이 점에 대해 다음과 같이 적고 있다. "따라서 우리가 우리에 대해 존재자의 발생을 분명하게 드러내 보이고자 한다면, 우리는 마지막으로 분명히 우리에 대해서만 의미와 실재성을 가지고 있는 경험의 영역, 말하자면 우리의 정감적 부분을 고찰할 필요가 있다. 어떤 대상이나 존재자가 어떻게 욕망이나 사랑을 통해 우리에 대해 존재하게 되는지 포착하도록 해보자. 그러면 우리는 그를 통해 어떻게 대상과 존재자가 일반적으로 존재할 수 있는지 더 잘 이해할 수 있게 될 것이다."(PP, 180)

실을 환자 슈나이더(Schneider)의 예를 들어 해명하고 있다.(*PP*, 181ff. 참조) 그러면 우선 슈나이더의 성적 행위에 대해 살펴보기로 하자.

슈나이더는 자기 스스로 성적 활동을 추구하지 않는다. 음란한 사진, 성적 주제에 대한 이야기, 나체에 대한 지각 등도 그의 성적 욕망을 일깨우지 못한다. 이 환자는 거의 키스도 하지 않고, 또한 키스가 그에게 성적 자극을 주지도 못한다. 반응은 극히 국부적으로만 일어나며 접촉 없이는 일어나지 않는다. 만일 이 단계에서 전희가 멈추면 그 후 성행위는 더 이상 진전되지 않는다. 성행위 중 삽입행위는 자발적으로 이루어지지 않는다. 만일 오르가슴이 상대방 여자에게서 먼저 나타나 그녀가 그에게서 멀어지면 막 발동하기 시작하던 욕망도 사라지고 만다. 그는 매 단계 무엇을 해야 하는지 모르는 것처럼 행동한다. 아주 짧은 오르가슴이 있기 전의 몇 초 동안을 제외하면 그는 적극적인 활동은 하지 않는다. 몽정도 드물고, 몽정이 있다고 하더라도 꿈을 동반하지 않는다.(*PP*, 181)

슈나이더의 성적 행위는 우선 지성주의의 설명이 타당하지 않음을 보여준다. 지성주의는 성적 욕망이 생겨나는 원인을 표상으로 간주하고 있다. 그러나 슈나이더의 경우는 이것이 사실이 아님을 보여준다. 그 대표적인 예는 몽정 현상이다. 몽정의 경우 꿈을 꿀 수 있는데, 이때 꿈을 표상작용이라고 한다면 표상작용으로서의 꿈은 몽정의 원인이 아니라 결과라고 할 수 있다. 그리고 슈나이더의 경우 몽정이 드물며 몽정을 하더라도 꿈을 꾸지 않는다고 하는데, 이는 표상작용으로 간주될 수 있는 꿈이 몽정의 원인이 아님을 보여준다.

슈나이더의 성적 행위는 기계론적 설명 역시 타당하지 않음을 보여준다. 슈나이더의 경우는 성적 욕망과 행동이 반사행동이 아님을 보여준다. 이 점과 관련해 우리는 슈나이더가 겪고 있는 성적 무능력 현상이 뇌 후두부의 손상에서 비롯된 것이라는 사실에 유의할 필요가 있다. 만일 인간의 성적 욕망과 행동이 "자율적인 반사기제"(*PP*, 182)요, 성적 욕망의 대상이 "해부학적으로 정의된 어떤 쾌락기관"(PP, 182)을 자극하고 그에 영향을 미치는 것이라면, 뇌의 손상은 오히려 이러한 반사기제가 뇌의 지배를 받지 않은 채 보다 더 활발하게 작동할 수 있는 원인 역할을 할 것이다. 그러나 슈나이더의 경우 성적 활동이 더 활발해지기는커녕 성적 무능력 현상이 발생했는데, 이는 성적 욕망과 성적 행위가 뇌의 활동과 무관한 단순한 반사기제가 아님을 보여준다.

성적 욕망이 단순한 반사작용도 아니고 표상에 토대를 두고 있는 작용도 아니라면, 그 정체는 과연 무엇일까? 그것은 다름 아닌 반사적 운동뿐 아니라 표상작용에도 선행하는 실존의 초월작용이다. 신체에 토대를 둔 성적 욕망은 그것을 통해 신체가 세계를 향해 있는 존재방식인 것이다. 이 점에 대해 메를로-퐁티는 "기계적 장치와 표상 사이에" "생명적인 영역"(PP, 182)이 존재하며, 바로 이러한 영역에서 슈나이더의 성적 가능성들이 다양한 모습을 보이게 된다고 주장하는데, 여기서 '생명적인 영역'은 다름 아닌 실존을 뜻한다. 그리고 이러한 '생명적인 영역'의 내면에는 "에로스 또는 리비도"(PP, 182)가 있어서 그것이 바로 세계에 생명을 불어넣으면서 나름의 방식으로 세계를 향해 기투하면 세계는 성적인 의미를 담고 있는 상황으로서 유기체에게 열리는 것이다. 이와 같이 세계가 성적인 의미를 담고 있는 상황으로서 유기체에게 열리기 때문에 유기체는 세계에서 만나는 모든 대상을 성적인 의미를 담고 있는 것으로, 자기 자신과 타인들을 성적인 주체이자 객체로 지각할 수 있는 것이다.

이제 우리는 슈나이더의 성적 무력증의 정체가 무엇인지 이해할 수 있다. 그의 성적 무능력은 반사기제의 결여에서 유래하는 것도, 표상작용의 결여에서 유래하는 것도 아니다. 그것은 바로 리비도에 문제가 생겨서 세계를 성적인 의미를 담고 있는 세계로 온전하게 기투하는 능력을 상실한 데서 기인하는 것이다. "저 환자에게서 사라진 것은 자신 앞에 성적 세계를 기투하고 자신을 성적인 상황에 위치시키는 능력, 또는 일단 그런 상황의 초벌그림이 그려지면 그러한 상황을 유지하거나 또는 만족할 때까지 후속작업을 완결하는 능력이다."(PP, 182) 이와 같이 슈나이더가 성적 세계를 자신 앞에 투사하는 능력을 결여하고 있기 때문에 그에게 모든 지각은 "자신의 에로틱한 구조"(PP, 182)를 상실하고 모든 대상은 성적 의미가 탈각된 채로 경험되며, 자신뿐 아니라 타인도 성적인 주체와 객체로 경험될 수 없는 것이다. 슈나이더의 경우 이처럼 성적인 세계가 앞서 열려 있지 않기 때문에, 시각적인 것이든 촉각적인 것이든 어떤 자극도 성적 욕망에 불을 당겨서 그것이 성적 행위로 연결될 수 있도록 하는 능력을 상실한 것이다.

이러한 논의를 통해 우리는 성적 욕망이 단순히 기계적인 반사작용이 아니라 일종의 지향성임을 이해할 수 있다. 이 경우 지향성이 표상적 지향성이 아님은 물론이다. 성적 욕망의 지향성은 " '어떤 사물에 대한' 순수한 '의식'이 아닌 지향성이다. 성적인 지각은 사유대상(cogitatum)을 목표로 하는 지향성이 아니다. 그것은 하나의 신체를 통해 또 다른 신체를 목표로 하며, 그것은 의식 안에서 일어나는 것이 아니라 세계 안에서 일어난다."(PP, 183) 이처럼 성적 욕망이 지향성이기 때문에 그것은 관계하는 모든 것을 성적 의미를 지닌 것으로 현출하게 한다.

한 유기체의 성적 지향성은 여타의 지향성들과 서로 무관하게 존재하는 것이 아니라 유기적인 전체를 이루면서 존재하는데, 바로 이처럼 성적 지향성을 여타의 지향성들과 함께 하나의 유기적인 연관 속에서 존재할 수 있도록 해주는 것이 '지향궁'이다. 말하자면 지향궁은 "근원적인 지향성"(PP, 184)인 성적 지향성을 지탱해주고 그것이 여타의 지향성들과 유기적인 연관 속에서 작동할 수 있도록 해주는 것이다. 바로 이 지향궁이 정상인의 경우에는 온전하게 작동하지만 슈나이더에게 있어서는 제대로 작동하지 않는 것이다. 슈나이더의 경우 지향궁이 제대로 작동하지 않기 때문에, 정상인과는 달리 성적 의미를 담고 있는 세계로 기투하지도 못하고 자신과 타인을 성적 의미를 담고 있는 주체 및 객체로 파악하지 못하며, 더 나아가 세계 안에 있는 다양한 대상을 성적 의미를 가진 대상으로 지각하지 못하는 것이다.

성적 지향성의 문제를 해명하면서 지각의 현상학과 정신분석은 서로 만나게 된다. 이러한 만남을 통해 "실존적 정신분석"(*PP*, 187)이 탄생할 수 있을 것이다. 그런데 실존적 정신분석의 가능성은 정신분석 안에 이미 잉태되어 있었다고 할 수 있다. 성적 욕망에 대한 프로이트(S. Freud)의 견해가 실제로 무엇이었든 간에 정신분석은 사실 인간에 대한 실존적 해명에 도달했다고 할 수 있다. 이러한 관점에 따르면, 정신분석의 의의는 심리학을 자연적 인과관계의 해명을 목표로 하는 생물학으로 만들었다는 데 있는 것이 아니라, 순수하게 기계적이며 신체적인 것으로 간주되던 인간의 기능들 속에서 "변증법적 운동"(*PP*, 184)을 발견하고 성적 욕구를 인간의 실존과 연관시켰다는 데 있다.

예를 들어 프로이트의 제자인 슈테켈(W. Steckel)은 불감증이 해부학적 조건이나 생리학적 조건과 결부된 것이 아니라 오르가슴에 대한 거부, 여성성에 대한 거부, 성적 교제에 대한 거부, 성적 파트너에 대한 거부 등 심리적인 요인과 관련이 있음을 밝혔다.(*PP*, 184) 이처럼 심리적인 동기를 해명한다고 하는 점에서 정신분석은 현상학과 밀접한 연관을 맺고 있는 것이다. 그리고 프로이트의 경우에도 정신분석은 심리적 동기에 대한 분석을 배제하지 않으며, 따라서 정신분석이 "현상학적 방법"(*PP*, 184)과 대립적인 것이 아님은 물론이다. 이 점과 관련해 그는 "인간의 모든 행동은 '의미를 가지고 있다'"(*PP*, 184)고 말하는데, 이는 심리적 현상을 그 기계적인 조건과 결부시키는 대신 그 자체로 이해하고자 하는 노력의 표현이라 할 수 있다. 실제로 프로이트의 경우 성적인 것은 성기를 뜻하는 것이 아니요, 성적인 생이란 성기의 작동과정의 결과가 아니며, 리비도는 "하나의 본능", 즉 "결정된 목표를 향해서 자연적으로 향해 가는 활동"

(*PP*, 185)이 아니다. 오히려 리비도란 인간이 서로 다른 환경에 적응하고 다양한 경험을 하면서 자신을 보존하고 행동구조를 획득할 수 있는 일반적인 능력을 뜻하며, 이러한 점에서 그것은 인간을 단순한 기계가 아니라 역사를 가지고 있는 존재로 만들어주는 것이다.

이 점과 관련해 우리는 역사를 가지고 있는 인간의 존재에 대해 올바로 파악할 필요가 있다. 역사란 "정신주의"(*PP*, 187)가 주장하듯이 순수의식이나 순수정신의 산물이 아니다. 인간 역사의 밑바닥에는 리비도가 놓여 있으며 이 리비도가 발현한 것이 역사다. 이런 관점에서 보자면 인간의 역사는 "성적 역사"(*PP*, 185)라 할 수 있다.

4) 표현으로서의 말과 신체

고유한 신체의 구조를 해명하기 위하여 메를로-퐁티가 분석하고 있는 또 하나의 현상이 언어다. 그는 경험주의적 언어이론과 지성주의적 언어이론을 비판적으로 검토하면서 언어에 대한 실존론적 해명을 시도한다.

경험주의에 따르면 인간이 말을 한다는 것은 "자극들이 신경역학의 법칙에 따라 단어의 분절을 일으킬 수 있는 흥분들을 낳게 하는 일"(*PP*, 203) 또는 "의식상태들이 후천적인 연상을 통해 적절한 언어표상의 출현을 초래하는 일"(*PP*, 203)에 불과하다. 경험주의적 심리학은 제3자적인 관점에서 언어를 고찰하고, 무엇보다도 말하는 과정을 단순한 역학적인 과정 또는 연상적인 과정으로 이해한다. "단어의 의미는 자극과 더불어 또는 이름에 불과할 뿐인 의식상태와 더불어 주어진 것으로 간주되며 […] 말하기는 행위가 아니요, 그것은 주체의 내면적 가능성을 드러내지 않는다. 사람들은 전구에 불이 들어오듯이 말을 할 수 있다."(*PP*, 204)

경험주의적 심리학의 언어이론은 실어증·말더듬이 등 언어장애 현상에 대한 연구를 통해 한계를 가지고 있음이 드러났으며, 그에 대한 대안으로 지성주의적 심리학의 언어이론이 등장하게 되었다. 지성주의적 심리학은 말더듬이와 실어증을 비교하면서, 말더듬이는 단순한 기계적인 현상에 문제가 생겨서 나타난 현상으로 간주하고 그에 반해 실어증은 지성이 결핍되어 나타난 현상으로 정의한다. 따라서 지성주의적 심리학에 따르면 말더듬이에게 결여되어 있는 언어는 "제3자적 관점에서 드러난 운동현상"(*PP*, 204)으로서의 "자동기계적 언어"(*PP*, 204)이며, 실어증에 결여된 언어는 "지향적 언어"(*PP*, 204), 즉 사유를 통해 작동하는 지성적 언어라 할 수 있다. 겔프(A. Gelb)와 골트슈타인(K. Goldstein)이 사용하는 개념에 따르면 자동기계적 언어는 "구체적 태도"(*PP*, 205)에서 작동하는 언어이며, 지향적 언어는 "범주적 태도"(*PP*, 205)에서 작동하는 언어라 할 수 있을 것이다. 지성주의적 심리학에 따르면 우리의 언어는 경험주의적 심리학이 주장하는 것과는 달리 단지 기계적 장치 또는 단순한 연상적 장치에 불과한 것이 아니라, 자동기계적 언어의 차원과 지향적 언어의 차원이 결합되어 있는 것이다. 그러나 지성주의적 심리학에 따르면 자동기계적 언어와 지향적 언어 중에서 진정한 의미의 언어는 사유를 통해 작동하는 지향적 언어이며, 따라서 지성주의적 심리학의 언어이론은 경험주의적 심리학의 언어이론의 "대척점"(*PP*, 205)에 위치한다고 할 수 있다.

언어의 본성과 관련해 메를로-퐁티는 "단어는 의미를 가지고 있다"(*PP*, 206)는 사실을 강조하면서 경험주의적 심리학의 언어이론과 지성주의적 심리학의 언어이론의 한계를 극복한 새로운 언어이론, 즉 실존론적 언어이론[5]을 제시하고 있다. 그런데 '단어는 의미를 가지고 있다' 함은 단어가 사유의 단순한 빈 껍질이 아니라 의미의 담지자이며 의미산출 기능을 가지고 있음을 뜻한다. 이 점과 관련해 그는 가장 친숙한 대상도 우리가 그 이름을 찾아내지 못하는 한 비규정적인 것처럼 경험된다는 사실

---

5) 메를로-퐁티는 "실어증에 대한 실존론적 이론"(*PP*, 222)이라고 말하고 있는데, 우리는 그의 언어이론 전체를 '실존론적 언어이론'이라고 부를 수 있다.

을 지적하고 있다. 말하자면 어떤 대상을 경험할 경우 내가 어떤 단어를 사용하여 그 대상을 정확하게 부르지 못하는 한 그 대상에 대한 나의 인식은 비규정적인 상태에 머무는 것으로서 아직 완성된 것이라 할 수 없다. 단어를 통해 대상을 부르는 일은 인식 이후에 오는 것이 아니라, 이 부르는 일이 바로 "인식 자체"(*PP*, 207)이다. 말하자면 어떤 단어를 사용하여 어떤 대상을 부르는 일은 이미 완성된 어떤 인식에 그것과 아무런 내적 연관도 맺지 않은 껍질을 덧씌우는 과정이 아니다. 여기서 알 수 있듯이 "선과학적 사유에게 대상을 부르는 일은 그것을 존재하도록 하거나 변양되도록 하는 것이며"(*PP*, 207), "이처럼 말하는 사람에게 말은 이미 완성된 사유를 번역하는 것이 아니라 그것을 완성하는 것이다."(*PP*, 207)

우리가 선과학적 지각세계에서 확인할 수 있는 "말이라는 현상으로 되돌아가서"(*PP*, 209) "말하는 주체"(*PP*, 206ff.)를 살펴보면, 지성주의 심리학이 상정하는 것과는 달리 이 주체가 먼저 사유를 통해 표상을 떠올리고 그렇게 떠올린 표상을 단어를 통해 표현하는 것이 아님을 확인할 수 있다. '말하는 주체'는 우선 사유를 하고 그것을 단어라는 표피로 포장하는 것이 아니다. 이처럼 말과 사유가 분리될 수 없이 밀접하게 연결되어 있다는 사실을 강조하면서 메를로-퐁티는 "연설가는 말을 하기 전에 생각하지 않고 말하는 중에도 생각하지 않으며 그의 말은 바로 사유이다"(*PP*, 209)라고 기술하고 있다.

물론 우리 삶 속에서 말과 사유가 분리되어 경험되는 경우가 없는 것은 아니다. 예를 들면 이론적인 사유의 경우처럼 말과 사유가 "주제적으로 주어질"(*PP*, 211-212) 때 양자는 분리되어 경험된다. 그리고 이런 경우를 모델로 삼아 언어철학을 전개할 때 우리는 말을 사유에 외재적이며 사유에 대해 비본질적인 단순한 사유의 외피로서 규정할 수도 있다. 그러나 이 경우 분석의 대상으로 등장하는 주체는 '말하는 주체'가 아니라 '사유하는 주체'임에 유의할 필요가 있다. 그리고 이처럼 사유하는 주체의 경우 언어로부터 독립적으로 존재하는 사유 또는 언어적 표상이 존재하는 것이 사실이지만, 이러한 사유 또는 언어적 표상은 원초적인 지각세계에서 작동하는 사유가 아니라 "이미 구성되었고 이미 표현된 사유"(*PP*, 213)에 불과하다.

그런데 원초적인 지각세계에서 말과 사유가 분리될 수 없는 이유는 말을 하는 주체가 고유한 신체를 가진 주체이며 단어는 고유한 신체를 가지고 있는 "나의 설비의 한 부분"(*PP*, 210)이기 때문이다. 내가 내 몸을 공간 안에서 움직일 경우 내 몸과 공간을 분리하여 표상하지 않듯이 말을 할 경우에도 단어를 나의 생각과 분리하여 표상하지 않는다. 이러한 점에서 "언어로 분절되고 음성으로 표현되는 것"(*PP*, 210)인 말은 "내 몸의 억양 중의 하나, 내 몸의 가능한 관용어법 중의 하나"(*PP*, 210)이다. 이처럼 말이 '나의 설비의 한 부분'이기 때문에 생각은 곧바로 말로 전환되고, 말은 단순한 외피로서가 아니라 사유의 본질적인 한 부분으로서 사유와 결합되어 있는 것이다.

나의 말이 '나의 설비의 한 부분'이라 함은 말이란 바로 신체적 주체가 수행하는 실존적 운동 중 하나라는 사실을 뜻한다. 그리고 말이 실존적 운동 중 하나라 함은 말이 세계로 향한 존재의 한 차원임을 뜻하며, 이는 다시 말이 세계를 구성하는 한 차원이라는 사실을 뜻한다. 따라서 메를로-퐁티에 따르면 세계는 근본적으로 "언어적 세계"(*PP*, 210)이며 이처럼 말이 세계를 구성하는 하나의 본질적인 차원이라는 사실과 관련해 그는 "우리는 말이 수립되어 있는 세계 안에서 살고 있다"(*PP*, 214)고 말한다.

『지각의 현상학』의 1부 6장의 제목 '표현으로서의 신체와 말'에 나타나 있듯이, 메를로-퐁티는 신체를 표현능력이 있는 것으로 이해하며 말을 그러한 표현능력이 발현된 것 중 하나로 규정한다. 그런데 메를로-퐁티에 따르면 고유한 신체가 가지고 있는 "이러한 표현능력은 예술의 경우 잘 알려져 있다[…]".(*PP*, 213) 예술의 경우 고유한 신체의 표현능력이 있기 때문에 그것이 "표현작용"(*PP*, 212)을 통해 구체적인 예술로 구현되면서 예술행위가 일어난다. 그런데 말 역시 예술적 표현행위와 마찬가지로 고유한 신체가 자신을 표현하는 행위다. 여기서 메를로-퐁티는 모든 예술적 표현이 일종의 행위, 즉 몸짓이듯이 말 역시 일종의 몸짓임을 강조하면서 "말이란 하나의 진정한 몸짓(un véritable geste)이며, 몸짓이 의미를 가지고 있듯이 말 역시 자신의 의미를 가지고 있다"(*PP*, 214)고 말한다.

그런데 메를로-퐁티에 따르면 가장 근원적인 차원에서 작동하는 모든 근원적인 표현작용은 "의미화 작용"(*PP*, 212)을 수행하면서 지금까지 존재하지 않았던 새로운 의미를 지닌 대상과 세계를 드러낸다. 예를 들어 "예술적 표현은 그것이 표현하는 것에 자체상의 존재를 부여하며, 이러한 자체상의 존재를 우리 모두가 접근할 수 있는 사물로서 자연 안에 배열시킨다[…]".(*PP*, 213) 여기서 알 수 있듯이 메를로-퐁티는 예술행위의 본질을 지금까지 전혀 경험하지 못했던 진정으로 새로운 세계를 우리에게 열어주는 것으로 간주한다. 그런데 근원적인 표현이 새로운 세계를 열어준다고 하는 점에 있어서는 표현의 한 유형인 말도 예외가 아니다. 말 역시 모든 예술행위와 마찬가지로 우리에게 지금까지와는 전혀 다른 새로운 세계를 열어주는 것이다.

물론 모든 유형의 말이 새로운 세계를 열어주는 것은 아니다. 메를로-퐁티에 따르면 그 근원성에서 볼 때 다양한 차원의 말이 존재하며 그중 가장 근원적인 차원의 말은 바로 우리에게 진정으로 새로운 세계를 열어주는 창조적인 기능을 가지고 있다. 그런데 그에 따르면 이 창조적인 기능을 가지고 있는 근원적인 말은 그 무엇에 앞서 존재하는 "근원적인 침묵"(*PP*, 214)을 표현하는 말이다. 이러한 창조적인 말이 사유하는 주체가 하는 말과 구별됨은 두말할 필요도 없다. 더 나아가 창조적인 말은 "일상적인 삶 속에서 작동하는 대로의 말"(*PP*, 214)과도 구별된다. 일상적인 삶 속에서 작동하는 말은 사유와 분리할 수 없이 밀접히 연결되어 있으며 바로 이러한 이유에서 일상적인 삶 속에서 작동하는 말은 저 원초적인 침묵을 결여하고 있는 것이다. 메를로-퐁티에 따르면 일상적인 삶 속에서 작동하는 "말의 웅웅거림"(*PP*, 214) 아래 "원초적인 침묵"(*PP*, 214)이 존재하는데, 창조적인 말은 "저 침묵을 깨뜨리는 몸짓"(*PP*, 214)이며, 바로 이러한 몸짓이 지금까지 우리가 겪어보지 못한 전혀 새로운 세계를 경험할 수 있도록 해주는 것이다. 이와 같은 맥락에서 메를로-퐁티는 "말은 몸짓이며 그 의미화가 세계이다"(*PP*, 214)라고 말하고 있다. 말하자면 창조적인 말은 자신의 몸짓을 통해 근원적인 침묵을 깨뜨리면서 전혀 새로운 유형의 의미화를 수행하고, 그것을 통해 지금까지 없었던 전혀 새로운 세계를 존재할 수 있도록 하는 것이다.

지금까지 메를로-퐁티의 실존론적 언어이론을 살펴보았다. 메를로-퐁티의 실존론적 언어이론과 관련해 다음과 같은 두 가지 사실을 보충하고자 한다.

첫째, 앞서 살펴보았듯이 말이란 인간이 취할 수 있는 다양한 몸짓 중 하나이며, 우리는 다른 유형의 몸짓과 구별해 말을 "언어적 몸짓"(*PP*, 216)이라고 부를 수 있다. 그런데 신체적 주체의 모든 몸짓이 세계를 살아가며 실존하는 방식이듯이 언어적 몸짓 역시 신체적 주체가 세계를 살아가며 실존하는 방식에 해당한다. 그런데 여기서 주목할 점은 언어적 몸짓이 개별언어마다 다른 방식으로 나타날 수 있다는 사실이다. 예를 들어 어떤 언어는 모음을 더 많이 사용하고 어떤 언어는 자음을 더 많이 사용하며, 각 개별언어마다 각기 다른 문법체계·의미체계·구문체계를 가지고 있다. 개별언어는 "인간의 신체가 세계를 찬양하고 결국 세계를 살아가는 다양한 방식들"(*PP*, 218)이다. 이처럼 언어가 실존의 방식이기 때문에 "한 언어의 완전한 의미는 결코 다른 언어로 번역될 수 없다".(*PP*, 222)

둘째, 실존론적 언어이론에 따르면 "말은 침전되고 상호주관적인 습득물을 형성할 수 있는 능력을 가지고 있다".(*PP*, 221) 그리고 이처럼 말이 침전되고 상호주관적인 형성물을 습득하면서 "단어와 구문의 구성된 체계들, 즉 경험적으로 존재하는 표현방식들"(*PP*, 229)로서의 개별언어들이 생겨나는 것이다. 이처럼 말은 개별언어체계를 생성할 수 있는 능력을 가지고 있다. 그러나 개별언어체계가 말을 통해 형성된 것이라고 해서 그것이 닫혀 있는 체계인 것은 아니다. 말이 침전된 것이긴 하지만 그것은 개방성을 가지고 있다. 이 점과 관련해 우리는 두 가지 유형의 말이 존재한다는 사실에 유의할 필요가 있는데, "말하는 말과 말해진 말"(une parole parlante et une parole parlée, *PP*, 229)이 바로 그것이다. 여기서 말해진 말이란, 말뜻 그대로 이미 말해져 언어체계로 침전되어 늘 다시 활성화될 수 있는 말을 의미하며, 이와는 달리 말하는 말은 "그 안에서 의미지향이 탄생의 상태에서 발견되는"(*PP*, 229)바 저 창조적인 말을 뜻한다. 바로 이러한 창조적인 말로서의 말하는 말이 바로 "존재의 충만함 속에서 늘 다시 태어나는 저 개방성"(*PP*, 229)을 가능하게 해주며, 한 언어체계를 닫혀 있는 것이 아니라 늘 새롭게 변화하면서 열려 있는 체계가 될 수 있도록 해준다.

2 지각된 세계

지금까지 살펴본 신체의 문제는 지각의 문제와 밀접하게 연결되어 있다. 그 이유는 모든 지각경험은 신체경험에 토대를 두고 있으며, 따라서 그것은 신체 없이는 불가능하기 때문이다. 지각경험이 신체경험에 토대를 두고 있다 함은 지각대상에 대한 종합이 "고유한 신체의 종합을 통하여"(*PP*, 237) 이루어짐을 뜻한다. 그러므로 우리는 외적 지각대상에 대한 종합을 고유한 신체에 대한 종합의 "복사물 또는 상관자"(*PP*, 237)라 부를 수 있다. 바로 이러한 맥락에서 메를로-퐁티는 외적 대상에 대한 지각과 신체에 대한 지각을 "동일한 작용의 두 측면"(*PP*, 237)이라 부르

고 있다.[6]

메를로-퐁티는『지각의 현상학』2부에서, 1부에서 살펴본 신체에 대한 분석을 실마리로 삼아 외적 지각의 구조를 해명하고 그것을 통해 궁극적으로 지각된 세계의 구조를 해명하고 있다. 2부 1장은 우선 신체, 다시 말해 "육화된 주체"(PP, 235-236)가 지각의 주체라는 사실에서 출발해 이러한 주체의 가장 궁극적이며 원초적인 경험인 '감각'(sentir)의 구조를 해명하고, 2장은 감각에서 확인할 수 있는 공간체험을 토대로 원초적인 지각공간을 분석하고 있으며, 그것을 토대로 3장과 4장은 각각 자연적 세계와 사회적 세계의 구조를 분석하고 있다. 이제 그러한 논의 순서를 따라『지각의 현상학』2부의 핵심적인 내용을 살펴보자.

1) 감각

우리가 감각이라는 현상을 올바로 분석하고 지각의 주체를 올바로 파악하기 위해 일차적으로 해야 할 일은 객관적 사유의 선입견으로부터 벗어나는 일이다. 객관주의적 사유로서의 경험주의는 감각을 "어떤 상태 또는 성질"(PP, 241)로 규정하고 지성주의는 "어떤 상태에 대한 의식 또는 어떤 성질에 대한 의식"(PP, 241)으로 규정한다. 그러나 감각은 경험주의가 상정하듯이 즉자-존재로서의 '어떤 상태 또는 성질'도 아니요, 지성주의가 상정하듯이 대자-존재로서의 '어떤 상태에 대한 의식 또는 어떤 성질에 대한 의식'도 아니다. 이 점은 무엇보다도 각각의 색이 지각주

---

6) 메를로-퐁티는 양자 사이의 밀접한 연관을 다음과 같이 다양한 방식으로 표현하고 있다. "나의 신체에 대한 모든 지각이 외적 지각의 언어로 표현되듯이 지각은 즉각 나의 신체에 대한 어떤 지각과 동의어이다."(PP, 239) "사물과 세계는 신체의 부분들과 더불어 주어지는데, 그것도 '자연기하학'을 통해서가 아니라 신체의 부분들 사이에 존재하는 연관과 비교되거나, 아니면 차라리 그것과 같은 살아 있는 연관 속에서 주어진다."(PP, 237) "그것은 내 시각장의 방향 설정과 이 장의 능력으로서의 신체에 대한 의식 사이에 직접적인 등식이 성립하기 때문이다[…]."(PP, 238)

체의 운동과 관련해 나름의 고유한 의미, 즉 "특정한 운동가치"(*PP*, 242)를 지니고 있다는 사실을 통해 확인할 수 있다. 심리학적 연구결과가 보여주듯이, 예를 들어 녹색은 일반적으로 편안한 기분을 안겨주는 색이다. 괴테가 말하듯이 청색은 주체에게 순응하는 느낌을 준다.(*PP*, 244) 그리고 빨강은 우리의 눈을 공격하는 느낌을, 노랑은 찌르는 듯한 느낌을 준다. 이러한 예를 통해 알 수 있듯이 일반적으로 노랑이라는 감각자극과 빨강이라는 감각자극은 지각의 주체를 밀어내는 힘이 있고 파랑이라는 감각자극과 녹색이라는 감각자극은 주체를 끌어당기는 힘이 있다. 이처럼 색이라는 감각자극은 지각의 주체에 대해 중립적인 것이 아니라 주체를 끌어당기는 힘 또는 밀쳐내는 힘을 가지고 있다. 감각이 이처럼 "끌어당김"(l'adduction)과 "밀쳐냄"(l'abduction, *PP*, 242)이라는 특성을 가지고 있기 때문에, 그것은 객관적 사고가 상정하듯이 객관적으로 확인할 수 있는 '어떤 상태 또는 성질'로 이해되어서도 안 되고 객관적 세계를 구성하는 초월론적 자아의 의식작용으로 이해되어서도 안 된다.

그러면 감각이란 도대체 무엇인가? 앞서 살펴본 끌어당김·밀쳐냄 등의 현상이 보여주듯이 감각은 신체를 가진 주체에 대해 "운동적이며 생명적인 의미"(*PP*, 245)를 지니며, 따라서 그것은 "일반적 실존의 한 가지 양상"(*PP*, 250)이다. 따라서 실존의 한 가지 양상으로서 감각은 여타의 실존의 방식들과 마찬가지로 즉자-존재도 아니요 대자-존재도 아닌 제3의 것이다. 다시 말해 즉자-존재와 대자-존재는 객관주의적 사유에 의해 실존으로부터 추상되어 나온 산물에 불과하다. 그리고 이처럼 감각이 실존의 한 가지 양상인 이유는 지각의 주체가 다름 아닌 신체적인 주체로서 상황 속에서 존재하며 실존하는 주체이기 때문이다. 지각의 주체는 지성주의가 상정하듯이 감각적 성질을 의식적으로 파악하는 주체도 아니요, 경험주의가 상정하듯이 감각적 성질에 의해 단지 촉발될 뿐인 수동적이며 무기력한 기계장치도 아니다. 지각의 주체는 "어떤 실존적 상황 속에 함께 태어나 들어가거나 또는 그러한 상황과 맞물려 들어가는 힘"(*PP*, 245)을 가지고 특정한 상황 속에서 실존하는 주체이다.

따라서 실존의 한 가지 양상인 감각은 넓은 의미에서 지향성을 지니고 있다고 할 수 있다. 실존이란 어떤 주어진 상황 속에서 존재하며 세계와 관계를 맺고 있는 상태를 뜻하기 때문이다. 감각이 지향성을 지닌다는 사실은 앞서 감각의 기본적인 속성인 '끌어당김'과 '밀쳐냄'의 현상을 살펴볼 때 이미 암시되었다. '끌어당김'과 '밀쳐냄' 등의 현상은 지각의 주체가 자기 자신이 아닌 그 무엇과 관계를 맺고 있음을 뜻하기 때문이다. 물론 이 경우 우리는 감각의 지향성을 지성주의의 지향성과 구별해야 하는데, 그 이유는 지성주의의 지향성이 향하고 있는 것은 언제나 의식에 분명하게 드러난 그 무엇인 데 반해 감각의 지향성이 향하고 있는 것은 의식에 분명하게 드러난 것이 아니기 때문이다.(*PP*, 247 참조)

감각이 실존의 한 가지 양상으로서 지향성을 지니고 있다 함은 감각의 차원에서 이미 지각의 주체에게 세계가 어떤 의미를 지닌 것으로 구성되어 주어지고 있음을 뜻한다. 이러한 맥락에서 메를로-퐁티는 감각을 그 안에서 매 순간 "세계의 재창조와 재구성"(*PP*, 241)이 일어나는 것으로 간주하고 있다. 그러나 이처럼 지각이 나름의 구성작용을 지니고 있음에도 불구하고, 지각의 구성작용을 반성적 자아가 수행하는 반성적 차원의 구성작용과 혼동해서는 안 된다. 지각의 구성작용은 "반성하는 자아"가 아니라 "비반성적 자아"(*PP*, 253)에 의해 수행되는 것이기 때문이다. 그리고 우리는 지각의 구성작용을 객관화적 구성작용, 술어적 구성작용 등과 혼동해서도 안 된다. 지각의 구성작용은 아직 술어화가 이루어지기 이전의 사건이기 때문이다. 이 점과 관련해 메를로-퐁티는 후설의 『데카르트적 성찰』의 한 구절을 인용하면서 "그것은 '순수하고, 그렇기 때문에 벙어리 경험으로서 그 순수한 의미를 표현하는 일이 문제다'"(*PP*, 254)라고 말하고 있다. 지각의 구성작용은 반성적 작용, 술어화 작용, 객관화적 작용 등이 작동하기 훨씬 이전부터 의식의 가장 원초적인 층에서 작동하는 지향성으로서, 그 안에서는 주체와 객체의 명료한 구별도 존재하지 않으며 오직 신체적 주체와 불투명한 존재인 감각의 세계 사이의 "소통"(*PP*, 253) 또는 감응만이 존재한다. 신체적 주체와 불투명한 존재 사이의 흐릿한 소통작용 또는 감응작용으로서의 지각의 구성작용은 그로부터 가장 원초적인 세계의 층인 지각의 세계가 분출하는 곳이다.(*PP*, 254 참조)

이처럼 우리가 경험하는 모든 것이 그로부터 분출하는 저 원초적인 층을 연구하는 철학의 분야를 메를로-퐁티는 "초월론적 감성론"(*PP*, 254)이라 부른다. 여기서 알 수 있듯이, 지각의 현상학은 초월론적 감성론을 자신의 한 분야로서 포함하고 있다. 그러나 우리는 지각의 현상학의 한 분야인 초월론적 감성론을 칸트의 초월론적 감성론과 혼동해서는 안 된다. 칸트의 초월론적 감성론이 해명하고자 하는 시간과 공간은 지각의 구성작용에 의해 탄생하는 원초적인 세계에서 경험되는 시간과 공간과는 전적으로 다르기 때문이다. 그러면 이제 지각의 현상학의 한 분야인 초월론적 감성론이 칸트의 초월론적 감성론과 구별된다는 사실을 염두에 두고 원초적 경험의 세계를 그의 공간의 구조에 초점을 맞추어 조금 더 자세하게 살펴보자.

우선 먼저 짚고 넘어가야 할 것은 "모든 감각은 공간적이다"(*PP*, 255)라는 사실이다. 여기서 유의해야 할 점은 지각대상으로서의 모든 감각성질이 공간 안에 존재하는 것으로밖에는 사유될 수 없기 때문에 "모든 감각이 공간적이다"라는 명제가 성립하는 것이 아니라는 사실이다. 메를로-퐁티는 모든 감각이 공간적인 이유를 다음과 같이 세 가지로 제시한다. 첫째, 감각은 "존재와의 원초적인 접촉"(*PP*, 255)을 뜻한다. 그리고 이처럼 양자 사이의 접촉이 가능하려면 공간이 있어야 하기 때문에 감각은 공존의 터로서의 공간에 대해 구성적이며, 그러한 한 공간적이다. 둘째, 앞서 감각이 실존의 한 가지 양상이라는 사실을 살펴보았듯이 감각은 "감각하는 주체가 감각적인 것에 의해 지시된 실존의 한 형식을 인수하는 것"(*PP*, 255)을 뜻한다. 그런데 바로 선취되어야 할 실존이 상황·세계를 함축하기 때문에 모든 감각은 공간적이다. 셋째, 감각은 "감각하는 자와 감각되는 것 사이의 공존"(*PP*, 255)을 뜻하며, 이처럼 감각이 공존을 뜻하기 때문에 그것은 공간적이다.

모든 감각이 공간적이라는 사실은 그 어떤 감각도 여타의 감각들과 분리되어 독자적으로 존재할 수 있는 것이 아님을 뜻한다. 이 점은 무엇보다도 모든 감각이 실존의 한 가지 양상이요, 그러한 한 '감각하는 주체가 감각적인 것에 의해 지시된 실존의 한 형식을 인수하는 것'이라는 사실을 살펴보면 분명히 드러난다. 모든 감각은 그것을 포괄하는 하나의 소급지시연관 속에서만 존재하는데, 특정한 유형의 감각들 사이에 존재하는 이러한 소급지시연관이 다름 아닌 감각의 장 또는 감각의 세계이다. 이러한 맥락에서 메를로-퐁티는 "각각의 감각은 커다란 세계 안에서 하나의 작은 세계를 구축한다"(*PP*, 256)고 말한다. 예를 들어 어떤 주체의 모든 시각들은 모여 하나의 시각의 세계를, 모든 청각들은 모여 하나의 청각의 세계를, 모든 촉각들은 모여 하나의 촉각의 세계를 구축한다.

여기서 우리는 감각의 종류만큼 다양한 감각의 세계가 존재한다는 사실을 알 수 있다. 그러나 다양한 감각의 세계가 서로 무관하게 독립적으로 존재하는 것은 아니다. 어떤 특정한 유형의 감각들이 하나의 감각의 세계를 형성하듯이 다양한 감각의 세계는 하나의 커다란 감각의 세계, 즉 하나의 통일적인 감각의 세계를 형성한다. 그리고 이처럼 다양한 감각의 세계가 모여 하나의 통일적 감각의 세계가 형성될 수 있는 이유는 서로 이질적인 감각들 사이의 소통이 가능하기 때문이다. 이질적인 감각들 사이의 소통은 다양한 모습을 보일 수 있다. 예를 들어 그것은 내가 시각을 통해 어떤 것의 색을 보고 촉각을 통해 그 질감을 감각하면서 이 두 감각을 종합해 저 동일한 대상을 감각할 경우처럼, 서로 이질적인 감각이 하나의 지각으로 종합되는 형태로 나타날 수 있다. 그런데 이질적인 감각들의 소통 중 특히 관심을 끄는 현상은 "공감각"(PP, 263ff.)이다. 공감각이란 서로 이질적인 감각의 경계가 무너지면서 감각의 소통이 이루어지는 경우를 말한다. 공감각은 다양한 형태로 일어날 수 있다. 그것은 어떤 하나의 감각, 예를 들어 촉각이 수행해야 할 일을 시각과 같은 다른 감각이 대신하는 방식으로 일어날 수 있다. 어떤 사물을 보고 그 질감이 어떤 형태를 지녔을 것이라고 감각하는 경우가 그 예다. 그리고 어떤 하나의 감각이 작동할 때 그와 동시에 다른 감각이 작동하는 방식으로 공감각이 일어날 수도 있다. 칸딘스키의 작품을 보면서 그 속에서 어떤 선율을 듣거나 베토벤의 교향곡을 들으면서 그 속에서 어떤 장면을 볼 경우가 이에 해당한다. 이 경우 우리는 칸딘스키의 미술작품을 듣는다고 말하거나 베토벤의 음악작품을 본다고 말할 수 있다.

메를로-퐁티는 감각의 종합을 설명하기에 앞서 그 가능성을 해명하기 위하여 한 지각주체가 두 눈을 사용하여 어떤 대상을 감각할 때 어떤 일이 일어나는지 분석한다.(PP, 266ff. 참조) 내가 어떤 사물을 내 눈앞에 둘 경우 내 두 눈과 거리가 너무 가까울 때 이 사물은 나에게 두 개의 상으로 나누어져 감각된다. 그러나 눈에서 적당한 거리까지 떼어두면 앞서 보이던 두 개의 상은 사라지고 이제 이 사물은 하나의 사물로 감각된다. 이처럼 이 사물이 하나의 사물로 감각될 경우 이 대상의 통일체는 지향적이 된다. 유일한 하나의 지향성을 통해 하나의 대상적 통일체로 감각된 것이다. 말하자면 두 개의 상으로 보이던 상태에서 하나의 사물로 지각되는 상태로의 이행과정은, 이전에 서로 별개의 것으로 작동하던 두 개의 눈이 종합되어 하나의 눈처럼 기능하게 되는 것에 해당한다. 이와 같이 하나의 눈처럼 기능함에 따라 유일한 하나의 지향성이 작동하고, 이 지향성이 바로 저 사물을 하나로 감각할 수 있는 것이다.

감각의 종합 역시 이처럼 두 눈이 하나의 눈처럼 작동하는 과정과 유사하다고 할 수 있다. 다양한 감각이 모여 하나의 감각이 형성되는 일이 가능한 이유는 이전에 각기 따로 작동하던 다양한 감각기관이 종합되어 하나의 감각기관처럼 작동하기 때문이다. 이 경우 다양한 감각기관이 종합되어 하나의 감각기관처럼 작동할 수 있는 이유는 이 모든 감각기관이 신체도식을 통해 종합될 수 있기 때문이다. 감각적 종합은 궁극적으로 "신체도식의 선논리적 통일체"(PP, 269)에 의해 지탱되고 있는 것이다. 여기서 알 수 있듯이, 다양한 감각의 종합이 가능한 이유, 그리고 '작은 세계'에 해당하는 다양한 감각의 세계가 "일반적인 종합"(PP, 274)을 통해 하나의 커다란 통일적인 감각의 세계로 통일될 수 있는 이유도 신체도식이 존재하기 때문이다.

2) 공간

감각의 문제를 살펴보면서 우리는 감각이 지향성을 가지고 있으며 이 지향성을 통해 원초적인 차원에서 가장 근원적인 지각의 세계가 재창조되고 재구성된다는 사실을 알았다. 메를로-퐁티는 이러한 지각의 지향성 개념을 "새로운 지향성 개념"(PP, 281)이라고 부르면서 그것을 지성주의적인 고전적 지향성 개념과 구별하고 있다. 이와 같이 새로운 지향성을 통해 근원적인 지각의 세계가 재창조되고 재구성되기 때문에 지각의 세계의 구조를 철저하게 파악하기 위해서 이러한 새로운 지향성 개념의 정체를 해명할 필요가 있다.

메를로-퐁티가 이와 같이 새로운 지향성의 정체를 해명하기 위한 단초로 삼고 있는 것은 공간현상이다. 그 이유는 바로 공간현상이야말로 이러한 새로운 지향성의 정체를 가장 극명하게 보여줄 수 있기 때문이다. 이 점과 관련해 우리는 공간현상이 이러한 새로운 지향성과 밀접하게 연결되어 있다는 사실에 주목할 필요가 있다. 실제로 공간현상과 새로운 지향성이 밀접하게 연결되어 있다는 사실을 지금까지의 논의를 통해서도 여러 차례 확인할 수 있었다. 예를 들어 우리는 신체도식의 문제, 지각의 문제 등을 다루면서 공간현상을 여러 차례 언급할 기회를 가졌다.

메를로-퐁티는 "공간에 대한 지각"(*PP*, 286)을 분석하면서 공간현상을 해명한다. 그런데 그는 공간에 대한 지각을 해명하기 위하여 그에 관한 두 가지 철학적 입장을 비판하고 있는데, 그가 비판하는 두 가지 입장은 경험주의와 지성주의이다. 우선 경험주의는 공간에 대한 지각을 "실재하는 공간을 우리 자신 안에서 받아들이는 과정"(*PP*, 286)으로 간주한다. 이러한 견해에 따르면 우리와 무관하게 실재하는 공간이 있고, 인식주체인 우리가 하는 일은 이처럼 객관적으로 실재하는 공간을 받아들이는 과정에 불과하다. '대상들이 현상적으로 방향을 설정하는 과정', 다시 말해 대상들이 나름의 방향 설정 속에서 우리에게 현상하는 과정은 "세계 안에 있는 대상들의 방향 설정을 반영하는 과정"(*PP*, 286), 즉 우리와 무관하게 객관적인 세계 안에 실제로 존재하는 방향 설정을 반영하는 과정에 불과하다. 이와는 달리 지성주의는 공간지각을, 구성하는 주체에 의해 수행되는 과정으로 간주한다. 이 경우 구성하는 주체가 신체를 가지고 있는 주체가 아니라 초월론적 자아이기 때문에, 주체의 공간지각은 어떤 특정한 관점에서 수행되는 것이 아니라 모든 관점을 떠나 자발적이며 능동적으로 수행된다. 이러한 견해에 따르면 세계 안에서 확인할 수 있는 대상들의 방향 설정은 객관적으로 존재하는 것이 아니라 초월론적 자아의 구성 작용을 통해 정립된 것에 불과하다. 따라서 공간이란 "구성하는 정신이 수행하는 종합작용의 불가분의 체계"(*PP*, 282)에 불과하다.

이처럼 경험주의와 지성주의가 공간에 대한 지각에 대해 서로 상반되는 견해를 피력하고 있음에도 불구하고 양자는 모두 공간을 "그 안에서 사물들이 배치되는 (실재적인 또는 논리적인) 장소"(*PP*, 281)로 간주한다는 점에서 공통적이다. 양자의 차이는 말하자면 이러한 장소로서의 공간이 인식주체와 무관하게 실재적으로 존재하는 것이냐 아니면 인식주체의 사유를 통해 구성된 것이냐의 차이일 뿐이다. 그러나 메를로-퐁티에 따르면 공간은 '사물들이 그 안에서 배치되는 장소'가 아니다. 공간은 "그것을 통해 사물들의 위치가 가능해지는바 하나의 능력"(PP, 281)이다. 우리는 이러한 사실을 확인하기 위하여 "공간에 대한 경험"(PP, 282)을 철저하게 분석해야 하는데, 그 이유는 공간에 대한 경험이 바로 공간에 대한 모든 주장의 타당성을 심판할 수 있는 "최종적인 심급"(PP, 282)이기 때문이다.

바로 이러한 이유에서 메를로-퐁티는 공간현상의 정체를 해명하기 위하여 우선 '위-아래'에 대한 공간경험을 분석한다. 그러나 이처럼 단순한 공간경험도 그것이 일상적인 공간경험일 경우 공간의 정체를 잘 드러내지 않는다. 공간의 정체를 잘 드러내는 공간경험은 일상적인 공간경험이 아니라 예외적인 공간경험인데, 메를로-퐁티는 이러한 예외적인 공간경험을 분석하면서 공간의 정체를 해명하고 있다.[7] 예를 들어 우리가 있는 어떤 방에서 천장에 직각 방향으로 있는 벽이 큰 거울로 되어 있을 경우 이 거울이 천장에 대해 45도 방향으로 기울어졌다고 가정하자.(이 실험과 관련된 내용 PP, 287ff. 참조) 이때 우리는 거울이 45도 방향으로 기울어진 거울방에 막 들어선 초기단계에서 아주 이상한 경험을 한다. 걸어가는 사람, 떨어지는 물건들, 맞은편 벽면 등은 모두 초기단계에 거울 속에서 기울어져 경험된다. 그러나 몇 분 후 갑작스런 변화가 일어나는데, 이전에 비스듬하게 누워 있는 것으로 경험되던 모든 것이 순간적으로 수직의 상태로 돌아온다.

이처럼 위-아래의 위치변화와 더불어 나타나는 새로운 방향 설정은

---

7) 이 점과 관련해 그가 상세하게 분석하고 있는 것은 슈트라톤(Stratton)의 실험인데, 그에 대해서는 PP, 282ff. 참조. 그러나 우리는 지면관계상 이 실험의 내용을 여기서 소개하지 않기로 한다.

경험주의가 상정하듯이 감각내용을 통해 수행되는 것도 아니요, 지성주의가 상정하듯이 보편적으로 구성하는 주체에 의해 수행되는 것도 아니며, "지각하는 주체의 총체적인 작용"(*PP*, 287)을 통해 수행되는 것이다. 그리고 지각하는 주체의 이러한 총체적인 작용에서 핵심적인 역할을 담당하는 것이 "공간적 수준"(*PP*, 287)이다. 한 시점에서 어떤 주체가 가지고 있는 공간적 수준이란 그 주체가 공간적으로 나타나는 일체의 것들을 방향지으면서 경험할 수 있는 준거이다. 앞서 살펴본 실험에서 거울 앞에 서 있는 사람에게 일체의 것이 처음에 기울어져 이상하게 보이는 이유는 그가 특정의 공간적 수준을 가지고 그것들을 경험하기 때문이다. 그러나 몇 분 후 처음에 기울어져 보이던 일체의 것들이 다시 천장과 직각의 상태에서 정상적인 것으로 경험되는데, 이러한 일이 가능한 이유는 그가 가지고 있던 첫 번째 공간적 수준이 변화해서 새로운 공간적 수준이 나타나고 이 새로운 공간적 수준이 새로운 경험을 위한 준거로서 작동하기 때문이다.

이처럼 어떤 주체가 한 시점에 가지고 있는 공간적 수준은 그 이후에도 언제나 불변인 채로 동일하게 주어지는 것이 아니라 부단히 변화하면서 새롭게 구성될 수 있다. 공간적 수준의 구성과정에서 신체는 핵심적인 역할을 담당한다. 어떤 하나의 공간적 수준을 구성하여 다양한 감각내용들에 방향을 부여하는 것은 다름 아닌 나의 신체이다. 공간적 수준은 신체가 자신에게 주어진 상황에서 어떤 과제를 해결하면서 실존하기 위한 수단이며, 이러한 점에서 메를로-퐁티는 공간적 수준을 "나의 신체를 통해 세계를 어떤 방식으로 소유함, 즉 내 신체가 세계를 어떤 방식으로 점령함"(*PP*, 289) 등으로 부르고 있다. 예를 들어 45도로 경사진 거울 앞에 있는 어떤 사람에게 처음에는 비스듬하게 보이던 거울 속의 상이 몇 분 후에는 천장과 직각으로 보이면서 정상적인 위치를 가진 것으로 나타나는 것은, 이 사람의 신체가 이처럼 이상한 상황을 극복하기 위해 거울 속의 상황과 타협하면서 그것을 자기 것으로 만든 결과 새로운 공간적 수준이 형성되었기 때문이다. 물론 거울 속의 상황에 관심을 갖지 않고 그로부터 눈을 돌릴 경우 이 사람은 이전의 공간적 수준에 머물러 살게 되며, 따라서 새로운 공간적 수준은 형성될 수 없다. 여기서 알 수 있듯이, 공간적 수준이란 신체가 주어진 새로운 상황을 극복하기 위해 세계를 자신의 것으로 만들면서 세계와 타협하는 과정에서 나온 것이며, 이러한 점에서 새로운 공간적 수준의 형성은 신체와 새로 주어진 상황 사이의 "협정"(PP, 289)의 산물이라 할 수 있다.

우리는 공간적 수준의 형성과정에서 핵심적인 역할을 담당하는 신체의 정체를 올바로 이해해야 한다. 여기서 문제가 되는 신체는 하나의 사실로서 객관적 공간 속에 존재하는 것이 아니다. 객관적 공간 속에 존재하는 신체는 여타의 것들과 마찬가지로 공간적 수준을 통해 방향 설정을 받아야 하는 것이다. 이와는 달리 공간적 수준의 구성과정에서 핵심적인 역할을 하는 신체는 "가능한 행동들의 체계로서의 신체"(PP, 289)로서 그것은 구체적으로 "그 현상적인 '장소'가 과제와 상황을 통해 정의되는바 역량을 지닌 신체"(PP, 289)이다. 다시 말해 이것은 앞서 살펴보았던바 신체도식과 원초적인 지향성을 통해 감각적 세계를 구성하는 현상적 신체이다. 바로 이 신체와 이 신체가 기투한 공간이 주체의 모든 지각과 행동이 전개될 수 있는 토대다.

공간적 수준은 공간의 세 가지 차원, 즉 깊이·높이·넓이의 정체를 이해함에 있어서도 결정적으로 중요한 역할을 한다. 깊이를 예로 들어 이 점에 대해 살펴보기에 앞서 우선 경험주의와 지성주의가 깊이를 어떻게 이해하고 있는지 살펴보자.

경험주의자인 버클리(G. Berkeley)는 깊이지각의 경우 지각대상의 측면이 아니라 오직 전면만이 망막에 맺히며, 따라서 기록할 수단이 없기 때문에 깊이는 직접적으로 지각되는 것이 아니라고 주장한다. 그에 따르면 깊이는 망막에 맺힌 사물의 전면을 측면으로 치환해서 측면들 사이의 넓이로 이해된 것이며, 따라서 깊이는 넓이의 한 유형에 불과하다.(*PP*, 294ff.)

다른 한편 지성주의는 설령 망막에 깊이를 기록할 수단인 인상들이 주어진다 하더라도 이러한 인상들을 종합할 주체가 있어야만 깊이가 경험될 수 있으며, 따라서 깊이는 종합작용을 필요로 하기 때문에 직접적으로 지각되는 것이 아니라고 주장한다. 그런데 지성주의가 분석하고 있는 깊이 역시, 직접적인 경험 속에서 우리에게 주어진 것이 아니라 일종의 넓이로 파악된 깊이다. 지성주의의 경우 깊이는 종합하는 주체에게 경험되는 것이며 종합하는 주체는 병치된 인상들을 종합할 수 있는데, 이처럼 병치된 인상들 사이의 관계가 다름 아닌 넓이기 때문이다.(*PP*, 295ff.)

그런데 경험주의와 지성주의가 깊이를 직접적으로 지각될 수 있는 것이 아니라 넓이의 한 유형으로 간주하는 이유는 양자가 객관주의적 사유에 머물러 있기 때문이다. 객관적 사유에 머물러 있는 양자가 분석하고 있는 깊이는, 우리의 원초적인 경험에 직접 주어지는 것이 아니라 원초적인 경험의 맥락을 벗어나 그것을 객관적인 입장에서 바라보고 있는 주체에게 경험되는 깊이에 불과하다. "비록 양자가 그처럼 서로 반대되는 입장이긴 하지만, 이 두 이론은 우리의 실제적인 경험에 대한 동일한 종류의 억압을 전제하고 있다. 양쪽 모두의 경우 깊이는 암묵적으로 측면에서 본 넓이로 간주되며, 바로 이러한 사실이 그것을 보일 수 없는 것으로 만드는 것이다."(*PP*, 295) 말하자면 양자가 분석하고 있는 깊이는 모두에게 동일하게 경험되리라고 생각되는 동일한 객관적 공간의 한 구성요소인 깊이이며, 이러한 깊이를 분석하기 위해서 주체는 자신이 처한 위치와 더불어 세계에 대해 자신이 가지고 있는 모든 관점을 벗어나야 한다. 이처럼 모든 관점을 벗어난다 함은 주체가 어떤 점에서 "신"(*PP*, 296)과 같이 되는 것을 뜻하며, 따라서 경험주의와 지성주의는 우리의 원초적인 지각 속에서 경험되는 깊이가 아니라 신적인 사유에 의해 포착될 수 있는 것,

즉 객관화된 깊이를 분석하고 있는 것이라 할 수 있다. 따라서 이처럼 객관화된 깊이 이전에 주어지는 원초적인 깊이의 정체를 해명하기 위해서 우리는 객관적 사유를 벗어나 원초적 경험의 세계로 돌아가야 한다.

경험주의와 지성주의가 주장하는 것과는 달리 원초적인 지각의 세계에서 깊이는 어떤 매개도 없이 직접적으로 지각된다. 예를 들어 길을 걸어가다가 잠시 멈추어 서서 내 앞에 펼쳐진 길을 바라볼 경우, 나는 앞에 있는 집과 가로수 중 어느 것이 더 가까이 있고 어느 것이 나로부터 더 멀리 떨어져 있는지 직접적으로 지각한다. 말하자면 나는 나로부터 집까지의 거리와 나로부터 가로수까지의 거리를 직접적으로 '보고' 있는 셈이다. 이런 점에서 나는 나로부터 그 어떤 지각대상 사이의 거리, 즉 깊이를 보고 있다고 할 수 있으며, 이와 같이 "깊이는 보일 수 있다".(*PP*, 294)

그러면 이처럼 원초적인 지각의 세계에서 깊이가 직접적으로 지각될 수 있는 이유는 무엇인가? 지각의 주체가 매 순간 어떤 특정한 공간적 수준을 가지고 세계를 경험하기 때문이다. 앞서 살펴보았듯이, 공간적 수준이란 지각세계에서 경험되는 모든 것을 일정하게 방향 설정을 해주는 것이며, 공간적 수준에 의한 방향 설정에는 넓이와 높이뿐 아니라 깊이의 차원도 포함되는 것이다. 이처럼 공간적 수준이 깊이를 포함하고 있기 때문에 지각의 주체는 매 순간 공간적 수준을 토대로 지각의 세계를 "원초적인 깊이"(*PP*, 308)를 지닌 세계로 지각하면서 살아가는 것이다. 공간적 수준을 토대로 한 원초적 깊이의 지각과 관련해 우리는 다음 두 가지 사실을 지적하고자 한다.

첫째, 원초적인 깊이가 공간적 수준을 통해 경험되기 때문에 그것은 감각내용의 종합을 통해 구성된 것도 아니요, 세계를 구성하는 초월론적 자아의 범주적 형식을 통해 구성된 것도 아니다. 원초적인 깊이는 지각의 주체가 세계를 자신의 기획에 따라 자기 것으로 만들기 위한 기획의 원초적인 산물이다. 이 점과 관련해 우리는 앞서 살펴보았듯이, 공간적인 수준이 지각의 주체가 세계를 자기 것으로 만드는 과정에서 이루어진 세계와의 '협정'의 산물이라는 사실을 기억할 필요가 있다.

둘째, 공간적 수준은 원초적인 깊이뿐 아니라 원초적인 지각의 세계에서 경험할 수 있는 공간의 또 다른 두 차원인 원초적인 넓이와 원초적인 높이에 대한 경험을 가능하게 해주는 것이다. 그러므로 우리는 공간적 수준이 세 가지 차원으로 이루어져 있음을 알 수 있는데, 그것은 넓이의 수준, 높이의 수준, 깊이의 수준이다.[8] 이 세 가지 수준은 서로 치환될 수 없는 것으로서 각각 원초적인 깊이, 원초적인 높이, 원초적인 넓이를 경험할 수 있는 토대가 된다.

지금까지 우리는 공간의 여러 차원을 살펴보았다. 그러나 공간에 대한 우리의 논의는 한 가지 점에서 보충되어야 한다. 공간이란 그 자체로 존재하는 것이 아니라 세계의 토대 위에서 존재하는 것이며, 따라서 세계 경험은 공간경험의 가능조건이다. 즉 공간에 대한 충분한 해명을 위해서는 세계에 대한 해명이 이루어져야 한다. 이 점과 관련해 메를로-퐁티는 "공간지각은 구조의 현상이다"(*PP*, 325)라는 사실을 지적하면서 "공간성의 조건"(*PP*, 325)으로 주체가 "세계에 귀속되어 있다는 사실"(*PP*, 325)을 강조하고 있다.

공간과 세계에 대한 정상적인 경험과 이상적인 경험을 비교해보면 우리는 공간의 다양한 차원에 대한 경험이 세계에 대한 경험에 토대를 두고 있다는 사실을 확인할 수 있다. 어떤 정신분열증 환자는 정원에서 새가 지저귀자, 새와 지저귀는 소리가 서로 따로 놀기 때문에 이 둘이 연결되어 있으며 통일성을 지니고 있다는 사실을 알 수 없다고 보고하고 있

---

8) 메를로-퐁티는 실제로 공간적 수준의 한 차원으로서 "거리와 크기의 수준"(*PP*, 308)에 대해 언급하고 있는데, '거리의 수준'은 바로 깊이의 수준을 뜻한다. 이 경우 '거리와 크기의 수준'은 "대상에 대한 모든 위치 확인 이전에 원근·대소를 결정해준다". (*PP*, 308)

다.(*PP*, 326) 정상인의 경우도 메스칼린(mescaline)이라는 약물을 복용하면 가까이 있는 사물들은 작아 보이고 멀리 있는 사물들은 커 보인다. 내 신체의 어떤 부분들은 엄청나게 커 보이고 어떤 부분들은 작게 보이며, 방의 두 벽도 150미터 정도나 떨어져 있는 것처럼 보이며 벽면 너머로는 광야가 펼쳐져 있는 것처럼 보인다.(*PP*, 326) 이처럼 공간경험이 기괴한 형태로 일어나는 이유는 공간의 다양한 차원이 적절하게 통일성을 지니고 있지 못하기 때문이며, 이유는 바로 공간의 다양한 차원에 통일성을 부여하는 세계경험에 이상이 생겨 그것이 제대로 작동하지 못해서다. 이 경우 세계경험이란 주체의 전 생애를 통해서 형성된 것이며, 따라서 그것은 "주체의 총체적인 삶"(*PP*, 327)을 뜻한다고 할 수 있다. 이러한 맥락에서 메를로-퐁티는 공간경험과 세계경험 사이의 밀접한 연관성에 대해 다음과 같이 말하고 있다.

"공간지각은 '의식상태들'이나 작용들의 특별한 집합이 아니며, 그 양상은 언제나 주체의 전체적인 삶, 즉 그것을 통해 주체가 그 신체와 세계를 경유해 미래로 향하는바 저 힘을 표현한다."(*PP*, 327)

그런데 공간경험의 가능조건인 세계경험을 수행하는 주체는 다름 아닌 신체적인 주체이다. 정상인의 경우 통일적인 세계경험을 토대로 통일적인 공간경험이 가능한 이유는 바로 신체적 주체의 신체가 정상적으로 작동하고 있기 때문이며, 이상적인 주체의 경우 그렇지 못한 이유는 신체가 정상적으로 작동하고 있지 않기 때문이다. 예를 들어 정신분열증 환자나 메스칼린을 복용한 사람의 경우 결국 신체가 서로 유기적으로 작동하지 못하기 때문에, 즉 "고유한 신체가 인식하는 신체이기를 그쳤기"(*PP*, 327) 때문에 공간을 구성하는 다양한 차원의 "총체가 더 이상 하나의 체계를 이루지 못하게"(*PP*, 327) 되는 것이다.

이처럼 공간경험이 고유한 신체를 통해서 이루어지며 고유한 신체의 구조가 다양하기 때문에 다양한 유형의 공간경험이 존재한다. 이와 같은 다양한 유형의 공간경험을 체계적으로 분석하면서 공간경험에 관한 "우리의 연구를 확장할"(*PP*, 328) 필요가 있다. 바로 이러한 맥락에서 메를로-퐁티는 깜깜한 밤에 이루어지는 공간경험, 정신분열증 환자의 공간경험, 꿈속에서 이루어지는 공간경험, 어린이의 공간경험, 원시인의 공간경험, 신화 속의 공간경험 등을 언급하기도 하고 분석하기도 하면서 질적으로 서로 구별되는 다양한 유형의 공간이 존재함을 지적하고, 그것을 통해 공간경험의 현상학이 확장될 수 있는 가능성을 보여주고 있다.

3) 사물과 자연적 세계

이제 감각의 세계로부터 자연적 세계, 즉 사물의 세계가 분출한다. 앞서 살펴보았듯이 감각의 세계는 '끌어당김'과 '밀어냄'이라고 하는 원초적인 지향성을 통해서 구성된 세계로 그것은 "나의 신체가 그것과 가지고 있는 유사성을 통해서 희미하게만 알려져 있다".(*PP*, 247) 따라서 감각의 세계 및 그 속에서 경험되는 것들은 아직 특정한 모양, 특정한 크기 등 고정성(constance)을 가지고 있지 않다. 그러나 이러한 감각의 세계 및 감각의 대상과는 달리 자연적 세계와 사물은 특정한 모양, 특정한 크기 등 고정된 속성을 가지고 있다. 우리의 과제는 도대체 고정된 속성을 가진 객관적인 지각사물의 구성이 어떻게 가능한가 하는 점을 해명하는 데 있다.

메를로-퐁티는 고정성에 대한 경험론적 심리학적 입장과 지성주의적 입장을 비판적으로 검토하면서 고정성에 대한 현상학적 해명을 시도한다. 경험론적 심리학은 고정성을 지닌 사물과 사물의 세계로서의 자연적 세계가 발생하는 과정을 다음과 같이 설명한다.(*PP*, 345ff.) 우리는 어떤 대상을 대하는 관점이 바뀌고 그것과 우리 사이의 거리가 바뀜에 따라 이 대상의 다양한 크기, 다양한 모양을 경험하게 된다. 예를 들어 이 대상은 우리가 그것에 가까이 다가가면 점점 더 크게 지각되며, 우리가 그로부터 멀어지면 점점 더 작게 지각된다. 모양 역시 이 대상이 가령 정사각형 모양을 하고 있을 경우 정면에서 바라보면 정사각형 모양으로 보이지만 여타의 경우 정사각형으로 보이지 않는다. 이때 이 대상이 다양한 크기와 다양한 모양을 지닌 대상으로 경험되는 이유는 우리가 신체를 가지고 있기 때문이다. 그런데 이처럼 다양한 크기와 다양한 모양을 가진 대상으로 현출함에도 불구하고, 이 대상은 어떤 특정한 크기를 가지고 있고 어떤 특정한 모양을 가진 대상으로 경험된다. 그 이유는 우리가 손으로 잡을 수 있는 거리에 있을 때의 크기를 이 대상의 참된 크기로 간주하고, 정면에서 보았을 때의 모양을 이 대상의 참된 모양으로 간주하기로 합의했기 때문이다.

그러나 고정적이며 객관적인 크기와 모양에 대한 이러한 "심리학적인 재구성"(*PP*, 345)은 고정성을 지닌 사물과 세계에 대한 타당한 설명이라고 할 수 없다. 이러한 심리학적인 재구성은 설명되어야 할 것을 타당한 것으로 간주하고 있기 때문이다. 다시 말해 이와 같은 설명은 이미 이 대상과 관련해 어떤 특정한 범위에 드는 크기들과 모양들이 나에게 주어져 있으며 나는 그것들 중 어느 하나의 크기와 모양을 관습적으로 객관적인 크기와 모양으로 선택하면 되는 것으로 간주한다. 이 경우 난점은 도대체 어떤 과정을 통해 어떤 특정한 크기들의 범위와 어떤 특정한 모양들의 범위가 앞서 주어져 그것을 토대로 객관적인 크기와 모양을 관습적으로 선택할 수 있는지에 대해 전혀 해명되지 않고 있다는 데 있다. 말하자면 해명되어야 할 진정한 문제는 어떤 방식으로 다양한 크기들과 모양들 중 어떤 크기와 모양이 객관적인 크기와 모양으로 관습적으로 선택되느냐 하는 것이 아니라, 이러한 선택을 위한 가능조건으로서 그처럼 특정한 크기들과 모양들이 어떻게 앞서 주어지느냐 하는 점이다. 즉 "관습적 선택"(*PP*, 345)을 토대로 한 이러한 심리학적 재구성은 이미 "자신의 객관적인 크기와 모양을 가지고 있는 세계"(*PP*, 346)가 앞서 주어져 있다고 가정하는 셈인데, 실제 해명되어야 할 문제는 어떻게 이러한 객관적인 세계가 앞서 경험될 수 있느냐 하는 점이다.

경험론적 심리학과는 달리 지성주의는 어떤 대상의 고정적이며 객관적인 크기나 모양이 그 대상의 속성으로서 "지각되는" 것이 아니라, "사유되는" 것이라고 주장한다.(*PP*, 346ff.) 예를 들어 내 만년필의 객관적인 크기는 그것에 대한 나의 현재의 지각에 토대를 두고 있는 것도 아니요, 이전에 이루어진 그것에 대한 지각에 토대를 두고 있는 것도 아니다. 이 만년필의 객관적인 크기를 규정해주는 것은 지각이 아니라 사유다. 그러면 내 책상 위에 있는 만년필의 크기를 예로 들어 이 점을 설명해보자.

내가 만년필을 두 눈 가까이로 가져가면 그것은 내 앞에 나타나는 세계의 많은 부분을 가려버린다. 그렇다고 해서 나는 이 만년필이 그것이 가리고 있는 세계의 부분보다 객관적으로 크다고 생각하지 않는다. 실제로 나는 그것의 고정적이며 객관적인 크기는 작다고 판단한다. 그런데 이와 같이 판단할 수 있는 이유는, 나는 세계의 일부분을 가리고 있는 이 만년필이 두 눈 가까이에서 경험되고 있다는 사실을 알며, 그것이 바로 이처럼 가까이에서 경험되고 있다는 조건을 고려하며 사유를 통해 그 고정적이며 객관적인 크기를 판단하기 때문이다. 이러한 점에서 크기나 모양의 객관적인 고정성은 "현상과 그것이 현출하는 조건들 사이의 관계의 고정성"(*PP*, 346)이라 할 수 있으며, 바로 이러한 이유에서 객관적이며 고정적인 크기나 모양은 "현상적 장에 있는 여러 부분들 사이의 관계에 대한 명칭"(*PP*, 346)에 불과하다고 할 수 있다. 따라서 우리는 어떤 고정적이며 객관적인 대상을 그 대상과 관련해 내가 경험할 수 있는 "모든 현출들이 따라야 할 관계의 틀"(*PP*, 346)로 규정할 수 있다. 이러한 규정에 따르면 앞서 언급한 만년필의 객관적인 크기는 일종의 '불변항 또는 법칙', 다시 말해 "시각적으로 현출하는 [만년필의] 크기와 그것이 나로부터 떨어져 있는 현상적인 거리 사이의 상관적인 변항들을 지배하는 불변항 또는 법칙"(*PP*, 346)으로 규정될 수 있다.

그런데 내가 고정적이며 객관적인 대상을 이처럼 일종의 '불변항', '법칙', '관계의 틀' 등으로 경험하려면 나는 그것들을 경험하기에 앞서 사유를 통해 모든 객관적인 대상들이 경험될 수 있는 토대인 객관적인 세계를 정립해야 한다. 말하자면 나는 객관적인 세계를 정립한 후 그것을 토대로 내가 만나는 대상들을 고정적이며 객관적인 대상으로 경험할 수 있는 것이다. 지성주의에 따르면 고정적이며 객관적인 대상에 대한 경험은 "[그 구성요소들이] 엄밀하게 연결된 체계로서의 세계에 대한 정립"(*PP*, 347)에 토대를 두고 있는 것이다. 이러한 점에서 우리가 경험하는 고정적이며 객관적인 대상은 "변하지 않는 전체 세계의 한 단면"(*PP*, 347)에 해당한다고 할 수 있다.

그러나 지성주의적 설명 역시 고정적이며 객관적인 대상에 대한 경험이 어떻게 가능한지에 대한 타당한 설명이라 할 수 없다. 그 이유는 지성주의는 고정적이며 객관적인 대상에 대한 경험의 가능성을 설명하기 위하여 "객관적인 세계의 체계"(*PP*, 348)가 이미 사유작용을 통해 정립된 것으로 전제하는데, 정작 핵심적인 문제는 '객관적인 세계의 체계'의 정립이 어떻게 가능한가 하는 점이다. 따라서 지성주의적인 설명은 앞서 살펴본 심리학자들의 설명과 동일한 문제점을 지니고 있다고 할 수 있다.

그러면 지각된 대상 또는 속성의 고정성이 무엇을 뜻하는지 어떻게 해명할 수 있을까? 이 점을 해명하기 위해서 우리는 지각된 대상에 대한 경험을 살펴볼 필요가 있다. 지각된 대상에 대한 경험은 지각된 대상의 고정성에 대한 경험도 포함하고 있기 때문이다. 그리고 지각된 대상에 대한 경험의 특성을 살펴보기 위해서 우리는 그것을 그 속성상 그것과는 구별되는 또 다른 유형의 대상에 대한 경험인 과학적 대상에 대한 경험과 비교해볼 필요가 있다.

과학적 대상에 대한 경험을 살펴보면 알 수 있듯이, 그것이 나에게 가까이 있느냐 멀리 떨어져 있느냐, 또는 그것이 나에게 크게 보이느냐 그렇지 않으냐 하는 점은 대상의 고정성과 관련하여 아무런 의미도 지니지 않는다. 나에게 아주 가까이 있는 큰 대상도 과학적인 방법을 통해 측정할 수 있는 실제적·객관적 크기를 가지고 있으며, 나로부터 멀리 떨어져 있어서 나에게 보이지 않는 아주 작은 대상도 동일한 과학적 방법을 통해 측정할 수 있는 실제적·객관적 크기를 가지고 있다. 이 경우 대상이 관찰자에게 가까이 있다고 해서 특별히 중요한 의미를 지니고 있는 것도 아니고, 반대로 그것이 관찰자로부터 보이지 않을 정도로 멀리 떨어져 있어 아무 의미도 지니고 있지 않다고 해서 과학적 탐구의 대상에서 배제되는 것도 아니다. 대상이 관찰자로부터 얼마나 떨어져 있느냐 하는 점은 과학적 사유대상에게는 아무 의미도 지니지 못한다.

그러나 지각대상의 경우는 사정이 전혀 다르다. 지각대상이 지각하는 주체로부터 얼마나 멀리 떨어져 있느냐 하는 점은 그 규정을 위해 결정적으로 중요한 의미를 지닌다. 예를 들어 어떤 대상이 아주 작고 또 그것이 너무 멀리 떨어져 있어 지각주체가 직접적으로 경험할 수 없을 경우 이 대상은 지각주체에게 아무 의미도 없으며, 따라서 그것은 지각대상으로서의 의미를 상실하게 된다. 이 경우 그것은 더 이상 지각대상의 자격을 가질 수 없다. 이처럼 어떤 대상이 지각대상으로서의 의미를 지닐 수 있으려면 그것이 지각주체의 경험의 범위에 들어와야 한다.[9] 어떤 대상이 지각주체의 경험의 범위에 들어온다 함은 그것이 지각주체에게 나름의 의미를 지닐 수 있다는 뜻이다.

---

9) 물론 어떤 대상이 지각주체의 경험의 범위 안에 들어온다고 해서 그것이 지각주체에게 생동적인 지각의 방식으로 경험되어야 하는 것은 아니다. 어떤 대상이 지각주체에게 생동적·직접적 지각 속에서 경험되지 않을 경우에도 그것은 지각대상의 자격을 가질 수 있다. 예를 들어 어떤 대상이 지각주체에게 기억·예상 등의 방식으로 경험될 경우에도 그것은 지각대상의 자격을 가질 수 있다. 그러나 우리는 여기서 편의상 직접적인 지각 속에서 경험되는 대상에 한정하여 논의를 진행하고자 한다.

그러나 이처럼 직접적인 경험의 범위 안에 들어온 모든 대상이 곧바로 고정적이며 객관적인 대상으로 규정되는 것은 아니다. 예를 들어 어떤 지각대상이 그것을 경험하는 주체에게 너무 가까이 있을 경우 그것은 고정적이며 객관적인 대상의 자격을 상실할 수도 있다. 앞서 살펴본 만년필이 그 대표적인 예라 할 수 있다. 이 만년필은 지각주체의 눈으로부터 너무 가까이 있기 때문에 지각주체에게 큰 대상으로 현출하지만, 이처럼 큰 대상으로 현출한 것이 고정적이며 객관적인 대상으로서의 만년필은 아니다. 반대로 어떤 대상이 지각주체에게 너무 멀리 떨어진 것으로 지각될 경우 이 대상 역시 고정적이며 객관적인 대상이라 불릴 수 없다. 예를 들어 아주 멀리까지 곧게 뻗은 길 저 끝에서 방금 모습을 드러내기 시작한 어떤 자동차는 비록 그것이 지각주체의 지각경험의 장 속에 있기는 하지만 지각주체에게 아주 작은 대상으로 경험될 것이며, 따라서 그것은 객관적이며 고정적인 대상의 자격을 가질 수 없다.

그러면 고정적이며 객관적인 대상에 대한 지각은 어떻게 가능하며, 그 정체는 무엇인가? 이 점을 이해하기 위하여 우리는 지각주체와 지각대상 사이에는 무한히 많은 거리들이 존재하며, 어떤 지각대상은 지각주체에게 무한히 많은 다양한 거리에서 다양한 방식으로 지각된다는 사실에 유의할 필요가 있다. 그런데 이처럼 다양한 거리에서 수행된 지각들 중에는 너무 먼 거리에서 수행된 지각이나 너무 가까운 거리에서 수행된 지각처럼 가장 부적당한 거리에서 수행된 가장 불완전한 지각부터 시작하여 "최적의 거리"(*PP*, 348)에서 수행된 가장 완전한 지각, 즉 "최고"(le maximum, *PP*, 348)의 지각에 이르기까지 지각의 완전성과 관련하여 다양한 등급을 가진 지각이 존재한다. 그런데 한 지각주체에게 어느 순간 어떤 지각이 수행되었을 경우 만일 이 지각이 가장 완전한 지각이 아닐 때 지각주체는 보다 더 완전한 지각을 하기 위하여 노력하며, 이러한 노력은 가장 완전한 지각에 도달할 때까지 계속된다. 이처럼 모든 지각이 가장 완전한 최고의 지각을 향해 운동하기 때문에 다양한 지각들 중 완전한 지각은 '특권적인 위치를 차지하는 지각'이다.[10] 그런데 바로 이처럼 '특권적인 위치를 차지하는 지각' 속에서 경험된 지각대상이 다름 아닌 고정적이며 객관적인 지각대상이다.

그러면 지금까지 우리가 수행해온 지각적 대상에 대한 경험과 과학적 대상에 대한 경험의 비교작업을 통해서 우리는 지각적 대상의 고정성과 관련하여 어떤 결론을 도출할 수 있는가? 그것은 바로 지각적 대상의 고정성을 결정함에 있어 핵심적인 역할을 담당하는 것이 다름 아닌 신체라는 사실이다. 과학적 대상의 고정성을 결정해주는 것이 사유라고 한다면 지각적 대상의 고정성을 결정해주는 것은 신체이다. 사유능력만 있고 신체를 가지고 있지 않다면 우리는 과학적 대상의 고정성은 경험할 수 있을지 몰라도 지각적 대상의 고정성은 경험할 수 없다.

고정적인 지각대상을 경험하는 과정에서 신체는 다음 두 가지 점에서 결정적으로 중요한 역할을 담당한다. 첫째, 지각주체가 신체를 가지고 있지 않다면 그 어떤 지각대상도 다양한 거리에서 다양한 방식으로 현출할 수 없다. 말하자면 지각의 주체가 경험하는 모든 대상의 현출은 "어떤 특정한 운동감각적 상황"(PP, 349) 속에서만 가능하다. 둘째, 한 대상에 대한 불완전한 지각으로부터 완전한 지각으로의 이행과정 역시 신체 때문에 가능하다. 말하자면 신체는 '어떤 특정한 운동감각적 상황'에서 지각이 이루어질 경우 이 지각이 완전한 지각인지 불완전한 지각인지 감지하며, 그것이 불완전한 지각일 때 완전한 지각을 향해 나아가려는 욕구를 가지게 된다. 다시 말해 우리는 어떤 대상이 크다 혹은 작다고 지각될 경우 '크다', '작다'를 감지하는 것도 결국은 신체라는 사실에 유의해야 한다.

---

10) 이 점과 관련해 메를로-퐁티는 "저 특권적인 지각"(PP, 348)이라는 표현을 사용한다.

그러나 지금까지의 설명만으로 고정적인 지각대상에 대한 경험의 가능성이 모두 해명된 것은 아니다. 이 점과 관련해 다음 몇 가지 사실을 보충할 필요가 있다.

첫째, 과학적 대상의 고정성과 사물 및 사물의 속성의 고정성은 성격을 달리한다. 과학적 대상의 고정성은 불변하는 것이다. 예를 들어 어떤 과학적 대상의 크기가 1센티미터일 경우 그것은 어디서나 동일한 1센티미터로서 불변적인 고정성을 가지고 있다. 그러나 지각사물 및 사물의 속성이 지닌 고정성은 불변적인 것이 아니다. 지각사물 및 사물의 속성의 고정성이 불변적인 것이 아니라는 사실과 관련해 메를로-퐁티는 다음과 같이 말한다.

"조명이 잘된 방 안에서 우리가 한 조각의 그림자 속에 들어 있는 흰색의 디스크를 바라볼 경우 그 흰 것의 고정성은 불완전하다. 이 고정성은 디스크가 놓여 있는 그림자 쪽으로 우리가 접근하면 개선된다. 그것은 우리가 그 안으로 들어가면 완벽해진다."(PP, 358)

이처럼 우리가 그림자 속으로 들어가는 경우 그것은 더 이상 시각적인 대상으로 기능하는 것이 아니라 사물이 시각적 사물로서 현출할 수 있는 환경인 조명의 역할을 하며, 메를로-퐁티는 이러한 환경을 "수준"(PP, 359)이라 부른다. 앞서 우리는 공간의 문제를 다루면서 공간적 수준에 대해 언급한 적이 있는데, 이 경우 수준은 고정적인 색의 수준이라고 불릴 수 있을 것이다. 두말할 것도 없이 이러한 고정적인 색의 수준 역시 불변적인 것이 아니며 변화한다.

둘째, 앞서 살펴보았듯이, 경험론적 심리학은 마치 사물의 다양한 속성들이 고정적인 것으로서 경험되고 이러한 속성들이 결합되어 고정성을 지니는 사물이 경험되는 것처럼 간주하면서 고정성을 해명하고자 시도한다. 그러나 이러한 심리학적 해명은 고정성을 지닌 사물의 속성들에 대한 경험과 고정성을 지닌 사물에 대한 경험의 관계를 올바로 파악하고 있지 못하다. 우리의 지각적 경험을 분석해보면 알 수 있듯이, 이러한 심리학이 전제하고 있는 것과는 달리 우리는 사물의 속성들을 경험하고 그것들을 종합하면서 사물을 경험하는 것이 아니라, 직접 사물로 나아가 그것과 관계를 맺으면서 사물들의 속성을 경험하는 것이다.(*PP*, 374 참조)

사물에 대한 지각은 어떤 하나의 감각만으로 수행되는 것이 아니라 다양한 감각들이 협동하면서 수행된다. 따라서 고정적이며 객관적인 사물에 대한 분석을 수행하기 위해서는 "상호감각적 사물에 대한 분석"(*PP*, 366)을 수행해야 한다. 메를로-퐁티는『지각의 현상학』3부 3장에서 '상호감각적 사물에 대한 분석'을 수행하고 있다.

셋째, 앞서 지각대상을 과학적 대상과 대비시키면서 설명하였듯이 지각대상에 대한 지각은 앞서 주어진 지각세계를 토대로 해서만 가능한데, 고정적이며 객관적인 지각대상에 대한 지각의 가능성을 설명하기 위해서는 지각세계의 경험이 어떻게 가능한지가 해명되어야 한다. 이 점에 대해 메를로-퐁티는 "따라서 [사물 및 사물의 속성이 지닌 고정성을 해명하기 위해서] 해명되어야 할 것은 세계에 대한 저 근원적인 파악이다" (*PP*, 377)라고 말한다. 그런데 지각의 세계가 경험되는 것도 사유를 통해서가 아니라 신체를 통해서이다. 앞서 살펴보았듯이 지각의 주체는 신체를 통해 자신의 기획을 투사하면서 세계를 경험한다. 말하자면 나는 "신체를 통해 세계를 점령하고 있으며"(*PP*, 349), 이처럼 신체를 통해 세계를 점령하고 그에 대해 경험하면서 나는 그 토대 위에서 다양한 대상을 지각할 수 있고 동일한 대상도 다양한 방식으로 지각할 수 있다. 그리고 이처럼 어떤 하나의 대상이 다양한 방식으로 지각되기 때문에 그처럼 다양한 지각방식 중 '특권적인 위치를 차지하는 지각' 속에서 대상이 경험될 경우 그렇게 경험된 대상을 우리는 고정성을 지닌 대상으로 간주하면서 살아간다.

4) 타자와 인간적 세계

메를로-퐁티는 자연적 세계에 대한 해명에 이어 사회·문화·역사 등을 간직한 "인간적 세계"(*PP*, 398)를 해명한다. 인간적 세계의 해명에서 중요한 위치를 차지하는 것은 타인의 문제다. 인간적 세계란 필연적으로 나와 함께 타인들이 더불어 살아가는 세계이기 때문이다.

메를로-퐁티는 객관주의적 사유에 대한 비판을 실마리로 삼아 자아와 타인의 문제를 해명하고 있다. 객관주의적 사유는 '즉자-존재'와 '대자-존재'의 구별에서 출발해 자아와 타인의 관계를 해명한다. 이러한 구별에 따르면, 대자-존재란 자기 자신을 투명하게 알 수 있는 존재로서 의식만이 진정한 의미에서 대자-존재이므로 대자-존재의 자격을 가질 수 있는 것은 자아다. 이 경우 자아란 투명하게 의식되는 것이기 때문에 절대적으로 구성하는 의식만이 자아의 요소가 되며, 신체는 투명하게 경험되지 않기 때문에 자아의 요소가 아니다. 자아가 대자-존재라는 사실은 확고부동하다. 그러나 타인의 경우는 사정이 다르다. 나는 타인 역시 나처럼 의식을 가지고 있으며, 따라서 대자-존재라는 사실을 부인할 수 없다. 문제는 내가 타인 역시 대자-존재라는 사실을 어떻게 알 수 있느냐하는 점이다.

이 점을 해명하기 위해 객관주의적 사유는 "유비추론"(*PP*, 404)에 호소한다. 객관적 사유의 유비추론은 다음과 같이 전개된다. ①나의 어떤 신체적 표현, 예를 들면 나의 웃는 얼굴 표정은 나의 특정한 의식, 예를 들면 나의 즐거운 마음이 표현된 것이며, 따라서 나의 의식과 나의 신체적 표현 사이에는 밀접한 관계가 있다는 사실을 나는 알고 있다. ②저기에 나의 신체를 닮은 대상이 존재하며 그 대상의 어떤 부분이 나의 신체의 어떤 부분과 동일한 모습, 예를 들어 웃는 얼굴 표정을 하고 있다는 사실을 나는 경험한다. ③따라서 저기에 있는 나의 신체를 닮은 대상이 가진 즐거운 마음이 표현된 것이며, 따라서 나는 나와 마찬가지로 저기에 있는 사람이 즐거운 마음을 가지고 있다는 사실을 안다.

그러나 객관주의적 사유가 상정하는 유비추론은 심각한 문제를 안고 있다.(*PP*, 401ff. 참조) 유비추론이 성공할 수 없는 핵심적인 이유는 즉자-존재와 대자-존재가 엄격하게 구별된다고 하는 객관적 사유의 근본전제가 잘못되었기 때문이다. 객관적 사유는 즉자-존재와 대자-존재를 엄격하게 구별하면서 나의 의식을 대자-존재로 간주하고, 그 이외의 모든 것은 대자-존재인 나의 의식에 의해 구성되어 그 앞에 진열된 대상으로밖에는 표상할 수 없다. 이처럼 나의 의식에 의해 구성되어 그 앞에 진열된 것으로는 우선 타자의 신체를 들 수 있다. 즉자-존재로 간주된 타자의 신체는 인형이나 로봇 등과 다를 바가 없다. 그러나 타자의 신체뿐 아니라 나의 신체 역시 이러한 운명을 벗어날 수 없다. 나의 신체가 대자-존재가 아니라 즉자-존재인 한 그것은 타인의 신체와 본질적으로 구별되지 않으며, 타인의 신체와 마찬가지로 인형이나 로봇 등과 다를 바 없다. 그러나 타인의 신체와 나의 신체뿐 아니라 타인의 의식도 객관적 사유에게는 즉자-존재의 위상밖에 지닐 수 없다. 대자-존재는 스스로를 투명하게 인식하면서 관념론적 구성작용을 수행하는 존재인데, 타인의 의식은 나에 의해 투명하게 인식되지도 않고, 따라서 관념론적 구성작용을 수행할 수도 없기 때문이다. 즉자-존재와 대자-존재를 엄격하게 구별하는 객관적 사유에게 구성작용을 수행할 수 있는 것은 오직 나의 의식밖에 없다.

따라서 앞서 살펴본 유비추론이 지닌 난점을 극복하기 위해서는 객관적 사유의 근본전제인 즉자-존재와 대자-존재 사이의 엄격한 구별을 폐기한 후 객관적 사유 대신 "현상학적 반성을 통하여"(*PP*, 406) 신체와 의식을 새롭게 규정해야 한다. 우리는 이미 현상학적 사유를 통하여 신체와 의식이 어떻게 규정되어야 할지 알고 있다. 현상학적 사유에 따르면, 신체뿐 아니라 의식 역시 순수한 즉자-존재도 아니요 순수한 대자-존재도 아니다. 신체와 의식은 즉자-존재와 대자-존재의 구별을 넘어선 실존의 양상들로서 하나로 통일되어 신체적인 주체로 살아가며, 이러한 신체적 주체는 세계로 향한 존재이기 때문에 근원적인 지각세계와 불가분의 통일체를 형성하면서 그 속에서 살아가고 있다.

그런데 신체적 주체가 근원적인 지각세계와 불가분의 통일체를 형성하면서 그 속에서 살아가고 있다 함은 그것이 이미 동일한 지각세계에서 다른 신체적 주체와 근원적으로 결합되어 살아가고 있음을 뜻한다. 이러한 맥락에서 메를로-퐁티는 "타인의 신체와 나의 신체는 유일한 전체이며 하나의 동일한 현상의 안과 겉이다"(PP, 406)라고 말한다. 그리고 이처럼 신체적 주체인 내가 근원적인 지각세계에서 살아가는 다른 신체적 주체와 근원적으로 결합되어 있기 때문에, 나는 그를 '유비추론'을 통해 간접적으로 경험하는 것이 아니라 그 어떤 추론의 매개도 없이 직접적으로 경험한다.

다른 신체적 주체에 대한 이러한 직접적인 경험은 신체적 주체의 삶의 초기에 이미 확인할 수 있는데, 메를로-퐁티는 생후 15개월 된 아이의 타인경험을 예로 들어 이 점을 해명하고 있다.(PP, 404) 내가 생후 15개월 된 아이에게 장난을 치면서 그 손가락을 잡아 내 아랫니와 윗니 사이에 대고 무는 시늉을 하면 이 아이는 입을 벌린다. 이 경우 아이는 자신의 손가락을 물려고 하는 나의 의식상태를 이미 이해했다고 할 수 있다. 그러나 이때 아이는 유비추론이 전제하듯이 자신의 얼굴·이·손가락 등을 확인하면서 유비추론을 통해 내가 자기 손가락을 물려고 한다는 사실을 아는 것이 아니다. 아이는 자신의 몸 안에서 입과 이가 무는 기관이라는 사실을 직접적으로 느끼고, 밖에서 보고 있는 나의 입과 이 역시 물 수 있는 기관이라는 사실을 즉각적으로 느끼고 있다. 이처럼 이 아이에게 깨문다고 하는 것은 즉각적으로 상호주관적인 의미를 지니고 있다. 아이는 자신의 의도를 신체 안에서 직접 느끼며, 나의 신체와 더불어 자신의 신체, 그리고 그의 신체 안에 있는 나의 의도를 즉각적으로 느낀다. 이처럼 근원적인 지각의 세계에서 수행되는 타인경험은 즉각적인 지각이지 유비추론이 아니다.

여기서 우리는 유비추론의 정체를 정확하게 이해해야 한다. 유비추론은 타인에 대한 인식이 잘못되었을 때 "확인작업"(*PP*, 404)이 필요하거나 또는 "타인에 대한 방법적 인식"(*PP*, 404)을 추구하고자 할 경우 사용될 수 있는 객관화된 인식의 수단일 뿐 타인에 대한 근원적인 경험이 아니다. 유비추론은 객관주의가 상정하는 것과는 달리 타인의 의식에 대한 근원적인 지각경험을 가능하게 하는 과정이 아니라, 이미 지각의 차원에서 이루어진 타인의 의식에 대한 지각경험을 추후 재검토하면서 단순히 확인하는 과정에 불과하다. 여기서 알 수 있듯이 "타인에 대한 지각은 그와 같은 확인과정에 선행하며 그것을 가능하게 해주는 것이요, 이 확인과정들이 그 지각을 가능하게 해주는 것은 아니다".(*PP*, 404) 근원적인 지각의 차원에서는 유비추론과 같은 확인과정은 존재하지 않으며, 타인의 의식에 대한 직접적이며 원초적인 지각만 존재한다. 이처럼 우리는 이미 근원적인 지각의 차원에서 타인의 의식을 지각하고 있으며, 이러한 점에서 유비추론은 "자신이 해명해야 할 것을 전제하는"(*PP*, 404) 오류를 범하고 있는 셈이다.

지금까지 우리는 어떤 하나의 신체적 주체가 다른 신체적 주체에 대해 가지는 직접적인 타인경험을 예로 하여 타인경험의 문제를 해명하고자 하였다. 그러나 그 내용은 어떤 하나의 신체적 주체가 다수의 다른 신체적 주체들과 섞여 사회를 형성하면서 살아갈 경우에도 해당한다. 우리는 근원적인 지각의 세계에서 수없이 많은 사람들과 다양한 유형의 사회를 형성하면서 살아간다. 이 경우에도 나는 타인들을, 타인들은 나를, 그리고 우리 모두는 우리 모두를 유비추론의 방식이 아니라 대부분 직접적인 지각의 방식으로 경험한다. 나의 신체도식 안에서 다양한 나의 신체부위들이 하나의 불가분의 체계를 이루고 있듯이 사회 안에서 살아가는 신체적 주체들은 근원적인 지각의 세계에서 하나의 불가분의 체계를 이루고 있기 때문이다.

그리고 직접적인 지각의 방식으로 타인을 경험함에 있어 언어는 결정적으로 중요한 역할을 담당한다. 언어를 통해 대화하면서 나와 타인들 사이에는 공동의 장이 형성되며, 나의 생각과 타인들의 생각은 서로 엮여 하나의 직물을 구성한다. 이 경우 나와 타인들은 서로 분리할 수 없이 긴밀하게 결합되어 있어서 타인들은 나의 초월론적 장에서 "단순한 하나의 행위"(*PP*, 407)에 불과한 것이 아니며, 나 역시 그들의 초월론적 장에서 '단순한 하나의 행위'에 불과한 것이 아니다. 우리는 "완벽한 상호성"(*PP*, 407) 속에서 서로서로 협력자이며, 나의 관점은 타인들의 관점 안으로 미끄러져 들어가고 타인들의 관점은 나의 관점으로 미끄러져 들어온다.

여기서 우리는 신체적 주체들이 몸담고 살아가고 있는 사회의 정체를 살펴볼 필요가 있다. 앞서 자연적 세계가 실존의 한 차원이라는 사실을 확인하였다. 그러나 자연적 세계뿐 아니라 '사회적 세계' 역시 하나의 대상 또는 대상들의 총체가 아니라 "실존의 한 차원"(*PP*, 415)이다. 이처럼 사회적 세계가 실존의 한 차원이기 때문에 나는 한순간도 그로부터 벗어날 수 없으며 늘 그와 관련해 어떤 상황에 처해 있는 것이다. "세계에 대한 우리의 관계와 마찬가지로 사회적인 것에 대한 우리의 관계는 그 어떤 외적 지각이나 판단보다도 더 깊은 데 놓여 있다."(*PP*, 415)

이처럼 사회적 세계가 실존의 한 차원이기 때문에 그 어떤 유아론도 불가능하다. 아무리 내가 타인들을 거부한다 하더라도 이러한 거부 역시 타인들과의 관계를 전제로 해서만 가능한 것이다. 어떤 극단적인 고독도 타인과의 관계를 전제할 때 가능한 것이다. 어떤 초월론적 주관도 다른 초월론적 주관들과의 관계가 단절된 채로 존재할 수 없다. "초월론적 주관은 자기 자신에게, 그리고 타인들에게 모습을 드러낸 주관이며, 바로 이러한 이유 때문에 그것은 상호주관이다."(*PP*, 415)

3 대자-존재와 세계로 향한 존재

『지각의 현상학』 3부의 과제는 지금까지 해명된 세계로 향한 존재라는 개념을 토대로 대자-존재의 정체를 해명하는 데 있다. 대자-존재란 객관적 사유에서 핵심적인 위치를 차지하는 것으로서 즉자-존재, 즉 자연과 대비되는 의식의 존재를 가리키는 것이다. 메를로-퐁티가 『지각의 현상학』 3부에서 대자-존재의 전형적인 예로 선택하여 집중적으로 분석하고 있는 것은 사유·시간성·자유 등이다. 여기서 사유는 이론이성의 영역에서 확인할 수 있는 대자-존재의 모습이고, 자유는 실천이성의 영역에서 확인할 수 있는 대자-존재의 모습이며, 시간성은 대자-존재의 본질이다.

메를로-퐁티에 따르면 대자-존재로서의 사유와 자유는 전통철학이 간주하듯이, 그 모든 것으로부터 독립적으로 존재하는 것이 아니라 실존이라 불리는 세계로 향한 존재에 뿌리를 두고 있는 파생적인 것에 불과하다. 따라서 사유와 자유의 정체를 해명하기 위해서 우리는 그것들을 그의 뿌리인 세계로 향한 존재와 연관하여 살펴볼 필요가 있는데, 바로 이처럼 사유와 자유를 그 뿌리인 세계로 향한 존재와 연관하여 살펴보면서 그의 정체를 해명하는 일이 『지각의 현상학』 3부의 과제이다. 그런데 세계로 향한 존재는 다름 아닌 인간의 실존을 뜻하며, 따라서 사유와 자유 그리고 시간성에 대한 메를로-퐁티의 해명은 그에 대한 실존론적 해명이라 불릴 수 있다. 그러면 이제 사유와 자유 그리고 시간성에 대한 메를로-퐁티의 실존론적 해명을 살펴보기로 하자.

1) 코기토 또는 사유

메를로-퐁티는 관념론의 입장에서 전개된 데카르트의 자아론을 비판적으로 검토하면서 사유 및 사유하는 자아에 대한 실존적 해명을 시도하고 있다. 그런데 그에 따르면 데카르트의 자아는 다음과 같은 특징을 보인다.

① 메를로-퐁티는 데카르트의 자아를 "나에게 접근가능한 모든 것을 보편적으로 구성하는 것"(PP, 427), "숨겨진 곳도 없고 바깥도 없는 초월론적 장"(PP, 427)이라 부른다. 이 경우 데카르트의 자아가 '숨겨진 곳도 없고 바깥도 없다' 함은 그것이 자신에게 접근가능한 모든 것을 필증적인 명증의 양상에서 투명하게 구성하는 자아임을 뜻한다. 말하자면 데카르트의 자아는 자기 자신뿐 아니라 세계와 세계 안에 있는 모든 대상들을 명증적으로 구성하는 자아이다. 보편적인 대상 구성이 능동적인 종합의 작용 안에서 수행되기 때문에 데카르트의 자아는 그 어떤 수동성도 가지지 않고 그 어떤 변양도 겪지 않는 능동적인 자아이다.(PP, 427)

② 데카르트의 자아는 필증적인 명증의 양상에서 파악될 수 있는 자아이다. 데카르트가 제시하는 방법의 규칙 중 첫 번째 규칙에 따르면 "나는 내가 명증적으로 참이라고 인정한 후가 아니면 그 어떤 것도 참이라고 받아들이지 말아야 하며", "나는 내가 그것을 의심할 어떤 이유도 갖고 있지 않을 만큼 명석하고 판명하게 나의 정신에 나타나는 것 이외에는 그 어떤 것도 나의 판단 속에 넣지 말아야 하는데",[11] 바로 데카르트의 자아에 대한 인식은 '필증적인 명증'의 기준을 충족시킨 인식이다.

③ 따라서 데카르트의 자아는 신체를 가지고 있는 자아가 아니다. 그 이유는 신체를 가지고 있는 자아는 바로 그것으로 인해 명증적으로 참일

---

11) R. Descartes, *Discours de la Méthode* & *Essais*, *Oeuvres de Descartes VI*, publiées par C. Adam & P. Tannery, Paris: Librairie philosophique J. Vrin, 1973, 18.

수 없기 때문이다. 데카르트의 자아가 육체를 가지고 있지 않은 자아이기 때문에 그것이 영혼과 육체가 결합된 자아가 아님은 물론이다.

④ 신체를 지니고 있지 않은 자아이기 때문에 데카르트의 자아는 공간 성을 가지고 있지 않으며, 세계 속에서 존재하는 자아, 세계로 향한 존재 라는 성격을 가지고 있는 자아가 아니다. 데카르트의 자아는 탈세계적인 자아이다. 앞서 우리는 세계로 향한 존재가 인간 실존의 특징이라는 사실 을 살펴보았는데, 탈세계적인 자아로서의 데카르트의 자아는 실존하지 않는 자아라 할 수 있다.

⑤ 데카르트의 자아는 타인들과 더불어 사회 속에서 살아가고 있는 인 격적인 자아가 아니다. 데카르트의 자아는 타인들의 존재에 대해 알지 못 하며 타인들의 존재를 필요로 하는 자아가 아니다. 데카르트의 자아에게 상호주관적 지평이란 존재하지 않는다. 데카르트의 자아가 함축하고 있 듯이 내가 나 자신에 대해서만 절대적인 명증의 양상에서 인식될 수 있 다면 "의식의 복수란 불가능하기"(PP, 428) 때문이다.

⑥ 따라서 데카르트의 자아는 시간과 역사 속에서 존재하는 자아가 아 니라 초시간적이며 초역사적인 자아이다. 따라서 그것은 개별적인 자아 가 아니라 나와 너의 구별을 넘어서 존재하는 초개인적·보편적 자아이 다. 초개인적·보편적 자아인 데카르트의 자아는 영원성을 지닌 것으로 서 "신"(PP, 427)과 유사한 자아인데, 데카르트적 자아가 지닌 영원성과 관련해 메를로-퐁티는 다음과 같이 기술하고 있다. "하나의 유일한 지향 안에서 시간적인 전개를 포함하고 예기할 수 있는 능력으로 이해된 영원 성은 주체성의 정의 자체가 된다."(PP, 426)

⑦ 데카르트의 자아가 보편적인 자아인 이유는 그것이 이미 "말로 표 현된 자아"(PP, 460)이기 때문이다. 우리는 데카르트의 두 번째 『성찰』을 읽어가면서 데카르트의 의도를 파악하며 그가 염두에 두고 있는 의심할 수 없이 확실한 자아가 무엇인지 이해한다. 그러나 이 경우 우리가 이해

하는 자아는 이미 언어를 통해 표현된 자아로서 그것은 "올바로 말하자면 나의 자아도 아니요, 그렇다고 데카르트의 자아도 아닌, 반성하는 모든 사람의 자아인바 이념으로서의 자아"(*PP*, 459)에 불과하다. 이러한 점에서 데카르트의 자아와 관련해서 우리는 "나는 생각한다. 나는 존재한다"고 말하지 말고 "사람들은 생각한다. 사람들이 존재한다"(*PP*, 427)고 말해야 한다.

그러나 메를로-퐁티에 따르면 데카르트는 자아와 사유의 진정한 모습을 파악하지 못했다. 자아의 진정한 모습은 실존이며, 따라서 사유의 진정한 모습은 실존을 토대로 해서만 파악할 수 있는데, 데카르트는 객관적 반성에 사로잡혀 자아와 사유의 진정한 모습을 파악할 수 없었던 것이다. 메를로-퐁티에 따르면 사유의 진정한 모습은 원초적인 실존의 차원에서 "경험을 가능하게 해주는 저 사유"(cette cogitatio qui rend possible l'experience, *PP*, 429)인데, 이러한 사유는 객관적 반성을 통해서가 아니라 '현상학적 반성'을 통해서 비로소 자신의 모습을 드러낼 수 있다. 객관적 반성을 통해 자신의 모습을 드러내는 다양한 유형의 "객관적이며 비인격적인 사건들"(*PP*, 429)은 '현상학적 반성'을 통해서 비로소 자신의 정체를 드러내게 되는 저 원초적인 사유의 "파생적 형태들"(*PP*, 429)에 불과하다.

그러면 이제 '현상학적 반성'을 통해서 비로소 자신의 정체를 드러내게 되는 저 원초적인 사유의 자아가 무엇인지 살펴보기로 하자. 메를로-퐁티에 따르면 이 자아는 언어로 표현된 자아가 아니라 "묵언의 자아"(un cogito tacite, *PP*, 460ff.)이다. 메를로-퐁티는 묵언의 자아를 "말이 없는 자아"(ce Cogito silencieux, *PP*, 461)라고 부르기도 한다. 메를로-퐁티에 따르면 데카르트의 『성찰』에 나타난 자아는 '말로 표현된 자아'이지만, 실제로 "데카르트가 『성찰』을 집필하면서 파악하려고 했던 것은 저 말이 없는 자아(ce Cogito silencieux)이다".(*PP*, 461)

'말로 표현된 자아'와는 달리 '묵언의 자아'는 객관적 사유가 작동하기 이전 원초적인 실존의 차원에서 다양한 유형의 사유를 수행하면서 세계 경험을 해나가는 자아를 뜻한다. 그러나 여기서 우리는 묵언의 자아가 꼭 아무 말도 하지 않는 자아를 뜻하는 것이 아니라는 사실에 유의해야 한다. 물론 원초적인 실존의 차원에서 살아가는 자아는 아무 말도 하지 않으면서 세계를 경험할 수도 있으며, 이러한 자아가 묵언의 자아임은 두말할 필요도 없다. 그러나 묵언의 자아가 꼭 말을 하지 않는 자아만을 뜻하는 것은 아니다. 자아는 객관화적 사유로 넘어가지 않은 채 원초적인 실존의 차원에서 말을 하며 세계를 경험할 수 있으며, 바로 이러한 자아 역시 묵언의 자아라 불릴 수 있는데, 이에 대해 메를로-퐁티는 다음과 같이 적고 있다.

"표현된 자아 너머에 […] 두말할 것도 없이 묵언의 자아, 즉 나에 의한 나의 체험(une épreuve de moi par moi)이 있다. 그러나 격변화를 허용하지 않는 저 주체는 자기 자신과 세계에 대하여 고정적인 형태로 파악하지 못한다. […] 그것은 단어를 구성하지 않고 **사람들이 즐거우면 노래를 하듯이 말을 한다**[…]."(*PP*, 462. 고딕체는 필자 강조)

이 인용문에 나타나 있듯이 묵언의 자아는 관념론적 자아와는 달리 단어를 구성하지 않는다. 그럼에도 불구하고 이 자아는 단어 또는 말과 무관한 자아가 아니다. 이 자아는 사람들이 즐거울 때 노래를 하듯이 무엇인가를 표현하고 싶으면 단어를 사용하여 말을 한다. 이처럼 묵언의 자아는 언어를 사용해서 말을 하고 표현하는 자아인데, 메를로-퐁티는 이 점을 강조하면서 "묵언의 자아는 스스로를 표현할 때만 자아가 된다"(*PP*, 463)고 말한다. 여기서 우리는 서로 구별되는 다양한 차원의 묵언의 자아가 존재한다는 사실에 유의할 필요가 있다. 묵언의 자아의 가장 원초적인 차원은 말 그대로 말을 하지 않는 자아이며, 그 위에 말을 하는 묵언의 자아가 존재하고, 더 나아가 일상언어를 통해 표현된 묵언의 자아, 그 본질적인 구조가 드러난 묵언의 자아 등이 존재할 수 있다.

메를로-퐁티가 묵언의 자아를 "나에 의한 나의 체험"(une épreuve de moi par moi, PP, 462), "자아의 자아에 대한 현전"(la présence de soi à soi, PP, 462) 등으로 부르고 있듯이 묵언의 자아는 자기의식을 가지고 있다. 물론 우리는 묵언의 자아가 가지고 있는 자기의식을 객관적 사유에서 표현된 자아가 자기에 대해서 가지고 있는 자기의식과 혼동해서는 안 된다. 우리가 이 후자를 이론적인 반성적 자기의식이라고 부를 수 있다면 전자를 원초적인 실존의 차원에서 작동하는 선반성적 자기의식이라 부를 수 있을 것이다. 그러나 이처럼 묵언의 자아가 선반성적 자기의식을 가지고 있다고 해서, 이러한 자기의식이 자기 안에 갇혀 있으며 어떤 초월적인 것과도 관계를 맺고 있지 않은 자기의식으로 오해해서는 안 된다. 메를로-퐁티가 묵언의 자아를 "실존 그 자체"(PP, 462)라고 부르듯이 그것은 실존을 구성하는 핵이며, 따라서 그것은 다양한 유형의 초월적인 것과 관계를 맺고 있다. 이러한 점에서 묵언의 자아의 원초적인 존재방식은 선반성적 자기의식이자 동시에 선반성적인 초월적 의식이라 할 수 있는데, 메를로-퐁티는 묵언의 자아의 원초적인 존재방식을 "세계가 주체에 귀속함이요 주체가 세계에 귀속함"(PP, 429), "나의 존재와 세계의 존재와의 동시적인 접촉"(PP, 432) 등으로 표현한다.

그러면 이제 묵언의 자아에 대한 지금까지의 논의를 토대로 데카르트의 사유와 대비시켜가면서 메를로-퐁티의 자아의 몇 가지 중요한 특성을 검토해보자.

① 데카르트의 자아와는 달리 묵언의 자아는 그 어떤 대상도 필증적 명증의 양상에서 구성할 수 없다. 그 이유는 묵언의 자아는 실존하는 자아로서 세계와 연루되어 있고, 모든 것은 세계를 토대로 경험되며, 세계가 결코 명증적인 양상에서 파악될 수 없기 때문이다.(PP, 462ff. 참조)

② 실존으로서의 묵언의 자아는 신체를 가지고 있는 자아이다. 신체는 자아의 핵심이며 이러한 점에서 자아는 처음부터 끝까지 '육화된 자아'

이다. 그리고 신체의 핵심이 운동에 있기 때문에 육화된 자아는 처음부터 끝까지 운동의 주체이다. 이 점에 있어서는 학문하는 주체도 예외가 아닌데, 이와 관련해 메를로-퐁티는 기하학에 대해 논의하면서 "기하학의 주체는 운동의 주체이다"(*PP*, 443)라고 말한다.

③데카르트의 자아와는 달리 묵언의 자아는 시간적이며 역사적인 자아이다. 시간성과 역사성은 자아를 구성하는 본질적인 요소로서 시간과 역사를 벗어나 존재할 수 있는 자아는 없다. 그리고 이처럼 시간적이며 역사적인 성격을 가지고 있는 자아에 의해 파악된 모든 것은 역사를 통해 파악된 것으로서 역사적인 성격을 지닌다. 이 점에 있어서는 기하학도 예외가 아니다. 기하학적 진리 역시 초시간적으로 타당한 진리가 아니라, "인간정신의 어떤 시기에 대해서"(*PP*, 451) 타당성을 지니는 역사적 진리에 불과하다. "초시간적인 것, 그것은 [역사적으로] 획득된 것이며"(*PP*, 450), "이처럼 모든 사실의 진리는 이성의 진리요, 모든 이성의 진리는 사실의 진리다".(*PP*, 451)

④묵언의 자아가 실존하는 자아이기 때문에 그것은 공간성을 가지고 처음부터 끝까지 타인들과 더불어 사회 속에서 살아가는 상호주관적 자아이다. 타인들과의 교류 속에서 성립하는 상호주관적 지평은 실존이라는 존재 성격을 가지고 있는 자아를 구성하는 본질적인 요소다. 모든 주관은 본질적으로 상호주관성을 지니고 있다.

⑤데카르트는 자아를 일말의 의심도 허용하지 않는 것으로서 필증적 명증의 양상에서 파악될 수 있는 것으로 간주한다. 그러나 이러한 견해는 타당하지 않다. 이 점과 관련한 메를로-퐁티의 논점은 다양한데, 데카르트의 자아에 대한 메를로-퐁티의 비판을 조금 더 구체적으로 이해하기 위하여 우리는 이 문제를 다음과 같이 몇 가지로 나누어 자세하게 살펴보고자 한다.

첫째, 데카르트는 우리의 사유작용이 사유하고 있는 대상은 필증적 명증의 양상에서 경험될 수 없다고 하더라도 우리의 사유작용 자체, 그리고 그 사유작용의 담지자인 자아는 필증적 명증의 양상에서 파악될 수 있다고 주장한다. 그러나 메를로-퐁티에 따르면 이러한 데카르트의 입장은 타당하지 않다. 데카르트는 자신의 입장을 피력하기 위하여 사유작용과 사유대상이 서로 분리될 수 있는 것으로 전제하고 있는데, 이러한 전제 자체는 근본적으로 부당하다. 그 이유는 앞서 살펴보았듯이, 묵언의 자아의 원초적인 존재방식은 "세계가 주체에 귀속함이요 주체가 세계에 귀속함"(PP, 429), "나의 존재와 세계의 존재의 동시적인 접촉"(PP, 432)이며, 따라서 사유작용과 사유대상은 분리될 수 없기 때문이다.(PP, 429ff. 참조)

따라서 데카르트가 생각하는 것과는 달리, 실제로 경험의 명증이라는 관점에서 볼 때 사유작용에 대한 경험과 사유대상에 대한 경험 사이에 본질적인 차이는 존재하지 않는다. 외부대상에 대한 지각을 예로 들어보자면 지각대상이 나름의 지평 안에서 존재하며, 그러한 한 그 누구도 지각대상의 의미를 충전적인 명증의 양상에서 완벽하게 파악할 수 없다. 이와 마찬가지로 지각작용 역시 나름의 장과 더불어 "무한을 간직하고 있으며"(PP, 439), 따라서 그 누구도 어떤 지각작용의 의미를 충전적인 명증의 양상에서 완벽하게 파악할 수 없다.

둘째, 데카르트의 입장에 서게 될 경우 내적 지각이 외적 지각에 비해 특권을 누리기 때문에 내적 지각이 외적 지각에 선행한다고 생각할 수 있다. 말하자면 자신의 사유에 대한 반성적인 내적 지각이 선행해야만 그것을 토대로 외부지각이 가능한 것으로 간주할 수 있다. 그러나 메를로-퐁티에 의하면 이러한 견해는 타당하지 않다. 이러한 사실은 외부지각의 확실성에 대해서 회의할 경우에도 타당한데, 이 점에 대해 메를로-퐁티는 다음과 같이 말한다. "내가 나 자신을 인식하는 것은 내가 사물들과 맺고 있는 관계 안에서이다. 내적 지각은 추후에 오는 것이다. 내가 대상에 이르기까지 회의하는 삶을 살아가면서 나의 회의작용과 접촉하지 않는

다면 내적 지각은 불가능할 것이다."(PP, 439)

이처럼 외적 지각이 존재해야만 반성적인 내적 지각이 가능하다. 물론 앞서 살펴보았듯이, 반성 이전 선반성적 차원에서 전개되는 지각적 의식의 경우 지각세계를 향한 의식과 선반성적 자기의식 사이에는 시간적인 선후관계가 존재하지 않는다. 선반성적 차원에서 전개되는 지각적 의식은 지각대상을 향한 의식이요, 동시에 지각대상을 향하고 있는 의식에 대한 암묵적인 의식이기 때문이다. 그러나 이러한 사실은 단지 지각의 경우에만 해당되지 않는다. 지각을 포함하여 모든 사유는 "초월의 근원적인 운동"(PP, 432)을 의미하며, 이러한 운동은 "나의 존재와 세계의 존재의 동시적인 접촉"(PP, 432)을 뜻하기 때문이다.[12]

2) 시간성

앞서 우리는 사유의 주체에 대해 살펴보면서 데카르트적 사유의 주체가 초시간적이며 영원성을 지닌 주체인 데 반해 고유한 신체를 지닌 주체는 시간적인 주체라는 사실을 살펴보았다. 메를로-퐁티에 따르면 시간성은 주체, 즉 실존의 본질이다. 이 점을 강조하기 위하여 그는 하이데거의 『존재와 시간』에 나오는 "현존재의 의미는 시간성이다"(PP, 469)라는 구절을 인용하면서 『지각의 현상학』 3부 2장에서 시간성에 대한 논의를 시작하고 있다. 그에 따르면 주체의 구조를 구체적으로 해명하고 "주체에 관한 우리의 이념을 녹여 새롭게 태어나도록 하기 위하여"(PP, 470) 주체의 본질인 시간성을 해명해야 한다. 시간성은 공간성·성·언어 등과

---

12) 메를로-퐁티는 다음과 같이 말한다. "세계에 대한 의식은 자아에 대한 의식에 토대를 두고 있는 것이 아니며, 양자는 엄밀하게 동시적이다. 내가 나를 알고 있기 때문에 나에 대해 세계가 존재하는 것이며, 내가 세계를 가지고 있기 때문에 내가 나에게 알려지는 것이다. 선반성적 사유 안에서 확인할 수 있는 세계에 대한 그와 같은 선의식적 소유를 분석해야 한다."(PP, 344)

마찬가지로 실존의 본질적인 구성요소다.

메를로-퐁티는『지각의 현상학』전체 기획이 그렇듯이 현상학적 입장에서 우리의 근원적인 경험에 토대를 두고 시간론을 전개하고자 한다. 앞서 그의 공간론을 살펴보면서 확인했듯이 그는 '공간에 대한 경험'을 토대로 공간을 해명하고자 하며, 이와 마찬가지로 "시간에 대한 우리의 경험"(*PP*, 475)에 토대를 두고 시간현상을 해명하고자 한다. 그는 '우리의 시간경험'에 토대를 두고 전개되지 않은 그릇된 시간론 세 가지를 비판적으로 검토하면서 현상학적 시간론을 전개한다.

그가 비판적으로 검토하는 시간론은 실재론적 시간론, 심리학적 시간론, 지성주의적 시간론 등이다.[13] 실재론적 시간론은 물의 흐름처럼 객관적인 세계에 존재하며 내가 그 위치를 객관적으로 기록할 수 있는 "실재적인 과정"(*PP*, 470)으로 시간을 이해한다. 그리고 심리학적 시간론은 과거의 심리학적 흔적들, 다시 말해 과거 경험을 통해 우리에게 남겨진 "심리학적 보존물"(*PP*, 472)을 토대로 시간의 기원을 해명하고자 한다. 마지막으로 지성주의적 시간론은 개별적인 주관이 아니라 보편으로 구성하는 "의식이 시간을 전개하며 구성하는"(*PP*, 474) 것으로 간주한다.

그러나 메를로-퐁티에 따르면 이러한 기존의 시간론들은 시간에 대한 우리의 근원적 경험에 토대를 두고 전개된 것이 아니며, 그러한 한 그것들은 "탄생의 상태에 있고 막 출현하는 시간"(*PP*, 475), 즉 구체적으로 살아 숨쉬는 생동하는 시간을 망각하고 있다. 그에 따르면 이처럼 살아 숨쉬는 생동하는 시간은 "우리의 지식의 대상이 아니라, 존재의 한 차원이다".(*PP*, 475) 그리고 이처럼 구체적으로 살아 숨쉬는 생동하는 시간은 "넓은 의미의 나의 '현전의 장'"(*PP*, 475)으로부터 분출한다. 이 경우 넓은 의미의 현전의 장이라 함은 단순히 순간적인 현전만을 포함하고 있는

---

13) 세 가지 유형의 시간론에 대한 메를로-퐁티의 비판은 *PP*, 470ff. 참조.

장이 아니라, 그와 밀접히 결합되어 있는 미래와 과거를 함께 포함하고 있는 장을 뜻한다. 이 현전의 장은 다름 아닌 앞서 살펴본 지각의 장이다. 지각의 장으로서의 현전의 장은 1905년 후설이 행한 『내적 시간의식의 현상학』 강의에 나오듯이 현재지향을 중심으로 파지(把持)와 예지(豫知)가 밀접하게 결합되어 있는 장을 뜻한다. 그런데 현재지향·파지·예지가 서로 밀접하게 결합되어 있다 함은 이 세 가지 중 그 어느 것도 다른 것들이 없이는 존재할 수 없음을 뜻한다. 현재지향과 파지·예지는 따로따로 떨어져 있다가 추후에 합쳐지는 방식으로 존재하는 것이 아니라, 본래부터 그러한 모양으로 근원적으로 결합되어 있다.

이와 같이 현재지향과 파지·예지가 근원적으로 결합되어 있는 이유는 그들이 근원적인 시간흐름을 구성하는 요소들이기 때문이다. 현재지향·파지·예지가 밀접하게 연결되어 있는 이 현전의 장은 매 순간 예지 속에서 경험된 것이 현재지향 속에서 경험된 것으로 변하고, 현재지향 속에서 경험된 것은 다시 파지 속에서 경험되는 것으로 탈바꿈하면서 끊임없이 흘러가는 장이다. 이 점에 대해 메를로-퐁티는 "그래서 이제 거기에 서로 종합된 현상들의 다양체가 있는 것이 아니라, 흐름이라는 하나의 현상이 있다"(*PP*, 479)고 말한다. 이처럼 현전의 장이 끊임없이 흘러가는 장이기 때문에 그것을 구성하는 세 가지 차원인 현재지향·파지·예지는 서로 분리할 수 없이 밀접하게 결합되어 있다.

현전의 장의 세 가지 차원인 현재지향·파지·예지는 서로 결합되어 있으며, 그러한 한 우리는 그 결합과 관련해 '종합'이라는 말을 사용할 수 있다. 그러나 이 경우 종합은 "대상에 대한 정립적 의식"(*PP*, 478)으로서의 "동일화의 종합"(*PP*, 478)이나 "지성적 종합"(*PP*, 477)을 뜻하는 것이 아니다. 그 이유는 동일화의 종합이나 지성적 종합이란 서로 분리되어 외적으로 병치하는 것들에 대한 종합이기 때문이다. 이와는 달리 서로 뗄 수 없이 밀접하게 결합되어 있는 현재지향·파지·예지의 종합은, 후설이 말하는 "이행적 종합"(*PP*, 480)이다. 여기서 이행적 종합이란 의식의 흐름에서 한 위상이 있을 경우, 거기에 어떤 간격도 없이 또 하나의 위상이 따라붙고 이러한 위상에 또 다른 새로운 위상이 끊임없이 따라붙으면서 위상들 사이에 어떤 틈도 없이 '연속적으로' 일어나는 종합을 뜻한다.

이처럼 근원적인 현전의 장에서 수행되는 현재지향·파지·예지 사이의 이행적 종합은, 주체의 능동적인 작용을 통해 수행되는 것이 아니라 수동적으로 일어난다. 따라서 이와 같은 종합은 "시간의 수동적 종합"(*PP*, 479)이라 불릴 수 있다. 그리고 이러한 시간의 수동적 종합은 능동적 지향성을 통해 수행되는 것이 아니라, 능동적 지향성의 밑바탕에 자리하고 있는 "작동하는 지향성"(*PP*, 478)에 의해 수행된다.[14] 이행적 종합이 이처럼 작동하는 지향성에 의해 수행되기 때문에 나는 현재지향·파지·예지의 끊임없는 흐름인 근원적인 수동적인 시간성의 "주도권"(*PP*, 488)을 쥐고 있는 자가 될 수 없다. 이와 같이 근원적인 수동적 차원에서 흘러가는 시간은 내가 태어나면서부터 나의 의지와 무관하게 흘러가는 것이기 때문이다. 물론 그렇다고 해서 현재지향·파지·예지 사이의 근원적인 수동적 종합을 통한 "저 시간의 분출"(*PP*, 488)은 내가 감수해야 하는 단순한 사실만은 아니다. 나는 결단도 하고 개념적으로 사유하기도 하면서 그 흐름에 자신을 단순히 떠맡기기만 하는 것은 아니기 때문이다.

그런데 메를로-퐁티에 따르면 현전의 장에서 현재지향·파지·예지가 근원적으로 결합되어 흘러가는 근원적인 시간이 바로 주체를 구성하는 핵심적인 요소다. 다시 말해 이러한 근원적인 시간성 없이는 그 어떤 주체도 진정한 의미에서 주체라 불릴 수 없다. 바로 이러한 맥락에서 메를로-퐁티는 "현존재의 의미가 시간성이다"(*PP*, 468, *SZ*, 331)라는 하이데

---

14) 메를로-퐁티에 따르면 하이데거는 이 작동하는 지향성을 "초월"(*PP*, 478)이라 부른다.

거의 명제를 연상시키듯이 "시간을 주체로서 이해해야 하고 주체를 시간으로서 이해해야 한다"(*PP*, 483)고 천명하고 있다. 그런데 이러한 근원적인 시간은, 앞서 살펴보았듯이, "우리의 지식의 대상이 아니라 우리의 존재의 한 차원이다."(*PP*, 475)

두말할 것도 없이 근원적인 시간과 동일시될 수 있는 주체는 칸트의 초월론적 주체가 아니라 지각적 의식의 주체, 즉 세계로 향한 존재를 뜻한다. 메를로-퐁티에 따르면 지각적 의식의 주체는 "최종적인 주체성", "최종적인 의식"(*PP*, 483)을 뜻한다. 그리고 이러한 최종적인 주체성의 경우 의식과 존재가 일치하는데, 여기서 양자가 일치한다 함은, 앞서 살펴보았듯이, 자기 자신에 대해 "의식을 가지고 있음"과 "…에로 향해 있음"(être à…, *PP*, 485), 즉 세계로 향해 있음이 불가분의 관계에 있음을 뜻한다. 그런데 이러한 '최종적인 주체성'에게서 확인할 수 있는 '자기 자신에 대해 의식을 가지고 있음'이라는 계기가 바로 시간이며, 이러한 맥락에서 메를로-퐁티는 '시간'을 "자신에 의한 자신의 촉발"(*PP*, 487), 즉 자기촉발로 규정하고 있다. 모든 촉발의 경우와 마찬가지로 자기촉발의 경우에도 촉발하는 것과 촉발되는 것을 구별할 수 있다. 자기촉발에서 촉발하는 것은 "미래를 향한 추진력과 이행으로서의 시간"(*PP*, 487)이고 촉발된 것은 "전개된 현재의 계열로서의 시간"(*PP*, 487)이다. 메를로-퐁티에 따르면 이처럼 시간, 즉 자기촉발을 통해 "현재가 미래를 향해 폭발하고 터지는 현상은 자기 자신의 자기 자신에 대한 관계의 원형"이요, "내재성 또는 자기성"의 원형이며(*PP*, 487), 바로 이러한 이유에서 그는 다시 한 번 "주체는 시간성이다"(*PP*, 487)라는 사실을 강조하고 있다.

메를로-퐁티에 따르면 현재·과거·미래 등 시간의 세 가지 차원 중 가장 중요한 위치를 차지하는 것은 현재다. 이 점에 있어 그는 본래적 현존재의 시간성을 구성하는 시간의 세 가지 차원 중 미래를 가장 중요한 차원으로 간주하는 하이데거와 견해를 달리한다. 물론 그는 "시간의 어떤 차원도 다른 차원들로부터 도출될 수 없다"(*PP*, 484)는 사실을 인정한다. "그러나 그럼에도 불구하고 현재가 특권을 가지고 있는데, 그 이유는 현재가 [⋯] 바로 존재와 의식이 일치하는 영역이기 때문이다."(*PP*, 484-485) 이 경우 현재가 존재와 의식이 일치하는 영역이라 함은, 앞서 살펴보았듯이, 현재 속에서 자기의식과 세계에 대한 의식이 일치함을 뜻한다. 그리고 그중 자기의식의 측면을 살펴보면 자기의식의 자기촉발을 통해 시간의 흐름이 탄생하며 그것을 통해 미래와 과거라는 시간의 차원도 등장하기 때문에, 현재가 시간의 다른 차원들에 비해 특권을 가지는 것이다. 이 점과 관련해 메를로-퐁티는 "내가 현재를 가지고 있기 때문에 나에게 시간이 존재한다"(*PP*, 484)고 말한다.

3) 자유

메를로-퐁티는 자유에 관한 객관주의적 사유를 비판하면서 자유에 관한 실존론적 해명을 시도한다. 자유에 대한 객관주의적 사유를 비판하면서 그는 "사람들이 말하길 우리의 자유는 참으로 완전하거나 전혀 없거나이다"(*PP*, 518)라고 지적한다. 여기서 그는 "우리의 자유는 참으로 완전하거나 전혀 없거나이다"라는 사실을 일종의 "딜레마"(*PP*, 518)로 간주한다. 여기서 그가 염두에 두고 있는 것은 다름 아닌 "관념론"(*PP*, 509)과 "결정론"(*PP*, 497) 사이의 딜레마다. 관념론은 인간의 의식을 "내적인 것"(*PP*, 518), 즉 순수한 대자-존재로 간주하면서 이처럼 내적인 것에서 솟아나오기 때문에 "우리의 자유는 참으로 완전하다"고 주장하고, 이와는 달리 결정론은 인간을 "외적인 것"(*PP*, 518), 즉 순수한 즉자-존재로 간주하면서 "우리의 자유는 전혀 없다"고 주장하기 때문에 양자 사이에 딜레마가 나타나게 된 것이다. 메를로-퐁티에 따르면 인간존재란 순수하게 '내적인 것'도 아니요 순수하게 '외적인 것'도 아니라 양자가 혼합되어 있는 것이기 때문에 "자유란 언제나 외적인 것과 내적인 것의 만남이다".(*PP*, 518) 그러면 이제 결정론과 관념론의 입장을 조금 더 자세히 검토하면서 "자유란 언제나 외적인 것과 내적인 것의 만남이다"라는 메를로-퐁티의 명제가 무엇을 뜻하는지 살펴보자.

인간의 존재를 순수한 '즉자-존재'로 간주하는 결정론에 따르면 자기의식에 토대를 두고 있는 진정한 의미의 자유란 존재하지 않는다. 우리가 자유라고 간주하는 것은, 실제로는 자기의식에 토대를 두고 있는 것이 아니라 물질적인 토대에 기초해서 생겨난 한갓 물리적인 부수현상에 불과하다. 자유라 불리는 것은 철두철미 "인과의 이념"(*PP*, 497), 즉 "과학주의적인 인과개념"(*PP*, 498)을 통해 설명될 수 있으며, 그러한 한 철저히 자연적 인과관계의 망 속에 존재하는 것으로서 그 본성상 이 세상에 존재하는 일체의 물리현상과 다를 바가 없다. 따라서 자유는 일체의 물리현상과 마찬가지로 자연과학적 방법을 통해 그 정체가 남김 없이 파악될 수 있다. 이러한 입장에 따르면 자유란 즉자-존재의 한 유형에 불과하며, 따라서 그것은 진정한 의미의 자유라 불릴 수 없다. 이처럼 진정한 의미의 자유가 존재하지 않기 때문에 자유의지, 의지적 선택, 결단 등 자유와 떼려야 뗄 수 없이 밀접하게 결합된 현상들도 참된 의미에서 존재하지 않는다.

결정론과는 달리 우리의 의식을 순수한 대자-존재로 간주하는 관념론은 "그 어떤 외적인 것도 없는 절대적인 자유의 긍정"(*PP*, 498-499)에서 출발하면서 진정한 의미의 자유를 신봉한다. 이 경우 자유란 앞서 주어진 그 무엇에도 구속되지 않은 채 의지적으로 선택하고 결단할 수 있는 능력을 뜻한다. 관념론에 따르면 인간의 자유를 구속하고 거기에 한계를 설정할 수 있는 그 어떤 외적 조건도 존재하지 않는다. 자유란 어떤 외적인 구속과 한계로부터 벗어나 있음을 뜻한다. 이처럼 자유가 어떤 외적인 구속과 한계로부터 벗어나 있기 때문에 자유란 "무로부터"(ex nihilo, *PP*, 509-510) 나온다고 말할 수 있다. 그런데 자유가 무로부터 나온다는 말은, 그것이 어떤 다른 것이 아니라 바로 자신으로부터 유래한다는 사실을 뜻한다.

여기서 우리는 관념론의 자유란 보편적으로 구성하는 자기의식, 즉 "의미부여의 보편적 능력"(*PP*, 501)과 동일한 것이라는 사실에 유의해야 한다. 자유가 '의미부여의 보편적 능력'이라 불릴 수 있는 것은 자유란 실천의 영역에서 자신의 모습을 드러낸 자기의식이기 때문이다. 앞서 논의되었듯이, 관념론의 자기의식은 보편적으로 구성하는 능력을 가지고 있으며, 따라서 그것은 그 무엇에도 구속되지 않은 채 대상과 세계를 자신의 능력에 따라 구성한다. 말하자면 관념론의 자기의식은 세계에 법칙을 부여하는 절대적인 입법자다. 데카르트적 사유가 이론의 영역에서 자연세계에 법칙을 부여하는 절대적 입법자라면 자유란 실천적 세계에 법칙을 부여하는 절대적 입법자다. 이처럼 실천적 세계에 절대적 법칙을 부여하는 절대적 입법자로서 자유는 즉자-존재와는 아무런 관련도 없는 대자-존재 그 자체다.

메를로-퐁티에 따르면 결정론도 관념론도 자유의 정체를 올바로 파악하지 못하고 있다. 결정론과 관념론이 공통적으로 범하고 있는 오류는 양자가 즉자-존재와 대자-존재 사이의 "양자택일"(*PP*, 506)을 자명한 사실로 간주하고 이 둘을 철저하게 구별하면서 자유의 정체를 해명하려 한다는 데 있다. 결정론은 대자-존재와 즉자-존재를 개념적으로 구별하는 일이 가능하다고 전제한 후 대자-존재처럼 보이는 자유도 사실은 즉자-존재에 불과한 것이라고 주장하는 반면, 관념론 역시 일단 대자-존재와 즉자-존재 사이의 엄밀한 구별이 가능하다고 전제한 후 자유란 즉자-존재와는 아무런 관련도 없는 대자-존재라고 주장하는 것이다.

그러나 메를로-퐁티에 따르면 즉자-존재와 대자-존재 사이의 엄격한 구별을 토대로 해서는 자유의 정체가 해명될 수 없는데, 자유란 대자-존재와 즉자-존재의 구별을 넘어서는 실존의 한 양상이기 때문이다. 실존이란 세계로 향한 존재로서 주어진 어떤 상황에 처해 있는 존재를 뜻한다. 실존의 방식으로 존재하는 주체는 이처럼 앞서 주어진 상황 속에서 선택을 하며 살아간다. 따라서 주체의 선택은 주어진 상황의 제약 속에서 이루어진다. 그러나 주체의 선택이 결정론적인 방식으로 이루어지며, 따라서 주체에게 자유가 존재하지 않는 것은 아니다. 상황이란 결정론의 경우처럼 주체의 행동을 일의적으로 결정해줄 수 있는 물질적 토대가 아니라, 주체의 다양한 행동을 가능하게 해주는 동기적인 토대이기 때문이다. 결정론에서 물질적 토대가 주체의 행동을 일의적으로 규정하면서 주체의 행동을 고착시켜주는 역할을 하는 것과는 달리 상황은 주체의 다양한 선택가능성을 열어놓고 있는 것이다. 그리고 주체는 이처럼 다양한 선택가능성 중 하나를 선택하면서 살아갈 수 있다는 점에서 자유를 가지고 있다.

그러나 주어진 어떤 상황에 처해 다양한 가능성 중 하나를 선택하면서 살아갈 수 있는 주체의 자유는 관념론이 생각하는 것과는 달리 무로부터의 자유, 무제약적인 자유는 아니다. 주체는 언제나 상황의 제약을 받고 있으며, 따라서 주체의 자유는 언제나 상황의 제약을 받고 있는 자유이기 때문이다. 주체는 늘 어떤 상황에 처해 있으며, 바로 이 상황이 가하는 제약 때문에 주체에게는 무한히 다양한 선택가능성이 아니라 일정한 수의 선택가능성만 주어져 있는 것이다. 말하자면 어떤 상황 속에서 살아갈 수밖에 없는 주체에게는 특정한 선택가능성을 위한 "장"(*PP*, 500)이 주어져 있는 것인데, 바로 이러한 이유에서 메를로-퐁티는, 주체는 "자유의 장"(*PP*, 518)을 가지고 있으며 "장이 없는 자유란 존재할 수 없다"(*PP*, 501)고 말한다. 이처럼 그 어떤 자유도 장이 없이는 존재할 수 없기 때문에 모든 자유는 '자유의 장'에 의해 "조건 지어진 자유"(*PP*, 518)라고 할 수 있다. 이처럼 자유의 장에 의해 조건 지어진 자유는 관념론이 전제하는바 그 어떤 상황에도 구속되지 않은 절대적인 자유, 무로부터의 자유와는 철저하게 구별된다. 바로 이러한 이유에서 "자유란 언제나 외적인 것과 내적인 것의 만남이며"(*PP*, 518) "헤겔적인 자유를 완성하는 즉자-존재와 대자-존재의 종합은 […] 자신의 진리를 가지고 있다".(*PP*, 519)

그러나 우리는 자유의 장에 의해 조건 지어진 자유의 정체를 올바로 이해해야 한다. 자유가 자유의 장에 의해 조건 지어졌다는 사실을 주체가 자유의 장의 한계 안에서는 절대적으로 자유롭다는 뜻으로 이해해서는 안 된다. 두말할 것도 없이 주체는 자유의 장의 한계 안에서도 절대적인 자유를 누릴 수 있는 것이 아니다. 주체의 자유의 장 안에 들어온 선택가능성들은 다른 가능성들과 비교해볼 때 "특권을 지닌 가능성들"(*PP*, 500)이라고 할 수 있지만, 그렇다고 해서 주체가 이처럼 '특권을 지닌 가능성들' 중 어떤 임의의 것을 절대적으로 자유롭게 선택할 수 있는 것은 아니기 때문이다. 여기서 우리는 특권을 지닌 가능성들이 모두 동일한 것이 아니라 서로 다른 특권을 가지고 있으며, 또 보다 더 많은 특권을 가진 가능성이 그렇지 않은 것에 비해 언제나 꼭 선호되어 선택되는 것도 아니라는 사실에 유의해야 한다. 따라서 자유의 장 안에 들어온 여러 가지 가능성들 중 어느 것이 선택될지의 문제는 주체에게 전적으로 의존하기보다는 열려 있다고 해야 할 것이다. 여기서 알 수 있듯이, 자유의 장 안에서 주체가 누리는 자유는 관념론이 전제하는바, 절대적인 입법자인 주관이 누릴 수 있는 절대적이며 무제약적인 자유가 아니다.

6

발생적 현상학과 지각의 현상학(1) : 사태와 방법을 중심으로

■ 후설의 발생적 현상학의 개요

■ 발생적 현상학으로서의 지각의 현상학

■ 발생적 현상학과 지각의 현상학에서 현상학적 방법의 문제

우리는 앞서 4장에서『이념들 I』을 중심으로 후설의 정적 현상학의 근본구도 및 그에 대한 메를로-퐁티의 비판을 살펴보았다.『이념들 I』을 출간한 후 후설은 한편으로는『논리연구』,『이념들 I』등에서 전개된 정적 현상학을 더욱더 심화시켜나가고, 다른 한편으로는 정적 현상학과 구별되는 또 다른 유형의 초월론적 현상학인 발생적 현상학을 전개해나갔다. 그런데 후설의 발생적 현상학은 여러 가지 점에서 메를로-퐁티의 지각의 현상학과 근원적인 유사성을 보이고 있다.

이제 우리는 양자 사이에 존재하는 유사성을 두 단계로 나누어 검토하고자 한다. 우선 6장에서 후설의 발생적 현상학과 메를로-퐁티의 지각의 현상학의 사태와 방법을 고찰하면서 전체적인 구도에 있어서 양자 사이에 존재하는 유사성을 살펴볼 것이다. 이어 7장에서는 앞서 5장에서 살펴본『지각의 현상학』의 내용을 따라가면서 현상학적 주제들을 중심으로 양자 사이의 유사성을 검토하고자 한다. 6장의 논의가 발생적 현상학과 지각의 현상학 사이에 존재하는 유사성에 대한 총론에 해당한다면 7장의 논의는 그에 대한 각론이라고 할 수 있다.

6장의 논의는 다음과 같은 순서로 진행된다. 우선 1절에서『이념들 II』를 출발점으로 삼아 이 책의 전체적인 논지 전개를 위해 필요한 한도 내에서 후설의 발생적 현상학의 핵심적인 내용을 살펴볼 것이다. 2절에서는 메를로-퐁티의 지각의 현상학이 일종의 발생적 현상학이며, 실제로 메를로-퐁티가 지각의 현상학을 전개함에 있어 그 전체적인 구도에서 후설의 발생적 현상학으로부터 결정적인 영향을 받았다는 사실을 검토할 것이다. 3절에서는 방법적인 측면에서 볼 때 후설의 발생적 현상학과 메를로-퐁티의 지각의 현상학 사이에 존재하는 유사성을 검토하며 6장의 논의를 마무리짓겠다.

1 후설의 발생적 현상학의 개요

우리는 앞서 3장에서 상호주관성의 현상학을 중심으로 정적 현상학과 발생적 현상학의 구별을 살펴보면서 발생적 현상학의 근본이념에 대해 고찰했다. 앞서 논의되었듯이, 발생적 현상학은 초월론적 구성을 시간적인 발생적 정초관계의 관점에서 해명하고자 하는 초월론적 현상학이다. 그런데 초월론적 구성을 시간적인 발생적 정초관계의 관점에서 해명하고자 하는 발생적 현상학이 해명해야 할 현상은 무한히 다양하다. 그럼에도 불구하고 발생적 현상학의 주요 탐구영역을 몇 가지로 나누어 정리할 수 있다. 그 일에 실마리 역할을 담당하는 것은 앞서 살펴본 '파악작용- 감각내용의 도식'에 대한 비판적 검토다. 이제 우리는 '파악작용-감각내용의 도식'을 비판적으로 검토하면서 발생적 현상학의 주요 탐구영역을 정리해보고자 한다.[1]

후설은 『논리연구』와 『이념들 I』에서 정립한 '파악작용-감각내용의 도식'을 불변의 진리로 간주하면서 자신의 현상학을 전개해나간 것이 아니다. 메를로-퐁티 역시 이러한 사실을 잘 알고 있었다. 이 점과 관련해

---

1) 후설의 발생적 현상학을 주제로 한 연구로는 다음을 참고할 수 있다. A. Aguirre, *Genetische Phänomenoloige und Reduktion*, Den Haag: Martinus Nijhoff, 1970; G. A. Almeida, *Sinn und Inhalt in der genetischen Phänomenologie E. Husserls*, Den Haag: Martinus Nijhoff, 1972; E. Holenstein, *Phänomenologie der Assoziation. Zur Struktur und Funktion eines Grundprinzips der passiven Genesis bei E. Husserl*, Den Haag: Martinus Nijhoff, 1972; L. Landgrebe, *Faktizität und Individuation. Studien zur Grundfragen der Phänomenologie*, Hamburg: Felix Meiner, 1982; I. Yamaguchi, *Passive Synthesis und Intersubjektivität bei Edmund Husserl*, Den Haag: Martinus Nijhoff, 1982; R. Bernet/I. Kern/E. Marbach, *Edmund Husserl. Darstellung seines Denkens*, Hamburg: Felix Meiner, 1989; D. Carr, *Phenomenology and the Problem of History*, Evanston, Il: Northwestern University Press, 1974; D. Welton, *The Origins of Meaning*, Den Haag: Martinus Nijhoff, 1983; N.-I. Lee, *Edmund Husserls Phänomenologie der Instinkte*, Dordrecht: Kluwer Academic Publishers, 1993; D. Welton, *The Other Husserl*, Bloomington: Indiana University Press, 2000.

그는, 앞서 4장 4절에서 살펴보았듯이, 후설의『내적 시간의식의 현상학』 강의에 나오는 "모든 구성이 파악내용-파악의 도식에 따라 이루어지는 것은 아니다"(*PP*, 178)라는 구절을 인용하면서 후설이『논리연구』,『이념 들 I』 등에서 선보인 파악작용-감각내용의 도식에 집착하지 않고 있다는 사실을 지적하고 있다. 실제로 후설은 이 도식이 타당함을 인정하지 않으 면서 현상학적 분석을 수행하는 경우도 있는데, 그 대표적인 예는『이념 들 II』이다.

후설은『이념들 II』에서 사물과 자연의 구성의 문제를 해명하면서 "감각적 종합"(die sinnliche Synthesis, *Hua* IV, 19) 또는 "감성적 종합"(die aesthetische Synthesis, *Hua* IV, 19)의 문제를 다루고 있다. 이 경우 감각적 종 합 또는 감성적 종합은 감각에 의해 수행되는 종합을 말한다. 그런데 감 각적 종합, 감성적 종합은『이념들 I』에서 정립된 파악작용-감각내용의 도식과 조화될 수 없는 현상이다. 감각적 종합은『이념들 I』에서 정립된 파악작용-감각내용의 도식에서 보자면 형용모순인 개념이다.『이념들 I』에서 정립된 파악작용-감각내용의 도식에서 보자면, 종합이란 지향성 을 지니고 있지 않은 비지향적 체험으로서의 질료에 불과한 감각에 의해 수행될 수 있는 것이 아니라 언제나 지향성을 지니고 있는 체험에 의해 수행되는 것이기 때문이다. 이 점과 관련해 우리는, 앞서 살펴보았듯이, 후설이『이념들 I』에서 감각을 형상으로서의 지향성이 없는 단순한 질료 로 간주하면서 그것을 지향적 체험과 대비시키고 있다는 사실을 기억할 필요가 있다.

감각적 종합이란 감각이 단순한 질료가 아니라 이미 지향성을 지니고 있는 체험임을 함축하고 있다. 여기서 우리는 후설이『이념들 II』에서 감각 이 그 어떤 지향성도 지니고 있지 않은 단순한 질료라는 견해를 철회하고 있음을 알 수 있다. 감각은 나름의 지향성을 지니고 있으며, 바로 이러한 이 유에서 자신의 지향대상, 즉 감각적 대상을 향하면서 그에 대해 종합작용을 수행할 수 있는 것이다. 따라서 『이념들 II』의 입장에서 보자면 지향성의 관점에서 감각과 지각 사이에는 그 어떤 본질적인 차이점도 존재하지 않는데, 지각과 마찬가지로 감각 역시 지향적 체험이요, 그러한 한 자신의 지향적 대상을 향하면서 그에 대해 구성작용, 즉 종합작용을 수행하기 때문이다. 양자 사이의 차이점이란, 감각은 발생적 관점에서 볼 때 더 낮은 단계의 지향적 체험이요, 지각은 더 높은 단계의 지향적 체험이라는 데 있을 뿐이다.

『이념들 II』의 입장에서 보자면 발생적 관점에서 감각은 지각의 발생적 전 단계에 해당하며 감각이 완성된 형태가 바로 지각이라 할 수 있다. 그러므로 지각은 감각이 선행하지 않고는 대상 구성작용, 즉 종합작용을 수행할 수 없다. 말하자면 감각은 자신이 가지고 있는 종합작용, 즉 감각적 종합작용을 토대로 '감각대상'을 구성한다고 할 수 있다.[2] 바로 이처럼 감각적 종합을 통해 감각대상이 앞서 구성되어야만 그 토대 위에서 지각작용이 자신의 종합작용을 수행하면서 지각대상을 구성할 수 있는 것이다.

『이념들 I』의 파악작용-감각내용의 도식에 대한 비판은 발생적 현상학의 전개와 밀접한 관련이 있다. 파악작용-감각내용의 도식이 지닌 한계는 무엇보다도 지각대상의 구성에 대한 발생적 해명을 시도하는 과정에서 드러난 것이라 할 수 있다. 우리는 지각대상의 구성에 대한 발생적 해명을 통해 파악작용-감각내용의 도식으로는 포착할 수 없는 발생적 현상학의 다양한 영역이 존재한다는 사실을 알 수 있다. 그러면 이제 발생적 현상학의 다양한 영역을 조감해보자.

---

[2] 이러한 맥락에서 후설은 『내적 시간의식의 현상학』에서 '지각된 빨강'과 구별하여 '감각된 빨강'(*Hua* X, 6)에 대해 말하고 있는데, 여기서 언급되고 있는 '지각된 빨강'은 지각적 대상이며 '감각된 빨강'은 감각적 대상이다.

①지각대상의 구성에 대한 발생의 해명을 위해서는 앞서 살펴본 감각적 종합이라는 현상에 대한 해명만으로는 부족하다. 그 이유는『이념들 II』에서 논의되고 있는 감각적 종합이라는 현상 역시, 발생적 관점에서 볼 때 가장 근원적인 현상이 아니라 발생적으로 그에 선행하는 현상들을 토대로 해서 발생한 것이기 때문이다. 후설은『이념들 II』를 집필한 후 감각적 종합현상을 보다 더 치밀하게 분석해 들어갔고, 그 결과는 일차적으로 1920년대에『수동적 종합의 분석』(*Hua* XI)에 대한 강의를 통해서 발표되었다. 그런데『수동적 종합의 분석』에 대한 강의를 살펴보면 우리는 후설이 거기서『이념들 II』에서 감각적 종합이라 불렀던 현상들을 분석하고 있을 뿐 아니라, 발생적 관점에서 볼 때 그보다 더 깊이 놓여 있는 현상들이 존재함을 지적하고 있음을 알 수 있다. 예를 들어 그는 수동적 종합현상을 분석하면서 "가장 낮은 단계의 발생적 단계에 대한 고찰에서 우리는 체계적인 발생[의 분석을 위해] 필요한 추상 속에서 문제를 제기했다"(*Hua* XI, 150)고 하며, 수동적 종합현상과 관련해 그 밑바탕에 놓여 있는 본능적 선호, 충동적 선호 등의 요소들도 분석할 필요가 있음을 지적하고 있다. 그는 그 후 집필된 여러 유고들에서 수동적 종합의 밑바탕에 놓여 있는 원초적인 본능적 지향성 등을 분석하면서 발생적 현상학의 영역을 확장해나가고 있다.[3]

②발생적 현상학은 지각대상의 구성의 발생을 해명하면서 한편으로는 이처럼 다양한 유형의 수동적 종합을 그 뿌리까지 완전하게 해명해야 할 과제를 가지고 있지만, 다른 한편으로는 지각대상의 구성을 토대로 수행되는 다양한 유형의 능동적 종합작용 역시 남김 없이 해명해야 한다. 지각대상의 구성에 토대를 두고 있는 능동적 종합작용으로는 술어적 판

---

3) N.-I. Lee, *Edmund Husserls Phänomenologie der Instinkte*, Dordrecht/Boston/London: Kluwer Academic Publishers, 1993 참조.

단작용, 추론작용, 본질직관 작용, 과학적 사유작용, 철학적 반성작용 등 무수히 다양하다. 이처럼 다양한 능동적 종합작용 역시 발생적 현상학의 중요한 한 영역을 형성하는데, 이 점과 관련해 후설은 1920년대에『수동적 종합에 대한 분석』에 대한 강의와 더불어『능동적 종합에 대한 분석』(*Hua* XXXI)에 대한 강의도 하면서 능동적 종합에 대한 발생적 분석을 수행하였다. 그런데 우리는 능동적 종합작용을 발생적 관점에서 분석하고자 하는 후설의 시도를 이미『이념들 II』에서도 확인할 수 있다. 예를 들어 그는『이념들 II』의 56절 '정신적 삶의 근본 법칙성으로서의 동기'에서 동기를 '이성동기'와 '연상'으로 나누어 분석하고 있는데, 여기서 연상은 수동적 발생을 가능하게 하는 동기를 뜻하며 이성동기는 능동적 발생을 가능하게 하는 동기를 뜻한다.

③발생적 현상학의 또 하나의 중요한 영역은 키네스테제(Kinästhese)의 영역이다. 이 점을 이해하기 위하여 키네스테제가 무엇을 뜻하는지 알아야 한다. 키네스테제란 주체가 자신의 신체의 상태·위치 등에 대해 가지고 있는 다양한 유형의 의식을 뜻한다. 이처럼 키네스테제가 발생적 현상학의 중요한 한 영역이 되는 이유는 키네스테제가 주체가 수행하는 다양한 유형의 종합작용을 위한 발생적 동기 역할을 담당하기 때문이다. 예를 들어 어떤 대상에 대한 지각작용을 수행한다고 할 경우 나는 이 대상의 다양한 현출을 경험하며 그처럼 경험한 다양한 현출을 종합하면서 그에 대한 지각작용을 수행한다. 그런데 이 대상의 다양한 현출을 경험하는 이유는 내가 신체를 가지고 있으며 그 상태·위치 등에 대한 의식, 즉 키네스테제를 가지고 있기 때문이다. 예를 들어 내가 방금 전에 어떤 대상의 현출을 그러한 방식으로 경험했던 이유는 나의 눈·얼굴·팔 등이 그러한 상태에 있었기 때문이며, 지금 이 순간 동일한 대상의 현출을 이러저러한 방식으로 경험하는 이유는 나의 눈·얼굴·팔 등이 이러저러한 상태에 있기 때문이다. 여기서 알 수 있듯이, 키네스테제는 지각적 현출이 가능하

기 위한 발생적인 동기토대의 역할을 담당한다. 그러나 이러한 사실은 단지 지각에 대해서만 타당한 것이 아니라, 지각보다 더 낮은 단계에 있는 다양한 유형의 수동적 종합 및 지각의 토대 위에서 전개되는 다양한 유형의 능동적 종합에 대해서도 타당하다. 신체를 지닌 우리 인간의 초월론적 주관이 수행하는 모든 유형의 종합은 모두 키네스테제를 발생적 동기로서 가지고 있다.

④ 대상에 대한 모든 종합의 발생은 초시간적 사건이 아니라 시간적 사건이며, 그러한 한 시간 속에서 진행된다. 따라서 시간의식에 대한 발생적 분석이 발생적 현상학의 또 다른 중요한 한 영역을 형성한다. 바로 이러한 이유에서 후설은 발생적 현상학을 전개하며 시간의식의 문제를 계속해서 분석하고 있다. 그는 1905년에『내적 시간의식의 현상학』강의를 통해 시간의식의 문제를 분석한 후, 1917년 베르나우 원고에서 또 한 차례 이 현상을 치밀하게 분석하고, 1930년대에도 다시 한 번 이 현상을 심도 있게 분석하고 있다.[4]

⑤ 모든 대상의 구성은 초월론적 주관에 의해 구성된 의미로서의 세계지평을 토대로 이루어진다. 따라서 대상의 구성의 발생을 해명하기 위해서는 세계지평의 구성의 발생에 대한 해명을 필요로 한다. 그러므로 세계지평의 구성의 발생적 분석이 발생적 현상학의 중요한 한 영역을 형성한다. 후설은『이념들 I』에서 세계의 문제를 언급하면서도 그에 대해 분석하지 않지만『이념들 II』에서는 자연주의적 세계, 정신적 세계, 환경세계 등 다양한 유형의 세계를 구별하면서 그것을 심도 있게 분석하고 있

---

4) 1917년의 베르나우 유고는 E.Husserl, *Die Bernauer Manuskripte über das Zeitbewusstsein* (1917/18), Dordrecht: Kluwer Academic Publishers, 2001(*Hua* XXXIII)로 출간되었고, 시간론과 관련된 1930년대 후기 유고는 E. Husserl, *Späte Texte über Zeitkonstitution(1929-1934): die C- Manuskrip*te, Husserliana Materialien Bd.8, Dordrecht: Springer, 2006으로 출간되었다.

다. 그런데 후설은 『이념들 II』에서 분석한 다양한 세계 중 환경세계를 후에 생활세계라는 개념으로 발전시켜나가며 『위기』 및 여러 후기 유고들에서 그에 대해 다양한 방식으로 상세하게 분석하고 있는데, 이는 발생적 현상학의 심화과정과 밀접하게 연결되어 있다.

⑥ 현재지평에서 수행되는 다양한 유형의 구성작용은 하나의 습성체계로서 작동하고 있다. 예를 들어 지금 내가 어떤 나무를 지각할 경우 지각이라고 하는 이 구성작용은 하나의 습성체계로서 작동하고 있는 것이다. 바로 이러한 이유에서 후설은 구성작용을 분석하면서 "습성으로서의 무한한 통각체계"(ein unendliches apperzeptives System als Habitus, D 13 IV, 40)에 대해 언급하고 있다. 그런데 하나의 습성으로서의 모든 통각체계, 즉 구성체계는 주체의 과거지평에서 반복적인 경험을 통하여 하나의 습성으로서 발생적으로 형성된 것이다. 대상의 구성의 발생을 남김 없이 해명하기 위해서는 과거지평에서 일어나는 습성의 발생적 형성과정에 대한 해명이 필요하다. 그것은 발생적 현상학의 중요한 또 하나의 영역을 형성한다. 바로 이러한 이유에서 후설은 발생적 현상학을 전개해나가면서 습성의 문제를 해명하고자 하고 있다. 그 가장 대표적인 예는 발생적 현상학적 분석이 등장하는 『이념들 II』이다. 『이념들 I』의 경우와는 달리 『이념들 II』에서 습성은 현상학의 핵심적인 주제로 등장한다. 예를 들어 후설은 『이념들 II』에서 순수자아의 규정과 관련해 "그런데 여기서 문제가 되고 있는 습성(Habitus)은 경험적 자아에 속하는 것이 아니라 순수자아에 속한다"(Hua IV, 111)고 말하면서 습성의 문제가 초월론적 현상학의 핵심주제임을 언급하고 있다. 후설은 이처럼 『이념들 II』에서 습성의 문제를 초월론적 현상학의 핵심주제로서 언급하고 그 이후의 저술에서 발생적 현상학을 심화시켜나가면서 그에 대해 다각도로 분석하고 있다.[5]

---

5) 습성의 문제를 다룬 국내 연구로는 김기복, 「후설에서의 '인격적 동일성'」, 『철학과

⑦ 발생적 현상학의 또 다른 중요한 영역은 상호주관성의 현상학이다.[6] 그런데 여기서 유의해야 할 점은 개별적인 초월론적 주관에 의해 수행되는 모든 구성의 발생은, 저 주관에 의해 단독적으로 수행되는 것이 아니라 다른 초월론적 주관들과의 상호작용 속에서 수행되는 사건이라는 사실이다. 이러한 점에서 그 어떤 초월론적 주관도 유아론적 주관일 수 없으며 구성의 발생도 유아론적 사건일 수 없다. 그러므로 후설은 발생적 현상학을 전개해나가면서 상호주관성 현상을 다각도로 분석하고 있다. 그 대표적인 예는『이념들 II』의 51절 "인격의 연대 속에서의 인격"(Hua IV, 190)인데, 여기서 후설은 사회의 구성문제와 관련해 상호주관성에 대해 해명하고 있다. 그러나 후설 전집 13-15권으로 출간된『상호주관성의 현상학』(Hua XIII, XIV, XV)이 보여주듯이, 후설은『이념들 II』가 집필되기 훨씬 이전부터 상호주관성의 현상학을 전개하기 시작하였고,『이념들 II』를 집필한 후 생애의 마지막 순간까지 이 문제와 씨름하였다.

⑧ 그런데 상호주관적 연대 속에서 수행되는 모든 대상구성의 발생은 과거의 세대, 현재의 세대, 미래의 세대로 이어지는 역사 속에서 전개되는 사건이다.[7] 따라서 모든 대상의 구성의 발생을 해명하기 위해서는 역사적 지평에 대한 해명이 필요하며, 따라서 역사의 현상학은 발생적 현상학의 또 다른 중요한 영역을 형성한다. 발생적 현상학의 다양한 영역 중 역사의 현상학은 후설이 가장 늦게 관심을 가지기 시작한 것의 하나다. 후설은『이념들 I』에서뿐 아니라『이념들 II』에서도 역사의 문제를 현상

현상학 연구』51(2011)이 있다.

6) 3장에서 살펴보았듯이, 상호주관성의 현상학은 정적 현상학으로, 또는 발생적 현상학으로 전개될 수도 있다.

7) 세대성의 문제에 대해서는 A. Steinbock, *Home and beyond*: *generative phenomenology after Husserl*, Evanston: Northwestern University Pres, 1995 참조.

학의 주제로서 다루고 있지 않다. 그러나 그는 1920년대에 접어들어 행한 『제일철학』에 관한 강의에서 "역사는 절대적 존재의 위대한 사실이다"(*Hua* VIII, 506)라고 지적하면서 역사의 문제를 해명하고자 하고 있으며, 그 후 『위기』를 비롯해 여러 유고들에서 역사를 현상학의 핵심적인 주제로서 다루고 있다.[8]

후설은 이처럼 발생적 현상학적 분석을 다각도로 수행하면서 발생적 현상학을 하나의 체계를 갖춘 철학으로 완성하고자 하였다. 그런데 후설의 발생적 현상학의 체계와 관련해 중요한 의미를 지니는 것은 초월론적 발생의 층에 관한 이론인데, 그 이유는 이러한 이론이 초월론적 발생의 전체 영역을 조감하면서 발생적 현상학을 하나의 체계로 전개할 수 있는 토대를 마련해주기 때문이다. 초월론적 발생의 층에 관한 이론에 따르면, 초월론적 발생은 다양한 층으로 이루어져 있으며 아래층 또는 이전 층이 위층 또는 이후 층이 존재할 수 있는 토대 역할을 담당한다. 앞서 우리는 감성적 종합 또는 수동적 종합과 능동적 종합의 구별에 대해 언급했는데, 초월론적 발생의 층의 이론에 따르면 수동적 종합의 층은 능동적 종합이 가능하기 위한 토대 역할을 담당한다. 그런데 우리가 수동적 종합의 층에 초점을 맞출 경우 그것은 다시 다양한 작은 층들로 나누어지며, 이처럼 다양한 작은 층들 사이에서도 아래층은 위층이 가능하기 위한 토대 역할을 담당한다. 이와 마찬가지로 우리가 다시 능동적 종합의 층에 초점을 맞출 경우 그것은 다시 다양한 작은 층들로 나누어지며, 이처럼 다양한 작은 층들 사이에서도 아래층은 위층이 가능하기 위한 토대 역할을 담당한다.

그런데 초월론적 발생의 층에 관한 이론은 이처럼 현재지평에서 확인할 수 있는 초월론적 발생에만 한정되어 논의될 수 있는 것이 아니다. 그

---

8) 후설은 『위기보충판』(*Hua* XXIX)에서 역사의 문제를 자세하게 다루고 있다.

것은 과거지평에서 이루어지는 초월론적 발생에까지 확장되어 적용되어야 한다. 이 점과 관련해 우리는, 앞서 논의되었듯이, 그것이 능동적 발생이든 수동적 발생이든 현재지평에서 작동하는 모든 초월론적 발생은 과거지평 속에서 반복되는 경험을 통해 하나의 습성체계로 형성되어온 것이며, 그처럼 습성체계로 형성된 것이 현재지평에서 작동하는 것이라는 사실에 유의해야 한다. 바로 이러한 이유에서 우리는 현재지평에서 작동하는 모든 유형의 발생과 관련해 그것이 과거지평에서 하나의 습성체계로 형성되어온 과정을 추적할 필요가 있다. 이 경우에도 시간적으로 앞서 나타나는 초월론적 발생이 시간적으로 후에 나타나는 초월론적 발생이 가능하기 위한 토대 역할을 담당한다.

더 나아가 초월론적 발생은 개인의 삶의 한계를 넘어서는 사회적 지평, 역사적 지평 속에서 일어나는 사건이며, 따라서 한 개인의 초월론적 발생을 남김 없이 추적하기 위해서는 이러한 지평들을 해명해야 한다. 사회적 지평과 역사적 지평은 모든 개인의 초월론적 발생 전체가 가능하기 위한 토대 역할을 담당하며, 이러한 점에서 초월론적 발생의 층에 관한 이론은 사회적 지평과 역사적 지평까지 포괄할 수 있도록 확장되어야 한다.

지금까지의 논의를 통해 우리는 후설의 발생적 현상학의 주요 영역을 이해하였다. 그런데 발생적 현상학의 주요 영역에 대해 논의하면서 암암리에 『이념들 II』를 논의의 출발점으로 삼았다. 그 이유는 『이념들 II』가 후설의 발생적 현상학의 전개과정에서 아주 중요한 위치를 차지하기 때문이며, 후설의 저술 중 『위기』와 더불어 메를로-퐁티에게 가장 큰 영향을 미친 것이기 때문이다. 실제로 메를로-퐁티는 『논리연구』나 『이념들 I』에 대해서는 비판적이지만 『위기』와 더불어 『이념들 II』에 대해서는 호의적인 태도를 취하고 있다. 메를로-퐁티는 『지각의 현상학』의 집필을 준비하면서 『위기』와 더불어 『이념들 II』를 철저하게 연구하였고 그로부터 많은 영향을 받았다. 이 점과 관련하여 우리는 『이념들 II』와 발생적 현상학의 관계를 간단히 살펴보고자 한다.

『이념들 I』과 거의 동시기에 집필된『이념들 II』는『이념들 I』과는 달리 발생적 현상학의 다양한 내용을 담고 있다. 그렇다고 해서『이념들 II』의 내용이 모두 발생적 현상학적 분석만으로 이루어져 있으리라고 생각해서는 안 된다. 오히려『이념들 II』는 후설의 본래적인 집필 의도에서 볼 때 정적 현상학으로 구상된 것이라 할 수 있다. 그 이유는『이념들 II』는 『이념들 I』의 말미에서 제기된 영역적 구성의 문제(*Hua* III/1, 352ff.), 즉 각 대상영역별로 구성적 현상학을 전개하는 일을 그 핵심과제로 삼고 있으며,『이념들 I』이 본래 정적 현상학의 관점에서 집필되었기 때문에『이념들 II』 역시 그와 마찬가지라 할 수 있다. 실제로『이념들 II』의 각 부·장·절의 논의들은 많은 경우 정적 현상학의 구도에 따라 진행되고 있다. 앞서 우리는 정적 현상학의 특징 중 하나가 상호주관성의 영역에 비해 유아론적 영역, 즉 정적 현상학적 의미의 원초적 영역이 근원성을 가지고 있다는 사실을 살펴보았는데,『이념들 II』의 논의는 많은 경우 상호주관성의 영역에 대한 유아론적 영역의 우위라는 관점에서 전개되고 있다.

예를 들어 '객관적 자연의 구성 가능성'을 다루고 있는 18절은 우선 이 문제를 '유아론적 단계'에서 다룬 후 "유아론적 경험으로부터 상호주관적 경험으로의 이행"(*Hua* IV, 79)의 문제를 검토하고 나서 "상호주관적 경험 단계에서의 '객관적 자연'의 구성 가능성"(*Hua* IV, 89)의 문제를 다루고 있다. 그리고 '생명적 자연'의 문제를 다루고 있는 2부도 "유아론적으로 구성된 신체의 특징"(*Hua* IV, 161)이라는 제목이 보여주듯이, 우선 유아론적 태도에서 경험되는 신체를 분석한 후 그것을 토대로 "감정이입 속에서 주어지는 영혼적 실재의 구성"(*Hua* IV, 162)의 문제를 해명하고 있다. 그리고 '정신적 세계의 구성'을 해명하고 있는 3부 역시 "개별주체의 단지 주관적인 영역"과 "공동정신의 […] 환경세계"(*Hua* IV, 198)의 구별 또는 "선사회적 주관성, 즉 아직 그 어떤 타인경험도 전제하지 않는 주관성"과 "사회적 주체, 즉 공동정신의 세계"(*Hua* IV. 199)의 구별을 전제하고, '선사회적 주관성' 및 '개별주체의 단지 주관적인 영역'이 '사회적 주체' 및 '공동정신의 환경세계'에 선행하는 것으로 간주하면서 정신세계의 구성의 문제를 해명하고 있다.『이념들 II』의 분석은 그 핵심적인 내용에 있어 제5『데카르트적 성찰』에서 확인되는 상호주관성에 대한 정적 현상학적 분석과 맥을 같이한다고 할 수 있다.

이처럼『이념들 II』의 분석이 전체적으로 볼 때 정적 현상학의 틀 안에서 수행되고 있음에도 불구하고 그것은 여기저기 다양한 발생적 현상학적 분석 내용도 담고 있다. 이 점과 관련해 후설은『이념들 II』에서 구성에 관한 현상학적 분석을 전개해나가면서 "발생적으로 말하자면"(*Hua* IV. 41) 또는 "하나의 발생적 어법"(eine genetische Rede, *Hua* IV, 23)이라는 표현을 사용한다. 그뿐 아니라 그는 여기저기서 "구성적 발생"(konstitutive Genesis, *Hua* IV, 198), "근원적 발생"(ursprüngliche Genesis, *Hua* IV, 255) 등의 표현을 사용하기도 한다. 이처럼『이념들 II』가 다양한 발생적 분석을 담고 있기 때문에, 정적 현상학과 발생적 현상학이라는 개념쌍을 사용해 표현하자면『이념들 II』는 정적 현상학과 발생적 현상학이 혼합된 모습을 보이고 있다고 할 수 있다. 바로 이러한 점에서『이념들 II』는『이념들 I』과 구별된다. 그 이유는『이념들 I』에서는 비록 발생적 현상학적 분석의 필요성을 언급한 대목들 또는 발생적 현상학적 분석을 담고 있는 것으로 해석될 수 있는 대목들이 있기는 하지만 거의 대부분의 분석이 정적 현상학의 틀 안에서 수행되고 있으나,『이념들 II』는 정적 현상학의 틀을 넘어서 발생적 현상학적 분석을 구체적이며 다각도로 수행하고 있기 때문이다.

2 발생적 현상학으로서의 지각의 현상학

그러면 메를로-퐁티의 지각의 현상학은 후설의 발생적 현상학과 어떤 관계에 있는가? 우리의 견해에 따르면 비록 지각의 현상학이 그 구체적인 내용상 후설의 발생적 현상학과 동일한 것이 아님에도 불구하고, 그 근본이념에서 볼 때 그것은 발생의 구조를 해명함을 목표로 하는 발생적 현상학의 한 유형이다. 실제로 메를로-퐁티 역시 지각의 현상학을 발생적 현상학으로 규정하고 있다. 이 점과 관련해 그는『지각의 현상학』에서 고전적인 지향성 개념을 비판하고 새로운 지향성 개념, 즉 수동적 지향성 또는 작동하는 지향성까지 포괄할 수 있는 '확장된 지향성' 개념을 지적하면서 지각의 현상학이 발생적 현상학이라는 사실과 관련해 다음과 같이 말하고 있다.

"저 확장된 지향성 개념을 통해 현상학적 '이해'는 '참되고 불변적인 본성'만을 파악할 수 있는 고전적 '지성'과는 구별되며, 현상학은 발생에 관한 현상학이 될 수 있다."(*PP*, XIII)

이 인용문에서 메를로-퐁티는 지각의 현상학이 '저 확장된 지향성 개념'을 분석해 들어가면서 '고전적' 지성이 추구하는 전통적 관념론과 구별되며 발생적 현상학으로 탈바꿈한다고 말하고 있다. 이 경우 '고전적' 지성이 추구하는 전통적 관념론은 앞서 살펴보았듯이, 데카르트의 철학, 칸트의 초월론적 철학뿐 아니라 후설의 정적 현상학까지도 포괄하는 개념임은 두말할 필요도 없다. 이 인용문에서 알 수 있듯이, 지각의 현상학은 전통적 관념론과는 달리 발생적 현상학으로 전개된다. 이 점과 관련해 메를로-퐁티는『지각의 현상학』여러 곳에서 발생의 문제를 언급하며 그것을 해명하는 일을 지각의 현상학의 핵심적 과제로 간주하고 있다. (*PP*, XIII, XIV, 112, 147, 157, 169ff., 180, 291 등 참조) 그 가장 대표적인 예는 '성적인 존재로서의 신체'를 다루고 있는『지각의 현상학』의 1부 5장이다. 거기서 메를로-퐁티는 '성적인 존재로서의 신체'에 대한 논의를 시작하면서 "우리에 대한 존재의 발생"(*PP*, 180)에 대한 해명이 지각의 현상학의 목표라는 사실과 관련해 다음과 같이 적고 있다.

“우리의 지속적인 목표는 그것을 통해 우리가 우리에 대해 공간·대상 또는 도구가 존재하도록 하고 그것들을 인수하는바 저 원초적인 기능을 분명하게 드러나게 하고, 신체를 바로 그러한 일이 일어나는 곳으로 기술하는 데 있다. [⋯] 따라서 우리가 우리에 대한 존재의 발생을 분명하게 드러나도록 하려고 하면 이 작업을 끝마치기 위해서 명백하게 우리에 대해서만 의미와 실재를 가지는 우리의 경험의 영역, 즉 우리의 정감적인 영역을 고찰해야 한다. 어떻게 어떤 대상 또는 어떤 존재가 욕망 또는 사랑을 통해 우리에 대해 존재하게 되는지 탐구해보면 그것을 통해 우리는 대상과 존재가 일반적으로 어떻게 존재하게 되는지 더 잘 이해할 수 있다.”(*PP*, 180)

　실제로『지각의 현상학』의 전체적인 논의는 발생적 현상학의 틀 안에서 진행되고 있다. 이러한 사실은『지각의 현상학』1-3부의 논의 전개과정을 살펴보아도 분명하게 드러난다. 앞서 살펴보았듯이 ‘신체’라는 제목을 달고 있는『지각의 현상학』1부는 신체의 구조를 분석하고 있다. 이 경우 신체란 세계에 의미를 부여하면서 세계를 구성하는 신체, 즉 현상적 신체, 고유한 신체를 의미한다. 고유한 신체는 신체도식을 통하여 신체적 종합을 수행하는 주체이며, 신체적 종합과 더불어 근원적인 감각적 지향성, 운동지향성을 통해 가장 근원적인 세계인 감각의 세계를 구성하는 신체이다. ‘지각된 세계’라는 제목을 달고 있는『지각의 현상학』2부는 바로 신체에 뿌리를 두고 있는 감각적 지향성, 운동지향성을 비롯해 다양한 유형의 지향성과 더불어 이러한 지향성들을 토대로 구성되는 지각된 세계, 즉 생활세계의 구조를 분석하고 있다. 이 경우 핵심적인 과제는 신체에 뿌리를 두고 있는 근원적인 지향성으로부터 다양한 유형의 지향성이 분출하고 그와 더불어 다양한 층을 지닌 지각된 세계가 분출하는 과정, 즉 발생하는 과정을 해명하는 일이다. ‘세계로 향한 존재와 대자-존재’라는 제목을 달고 있는『지각의 현상학』3부는 세계로 향한 존재인 실존으로부터 어떻게 사유·자유 등 전통적으로 대자-존재로 간주되어 온 것들이 발생하는지 추적하고 그것을 통해 그 정체가 무엇인지 해명하고 있다.

이처럼『지각의 현상학』의 전체적인 논의는 발생적 현상학의 틀 안에서 전개되고 있다. 그러나『지각의 현상학』의 전체적인 논의뿐 아니라 각 부의 논의도 많은 경우 발생적 현상학의 틀 안에서 전개되고 있다. 그 가장 대표적인 예는『지각의 현상학』2부이다.『지각의 현상학』2부를 구성하는 네 개의 절들은 발생적 현상학의 틀에 따라 배열되어 있다. 우선 '감각'이라는 제목의 1장은 앞서 1부에서 논의된 고유한 신체에 뿌리를 두고 있는 다양한 감각적 지향성의 정체와 더불어 그것을 통해 감각의 세계가 어떻게 발생하는지 분석하고 있다. 이어 '공간'이라는 제목의 2장은 감각적 지향성에 토대를 두고 지각의 세계를 구성하는 하나의 요소인 공간에 대한 지각작용, 즉 공간경험이 어떻게 발생하며, 그와 더불어 공간이 발생적으로 어떻게 구성되는지 해명하고 있다. '사물과 자연적 세계'라는 제목의 3장은 발생적 관점에서 볼 때 감각적 지향성을 통해 구성되는 감각세계보다 더 높은 차원에 놓여 있는 자연적 세계가 발생적으로 구성되는 과정을 해명하고 있다. 앞서 살펴보았듯이, 이 경우 자연적 세계는 고정성을 지니고 있는 세계이며, 그러한 한 그것은 고정성을 갖고 있지 못한 감각의 세계와 구별된다. 마지막으로 '타자와 인간적 세계'라는 제목의 4장은 자연적 세계로부터 어떻게 인간적 세계가 구성되는지 해명하고 있다. 여기서 메를로-퐁티는 자연적 세계를 선인격적 세계로, 인간적 세계를 인간들이 함께 모여 삶을 영위하는 사회적 세계로 간주하면서 자연적 세계를 인간적 세계의 발생적 전 단계로 보고 있다. 이 점과 관련해 메를로-퐁티는 "인간적 공간은 스스로 자연적 공간을 토대로 구성된 것으로 주어지며, 후설과 더불어 말하자면, '비객관화적 작용은 객관화적 작용'을 토대로 구성된 것으로 주어진다"(PP, 340)고 말한다.

앞서 1절에서 우리는 후설의 발생적 현상학의 경우 발생적 층에 대한 이론이 발생적 현상학을 전개함에 있어 중요한 역할을 담당한다는 사실을 살펴보았다. 그런데 이 점에 있어서는 메를로-퐁티의 지각의 현상학도 마찬가지다. 비록 후설과는 달리 메를로-퐁티가 발생적 구성의 층에 관한 문제를 명시적으로 해명하고 있지 않음에도 불구하고, 그는 암암리에 발생적 구성의 층에 관한 이론에 따라 지각의 현상학을 전개하고 있다. 이 점을 가장 단적으로 보여주는 것은 『지각의 현상학』에 나타난 세계에 대한 분석이다. 앞서 살펴보았듯이, 메를로-퐁티는 세계를 지각된 세계의 층과 사유된 세계의 층으로 구별하며, 지각된 세계의 층도 다시 더 세분해서 감각의 세계, 자연적 세계, 인간적 세계 등으로 구별하며 지각의 현상학을 전개하고 있다.

앞서 우리는 후설의 발생적 현상학이 다양한 영역을 가지고 있으며, 생을 마감하는 순간까지 그가 발생적 현상학의 다양한 영역을 개척하려 노력하고 있다는 사실을 살펴보았다. 이 점과 관련해 우리는 메를로-퐁티역시 발생적 현상학의 다양한 영역을 개척하려 하고 있음을 확인할 수 있다. 실제로 메를로-퐁티는 지각의 현상학을 전개해나가면서 감각적 종합, 능동적 종합, 키네스테제, 시간성, 세계, 습성, 상호주관성, 역사 등 현상학의 거의 모든 주제들을 다루고 있다. 물론 이처럼 다양한 주제 중 감각적 종합, 능동적 종합, 키네스테제, 시간성, 세계, 상호주관성처럼 메를로-퐁티가 자세하게 다루는 주제들도 있고, 습성·역사처럼 언급만 하고 치밀하게 분석해 들어가지 않은 주제가 있는 것도 사실이다. 그러나 이처럼 메를로-퐁티가 『지각의 현상학』에서 치밀하게 분석해 들어가지 않은 주제들 역시 지각의 현상학의 핵심주제임에는 틀림없으며, 그와 같은 점에서 후설의 발생적 현상학의 영역과 메를로-퐁티의 지각의 현상학의 영역은 많은 부분 일치한다고 할 수 있다.

그런데 이처럼 다양한 주제들 각각을 살펴보면 우리는 발생적 현상학과 지각의 현상학 사이에 근원적인 유사성이 존재하며, 메를로-퐁티가 지각의 현상학을 전개함에 있어서 후설의 발생적 현상학으로부터 결정적인 영향을 받았음을 확인할 수 있다. 이 점을 확인하기 위하여 우리는 이 절에서『지각의 현상학』에 나타난 초월론적 감성론에 대하여 살펴보고자 한다.

앞서 살펴보았듯이, 메를로-퐁티는『지각의 현상학』에서 다양한 유형의 발생을 해명하면서 지각의 현상학을 발생적 현상학으로 전개시키고 있다.『지각의 현상학』에서 지각은 수동적 지향성을 일컫는 개념이다. 따라서 지각의 현상학이라고 할 경우 그것은 일차적으로 수동적 지향성인 지각의 구조를 해명하는 현상학을 뜻한다. 그러나 앞서도 살펴보았듯이,『지각의 현상학』에서 전개되고 있는 지각의 현상학은 단순히 수동적 지향성을 분석하는 일에만 국한된 것이 아니고, 능동적 지향성이 어떻게 수동적 지향성에 뿌리박고 있는지 염두에 두면서 능동적 지향성을 분석하는 작업도 동시에 수행한다. 따라서 우리는 좁은 의미의 지각의 현상학과 넓은 의미의 지각의 현상학을 구별할 필요가 있다. 좁은 의미의 지각의 현상학은 수동적 지향성의 구조를 분석하는 발생적 현상학을 의미하며, 넓은 의미의 지각의 현상학은 수동적 지향성의 구조와 더불어 능동적 지향성의 구조까지도 분석하는 발생적 현상학을 뜻한다. 두말할 것도 없이『지각의 현상학』의 일차적인 관심사는 수동적 지향성의 구조를 해명하면서 좁은 의미의 지각의 현상학을 전개하는 일이었다.

이처럼 좁은 의미의 지각의 현상학을 전개하는 일이『지각의 현상학』의 일차적인 관심사였기 때문에 메를로-퐁티는 수동적 지향성의 구조를 탐구함을 목표로 삼는 좁은 의미의 지각의 현상학에 고유한 명칭을 부여하였는데, 그것이 바로 '초월론적 감성론'이다. 그런데 초월론적 감성론이라는 개념은 메를로-퐁티가 후설로부터 빌려온 것이다. 메를로-퐁티는『지각의 현상학』2부 1장에서 '감각'의 문제를 다루면서 "초월론적 감성론"(*PP*, 254)에 대해 언급한다. 그런 다음 3부 2장 시간성의 문제를 다루는 대목에서 "감성적 세계의 로고스"(*PP*, 490)에 대해 언급하며 '감성적 세계의 로고스'란 구절에 주석을 달아 후설의 『형식적 논리학과 초월론적 논리학』의 257쪽을 보라고 말하면서 "'감성론'은 올바로 이해될 경우 '초월론적 감성론'이라는 넓은 의미로 이해된다"(*PP*, 490)고 말한다.

초월론적 감성론이라는 개념은 철학사에서 후설이 처음으로 사용한 것은 아니다. 잘 알려져 있듯이 초월론적 감성론은 칸트의 『순수이성비판』에서 감성의 선험적 형식인 시간과 공간의 문제를 다루는 학을 뜻한다. 후설은 칸트로부터 초월론적 감성론이라는 개념을 빌려와 거기에 칸트와는 다른 나름의 고유한 의미를 부여한다.

후설은 그의 저술 여기저기서 초월론적 감성론에 대해 언급하고 있다. (*Hua* XVII, 297; *Hua* XV, 234ff.) 그러면 메를로-퐁티가 『지각의 현상학』에서 언급하고 있는 후설의 『형식적 논리학과 초월론적 논리학』에서 초월론적 감성론이 무엇을 뜻하는지 살펴보자. 후설은 이 책의 전체 논의를 마무리지으면서 결어 부분에서 초월론적 감성론에 대해 논하고 있다. 초월론적 감성론이 무엇인지 알아보기 위해서 우리는 우선 이 책에서 후설이 분석하고 있는 논리학의 전체적인 체계에 대해서 살펴볼 필요가 있다.

논리학은 크게 두 가지로 나누어지는데, 그것은 초월론적 태도로 이행하기 이전 자연적 태도에서 전개되는 "세계의 논리학"(Welt-Logik, *Hua* XVII, 296)과 초월론적 태도에서 전개되는 '초월론적 논리학'이다. 이 경우 세계의 논리학은 "우리에게 지도적인 예로서 사실적으로 주어진 세계를 출발점으로 삼아 구체적으로 발생해야 하는, 순수한 의미에서 가능한 세계 일반의 보편적 선험성을 전개해나가는"(*Hua* XVII, 296) 학이다. 이와는 달리 초월론적 논리학은 초월론적 태도에서 전개되는 초월론적 주관 일반에 관한 본질학으로서, 세계의 논리학의 초월론적 정초토대를 다루는 학이다. 그런데 초월론적 논리학의 가장 근원적인 단계가 바로 초월론적 감성론이며, 이러한 초월론적 감성론을 토대로 해서 "객관적 세계와 '더 높은' 의미의 학의 로고스"(*Hua* XVII, 297)를 다루는 높은 단계의 초월론적 논리학이 들어설 수 있는데, 후설은 그에 대해 다음과 같이 기술하고 있다.

"근원적인 단계로서 새로운 의미의 초월론적 감성론이 작동한다. [⋯] 그것은 그것이 '보다 더 높은' 의미에서 모든 학에 선행하듯이 '순수한 경험'의 세계로서의 가능한 세계 일반의 형상적 문제를 다룬다. 즉 그것은 그것이 없이는 모든 범주적 작용에 앞서 단순한 경험 속에서 [⋯] 대상, 따라서 도대체 자연의 통일체, 세계의 통일체가 수동적인 종합적 통일체로서 구성될 수 없는바 보편적인 아프리오리에 대한 기술을 수행한다. 그의 한 층은 공간-시간성의 감성적 아프리오리다. 이러한 감성적 세계의 로고스는 물론 분석적 로고스와 마찬가지로, 그것이 참다운 학이 되기 위해서 초월론적 구성적 탐구를 필요로 하는데, 그로부터 엄청나게 풍부하고 어려운 학문이 생겨난다."(*Hua* XVII, 297)

여기서 알 수 있듯이, 후설은 칸트로부터 초월론적 감성론이라는 개념을 빌려와 거기에 칸트와는 다소 다른 의미를 부여한다. 그의 경우 초월론적 감성론은 칸트와는 달리 감성의 선험적 형식인 시간과 공간의 문제를 다루는 학이 아니라, 능동적인 지향성의 발생적 토대로서 부단히 작용하는 다양한 유형의 수동적 지향성과, 그러한 지향성에 의해 구성된 대상 및 세계의 구조를 해명함을 목표로 삼는 학을 의미한다. 물론 이러한 의미의 초월론적 감성론은 시간과 공간의 문제를 다룰 수 있으나, 그것이 시간과 공간의 문제에만 한정되는 것은 아니다. 이처럼 수동적 지향성과, 그러한 지향성에 의해 구성된 세계의 구조를 해명함을 목표로 삼는 초월론적 감성론은 바로 발생적 현상학의 심층 부분을 이룬다.

메를로-퐁티는 이러한 의미의 초월론적 감성론 개념을 후설로부터 빌려와 그것을 거의 지각의 현상학과 동의어로 사용한다. 메를로-퐁티의 경우에도 초월론적 감성론은 능동적 지향성의 근저에서 작동하는 '작동하는 지향성', 즉 지각의 지향성 및 지각세계의 구조를 해명함을 목표로 삼는 현상학을 의미한다. 이 점과 관련해 메를로-퐁티는 『지각의 현상학』 2부 1장에서 감각의 문제를 다루면서, '초월론적 감성론'을 언급하는 대목에서 다음과 같이 말하고 있다.

"우리는 세계에 대한 경험을 가지고 있는데, 이 경우 세계는 개별적 사건들을 총체적으로 규정하는 관계들의 하나의 체계라는 의미를 가지는 것이 아니라, 그에 대한 종합이 결코 완성될 수 없는바 하나의 열려진 총체라는 의미를 가진다. 우리는 자아에 대한 경험을 가지고 있는데, 이 경우 자아는 절대적 주관성이라는 의미를 가지는 것이 아니라 시간의 경과에 따라 통일적으로 해체되었다 다시 복원되는 것이다. 주체의 통일성이나 대상의 통일성은 실재적 통일성이 아니라 경험지평에 의존적인 추정적 통일성이요, 따라서 우리는 주체의 이념과 대상의 이념 저편에서 나의 주체와 막 탄생하려고 하는 대상의 사실을 재발견해야 하며, 그 안에서 사물과 마찬가지로 이념이 탄생하는바 원초적인 층을 재발견해야 한다." (*PP*, 254)

후설의 경우 초월론적 감성론이 발생적 현상학의 최하부층을 이루고 있는 것과 유사하게 메를로-퐁티의 경우에도 초월론적 감성론은 지각의 현상학의 하부층을 뜻한다. 앞서 살펴보았듯이, 초월론적 감성론은 좁은 의미의 지각의 현상학을 뜻한다. 그 근본적인 구도 및 그것이 발생적 현상학 전체에서 차지하는 위치를 감안하면 후설의 초월론적 감성론과 메를로-퐁티의 초월론적 감성론 사이에는 근원적인 유사성이 존재한다고 할 수 있다. 메를로-퐁티는 후설로부터 초월론적 감성론이라는 이념을 빌려와 그것에 나름의 새로운 의미를 채워가면서 지각의 현상학을 전개했다고 할 수 있다.

3 발생적 현상학과 지각의 현상학에서 현상학적 방법의 문제

우리는 2장에서 메를로-퐁티의 지각의 현상학과 후설의 발생적 현상학이 현상학적 심리학을 통한 초월론적 현상학적 환원의 방법을 사용한다는 사실을 살펴보았다. 바로 이러한 환원의 방법을 통해 지각의 현상학과 발생적 현상학은 현상적 장을 해명하고, 더 나아가 초월론적 장에 육박할 수 있는 것이다. 그러나 우리는 이러한 환원의 방법만으로는 초월론적 장의 구조를 체계적으로 해명할 수 없다. 그러기 위해서 우리는 앞서 살펴본 환원의 방법을 통해 초월론적 장에 도달한 후 그와 구별되는 다음 몇 가지 방법을 사용해야 한다.

우선 발생적 현상학과 지각의 현상학은 "헐어내기"(der Abbau, C 6, 1)의 방법을 사용해야 한다. 이 경우 헐어내기란 구성의 발생적 층에 대한 헐어내기를 의미한다. 헐어내기가 가능한 이유는, 앞서 살펴본 발생적 구성의 층에 관한 이론을 통해 알 수 있듯이, 초월론적 구성이 발생적 관점에서 볼 때 서로 구별되는 다양한 층들로 이루어져 있기 때문이다. 헐어내기란 구체적으로 서로 구별되는 다양한 발생적 구성의 층들을 위에서부터 하나씩 헐어나가는 작업을 뜻한다. 바로 이러한 헐어내기를 통해서 우리는 다양한 층으로 이루어진 초월론적 구성의 발생을 위에서부터 하나씩 헐어내면서 차례차례 연구하고, 마지막에는 가장 근원적인 발생의 층까지 육박하여 그 구조를 해명할 수 있는 것이다.

후설은 여러 후기 저작에서 발생적 현상학을 전개해나가면서 헐어내기 작업을 수행하고 있다. 그 가장 대표적인 예는 『수동적 종합에 대한 분석』이다. 이 책에서 후설은 수동적 종합의 층으로서 지각장의 구성의 층과 감각장의 구성의 층을 구별하고 더 나아가 감각장의 구성의 층을 비연속적 종합의 층, 연속적 종합의 층 등 다양한 층으로 나누면서 이 다양한 수동적 종합의 층을 분석하기 위하여 헐어내기를 하고 있다. 우선 그는 전체적인 초월론적 발생의 층에서 지각의 층과 감각의 층을 포함하는 수동적 종합의 층을 확보하기 위해서 능동적 종합에 대한 헐어내기를 하고 있다. 더 나아가 그는 이처럼 능동적 종합의 층에 대한 헐어내기를 통해 확보된 수동적 종합의 층을 해명하기 위하여 우선 지각의 층을 해명하고, 그 다음에 감각의 층을 해명하고자 한다. 이를 위해서는 지각의 층으로부터 감각의 층으로 육박하는 일이 필요한데, 이처럼 지각의 층으로부터 감각의 층으로 내려가기 위하여 지각의 층에 대한 헐어내기 작업을 하고 있다. 그러나 초월론적 발생의 헐어내기 작업은 여기서 멈추지 않는다. 감각의 층은 비연속적 종합의 층과 연속적 종합의 층으로 나누어지는데, 우선 이 둘 중 발생적 관점에서 볼 때 더 높은 구성의 층에 해당하는 비연속적 종합의 층을 해명한 후 더 낮은 구성의 층에 해당하는 연속적 종합의 층을 해명한다. 그런데 이를 위해서는 비연속적 종합의 층으로부터 연속적 종합의 층으로 내려가야 하며, 이처럼 비연속적 종합의 층으로부터 연속적 종합의 층으로 내려가기 위해서도 다시 헐어내기 작업이 필요하다.

후설처럼 명시적인 형태는 아니지만 메를로-퐁티 역시 지각의 현상학을 전개하면서 헐어내기 방법을 사용하고 있다. 이 점과 관련해 우리는 그가『지각의 현상학』 1-3부에서 발생적 구성의 층을 고유한 신체의 층, 감각의 층, 사물적 공간의 층, 자연적 세계의 층, 인간적 세계의 층, 대자-존재의 층 등 다양한 층으로 나누고, 맨 앞의 층부터 차례차례 마지막 층까지 해명해나가고 있다는 사실에 유의해야 한다. 그런데 이러한 현상학적 해명작업이 가능하기 위해서는 구성의 다양한 발생적 층을 구별하고 그것들을 위에서부터 하나씩 헐어내면서 맨 아래층까지 육박하는 작업이 앞서 이루어져야 하는데, 바로 이것이 다름 아닌 헐어내기다. 비록 명시적으로 논의하고 있지 않지만 메를로-퐁티는 지각의 현상학을 전개하면서 헐어내기의 방법을 사용하고 있다.

이 점과 관련하여 우리는 헐어내기를『지각의 현상학』의 '입문'에 나타난 두 단계의 전환, 즉 객관주의적 사고로부터 생활세계로의 전환과 생활세계로부터 초월론적 장으로의 전환과 혼동해서는 안 된다. 이러한 전환은 헐어내기의 방법이 아니라 현상학적 환원의 방법이다. 앞서 2장에서 살펴보았듯이, 객관주의적 사고로부터 생활세계로의 전환은 생활세계적 환원을 의미하고, 생활세계로부터 초월론적 장으로의 전환은 초월론적 현상학적 환원을 뜻한다. 여기서 우리는 헐어내기의 방법이 초월론적 현상학적 환원을 수행한 후 우리에게 개시되는 초월론적 장을 해명하기 위한 방법적 조치라는 사실에 유의해야 한다. 이 점과 관련해 초월론적 현상학적 환원을 통해 개시되는 초월론적 장이 고유한 신체의 층, 감각의 층, 사물적 공간의 층, 자연적 세계의 층, 인간적 세계의 층, 대자-존재의 층 등 다양한 발생의 층들로 구성되어 있다는 사실에 유의할 필요가 있다.

이와 같이 헐어내기 작업을 수행하면서 가장 원초적인 구성의 층에 도달한 후 우리는 어떻게 그 위에 토대를 두고 있는 층이 발생하는지 해명해야 한다. 이러한 해명은 바로 구성의 "쌓아가기"(der Aufbau, *Hua* XV, 590)의 방법을 통해 수행된다.

후설의 경우 발생적 현상학을 전개하며 여러 곳에서 쌓아가기를 통해 논의를 전개하고 있다. 그 가장 대표적인 예는『경험과 판단』이다. 후설은『경험과 판단』에서 선술어적 경험의 층, 술어적 경험의 층, 논리적 경험의 층, 본질직관의 층 등의 순서로 논의를 전개해나가는데, 이러한 논의 순서는 발생적 구성의 쌓아가기의 순서에 대응하는 것이라 할 수 있다. 쌓아가기는 헐어내기의 역순이라 할 수 있는데, 쌓아가기에서 특히 역점을 두어야 할 부분은 아래층에서 위층으로 이행할 경우 그러한 이행을 가능하게 해주는 '동기'가 무엇인지 해명하는 일이다.

메를로-퐁티 역시 지각의 현상학을 전개하면서 쌓아가기의 방법을 사용하고 있다. 앞서 우리는 메를로-퐁티가 지각의 현상학을 전개하면서 고유한 신체의 층, 감각의 층, 사물적 공간의 층, 자연적 세계의 층, 인간적 세계의 층, 대자-존재의 층의 순서에 따라 논의를 전개해나가고 있다는 사실을 살펴보았는데, 이처럼 발생적 관점에서 볼 때 아래층에서부터 위층으로 나아가는 작업이 다름 아닌 쌓아가기다. 여기서 알 수 있듯이 『지각의 현상학』 1-3부의 논의는 구성의 발생에 대한 쌓아가기의 방법을 통해 전개되고 있다.

더 나아가 후설의 발생적 현상학과 메를로-퐁티의 지각의 현상학은 헐어내기와 쌓아가기 이외에도 해석의 방법을 사용하고 있다. 그 이유는 초월론적 장은 무수히 많은 체험들로 구성되어 있으며, 이 모든 체험들이 반성을 수행하는 주관에게 명료한 형태로 직접적으로 의식되는 것이 아니기 때문이다. 그 대표적인 예는 의식의 심층에 숨어 있는 무의식적인 체험들이다. 이러한 무의식적인 체험들은 직접적으로 의식되지 않기 때문에 우리는 그것들을 해명하기 위하여 해석의 방법을 사용하지 않을 수 없다.

실제로 후설의 경우 발생적 현상학을 전개해나가면서 반성을 통해 직접적으로 의식되지 않는 체험들을 해명하는 과정에서 종종 해석의 문제를 언급하고 있다. 예를 들어 그는 『데카르트적 성찰』에서 초월론적 자아가 "초월론적 경험을 통하여 체계적으로 무한히 해석될 수 있다"(*Hua I*, 70)고 말하면서 해석을 현상학의 방법으로 사용하고 있다. 물론 『데카르트적 성찰』과는 달리 『이념들 I』에는 현상학적 방법으로서의 해석에 대한 언급은 전혀 나타나지 않는다. 『이념들 I』에서 전개된 정적 현상학으로서의 초월론적 현상학의 경우 정적 현상학적 의미의 환원을 통해 포착되는 모든 초월론적 의식은 반성하는 의식에 의해 필증적 명증의 양상에서 체험될 수 있으며, 따라서 그것을 해명하기 위해서는 반성적 직관의 방법으로 충분하며 해석의 방법은 필요하지 않기 때문이다. 그러나 『데카르트적 성찰』을 비롯해 발생적 현상학적 분석이 들어 있는 저작의 경우는 발생적 현상학적 분석을 심화시켜감에 따라 반성을 통해 직접적으로 경험되지 않는 체험들이 드러나며, 그에 따라 해석의 방법을 사용하지 않을 수 없다. 바로 이러한 맥락에서 후설은 현상학을 "초월론적 주관의 자기해석"(*Hua* XVII, 280)으로 규정하면서 "참된 의식분석은 의식의 삶에 대한 해석학이다"라고 말한다.[9]

그런데 여기서 짚고 넘어가야 할 것은, 발생적 현상학적 분석을 심화시켜나가고 그에 따라 해석의 필요성이 제기됨으로써 후설은 발생적 현상학을 전개하기 위하여 심리학·인류학·생리학·생물학 등 경험과학의 성과를 적극적으로 수용하고자 한다는 사실이다. 이들 제반 경험과학은 반성적 직관을 통해 직접적으로 경험되지 않고 오직 해석의 방법을 통해서 간접적으로만 파악될 수 있는 체험들에 대해 많은 지식을 가지고 있으며, 이러한 지식은 발생적 현상학을 위해 유용하게 활용될 수 있기 때문이다. 그러나 발생적 현상학이 이들 경험과학의 성과를 수용할 때 그것을 단순히 경험과학의 성과 그 자체로 수용하는 것은 아니다. 발생적 현상학은 초월론적 현상학의 일종으로서 모든 것을 초월론적 발생의 관점에서 해명하고자 하기 때문에 경험과학과 근본성격을 달리하고 있으며, 따라서 그것이 경험과학의 성과를 수용할 경우 이러한 성과가 초월론적 발생의 관점에서 어떤 의미를 가지고 있는지 해석하면서 수용하는 것이다.

메를로-퐁티 역시 지각의 현상학을 전개해나가면서 현상학적 방법의 하나로서 해석의 방법을 사용하고 있다. 물론 메를로-퐁티는『지각의 현상학』에서 현상학적 방법으로서의 해석의 방법 자체에 대해서는 구체적으로 논하고 있지 않다. 따라서 우리는 지각의 현상학은 해석의 방법과 아무런 관련도 없으리라 생각할 수도 있다. 그러나 이러한 추측과는 달리

---

9) E. Husserl, "Phänomenologie und Anthropologie", in: *Philosophy and Phenomenological Research* II/1 (1941), 12.

그는 여러 군데서 해석에 대해 언급하고 있을 뿐 아니라, 해석의 방법을 현상학적 방법 중 하나로 적극적이며 다방면으로 사용하고 있다.

예를 들어 그는『지각의 현상학』1부 3장 '고유한 신체의 공간성과 운동성'에서 환자 슈나이더의 경우를 분석하면서 해석의 방법을 사용하고 있다. 거기서 그는 경험론의 한계와 더불어 "연역적 방법과 인과적 사유"(*PP*, 134)의 한계를 지적하며 "엄밀하게 연역적인 차원에서 보자면 촉각을 원인으로 간주하는 저 해석은 임의적이며, 우리는 골트슈타인과 더불어 늘 또 다른 해석을 그보다 더 선호할 수도 있다"(*PP*, 136)고 말한다. 또한 "물리학에서와 마찬가지로 심리학에서도 엄밀하게 유일한 그 어떤 해석은 가능하지 않다"(*PP*, 137)고 말한다. 여기서 우리는 메를로-퐁티가, 경험론이 슈나이더의 경우를 분석하는 것을 해석이라 부르고 있음을 알 수 있다. 물론 메를로-퐁티의 목표는 경험론의 해석이 가지고 있는 한계를 극복하고 슈나이더의 경우에 대한 타당한 해석, 즉 실존적 현상학적 해석을 제시하는 데 있다.

『지각의 현상학』에 나타난 해석의 방법의 또 다른 경우로는『지각의 현상학』2부 2장에서 공간현상을 해명하기 위하여 예로 들고 있는 슈트라톤의 실험에 대한 분석을 들 수 있다.(*PP*, 282ff. 참조) 이 실험에서 정상적인 사람이 이 안경을 착용하면 망막에 맺히는 상의 위와 아래의 위치가 바뀌기 때문에 실제로 지각되는 장면의 위와 아래의 위치가 바뀌어 나타나며, 그에 따라 지각되는 장면이 비현실적으로 보인다. 그러나 실험이 진행되면서 시각장의 위와 아래의 위치가 다시 뒤바뀌어 정상상태를 회복하게 된다. 그런데 메를로-퐁티는 이러한 현상을 분석하면서 우선 심리학자들의 견해를 검토한 후 자신의 견해를 피력하기 전에 "그러나 저 해석은 이해할 수 없다"(*PP*, 285)고 지적하면서 심리학자들의 견해가 실험 결과에 대한 '해석'에 토대를 두고 있는 것이라는 사실을 밝히고 있다. 두말할 것도 없이 이러한 메를로-퐁티의 지적에 따르면, 자신의 과제는 바로 저처럼 그릇된 심리학자들의 해석을 비판적으로 고찰하면서 실험 결과에 대한 타당한 해석을 제시하는 데 있는 것이다. 실제로 저 지적과 더불어 수행되는바 실험 결과를 분석하면서 그와 관련된 자신의 견해를 피력하는 전체 과정은 다름 아닌 저 실험에 대한 일종의 해석과정, 즉 그에 대한 실존적 현상학적 해석과정이라 할 수 있다.

메를로-퐁티는 『지각의 현상학』에서 이러한 두 가지 예 이외에도 해석의 방법을 다양하게 사용하고 있다. 그러면 메를로-퐁티가 이처럼 『지각의 현상학』을 전개해가면서 해석의 방법을 다양하게 사용하는 이유는 무엇인가? 바로 지각의 현상학이 해명하고자 하는 사태 중 반성을 통해 직접적으로 파악되지 않는 사태들이 존재하기 때문이다. 예를 들어 메를로-퐁티는, 앞서 살펴보았듯이, 정상인의 지각의 정체를 해명하기 위하여 종종 병리현상이나 이상심리현상 등을 분석하는데, 이러한 현상들이 지닌 현상학적 의미는 반성을 통해서 직접적으로 그 정체가 드러나지 않는 경우가 많다. 이러한 현상들과 관련해 우리는 그 '현상학적 의미'를 해명하도록 해야 하는데, 이처럼 그 의미를 해명하는 과정이 해석과정이며, 바로 이러한 이유에서 『지각의 현상학』은 해석의 방법을 사용하게 되는 것이다.

이처럼 후설과 메를로-퐁티는 각각 발생적 현상학과 지각의 현상학을 전개해나가면서 해석의 방법을 사용한다는 점에서 공통점이 있다. 그리고 현상학적 분석을 심화시켜가면서 분과학문의 성과를 보다 더 적극적으로 수용하고, 그러한 과정에서 해석의 문제에 직면하게 된다는 점에서도 이 두 현상학자들은 공통점을 가지고 있다. 그럼에도 불구하고 이 두 현상학자들이 실제로 수행하고 있는 해석과정을 살펴보면, 양자 사이에 어느 정도 차이가 존재함을 확인할 수 있다. 예를 들어 『이념들 II』에 나타난 산토닌을 복용하는 경우의 예(*Hua* IV, 63)가 보여주듯이, 후설 역시 비정상적인 현상에 대해서도 관심을 가졌지만 그에 대해 구체적인 해석을 수행하지 않은 것과는 달리 메를로-퐁티는 비정상적인 현상들에 대한 다양한 해석을 제시하였다. 그러나 다른 한편 메를로-퐁티가 지각의 현상학을 전개해가면서 의식의 심층이나 먼 과거의 지평 또는 역사적 지평 속에 놓인 현상을 언급함에도 불구하고 그에 대해 자세하게 분석하는 경우는 거의 없는 반면, 후설의 경우 그러한 현상을 분석하면서 그에 대한 해석을 제시하고자 다각도로 노력하고 있다.[10]

이처럼 후설의 발생적 현상학과 메를로-퐁티의 지각의 현상학은 해석의 방법을 사용해야 하기 때문에 다양한 개별과학과 대화하지 않을 수 없다. 메를로-퐁티가 다양한 개별과학과 대화하면서 지각의 현상학을 전개하고 있다는 사실은 연구자들 사이에 잘 알려진 사실이다. 그러나 메를로-퐁티와는 달리 후설의 경우 현상학과 개별과학의 대화문제와 관련해 연구자들 사이에 오해가 있는 것이 사실이다. 예를 들어 딜론은, 메를로-퐁티와는 달리 후설은 개별과학과 전혀 대화를 하지 않으면서 현상학을 전개하고 있으며 이러한 사실을 그의 현상학의 본질에서 유래하는 특징으로 간주한다.[11]

그러나 지금까지 살펴보았듯이 이러한 딜론의 견해가 부당함은 두말할 필요도 없다. 후설은 발생적 현상학적 분석을 심화시켜가면서 초월론적 현상학이 심리학을 비롯해 인간 및 생명현상을 탐구하는 다양한 유형의 분과학문과 적극적으로 대화할 필요가 있음을 역설하고 있다. 예를 들어 그는, 앞서 살펴보았듯이, 『위기』의 3부 B "심리학에서 출발해 현상학적 초월론적 철학에 이르는 길"(*Hua* VI, 194)에서 심리학과 대화하지 않

---

10) 그 대표적인 예는 후설이 "아이. 첫 번째 타인경험"(*Hua* XV, 604)이라는 제목 아래 1935년에 집필한 한 유고에서 아이에게서 첫 번째 타인경험이 어떻게 발생하는가 하는 문제를 해명하는 경우다.

11) M. C. Dillon, *Merleau-Ponty's Ontology*, Evanston: Northwestern University Press, 1997, 58 참조.

고서는 초월론적 현상학을 올바로 전개할 수 없다는 사실을 강조하고 있다. 이와 관련해 그는 칸트 이후의 근대철학이 가지고 있는 결정적인 한계는 철학이 분과학문과 대화하지 않은 채 자신의 아성을 쌓고 그 안에서 안주한 데 있다고 지적하면서, 철학을 올바로 정립하기 위해서 이러한 한계를 극복해야 함을 강조하고 있다.

이 점에 있어서 우리는 철학과 분과학문 사이의 대화문제와 관련해 딜론이 현상학의 근본성격에 관해 피력하는 견해, 즉 후설과 그의 추종자들이 '반과학적 편견'을 가지고 있으며 이러한 편견이 '심리주의에 대한 거부와 자연주의에 대한 비판'에 토대를 두고 있다는 견해[12] 역시 심각한 문제점을 안고 있다고 생각한다. 우선 지적해야 할 것은 딜론의 주장과는 달리 후설은 '반과학적인 편견'을 전혀 가지고 있지 않다는 사실이다. 물론 후설이 실증주의 또는 과학주의를 비판하며 그러한 점에서 그가 반실증주의적 입장 또는 반과학주의적 입장을 지니고 있음은 두말할 필요도 없다. 그러나 여기서 유의해야 할 점은 반과학주의는 반과학적 편견과 별개의 것이라는 사실이다. 반과학적 편견이 과학의 정당성을 인정하지 않는 입장이라고 한다면, 반과학주의는 자연과학적 방법이 진리를 발견할 수 있는 유일한 방법이 아니라는 철학적 입장이기 때문이다. 반과학주의는 물리학·화학·생물학 등 개별적인 자연과학이 나름의 고유한 권리를 지니고 있다는 사실을 철저히 인정하며, 반과학주의자가 반과학적 편견을 가지고 있어야 할 필요는 없다. 실제로 후설의 경우 반과학적 편견을 가지고 있지 않다. 오히려 그는 과학의 원리를 해명함으로써 다양한 과학을 진정한 의미의 과학으로 정초해주는 일을 현상학의 중요한 과제 중 하나로 인식했다.

방금 전 우리는 해석의 방법과 관련해 후설과 메를로-퐁티 사이에 차

---

12) M.C.Dillon, 같은 곳.

이점도 존재한다는 사실을 지적했는데, 양자 사이에는 현상학적 방법에 대한 의식과 관련해서도 커다란 차이가 있다. 바로 이러한 이유에서, 뒤에서 살펴보겠지만, 많은 연구자들이 후설은 현상학적 환원의 방법을 사용하지만 메를로-퐁티는 그렇지 않다고 주장하는 것이다.

후설의 경우 자신의 현상학을 전개하면서 언제나 현상학적 방법의 문제와 치열하게 씨름하고 있다. 예를 들어 그는 1913년에 출간된『이념들 I』에서 현상학적 환원을 비롯해 현상학적 방법의 문제에 대해 다각도로 분석하고 있으며, 1924년에 행한『제일철학』에 대한 강의에서는 현재 후설 전집 8권으로 출간된 강의 후반부에서 알 수 있듯이 강의의 절반 이상을 현상학적 환원의 문제를 해명하는 데 할애하고 있다. 이러한 그의 노력은『위기』에서도 계속되고 있는데, 여기서 그는, 앞서 살펴보았듯이,『이념들 I』에서 선보인 데카르트적 길을 통한 초월론적 현상학적 환원의 방법 이외에 생활세계를 통한 초월론적 환원의 방법, 현상학적 심리학을 통한 초월론적 현상학적 환원의 방법 등을 개척하고 있다. 2002년 루프트(S. Luft)에 의해 출간된『현상학적 환원에 관하여』(*Zur phänomenologischen Reduktion, Hua* XXXIV)가 보여주듯이, 후설은 생의 마지막 순간까지도 현상학적 환원의 문제를 해명하기 위해 끝없는 노력을 기울였다. 이러한 후설의 노력은 현상학을 엄밀한 학으로 정초하고자 하는 그의 의지의 반영이라 할 수 있다.

그러나 메를로-퐁티의 경우 자신의 현상학을 전개해나가면서 현상학적 방법에 대해 후설처럼 그렇게 치열하게 씨름하고 있지 않다. 이러한 일반적인 경향은 후설 이후에 등장한 현상학자들에게서 일반적으로 확인되는 현상이라 할 수 있다. 이러한 경향은 후설이 그처럼 큰 기대를 걸었던 하이데거에게서도 확인할 수 있다. 그는『존재와 시간』뿐 아니라 그 이후에 집필된 저술이나 강의에서도 현상학적 환원의 방법에 대해 자세하게 논의하고 있지 않다.[13] 물론 메를로-퐁티의 경우 하이데거보다 사정이 조금 나은 편이라 할 수 있다. 예를 들어 메를로-퐁티는『지각의 현상학』서문에서 약 4쪽에 걸쳐 현상학적 환원의 문제를 논하고 있으며, 앞서 살펴보았듯이,『지각의 현상학』'입문' 4장에서 현상적 장과 초월론적 장의 문제를 다루면서 현상학적 환원에 대해 언급하고 있다. 그럼에도 불구하고 메를로-퐁티 역시 후설처럼 지각의 현상학을 전개하기 위한 방법의 문제와 치열하게 씨름하고 있지 않다.

이처럼 메를로-퐁티가 현상학적 환원의 문제와 치열하게 씨름하지 않기 때문에 우리는 그가 지각의 현상학을 전개하면서 현상학적 환원의 방법을 사용하지 않으리라 생각할 수 있다. 실제로 이 점과 관련해 일군의 연구자들은『지각의 현상학』서문에 나오는 "현상학적 환원이 가르쳐주는 가장 큰 교훈은 완전한 환원의 불가능성이다"(PP, VIII)라는 명제를 염두에 두면서 지각의 현상학은 현상학적 환원의 방법을 비롯해 그 어떤 현상학적 방법도 사용하지 않는다는 견해를 피력하고 있다. 그러나 이미 2장에서 충분히 논의되었듯이, 메를로-퐁티는 지각의 현상학을 전개하면서 현상학적 환원의 방법을 사용하고 있다. 아래의 논의를 통해서 밝혀지겠지만, 실제로 메를로-퐁티는 저 명제를 통해 현상학적 환원이 불가능하다고 주장하는 것이 아니다. 그러면 이제 메를로-퐁티가 지각의 현상학을 전개하면서 현상학적 환원의 방법을 사용하지 않는다는 견해가 부당함을 보여주기 위하여 그의 명제가 구체적으로 무엇을 뜻하는지 살펴보기로 하자.

---

13) 이러한 사정을 두고 일군의 연구자들은 하이데거의 해석학적 현상학은 현상학적 환원을 필요로 하지 않는다는 견해를 개진하기도 한다. 그러나 필자가 다른 곳에서 (『현상학과 해석학』, 465ff.) 자세하게 다루었듯이, 하이데거의 해석학적 현상학 역시 현상학적 환원의 방법을 필요로 한다. 따라서 필자의 견해에 따르면 하이데거는 해석학적 현상학을 전개해나가면서 현상학적 환원의 문제와 치열하게 씨름했어야 한다.

메를로-퐁티의 명제는 그간 연구자들 사이에서 많은 논쟁을 불러일으켰다. 실제로 메를로-퐁티의 이 명제가 정확히 무엇을 의미하는지 이해하기는 쉽지 않다. 그에 따라 지금까지 많은 연구자들이 다양한 방식으로 이 명제를 해석하려 시도해왔다. 그럼에도 불구하고 필자의 견해에 따르면 그 어떤 연구자도 이 명제가 의미하는 바를 정확하게 파악하지 못했다. 이제 필자는 우선 이 명제를 해석하려는 다양한 시도를 소개하고 그것들 각각이 어떤 문제가 있는지 지적하면서, 이 명제가 정확히 무엇을 의미하는지 해명하고자 할 것이다.

지금까지 『지각의 현상학』 서문에 나오는 '완전한 환원의 불가능성'에 대한 명제를 해석하려는 시도에는 크게 다음 세 가지 유형이 존재한다.

첫 번째는 '완전한 환원의 불가능성'을 환원의 불필요성으로 이해하는 입장이다. 이러한 입장에 따르면, 메를로-퐁티는 지각의 현상학을 전개하면서 현상학적 환원을 필요로 하지 않는다. 앞서 1장 2절에서 살펴보았듯이 많은 연구자들이 이러한 견해를 피력하고 있는데, 그 대표적인 연구자 중 하나인 딜론의 생각을 살펴보자.[14]

딜론은 후설의 현상학이 다루어야 할 현상과 메를로-퐁티의 지각의 현상학이 다루어야 할 현상이 다르다고 주장하면서, 후설의 경우에는 현상학적 환원이 필요하지만 메를로-퐁티의 경우에는 현상학적 환원이 필요하지 않다고 말한다. 딜론은 후설의 현상학이 해명해야 할 현상을 '의

---

14) 다음의 연구들이 이러한 견해를 피력하고 있다. M. C. Dillon, 1997, 70ff.; R. C. Kwant, *The Phenomenological Philosophy of Merleau-Ponty*, Pittsburgh: Duquesne University Press, 1963, 164; E. Matthews, *The Philosophy of Merleau-Ponty*, Chesham: Acumen, 2002, 34; T. Carmen/M. B. N. Hansen, "Introduction", in: T. Carmen/M. B. N. Hansen(eds.), *The Cambridge Companion to Merleau-Ponty*, Cambridge: Cambridge University Press, 2006, 8; S. Priest, *Merleau-Ponty*, London: Routledge, 1998, 24; R. McClamrock, *Existential Cognition: Computational Minds in the World*, Chicago: University of Chicago Press, 1995, 187-188.

식에 의해 지향된 대로의 대상'[15], '초월론적 구성의 산물, 판단중지, 즉 내재적 영역으로의 환원 이후에 남는 것'[16] 등으로 규정하면서 '후설은 판단중지의 관점에서 현상을 자기소여 또는 내재로 규정한다'[17]고 주장한다. 이 경우 현상으로서의 '자기소여' 또는 '내재'는 필증적인 명증 속에서 파악될 수 있는 것을 뜻하는데, 그에 따르면 후설이 이처럼 현상을 '자기소여' 또는 '내재'로 규정하는 이유는 후설의 현상학이 필증적인 명증의 이념을 추구하는 초월론적 관념론이기 때문이다.

딜론에 따르면 후설의 경우 바로 이처럼 자기소여로서의 '내재'의 영역을 해명하기 위해서 현상학적 환원이 필요하다. 이 경우 현상학적 환원은, 후설이 현상학적 환원을 설명하면서 '괄호치다', '판단을 중지하다' 등의 개념을 사용하듯이, 필증적 명증의 양상에서 파악될 수 있는 것에 도달하기 위하여 필증적 명증의 양상에서 파악되지 않는 일체의 것들을 '제거하는 일'(erase)을 뜻한다.[18] 이러한 현상학적 환원을 통해 필증적 명증의 양상에서 파악될 수 없는 일체의 것, 즉 초월적 세계, 애매모호한 대상들, 타자 및 타자의 세계 등이 배제되고 필증적 명증의 양상에서 파악될 수 있는 내재의 영역만이 남게 된다. 그런데 여기서 주목할 점은 딜론은 이러한 내재의 영역을 후설이 제5『데카르트적 성찰』에서 분석하고 있는 '고유성의 영역'(sphere of ownness)[19]과 동일시하기도 한다는 사실이다. 그런데 그가 내재의 영역을 고유성의 영역과 동일시하는 이유는, 후설이 거기서 분석하고 있는 '고유성의 영역'은 타자를 향한 일체의 지향성을 추상할 때, 즉 배제할 때 확보될 수 있는 영역이기 때문이다.

---

15) M. C. Dillon, 1997, 70.

16) M. C. Dillon, 같은 곳.

17) M. C. Dillon, 같은 책, 156.

18) M. C. Dillon, 같은 책, 55 참조.

19) M. C. Dillon, 같은 책, 120.

후설과는 달리 메를로-퐁티는 지각의 현상학이 해명해야 할 사태를 지각의 세계로 간주하는데, 지각의 세계는 애매모호하고 불투명하게 경험되며 결코 필증적 명증의 양상에서 파악되지 않는다. 이처럼 애매모호하고 불투명하게 경험되는 메를로-퐁티의 지각의 세계는 후설의 현상학적 환원을 통해 배제되어야 할 대상이며, 후설의 현상학적 환원을 수행할 경우 지각의 세계는 사라져버린다. 따라서 지각의 세계를 해명하면서 지각의 현상학을 전개하기 위해서는 현상학적 환원을 수행하면 안 된다. 딜론에 따르면 후설의 현상학과 메를로-퐁티의 지각의 현상학은 서로 대립적인 관계에 있다.

두 번째는 '완전한 환원의 불가능성'을 '부분적인 환원의 가능성, 부분적인 환원의 불가능성'으로 이해하는 입장이다. 거비치가 이러한 입장을 피력하고 있다. 그는 메를로-퐁티가 지각의 현상학을 전개하면서 객관적인 세계와 선객관적인 지각세계를 구별하고 있다는 사실에 주목한다. 그런데 그에 따르면 메를로-퐁티는『지각의 현상학』에서 선객관적인 세계를 토대로 객관적인 세계가 구성되는 과정을 해명하기 위해서는 현상학적 환원을 사용하고 있으나, 선객관적 세계 자체가 구성되는 과정을 해명하기 위해서는 현상학적 환원을 사용하고 있지 않다.[20]

거비치에 따르면 메를로-퐁티가 선과학적 세계를 하나의 사실로 받아들이고 그에 대해 현상학적 환원을 수행하지 않은 이유는 메를로-퐁티가 지각의 현상학을 실존철학으로 전개해나갔기 때문이다.[21] 그는 초

---

20) "그러나 그에 따르면 초월론적인 문제는 다만 직접적인 지각의 경험에 […] 나타나는 그대로의 선과학적이고 선객관적인 세계를 기초로 하여 객관적인 세계 자체, 즉 참되고 엄밀한 세계를 구성하는 데만 관계한다. 선객관적인 세계의 구성에 대해서는 어떤 초월론적인 문제도 제기하지 않았다."(A. Gurwitsch, *The Field of Consciousness*, Pittsburgh: Duquesne University Press, 1964, 171; 최경호 옮김,『의식의 장』, 서울: 인간사랑, 1994, 210)

21) "메를로-퐁티가 현상학을 초월론적 의미로 완벽하게 전개하지 않았다면, 그것은 그의

월론적 현상학과 실존철학을 대립적인 것으로 간주하면서 후설이 초월
론적 현상학을 전개해나간 데 반해 메를로-퐁티는 지각의 현상학을 실
존철학으로 전개하였기 때문에 양자가 대립적인 관계에 있다는 의견
을 보인다. 이 점과 관련해 그는 '의식'(consciousness)과 '신체적인 실존'
(embodied existence)을 대립적인 것으로 간주하면서 후설의 초월론적 현
상학이 해명해야 할 핵심적인 사태가 '의식'인 데 반해 메를로-퐁티의
지각의 현상학이 해명해야 할 핵심적인 사태는 '신체적인 실존'이라고
말한다.[22]

세 번째는 메를로-퐁티가 지각의 현상학을 전개하기 위하여 현상학적
환원의 방법을 부분적이 아니라 총체적으로 사용하고 있다는 생각을 가
진 연구자들이 개진하는 입장이다. 앞서 우리는 1장 2절에서 메를로-퐁
티가 지각의 현상학을 전개하면서 현상학적 환원의 방법을 사용한다고
생각하는 몇몇 연구자들을 언급했는데,[23] 그중 하이네마(S. Heinämaa)와
스미스(J. Smith)의 견해를 살펴보고자 한다.

탐구가 지닌 실존주의적 구도가 현상학적 환원을 철저한 방식으로 수행하는 일을
방해하였기 때문이다."(A. Gurwitsch, 같은 곳)

22) A. Gurwitsch, 같은 책, 305.

23) W. de Waehlhens, *Une philosophie de l'ambiguïté*, Louvain: Publications universitaires
de Louvain, 1967, 89ff.; H. Spiegelberg, *The Phenomenological Movement: A Historical
Introduction*, 2nd edition, Den Haag: Martinus Nijhoff, 1969, 534; G. B. Madison,
The Phenomenology of Merleau-Ponty. A Search for the Limits of Consciousness, 302;
S. Heinämaa, "Merleau-Ponty's Modification of Phenomenology: Cognition,
Passionand Philosophy", in: *Synthese* 118/1(1999); S. Heinämaa, "From Decisions
to Passions: Merleau-Ponty's Interpretation of Husserl's Reduction", in: T.
Toadvine/L. Embree(eds.), *Merleau-Ponty's Reading of Husserl*, Dordrecht: Kluwer
Academic Publishers, 2002; J. Smith, "Merleau-Ponty and the Phenomenological
Reduction", in: *Inquiry* 48/6(2005); L. Vanzago, "Body or Flesh? The Problem of
Phenomenological Reduction in Merleau-Ponty's Philosophical Development", in:
Analecta Husserliana LXXXVIII(2005).

하이네마에 따르면 메를로-퐁티의 경우 현상학적 환원은 일종의 경이(wonder)라고 불리는 감정이다. "경이는 정감적인 지각의 원초적 차원에서 존재하는 방해의 상태를 가리키는 명칭이다. 그것은 이론적인 추상도 아니요, 정감을 지성적으로 일반화한 것도 아니다. 그것은 수동성의 극복도 아니요, 그의 특유한 한 양상이다."[24] 이처럼 현상학적 환원이 수동적인 것이기 때문에 그것은 우리가 적극적으로 수행하면서 종결시킬 수 없는 것이요, 그러한 한 완전한 현상학적 환원은 불가능하다. 이 점에 대해 그는 다음과 같이 말한다.

"경이로서의 환원개념은 메를로-퐁티가 환원은 완성될 수 없다고 말할 때 그가 의미하는 바가 무엇인지 이해할 수 있는 새로운 가능성을 제공해준다. 이 주장은 환원이란 완성되어야 할 것으로 남아 있는 조작이라거나 아니면 우리의 신체적 구속에 의해 제한을 받고 있지 않은 어떤 우월한 영혼에 의하여 완성될 수 있는 조작임을 뜻하는 것이 아니다. 오히려 메를로-퐁티는 환원이 완성될 수 있는 종류가 아니라고 제안하는 것이다. 그것은 순수한 작용이 아니라 수동성의 요소를 포함하고 있다. 그것은 폭풍·파산, 또는 각성이 완성될 수 없는 것과 유사한 이유에서 완성될 수 없다. 판단중지는 우리가 적극적으로 성취하는 것이 아니라 우리에게 우연히 들이닥치게 되는 그 무엇이다."[25]

스미스에 따르면, 많은 연구자들이 메를로-퐁티가 현상학적 환원을 거부한다는 견해를 피력하는 배경에는 다음과 같은 두 가지 전제가 놓여 있다. 그 첫 번째는 메를로-퐁티의 세계로 향한 존재는 "판단중지와 양립할 수 없다"[26]는 전제인데, 이 점과 관련해 많은 연구자들은 메를로-

---

24) S. Heinämaa, 2002, 145.
25) S. Heinämaa, 같은 글, 146.
26) J. Smith, 2005, 554.

퐁티가 자신의 철학이 가지고 있는 두 가지 측면인 실존주의와 현상학 중 실존주의를 취하고 현상학을 버리면서 현상학적 환원을 거부한다고 간주한다. 두 번째는 후설은 현상학을 전개하면서 일체의 과학적 지식을 판단중지하며, 따라서 '과학적 지식에 대한 어떤 요구'도 하지 않는 데 반해 메를로-퐁티는 '경험과학의 결과들'[27]을 자유롭게 사용한다는 전제로서, 이러한 전제는 메를로-퐁티가 현상학적 환원을 수행하지 않음을 보여준다.

그러나 스미스에 따르면 이러한 두 가지 전제는 모두 타당하지 않으며, 따라서 메를로-퐁티는 현상학적 환원의 방법을 사용하고 있다.

첫째, 많은 연구자들이 생각하는 것과는 달리 메를로-퐁티의 철학이 가지고 있는 실존주의적 측면은 판단중지와 양립불가능한 것이 아니다. 이 점과 관련해 스미스는 "하이데거의 세계-내-존재는 현상학적 환원을 토대로 해서만 자신의 모습을 드러낼 수 있다"[28]는 『지각의 현상학』 서문에 나오는 메를로-퐁티의 말을 인용하면서, 실존주의로서의 메를로-퐁티의 현상학이 판단중지를 토대로 해서만 가능하다는 논지를 전개한다. 더 나아가 그에 따르면 메를로-퐁티가 거부하고 있는 것은 '현상학적 환원에 대한 초월론적 관념론적 개념'이며, 메를로-퐁티는 판단중지를 통해 '근본적이며 비인지적이고 선반성적인 불투명한 주체-세계의 관계'[29]가 드러나는 것으로 간주하고 있다. 메를로-퐁티의 '완전한 환원의 불가능성'이라는 명제가 말하고 있는 것은 판단중지가 불가능하다는 것이 아니라, 바로 '근본적이며 비인지적이고 선반성적인 불투명한 주체-세계의 관계'에 대한 '완전하게 투명한 해명'[30]이 불가능하다는

---

27) J. Smith, 같은 곳.
28) J. Smith, 같은 글, 558.
29) J. Smith, 같은 글, 562.
30) J. Smith, 같은 곳.

것이다.

둘째, 판단중지에 대한 후설의 설명에 따르면 우리는 '형상적 방법을 통해' '선험적이며 본질적인 지식'에 도달하기 위하여 '순수하게 과학적인 모든 지식'에 대해 판단중지해야 한다. 따라서 후설의 경우 '현상학적 방법과 경험적 방법'이 명료하게 구별되지만, 메를로-퐁티는 이러한 구도를 거부하고 현상학적 방법으로서의 '상상적 변경'과 경험적 방법으로서의 '귀납'을 '본질적으로 동일한 절차의 변양태'로 간주하면서 양자 사이에 본질적인 차이가 존재하지 않는 것으로 본다.[31] 이처럼 현상학적 방법과 경험적 방법을 본질적으로 구별되지 않는 것으로 간주한다 함은 '현상학과 과학 사이의 엄격한 구별'을 받아들이지 않음을 뜻하며, 따라서 메를로-퐁티의 경우 현상학은 형태심리학적 주장을 비롯한 '과학적 주장'을, 그것이 '자연적 태도의 일반정립'에 의존해 있지 않은 한 조심스럽게 받아들일 수 있다.[32]

그러면 현상학적 환원과 관련해 앞서 논의된 내용들과, 무엇보다도 『지각의 현상학』 및 여타의 텍스트에서 그와 관련된 부분을 살펴보면서 지금까지 살펴본 입장들을 하나씩 검토하고 그를 통해 '완전한 환원의 불가능성'에 관한 메를로-퐁티의 명제가 무엇을 뜻하는지 알아보자.

① 메를로-퐁티의 지각의 현상학이 현상학적 환원을 필요로 하지 않는다는 딜론의 견해는 타당하지 않다. 앞서 2장에서 살펴보았듯이, 메를로-퐁티는 지각의 현상학을 전개하기 위해서 "참다운 '현상학적 환원'" (*PP*, 58, 60)이 필요하다고 말하고 있다. 이 점과 관련해 우리는 이미 앞서 2장에서 지각의 현상학이 현상학적 심리학적 환원과, 현상학적 심리학을 통한 초월론적 현상학적 환원 등 두 가지 유형의 현상학적 환원을 필요

31) J. Smith, 같은 글, 565.
32) J. Smith, 같은 글, 568.

로 한다는 사실을 살펴보았다.

그런데 딜론이 이처럼 부당한 견해를 피력하는 가장 중요한 이유는 현상학적 환원에 대해 오해하고 있기 때문이다. 실제로 그는 현상학적 환원에 대해서 다음 여러 가지 점에서 오해하고 있다.

첫째, 그는 현상학적 환원의 근본적인 성격을 오해하고 있다. 물론 그는 현상학적 환원이 "초월적 세계의 존재에 대한 믿음을 동요시키면서 자연적 태도의 유보를 요구한다"[33]고 말하며 현상학적 환원의 성격에 대해 올바로 기술하고 있기도 하다. 그러나 그는 현상학적 환원을 '제거하는 일'과 동일시하면서 그 근본적인 성격을 오해하고 있다. 앞서 2장에서 논의되었듯이, 현상학적 환원이란 그 무엇을 '제거하는 일'(erase)이 아니라 태도변경을 뜻하는 것이다. 이 점과 관련해 우리는 '태도변경'으로서의 현상학적 환원과 '제거하는 일' 사이에는 커다란 차이가 있다는 사실에 주목해야 한다. 어떤 하나의 태도로부터 또 다른 태도로의 변경을 뜻하는 현상학적 환원을 통해서 이전의 태도에서는 드러나지 않던 새로운 사태들이 모습을 드러낼 수 있으며, 바로 이러한 이유에서 현상학적 환원은 '제거하는 일'을 뜻하는 것이 아니라 사태로의 해방, 진리로의 해방이라는 성격을 가진다.

둘째, 이처럼 현상학적 환원을 제거하는 일로 이해하면서 그는 다양한 유형의 현상학적 환원이 존재한다는 사실을 충분히 인식하지 못하고 있다. 현상학적 환원은 태도변경을 뜻하며 다양한 유형의 사태가 존재하기 때문에 다양한 유형의 현상학적 환원이 존재한다. 앞서 살펴보았듯이, 자연적 태도에서 가능한 현상학적 심리학적 환원, 생활세계적 환원뿐 아니라 초월론적 현상학적 환원도 존재하며, 초월론적 현상학적 환원도 초월론적 현상학이 해명하고자 하는 사태가 다양하기 때문에 데카르트적 길

---

33) M. C. Dillon, 1997, 71.

을 통한 초월론적 현상학적 환원, 생활세계를 통한 초월론적 현상학적 환원, 현상학적 심리학을 통한 초월론적 현상학적 환원 등 다양한 유형의 것이 존재한다. 그러나 딜론은 이러한 사실을 파악하지 못하고 오직 한 가지 유형의 현상학적 환원이 존재한다고 생각하는데, 그가 주로 염두에 두고 있는 것은 데카르트적 길을 통한 초월론적 현상학적 환원이다.[34] 그가 현상학적 환원에 대해 언급하는 대목을 살펴보면 우리는 실제로 그가 후설의 현상학적 환원을 데카르트적 길을 통한 초월론적 현상학적 환원과 동일시하고 있음을 확인할 수 있다.[35]

셋째, 딜론이 현상학적 환원이라고 부르는 것은 데카르트적 길을 통한 초월론적 현상학적 환원이다. 그러나 그는 이러한 환원의 정체 역시 올바로 파악하지 못하고 있다. 이 점과 관련해 그는 현상학적 환원을 우선 내재로의 환원이라고 부른 후 그것을 다시 제5『데카르트적 성찰』에 나오는 '고유한 영역'으로의 환원, 즉 '원초적 환원'과 동일시한다. 그러나 후설은 딜론이 내재로의 환원이라고 부르는 것과 원초적 환원을 구별한다. 『데카르트적 성찰』을 예로 들어 살펴보자면, 후설은 제1『데카르트적 성찰』에서 초월론적 현상학적 환원을 수행하여 내재의 영역인 초월론적 주관의 영역으로 귀환한 후, 다시 제5『데카르트적 성찰』에서 초월론적 주관의 영역 안에서 제2의 환원, 즉 원초적 환원을 수행하여 원초적인 영역으로 귀환하고 있다.

넷째, 딜론은 현상학적 심리학적 환원의 정체를 올바로 이해하고 있지 못하다. 이 점은 딜론이 현상학적 환원과 관련해서 거비치와 메를로-퐁티가 취하는 입장을 검토하는 대목을 살펴보면 분명해진다. 그에 따르면

---

34) 딜론은 데카르트적 길을 통한 초월론적 현상학적 환원과 더불어 형상적 환원의 존재 및 의의에 대해서도 언급하고 있다. M. C. Dillon, 같은 책, 72 참조.
35) M. C. Dillon, 같은 책, 33 참조.

'고전적인 형태심리학 이론의 자연주의'[36]를 거부한다는 점에서 거비치와 메를로-퐁티는 일치된 견해를 보인다. 그런데 이 점과 관련해 유의해야 할 것은, 거비치와 메를로-퐁티가 '고전적인 형태심리학 이론의 자연주의'[37]를 비판하고 그의 한계를 넘어서기 위해서는 현상학적 심리학적 환원을 수행해야 한다는 사실이다. 딜론은 거비치와 메를로-퐁티의 관계를 논하면서 현상학적 심리학적 환원에 대해 논하기는 고사하고 언급조차 하지 않고 있는데, 이는 그가 현상학적 심리학적 환원의 정체를 올바로 파악하고 있지 않기 때문이다.

② '완전한 환원의 불가능성'을 환원이 부분적으로는 가능하고 부분적으로는 불가능하다는 식으로 이해하는 거비치의 견해 역시 문제가 있다. 메를로-퐁티가 선객관적인 세계를 토대로 객관적인 세계가 구성되는 과정을 해명하기 위해서만 현상학적 환원을 사용하고, 선객관적 세계 자체가 구성되는 과정을 해명하기 위해서는 현상학적 환원을 사용하고 있지 않다는 거비치의 견해는 타당하지 않다. 앞서 살펴보았듯이, 메를로-퐁티는 지각세계가 구성되는 과정을 해명하기 위하여 현상학적 심리학을 통한 초월론적 현상학적 환원의 방법을 사용하고 있기 때문이다. 메를로-퐁티가 『지각의 현상학』의 '입문' 4장에서 '초월론적 현상학적 환원'이 필요하다고 할 경우, 초월론적 현상학적 환원은 선객관적인 세계를 토대로 객관적인 세계가 구성되는 과정의 해명을 위해서뿐 아니라 선객관적 세계 자체가 구성되는 과정을 해명하기 위해서도 필요한 것이다.

여기서 우리는 메를로-퐁티의 연구가 가지고 있는 "실존주의적 틀이 그로 하여금 현상학적 환원을 철저한 방식으로 수행하지 못하도록 했다"는 거비치의 견해 역시 타당하지 않다는 사실을 지적하고자 한다. 두말할

---

36) M. C. Dillon, 같은 책, 70.
37) M. C. Dillon, 같은 곳.

것도 없이 이 경우 거비치가 염두에 두고 있는 현상학적 환원은 초월론적 현상학적 환원이다. 말하자면 그는 실존철학의 경우 초월론적 현상학적 환원이 불필요하다고 주장하는 셈이다. 그러나 실존철학 역시 그것이 실존하는 주체에 의한 세계구성 및 대상구성의 정체를 해명함을 목표로 하는 한 초월론적 현상학적 환원을 필요로 한다. 메를로-퐁티 역시 이 점을 인정하고 있다. 실제로 그는 하이데거의 현존재분석론을 예로 들어 실존철학 역시 현상학적 환원, 즉 초월론적 현상학적 환원을 필요로 한다는 사실을 강조하면서『지각의 현상학』서문에서 다음과 같이 적고 있다.

"현상학적 환원은 지금까지 사람들이 믿어왔던 것과는 달리 관념론적 철학의 방법과 전혀 다른 것으로서 실존철학의 방법이다. 하이데거의 '세계-내-존재'는 현상학적 환원을 토대로 해서만 자신의 모습을 드러낼 수 있다."(PP, IX)[38]

이러한 지적은 하이데거의 현존재분석론에 대해서뿐만 아니라 메를로-퐁티의 지각의 현상학에 대해서도 타당하다. 실제로 메를로-퐁티가『지각의 현상학』서문에서 이러한 견해를 피력하는 이유는 하이데거의 현존재분석론이 초월론적 현상학적 환원이 필요하다는 사실을 보여주기 위해서만이 아니라, 자신이 앞으로 전개하고자 하는 지각의 현상학이 초월론적 현상학적 환원을 필요로 한다는 사실을 강조하기 위해서라고 할 수 있다. 물론 여기서 우리는 지각의 현상학을 전개하는 데 필요한 초월론적 현상학적 환원이 데카르트적 길을 통한 초월론적 현상학적 환원과 동일한 것이 아니라는 사실에 유의해야 한다. 데카르트적 길을 통한 초월론적 현상학적 환원의 방법은 메를로-퐁티가 비판하고 있는 '관념론적

---

38) 다음의 인용문에서 언급되고 있는 현상학적 환원은, 그 전후 맥락이 보여주듯이, 초월론적 현상학적 환원을 뜻한다. 메를로-퐁티는『지각의 현상학』의 서문에서 현상학적 환원의 문제를 다루며 초월론적 현상학적 환원을 단순히 현상학적 환원이라 부른다.

철학의 방법'이기 때문이다.

앞서도 지적했듯이, 실존철학으로서의 지각의 현상학을 전개하기 위해서 메를로-퐁티가 사용하고 있는 초월론적 현상학적 환원의 방법은 심리학을 통한 초월론적 현상학적 환원이다. 그런데 거비치는 이러한 초월론적 현상학적 환원의 정체를 올바로 파악하고 있지 않은 것처럼 보인다. 이 점과 관련하여 우선 거비치가『의식의 장』에서 메를로-퐁티의『지각의 현상학』에 나오는 현상학적 심리학을 통한 초월론적 현상학적 환원의 방법에 대해 논하고 있는 다음의 구절을 살펴보자.

"메를로-퐁티 또한 심리학에서 시종일관 기술적인(descriptive) 연구태도는 '초월론적 태도'를 함축한다는 사실을 지적한다. 그 자체로 존재하는 물리적 대상에서 출발하고 지각적 사물들을 최종적인 인과적 산물로 간주할 경우에도 심리학자들은 이러한 지각적 사물들과 전체 지각세계를 그들의 의식에 나타나는 그대로 고려하고 인정하지 않을 수 없다. […] 심리학은 늘 세계의 구성에 관한 문제에 직면하게 되고 […] 현상적 세계는 초월론적 세계가 된다. 메를로-퐁티는 만일 심리학적 환원이 철저하게 수행될 경우 전개될 수 있는 초월론적 현상학의 프로그램을 올바르게 정식화했다."[39]

거비치는 이 인용문에서『지각의 현상학』에 나오는 현상학적 심리학을 통한 초월론적 현상학적 환원의 방법에 대해 논하고 있다. 이 인용문은『지각의 현상학』'입문' 4장에서 논의되고 있는 현상학적 심리학을 통한 초월론적 현상학적 환원에 대한 논평이다.[40] 앞서 자세하게 논의되었듯이, 현재 문제가 되고 있는『지각의 현상학』'입문' 4장에서 메를로-퐁

---

39) A. Gurwitsch, 1964, 171.
40) 이 구절은 구체적으로『지각의 현상학』, 72-73쪽에 대한 논평이다. 우리는 이 부분에 대해 앞서 2장에서 살펴보았다.

티가 하고 있는 작업은, 데카르트적 길을 통한 초월론적 현상학적 환원의 방법으로는 해명할 수 없는 지각의 세계에 대한 초월론적 구성의 문제를 해명할 방법에 대해 모색하는 일이다. 그리고 이와 같이 새로운 방법으로서 메를로-퐁티가 논의하고 있는 것이 다름 아닌 현상학적 심리학을 통한 초월론적 현상학적 환원이다. 그러나 이러한 전체적인 논의 구도와는 무관하게 거비치는 앞의 인용문에 이어 "그러나 그[메를로-퐁티]에 따르면 초월론적 문제는 단지 객관적인 세계 자체의 구성에만 관련된다"[41]고 말하면서, 메를로-퐁티가 지각의 세계를 해명하기 위해서는 초월론적 현상학적 환원의 방법을 사용하지 않는다는 견해를 피력하고 있다.

물론 이러한 거비치의 견해는 타당하지 않다. 그러면 거비치는 왜 이처럼 타당하지 않은 견해를 가진 것일까? 그 결정적인 이유는 그가 지각의 현상학을 전개하기 위하여 메를로-퐁티가 사용하고 있는 현상학적 심리학적 환원의 방법뿐 아니라, 현상학적 심리학을 통한 초월론적 현상학적 환원의 방법에 대해 충분히 이해하고 있지 않기 때문이다. 우리는 이 점과 관련하여 다음과 같이 몇 가지 점을 지적하고자 한다.

첫째, 앞서 살펴본 『지각의 현상학』의 인용문에서 메를로-퐁티가 언급하고 있는 심리학은 심리현상의 지향적 연관을 추적하는 "현상학적 심리학"(PP, 71)인데, 거비치는 이러한 심리학의 정체에 대해 오해하고 있다. 거비치는 메를로-퐁티가 언급하고 있는 저 심리학을 자연과학적 심리학과 동일한 것으로 간주한다. 이 점과 관련해 그는 앞서 살펴본 인용문에서 심리학이 "지각사물을 최종적인 인과적 산물"[42]로 간주한다고 말하기도 하고, 또 다른 곳에서는 지각작용은 지각대상과 물리적 사건에

---

41) A. Gurwitsch, 1964, 171.
42) A. Gurwitsch, 같은 곳.

"인과적으로 의존적인 것으로 해석된다"[43]고 말하기도 한다. 여기서 알 수 있듯이, 거비치는 메를로-퐁티가 언급하고 있는 심리학에 대해 심리 현상을 자연적 인과관계의 망 속에서 존재하는 것으로 여기고 그에 대해 연구하는 자연과학적 심리학으로 간주한다.[44]

둘째, 앞서 충분히 논의되었듯이, 현상학적 심리학을 전개하기 위해서는 현상학적 심리학적 환원이 필요하다. 그러나 거비치는 현상학적 심리학적 환원이 존재하며, 후설뿐 아니라 메를로-퐁티 역시 그것을 사용하고 있다는 사실을 간과하고 있다. 실제로 그는 앞의 인용문이 들어 있는 대목 근처에서 현상학적 심리학적 환원에 대해 논해야 함에도 불구하고 그러지 않는다. 이처럼 그가 현상학적 심리학적 환원에 대해 논하지 않는 이유는, 그는 현상학적 환원을 초월론적 현상학적 환원과 동일시하면서 초월론적 현상학적 환원과 구별되는 심리학적 환원이 존재한다는 사실을 간과하고 있기 때문이다.

---

43) A. Gurwitsch, 같은 책, 166.
44) 우리는 메를로-퐁티가 『지각의 현상학』에서 현상학적 심리학을 통한 초월론적 현상학적 환원의 방법에 대해 논하면서 "현상학적 심리학"(*PP*, 71)을 "지각에 관한 실증적 심리학"(*PP*, 72)이라고 부르기도 하므로 거비치가 여기서 문제가 되고 있는 심리학을 자연과학적 심리학으로 간주하게 되었다고 생각한다. 그러나 필자의 견해에 따르면, 이 경우 '지각에 관한 실증심리학'은 전후 맥락이 보여주듯이 현상학적 심리학적 태도에서 수행된 경험과학으로서의 현상학적 심리학을 뜻한다. 말하자면 메를로-퐁티가 언급하고 있는 '실증심리학'에서 '실증'은 '경험'을 뜻하는 것이다. 이 점과 관련해 우리는 현상학적 심리학이 사실학, 즉 경험과학으로 정립될 수도, 본질학으로 정립될 수도 있다는 사실에 유의해야 한다. 현상학적 심리학적 환원을 수행한 후 형상적 환원을 수행하느냐의 여부에 따라 현상학적 심리학은 본질학으로 정립될 수도 있고 사실학으로 정립될 수도 있다. 본질학으로서의 현상학적 심리학뿐 아니라 사실학으로서의 현상학 역시 초월론적 현상학으로 넘어가기 위한 디딤돌 역할을 할 수 있다. 앞서 2장 6절에서 논의되었듯이, 우리는 초월론적 현상학으로 넘어가기 위한 디딤돌 역할을 하는 것이 후설의 경우 사실학으로서의 현상학적 심리학과 더불어 본질학으로서의 현상학적 심리학인 데 반해, 메를로-퐁티의 경우 주로 사실학으로서의 현상학적 심리학이라고 생각한다.

셋째, 거비치는 현상학적 심리학적 환원이 존재한다는 사실뿐 아니라, 거기서 한 걸음 더 나아가 현상학적 심리학을 통한 초월론적 현상학적 환원이 존재하며 그것이 『지각의 현상학』에서 사용되고 있다는 사실을 간과하고 있다. 그런데 그가 이러한 사실을 간과한 이유는 그가 초월론적 현상학적 환원을 데카르트적 길을 통한 초월론적 현상학적 환원과 동일시하기 때문이다. 이 점과 관련하여 우리는 그가 "구성적인 문제들은 오직 의식을 통하여 제기되고 다루어져야 한다"[45]고 말하는 데 주목해야 한다. 이 점과 관련해 그는 의식이 정립적 의식뿐 아니라 '선주제적이며 선정립적인 의식'[46]까지 포함한다는 사실을 인정한다. 그럼에도 불구하고 그는 의식을 메를로-퐁티의 『지각의 현상학』의 핵심주제인 '신체를 통해 구현된 의식'[47]과 대립적인 관계에 있는 것으로 규정하면서 지각의 현상학을 후설의 초월론적 현상학과 대립적인 관계에 있는 것으로 규정하고 지각의 현상학이 초월론적 현상학적 환원의 방법을 사용하지 않는 것으로 간주하고 있다. 그러나 이 점과 관련해 우리는 메를로-퐁티의 지각의 현상학이 데카르트적 길을 통한 초월론적 현상학적 환원의 방법은 아니지만, 현상학적 심리학을 통한 초월론적 현상학적 환원의 방법을 사용하고 있다는 사실에 유의해야 한다.

넷째, 거비치는 메를로-퐁티가 선객관적 세계를 '그의 절대적 사실성에서'[48] 받아들이지 말고 그에 대해서도 '현상학적 환원을 절대적인 방식으로'[49] 수행할 것을 주문한다. 그런데 여기서 그가 선객관적 세계에 대해서도 현상학적 환원을 '절대적인 방식으로' 수행해야 한다고 말할

---

45) A. Gurwitsch, 1964, 305.
46) A. Gurwitsch, 같은 곳.
47) A. Gurwitsch, 같은 곳.
48) A. Gurwitsch, 같은 책, 171.
49) A. Gurwitsch, 같은 곳.

경우, 그가 염두에 두고 있는 현상학적 환원은 데카르트적 길을 통한 초월론적 현상학적 환원처럼 보인다. 그 이유는 그가 그것이 정립적인 것이든 선정립적인 것이든 '의식'을 '신체를 통해 구현된 의식'과 대립시키면서 '후설이 제시한 원리에 합당하게', "구성적 문제들은 오직 [⋯] 의식을 통해서만 정식화되고 다루어져야 한다"[50]고 말하기 때문이다. 말하자면 그는 데카르트적 길을 통한 초월론적 현상학적 환원을 통해, 객관적인 세계의 구성의 문제뿐 아니라 선객관적 세계의 구성의 문제까지 완벽하게 해명이 되는 것으로 생각한다고 할 수 있다. 그러나 이러한 그의 견해가 부당함은 두말할 나위도 없다. 선객관적 세계와 관련된 구성적 문제들은, 데카르트적 길을 통한 초월론적 현상학적 환원의 방법이 아니라 현상학적 심리학을 통한 초월론적 현상학적 환원의 방법을 통해서 해명될 수 있기 때문이다.

이러한 논의를 통하여 우리는 왜 거비치가 메를로-퐁티의 경우 '초월론적 문제는 단지 객관적인 세계 자체의 구성에만' 관련되며, 따라서 객관적인 세계의 구성을 해명하는 데는 초월론적 현상학적 환원의 방법이 사용되지만, 선객관적인 세계인 지각의 세계를 해명하는 데는 초월론적 현상학적 환원의 방법이 사용되고 있지 않다고 주장하는지 이해할 수 있다. 그 이유는 바로 그가 초월론적 현상학적 환원의 방법을 데카르트적 길을 통한 초월론적 현상학적 환원의 방법과 동일시하고, 현상학적 심리학을 통한 초월론적 현상학적 환원의 방법이 존재한다는 사실을 간과하고 있기 때문이다. 이 점과 관련해 우리는 현상학적 심리학을 통한 초월론적 현상학적 환원의 방법이 데카르트적 길을 통한 초월론적 현상학적 환원의 방법을 통해서는 해명할 수 없는 선객관적인 세계인 지각의 세계를 해명하기 위한 방법이라는 사실에 유의해야 한다.

---

50) A. Gurwitsch, 같은 책, 305.

③그러면 이제 세 번째 부류에 속하는 입장들을 검토해보자. 현상학적 환원은 본성상 수동적인 것이기 때문에 그것은 우리가 적극적으로 수행하면서 종결시킬 수 없는 것이요, 그러한 한 완전한 현상학적 환원은 불가능하다고 하이네마는 말한다. 그러나 그의 견해는 현상학적 환원이 경이라는 감정과 밀접하게 결합되어 있다고 주장한 점에서 현상학적 환원의 중요한 특성을 잘 포착하고 있으나, 그럼에도 불구하고 그 견해는 전체적으로 볼 때 타당하지 않다. 이 점과 관련해 우리는 다음 두 가지 사실을 지적하고자 한다.

첫째, 하이네마는 환원이 수동적인 것이어서 원칙적으로 완성될 수 없는 것이며, 따라서 우리보다 월등한 영혼의 경우에도 현상학적 환원을 완전히 수행하는 일은 불가능하다고 말한다. 그러나 이러한 그의 주장은 환원에 대한 메를로-퐁티의 견해와 다르다. 이 점과 관련해 메를로-퐁티는 『지각의 현상학』 서문에서 현상학적 환원의 문제를 다루면서 '완전한 환원의 불가능성'에 대해 논한 후 "바로 이런 이유에서 후설은 언제나 늘 새롭게 환원의 문제를 다시 검토하고 있다. 우리가 절대정신이라면 환원은 아무런 문제가 되지 않을 것이다"(*PP*, VIII-IX)라고 말하고 있다.

둘째, 환원이 능동적인 정신작용이 아니라 수동적인 정신작용이라는 하이네마의 견해도 문제가 있다. 물론 환원이 '경이'라는 감정과 밀접히 연결되어 있다는 하이네마의 견해는 전적으로 타당하다. 실제로 하이네마가 지적하듯이, 메를로-퐁티 역시 후설의 조교인 핑크(E. Fink)의 저술을 인용하면서 환원이 경이라는 현상과 밀접히 연결되어 있음을 논하고 있다.[51] 그러나 그렇다고 해서 현상학적 환원이 수동적인 정신작용인 것

---

51) *PP*, VIII 참조. 거기서 메를로-퐁티는 핑크의 '*Die phänomenologische Philosophie Edmund Husserls in der Gegenwärtigen Kritik*, pp. 331과 그 이후'를 참조하라고 말한다. 핑크의 이 논문은 *Kant-Studien* 38(1933)에 실려 있다.

은 아니다. 물론 현상학적 환원을 가능하게 해주는 발생적 동기는 수동적인 정신작용일 수 있다. 그 예로는 어떤 개인이 지금까지 전혀 체험해 보지 않았던 새로운 세계를 경험하면서 느끼게 되는 경이의 감정이 세계 전체를 새로운 시선으로 바라보며 초월론적 현상학적 환원을 수행할 동기를 제공하는 경우를 들 수 있을 것이다. 그러나 이처럼 현상학적 환원을 수행하는 동기가 수동적인 것일지라도 실제로 초월론적 현상학적 판단중지를 수행하고 초월론적 구성이라는 구체적인 사태로 진입하여 그것을 분석하기 위한 방법인 초월론적 현상학적 환원은 능동적인 정신작용이며, 후설이 지적하듯이, 우리의 의지에 따라 언제든지 자유롭게 수행할 수 있는 것이다. 이러한 맥락에서 후설은『이념들 I』에서 현상학적 환원의 구조를 해명하는 과정에서 '추측, 어떤 생각이 듦, 미결정 상태, 의심, 부정' 등 현상학적 환원의 작용과는 다른 여타의 작용들의 구조를 설명하면서 "그와 같은 것은 우리의 자유로운 처분에 속하지 않는다"(*Hua* III/1, 63)며 현상학적 환원의 핵심이 자유에 있음을 강조하고 있다.

필자는 스미스가 매디슨과 더불어[52] '완전한 환원의 불가능성'이라는 명제의 의미를 비교적 잘 파악하고 있다고 생각한다. 그럼에도 불구하고 그의 견해는 후설의 현상학과 메를로-퐁티의 현상학의 관계, 현상학적 환원 등 몇 가지 중요한 사안과 관련해 여러 가지 문제점을 가지고 있는데, 이 점을 살펴보기 전에 우선 이 명제의 본래적인 의미를 해명하기로 하자. 그리고 그러기 위하여 '완전한 환원'이란 무엇을 뜻하는지, 그것이 어떤 조건에서 가능할지 등의 문제를 살펴보기로 하자.

『지각의 현상학』 서문에서 현상학적 환원을 다루고 있는 부분을 자세

---

52) 스미스는 '완전한 환원의 불가능성'이라는 명제에 대한 해석과 관련해 자신이 매디슨의 견해에 동의한다고 말하면서 그가 이미 자신과 유사한 견해를 피력하였음을 밝히고 있다. 이 점에 대해서는 J. Smith, "Merleau-Ponty and the Phenomenological Reduction", in: *Inquiry* 48/6(2005), 563 참조.

히 검토해보면 거기서 메를로-퐁티가 말하는 '완전한 환원'이 무엇을 뜻하는지 알 수 있다. 앞서 지적하였듯이, 이 서문에서 그는 '완전한 환원의 불가능성'에 대해 말한 후 "후설이 늘 새롭게 환원의 가능성에 대해 질문을 제기했던 것은 바로 저 이유에서다"(*PP*, VIII)라고 지적하면서 "우리가 절대정신이라면 환원은 아무런 문제가 되지 않을 것이다"(*PP*, VIII-IX)라고 말하고 있다. 여기서 "환원은 아무런 문제가 되지 않을 것이다"라는 말은 전후 맥락을 통해서 알 수 있듯이 "완전한 환원은 아무런 문제가 되지 않을 것이다", 즉 "우리는 완전한 환원을 수행할 수 있을 것이다"라는 의미를 가지고 있다. 따라서 앞의 문장은 "우리가 절대정신이라면 완전한 환원을 수행할 수 있을 것이다"를 뜻한다.

그러면 우리가 절대정신이라면 왜 완전한 환원을 수행할 수 있는가? 그것은 바로 우리가 절대정신, 즉 우리의 모든 의식과 더불어 그 의식 속에서 주어지는 세계 역시 필증적 명증의 양상에서 완벽하게 파악할 수 있는 정신이기 때문이다. 이 경우 우리의 의식과 세계의 내용이 무한하다고 하더라도 완전한 환원이 가능하다는 사실에는 변함이 없다. 절대정신의 무한한 능력은 자기 자신의 의식뿐 아니라 세계의 무한한 내용을 모두 파악하고도 남을 것이기 때문이다. 말하자면 이러한 절대정신이 현상학적 환원을 수행하면서 자기 자신과 세계를 파악하고자 할 경우 그 모든 것은 전적으로 투명하게 주어질 것이고, 신비롭게 남아 있는 그 어떤 부분도 존재하지 않을 것이다. 여기서 우리는 완전한 환원이 가능한 이유는 환원을 수행하는 주체가 무한한 능력을 소유하고 있는 절대정신이기 때문임을 알 수 있다.

우리는 절대정신에 의해 수행되는 이러한 환원을 절대적 환원이라 부를 수 있다. 그런데 메를로-퐁티에 따르면 초월론적 현상학적 환원을 이처럼 절대정신에 의해 수행되는 절대적 환원과 유사한 것으로 정립하고자 시도한 철학이 있는데, 그것은 그가 시종일관 철저하게 비판하고 있는 반성철학이다. 이 점과 관련해 우리는 반성철학은 반성하는 주체가 초월론적인 것을 필증적인 명증의 양상에서 남김 없이 파악할 수 있을 것으로 간주한다는 사실에 유의할 필요가 있다. 반성철학의 경우 반성하는 주체가 초월론적인 것을 남김 없이 파악해 완전한 환원이 가능하기 때문에 완전한 환원의 불가능성 문제는 제기되지 않는다. 두말할 것도 없이 이러한 반성철학의 시도는 그릇된 것인데, "반성철학의 오류는 반성하는 주체가 사유하는 대상을 자신의 사유 속에 모두 흡수할 수 있거나 남김 없이 인식할 수 있다고 [⋯] 믿는 데 있다".(PP, 76)

메를로-퐁티에 따르면 초월론적 현상학적 환원을 절대적 환원으로 이해하는 철학의 대표적인 예는『이념들 I』에서 전개된 후설의 정적 현상학이다. 그 이유는 정적 현상학의 경우 초월론적 현상학적 환원은 필증적 명증의 양상에서 주어지는 초월론적 의식들을 남김 없이 해명함을 목표로 삼고 있기 때문이다. 바로 이러한 이유에서 메를로-퐁티는『지각의 현상학』'입문' 4장에서 데카르트적 길을 통한 초월론적 현상학적 환원에 대해 다음과 같이 적고 있다.

"따라서 이러한 새로운 '환원'은 하나의 유일한 참된 주체, 즉 생각하는 자아만을 알게 될 것이다. 소산적 자연으로부터 능산적 자연으로의 이행, 구성된 것으로부터 구성하는 것으로의 이행은 심리학에 의해 시작된 주제화 작업을 완성시킬 것이며, 나의 지식 안에서 그 어떤 암묵적인 것이나 함축적인 것도 허용하지 않을 것이다. 그것은 나에게 나의 경험에 대한 온전한 소유를 가능하게 할 것이며, 반성하는 것과 반성되는 것 사이의 완전한 일치를 실현시킬 것이다. 그것이 초월론적 철학의 일상적인 관점이며, 적어도 겉보기에는 초월론적 현상학의 프로그램이다."(PP, 73)

우리는 이 인용문에서 메를로-퐁티가 지적하고 있는 후설의 초월론적 현상학이 다름 아닌 정적 현상학이며 메를로-퐁티가 염두에 두고 있는 후설의 초월론적 현상학적 환원이 데카르트적 길을 통한 초월론적 현상학적 환원임을 알 수 있다. 이 점과 관련해 메를로-퐁티는『지각의 현상학』서문에서 "오랫동안 그리고 최근의 텍스트에서도 환원은 그 앞에서 세계가 절대적인 투명성 속에서 드러나는바 초월론적 의식으로의 귀환으로 제시되었다"(*PP*, V)고 지적한다.

그런데 지각의 현상학을 전개하기 위해서 필요한 초월론적 현상학적 환원은 데카르트적 길을 통한 초월론적 현상학적 환원이 아니라 현상학적 심리학을 통한 초월론적 현상학적 환원이다. 이러한 초월론적 현상학적 환원은 완전한 형태로 수행될 수 없고, 따라서 그와 관련해 '완전한 환원의 불가능성'의 문제가 제기되지 않을 수 없다. 그 이유는 이 경우 초월론적 주관은 '세계로 향한 존재'라는 성격을 지니며, 세계로 향한 존재를 구성하는 무한히 많은 초월론적 의식들은 유한한 인간정신의 반성능력을 통해서 완벽하게 해명될 수 없기 때문이다. 물론 이 경우 우리가 절대정신이라면 완전한 환원의 불가능성의 문제는 제기되지 않을 것이다. 절대정신은 세계로 향한 존재를 구성하는 무한히 많은 초월론적 의식들을 필증적인 명증의 양상에서 남김 없이 파악할 수 있을 것이기 때문이다. 이러한 맥락에서 메를로-퐁티는『지각의 현상학』서문에서 "우리가 절대정신이라면 환원은 아무런 문제가 되지 않을 것이다"(*PP*, VIII-IX)라고 지적한 후 완전한 환원의 불가능성과 관련해 다음과 같이 말하고 있다.

"그러나 이와는 달리 우리가 세계를 향해 있기 때문에, 우리의 반성도 그것이 포착하고자 하는 체험류 안에서 자신의 위치를 가지고 있기 때문에(후설이 말하듯 우리의 반성이 [체험류 안으로] 흘러들어가기 때문에), 우리의 전체적인 사유를 포괄하는 사유란 존재할 수 없다. 후설의 유고가 말하듯이 철학자는 영원히 새로 시작하는 자다. 이것은 그가 세상 사람들이나 과학자들이 알고 있다고 믿는 것 중 그 어떤 것도 확실한 것으로 간주하지 않음을 뜻한다. 이것은 또한 철학은 자신이 참되다고 말할 수 있는 것 속에서 스스로를 확실하다고 여길 수 없다는 것, 철학은 자신의 고유한 출발점에 대한 끊임없는 경험이라는 것, 철학의 핵심은 전적으로 저 출발점을 기술하는 데 있다는 것, 그리고 마지막으로 철저한 반성은 스스로 선반성적 삶, 즉 자신의 원초적이며 영속적이고 최종적인 상황인바 선반성적 삶에 대해 의존적이라는 사실을 의미한다."(*PP*, IX)

이 인용문에서 메를로-퐁티는 신과 같은 절대정신의 경우는 완전한 환원의 불가능성의 문제가 제기되지 않으나, 유한한 인간정신에게는 바로 그러한 문제가 제기되는 이유에 대해 설명하고 있다. 그에 따르면 우리가 초월론적 현상학적 환원을 완전하게 수행할 수 없는 이유는 '우리의 전체적인 사유를 포괄하는 사유란 존재할 수 없기' 때문이다. 만일 우리가 신과 같은 절대정신이라면 우리의 사유는 전체적인 사유를 포괄할 수 있을 것이다. 그리고 메를로-퐁티는 이처럼 우리의 전체적인 사유를 포괄할 수 있는 사유가 존재하지 않는 이유로 두 가지를 제시하고 있다. 그 하나의 이유는 '우리가 세계를 향해 있기' 때문이다. 여기서 세계를 향해 있다 함은 우리가 어떤 상황 속에서 존재함을 뜻하며, 우리가 어떤 상황 속에서 존재하기 때문에 반성 역시 '선반성적 삶, 즉 자신의 원초적이며 영속적이고 최종적인 상황인 선반성적 삶에 대해 의존적인' 것이다. 또 하나의 이유는 우리의 사유 역시 그것이 포착하고자 하는 체험류 속으로 흘러들어가고, 따라서 그것 역시 체험류 안에서 자신의 위치를 차지하기 때문이다. 이처럼 우리가 세계를 향해 있고 우리의 반성적 사유 역시 체험류 속에서만 자신의 위치를 차지하기 때문에, 우리의 전체적인 사유를 포괄하는 사유는 존재하지 않는다. 그렇기 때문에 그 어떤 철학적 작업도 완결적일 수 없는 것이며, 그러한 한 모든 철학은 늘 새롭게 출발해야 하는 것이다.

여기서 알 수 있듯이 『지각의 현상학』에서 초월론적 현상학적 환원이 완전하게 이루어질 수 없는 이유는, 절대정신과는 달리 환원을 수행하는 우리의 철학적 반성능력은 유한하고 동시에 그것이 해명하고자 하는 사태, 즉 초월론적인 것은 이처럼 유한한 철학적 반성능력을 넘어서기 때문이다. 그런데 이처럼 철학적 반성이 해명하고자 하는 사태인 초월론적인 것이 유한한 철학적 반성능력을 넘어서는 이유는 저 초월론적인 것의 본성 때문이다. 이 점과 관련해 우리는, 이미 앞서 논의되었듯이, 현상학적 심리학을 통한 초월론적 현상학적 환원을 통해 우리가 해명하고자 하는 사태가 바로 초월론적 장 전체라는 사실에 유의할 필요가 있다. 그런데 초월론적 장은 무한히 많은 불투명한 요소들을 포함하는 장이며, 따라서 초월론적 장은 유한한 철학적 반성을 통해서 전모가 드러날 수 없는 것이다. 이 점과 관련해 메를로-퐁티는『지각의 현상학』'입문' 4장에서 다음과 같이 말한다.

"이것이 모든 철학들 중 오직 현상학만이 초월론적 장에 대해서 논하는 이유이다. 이 단어는 반성이 전체 세계와 자신 앞에 펼쳐져 있고, 객관화되어 있는 수많은 모나드들을 결코 다 파악하지 못하며, 그것이 부분적인 시각과 제한된 능력밖에 가지고 있지 못함을 뜻한다."(PP, 74)

이제 우리는 '완전한 환원의 불가능성'이 무엇을 의미하는지 구체적으로 이해할 수 있다. 지각의 현상학은 초월론적 장의 구조를 해명함을 목표로 한다. 그런데 지각의 장은 무한히 다양한 영역을 포함하고 있고, 더 나아가 초월론적 장의 대부분의 영역들은 데카르트적 자아와는 달리 애매하고 모호한 영역이기 때문에 유한한 인간의 반성능력으로는 초월론적 장의 무한한 영역을 모두 해명할 수 없다. 이처럼 우리는 현상학적 심리학을 통한 초월론적 현상학적 환원을 통해서 초월론적 장의 정체를 어느 정도는 모르지만 완전하게 파악할 수 없으며, 바로 이러한 이유에서 메를로-퐁티는 완전한 환원이 불가능하다는 견해를 피력하는 것이다.[53]

---

53) 드베테르는 완전한 환원의 불가능성에 대한 메를로-퐁티의 명제가 '초월론적 장은 결코 완전하게 해명되지 않을 것이라는 사실'(R. J. Devettere, "Merleau-Ponty

이러한 논의를 통해서 알 수 있듯이, '완전한 환원의 불가능성'에 대한 메를로-퐁티의 명제는 초월론적 장의 본성과 초월론적으로 반성하는 자아의 유한성에서 유래하는 것이다.

여기서 우리는 지각의 현상학과 마찬가지로 후설의 발생적 현상학의 경우에도 초월론적 현상학적 환원, 예를 들어 현상학적 심리학을 통한 초월론적 현상학적 환원은 완전한 형태로 이루어질 수 없다는 사실을 지적하고자 한다. 그 이유는 메를로-퐁티의 지각의 현상학에서와 마찬가지로 후설의 발생적 현상학에서도 초월론적 장은 불투명성을 간직한 무한히 많은 초월론적 의식들을 간직하고 있으며, 따라서 우리는 현상학적 심리학을 통한 초월론적 현상학적 환원을 통해서 그처럼 무한히 많은 초월론적 의식들을 완전하게 파악할 수 없기 때문이다. 이 점과 관련해 후설은 『위기』에서 초월론적 현상학적 환원을 통해 가능한 '초월론적 경험'과 관련해 그것이 "무한성"(*Hua* VI, 156)을 지니고 있다고 말하는데, 이 경우 초월론적 경험이 무한성을 지니고 있다 함은 그것이 유한한 인간의 반성능력을 통해 필증적 명증의 양상에서 남김 없이 파악될 수 없음을 뜻한다. 이러한 점을 고려할 때 필자는 메를로-퐁티가 '완전한 환원의 불가능성'에 대한 견해를 피력하면서 후설로부터 결정적인 영향을 받았다고 생각한다.

and the Husserlian Reductions", 306)을 뜻한다고 말하면서, 우리와 유사한 견해를 피력하고 있다. 그럼에도 불구하고 그는 "초월론적 장이 결코 완전하게 해명되지 않는다"는 것이 무엇을 뜻하는지 구체적으로 해명하지 않고 있다. 그리고 뒤에서 살펴보겠지만, 지각의 현상학과 마찬가지로 후설의 발생적 현상학에서도 초월론적 현상학적 환원은 완전한 형태로 수행될 수 없는데, 그는 이 점을 알지 못한다. 이러한 사실을 알지 못하는 이유는 그가 후설의 발생적 현상학 역시 지각의 현상학이 해명하고자 하는 동일한 초월론적 장을 해명함을 목표로 한다는 사실을 알지 못하기 때문이라 할 수 있다. 이 점에 대해서는 R. J. Devettere, "Merleau-Ponty and the Husserlian Reductions", 306ff. 참조할 것.

지금까지의 논의를 통해 우리는 스미스의 견해가 그 핵심적인 내용에 있어서 우리의 견해와 유사함을 알 수 있다. 앞서 살펴보았듯이, 그는 우리와 마찬가지로 ① 실존주의로서의 메를로-퐁티의 현상학은 판단중지를 토대로 해서만 가능하다는 사실, ② 따라서 메를로-퐁티가 거부하는 것은 '현상학적 환원에 대한 초월론적 관념론적 개념'이라는 사실, ③ 메를로-퐁티는 판단중지를 통해 '근본적이며 비인지적이고 선반성적인 불투명한 주체-세계의 관계'가 드러나는 것으로 간주하고 있다는 사실, ④ 따라서 메를로-퐁티의 '완전한 환원의 불가능성'이라는 명제가 말하고 있는 것은 초월론적 현상학적 환원이 불가능하다는 것이 아니라, 바로 '근본적이며 비인지적이고 선반성적인 불투명한 주체-세계의 관계'에 대한 '완전하게 투명한 해명'이 불가능하다는 사실 등을 주장하고 있다. 그럼에도 불구하고 그의 견해는 다음 몇 가지 점에서 문제를 안고 있다.

첫째, 그는 후설과 메를로-퐁티가 각기 자신의 현상학을 전개하면서 사용하고 있는 다양한 유형의 환원의 정체에 대해 충분히 숙지하지 못한 것처럼 보인다. 예를 들어 후설의 경우 초월론적 현상학적 환원, 형상적 환원, 현상학적 심리학적 환원, 생활세계적 환원 등 다양한 유형의 환원이 존재하며, 그중에서도 초월론적 현상학적 환원에는 데카르트적 길을 통한 초월론적 현상학적 환원, 생활세계를 통한 초월론적 현상학적 환원, 현상학적 심리학을 통한 초월론적 현상학적 환원 등 다양한 유형의 것이 존재한다. 스미스는 자신의 논의를 전개하면서 '형상적 환원'과 더불어 대부분의 경우 '현상학적 환원'에 대해 언급하고 있는데, 이때 현상학적 환원이 구체적으로 어떤 환원을 뜻하는지 불분명한 경우도 있다. 그는 많은 경우 현상학적 환원을 자연적 태도의 일반정립의 배제를 함축하는 초월론적 현상학적 환원을 지칭하기 위하여 사용하고 있다. 그러나 논의의 맥락에 따라서는 초월론적 현상학적 환원이 구체적으로 어떤 유형의 초월론적 현상학적 환원인지 밝혀줄 필요가 있는데, 그는 이 점을 간과하고 있다. 그리고 그는 현상학과 경험과학으로서의 심리학의 관계를 논하면서 아무런 단서도 없이 현상학적 환원에 대해 언급하고 있는데, 그는 이때 현상학적 환원이 초월론적 현상학적 환원을 뜻하는지 현상학적 심리학적 환원을 뜻하는지 전혀 언급하고 있지 않다.

둘째, 스미스는 메를로-퐁티가 '현상학적 환원에 대한 초월론적 관념론적 개념'을 거부하고 지각의 현상학을 전개하기 위해 사용하고 있는 초월론적 현상학적 환원의 방법의 정체를 구체적으로 해명하고 있지 않다. 그가 '현상학적 환원에 대한 초월론적 관념론적 개념'이라 말하면서 염두에 두고 있는 것은 다름 아닌 데카르트적 길을 통한 초월론적 현상학적 환원이며, 메를로-퐁티가 이러한 환원의 방법 대신 지각의 현상학의 방법으로 사용하고 있는 것은 현상학적 심리학을 통한 초월론적 현상학적 환원인데, 그는 이러한 환원에 대해 전혀 논하지 않고 있다.

셋째, 스미스는 철학으로서의 현상학과 경험과학의 관계에 대해 후설과 메를로-퐁티가 서로 다른 입장을 취하고 있다고 생각한다. 그는 이 점과 관련해 메를로-퐁티는 현상학이 경험과학의 연구성과를 받아들일 수 있는 것으로 간주하지만 후설은 그렇지 않은 것으로 간주한다. 그러나 앞서 살펴보았듯이, 후설 역시 경험과학의 연구성과를 받아들이면서 발생적 현상학을 전개한다. 그는 자신의 견해를 뒷받침하기 위해 후설과는 달리 메를로-퐁티는 '현상학과 과학[경험과학] 사이의 엄격한 구별'을 받아들이지 않는다는 견해를 피력하는데, 이러한 견해는 문제를 안고 있다. 메를로-퐁티가 지각의 현상학을 전개하면서 경험과학의 연구성과를 받아들이는 이유는 현상학과 경험과학이 구별되지 않아서가 아니라 양자가 구별되기 때문이다. 실제로 스미스도 자신의 논지를 전개해나가면서 철학으로서의 현상학이 경험과학의 연구성과를 받아들일 수 있는 이유는 양자가 구별되기 때문이라는 사실을 인정하고 있다. 이 점과 관련해 그는 현상학이 경험과학의 연구성과를 있는 그대로가 아니라 '자연적 태도의 정립'을 배제한 채 받아들여야 한다고 말하는데, 이러한 주장을 하면서 그는 자연적 태도의 정립에 토대를 두고 있는 경험과학과 그러한 정립을 배제한 '경험과학'의 구별을 인정하고 있는 셈이다. 여기서 우리는 자연적 태도의 정립에 토대를 두고 있는 경험과학은 진정한 의미에서 경험과학이라 불릴 수 있지만 그러한 정립을 배제한 '경험과학'은 더 이상 경험과학이 아니라 '초월론적 현상학'이며, 따라서 양자는 서로 엄밀하게 구별되는 것이라는 사실에 주목해야 한다.

7

발생적 현상학과 지각의 현상학(2) : 구체적인 주제분석을 중심으로

- 신체

- 지각된 세계

- 대자 – 존재와 세계로 향한 존재

우리는 앞서 5장에서 『지각의 현상학』 1-3부의 목차를 따라가면서 신체, 지각된 세계, 대자적 존재로 나누어 메를로-퐁티의 지각의 현상학의 내용을 정리했다. 이제 우리는 이러한 순서로 발생적 현상학과 지각의 현상학 사이에 존재하는 유사성을 추적해보고자 한다.

그런데 우리는 이 장에서 전반적으로 5장에서 살펴본 『지각의 현상학』의 논의 순서를 따라가겠지만, 경우에 따라서는 소절의 목차를 약간 바꾸기도 하고 주제의 순서를 바꾸기도 하면서 논의를 전개해나갈 것이다. 예를 들어 『지각의 현상학』에서 다루어진 고유한 신체의 공간성의 문제는 5장 1절에서 '신체'와 관련해서 다루어졌지만, 우리는 이 문제를 7장에서 1절이 아니라 2절에서 '지각된 세계' 중 '공간'을 다루면서 논의할 것이다.

1 신체

1절의 일차적인 목표는 메를로-퐁티의 지각의 현상학에 나타난 신체분석과 후설의 발생적 현상학에 나타난 신체분석 사이에 존재하는 유사성을 살펴보는 데 있다. 이러한 목표를 위해 우리는 후설의 발생적 현상학에 나타난 신체에 관한 분석을 고찰하면서 그것이 어떤 점에서 메를로-퐁티의 지각의 현상학에 나타난 신체분석과 유사성을 보이는지 해명하는 방식으로 논의를 진행시켜나갈 것이다. 우리는 메를로-퐁티의 지각의 현상학에 나타난 신체분석이 모든 점에서 후설의 발생적 현상학에 나타난 신체분석과 유사성을 가지고 있다고 주장하는 것은 아니다. 물론 양자 사이에는 차이점도 존재하는데, 우리는 1절에서 주로 유사성을 논의하되, 필요할 경우 양자 사이에 존재하는 차이점도 더불어 살펴볼 것이다.

앞서 5장 1절에서 살펴보았듯이, 『지각의 현상학』 1부는 신체에 대한 논의를 다음과 같은 순서로 진행하고 있다. 첫째, 『지각의 현상학』 1부의 전반부는 기계론적 생리학, 고전적 심리학, 지각의 현상학 등 신체를 해명함을 목표로 하는 학문들을 구별하면서 신체에 대한 논의를 진행한다. 둘째, 거기에 이어 메를로-퐁티는 지각의 현상학의 핵심적인 주제 중 하나가 다름 아닌 고유한 신체라는 사실을 해명한 후 고유한 신체의 공간성과 운동성, 고유한 신체의 종합, 성적 존재로서의 신체, 표현으로서의 신체와 말 등을 분석하면서 고유한 신체에 대한 논의를 전개해나간다. 전체적으로 볼 때 대체로 이러한 논의 순서에 따라 메를로-퐁티의 지각의 현상학에 나타난 신체분석과 후설의 발생적 현상학에 나타난 신체분석을 비교 검토할 것이다. 이제 우리는 메를로-퐁티의 지각의 현상학에 나타난 신체분석과 후설의 발생적 현상학에 나타난 신체분석을 비교하는 작업을 ① 신체를 다루는 학문의 구별, ② 고유한 신체의 구조, ③ 성적 존재로서의 신체, ④ 표현으로서의 신체와 말 등의 문제와 관련해서 수행할 것이다.

1) 후설과 메를로-퐁티의 신체분석의 근본구도

(1) 후설의 신체분석의 근본구도: 자연과학, 현상학적 심리학, 발생적 현상학

후설은 자신의 현상학을 전개하면서 계속해서 신체의 문제에 관심을 가져왔다. 그는 신체의 문제를 정적 현상학의 입장에서 집필된 『이념들 I』에서도 부분적으로 언급하고 있다. 예를 들어 그는 세계지평을 토대로 구성된 대상으로서의 영혼 혹은 정신의 정체와 관련해 신체를 언급하고 있다.(예를 들어 *Hua* III/1, 80ff., 116ff.) 그럼에도 불구하고 그는 『이념들 I』에서는 신체의 문제에 대해 상세히 분석하지 않았다. 그러나 『이념들 I』이 출간되기 이전인 1907년에 행한 『사물과 공간』(*Hua* XVI)에 관한 강의에서 이미 신체현상을 치밀하게 분석하고, 『이념들 I』을 출간하고 난 후에도 『이념들 II』 등을 비롯한 여러 저술에서 신체현상을 상세하게 분석해 들어가고 있다.

후설은 신체를 크게 구성된 신체와 구성하는 신체로 나누어서 분석하고 있다. 이 경우 구성된 신체는 자연적 태도의 일반정립을 토대로 경험된 신체를 뜻하며, 이와는 달리 구성하는 신체는 자연적 태도의 일반정립을 배제한 상태에서 세계를 구성하는 주체로서 경험된 신체를 뜻한다. 우리는 구성하는 신체뿐 아니라 구성된 신체를 경험하고 분석하기 위해서 나름의 현상학적 환원을 필요로 한다. 앞서 살펴보았듯이, 현상학적 환원이란 하나의 태도로부터 다른 태도로 이행하는 일, 즉 '태도변경'을 의미한다. 구성하는 신체뿐 아니라 구성된 신체를 경험하고 분석하기 위해서는 태도변경이 필요하기 때문이다. 우리는 구성하는 신체를 경험하고 그에 대해 분석하기 위하여 초월론적 현상학적 환원을 필요로 한다. 그러나 구성된 신체를 다양한 방식으로 경험하고 분석하기 위해서도 다양한 유형의 현상학적 환원이 필요하다. 예를 들어 우리가 신체를 현상학적 심리학적 태도에서 경험하고 분석하기 위해서는 현상학적 심리학적 환원이 요구된다.

그러면 구성된 신체에 대한 후설의 분석을 살펴보자.『이념들 II』의 부제 '구성에 대한 현상학적 연구'가 보여주듯이『이념들 II』는 다양한 유형의 대상구성을 해명하고 있으며, 이러한 해명과정에서 다양한 방식으로 구성된 신체가 분석되거나 언급되고 있다. 이제『이념들 II』에서 구성된 신체를 분석하는 몇몇 대목을 중심으로 구성된 신체가 무엇인지 해명하도록 하자.

일상적인 삶을 살아갈 경우 우리는 자연적 태도에서 신체를 살아 있는 것으로서 경험한다. 이처럼 자연적 태도에서 살아 있는 것으로 경험되는 신체의 특징을 살펴보면 다음과 같다.

첫째, 구성된 신체는 우선 "장소와 위치를 지닌 감각의 담지자"(Träger lokalisierter Empfindungen, *Hua* IV, 144)로서 경험된다. 후설은 '장소와 위치를 지닌 감각'을 "위치감각들"(Empfindnisse, *Hua* IV, 144)이라고 부른다.

이 경우 위치감각이란 어떤 외적 대상의 위치를 감각하는 작용을 뜻하는 것이 아니라, 장소와 위치를 지닌 신체의 특정 부위에 존재하는 것으로 파악된 감각을 뜻한다. 예를 들어 내가 손으로 앞에 있는 책상 표면을 더듬어나갈 때 나는 이 책상의 표면의 성질에 대해서 그것이 매끄럽다거나 또는 거칠다거나 하는 식으로 감각한다. 그러나 이처럼 책상의 표면을 감각할 때 책상의 표면을 더듬어나가는 나의 손을 반성해보면, 나는 나의 손이 매 순간 어떤 특정한 성질을 감각하고 있다는 사실을 알게 된다. 예를 들어 나는 나의 손이 책상 표면의 매끄러움을 감각하고 있다거나 또는 책상 표면의 거칢을 감각하고 있다는 사실을 알 수 있다. 그런데 이 경우 어떤 특정한 성질을 감각하고 있는 나의 감각작용은 손이라고 하는 신체부위에서 구현된 것으로 파악된 감각이다. 이처럼 어떤 신체부위에서 구현된 감각이 다름 아닌 위치감각이다. 우리가 일상적으로 신체라고 부르는 것은 위치감각의 담지자다.

물론 이러한 예 이외에도 무수히 많은 위치감각이 존재한다. 우리가 경험하는 대부분의 감각은 신체의 어떤 부위에서 일어나기 때문이다. 그럼에도 불구하고 우리는 모든 감각이 촉각과 동일한 구조의 위치감각을 가지고 있는 것이 아니라는 사실에 유의해야 한다. 예를 들어 시각은 촉각과는 다른 위치감각의 구조를 가지고 있다. 촉각의 경우 동일한 감각은 한편으로는 대상의 감각적 성질로서 파악되기도 하고 다른 한편으로는 신체에 속하는 위치감각으로 파악되기도 한다. 앞서 살펴본 매끄러운 책상 표면에 대한 감각의 경우, 매끄러움이라는 감각은 한편으로는 책상 표면의 매끄러운 성질로서 파악되기도 하고 다른 한편으로는 내 손에 들어 있는 위치감각으로 파악되기도 한다. 그러나 시각의 경우는 이러한 현상을 찾아볼 수 없다. 어떤 색의 감각, 즉 갈색의 감각을 예로 들어보자. 우선 이 갈색의 감각이 어떤 외적 대상이 가지고 있는 갈색으로 파악될 수 있음은 두말할 나위도 없다. 이 점에 있어 시각은 촉각과 동일한 구조를 가지고 있다고 할 수 있다. 그럼에도 불구하고 이 갈색의 감각이 내 눈이 가지고 있는 성질로서 파악되는 것은 아니다. 다시 말해 갈색의 감각이 있을 경우, 촉각의 경우와는 달리, 나는 그것을 토대로 나의 눈을 갈색을 가지고 있는 신체로서 파악할 수 있는 것은 아니다. 물론 시각의 경우 위치감각이 존재하지 않는 것은 아니다. 시각의 위치감각은 시각기관인 눈에 존재하기 때문이다. 그러나 시각은 촉각과 동일한 위치감각의 구조를 가지고 있지 않다.

둘째, 구성된 것으로서의 신체는 여타의 사물과는 달리 위치감각의 담지자로서뿐 아니라, "의지기관과 자유로운 운동의 담지자로서"(Hua IV, 151) 경험된다. 신체는 의지기관으로서 "나의 순수자아의 의지에 따라 즉각적으로 움직여질 수 있는 유일한 대상"(Hua IV, 152)이며 "다른 사물들의 직접적이며 즉각적인 운동을 산출하기 위한 수단"(Hua IV, 152)이다. "단순한 사물은 단지 기계적으로만 움직일 수 있고, 다만 내 신체만이 직접적이며 즉각적으로('자유롭게') 움직일 수 있으며, 그것도 그에 속한 자유로운 자아와 그 의지를 통해서 그러하다. 이러한 자유로운 작용이 […] 그를 통해 이 자아에 대해 다양한 지각계열 속에서 대상세계, 즉 공간–물체적인 사물들의 세계가 구성될 수 있는 바의 것이다."(Hua IV, 152)

셋째, 더 나아가 신체는 모든 여타의 "의식의 기능"(Hua IV, 152)이 존재할 때 함께 존재하는 것으로 경험된다. 앞서 우리는 위치감각에 대해 살펴보았는데, 이처럼 의식내용이 어떤 신체부위에 귀속되는 것으로 파악되는 현상은 단지 감각의 경우에만 해당되는 것이 아니라 여타의 의식의 경우에도 타당하다. 여기에는 우선 지향적 감정의 토대가 되는 "감각감정", 지향적 즐거움과 지향적 고통의 토대가 되는 "즐거움의 감각과 고통의 감각", "우리의 신체 전체를 관통해서 흐르면서 채우고 있는 만족감"(Hua IV, 152) 등 비객관화적 작용의 토대가 되는 모든 감각·감정·욕구 등이 속한다. 위치감각으로서의 이 모든 감각·감정·욕구 등은 "직접적인 신체적인 위치화"(*Hua* IV, 152)를 가지고 있다. "그런데 지향적인 기능들이 이러한 층과 결합되며", "이처럼 인간의 전체 의식은 자신의 감각자료적인 토대를 통하여 어떤 방식으로 신체와 결합되어 있다[…]." (*Hua* IV, 153) 그러나 후설에 따르면 지향적 체험의 경우는 사정이 다르다.[1] "지향적 체험 자체는 더 이상 직접적이며 본래적으로 위치를 차지하고 있는 것이 아니요, 그것은 더 이상 신체의 한 층을 이루고 있는 것이 아니다[…]."(*Hua* IV, 153) 비지향적 체험으로서의 감각과 구별되는바 지향적 체험으로서의 지각작용은 대상과 접촉하고 있는 손가락 속에서 한 위치를 차지하고 있는 것이 아니며, 사유작용 역시 머릿속에서 한 위치를 차지하고 있는 것이 아니다. 물론 우리는 마치 지각이나 사유가 신체 속에서 한 위치를 차지하는 것처럼 말하기도 하지만, 이러한 말은 비유적인 것일 뿐 사태를 직접적으로 표현하고 있는 것은 아니다.

그런데 구성된 것으로서의 신체는 사물적 대상으로 경험될 수 있다. 신체를 사물적 대상으로 경험하기 위해서 우리는 신체 안에 들어 있는 장소와 위치를 지닌 감각을 신체로부터 사상시켜버리고 신체를 오로지 여타의 사물적 대상이 가진 속성만을 가진 것으로 간주해야 한다. 그런데 우리가 신체를 사물적 대상으로 경험하는 두 가지 태도가 구별되는데, 그것은 바로 일상적 삶의 태도와 자연과학적 태도다.

우선 사물적 대상으로서의 신체가 일상적 삶의 태도에서 경험될 경우 그것은 대부분 일상적인 사물적 대상과 큰 차이가 없이 경험될 수 있다. 예를 들어 사물적 대상이 어떤 색과 어떤 모양을 가지고 있는 것으로 경험되듯이, 사물적 대상으로서의 신체 역시 어떤 모양과 어떤 색을 가지

---

1) 후설은 『이념들 II』의 구성된 신체를 다루는 부분에서 지향적 체험과 비지향적 체험의 구별을 고수하고 있다.

고 있는 것으로서 경험된다. 그럼에도 불구하고 신체는 다음 두 가지 점에서 여타의 사물적 대상과 다른 방식으로 경험된다. 우선 여타의 사물적 대상과는 달리 신체는 '방위중심'(Orientierungszentrum), 즉 모든 방향 설정을 위한 "영점"(der Nullpunkt, *Hua* IV, 158)의 역할을 한다. 신체가 방위중심으로 경험된다 함은 신체가 그것을 지닌 주체로부터 떨어질 수 없음을 뜻한다. 우리는 경험하는 모든 여타의 사물적 대상으로부터 거리를 취하고, 또 그로부터 완전히 벗어나 다른 사물적 대상을 향할 수 있다. 예를 들어 나는 지금 내가 둘러보고 있는 이 나무로부터 다양한 거리를 취하면서 그것을 경험할 수 있고, 그로부터 완전히 벗어나 다른 사물적 대상을 향할 수 있다. 그러나 나는 나의 신체로부터 한 번도 거리를 취하거나 그로부터 완전히 벗어나 다른 대상을 향할 수 없다. 그리고 내가 다른 사물적 대상에 대해 거리를 취하고 그것을 두루 둘러보면서 그에 대한 보다 더 완성된 경험을 할 수 있는 것과는 달리 나의 신체의 경우 특정 부위와 관련해서는 이러한 가능성이 원칙적으로 배제되어 있다. 예를 들어 나는 나의 팔이나 다리에 대해서는 제한적인 시각경험만을 가질 수 있을 뿐이며, 나의 등이나 머리 등에 대해서는 거울이나 다른 도구를 사용하지 않고서는 그 어떤 시각경험도 가질 수 없다. 이러한 점에서 후설은 신체를 "주목할 만큼 불완전하게 구성된 사물"(*Hua* IV, 159)이라고 부르고 있다.

그러나 우리가 자연과학적 태도를 취하면 신체는 무수히 많은 자연과학적 대상 중 하나로 경험된다. 이 경우 신체는 주위에 있는 여타의 자연과학적 대상들과 동일한 존재론적 위상을 지닌 대상으로 경험된다. 그 이유는 이 경우 신체는 구체적으로 "자연적 인과연관의 한 항으로서의 신체"(*Hua* IV, 159)가 되기 때문이다. 즉 신체는 물리적 대상과 동일한 성격을 지닌 것으로 탐구된다. 어떤 물리적 대상이 다른 물리적 대상에 대해 인과적인 영향을 미치듯이 어떤 신체 또는 신체의 한 부분은 다른 물리적 대상에 대해 인과적 영향을 미칠 수 있다. 예를 들어 물리적 대상으로 파악된 내 몸이 물 위로 떨어지면 내 몸은 물의 물리적 운동에 대해 인과적 영향을 미친다. 이 경우 내 몸은 물 위로 떨어진 어떤 돌과 동일한 방식으로 저 물의 물리적 운동에 대해 인과적 영향을 미치는 것이다. 이와는 반대로 나의 몸은 외부의 물리적 사물로부터 영향을 받아 그 물리적 상태가 바뀔 수 있다. 예를 들어 어떤 무거운 사물이 다른 사물 위에 놓이게 되면 앞의 사물의 성격에 따라 뒤의 사물이 변형될 수 있는 것처럼, 그 무거운 사물이 내 손 위에 놓이게 되면 내 손이 변형될 수도 있다. 칼이 어떤 사물을 자르면서 그 모습을 바꾸어놓듯이 그 칼은 내 손이나 발의 피부를 잘라 그 모습을 바꿔놓을 수 있다. 어떤 뜨거운 사물이 뜨겁지 않은 다른 사물에 닿을 경우 그것을 뜨겁게 만들듯이, 동일한 뜨거운 사물이 내 신체부위에 닿으면 그것을 뜨겁게 만든다. 이때 신체의 모든 운동은, 그것이 주체에 의해 적극적으로 수행되는 능동적인 운동이든 비적극적으로 수행되는 수동적인 운동이든, 모두 그것이 지니고 있는 주체의 체험이라는 의미는 사상되고 오직 "물질적 사물로서의 신체의 기계적 운동"(*Hua* IV, 160)으로서 탐구된다.

이제 구성하는 신체에 대해 살펴보기로 하자. 앞서 우리는 신체가 구성하는 신체로서 파악된다 함은 그것이 초월론적 현상학적 환원을 수행한 상태에서 파악됨을 의미한다는 사실을 지적하였다. 이 점과 관련해 후설은 『수동적 종합』에서 신체를 "지각작용 속에서 주관적으로 움직이는 신체"(*Hua* XI, 13)로서 "순수하게"(*Hua* XI, 13) 고찰해야 한다고 말한다. 이때 신체를 지각하는 작용 속에서 주관적으로 움직이는 신체로서 '순수하게' 고찰한다 함은 그것을 초월론적 현상학적 환원을 수행한 후 고찰함을 뜻한다. 물론 이 경우 초월론적 현상학적 환원이라 함은, 앞서 논의되었듯이, 정적 현상학적 의미의 초월론적 현상학적 환원이 아니라 발생적 현상학적 의미의 초월론적 현상학적 환원, 즉 현상학적 심리학을 통한 초월론적 현상학적 환원을 뜻한다.[2] 바로 이러한 현상학적 심리학을 통한 초월론적 현상학적 환원을 통하여 우리는 신체가 지닌 발생적 구성의 기능을 파악할 수 있는 것이다. 그러면 이제『이념들 II』를 중심으로 발생적 구성의 기능을 지닌 구성하는 신체에 대해 살펴보자.[3]

『이념들 II』에서 구성하는 신체는 주로 '물질적 자연의 구성'을 다루고 있는 1부 3장 '감각적 신체와의 관련 속에서의 감각적인 것들'에서 분석되고 있다. 후설은『이념들 II』에서 자연적 사물의 구성단계와 관련해 "범주적 종합과 감성적('감각적') 종합"(Hua IV, 18)을 구별한다. 그런데 여기서 범주적 종합이란 연언·선언·가언 등 다양한 범주형식을 통해서 수행되는 능동적 종합이며, 감성적 종합이란 그 어떤 범주형식도 없이 감성적인 것들을 단적으로 구성하는 종합을 뜻한다. 후설은 바로『이념들 II』 1부 3장에서 감성적 종합을 통해 경험되는 감각적인 것들을 해명하면서 신체의 구조를 분석하고 있다. 신체는 능동적 종합을 위해서도 필요하지만 무엇보다도 감성적 종합을 위해서 결정적인 역할을 담당한다. 후설에 따르면 신체는 다음 몇 가지 점에서 감성적 종합에서 핵심적인 역할을 담당한다.

첫째, 신체는 지각을 위한 "방위설정 영점의 담지자"(Hua IV, 56)가 된다는 점에서 감성적 종합을 위해서 필요하다.[4] 말하자면 신체는 모든 지

---

2) 이 경우 발생적 현상학적 의미의 초월론적 현상학적 환원은 현상학적 심리학을 통한 초월론적 환원을 뜻한다.

3) 물론 후설이 구성하는 신체에 대한 분석을『이념들 II』에서 처음으로 시도하였던 것은 아니다. 그는『이념들 II』를 집필하기 전인 1907년에 행한『사물과 공간』에 관한 강의에서도 구성하는 신체에 대한 분석을 수행하였고,『이념들 II』이후에 집필한 여러 글에서도 구성하는 신체의 문제를 광범위하게 분석하고 있는데, 이 점에 대해서는 자세하게 살펴볼 것이다.

4) 앞서 우리는 구성된 신체를 살펴보는 과정에서도 신체가 '방위중심', '영점'의 역할을 한다는 사실을 살펴보았다. 이 점과 관련해 우리는 후설이『이념들 II』에서 '방위설정 영점의 담지자', '방위중심'으로서의 신체를 구성하는 신체로 분석하기도 하

각작용이 이루어질 때 "그로부터 시작하여 순수자아가 공간과 전체 감각 세계를 직관하는바, 여기와 지금"(Hua IV, 56)의 특성을 가지고 있다. 다시 말해 신체는 모든 감성적 종합이 이루어지는 출발점으로서 주체의 감각세계는 모두 주체의 신체를 중심으로 정돈되는 것이다. 말하자면 주체의 모든 지각작용은 신체가 차지하고 있는 지금 이 순간의 시간과 여기이 공간을 중심으로 펼쳐지는 것이다. 시간적인 방향 설정의 경우 모든 것은 현재 존재하는 나의 신체와 관련해 특정한 시점을 차지하는 것으로서 경험된다. 예를 들어 그것은 현재 존재하는 나의 신체와 관련해 현재 존재하는 것으로서, 과거에 존재했던 것으로서 또는 미래에 존재할 것으로서 경험될 수 있다. 마찬가지로 공간적인 방향 설정의 경우 감각세계에서 나에게 현출하는 모든 대상은 나의 신체를 중심으로 어떤 위치를 차지하는 것으로서 경험된다. 즉 그것은 나의 왼편 또는 오른편에 있는 것으로서, 앞 또는 뒤에 있는 것으로서, 위 또는 아래에 있는 것으로서 감각될 수 있다. 그런데 이러한 사실은 현실적인 지각에 대해서뿐만 아니라 상상적인 지각에 대해서도 타당하다. 내가 상상 속에서 그 어떤 상상적인 대상을 감각할 경우 그것은 상상 속의 나의 신체를 중심으로 시간적으로는 현재에 존재하는 것으로서, 과거에 존재했던 것으로서 또는 미래에 존재할 것으로서 경험되며, 공간적으로는 나의 왼편 또는 오른편에 있는 것

고 구성된 신체로 분석하기도 한다는 사실에 유의할 필요가 있다. 예를 들어 "방위설정 영점의 담지자"(Hua IV, 55)의 문제를 다루고 있는 18절 a)의 경우 신체는 구성하는 신체로서 분석되고 있다. 이 점과 관련해 우리는 18절 a)의 제목이 "물질적 사물의 직관적 속성들이 경험하는 주관의 신체에 의존해 있음"(Hua IV, 55)이라는 사실에 유의해야 한다. 이와는 달리 앞서 살펴본 『이념들 II』의 41절 중 'a) 방위중심으로서의 신체'에서 후설은 신체를 구성된 신체로 분석하고자 한다. 이 점과 관련해 우리는 41절의 제목이 '다른 물질적 사물과의 대비 속에서 물질적 사물로서의 신체의 구성'이라는 사실에 유의해야 한다. 이 제목에 나타나 있듯이 41절의 목표는 '신체의 구성'의 문제를 다루면서 신체를 구성된 신체로서 분석하는 데 있다.

으로서, 앞 또는 뒤에 있는 것으로서, 위 또는 아래에 있는 것으로서 경험될 수 있다.

둘째, 신체는 "모든 지각의 수단"(*Hua* IV, 56), 즉 "지각기관"(*Hua* IV, 56)으로서 어떤 형태의 지각이 수행되더라도 '필연적으로' 존재하지 않으면 안 되는 것이다. 다시 말해 그 어떤 지각도 신체가 개입하지 않고는 성립할 수 없다. 예를 들어 "눈은 시각작용 안에서 시각대상을 향해 있고 여러 구석, 여러 면 등을 옮겨다닌다. 손은 더듬으면서 대상 위를 스쳐 지나간다. 나는 듣기 위해 움직이면서 귀를 가까이 가져간다".(*Hua* IV, 56) 이러한 예가 보여주듯이, 지각이 수행되는 그 어떤 순간도 우리는 신체를 떠나 존재할 수 없다. 이러한 점에서 신체와 분리되어 존재할 수 있는 순수자아란 존재하지 않는다. 모든 지각작용과 감각작용은 감각기관인 신체에 의해 수행되는 작용이다. 따라서 신체가 없이는 시각·청각·촉각·후각·미각 등 다양한 감각작용을 통해 주어지는 대상도 경험될 수 없으며, 이 모든 대상들이 우리에게 현출하기 위한 터인 시각세계·청각세계·촉각세계·후각세계·미각세계 등 다양한 감각세계도 존재할 수 없다.

셋째, 신체는 운동감각의 주체로서 감성적 종합을 위해 결정적인 역할을 담당한다. 우리는 감각작용을 수행하는 매 순간 감각작용을 통해 주어지는 감각세계 및 감각대상에 대해 감각적으로 의식하고 있을 뿐 아니라 우리의 다양한 신체운동에 대해서도 의식하고 있는데, 우리의 신체운동에 대한 이러한 의식이 바로 운동감각이다. 여기서 우리는 운동감각의 정체를 올바로 파악할 필요가 있다. 흔히 '운동감각'이라 하면 우리는 세계 안에서 운동하는 외적 대상의 운동에 대한 감각을 떠올릴 수 있다. 그러나 운동감각이란 이러한 외적 대상의 운동에 대한 감각을 뜻하는 것이 아니다. 이러한 맥락에서 후설은 '운동감각'(Bewegungsempfindung)이라는 개념을 외적 대상의 운동에 대한 감각으로 오해해서는 안 됨을 강조하면서 그것이 "스스로 움직이는 것"(*Hua* XVI, 161), 즉 신체와 관련된 것이라는 사실을 분명히 밝히고 있다. 여기서 알 수 있듯이, 운동감각이란 신체의 운동에 대한 감각을 뜻한다. 그러나 이 경우 우리는 신체의 운동을 외적 대상과 더불어 객관화된 세계에서 경험되는 신체의 운동으로 간주하면서 운동감각을 객관화된 세계에서 경험되는 신체의 운동에 대한 감각으로 오해해서는 안 된다. 운동감각이란 객관화된 세계 안에 존재하는 것으로 파악되기 이전에 내적으로 파악되는 신체의 운동에 대한 감각을 뜻한다. 바로 이러한 이유에서 후설은 운동감각이 혼란을 불러올 수 있는 개념이기 때문에 그 대신 "키네스테제적 감각"(kinästhetische Empfindung, Hua XVI, 161)이라는 개념을 쓸 것을 제안한다.

넷째, 신체는 그와 결부된 두 가지 '감각' 때문에 "공간적 세계의 구축"(Hua IV, 57)을 위해 결정적인 역할을 담당한다. 공간사물적인 것의 구성을 위해서는 "전적으로 서로 다른 기능을 가지고 있는 두 가지 감각"(Hua IV, 57)이 필연적으로 요구된다. 말하자면 이러한 두 가지 감각이 없이는 "공간적인 것에 대한 표상"(Hua IV, 57)이 불가능하다.

우선 공간사물적인 것이 구성되기 위해서는 "재현적 감각"(Hua XVI, 159) 또는 "징표감각"(Hua IV, 58)이 주어져야 한다. 이 경우 재현적 감각 또는 징표감각이란 우리가 흔히 감각이라고 부르는 것, 즉 시각·촉각·청각·후각·미각 등 외적 대상에 대한 정보를 제공해주는 감각으로서 이러한 감각이 참여해야만 공간사물적인 것이 구성될 수 있다. 예를 들어 우리에게 어떤 색 감각자료가 주어져야만 우리는 그에 대해 파악작용을 가하면서[5] 어떤 사물적인 연장성, 즉 공간성과 더불어 사물적인 색을 지니고 있는 대상을 파악할 수 있다. 마찬가지로 어떤 촉각자료가 주어져야만 우리는 그에 대해 파악작용을 가하면서 어떤 사물적인 연장성, 즉 공간성과 더불어 사물적인 촉각대상을 파악할 수 있다.

---

5) 후설은 『이념들 II』에서도 파악작용-감각내용의 도식을 완전히 극복하지 못하였다.

둘째로, 공간사물적인 것이 구성되기 위해서는 앞서 살펴본 운동감각이 필요하다. 그 이유는 운동감각이란 자신의 신체부위들의 운동에 대한 감각적 의식을 뜻하며, 자신의 신체에 대한 의식이 있어야만 자신과 대상 사이의 거리에 대한 감각이 가능하기 때문이다. 이러한 맥락에서 후설은 "그렇게 떨어져 있고, 그렇게 방향 설정되어 있으며, 그런 색을 가지고 있는 등의 사물에 대한 파악은 [···] 그러한 동기연관이 없이는 생각해볼 수 없다"(*Hua* IV, 58)고 지적하는데, 이 경우 동기연관은 일상적인 의미의 감각과 그 동기토대로서의 운동감각 사이의 동기연관을 뜻한다.

그런데 우리의 신체운동에 대한 의식으로서의 운동감각은 앞서 살펴본 다양한 유형의 감각이 가능하기 위한 전제조건이 되며, 이러한 의미에서 운동감각은 여타의 감각을 가능하게 해주는 '발생적 동기', 즉 발생적 가능조건의 역할을 담당한다고 할 수 있다. 실제로 내가 경험하는 모든 감각은 나의 운동감각 때문에 존재할 수 있다. 예를 들어 시각의 경우 지금 현재 내가 경험하는 시각장은 나의 현재의 신체의 위치에 의존해 있다. 말하자면 내가 경험하는 시각장이 이러저러한 모습을 보이는 것으로 나에게 현출하는 이유는 나의 신체가 바로 이러한 자세를 취하고 있기 때문이며, 따라서 나의 신체가 다른 자세를 취하게 되면 나에게는 방금 주어졌던 시각장과는 다른 모습을 보이는 시각장이 경험된다.

(2) 신체분석의 근본구도에 있어 후설의 발생적 현상학과 메를로-퐁티의 지각의 현상학의 유사성

지금까지 우리는 후설이 현상학을 전개하면서 신체를 구성된 신체와 구성하는 신체로 나누어 분석하고 있다는 사실을 살펴보았다. 그런데 이러한 후설의 분석은 여러 가지 점에서 『지각의 현상학』에 나타난 신체에 대한 메를로-퐁티의 분석과 유사성을 보이고 있다. 그러면 양자 사이의 유사성을 다음 세 가지로 나누어서 살펴보기로 하자.

①후설이 신체를 구성하는 신체와 구성된 신체로 나누어 분석하고 있는 것과 마찬가지로 메를로-퐁티 역시 지각의 현상학을 전개하면서 신체를 두 가지로 나누어 분석하고 있다.『지각의 현상학』1부의 1장 '대상으로서의 신체와 기계론적 생리학'에 대한 논의와 2장 '신체경험과 고전적 심리학'에 대한 논의는 구성된 신체에 대한 분석에 해당하며, 거기에 이어 3장 '고유한 신체의 공간성과 운동성'에 나오는 '고유한 신체'에 대한 논의는 구성하는 신체에 대한 분석에 해당한다고 할 수 있다. 이 점과 관련해 유의해야 할 점은 고유한 신체에 대한 논의가『지각의 현상학』1부 3장에서 처음으로 시작되는 것이 아니라, 이미 1장과 2장에서 기계론적 생리학과 고전적 심리학을 비판하는 과정에서 시작되고 있다는 사실이다. 메를로-퐁티는『지각의 현상학』1부 1장과 2장에서 기계론적 생리학과 고전적 심리학을 비판적으로 검토하면서, 구성된 신체에 대해서뿐 아니라 구성하는 신체에 대해서도 함께 논의하고 있다. 이 점과 관련해 우리는 앞서 기계론적 생리학이 다루는 신체와 고전적 심리학이 다루는 심리현상의 진상이 실존이라는 사실을 살펴보았다.

②그런데 구성된 신체에 대한 후설의 분석과 메를로-퐁티의 분석 사이에는 여러 가지 점에서 유사성이 존재한다. 실제로 구성된 신체에 대한 후설의 분석들 중에는 정확하게 메를로-퐁티가 언급하고 있는바 신체에 대한 기계론적 생리학적 분석과 고전적 심리학적 분석에 대응하는 것들이 있다.

우선 후설이 언급하고 있는 구성된 신체를 다루는 학문 중에는 메를로-퐁티가 비판적으로 언급하고 있는 기계론적 생리학에 대응하는 것이 존재한다. 앞서 살펴보았듯이 일상적인 삶의 태도에서 사물적 대상으로 경험된 신체는 우리가 자연과학적 태도를 취하면 자연과학적 대상 중 하나로 경험된다. 그 이유는 이 경우 신체가 구체적으로 "자연적 인과연관의 한 항으로서의 신체"(*Hua* IV, 159)가 되기 때문이다. 이때 신체는 모두 물리적 대상과 동일한 성격을 지닌 것으로 탐구된다. 이와 같이 신체를 물리적 대상과 동일한 성격을 지닌 것으로 간주하면서 '자연적 인과연관의 한 항으로서의 신체'를 분석하는 학문 중 하나가 다름 아닌 메를로-퐁티가 언급하고 있는 기계론적 생리학이다. 물론 기계론적 생리학 이외에도 '자연적 인과연관의 한 항으로서의 신체'를 분석하는 학문들이 존재한다. 그 대표적인 예로는 신경과학·뇌과학 등을 들 수 있다.

더 나아가 후설이 언급하고 있는 구성된 신체를 다루는 학문 중에는 메를로-퐁티가 언급하고 있는 고전적 심리학에 대응하는 것이 존재한다. 이 점과 관련해 우리는, 앞서 4장에서 살펴보았듯이, 메를로-퐁티가 신체에 대한 고전적 심리학적 분석의 결과로 다음 네 가지를 제시한다는 사실에 유의할 필요가 있다. 첫째, 나의 신체는 나로부터 멀어질 수 없으며, 따라서 나는 나의 신체에 대한 '완전한 구성'을 기대할 수 없다. 둘째, 신체는 여타의 외적 대상들과 달리 '이중감각'을 가지고 있다. 셋째, 외적 대상이 단순히 표상된 대상인 데 반해 우리의 신체는 '감응력을 지닌 대상'이다. 넷째, 우리의 신체는 신체 이외의 대상과는 달리 '운동감각'을 가지고 있다.

메를로-퐁티가 제시하는 이러한 네 가지 특징은 『이념들 II』의 구성된 신체를 다루는 부분에서 대부분 다루어지고 있다. 첫째, 나의 신체는 나로부터 멀어질 수 없으며, 따라서 나는 나의 신체에 대한 완전한 구성을 기대할 수 없다는 생각은, 앞서 살펴보았듯이, 『이념들 II』에 그대로 나오는 내용이다. 나의 신체에 대한 완전한 구성을 기대할 수 없다고 하는 『지각의 현상학』의 구절은 나의 신체가 "주목할 만큼 불완전하게 구성된 사물"(*Hua* IV, 159)이라고 한 『이념들 II』의 구절과 정확하게 대응한다. 둘째, 우리의 신체는 이중감각을 가지고 있다는 생각도 『이념들 II』에 그대로 등장한다.(예를 들어 *Hua* IV, 144ff.) 셋째, 우리의 신체가 '감응력을 가진 대상'이라는 생각도 『이념들 II』에서 확인할 수 있다.[6] 마지막으로 우리의 신체는 운동감각을 가지고 있다는 생각은, 뒤에서 자세하게 논의하겠지만, 후설의 발생적 현상학의 핵심적인 내용 중 하나다.

그러나 이 마지막 문제는 다소 오해의 소지가 있기 때문에 약간의 해명이 필요하다. 우리는 앞서 운동감각의 문제를 구성하는 신체를 해명하는 대목에서 살펴보았다. 이 점과 관련하여 혹자는 후설이 운동감각의 문제를 구성하는 신체와 관련하여 다루고 있고 메를로-퐁티는 동일한 문제를 구성된 신체와 관련하여 다루고 있기 때문에, 운동감각이 고전적 심리학의 주제인지 아니면 철학의 주제인지에 관해 후설과 메를로-퐁티가 견해를 달리하고 있다는 견해를 피력할 수도 있다. 그러나 이 점에 대해서 양자 사이의 견해 차이는 존재하지 않는다. 이 점을 이해하기 위해서 우리는 우선 운동감각이 자연적 태도와 초월론적 현상학적 태도 등 두 가지 태도에서 분석될 수 있으며, 그것이 자연적 태도에서 분석될 경우 심리학의 주제가 되며, 초월론적 현상학적 태도에서 분석될 경우 초월론적 현상학의 주제가 된다는 사실에 유의할 필요가 있다. 실제로 후설은 물론이고 메를로-퐁티도 운동감각을 심리학의 주제뿐 아니라 초월론적 철학의 주제로 간주하고 있다. 우선 후설의 경우 운동감각을 구성하는 신체를 다루는 맥락에서뿐만 아니라 구성된 신체를 다루는 맥락에서도 분석하고 있다고 할 수 있는데, 그 이유는 그가 구성된 신체에 속하는 위치감각을 분석하고 있으며 이러한 위치감각에는 운동감각도 속하기 때문이다. 다른 한편 메를로-퐁티는 『지각의 현상학』 1부 2장에서 운동감각을 고전적 심리학의 주제로 언급하고 있지만, 실제로 그는 그 이후에 진행되는 논의에서 운동감각을 구성하는 신체의 기능으로도 분석하면서 그것을 초월론적 현상학으로서의 지각의 현상학의 주제로서 분석하고 있다.

---

6) 후설은 신체가 지닌 "민감성"(Reizbarkeit, *Hua* IV, 157), 즉 감응력에 대해 언급하고 있다.

③더 나아가 구성하는 신체에 대한 후설과 메를로-퐁티의 분석 사이에는 여러 가지 점에서 유사성이 존재한다. 우리는 뒤에서 양자 사이에 존재하는 유사성을 자세하게 살펴볼 것이다. 양자 사이의 유사성을 해명하는 일은 이 책의 중요한 목표 중 하나이기도 하다. 그러나 여기서는 우선 양자 사이의 유사성과 관련해 메를로-퐁티가『이념들 II』에서 논의된 구성하는 신체의 네 가지 특징을 그대로 받아들이면서 고유한 신체에 대한 논의를 전개하고 있다는 사실을 살펴보기로 하자.

첫째, 후설에 따르면 신체는 지각을 위한 "방향 설정 영점의 담지자"(Hua IV, 56)이며 신체는 모든 지각작용이 이루어질 때 "그로부터 시작하여 순수자아가 공간과 전체 감각세계를 직관하는바 여기와 지금"(Hua IV, 56)의 특성을 가지고 있는데, 이 점에 있어서는 메를로-퐁티의 경우도 마찬가지다. 메를로-퐁티는『지각의 현상학』의 여러 곳에서 이 점을 언급하고 있는데, 가장 대표적인 예는 2부의 도입부이다. 거기서 메를로-퐁티는 신체를 방향 설정 영점의 담지자라고 부르지는 않지만, 방향 설정 영점의 담지자로서의 신체와 그를 통해 주어지는 세계에 대해 다음과 같이 기술하고 있다.

"고유한 신체는 심장이 유기체 안에 있듯이 세계 안에 있다. 그것은 시각적인 풍경을 지속적으로 살아 있도록 한다. 그것은 이 풍경에 생기를 부여하고 그것을 내적으로 양육하며, 그와 더불어 하나의 체계를 형성한다. 내가 아파트 안에서 걸어다닐 때 그것이 나에게 자신을 보여주는바 다양한 측면들은, 만일 이 측면들 각각이 여기서 또는 저기서 시각적으로 경험된 아파트라는 사실을 내가 모른다면, 또한 내가 내 자신의 고유한 운동에 대한 의식과 이 운동의 여러 위상들을 관통해 동일한 것인 나의 신체에 대한 의식을 가지고 있지 않다면, 동일한 사물의 다양한 프로필로 나에게 제시되지 않을 것이다. 나는 분명히 생각 속에서 아파트 위로 날아올라갈 수 있고, 그에 대해 상상하거나 그 설계도를 종이 위에 그릴 수 있다. 그러나 그때도 나는 신체경험의 매개가 없이는 대상의 통일성을 인식하지 못할 것인데, 그 이유는 내가 설계도라고 부르는 것은 더 넓은 관점 이외의 것이 아니기 때문이다. 그것은 저 높은 데서 바라본 아파트이며, 내가 모든 습관적인 관점들을 그 안에 요약할 수 있다면 그것은 동일한 육화된 주체가 위치를 옮겨가면서 각기 다른 다양한 관점에서 볼 수 있다는 사실을 안다는 조건에서 가능하다."(PP, 235)

둘째, 후설은 신체가 "모든 지각의 수단"(Hua IV, 56), 즉 "지각기관"(Hua IV, 56)이기 때문에 신체란 그를 통해 모든 감각대상 및 감각의 세계가 현출할 수 있는 수단이라고 말한다. 그런데 이러한 사실은 메를로-퐁티의 지각의 현상학에서는 하나의 자명한 공리처럼 통하는 진리라 할 수 있다. 앞서 4장 4절에서 '후설의 정적 현상학에 대한 메를로-퐁티의 비판'을 살펴보는 자리에서 논했듯이, 메를로-퐁티에 따르면 맹인의 지팡이가 맹인의 지각수단인 것과 마찬가지로 신체는 우리의 지각의 수단이다.

셋째, 후설에 따르면 신체는 키네스테제의 주체로서 감성적 종합을 위해 결정적인 역할을 담당한다. 키네스테제는 재현적 감각을 위한 동기역할을 담당하기 때문이다. 그런데 메를로-퐁티의 경우에도 키네스테제는 재현적 감각의 동기역할을 하는 것으로 간주된다. 메를로-퐁티는 앞의 인용문에서 "나의 신체경험의 매개가 없이는 대상의 통일성을 인식하지 못할 것이다"라고 말하고 있는데, 여기서 그는 나의 신체경험, 즉 키네스테제가 재현적 감각의 동기역할을 담당하는 것으로 간주하고 있다.

넷째, 후설에 따르면 신체는 그와 결부된 두 가지 '감각', 즉 재현적 감각과 키네스테제 때문에 "공간적 세계의 구축"(Hua IV, 57)을 위해 결정적인 역할을 담당한다. 이 점에 있어서는 메를로-퐁티도 마찬가지다. 우리는 이미 5장에서 이 점을 충분히 살펴보았다. 앞서 살펴보았듯이, 메를로-퐁티에 따르면 키네스테제는 공간구성을 위해 결정적인 역할을 수행한다.

2) 메를로-퐁티의 신체도식과 후설의 키네스테제의 총체적 체계

그러면 이제 고유한 신체의 문제를 중심으로 후설의 발생적 현상학과 메를로-퐁티의 지각의 현상학 사이에 존재하는 유사성을 살펴보기로 하자. 앞서 살펴보았듯이, 메를로-퐁티의 지각의 현상학에 나타난 고유한 신체에 대한 논의에서 가장 핵심적인 위치를 차지하는 것은 신체도식이다.『지각의 현상학』1부 '신체'에 관한 논의 중에서 3장 '고유한 신체의 공간성과 운동성' 이후에 등장하는 성적 존재로서의 신체, 표현으로서의 신체와 말 등에 대한 논의는 모두 고유한 신체에 대한 논의의 각론에 해당한다고 할 수 있다. 그러면 신체도식의 문제와 관련해 후설의 발생적 현상학과 메를로-퐁티의 지각의 현상학 사이에 존재하는 유사성을 살펴보자.

앞서 5장에서 살펴보았듯이, 신체도식은 주체가 자신의 신체의 여러 부분들의 위치를 암묵적인 양상에서 통일적으로 의식하면서 그것들을 통합시켜 그때마다 주어진 어떤 목표를 달성할 수 있는 실천적 능력을 뜻한다. 그런데 후설 역시, 비록 신체도식이라는 표현을 사용하고 있지는 않지만, 신체를 분석하면서 메를로-퐁티의 신체도식과 유사한 사태를 분석하고 있다. 그런데 여기서 메를로-퐁티의 신체도식과 유사한 사태란 다름 아닌 후설이 그의 발생적 현상학적 분석을 심화시켜가면서 후기 철학에서 분석하고 있는 "키네스테제의 총체적 체계"(das Totalsystem der Kinästhese, *Hua* XV, 295)이다.

후설의 '키네스테제의 총체적 체계'가 메를로-퐁티의 신체도식과 유사한 것이라는 사실을 살펴보기 전에 우선 키네스테제라는 개념 정의를 하고 시작하기로 하자. 앞서 우리는 구성하는 신체의 문제를 검토하면서 후설과 더불어 신체운동에 대한 감각을 지칭하기 위하여 운동감각이라는 개념을 사용했다. 거기서 살펴보았듯이, 후설은 운동감각이라는 개념이 대상의 운동에 대한 감각으로 오해될 소지가 있기 때문에 운동감각 대신 '키네스테제적 감각'이라는 개념을 쓸 것을 제안한다. 그러나 우리는 다양한 차원의 신체의 운동과 더불어 다양한 차원의 신체의 운동에 대한 다양한 의식이 존재하기 때문에 키네스테제적 감각이라는 개념 역시 이처럼 다양한 차원의 신체의 운동에 대한 다양한 차원의 의식을 총체적으로 지칭하기에 적절한 개념이 아니라고 생각한다. 예를 들어 우리는 자신의 신체운동에 대해 감각적인 의식, 즉 키네스테제적 감각뿐 아니라 지각적인 의식도 가질 수 있으며, 이러한 지각적인 의식을 지칭하기 위하여 키네스테제적 감각이라는 개념을 사용하는 것은 적절하지 않다. 따라서 우리는 이제부터 다양한 차원의 신체운동에 대한 다양한 차원의 의식 전체를 지칭하기 위하여 키네스테제라는 개념을 사용하고자 한다. 물론 논의 전개를 위해 필요할 경우 우리는 예외적으로 키네스테제적 감각 또는 운동감각 등의 개념도 사용할 것이다.

이제 후설의 '키네스테제의 총체적 체계'가 메를로-퐁티의 신체도식과 유사한 것이라는 사실을 살펴보기로 하자. 우리는 『사물과 공간』에서 수행되고 있는 키네스테제에 대한 분석이 그 후 어떻게 수정되어나가는지 살펴보면서 후설의 '키네스테제의 총체적 체계'가 메를로-퐁티의 신체도식과 유사한 것이라는 사실을 해명하고자 한다.

후설이 『사물과 공간』에서 키네스테제에 대한 분석을 수행하면서 주로 초점을 맞추고 있는 것은 키네스테제가 감각장과 선경험적 공간성의 구성을 위해 어떤 역할을 수행하는지 하는 점이다. 그 핵심적인 내용은 키네스테제가 감각장의 구성을 위해 동기역할을 담당한다는 사실, 다시 말해 키네스테제가 없이는 감각장이 우리에게 주어질 수 없으며 감각장이 주어지는 다양한 방식은 키네스테제의 방식에 의존해 있다는 사실 및 이처럼 감각장이 구성됨에 따라 그와 더불어 "선경험적인 연장성"(*Hua* XVI, 164), 즉 선경험적 공간성이 구성된다는 사실이다.

우선 지적하고 넘어가야 할 것은 『사물과 공간』에서 분석되고 있는 키네스테제가 메를로-퐁티의 신체도식으로 발전할 수 있는 가능성을 가지고 있다는 사실이다. 이 점과 관련해 우리는 저 키네스테제가 메를로-퐁티의 신체도식과 마찬가지로 '자신의 신체운동에 대한 의식'을 하나의 요소로 가지고 있다는 사실에 유의할 필요가 있다.[7] 그럼에도 불구하고 『사물과 공간』에서 분석되고 있는 키네스테제는 메를로-퐁티의 신체도식과 비교해볼 때 다음 여러 가지 점에서 한계를 지니고 있다.

첫째, 『사물과 공간』에서 분석되고 있는 키네스테제는 감각의 동기토대로서 작동하는 키네스테제이며, 그것은 철두철미 감각적 체험의 층에 속하는 것으로서 분석되고 있다. 그러나 메를로-퐁티의 신체도식은 단지 감각적인 체험의 층에 속하는 것뿐 아니라, 지각의 층을 비롯해 발생적으로 더 높은 다양한 차원의 체험의 층에서도 부단히 자신의 기능을 수행하는 것이다. 말하자면 『사물과 공간』의 키네스테제가 감각적 체험의 층에서만 작동하는 것인 데 반해 메를로-퐁티의 신체도식은 육화된 주관의 모든 체험의 층에서 작동하는 것이다.

둘째, 『사물과 공간』에서 분석되고 있는 키네스테제는 자신의 신체의 운동에 대한 의식을 뜻하며, 그러한 점에서 그것은 의식을 자신의 요소로 가지고 있고, 따라서 메를로-퐁티의 신체도식과 상통하는 점이 있다. 그럼에도 불구하고 『사물과 공간』에서 분석되고 있는 키네스테제의 한 요소인 의식은 메를로-퐁티의 신체도식의 한 요소인 의식과는 다른 것이다. 후자는 주체가 자신의 신체부위에 대해 가지고 있는 실천적인 앎인데 반해 전자는 실천적인 앎으로 규정되어 있지 않기 때문이다. 메를로-퐁티가 신체도식을 분석하면서 실천적 능력을 강조하고 있는 것과는 달리 후설은 『사물과 공간』에서 키네스테제를 분석하면서 그것이 가지고

---

7) 앞서 살펴보았듯이, 후설은 이 점과 관련해 운동감각으로서의 키네스테제가 "스스로 움직이는 것"(*Hua* XVI, 161)과 관계를 맺고 있다고 말한다.

있는 실천적인 능력을 부각시키지 않고 있다.

셋째,『사물과 공간』에서 분석되고 있는 키네스테제는 개별적인 감각대상 또는 감각장의 경험을 위한 동기토대로서 작동하고 있다. 이와는 달리 메를로-퐁티의 신체도식은 단지 개별적인 감각장의 경험을 위한 동기토대의 역할만을 하는 것이 아니다. 그것은 감각장의 총체, 즉 감각세계 전체의 경험을 위한 동기토대의 역할을 수행하는 것이며, 더 나아가 지각의 세계를 비롯해 감각의 세계 위에 구축되는 모든 유형의 세계경험을 위한 동기토대의 역할을 수행하는 것이다.

지금까지의 논의를 통해서 알 수 있듯이,『사물과 공간』에서 선보인 키네스테제에 대한 분석은 메를로-퐁티의 신체도식에 대한 분석과 비교해볼 때 여러 가지 점에서 한계를 가지고 있다. 그런데 후설은『사물과 공간』에 대한 강의 이후 거기서 선보인 키네스테제에 대한 분석이 가지고 있는 여러 가지 한계를 극복하면서 키네스테제에 대한 새로운 분석을 수행하고, 그를 통해 메를로-퐁티의 신체도식에 대응하는 '키네스테제의 총체적 체계'를 분석하는데, 이제부터 이 점을 살펴보기로 하자.

첫째,『사물과 공간』에서 키네스테제에 대한 분석이 주로 초점을 맞추고 있는 것이 키네스테제가 감각장과 공간구성을 위해 어떤 기능을 수행하는지 하는 점이기 때문에 키네스테제에 대한 분석 역시 그 문제에 초점을 맞추어 수행되고 있으며, 따라서『사물과 공간』에서 키네스테제의 정체에 대한 이해는 충분하지 않다고 할 수 있다. 이 점과 관련해 필자가 지적하고 싶은 것은『사물과 공간』에서 키네스테제는 일종의 감각으로 이해되고 있다는 사실이다. 거기서 후설은 감각으로서의 키네스테제를 "운동감각"(Bewegungsempfinding, *Hua* XVI, 160) 또는 "키네스테제적 감각"(kinästhetische Empfindung, *Hua* XVI, 159)이라 부르고 있다. 여기서 후설이 키네스테제를 '감각'이라고 부르는 이유는 키네스테제를 수행하는 주체가 그에 대해 "감각적 차원에서 의식하고 있다"는 사실을 표현하기 위해서라고 할 수 있다.

『사물과 공간』에서 분석되고 있는 키네스테제가 "표출적 감각"(darstellende Empfindung, *Hua* XVI, 159)을 가능하게 해주는 것이기 때문에, 그것은 표출적 감각이 그렇듯이 감각의 차원에 있는 것이며, 따라서 그것을 감각적 키네스테제 또는 키네스테제적 감각이라 부르는 것은 정당한 일이다. 그러나 여기서 유의해야 할 점은 감각적 키네스테제 또는 키네스테제적 감각이 키네스테제와 동일한 개념으로 사용될 수 없다는 사실이다. 그 이유는, 앞서 살펴보았듯이, 키네스테제란 다양한 차원의 주관적인 신체운동에 대한 다양한 차원의 의식을 포괄하는 것이며, 그중에서는 감각적인 차원을 넘어서는 지각적인 차원의 키네스테제, 더 나아가 능동적인 차원의 키네스테제도 있기 때문이다.

실제로 후설은 『사물과 공간』을 집필한 이후에 발생적으로 서로 다른 차원의 키네스테제를 구별하면서 그에 대해 분석하고 있다. 예를 들어 그는 이미 『이념들 II』에서 신체를 "두 개의 층을 가진 실재"(*Hua* IV, 284)로 규정하면서 '감각하는 것'인 '감각적 신체'와 '자유롭게 움직이는 것'인 "의지적 신체"(*Hua* IV, 284)를 구별하고 있다. 여기서 서로 구별되는 신체의 두 층에 서로 구별되는 두 차원의 키네스테제가 대응함은 물론이다. 그는 1930년대에 집필된 한 후기 유고에서 키네스테제의 층을 더 자세하게 나누면서 다양한 층의 키네스테제의 존재에 대해 다음과 같이 적고 있다. "현실적인 경과 양상 속에서의 키네스테제, 적극적인 행위 속에서의 키네스테제, 수동적인(자아적으로 수동적인) 사건 속에서의 키네스테제 비의지적인 키네스테제, 즉 밀려감 속에서의 키네스테제."(D 12 V, 10-11) 그는 이 유고에서 가장 수동적인 차원에서 수행되는 키네스테제를 "근원적인 키네스테제"(C 11 IV, 10)라고 부른다.

이처럼 후설은 다양한 차원의 키네스테제의 존재를 인식하고 그에 대해 분석하면서 신체도식에 대한 메를로-퐁티의 분석과 유사한 방향으로 나아가고 있다.

둘째, 그런데 이처럼 다양한 차원의 키네스테제는 의식을 포함하고 있다. 바로 이러한 이유에서 후설은『수동적 종합에 대한 분석』에서 키네스테제를 분석하는 과정 중 그가 이전에 키네스테제적 감각이라고 불렀던 것 속에 들어 있는 감각을 '의식'이라고 부르면서 '나의 눈의 위치에 대한 의식' 또는 "내가 자유롭게 사용할 수 있는 가능한 눈의 위치들의 전체 체계에 대한 의식"(*Hua* XI, 14) 등에 대해 언급한다. 그런데 앞서 논의되었듯이, 다양한 차원의 키네스테제가 존재하며 이처럼 다양한 차원의 키네스테제 속에는 각기 다른 다양한 차원의 의식이 포함되어 있다.

그러나 우리는 여기서 키네스테제에 포함되어 있는 의식의 정체를 올바로 이해해야 한다. 흔히 의식이라 하면 앎의 작용을 뜻한다. 예를 들어 내가 무엇인가 의식하고 있다고 할 경우 '의식'은 '앎'과 동의어로 사용된다. 후설의 경우에도『논리연구』와『이념들 I』에서 지향성을 '무엇에 관한 의식'으로 규정할 때 '의식'은 '객관화적 작용'으로서의 '앎의 작용'을 뜻하는 것이었다. 그러나 키네스테제를 수반하는 의식은 단순한 앎의 작용을 의미하는 것이 아니다. 그러면 키네스테제를 수반하는 의식은 구체적으로 무엇을 뜻하는가? 이 점을 이해하기 위해서 우리는 키네스테제의 정체를 다시 한 번 살펴볼 필요가 있는데, 후설은 이에 대해『수동적 종합에 대한 분석』과 1910년대에 집필된 한 유고에서 다음과 같이 적고 있다.

"키네스테제의 모든 계열은 감각자료의 계열과는 전혀 다르게 고유한 방식으로 전개된다. 그것은 내가 자유롭게 처분할 수 있는 것으로서, 자유롭게 끝맺고 자유롭게 다시 시작할 수 있는 것으로서, 근원적으로 주관적으로 실현시킬 수 있는 것으로서 전개된다. 이처럼 실제로 고유한 방식으로 신체운동의 체계는 의식의 관점에서 주관적으로 자유로운 체계로서 특징지어진다. 나는 저 체계를 자유로운 '나는 할 수 있다'라는 의식

속에서 두루두루 거쳐나갈 수 있다."(*Hua* XI, 14)

"저 거쳐나감이 종종 나타나면 위치와 나는 할 수 있음에 대한 의식, 즉 내가 임의로 처분할 수 있는 체계라는 생각이 생겨난다. 나는 어떤 임의의 Mb를 표상할 수 있고 바로 지금 현실적인 Ma로부터 Mb로 이행해갈 수 있으며 그 반대도 마찬가지다. 나는 질서정연한 체계 안에서 Ma에 대해 파악하고 있다. 나는 운동체계를 알며 그 안에서 계열들을 추적하는 등의 일을 할 수 있는데, 이 체계는 내가 임의로 처분할 수 있는 체계, 현존하는 가능성들의 체계이다. 이러한 경험에 따르면 '나는 있다'라는 사실 속에 '나는 할 수 있다'라는 사실이 속한다."(*Hua* XIII, 355)

이 두 개의 인용문이 보여주듯이, 키네스테제 속에 들어 있는 의식은 단순한 앎의 작용을 의미하는 것이 아니라 근원적으로는 신체운동을 통해 무엇을 할 수 있다는 사실에 대한 실천적 의식, 즉 신체를 움직일 수 있다는 사실에 대한 실천적 의식을 의미한다. 이와 관련해 후설은 "힘의 '긴장'의 계기"(*Hua* XXXIX, 397)가 키네스테제의 한 요소라고 말하고 있다. 이처럼 후설의 키네스테제가 "힘의 '긴장'의 계기"를 포함하는 실천적 의식을 뜻하기 때문에 우리는 후설의 키네스테제를 "실천적 가능성"(*Hua* IV, 258; *Hua* XXXIX, 543)에 대한 실천적 의식으로 규정지을 수 있을 것이다.

이처럼 후설의 경우 키네스테제가 실천적 가능성에 대한 실천적 의식으로 규정되면서 그것은 메를로-퐁티의 신체도식과 유사성을 보이게 된다. 앞서 살펴보았듯이, 메를로-퐁티의 경우에도 신체도식은 단순한 앎이 아니라 주체의 실천적 능력을 뜻하는 것이기 때문이다.

셋째, 『사물과 공간』에서는 개별적인 감각장 또는 감각대상의 구성을 위한 동기토대로서 작동하는 키네스테제가 주로 분석되고 있으며 메를로-퐁티의 신체도식처럼 세계 전체의 구성을 위한 동기토대로서 작동하는 키네스테제는 본격적으로 분석되지 않고 있다. 후설은 『사물과 공간』

이후에 집필된 저술에서 이러한 문제점을 인식하고 그것을 극복하는 방향으로 키네스테제에 대한 분석을 수행하고 있다. 후설은 이미 『사물과 공간』에서 그 어떤 키네스테제도 다른 키네스테제로부터 독립하여 단독으로 존재할 수 없으며, 모든 키네스테제는 하나의 키네스테제적인 체계 속에서만 존립할 수 있다는 사실을 직시하고 키네스테제를 분석하면서 "키네스테제적 체계"(*Hua* XVI, 154ff.)라는 개념을 사용한다. 그런데 여기서 우리가 유의해야 할 점은, 서로 구별되는 다양한 유형의 키네스테제가 존재하기 때문에 한 가지 유형의 키네스테제적 체계가 아니라 다양한 유형의 키네스테제적 체계들이 존재하며, 더 나아가 이처럼 다양한 유형의 키네스테제적 체계들 역시 그것들 모두를 포괄하는 하나의 총체적인 키네스테제적 체계 안에서만 존재할 수 있다는 사실이다.

후설은 『사물과 공간』에 대한 강의에서도 모든 키네스테제 및 키네스테제적 체계들이 총체적인 키네스테제적 체계 안에서만 존재할 수 있다는 사실을 직시하였다. 이 점과 관련해 그는 "키네스테제적인 눈 운동들과 키네스테제적인 머리 운동들 그리고 서로 다른 체계들의 키네스테제적 감각들이 서로 연결되어 있다"(*Hua* XVI, 171)는 사실이 명백하다고 말하고 있다. 그럼에도 불구하고 그는 모든 키네스테제들 및 키네스테제의 체계들이 서로 연결되어 있으며 총체적인 키네스테제적 체계 안에서만 존재할 수 있다는 사실에 특별한 주의를 기울이지 않으면서 그에 대해 분석하지 않는다. 이 점과 관련해 그는 "다른 한편 그것들은 나누어져 있고, 적어도 정상적으로는 늘 어떤 것으로부터 다른 것으로 이행해가지 않는다"(*Hua* XVI, 171)고 말하면서, 마치 모든 키네스테제들 및 키네스테제의 체계들이 서로 연결되어 있으며 총체적인 키네스테제적 체계 안에서만 존재할 수 있다는 사실이 필연적인 것이 아니라 우연적인 것처럼 기술하며 키네스테제의 핵심적인 내용을 간과하고 있다. 그러나 그는 후기 유고들에서 모든 키네스테제들 및 키네스테제의 체계들이 서로

연결되어 있으며 총체적인 키네스테제적 체계 안에서만 존재할 수 있다
는 사실을 하나의 필연적인 사실로 간주하고, 그에 대해 체계적으로 분
석하려 하고 있다. 예를 들어 그는 1920년대 이후에 집필된 글들에서 다
양한 유형의 키네스테제적 체계들 모두를 포괄하는 "키네스테제의 총
체적 체계"(*Hua* XV, 295), "키네스테제적 체계의 통일성"(die Einheit des
kinästhetischen Systems, *Hua* XXXIX, 397) 등에 대해 언급하면서 그에 대해
다음과 같이 적고 있다.

"이처럼 나의 행위는 다양하고 친숙한 키네스테제들의 체계들 안에서
존재하는데, 이 체계들은 […] 스스로 조합된 전체 체계 안으로 결합된
다."(*Hua* XXXIX, 365)

그런데 '키네스테제의 총체적인 체계', '키네스테제적 체계의 통일성'
에 대한 구상은 이미 1920년대에 집필된 『수동적 종합에 대한 분석』에도
등장하는데, 거기서 후설은 다음과 같이 적고 있다.

"신체는 지속적으로 지각기관으로서 함께 기능하며, 이 경우 서로서로
조율된 지각기관들의 전체적인 체계로서 그 자체로 거기에 참여한다. 신
체는 자체상 지각기관으로서 특징지어진다. 우리는 이 경우 그것을 주관
적으로 움직일 수 있고 지각하는 행위 안에서 주관적으로 움직이는 신체
로서 순수하게 고찰한다. 이러한 관점에서 그것은 지각된 공간사물로 고
찰되는 것이 아니라, 오직 '운동감각'의 체계와 관련하여 고찰된다[…]."
(*Hua* XI, 13-14)

이 인용문에 나타나 있듯이 그 어떤 키네스테제도 다른 키네스테제로
부터 독립해서 독자적으로 존재할 수 없으며, 오직 전체 키네스테제의 총
체적인 체계 안에서만 존재할 수 있다. 그런데 이 점과 관련하여 우리는
다음 두 가지 사실에 주목할 필요가 있다. 첫째, 다양한 키네스테제의 체
계들은 하나의 총체적인 체계를 이루고 있을 뿐 아니라, 그 총체적인 체
계 안에서 '서로서로 조율되어' 있다. 이 점과 관련해 후설은 방금 살펴본

인용문에서 신체는 '서로서로 조율된 지각기관들의 전체적인 체계로서' 존재한다고 말하고 있다. 이처럼 다양한 키네스테제의 체계들이 서로서로 조율되어 있다는 생각은 감각들 사이의 소통에 대한 메를로-퐁티의 분석과 맥을 같이한다고 할 수 있다. 둘째, 다양한 키네스테제의 체계들이 하나의 통일적인 체계를 이루고 있다 함은 우리 신체의 각 부분들이 전체적으로 통일을 이루고 있다는 사실, 즉 신체의 각 부분들이 종합되어 있다는 사실을 함축하고 있다. 이러한 생각은 신체도식을 해명한 후 메를로-퐁티가 발전시키고 있는 "고유한 신체의 종합"(*PP*, 173ff.)에 관한 이론과 궤를 같이한다고 할 수 있다.

그러나 다양한 개별적인 키네스테제의 체계들이 단지 총체적인 키네스테제의 체계 안에서 단순히 존재하기만 하는 것은 아니다. 그것들은 총체적인 키네스테제의 체계의 영향을 받는다. 다시 말해 통일적인 하나의 총체적인 키네스테제의 체계는 모든 개별적인 키네스테제의 체계들이 작동하기 위한 발생적 토대이며, 더 나아가 모든 개별적인 키네스테제가 작동하기 위한 발생적 토대이다. 다시 말해 그 어떤 개별적인 키네스테제와 키네스테제의 체계들도 앞서 주어진 총체적인 키네스테제의 체계가 없이는 작동할 수 없는 것이다. 이러한 점에서 총체적인 키네스테제는 모든 개별적인 키네스테제뿐 아니라 모든 개별적인 키네스테제의 체계들의 지평이라 할 수 있다. 후설은 총체적인 키네스테제 체계가 가지고 있는 지평적인 성격 및 총체적인 키네스테제 체계와 개별적인 키네스테제의 관계에 대해 다음과 같이 적고 있다.

"키네스테제들은 구체적으로 언제나 이미 복합적이며 하나의 유일한 총체적인 다양체를 형성하는데, 이 다양체는 체계적인 것으로서 우선 구성되며 그 후 모든 구체적인 복합적 키네스테제가 작동할 때 가능성의 지평으로서 그처럼 늘 의식된다."(*Hua* XXXIX, 397)

이 인용문에 나타난 '하나의 유일한 총체적인 다양체'가 다름 아닌 앞서 살펴본 총체적인 키네스테제의 체계다. 이 인용문에 나타나 있듯이, 물론 이러한 총체적인 키네스테제의 체계 역시 이전에 발생적으로 형성된 것이며 우리는 그 발생적 과정을 추적할 필요가 있다. 그런데 이처럼 앞서 발생적으로 형성된 총체적인 키네스테제는 모든 개별적인 키네스테제뿐 아니라 키네스테제의 체계들이 작동하기 위한 지평의 역할을 담당한다.

그런데 모든 개별적인 키네스테제뿐 아니라 개별적인 키네스테제의 체계들의 지평으로 기능하는 총체적인 키네스테제의 체계는 메를로-퐁티의 신체도식과 유사한 것이라 할 수 있다. 앞서 살펴보았듯이, 메를로-퐁티의 신체도식은 신체 각 부위의 위치·운동·상태 등의 전체적인 상황을 암묵적으로 알고 있으면서 세계를 향해 있고 그것을 토대로 어떤 기획을 수행할 수 있는 주체의 실천적 능력의 총체를 뜻하는데, 바로 이러한 실천적 능력의 총체가 다름 아닌 후설의 총체적인 키네스테제의 체계이기 때문이다. 이 점과 관련해 후설은 한 유고에서 다음과 같이 적고 있다.

"이 경우 모든 행위, 모든 실천에는 본질적으로 하나의 '실천적 지평', 즉 내가 지평적으로 의식된 나의 상황 속에서 내가 할 수 있는 것의 지평이 속해 있다. 이러한 '나는 할 수 있음'(Ich-kann)은 밖에서 나를 귀납적으로 관찰하는 자의 사태가 아니다[…]. 여기서 문제가 되는 것은 오히려 주어진 순간에 생동하는 '할 수 있음의 지평'(Könnenshorizont), 즉 나에게 의식된 지배의 영역(Herrschaftsbereich), 즉 나에게 잘 의식된 나의 능력인데, 그러나 그것은 작용의 형식으로 의식된 것이 아니라 지평의 형식으로 의식된 것으로서 이러한 지평이 없이는 어떤 작용도 작용일 수 없고 어떤 실천도 그 어떤 사소한 의미도 지닐 수 없다."(*Hua* XXXIX, 366-367)

그리고 이처럼 어떤 한 주체의 실천적 능력의 총체인 총체적인 키네스테제의 체계가 존재하기 때문에, 그에 대응하여 주체의 총체적인 실천의 장인 세계가 존재할 수 있는 것이다. 여기서 우리는 후설의 현상학에서 세계가 단순한 표상의 세계에 머무는 것이 아니라 근원적으로 실천적 지평이라는 사실에 유의할 필요가 있는데, 이 점에 대해 후설은 다음과 같이 적고 있다.

"그때마다 생동하는 지향성 또는 능동성 속에 서 있는 자로서의 나에 대해 그때그때마다 한 순간에서 다른 순간으로 변화해가면서 나에 대해 존재하는 세계 또는 앞서 주어진 세계인바 세계는 능력의 지평(Vermögenshorizont), 즉 암묵적인 의식의 양상에서 나에 대해 열려 있는 나의 실천적 지평으로서, 나는 그 안으로 표상해 들어가고 경험해 들어가고 생각해 들어가고 가치평가해 들어가고 일상적인 의미에서 합목적적으로 만들어가면서 행동해 들어간다. 그것은 모든 실천을 위한 지평으로서 모든 개별적인 실천은 […] 이 지평을 자신의 목적을 위해 처분하면서 사용한다. 지금 여기서 이루어지는 개별적인 실천은 바로 세계를 자신의 처분대로 사용할 수 있는 방식으로, 전형적인 의미에서 (자신의) 하나의 실천적 지평을 가지고 있다. 나는 실천적으로 실천적 길의 종착점으로서 하나의 목표를 향해 있으며, 그것은 실천적인 목표점으로서(als das praktische Woraufhin) 지평 속에 놓여 있다."(*Hua* XXXIX, 367)

여기서 우리는 후설의 키네스테제의 총체적 체계와 메를로-퐁티의 신체도식 사이에 밀접한 연관이 존재함을 다시 한 번 확인한다. 앞서 메를로-퐁티의 신체도식을 살펴보면서 지적하였듯이, "신체는 우리가 세계를 가질 수 있는 일반적 방식이다".(*PP*, 171) '신체는 우리가 세계를 가질 수 있는 일반적 방식'이라 함은 세계의 구성이 근원적으로 신체를 통해 수행됨을, 다시 말해 세계가 신체활동의 산물임을 뜻하며, 따라서 세계가 단순한 표상의 세계가 아니라 실천적 활동의 세계임을 뜻한다. 이와 마찬가지로 후설의 경우도 세계는 근원적으로 신체를 통해 구성되며, 따라서 세계 역시 단순한 표상의 세계가 아니라 근원적으로 실천적 세계이기 때문에, 우리는 후설의 키네스테제의 총체적인 체계가 다름 아닌 메를로-

퐁티의 신체도식에 대응하는 것이라는 사실을 알 수 있다.

양자 사이에 존재하는 유사성과 관련하여 우리는 메를로-퐁티의 신체가 상황 속에 존재하는 것이듯이 후설의 신체 역시 역사적이며 사회적인 상황 속에서 존재하는 것이라는 사실에 유의해야 한다. 이 점과 관련해 후설은, 앞서 살펴보았듯이, 모든 실천행위로서의 키네스테제에 속하는 실천적 지평을 구체적으로 "지평적으로 의식된 나의 상황 속에서 내가 할 수 있는 것의 지평"(*Hua* XXXIX, 366)이라고 부르고 있다. 바로 이러한 이유에서 후설은 키네스테제 및 실천적 지평 등의 문제를 해명하면서 상황이라는 현상을 분석해 들어가고 있다. 그 대표적인 예는 1931년에 집필된 "생활세계적 상황성과 역사성. 실천적 지평으로서의 상황. 고향과 타인들. 생활세계의 생동적인 현재와 그의 생동적인 과거"(*Hua* XXXIX, 542)라는 제목을 달고 있는 유고인데, 거기서 그는 상황에 대해 다음과 같이 기술하고 있다.

"상황은 생동적인 관심의 지평이며 행위하는 자의 실천적 지평이다. 그것은 그의 모든 실천적 가능성들을 함축하고 있으며, 그 자체로 생동적이며, 그럼에도 명백하게 드러나지 않은 타당성의 지평으로서, 그것은 가능성으로서 [···] (가치타당성까지 포함하여) 인간의 모든 존재타당성, 기투들 등을 포함한다[···]. 그런데 이러한 지평으로서의 상황은 더 넓은 지평들 속에 놓여 있다. 지평들도 상호침투한다."(*Hua* XXXIX, 543)

여기서 우리는 키네스테제의 총체적인 체계에 대응하는 보편적인 지평으로서의 세계가 다름 아닌 모든 상황을 포괄하는 총체적인 상황이라는 사실을 알 수 있다. 이러한 상황 속에는 역사와 전통·사회·타인·문화 등 모든 것이 함께 녹아들어가 있다. 여기서 우리는 후설의 발생적 현상학이 메를로-퐁티의 지각의 현상학과 다른 것이 아니라는 사실을 알 수 있다.[8] 메를로-퐁티의 지각의 현상학이 모든 유형의 실존철학과 마찬가지로 상황의 중요성을 강조하고 있듯이, 후설의 발생적 현상학 역시 상황을 실천적 지평으로서의 세계의 본질적인 구성요소로 간주하기 때문이다.

지금까지 우리는 메를로-퐁티의 지각의 현상학에 나타난 신체도식과 후설의 발생적 현상학에 등장하는 키네스테제의 총체적 체계 사이에 유사성이 존재한다는 사실을 살펴보았다. 양자 사이의 유사성과 관련해 우리는 다음 두 가지 사실을 지적하고자 한다.

첫째, 우리는 메를로-퐁티의 지각의 현상학의 신체도식과 후설의 발생적 현상학에 등장하는 총체적인 키네스테제 사이에 유사성이 존재한다는 사실과 관련해 후설과 메를로-퐁티 사이의 영향 관계를 검토할 필요가 있다. 이 점과 관련하여 우리는 후설이 메를로-퐁티에게 커다란 영향을 미쳤을 것으로 추측한다. 물론 후설 이외에도 형태심리학자들이 메를로-퐁티가 신체도식의 개념을 발전시켜가는 과정에서 커다란 영향을 미쳤던 것이 사실이다. 메를로-퐁티는 형태심리학 등 당대의 다양한 심리학 및 철학과 비판적으로 대결하면서 자신의 신체도식의 개념을 정립했다고 할 수 있다. 그럼에도 불구하고 우리는 이 과정에서 누구보다도 커다란 영향을 미친 것은 후설이라고 생각한다. 이 점과 관련해 우리는 메를로-퐁티가 신체도식을 주체의 능력으로 파악하지 못한 형태심리학의 신체도식 개념을 비판하면서 신체도식의 핵심이 주체의 실천적 능력이라고 생각하고 있는데, 바로 이 과정에서 그가 후설로부터 결정적인 영향을 받았으리라고 추측한다. 앞서 살펴보았듯이, 후설은 키네스테제적 의식을 주체의 실천적 가능성에 대한 실천적 의식으로 규정하고 있다. 그리고 후설이 이처럼 키네스테제를 실천적 가능성에 대한 실천적 의식으로 규정하고 있다는 사실을 그 누구보다도 더 잘 알고 있었던 사람은 바로 메를로-퐁티 자신이다. 이 점과 관련해 그는 『지각의 현상학』에서 운동지향성의 문제를 다루면서 "의식이란 근원적으로 '나는 …라고 생각한

---

8) 이 점에 대해서는 8장 3절에서 자세하게 살펴볼 것이다.

다'가 아니라, '나는 할 수 있다'이다"(PP, 160)라고 말하면서 "나는 할 수 있다"라는 구절에 주를 달아 "이 용어는 후설의 유고 안에서 흔히 사용되고 있다"(PP, 160)고 적고 있다. 이러한 사실은 후설이 유고에서 키네스테제, 실천적 가능성 등의 문제를 다루고 있다는 사실을 메를로-퐁티가 잘 알고 있었으며 그가 신체도식 개념을 정립해감에 있어 후설로부터 영향을 받았으리라는 우리의 추측을 뒷받침해준다.[9]

둘째, 메를로-퐁티는 신체도식의 문제를 해명하면서 신체도식과 관련해 신체의 공간성, 운동지향성, 지향궁 등의 현상을 분석하고 있다. 후설역시 총체적인 키네스테제의 문제를 해명하면서 신체의 공간성, 운동지향성과 더불어 메를로-퐁티의 지향궁에 대응하는 현상을 분석하고 있는데, 그 구체적인 내용은 2절에서 다루기로 한다. 우리는 2절의 첫 소절에서는 운동지향성과 지향궁 문제와 관련해서, 그리고 두 번째 소절에서는 신체의 공간성과 관련해 양자 사이에 존재하는 유사성을 살펴볼 것이다.

3) 성적 존재로서의 신체

메를로-퐁티는 『지각의 현상학』 1부 6절에서 '성적 존재로서의 신체'에 대해 다루고 있다. 성에 대한 분석이 목표로 삼고 있는 것은 "어떤 대상이나 존재자가 어떻게 욕망이나 사랑을 통해 우리에 대해 존재하게 되는지 포착하는 데"(PP, 180) 있다. 그러면 이제 '성적 존재로서의 신체' 문제와 관련해 메를로-퐁티의 지각의 현상학과 후설의 발생적 현상학이 어떤 관계에 있는지 살펴보기로 하자.

성의 문제는 메를로-퐁티의 지각의 현상학뿐 아니라 후설의 발생적 현상학에서도 중요한 위치를 차지하며 발생적 현상학에서 성의 문제를

---

9) 후설은 이미 『이념들 II』에서 "나는 할 수 있다"(Hua IV, 257ff.)라는 현상을 분석하고 있다.

분석하는 동기도 지각의 현상학의 경우와 마찬가지로 세계 및 세계 내 대상의 발생구조를 해명하기 위해서다. 물론 후설이 메를로-퐁티처럼 성에 관한 상세한 분석을 수행한 것은 아니다. 그럼에도 불구하고 후설은 성을 분석하려는 시도를 하고 있는데, 그 대표적인 예는 1933년에 집필되어 『상호주관성의 현상학 III』의 34번 텍스트로 출간된 유고다. 그러면 이 유고에 나타난 성적 충동에 대한 후설의 분석을 살펴보자. 거기서 후설은 우선 성적 충동에 대해 다음과 같이 적고 있다.

"생식의 내면적인 것. 다른 성을 향한 충동. 한 개인에게 있는 충동과 다른 개인에게 있는 그에 상응하는 충동. 충동은 자신의 대상을 아직 자신이 향하고 있는 것으로서 자신[의 의식] 안에 가지고 있지 않은 비규정적인 허기의 상태에 있을 수 있다. 일상적인 의미의 허기는, 그것이 어떤 음식을 향할 때 규정적인 것이다[…]. 그 촉발하는, 자극하는 목표가 규정적인 방향 속에 있는 성적 허기의 경우 목표는 타인이다. 이러한 특정한 성적 허기는 교합의 양상에서 충족의 형태를 가진다. 충동 속에 타인으로서의 타인에 대한, 그리고 그의 상관적인 충동에 대한 관계가 놓여 있다. 하나의 충동과 또 다른 충동은 억제·싫어함 등의 양상, 즉 변양태를 가질 수 있다. 그러나 그 근원 양상에서 그것은 바로 '아무런 주저함도 없는' 양상화되지 않은 충동으로서 이것은 그때마다 타인을 향해 나아간다[…]."(*Hua* XV, 594)

여기서 알 수 있듯이 후설은 성적 충동의 여러 가지 양상에 대해 기술하고 있다. 이처럼 성적 충동의 양상에 대해 기술한 후 그는 다음 세 가지 사실을 논의한다.

첫째, 후설은 성적인 충족의 경우 두 성적 파트너의 원초적인 영역이 서로 분리되어 존재하는 것이 아니라, "충족의 뒤섞임"(*Hua* XV, 594)을 통해 하나의 통일체를 이루고 있다는 사실을 지적하고 있다. 이어 그는 만일 내가 이러한 사실을 원초적으로 해석하면서 이해할 경우 이러한 이해의 가능성이 어디에 토대를 두고 있는지 질문하면서, 그와 관련해 내가 "성적인 인간"(*Hua* XV, 594)이기 때문에 그런 일을 할 수 있다고 말하고 있다. 말하자면 성적인 인간만이 성적인 세계에 대해 알 수 있다는 것이다. 이는 성적 인간으로서의 정체성이 성적인 세계의 이해를 위해 중요한 역할을 함을 뜻한다.

둘째, 그 다음 후설은 타인을 향한 성적 충동까지 포함하여 성숙한 인간의 다양한 충동지향성이 전 단계의 충동지향성을 가질 수 있는지 질문을 던지고 있다. 이것은 세계의 발생적 과정과 관련된 질문인데, 성숙한 인간의 충동지향성에는 성숙한 인간의 세계가 대응하듯이 이전 단계의 충동지향성에는 그러한 단계의 세계가 존재하기 때문이다.

셋째, 이와 같은 문제를 논의한 후 후설은 "원초성의 영역은 충동체계다"(*Hua* XV, 594)라고 주장하고 있다. 이러한 후설의 주장은 모든 원초적인 세계가 충동을 통해 구성된 것이며, 그 원초적 세계를 토대로 구성된 모든 세계 역시 충동을 통해 채색된 세계라는 사실을 함축하고 있다.

이처럼 이 유고에서 후설은 세계의 발생적 구성, 그중에서도 상호주관적 세계구성과 관련해서 성적 충동의 문제를 해명하고자 한다. 물론 이 유고에서도 후설은 성적 충동의 문제를 상세하게 해명하고 있지 않다. 그럼에도 불구하고 우리는 성적 충동의 문제가 세계의 발생적 구성을 해명함에 있어 중요한 역할을 한다고 생각한 점에서 후설이 메를로-퐁티와 동일한 견해를 가지고 있다는 사실을 확인할 수 있다.

물론 후설은 메를로-퐁티처럼 성의 문제나 현상학과 정신분석의 관계에 대해 상세하게 분석하고 있지도 않다. 그러나 그렇다고 해서 후설의 발생적 현상학이 정신분석과 아무런 관계도 없다고 생각해서는 안 된다. 실제로 후설은 프로이트의 정신분석에 대해 알고 있었으며, 그것이 발생적 현상학을 위해 중요한 의미를 지닐 수 있다는 사실을 알고 있었다. 이점과 관련해 그는 『위기』에서 "성의 문제"(*Hua* VI, 192), "오늘날 그처럼 많이 논의되고 있는 '무의식의 문제'"(*Hua* VI, 192)가 초월론적 현상학을 위해 중요한 역할을 할 수 있다는 사실을 지적하고 있다. 그는 이미 『이념들 II』에서도 "동기로서의 연상"(*Hua* IV, 222)의 문제를 다루면서 정신분석에 대해 다음과 같이 언급하고 있다.

"더 나아가 여기에는 연상과 습성의 전체 영역이 속한다. […] 그 속에 있는 개별적인 것은 어두운 심층에서 동기 지어져 있고 그 '영혼적인 토대'를 가지고 있는데, 그에 대해 우리는 내가 어떻게 그곳으로 가는가, 무엇이 나를 그곳으로 데려가는가 하고 물을 수 있다. 우리가 그런 방식으로 질문을 던질 수 있다는 사실이 모든 동기 일반을 특징짓는다. '동기'는 종종 깊은 곳에 숨어 있으나, '정신분석'을 통해 그 정체가 밝혀질 수 있다. 하나의 생각이 나에게 다른 생각을 '기억하게' 하고, 지나간 체험을 기억하도록 하는 등과 같다. 많은 경우 그것은 지각될 수 있다. 대부분의 경우 동기는 의식 속에 실제로 놓여 있긴 하지만, 그러나 그것은 부각되지 않으며, 알려지지 않고, 알려질 수도 없다('무의식적이다')."(*Hua* IV, 222-223)

필자는 이처럼 후설이 중요한 것으로 의식하긴 했지만 아직 그에 대해 상세하게 분석하지 못한 성의 문제를 메를로-퐁티가 상세하게 분석하면서 현상학의 새 차원을 개척해나갔다고 생각한다. 이처럼 성의 문제를 실존적 현상학의 핵심적인 주제로 부각시켜 그에 대해 치밀하게 분석한 것은 메를로-퐁티의 고유한 철학적 업적이라 할 수 있다. 그럼에도 불구하고 우리는 이 주제와 관련해 메를로-퐁티가 후설로부터 받을 수 있었던 부분적인 영향에 대해서도 지적하고자 한다. 이 점과 관련해 우리는 앞서 살펴보았듯이, 메를로-퐁티가 후설의 여러 저작 중 특히 『이념들 II』와 『위기』를 열심히 연구했으며, 바로 이 두 저작에서 후설은 성의 문제를 심도 있게 분석하고 있지는 않지만 성의 문제가 현상학에 대해 지니고 있는 중요한 의미에 대해 언급하고 있다는 사실을 지적하고자 한다.

4) 표현으로서의 신체와 언어

언어 역시 후설의 현상학에서 중요한 위치를 차지하는 현상이다. 후설의 현상학에서 언어이론은 정적 현상학과 발생적 현상학에서 다른 형태로 전개된다. 후설은『논리연구』,『이념들 I』등 초중기 저술에서 정적 현상학의 관점에서 언어이론을 발전시켰다. 그런데 정적 현상학의 관점에서 전개된 언어이론은 메를로-퐁티가 비판적으로 고찰하는 지성주의적 언어이론과 상통하는 점이 많다. 예를 들어 지성주의적 언어이론에 따르면 언어행위란 범주적 태도를 취하는 생각하는 주체에 의하여 수행되는 것인데, 후설의 경우『이념들 I』에서 이러한 입장을 취하고 있다. 이 점과 관련하여 그는 "'언어적 표현'이란 모든 '의미'에 적응하여 […] 이 의미를 '로고스'의 영역, 즉 개념적인 것의 영역, 따라서 '일반적인 것'의 영역으로 끌어올리는 주목할 만한 형식이다"(*Hua* III/1, 286)라고 말하면서, 언어적 표현작용을 논리적이며 개념적이요 일반적인 작용, 즉 범주적 작용과 동일시하고 있다.[10]

---

10)『논리연구』와『이념들 I』에서 전개된 언어이론은 지성주의적 특성을 가지고 있다. 이러한 지성주의적 언어이론은 언어의 추상적인 논리적 구조분석에 초점을 맞추고 구체적인 삶의 상황에서 수행되는 '말함'의 측면은 고려하지 않으며, 따라서 그것은 "말이 배제된 언어"(langage sans parole, M. Merleau-Ponty, *La prose du monde*, Paris: Galimard, 1969, 24)를 연구한다고 할 수 있다. 이처럼『논리연구』와『이념들』에서 전개된 언어이론이 지성주의적 특성을 지니고 있는 이유는 이 두 저술이 일차적으로 해명하고자 하는 것이 '논리적 작용', '학문적 지향작용' 등 지성적 작용의 구조이기 때문이다. 필자의 견해에 따르면『논리연구』,『이념들 I』등 정적 현상학의 입장에서 전개된 언어이론이 부분적으로 문제점을 가지고 있는 것은 사실이지만, 그것은 나름의 타당성도 아울러 가지고 있다. 따라서 데리다가 그랬듯이 (J. Derrida, *La voix et le phénomène*, Paris: Presses Universitaires de France, 1967),『논리연구』,『이념들 I』에 나타난 언어이론을 전적으로 부당한 것으로 간주하면서 그에 대해 비판하는 것은 부당하다. 이 점에 대해서는 N.-I. Lee, "Phenomenology of Language beyond the Deconstructive Philosophy of Language"를 참조할 것. 우리는 이 책에서 지면의 제약 때문에『논리연구』,『이념들 I』등에서 전개된 언어이론이 어

그러나 후설은 『이념들 I』을 출간한 후 발생적 현상학을 전개해나가며 지성주의적 언어이론을 넘어서 『지각의 현상학』에 나타난 언어이론과 유사한 실존론적 언어이론도 전개하고 있다. 그 가장 대표적인 예는 1935년에 집필되었고 현재 『위기』의 부록 텍스트 III으로 출간된 「기하학의 근원」인데,[11] 이 텍스트를 비롯해 몇몇 유고를 중심으로 후설의 발생적 현상학에 나타난 언어이론의 특성을 살펴보면서, 그것이 어떤 점에서 『지각의 현상학』에서 전개된 실존적 언어이론과 유사성과 차이점을 보이고 있는지 살펴보자.

후설은 1935년에 집필된 「기하학의 근원」에서 인류 역사상 기하학을 첫 번째로 발견한 사람의 정신이 파악한 "기학학적 이념성"(*Hua* VI, 369)이 어떻게 "이념적 객관성"(*Hua* VI, 369)을 획득하고 인류의 보편적인 정신적 유산이 될 수 있는지와 관련하여 언어의 문제를 간단히 다루고 있다. 이 점과 관련해 그는 언어를 "그 안에서 바로 그 이념성이, 말하자면 그의 언어적 몸을 얻게"(*Hua* VI, 369) 되는 것으로 이해하면서 '기하학적

떤 점에서 한계를 가지고 있고 어떤 점에서 타당한지는 논의하지 않기로 한다. 후설의 언어이론에 대해서는 다음의 연구들을 참조할 것. D. Cairns, "The Ideality of Verbal Expressions", in: F. Kersten/R. M. Zaner(eds.), *Phenomenology: Continuation and Criticism. Essays in Memory of Dorion Cairns*, Den Haag: Martinus Nijhoff, 1973; D. Welton, "Intentionality and Language in Husserl's Phenomenology", in: *Review of Metaphysics* 27(1973-1974); J. M. Edie, "Husserl's Conception of the Ideality of Language", in: *Humanitas* 11(1975); J. N. Mohanty, *Edmund Husserl's Theory of Meaning*, Den Haag: Martinus Nijhoff, 1976; D. Welton, *The Origins of Meaning*, Den Haag: Martinus Nijhoff, 1983.

11) 다스튀르(F. Dastur) 역시 우리와 마찬가지로 후설이 「기하학의 근원」에서 자신이 초기에 발전시킨 언어이론과는 구별되는 새로운 언어이론을 발전시켰다는 견해를 피력한다. 이 점과 관련해 그는 「기하학의 근원」에서 "언어와 신체에 대한 전혀 다른 사유를 위한 전제들"(les prémisses d'une tout autre pensée de la langage et du corps"(F. Dastur, *Chair et langage. Essai sur Merleau-Ponty*, Fougères: Encre Marine, 2001, 49))이 마련되었다고 말한다.

이념성'이 '이념적 객관성'을 획득하는 것은 바로 "언어를 통해서"(*Hua* VI, 369)라고 말하고 있다. 여기서 알 수 있듯이, 그는 「기하학의 근원」을 집필하면서도 언어에 대한 지성주의적 편견을 완전히 극복하지 못하고 있다. 그 이유는 그가 아직도 '기하학적 이념성'과 '언어'를 대비시키면서 언어를 기하학적 이념성을 포장하는 외피 정도로 간주하고 있기 때문이다.

그럼에도 불구하고 후설은 거기서 지성주의적 언어이론을 넘어서 지각의 현상학에 나타난 언어이론과 부분적으로 유사성을 지니고 있는 언어이론을 전개하고 있다. 후설은 거기서 언어를 인간의 "기능이며 훈련된 능력"(*Hua* VI, 370)으로 정의하는데, 언어에 대한 이러한 정의는 다음 두 가지 사실을 함축하고 있다.

첫째, 언어가 인간의 기능이며 훈련된 능력이라는 명제는 인간사회가 본질적으로 언어적인 사회, 즉 언어를 통해 형성된 사회라는 사실을 뜻한다. 이 점과 관련하여 후설은 "바로 이러한 인류의 지평에 일반적인 언어가 속한다. 인류는 앞서 직접적이며 간접적인 언어공동체로 의식된다"(*Hua* VI, 369)고 말한다. 이러한 명제에 따르면 언어는 인간의 본질이며, 따라서 언어를 가지고 있지 않은 인간공동체는 존재하지 않는다.

둘째, 후설이 언어를 인간의 '기능이며 훈련된 능력'으로 이해하면서 특히 염두에 두고 있는 것은 언어가 세계와 관련을 맺고 있다는 사실이다. 그에 따르면 인간의 '기능이며 훈련된 능력'인 언어는 "언어적으로 […] 표현할 수 있는 것"인 "대상들의 총체"(das Universum der Objekte, *Hua* VI, 370)인 세계와 관련을 맺고 있다. 따라서 인간의 능력인 언어와 세계는 "나눌 수 없이 결합되어 있으며, 늘 이미 그들의 불가분리적인 관계연관 속에서 의식된다[…]".(*Hua* VI, 370) 이러한 입장에 따르면 인간의 세계란 본질적으로 언어적으로 규정되어 있다. 이러한 후설의 입장에 따르면 언어는 의미로서의 세계를 구성하는 데 필수적인 요소이며, 그러므로

'인간의 기능' 또는 '인간의 훈련된 능력'이란 구체적으로 '초월론적 기능' 또는 '초월론적 능력'을 뜻한다고 할 수 있다.

이러한 점에서 「기하학의 근원」에서 선보인 언어이론은 부분적으로 『지각의 현상학』에서 전개된 언어이론과 유사성을 보이고 있다. 앞서 살펴보았듯이, 메를로-퐁티 역시 인간을 본질적으로 '말하는 주체'로 간주하면서 말하는 주체에 의해 구성된 세계를 근본적으로 "언어적 세계"(*PP*, 210), 즉 "언어적이며 상호주관적인 세계"(*PP*, 214)로 규정하고 있기 때문이다. 그러나 「기하학의 근원」에서 전개된 언어이론이 이처럼 『지각의 현상학』에서 전개된 언어이론과 유사성을 가지고 있지만, 그럼에도 거기서 전개된 언어이론은 『지각의 현상학』에서 전개된 언어이론과 비교해 볼 때 언어와 관련된 인간의 정의, 언어와 세계의 관계 등과 관련해 일반적인 차원의 분석에 머물고 있으며, 언어에 대한 보다 더 구체적인 발생적 현상학적 분석은 하지 않고 있다.

그런데 후설은 1930년대에 집필된 몇몇 유고들에서 언어에 대한 보다 더 상세한 발생적 현상학적 분석을 수행하고 있다. 예를 들어 그는 1930년대 초반에 집필된 한 유고[12]에서 환경세계·언어·의사전달 등의 현상을 다루면서 언어에 대한 보다 더 구체적인 발생적 현상학적 분석을 수행하고 있다. 거기서 우리는 우선 「기하학의 근원」에 나타난 언어이론의 핵심적인 내용을 발견할 수 있다. 「기하학의 근원」에서 후설은 언어를 인간의 본질로 간주하고 있는데, 이 유고에서도 후설은 언어를 인간의 본질로 간주하면서 "그래서 인간적인 공동체적 삶은 동물적인 공동체적 삶과는 전혀 성격을 달리하는 언어공동체의 삶으로서 가능하다"(*Hua*

---

12) 이 유고는 현재 『상호주관성의 현상학 III』(*Hua* XV)의 부록 텍스트 XII 「언어, 판단진리, 환경세계(고향세계). 환경세계의 구성을 위한 언어적 의사전달의 기능」(*Hua* XV, 218ff.)으로 출간되었다.

XV, 224)고 말한다. 이어서 그는 "세계란 본질적으로 언어적인 세계다"라는 명제와 관련하여 "인간의 고향세계는 [⋯] 본질적으로 언어로부터 규정된다"(*Hua* XV, 224-225)고 말한다. 그럼에도 불구하고 우리는 이 유고에서 「기하학의 근원」에 나오지 않는 다음 두 가지 사실을 확인할 수 있다.

첫째, 앞서 우리는 「기하학의 근원」에 나오는 언어와 세계의 관계를 논하면서 언어는 의미로서의 세계를 구성함에 있어 필수적인 요소이며, 그러한 점에서 '인간의 기능' 또는 '인간의 훈련된 능력'으로서의 언어란 구체적으로 '초월론적 기능' 또는 '초월론적 능력'을 뜻함을 지적하였다. 그럼에도 불구하고 후설은 거기서 어떤 점에서 언어가 초월론적 기능을 지니고 있는지에 대해 자세하게 분석하고 있지 않다. 그러나 이 유고에서 후설은 그에 대해 비교적 자세한 분석을 수행하고 있다. 그는 우선 "공동체적인 경험이 [⋯] 하나의 작용 속에서 완결되는 사건이 아니라, 형성과 형성되는 성취의 과정이다[⋯]"(*Hua* XV, 220)라는 사실을 지적하면서 공동체적인 경험이 발생적 사건임을 언급하고, 이러한 발생적 사건에서 언어가 어떤 역할을 담당하는지와 관련해 "적어도 가장 낮은 단계에서 이미 공동체적인 환경세계로서의 환경세계는 언어적 의사소통을 통하여 확장되고, 부분적으로 교정되거나 보다 더 상세하게 규정되면서 계속 규정되어나가고, 이것[언어적 의사소통]은 늘 세계의 경험의미의 구축에 가담한다[⋯]"(*Hua* XV, 220)고 기술하고 있다. 그리고 이어서 "모든 유형의 진술들, 정상적인 진지한 진술들은 [⋯] 세계경험의 형성과 그의 모든 '대상'을 위해 자신의 기능을 가지고 있다"(*Hua* XV, 220-221)고 말하면서 언어가 세계경험을 형성하는 기능, 즉 초월론적 기능을 가지고 있음을 해명하고 있다. 언어가 지닌 초월론적 기능에 대한 이러한 후설의 견해는 "말은 침전되고 상호주관적인 습득물을 형성할 수 있는 능력을 가지고 있다"(*PP*, 221)는 메를로-퐁티의 견해와 거의 동일하다고 할 수 있다.

둘째, 이 유고에서 후설은 세계가 초월론적 기능을 가지고 있는 언어를 통해 구성된다는 사실을 지적하고 "언어적 사유를 통해 구성되는 세계의 총체"(*Hua* XV, 226)에 대해 언급하면서 세계의 구성이 '언어적 사유'를 통해 수행되는 것으로 간주한다. 그런데 여기서 우리의 주목을 끄는 것은 그가 사유를 '언어적 사유'(sprachliches Denken)라고 부르면서 근본적으로 언어를 통해 구조화되어 있다고 생각한다는 점이다. '언어적 사유'라는 이러한 구상에 따르면 언어와 사유는 외적으로 결합되어 있는 것이 아니라 내밀하게 소통하는 것으로서 결코 분리될 수 없다. 그런데 '언어적 사유'에 대한 후설의 입장은 『지각의 현상학』에서 '말하는 주체'를 분석하면서 언어와 사유의 관계에 대해 메를로-퐁티가 개진하고 있는 입장과 유사하다고 할 수 있다.

우리는 후설이 '의사전달의 사회에 대한 현상학'을 주제로 1930년대에 집필한 또 다른 유고에서도[13] 언어현상에 대해 「기하학의 근원」에서 보다 더 구체적인 발생적 현상학적 분석을 수행하고 있음을 확인할 수 있다. 여기서 후설은 "모든 사회성의 밑바탕에는 […] 의사전달사회의 현실적인 유대가 놓여 있다. 이 언어적 결합체가 모든 의사소통적 통일 일반의 근본형식이다[…]"(*Hua* XV, 475)라고 하면서, 인간의 사회가 언어적으로 규정되어 있다고 말한다. 더 나아가 그는 '의사소통적 통일 일반의 근본형식'을 "말함의 결합"(die Einigung der Rede, *Hua* XV, 475)과 동일시하면서 '말함'이 사회성의 구성을 위해 중요한 역할을 담당하고 있음을 지적하고 있다. 그리고 후설은 '말함의 결합' 속에 들어 있는 주체들은 "병치되어 있음(Nebeneinander)이 아니라, 서로서로 엮여 있음(Ineinander) 속에서"(*Hua* XV, 477) 존재한다고 말한다. 그런데 말하는 주체들이 '서로

---

13) 이 유고는 현재 『상호주관성의 현상학 III』의 29번 텍스트(*Hua* XV, 461ff.)로 출간되었다.

서로 엮여 있음 속에서' 존재한다는 이러한 후설의 견해는 나와 타인이 말하는 주체로서 외적으로 결합되어 있는 것이 아니라 내밀하게 소통한다는 메를로-퐁티의 견해와 유사하다고 할 수 있다.

지금까지 우리는「기하학의 근원」을 비롯하여 1930년대에 집필된 후설의 유고를 중심으로 그의 발생적 현상학에 나타난 언어이론을 살펴보았다. 이러한 논의를 통해 우리는 발생적 현상학적 관점에서 전개된 언어이론이 여러 가지로 지각의 현상학에서 전개된 실존주의적 언어이론과 유사성을 가지고 있음을 확인하였다. 그럼에도 불구하고『지각의 현상학』에서 전개된 언어이론과 비교해볼 때 발생적 현상학적 관점에서 전개된 후설의 언어이론은 단편적이라는 점에서 많은 한계를 지니고 있다. 예를 들어 후설의 언어이론이 의사전달의 공동체를 분석하고 있음에도 불구하고 거기에는 메를로-퐁티의 언어이론에서 핵심적인 역할을 담당하는 '말하는 주체'에 대한 구체적인 분석이 등장하지 않는다. 이처럼 여러 가지 한계가 있음에도 불구하고 발생적 현상학적 관점에서 전개된 언어이론은 후설의 초중기 현상학에 나오는 언어이론과는 구별되며, 여러 가지 점에서『지각의 현상학』에 나타난 언어이론과 유사성을 보이고 있다.

2 지각된 세계

그러면 이제 지각된 세계의 문제를 중심으로 후설의 발생적 현상학과 메를로-퐁티의 지각의 현상학의 관계를 검토하기로 하자.『지각의 현상학』 2부에서 다루어지고 있는 네 개의 주제, 즉 감각, 공간, 사물의 세계, 타인과 인간적인 세계 등에 대한 구체적인 분석에 있어서도 메를로-퐁티의 지각의 현상학과 후설의 발생적 현상학은 여러 가지 유사성을 보이고 있다. 그렇다고 해서 양자 사이에 그 구체적인 분석 내용에 있어서 차이점이 없는 것은 아니다. 실제로 양자 사이에는 크고 작은 차이점이 존재하는데, 이제『지각의 현상학』 2부의 목차를 따라 감각, 공간, 사물의 세계, 타인과 인간적인 세계 등의 순서로 지각의 현상학과 발생적 현상학 사이에 존재하는 유사성과 차이점을 검토하기로 하자.

1) 감각

앞서 살펴보았듯이, 감각의 문제를 다루고 있는 『지각의 현상학』 2부 1장의 논의에 따르면 감각은 경험주의가 상정하듯이 어떤 상태나 성질도 아니요, 지성주의가 상정하듯이 어떤 성질에 대한 의식도 아니다. 감각은 가장 원초적인 실존의 층의 한 계기로서 '끌어당김과 밀쳐냄'으로 규정될 수 있는 원초적인 지향성을 가지고 있으며, 이러한 원초적 지향성을 통해 원초적 세계인 감각세계를 구성한다. 그리고 그 어떤 감각도 독자적으로 존재할 수 없으며, 다양한 감각들은 서로서로 소급지시하면서 종합되고, 이처럼 감각들의 종합을 통해 하나의 통일적인 감각세계가 구성된다.

이러한 메를로-퐁티의 감각이론은 후설의 정적 현상학에서 전개된 감각이론과 정면으로 배치된다. 이 점과 관련해 우리는 앞서 후설이 『이념들 I』에서 정적 현상학을 전개하면서 감각을 지향성을 가지고 있지 않은 단순한 감각자료로 간주하고 있음을 살펴보았다. 이처럼 지향성을 가지고 있지 않은 감각이 세계를 구성할 수 있는 능력을 가지고 있지 않음은 물론이다. 그러나 발생적 현상학의 경우는 사정이 다르다. 후설의 발생적 현상학에서 감각은 메를로-퐁티의 지각의 현상학에서와 유사한 방식으로 규정되는데, 이제 후설의 발생적 현상학에 나타난 감각이론을 검토하면서 이 점을 살펴보도록 하자.

앞서 우리는 후설이 『이념들 II』에서 감성의 종합에 대해 언급하고 있으며, 감성의 종합이 그 후 수동적 종합으로 불리면서 발생적 현상학의 핵심적인 주제 중 하나로 등장한다는 사실을 살펴보았다. 그런데 이 점과 관련해 우리는 감각적 종합의 개념이 도입되면서 파악작용-감각내용의 도식을 토대로『논리연구』와『이념들 I』에서 정립된 지향성 개념이 수정되고 있다는 사실에 주목할 필요가 있다. 모든 종합은 구성기능을 지닌 지향성에 의해 수행되는 것이며, 감각적 종합이 가능하다 함은 감각의 차원에서 이미 지향성이 작동하고 있음을 뜻하기 때문이다. 실제로 후설은 『이념들 II』를 집필한 후 감각의 차원에서 이미 지향성이 작동하고 있음을 인정하면서, 이처럼 감각의 차원에서 작동하는 지향성을 능동적 지향성과 구별하여 "수동적 지향성"(passive Intention, *Hua* XI, 76ff.)이라고 부르고 있다.

이처럼 후설의 현상학의 전개과정에서『논리연구』와『이념들 I』에서 정립된 지향성 개념은 그 후 수정되고 변화한다. 후설은『논리연구』나『이념들 I』에서 판단작용·추론작용 등을 비롯한 의식의 능동적인 종합작용을 지칭해 지향성이라 불렀다. 물론 이러한 저술들에서 그는 지향성이 그보다 더 근원적인 의식체험, 예를 들어 감각, 감각적 감정, 충동 등에 뿌리박고 있다는 사실을 인정하고 있다. 그러나 그는 이처럼 지향성이 그에 뿌리박고 있는 근원적인 체험들을 지향성이라 부르지 않는다. 그는 이러한 체험에 지향성이 결여되어 있다고 간주하면서 그것을 비지향적 체험이라 부른다. 그러나 그는 다른 저술들, 특히『이념들 I』이 출간되고 난 후 집필된 저술들에서는『논리연구』나『이념들 I』에서 비지향적 체험이라고 불렀던 체험들도 대상 및 세계와의 연관성을 지니고 있기 때문에 나름의 지향성을 지니고 있다고 간주한다. 이러한 맥락에서 그는 감각, 감각적 감정, 충동, 본능, 기분 등도 나름대로 지향성을 지니고 있다는 견해를 피력한다.[14]

그런데 메를로-퐁티 역시 후설의 현상학에서 지향성 개념이 수정된다

---

14) N.-I. Lee, *Edmund Husserls Phänomenologie der Instinkte*, 31ff.와『현상학과 해석학』, 286 이하 참조.

는 사실을 잘 알고 있었다. 메를로-퐁티가 『지각의 현상학』 서문에서 언급하고 있듯이 지향성은 "현상학이 발견한 중요한 사실"(*PP*, XII)로 간주된다. 그러면 도대체 어떤 이유에서 지향성이 '현상학이 발견한 중요한 사실'로 간주되는가? 흔히 지향성은 '…에 관한 의식'이라고 정의된다. 후설의 경우도 『논리연구』에서 지향성을 '…에 관한 의식'으로 정의하면서 지향성을 작용(Akt), 즉 의식의 능동적인 작용으로 이해하고 있다. 그러나 지향성을 이처럼 의식의 능동적인 작용으로 이해할 경우 지향성은 '현상학이 발견한 중요한 사실'로 간주될 수 없다.

메를로-퐁티에 따르면 지향성이 '현상학이 발견한 중요한 사실'로 간주될 경우 지향성은 능동적인 작용을 의미하는 것이 아니다. '현상학이 발견한 중요한 사실'로서의 지향성은 다름 아닌 후설도 자신의 저술 여기저기서 언급하고 있는 "작동하는 지향성"(l'intentionalité opérante, fungierende Intentionalität, *PP*, XIII, 478)[15]으로서, '작동하는 지향성'은 앞서 살펴본 적극적이고 능동적인 지향성이 작동하기 이전에 근원적인 차원에서 수동적으로 작동하고 있는 지향성을 뜻한다. '작동하는 지향성'은 "세계와 우리의 삶을 자연적이며 선술어적으로 통일시켜주는 것이요,

---

15) 메를로-퐁티는 *PP*, 478에서 이 개념에 대해 다루면서 관련 문헌으로 "Husserl, *Zeitbewusstsein*, p. 430; *Formale und transzendentale Logik*, p. 208"과 더불어 "Fink, *Das Problem der Phänomenologie Edmund Husserls*, p. 266"을 언급하고 있다. 그러나 『내적 시간의식의 현상학』 강의 해당 부분과 『형식논리학과 초월론적 논리학』의 해당 부분에는 이 개념이 명시적인 형태로 등장하지 않는다. 그럼에도 불구하고 이와 유사한 개념은 후설의 저술 여기저기서 등장한다. 예를 들어 후설은 『위기』에서 "최종적으로 작동하면서 수행하는 주관"(*Hua* VI, 185), "최종적으로 작동하는 절대적으로 유일한 자아"(*Hua* VI, 190) 등에 대해 언급하고, 『위기보충판』에서도 1935년에 집필된 한 유고에서 "작동하는 주관성"(fungierende Subjektivität), "작동하는 자아"(das fungierende Ich, *Hua* XXIX, 60-61) 등에 대해 다루고 있다. 그러나 이 경우 '작동하는'이라는 표현이 메를로-퐁티가 사용하고 있는 '작동하는'이라는 표현과 동일한 뜻을 가지고 있는지 하는 문제는 더 검토할 필요가 있다.

우리의 객관적 인식 속에서보다는 우리의 욕망, 우리의 가치평가작용, 우리가 보는 풍경 속에서 더 분명하게 드러나는 것이며, 우리의 인식이 엄밀한 언어로 번역하고자 하는 텍스트를 제공해주는 것이다".(*PP*, XIII) 메를로-퐁티는 이러한 의미의 지향성 개념을 "새로운 지향성 개념"(*PP*, 281)이라고 부르면서 그것을 "고전적인 [지향성] 개념"(*PP*, 281), 즉 칸트적인 의미의 지향성 개념 또는 『이념들 I』로 대표되는 후설의 중기 현상학에 등장하는 지향성 개념과 구별하고 있다.

지향성에 대한 새로운 규정을 통해 후설의 발생적 현상학은 이미 전통적인 경험주의와 지성주의의 한계를 극복하면서 지각의 현상학이 나아가는 방향으로 향해가고 있다고 할 수 있다. 그럼에도 불구하고 감각적 지향성의 문제와 관련해서 말하자면 『내적 시간의식의 현상학』이나 『이념들 II』에서 서서히 모습을 드러내기 시작하는 후설의 감각적 지향성은 아직 메를로-퐁티의 지각의 현상학에 나타난 감각적 지향성의 차원에 도달하지 못했다. 그 이유는 이러한 감각적 지향성이 아직도 '끌어당김이나 밀쳐냄' 등으로 이해되고 있지 못하며, 가장 근원적인 실존의 한 계기로서 파악되고 있지 못하기 때문이다. 그러나 후설의 후기 저술에서 감각적 지향성 개념은 전회를 경험하게 되고 이러한 전회와 더불어 이 개념은 발생적 관점에서 볼 때 지각의 현상학에 나타난 감각적 지향성 개념과 보다 더 많은 유사성을 지니게 된다. 그런데 전회를 경험하기 이전과 이후의 감각적 지향성에 대한 분석은 다음 두 가지 점에서 구별된다.

첫째, 전회 이전에는 감각적 지향성에 대한 분석이 주로 인식론적 관심에 따라 수행된다. 따라서 감각적 지향성도 인식적 지향성의 발생적 전 단계로 간주되며, 가치적 지향성, 의지적 지향성의 발생적 전 단계로 취급되는 일은 흔치 않다. 1920년대에 수행된 『수동적 종합에 대한 분석』도 인식론적 관심에 따라 수행되고 있다. 거기서 후설은 자신이 수행한 촉발현상에 대한 분석과 관련해 그 분석이 '추상' 속에서 이루어졌다고 말하며 감정·의지·관심·본능·충동 등 다양한 요소들이 추가적으로 분석되어야 할 필요가 있음을 지적하는데(*Hua* XI, 150), 저 분석이 안고 있는 추상성의 부분적인 책임은 그것이 인식론적 관심에 따라 수행되었다는 데 있다. 그러나, 뒤에서 논의되겠지만, 전회 이후 감각적 지향성은 인식적 지향성뿐 아니라 가치적 지향성, 의지적 지향성 등 모든 유형의 능동적인 지향성의 발생적 전 단계로 간주되면서 그에 대한 분석이 수행된다.

둘째, 전회 이전에 후설은 마치 개별적인 감각영역이 서로 분리되어 존재하는 것처럼 간주하고 감각적 지향성에 대한 분석을 수행한다. 가장 대표적인 예는 『사물과 공간』에서 수행된 감각에 대한 분석이며, 이 점에 있어서는 『이념들 II』나 『수동적 종합』의 경우도 마찬가지다. 그러나 감각적 지향성에 대한 분석이 이러한 방식으로 수행될 경우 그것은 역시 추상적이 될 수밖에 없다. 이 경우 개별적인 감각영역을 넘어서면서, 그것들을 포괄할 뿐 아니라 그 발생적 토대가 되는 통일적인 감각영역에 대한 분석이 올바로 수행될 수 없기 때문이다. 그러나 전회 이후에는 감각적 세계와 대상에 대한 분석이 통일적인 감각영역에 대한 논의와 함께 구체적인 방식으로 수행된다.

이처럼 감각적 지향성을 분석하는 방식에서 전회가 나타남에 따라 전회 이후의 후설의 발생적 현상학에서 감각적 지향성의 성격도 크게 변한다. 무엇보다도 전회 이후의 발생적 현상학에서 감각적 지향성은 메를로-퐁티의 지각의 현상학에 나타난 감각적 지향성과 유사한 모습을 보인다. 이 점과 관련해 우리는 다음 몇 가지 사실을 지적하고자 한다.

첫째, 메를로-퐁티는 신체도식을 분석하는 과정에서 신체의 운동과 결부되어 신체적 주체를 세계를 향한 존재로 만들어주는 지향성을 운동지향성이라 부르며, 감각적 지향성 역시 신체의 운동과 결부되어 있기 때문에 그것이 "운동지향성"(*PP*, 161)을 가지고 있다고 말한다. 그런데 후설 역시 발생적 현상학적 분석을 수행하면서 감각적 지향성이 운동지향성을 가지고 있다는 사실에 주목한다. 이 점과 관련해 그는 모든 지향성이 "실천적 지향성"(*Hua* XXXIX, 365)으로 규정될 수 있다고 말한다.[16] 여기서 그가 언급하고 있는 실천적 지향성은 메를로-퐁티의 운동지향성과 유사한 것이라 할 수 있는데, 실천적 지향성이 신체의 운동과 결부된 현상이기 때문이다. 그런데 이처럼 지향성이 실천적 지향성으로 규정될 수 있으며, 따라서 운동지향성을 가지고 있다는 점에서는 감각적 지향성도 예외일 수 없다.

둘째, 전회 이후의 후설의 발생적 현상학에서 감각적 지향성은 지각의 현상학에서 확인할 수 있는, "끌어당김과 밀쳐냄"(*PP*, 247)이라는 요소를 가진 것으로서 드러난다. 이 점을 이해하기 위하여 우리는 후설의 발생적 현상학에서 수동적 종합에 대한 분석의 심화와 더불어 핵심적인 주제 중 하나로 등장하는 "촉발"(die Affektion)이라는 개념을 검토할 필요가 있다. 후설은 발생적 현상학을 전개하면서 여러 곳에서 촉발현상을 분석하고 있다. 예를 들어 그는 『수동적 종합』에 대한 분석에서 촉발현상을 분석한다. 거기서 그는 촉발을 "의식적인 자극, 즉 의식된 대상이 자아에게 행사하는바 저 고유한 끌어당김"(*Hua* XI, 148)으로 정의하고 있다. 그에 따르면 저 끌어당김은 "자아의 주의 전향 속에서 이완되고 거기서부터 대상

---

16) 후설은 모든 지향성이 실천적 지향성이라는 사실에 대해 다음과 같이 적고 있다. "그러나 반성은 우리에게 더 많은 것을 보여준다. 지향성은 실천적 지향성이며, 그 것도 실천적 실현과정 속에 놓여 있는 지향성이다. 실천적 방향은 나로부터, 즉 지 각하는 자로부터 길이 터진 방향이며, 다른 한편 나는 처음부터 스스로 모든 지각 위상으로부터 다시 여러 차원에 따라 직접적으로 아니면 결합하는 방식으로 나의 방향을 선택할 수 있다. 지각은 하나의 행위이며, 자세히 고찰해보면 간접적인 행위 요, 직접적으로는 신체적인 행위다. 나는 내 손을 만지면서 이 방향 또는 저 방향으 로, 앞서부터 친숙한 다양한 방향 중 하나로 움직인다. 나는 친숙한 다양한 운동 방 향으로 나의 눈을 움직이며 이때 경우에 따라 동시에 머리·상체를 움직인다. 또한 나는 걸어가면서, 가까이 다가가면서, 어떤 사태를 자세하게 들여다보는 등 여러 가 지 동작을 취하면서 움직인다."(*Hua* XXXIX, 365)

자체를 더욱더 많이 드러내는 자기부여적인 직관을 향한 노력 속에서 계속된다".(*Hua* XI, 148-149) 여기서 알 수 있듯이 촉발은 대상이 자아에 대해 행사하는 끌어당김 현상이며 그러한 점에서 그것은 메를로-퐁티가 분석하고 있는 '끌어당김과 밀쳐냄'의 현상에 대응한다고 할 수 있다.

물론 『수동적 종합』에서 촉발현상은 인식작용과 관련하여 분석되고 있으며, 그것도 촉발현상과 관련된 여러 가지 요소를 추상한 채 분석되고 있다. 후설 자신도 이러한 사실을 잘 알고 있었다. 이 점과 관련해 그는 "가장 낮은 단계의 발생적 단계에 대한 우리의 고찰에서 우리는 체계적인 발생[의 분석을 위해] 필요한 추상 속에서 문제를 제기했다"(*Hua* XI, 150)고 지적하면서, 촉발현상을 올바로 분석하기 위해서는 "감각적 감정"(*Hua* XI, 150) 등을 비롯해 인식적 관심, 미적 관심, 실천적 관심, 가치평가, 감각적 감정, 본능적 선호, 충동적 선호 등 다양한 요소를 함께 분석해야 할 필요가 있다는 사실을 지적하고 있다.

실제로 후설은 『수동적 종합』에 대한 강의 이후 발생적 현상학적 분석을 심화시켜가며 인식현상뿐 아니라 다양한 유형의 초월론적 발생의 구조를 해명하면서 촉발현상을 분석하고 있고, 그러한 분석과정에서 앞서 언급된 다양한 요소들을 고려하며 촉발현상을 상세하게 해명하고 있다. 예를 들어 그는 한 후기 유고에서 '근원적인 촉발'을 "본능, 즉 아직도 '목표에 대한 표상'을 결여하고 있는 공허한 노력의 방식"(C 16 V, 11)으로 정의하고 있으며, 다른 유고에서 "느끼는 자아로서의 나를 휠레적인 것이 '촉발한다'"(E III 9, 23)고 말하기도 한다. 또 다른 유고에서 그는 촉발을 "단지 감각적이며 감각적으로 시간화된 것으로서의 휠레가 자아에 대해 어떻게 자극을 가하는가 하는 방식"(B III 9, 67)으로 정의하면서 "그것은 이러한 자극들로서 중립상태에 의해 매개되어 다양한 정도의 끌어당김과 밀쳐냄이라는 근본적인 차이를 가지고 있다"(B III 9, 67)고 말한다. 여기서 후설이 분석하고 있는 '끌어당김과 밀쳐냄'으로서의 촉발은 메를로-퐁티의 감각적 지향성이 가지고 있는 '끌어당김과 밀쳐냄'이라는 현상과 정확하게 일치한다.

셋째, 메를로-퐁티는 감각적 지향성이 지니고 있는 '끌어당김과 밀쳐냄'의 현상과 관련해 신체적 주체와 감각적 장 사이에 감응관계가 존재하며 양자를 엄밀하게 분리하는 일이 불가능하다고 말한다. 그런데 후설 역시 발생적 현상학적 분석을 심화시켜나가면서 가장 근원적인 초월론적 발생의 층인 '근원질료'(die Urhyle)를 분석하며 메를로-퐁티와 동일한 결론에 도달한다. 이러한 맥락에서 그는 모든 세계적이며 대상적인 것의 구성을 위한 발생적 토대가 되는 근원질료와 이 근원질료를 경험하는 원초적인 자아의 관계를 "자아가 느끼면서 [근원질료] 곁에 있음"(C 16 V, 18)으로 표현한다. 이러한 표현에 따르면 근원질료와 그것을 경험하는 원초적인 자아 사이에는 진정한 의미에서 거리가 존재한다고 할 수 없다. 말하자면 원초적인 자아는 근원질료 속으로, 근원질료는 원초적 자아 속으로 이미 침투해 들어가 있는 상태라 할 수 있다. 바로 이러한 이유에서 후설은 근원질료와 이 근원질료를 경험하는 원초적인 자아의 관계를 "자아가 느끼면서 [근원질료] 곁에 있음"이라고 표현한 후 부연 설명하면서 그것이 "자아가 [근원질료에게로] 가서 거기에 도달함을 통한 곁에 있음"(C 16 V, 18)이 아니라는 사실을 강조하고 있다. 후설은 원초적인 자아와 근원질료 사이의 관계에 대해 같은 유고에서 다음과 같이 적고 있다.

"자아는 떨어져서 그 자체로 존재하는 것이 아니요, 자아가 아닌 것[근원질료]은 자아로부터 분리되어 있는 것이 아니다. 양자 사이에는 방향을 틀어 그리로 향할 그 어떤 공간도 존재하지 않으며, 내용적인 연관 속에 있는 모든 내용을 접하면서, 그리고 전체 연관을 접하면서 자아는 느끼는 자아이다."(C 16 V, 18)

넷째, 메를로-퐁티의 신체도식에 관한 이론과 작동하는 지향성에 관한 이론에서 중요한 위치를 차지하는 것은 지향궁 이론이다. 지향궁은 우리의 인식적 삶, 의욕적 삶, 지각적 삶을 포함한 의식의 삶 전체를 연결시켜주면서 "감각의 통일, 감각과 지성의 통일, 감성과 운동성의 통일"(*PP*, 158)을 가능하게 해주고 "우리의 과거, 우리의 미래, 우리의 물리적 상황, 우리의 도덕적 상황을 우리 주위에 기획투사하는"(*PP*, 58) 것이다.

필자가 아는 한 후설의 발생적 현상학에 지향궁 개념과 동일한 개념은 등장하지 않는다. 그럼에도 불구하고 우리는 후설의 발생적 현상학에서 지향궁에 대응하는 개념이 존재한다고 생각한다. 이 점을 확인하기 위해서 우리는 지향궁 개념을 후설의 발생적 현상학의 관점에서 검토할 필요가 있다. 방금 전에 살펴보았듯이 지향궁은 '우리의 과거, 우리의 미래, 우리의 물리적 상황, 우리의 도덕적 상황' 등 일체의 것을 기획투사하는 것이다. 그러면 이 경우 지향궁을 통해 기획투사되는바 '우리의 과거, 우리의 미래, 우리의 물리적 상황, 우리의 도덕적 상황' 등은 무엇을 뜻하는가? 그것은 다름 아닌, 앞서 키네스테제의 총체적 체계를 논하면서 살펴보았던바 모든 가능성의 지평, 즉 모든 실천의 보편적 지평으로서의 세계이다. 여기서 '우리의 과거, 우리의 미래, 우리의 물리적 상황, 우리의 도덕적 상황' 등 일체의 것을 기획투사하는 것의 정체가 밝혀진다. 그것은 후설의 현상학 용어로 표현하자면 세계를 가능하게 하는 것, 즉 '세계의식'(das Weltbewußtsein)으로서, 이러한 세계의식의 "지향적 '형성물'"(D 14, 30)이 다름 아닌 세계이다. 물론 이 경우 우리는 '세계의식'을 표상적 지향성으로 오해해서는 안 된다. 세계가 의식의 노에마적 상관자로서 존재하는 모든 것의 보편적 지평이듯이 세계의식은 노에마적 상관자를 향한 모든 유형의 지향성을 담고 있는 것, 즉 모든 지향성의 보편적 지평이다.

후설의 경우 세계가 모든 대상들의 실천적 지평이듯이 세계의 노에시스적 상관자인 세계의식은 모든 유형의 지향성들의 실천적 지평이라 할 수 있다. 바로 이러한 이유에서 후설의 세계의식은 메를로-퐁티의 지향궁에 대응하는 것이라 할 수 있다. 여기서 우리는 메를로-퐁티의 지향궁이 바로 '우리의 인식적 삶, 의욕적 삶, 지각적 삶을 포함한 의식의 삶 전체'를 연결시켜주는 것이라는 사실에 유의할 필요가 있다. 이 경우 '우리의 인식적 삶, 의욕적 삶, 지각적 삶을 포함한 의식의 삶 전체'는 다름 아닌 '우리의 모든 인식적 지향성, 의욕적 지향성, 지각적 지향성을 포함한 의식의 지향성 전체'를 뜻하며, 따라서 후설의 세계의식은 메를로-퐁티의 지향궁에 대응하는 것이라 할 수 있다. 바로 이러한 이유에서 우리는 메를로-퐁티가 감각을 실존의 한 계기로 간주하듯이 후설 역시 비록 암묵적인 형태이긴 하지만 감각을 실존의 한 계기로 간주하고 있다고 생각한다.

지금까지 우리는 발생적 구성의 최하부층에서 신체에 뿌리를 두고 있는 다양한 유형의 감각적 지향성 및 그 특성을 살펴보았다. 그런데 이처럼 다양한 유형의 감각적 지향성은 그 자체로 존재할 수 있는 것이 아니라 세계 및 세계 안의 대상을 향해 있으며, 또 그것이 가지고 있는 수동적인 종합작용을 토대로 새로운 세계 및 세계 안의 대상을 끊임없이 산출해낸다. 이 경우 세계 및 세계 안의 대상은 감각의 대상적 상관자를 뜻하며, 따라서 그것은 우리가 흔히 일상적인 삶을 살아가면서 세계 및 세계 안의 대상이라고 부르는 것이 아니라 감각적인 세계 및 감각적인 대상을 뜻한다. 이처럼 감각적 지향성이 감각의 세계 및 감각적 대상과 '지향적 관계'를 가지고 있다는 사실은 현상학의 근본원리인 '노에시스-노에마 상관관계'에서 도출되는 근본진리로서, 이는 후설의 발생적 현상학뿐 아니라 메를로-퐁티의 지각의 현상학에서도 확인할 수 있다. 이제 앞서 살펴본바 후설의 발생적 현상학에 나타난 감각적 지향성을 되돌아보면서 그 대상적 상관자인 감각세계와 감각대상의 근본적인 성격을 요약해서 정리하면 다음과 같은데, 이러한 근본적인 특성은 메를로-퐁티의 지각의 현상학에서도 확인할 수 있다.

첫째, 발생적 관점에서 볼 때 감각적 지향성은 다양한 층으로 이루어져 있으며, 따라서 감각적 지향성의 상관자인 감각세계는 한 층이 아니라 다양한 층으로 이루어져 있다.

둘째, 다양한 유형의 감각적 지향성이 세계의식에 의해 통일되어 있기 때문에 다양한 감각세계는 하나의 통일적인 감각세계에 의해 통일되어 있다. 후설은 이처럼 통일적인 감각세계를 "나누어지지 않은 총체적인 휠레" 또는 "휠레의 나누어지지 않은 총체성"(C 11 IV, 10)이라고 부른다. 감각세계가 이처럼 나누어지지 않은 세계이기 때문에 그것은 소통하는 감각들의 세계라 할 수 있다.

셋째, 감각적 지향성이 본질적으로 가장 낮은 단계의 실천적 지향성이기 때문에 감각세계는 본질적으로 가장 낮은 단계의 실천적 세계이다. 다시 말해 감각적 세계는 본래적인 의미의 실천적 세계의 발생적 전 단계에 해당한다.

넷째, 다양한 유형의 감각적 지향성이 인식적 지향성이 작동하기 이전에 이미 작동하기 때문에 감각적 지향성에 의해 구성되는 감각세계는 아무런 관심도 없이 중립적인 입장에서 경험될 수 있는 인식의 세계가 아니다. 감각세계는 감각적 감정, 관심 등이 산출해낸 감정의 세계이며 관심의 세계이다. 감각세계는 감정적 지향성에 의해 산출된 세계이기 때문에 좋음·나쁨이라는 감정에 의해 채색된 세계이다.

다섯째, 감각세계는 충동지향성 혹은 본능지향성에 의해 구성된 세계이기 때문에 본능적 세계, 충동적 세계이다. 이 점과 관련해 후설은 앞서 살펴보았듯이, "원초성의 영역은 충동체계다"(*Hua* XV, 594)라고 말하는데, 충동지향성 혹은 본능지향성 중 하나가 성적 지향성이며, 따라서 감각세계는 성적으로 채색된 세계이다.

여섯째, 감각적 지향성이 원초적인 흐름의 성격, 즉 시간성을 가지고 있기 때문에 감각세계는 시간적인 세계이다. 이 경우 시간성은 생활세계적 시간성이 아니라 그 발생적 전 단계에 해당하는 원초적인 시간성이다.

일곱째, 감각적 세계는 "선경험적 연장성"(*Hua* XVI, 159, 186)을 가지고 있는 선경험적 공간성의 세계이다. 메를로-퐁티가『지각의 현상학』 2부 2장에서 공간의 문제를 별도로 다루고 있는 데서 알 수 있듯이, 공간의 문제는 지각의 현상학에서 아주 중요한 의미를 지닌다. 우리는 여기서 문제가 되고 있는 선경험적 공간성의 문제와 더불어 공간의 문제를 다음 장에서 자세하게 살펴볼 것이다.

지금까지의 논의를 통해 우리는 후설의 후기 발생적 현상학에 등장하는 감각적 지향성과 메를로-퐁티의 지각의 현상학에 등장하는 감각적 지향성 사이에 근원적인 유사성이 존재한다고 생각한다. 앞서 우리는 1장에서 후설의 발생적 현상학과 메를로-퐁티의 지각의 현상학에 나타난 지향성 개념에 대해 연구자들이 서로 다른 생각을 가지고 있다는 사실을 살펴보았다. 딜론, 제에봄 등은 양자 사이에 근원적인 차이가, 토드바인은 양자 사이에 근원적인 유사성이 존재한다는 주장을 하고 있다. 지금까지의 논의를 통해 드러났듯이, 우리는 토드바인의 견해가 타당하며 딜론, 제에봄의 견해가 부당함을 알 수 있다. 딜론은 메를로-퐁티의 지향성 개념은 형태심리학의 영향을 받아 성립한 것인 데 반해 후설의 지향성 개념은 그렇지 않다는 주장을 하고 있으나, 후설의 지향성 개념도 형태심리학적 요소를 가지고 있다고 할 수 있다. 감각의 지향성이 세계의식에 의해 통일되어 있다는 후설의 견해는 형태심리학과 밀접하게 연결되어 있다고 볼 수 있다. 그리고 제에봄은 후설이 수동성, 발생의 문제 등을 해명하면서, 지각의 현상학에 나타난 지향성 개념에 도달하긴 했지만 그것을 다시 관념론적으로 해석했기 때문에 후설의 지향성 개념과 메를로-퐁티의 지향성 개념 사이에는 근본적인 차이가 존재한다고 주장한다. 앞서 살펴보았듯이, 후설은 발생적 현상학적 분석을 심화시켜나가면서 지향성 개념을 관념론적으로 해석하지 않고 오히려 실존철학적으로 해석했다고 할 수 있다.[17] 그런데 딜론, 제에봄이 후설의 현상학에 나타난 지향성 개넘과 지각의 현상학에 나타난 지향성 개념 사이에 근원적인 차이점이 존재한다고 한 이유는 그들이 후설의 발생적 현상학에 나타난 지향성 개념에 대해 충분히 주의를 기울이지 않았기 때문이다. 무엇보다도 그들은 후설의 경우 발생적 현상학적 분석이 심화되면서 그와 더불어 지향성 개념역시 부단히 변화해나갔다는 사실을 충분히 주목하지 않았다. 이 점과 관련해 필자는 토드바인과 더불어 메를로-퐁티가 지향성 개념을 발전시켜나가면서 후설로부터 커다란 영향을 받았다고 생각한다.

2) 공간

감각적 지향성을 통해 감각세계가 분출하고 다시 감각세계로부터 사물의 세계가 분출한다. 그런데 사물의 세계의 핵심적인 요소 중 하나는 공간이다. 바로 이러한 이유에서 메를로-퐁티는 『지각의 현상학』 2부에서 지각에 대한 분석으로부터 사물의 세계에 대한 분석으로 이행하는 과정에서 공간의 문제를 해명하고 있다. 이러한 순서에 따라 우리도 이 소절에서 후설의 발생적 현상학과 메를로-퐁티의 지각의 현상학에 나타난 공간의 문제를 살펴보고자 한다.

그러나 우리는 이 소절에서 공간의 문제를 살펴보면서, 사물의 공간뿐 아니라 메를로-퐁티와 후설이 사물적 공간구성을 위한 발생적 토대로 간주하는 선사물적 공간구성의 문제까지 함께 검토하고자 한다. 사물적 공간의 문제와 선사물적 공간의 문제는 서로 밀접히 연결되어 있어서양자를 함께 검토하는 것이 효과적이기 때문이다. 앞서 살펴보았듯이, 메를로-퐁티는 사물의 공간, 신체의 공간, 감각의 공간을 구별한다. 사물의공간은 지각세계의 한 요소인 공간을 뜻하고, 신체의 공간은 신체도식이

---

17) 후설의 발생적 현상학은 일종의 실존철학으로 규정될 수 있는데, 이 점에 대해 우리는 8장 3절에서 자세하게 살펴볼 것이다.

알려주듯이 고유한 신체가 차지하고 있는 상황적인 공간을 뜻하며, 감각의 공간은 감각의 차원에서 확인할 수 있는 공간을 뜻한다.

그러면 후설의 공간이론의 개요를 살펴보면서 그것이『지각의 현상학』에 나타난 공간이론과 어떤 관계에 있는지 검토해보자. 후설은 1907년의『사물과 공간』에 관한 강의에서 공간구성의 문제를 심도 있게 분석하고『이념들 II』에서도 이 문제를 간략하게 언급한 후, 1920년대 이후에 집필된 후기 유고의 여기저기서 이 문제를 반복해서 다루고 있다.[18] 이제『사물과 공간』과『이념들 II』에서 수행된 공간분석의 핵심적인 내용과 더불어 그것이 그 이후의 저술에서 어떻게 수정보완되는지 후설의 공간이론의 전체적인 윤곽을 살펴보고, 그것이 메를로-퐁티의 공간이론과 어떤 관계에 있는지 검토하자.

후설은『사물과 공간』과『이념들 II』에서 공간의 문제를 다루면서 '표출적 감각'과 키네스테제에 대한 분석을 토대로 공간구성에 대한 분석을 수행한다.(*Hua* XVI, 159ff.) 그는 공간구성을 분석하면서 경험적 공간과 선경험적 공간, 즉 원초적인 공간을 구별한다. 여기서 경험적 공간이란 우리가 일상적으로 경험하는 지각세계의 공간이며, 선경험적 공간이란 경험적 공간의 발생적 전 단계로서의 공간을 뜻한다. 그에 따르면 선경험적 공간은 표출적 감각과 키네스테제를 통해 구성되는 공간이요, 경험적 공간은 선경험적 공간에 파악작용이 가해져서 구성되는 공간이다.(*Hua* XVI, 159ff. 213ff.)

---

18) 후설의 공간론에 대한 연구로는 다음의 것들을 참조할 것. U. Claesges, *Edmund Husserls Theorie der Raumkonstitution*, Den Haag: Martinus Nijhoff, 1964; J. J. Drummond, "On Seeing a Material Thing in Space. The Role of Kinaesthesis in Visual Perception", in: *Philosophy and Phenomenological Research* 40(1978-1979); "Objects' Optimal Appearances and the Immediate Awareness of Space in Vision", *Man and World* 16(1983).

이처럼 그가 경험적 공간을 선경험적 공간에 파악작용이 가해져서 구성되는 공간으로 간주한다는 점에서 우리는 그가 공간구성을 분석하면서 파악작용–감각내용의 도식을 사용하고 있음을 알 수 있다. 그는 『사물과 공간』에 대한 강의와 『이념들 II』에서도 감각의 차원과 자기동일적 대상으로서의 지각대상의 차원이 구별되며, 감각에 파악작용이 가해지면서 지각대상이 구성된다는 생각은 그대로 견지하고 있으나 감각의 정체와 관련해서는 『이념들 I』과는 다른 견해를 피력하고 있다. 앞서 살펴본 것처럼 『논리연구』와 『이념들 I』에서 감각은 비지향적 체험으로서 지향성을 결여하고 있어 대상과의 그 어떤 지향적 연관도 갖고 있지 않은 순수한 질료로 여겨지고 있다. 그러나 『사물과 공간』에서 감각은 단순히 순수한 질료로서 간주되고 있지 않다. 이제 감각은 낮은 단계의 대상, 즉 낮은 단계의 노에마를 향하고 있는 낮은 단계의 지향적 체험, 즉 낮은 단계의 노에시스로 간주된다. 말하자면 『논리연구』와 『이념들 I』에서 지향적 체험이 지향적 대상이라는 노에마와 파악작용이라는 노에시스의 두 계기를 지니듯이, 『사물과 공간』에서 감각 역시 낮은 단계의 노에마와 낮은 단계의 노에시스라는 두 계기를 가지고 있는 것으로 간주된다.

이 점을 이해하기 위해서 우리는 『사물과 공간』에서 공간구성의 해명을 위해 핵심적인 개념으로 사용되고 있는 감각장이라는 개념의 정체를 살펴볼 필요가 있다. 감각장은 시각장·청각장·촉각장·후각장·미각장 등 다양한 유형이 존재한다. 여기서 감각장이란 감각작용들의 장이 아니라 우리 앞에 감각적으로 펼쳐져 경험되는 감각적 대상들의 장을 뜻한다. 예를 들어 감각장이란 지금 내 앞에 펼쳐져 경험되는 시각적 대상들의 장이다. 시각장이 이처럼 우리 앞에 시각적으로 펼쳐져 경험되는 시각적 대상들의 장이라 함은 그것이 이미 일종의 지향적 대상, 즉 노에마라는 사실을 함축하고 있다. 이 점과 관련해 후설은 시각장 안에서 그때그때 우리에게 주어지는 시각장의 단면을 "상"(das Bild, *Hua* XVI,

167ff.)이라고 부르면서, 이 상을 향한 우리의 의식, 즉 "…을 향한 지향성"(die Intention auf, *Hua* XVI, 188ff.)이 존재한다고 말한다. 여기서 알 수 있듯이 감각이란[19] 시각적 상 또는 시각적 장과 그것을 향한 지향성의 복합체이며, 결코 『논리연구』나 『이념들 I』의 경우처럼 단순한 비지향적 체험 또는 단순한 질료가 아니다.

후설은 『사물과 공간』에서 일상적인 의미의 공간, 즉 경험적인 공간구성을 해명하기 전에 그 발생적 토대가 되는 선경험적 공간의 구성을 먼저 해명한다. 그런데 선경험적 공간구성은 앞서 살펴본 감각에 의해 수행된다. 이 경우 감각은 표출적 감각과 키네스테제적 감각의 두 가지로 나누어지는데, 표출적 감각이란 경험적 대상의 감각적 내용에 대한 감각, 키네스테제적 감각이란 우리의 신체활동에 대한 감각을 뜻한다.(*Hua* XVI, 159ff.) 표출적 감각과 키네스테제적 감각은 나름의 고유한 방식으로 선경험적 공간을 구성하는데, 우선 표출적 감각이 수행하는 공간구성작용에 대해 살펴보자.

앞서 살펴보았듯이, 감각은 단순한 비지향적 체험 또는 무의미한 휠레가 아니라 감각의 지향성으로서의 감각작용과 그것이 향하고 있는 대상적인 것, 즉 감각적 대상의 복합체이다. 감각은 예를 들어 시각의 경우 시각적 지향성으로서의 시각작용과 시각장 및 시각대상의 복합체이며, 촉각의 경우 촉각적 지향성으로서의 촉각작용과 촉각장 및 촉각대상의 복합체이고, 청각의 경우 청각적 지향성으로서의 청각작용과 청각장 및 청각대상의 복합체이다. 여기서 우리는 감각의 지향성과 지각의 지향성을 혼동해서는 안 된다. 지각의 지향성이 자기동일성을 지니고 있는 생활세

---

19) 이 경우 감각은 구체적으로 후설이 『사물과 공간』에서 '표출적 감각'이라 부르는 것을 뜻한다. 후설은 『사물과 공간』에서 표출적 감각과 키네스테제적 감각을 구별하는데, 이러한 구별에 대해서는 아래에서 살펴볼 것이다.

계적 대상을 향한 지향성인 데 반해 감각의 지향성은 아직 자기동일성을 확보하고 있지 못한 흐릿한 감각의 대상을 향한 지향성으로서, 전자는 후자로부터 발생된 것이다. 감각적 지향성이 아직 자기동일적인 대상을 향해 있지 않음에도 불구하고 그것은 나름대로 대상적인 것을 향하고 있다. 그리고 이처럼 특정의 감각적 지향성, 예를 들어 시각의 지향성이 향하고 있는 감각적 대상을 살펴보면 우리는 그것들이 어떤 감각적 내용, 즉 어떤 색, 어떤 촉감, 어떤 소리 등을 가지고 있음을 알 수 있다. 그러나 감각적 대상은 단순히 감각적 내용만을 가지고 있는 것이 아니다. 감각적 대상을 살펴보면 우리는 그것이 감각적 내용뿐 아니라 나름의 공간성도 지니고 있음을 확인할 수 있다. 예를 들어 시각적인 감각적 지향성을 통해 주어지는 어떤 감각적 대상은 이미 서로 병치되어 현출하는 부분들로 이루어져 있으며, 그러한 점에서 그것은 '펼쳐져 있음', 즉 '연장성'(die Ausbreitung)이라는 계기를 가지고 있는데, 이 연장성이 바로 공간성이다. 그러나 감각적 대상이 지니고 있는 이러한 연장성은 지각적 사물이 지니고 있는 경험적 연장성이 아니라 그의 발생적 전 단계에 해당하는 것이기 때문에, 후설은 그것을 지각적 사물이 지니고 있는 연장성과 구별해 "선경험적 연장성"(*Hua* XVI, 159, 186)이라고 부른다. 앞서 우리는 표출적 감각이 '···를 향한 지향성'을 지니고 있다는 사실을 살펴보았는데, 바로 이 지향성이 감각적 대상의 감각적 내용과 더불어 그 '선경험적 연장성'을 구성하는 것이다.

그러나 표출적 감각이 비록 선경험적 연장성을 구성하긴 하지만, 그것만으로 선경험적 공간성이 충분히 구성된 것은 아니다. 선경험적 공간성이란 단순히 선경험적 연장성만으로 이루어진 것이 아니라, 선경험적 깊이, 즉 거리도 지니고 있기 때문이다. 이러한 이유에서 후설은 "선경험적인 거리의 차이는, 그러나 연장의 차이와는 전혀 다른 차원에 놓여 있다"(*Hua* XVI, 174)고 말하거나 "시감각의 연장적 계기는 공간성을 음영지으면서 표출하는(abschatten) 기능이 있지만 공간성의 구성을 위해서는 부족하다. 그를 위해서는 운동감각이 필요하다"(*Hua* XVI, 160)고 말한다. 이 인용문을 통해 짐작할 수 있듯이, 후설은 바로 선경험적 깊이의 구성을 해명하기 위하여 키네스테제적 감각을 고찰한다. 앞서 살펴보았듯이, 키네스테제적 감각은 표출적 감각의 동기토대가 된다. 키네스테제적 감각이 없이는 표출적 감각이 존재할 수 없다. 이러한 점에서 키네스테제적 감각은 표출적 감각이 구성하는 선경험적 연장성의 구성에 간접적으로 기여한다고 할 수 있다. 그러나 키네스테제적 감각은 표출적 감각이 구성할 수 없는 나름의 고유한 공간성, 예를 들어 감각대상과의 거리, 감각대상에 대한 방향 등을 구성한다.

가령 내가 감각작용을 통해 어떤 감각대상을 감각할 경우, 나는 나와 저 감각대상 사이에 아직 대상화되어 파악되기 이전의 어떤 거리, 즉 선경험적 거리가 존재한다는 사실을 알고 있다. 그런데 이것이 가능한 이유는 내가 감각작용을 수행하면서 이미 감각의 차원에서 감각적 대상의 위치뿐 아니라 내 신체의 위치에 대해서 막연하게 의식하고 있기 때문인데, 감각의 차원에서 내 신체의 위치에 대해 막연하게 가지고 있는 의식상태가 다름 아닌 키네스테제적 감각이다. 여기서 알 수 있듯이, 선경험적 거리에 대한 감각은 키네스테제적 감각이 존재하기 때문에 가능하다. 또 나는 어떤 감각대상을 감각하다가 다른 감각대상을 향할 수 있다. 이 경우 나는 이전의 감각대상이 나에게 감각되는 방향과 이후의 감각대상이 나에게 감각되는 방향이 다르다는 사실을 감각의 차원에서 선경험적으로 알고 있다. 말하자면 나는 그때그때 주어지는 감각대상과 관련해 그 선경험적 방향에 대해 감각하고 있는 것이다. 그런데 내가 이처럼 그때그때 주어지는 감각대상의 방향을 선경험적으로 감각할 수 있는 이유 역시, 내가 이미 감각의 차원에서 감각적 대상의 위치에 대한 감각과 더불어 나의 신체의 위치에 대한 키네스테제적 감각을 가지고 있기 때문이다. 여기서 알 수 있듯이, 선경험적 방향에 대한 감각 역시 키네스테제적 감각이 존재하기 때문에 가능하다.

그러나 선경험적 연장성, 선경험적 거리, 선경험적 방향 등 표출적 감각과 키네스테제적 감각을 토대로 구성된 선경험적 공간은 아직 우리가 일상적으로 경험하는 대상의 경험적 공간이 아니다. 따라서 이제 선경험적 공간으로부터 경험적 공간이 구성되는 과정이 해명되어야 한다. 후설은 『사물과 공간』에서 파악작용-감각내용의 도식을 사용하여 이 점을 해명하고자 한다. 이러한 도식에 따르면 우리에게는 감각내용이 앞서 주어져 있으며, 이러한 감각내용에 파악작용이 가해져 객관적인 대상이 구성된다. 객관적인 공간 역시 이와 마찬가지로 구성된다. 앞서 살펴본 표출적 감각과 키네스테제적인 감각을 통해 선경험적 공간이 구성되면 거기에 파악작용이 가해져야 하며, 이처럼 파악작용이 가해질 때 비로소 객관적인 사물의 공간이 구성된다.

후설은 선경험적 공간을 토대로 객관적인 공간을 구성하는 이러한 파악작용을 "통일성의 의식"(das Einheitsbewußtsein, *Hua* XVI, 213, 217-218)이라 부른다. 저 파악작용을 통일성의 의식이라 부르는 이유는, 그것이 아직 질서가 잡히지 않았고 자기동일성을 지니고 있지 못한 선경험적 공간에 통일성을 불어넣어 질서와 더불어 자기동일성을 지닌 객관적인 공간으로 탈바꿈시켜주기 때문이다. 표출적 감각과 키네스테제적 감각을 통해 주어지는 감각적 대상과 마찬가지로 선경험적 공간 역시 확고하게 객관적 질서와 동일성을 지니고 있지 않으며 부단히 변화하는데, 바로 저 통일성의 의식은 거기에 질서와 동일성을 부여해 객관적인 공간으로 탈바꿈시켜준다. 이러한 맥락에서 후설은 "질서연관의 이러한 변양들을 관통해가고 있는 저 통일성의 의식 속에서 공간질서(die Raumordnung)가 구성된다"(*Hua* XVI, 217)고 하면서 다음과 같이 말한다.

"그런데 저 장이[감각적 장이] 자신의 내적인 배열을 통해 모든 상들에게 확고한 질서를 부여하고 개별적인 상들과 그 상호적인 위치의 변양과정의 연속체에 통일성의 정립이 따르게 되면, 확고하게 질서가 부여된 다양한 사물에 대한 의식이 생겨나고 결국 세계에 대한 의식이 생겨난다. 확고한 사물의 동일성은 그러그러한 내용으로 차 있는 공간의 확고하게 파악된 동일성이다. 이러한 동일성 안에서 아무리 작더라도 모든 부분과 이 부분의 한계 그리고 그것이 있는 상대적인 장소에 있는 모든 점은 동일한 것으로서 정립되고 동일한 것으로서 지향적으로 확고하게 파악되고, 이와 마찬가지로 어떤 하나의 사물이 그와 더불어 보이는 다른 사물에 대해 가지는 방향도 그런 식으로 파악된다."(Hua XVI, 218)

지금까지 우리는 『사물과 공간』을 중심으로 후설의 초기 공간이론에 대해 살펴보았다. 그런데 이 이론은 메를로-퐁티의 공간이론과 몇 가지 점에서 유사성을 보이고 있다. 첫째, 앞서 살펴보았듯이, 메를로-퐁티는 선경험적인 감각의 공간과 경험적인 사물적 대상의 공간을 구별하는데, 후설 역시 마찬가지로 선경험적 공간과 경험적 공간을 구별한다. 그리고 후설은 선경험적 공간인 신체의 공간과 지각의 공간을 객관적 공간의 발생적 토대로 간주한다는 점에서 메를로-퐁티와 유사한 입장을 취하고 있다. 더 나아가 메를로-퐁티는 공간을 "사물들이 그 안에서 배치되는 장소"(PP, 281)로 이해하고 있는 지성주의나 경험주의와 다른 입장을 취하면서 '공간적 수준'의 개념을 사용해 공간을 "사물들을 결합시킬 수 있는 보편적인 힘"(PP, 281)으로 간주하는데, 후설 역시 이와 유사한 입장을 취하고 있다. 이 점과 관련해 후설은 파악작용을 통해 구성된 객관적인 공간을 개별적인 공간사물들에게 공간적인 질서를 부여하는 역할을 하는 것으로 간주하면서 객관적인 공간을 "사물들의 질서연관"(Hua XVI, 216)으로 규정하고 있다.

그럼에도 불구하고 『사물과 공간』에서 선보인 공간이론은 메를로-퐁티의 공간이론과는 여러 가지 점에서 차이가 난다. 예를 들어 그가 공간을 '사물들의 질서연관'으로 이해하면서 메를로-퐁티와 유사한 입장을 취하고 있기는 하지만, '통일성의 의식'을 선경험적 공간으로부터 객관적 공간을 구성하는 것으로 간주하는 그의 입장은 메를로-퐁티가 그처럼 비판하는 지성주의에 가깝다고 할 수 있다. 이 점과 관련해 우리는 후설이 파악작용으로 제시하는 '통일성의 의식'이 칸트의 '초월론적 통각의 통일체'를 연상시킨다는 사실을 지적하고자 한다. 말하자면 『사물과 공간』에서 전개된 공간론은 지성주의적 편견으로부터 자유롭지 않다고 할 수 있다. 그리고 『사물과 공간』에서 전개된 공간론이 비록 키네스테제적 감각의 문제를 다루기는 하지만, 그것은 공간구성과 관련해 주체가 신체를 통해 발휘할 수 있는 실천적 측면을 충분히 부각시키지 못하고 있다. 이러한 한계는 당시 후설을 지배했던 인식론적 관심 때문이라 할 수 있다. 말하자면 『사물과 공간』의 공간론은 인식론적 편견으로부터 자유롭지 않다고 할 수 있다.

그러나 후기 유고들에서 수행된 후설의 공간분석을 살펴보면, 우리는 그가 지성주의적 편견과 인식론적 편견을 극복하고 메를로-퐁티의 공간이론과 상당히 유사한 공간론을 전개하고 있음을 발견할 수 있다. 그러면 이제 후설의 후기 유고에 나타난 공간론의 몇 가지 특징과 더불어 그것이 메를로-퐁티의 공간론과 어떤 점에서 유사성을 가지고 있는지 살펴보기로 하자.

첫째, 『사물과 공간』에서는 공간구성에 있어 시각 및 시각의 동기토대인 키네스테제적 감각이 중요한 역할을 담당하였다. 그러나 후설의 후기 유고에서는 시각뿐 아니라 여타의 표출적 감각 역시 분석의 주제로 등장하고, 시각 이외의 다른 표출적 감각, 그중에서도 촉각이 공간구성에서 중요한 역할을 하고 있는 것으로 평가된다. 이 점과 관련해 1931년에 집필된 한 유고는 "실천적 세계에 대한 촉각적 구성. 시각적 지각에 대한 촉각적 지각의 우위"(*Hua* XXXIX, 396)라는 제목을 달고 있다.

둘째, 후설은 후기 유고에서 키네스테제가 표출적 감각의 동기토대로서의 역할과 무관하게 공간구성에서 담당하는 기능을 분석한다. 그런데 후설은 『사물과 공간』에 대한 강의 이후 표출적 감각의 동기토대가 되는 키네스테제 이외에도 다양한 차원의 키네스테제에 대한 분석을 수행하면서, 이처럼 다양한 차원의 키네스테제가 어떻게 다양한 차원의 공간구성을 위해 기여하는지 하는 점을 해명하고 있다.(*Hua* XV, 301; *Hua* XXXIX, 396ff. 등 참조)

셋째, 『사물과 공간』에서는 개별적인 감각영역과 관련된 공간구성이 주로 문제로 등장하였으며, 다양한 감각영역을 아우르는 공간에 대한 분석은 거의 이루어지지 않았다. 그러나 후기 유고에서는 다양한 감각영역을 아우르는 공간에 대한 분석이 이루어지고 있다.(*Hua* XV, 266ff.) 이 경우 다양한 감각영역을 아우르는 공간은 다름 아닌 세계의 공간인데, 공간구성도 세계경험과 관련해 분석되고 있다.

넷째, 『사물과 공간』에서는 개별적인 감각영역과 관련해 공간구성이 분석되기 때문에 감각영역들 사이의 소통현상은 거의 주제화되지 않는다. 그러나 후기 유고에서는 다양한 감각영역을 포괄하는 세계 전체를 염두에 두고 공간구성의 문제를 분석하는데, 감각영역들 사이의 소통현상을 분석해야 할 필요성이 제기되며 이러한 현상에 대한 기본적인 분석도 등장한다. 이 점과 관련해 후설은 신체가 "다양한 기관들의 연관"(*Hua* XV, 301)이라는 사실을 강조하면서 "신체는 서로 상호적으로 기능할 수 있는 통일적인 다양한 신체기관들이다"(*Hua* XV, 300)라고 말한다. 그는 또 "다양한 표출들이 종합되는 방식을 통해 그 안에서 표출되는 대상의 동일성이 구성되고, 또 그들 사이의 상호적인 확장과 보충을 통해 하나의 총체적인 신체가 이러한 가능한 결합들과 관련해 구성된다"(*Hua* XV, 301)고 말하면서 "키네스테제들이 다양한 신체기관들로 배분되는 과정, 키네스테제들의 결합을 통해 다양한 신체기관들이 하나의 기관으로 결합되는 과정은 세심한 고찰을 필요로 한다"(*Hua* XV, 302)고 지적한다. 다양한 감각영역들 사이의 소통현상과 관련해 그는 또 다음과 같이 적고 있다. "그것[신체]은 그에게 아주 근원적으로 속하는 [⋯] 촉각적인 감각층과 [⋯] 신체기관으로서의 그의 사지에 속해 있으며, 서로 조합을 이룰 수 있는 키네스테제적 가능성들과 더불어 신체로서 구성되어 있다[⋯]. 이러한 층들은, 외적 대상들의 경우 촉각적인 것을 통해 시각적인 것이 현전화되듯이, 서로서로 현전화된다."(*Hua* XV, 305)

다섯째, 후설의 후기 공간론에서 객관적 사물을 구성함에 있어 핵심적인 역할을 담당하는 것은 파악작용이 아니라 신체다. 이 점과 관련해 그는 한 유고에서 "상관관계 속에 있는 신체와 외부사물"(*Hua* XV, 266)에 대해 언급하기도 하고, 또 다른 유고에서는 "신체기관으로서의 신체의 작용을 통해서만 외부의 대상은 공간적으로 존재할 수 있다[⋯]"(*Hua* XV, 300)고 말한다. 여기서 알 수 있듯이, 후설은 객관적 사물의 구성에 있어 파악작용의 역할을 특별히 강조하지 않으며 신체가 그런 기능을 수행하는 것처럼 기술하고 있다. 이와 같은 맥락에서 그는 "외적 사물에 대한 근원적인 구성과 사물로서의 신체와 신체기관으로서의 신체에 대한 근원적인 귀환을 통해 우리는 사물들이 신체 없이는 경험될 수 없다는 사실을 알고 있다[⋯]"(*Hua* XV, 300)고 말한다.

이제 우리는 후설의 공간론이 메를로-퐁티의 공간론에 어떤 영향을 미쳤는지 하는 문제를 간단히 검토하면서 이 소절의 논의를 마무리하고자 한다. 이 점과 관련하여 베퇴(M. Vetö)는 메를로-퐁티의 공간론의 '독창성, 참신성'을 강조하고 그와 더불어 "메를로-퐁티는 공간에 관한 후설의 작품들을 알지 못했다"[20]고 지적하면서, 메를로-퐁티가 후설로부

---

20) M. Vetö, "L'eidétique de l'espace chez Merleau-Ponty", in: *Archives de philosophie* 71/3(2008), 408.

터 영향을 받지 않은 것으로 진단하고 있다. 그러나 필자는 베퇴의 견해에 전적으로 동의하지 않는다. 물론 토드바인의 연구가 보여주듯이 메를로-퐁티는『지각의 현상학』을 출간하기 이전인 1939년 4월 1일부터 5일간의 일정으로 루뱅의 후설 아카이브를 방문하였으나, 이때 그는 공간구성에 관한 후설의 분석을 가장 풍부하며 체계적으로 담고 있는『사물과 공간』(Hua XVI)에 관한 강의록을 읽지 않았던 것이 사실이다.[21] 그러나 우리는 이 점과 관련해 그가 그 당시『위기』,『경험과 판단』등과 더불어『이념들 II』를 읽었으며, 이 작품에는, 앞서 지적하였듯이, 비록 상세한 것은 아니지만 키네스테제 분석을 비롯해 공간구성에 대한 현상학적 분석이 들어 있다는 사실에 유의할 필요가 있다. 따라서 필자는 메를로-퐁티가 후설의 공간론으로부터 영향을 받을 수 있었던 가능성을 완전히 배제할 수는 없다고 생각한다. 그럼에도 불구하고 필자는 메를로-퐁티의 공간론이 가지고 있는 '독창성, 참신성' 등을 충분히 인정한다. 앞서 우리는 메를로-퐁티와 후설의 공간론 사이에 여러 가지 유사성이 존재한다는 사실을 살펴보았지만, 다양한 유형의 공간구성에 대한 치밀하며 구체적인 분석은 메를로-퐁티 고유의 독창성이라 할 수 있다.

3) 사물과 자연적 세계

그러면 이제 '사물과 자연적 세계'에 대한 논의를 중심으로 메를로-퐁티의 지각의 현상학과 후설의 발생적 현상학의 관계를 검토하도록 하자.

메를로-퐁티에 따르면 감각적 대상으로부터 지각적 대상인 사물이 분출한다. 감각적 대상이 유동적이며 고정적이지 못한 반면 사물은 고정성을 지니고 있다. 이 경우 고정성을 지닌 사물은 다름 아닌 '특권적인 위치

---

21) 1949년 이전까지 메를로-퐁티의 후설 현상학 독해에 대해서는 T. Toadvine, "Merleau-Ponty's Reading of Husserl", 234ff. 참조.

를 차지하는 지각' 속에서 경험된 대상을 뜻하는데, 이처럼 유동적이며 고정적이지 못한 감각적 대상으로부터 고정성을 지니고 있는 사물의 발생을 가능하게 하는 것은 바로 신체이다. 물론 이처럼 사물의 발생이 가능하기 위해서는 사물들의 지평인 자연적 세계가 앞서 구성되어야 하며, 자연적 세계의 구성 역시 신체를 통하여 이루어진다.

앞서 논의되었듯이, 『이념들 I』에 나타난 사물지각이론은 지성주의적 성격을 가지고 있으며, 따라서 그것은 『지각의 현상학』에 나타난 사물지각이론과 대척적인 지점에 놓여 있다. 그러나 『이념들 I』의 출간 이전에 집필된 『사물과 공간』에 등장한 사물지각이론은 지각의 현상학에 나타난 사물지각이론과 부분적인 유사성을 보이고 있고, 『이념들 II』에 나타난 사물지각이론은 이 후자와 더 많은 유사성을 보이고 있으며, 『이념들 II』 이후에 집필된 작품들에 나타난 사물지각이론은 여러 가지 점에서 메를로-퐁티의 사물지각이론과 거의 유사한 모습을 보이고 있다. 그러면 이제 『이념들 I』, 『사물과 공간』, 『이념들 II』, 더 나아가 『이념들 II』 이후에 집필된 저술들에 나타난 사물지각이론을 차례로 검토하면서 후설의 사물지각이론이 메를로-퐁티의 사물지각이론과 어떤 관계에 있는지 살펴보기로 하자.

『이념들 I』에서 수행된 지각대상에 대한 분석은 일종의 지성주의적 분석으로서 그것은 『지각의 현상학』에 나타난 지각대상에 대한 분석과 커다란 차이를 보이고 있다. 그러나 『사물과 공간』에 나타난 지각사물에 대한 분석을 살펴보면, 거기서 수행된 지각대상에 대한 분석이 『지각의 현상학』에 나타난 지각사물에 대한 분석과 상당히 유사성을 보이고 있다는 사실을 확인할 수 있다. 우리는 우선 『사물과 공간』에 나타난 지각대상으로서의 사물 분석과 관련해 다음 두 가지 사실을 지적하고자 한다.

첫째, 『사물과 공간』에서 후설은 『지각의 현상학』에서 사물 구성과 관련해 중심적인 주제로 등장하고 있는 '최적현상'을 상세하게 분석한다.

그런데 거기서 분석되고 있는 최적현상을 살펴보면, 지각작용의 파악작용에 대해 후설과 메를로-퐁티가 거의 동일한 입장을 취하고 있음을 확인할 수 있다. 후설은 『사물과 공간』에서 "공간적 사물에 대한 충전적 지각의 가능성과 의미"(*Hua* XVI, 105)를 해명하는 과정에서 최적현상의 문제를 다루고 있다. 이 경우 지각대상에 대한 "충전적 지각"(die adäquate Wahrnehmung, *Hua* XVI, 110ff.)이란 대상의 모든 의미를 남김 없이 완벽하게 파악하는 지각을 말한다. 그러나 이러한 의미의 충전적 지각은 공간적 사물로서의 지각대상의 경우에는 불가능하다. 모든 공간적 사물은 내적 지평과 외적 지평을 지니며 이러한 지평 속에서 무한히 새로운 의미를 드러낼 수 있고, 이러한 의미는 결코 완전히 고갈되는 일이 없기 때문이다. 이 점과 관련해 후설은 "사물직관은 […] 충전적이지 않으며, 전체로서의 사물은 결코 완벽하게 주어지지 않는다"(*Hua* XVI, 123)고 말한다. 외적 지각의 경우 충전적 지각이란 현실적으로 존재할 수 없으며, 오직 모든 지각과정이 그것을 향해 끊임없이 나아가야 할 하나의 이념으로서만 존재한다.

그러나 지각대상이 충전적 지각 속에서 완벽하게 주어질 수 없음에도 불구하고, 우리는 지각대상과 관련해 종종 그것이 "온전하게 주어진"(vollkommen gegeben, *Hua* XVI, 124) 것으로 간주될 수 있다고 말한다. 이 경우 사물이 '온전하게 주어진' 것으로 간주됨 함은, 지각대상이 불충분하게 주어지는 경우부터 시작하여 그 불충분함이 극복되면서 충분성이 점차 증가해 결국 그 이상의 충분성이 필요 없는 상태를 말한다. 우리는 이 경우 지각사물이 충전성과 관련해 "최적의 지점"(Maximalpunkte, *Hua* XVI, 124ff.)에 도달했다고 말한다. 말하자면 지각대상이 '온전한 것으로' 간주된 상태란 다름 아닌 지각대상이 최적의 상태에서 지각되고 있는 상태를 말한다. 예를 들어 내가 길가에 피어 있는 어떤 꽃을 지각할 경우, 그것이 너무 멀리 떨어져 있거나 그와의 각도가 적절하지 못할 경우 나는 그 꽃을 온전하게 지각하고 있는 것이 아니다. 이때 나는 꽃에 대한 지각이 불충분하게 이루어졌다고 생각하며 이처럼 불충분한 지각상태를 극복하기 위해 노력한다. 즉 나는 그 꽃을 바라보는 각도를 조절하여 적당한 방향에서 지각하려 노력하고 또 그와의 거리를 조절하여 적당한 지점에서 지각하려고 노력하며, 이러한 과정에서 그 꽃에 대한 온전한 지각을 획득하게 된다. 이때 나는 지각대상을 최적의 상태에서 지각하는 것이며 지각대상에 대한 지각이 충족되었음을 느낀다. 물론 이처럼 온전한 지각이 충전적 지각이 아님은 두말할 나위가 없다. 이 경우에도 지각대상은 결코 충전적 지각 속에서 완벽하게 주어지는 것이 아니기 때문이다.

그러면 도대체 이처럼 온전한 지각이 가능한 이유는 무엇인가? 다시 말해 이처럼 온전한 지각이 수행되면서 지각과정이 최적상태에 도달할 수 있는 이유는 무엇인가? 그리고 이처럼 지각이 최적상태에 도달한 후 그것을 넘어서 더 완벽한 상태를 향해 나아가지 않는 이유는 무엇인가? 이와 관련해 우리는 온전한 지각이 가능할 뿐 아니라 온전한 지각을 넘어서 더 완벽한 상태의 지각에 이르게 되지 않는 이유 역시 바로 지각을 주도하는 "관심"(*Hua* XVI, 128ff.)이 존재하기 때문이라는 사실에 주목할 필요가 있다. 말하자면 지각은 진공상태에서 수행되는 것이 아니라 바로 주체가 이러한 관심의 지배를 받으면서 수행되는 것이다. 그리고 지각을 주도하는 이러한 관심이 존재하기 때문에 지각하려는 의지도 등장할 수 있고, 그러한 의지를 통해 온전한 지각에 도달할 수 있는 것이며, 온전한 지각에 도달한 후 그것을 넘어서 더 완벽한 상태에 도달하려 하지 않게 되는 것이다. 말하자면 모든 지각은 지각을 주도하는 "관심의 충족"(*Hua* XVI, 129)을 향해 나아가고, 관심이 충족되는 순간 온전한 지각상태에 도달하며 더 이상 완벽한 지각을 향해 나아가지 않게 되는데, 그 이유는 바로 "최적의 소여"(die Maximalgegebenheit, *Hua* XVI, 126)가 "충족하는 최종적 목표"(erfüllendes Endziel, *Hua* XVI, 126)이기 때문이다.

여기서 우리는 동일한 대상에 대한 지각과 관련해 그것을 주도하는 다양한 유형의 관심이 존재한다는 사실에 유의해야 한다. 지각을 주도하는 여러 가지 관심 중 일차적인 관심은 "실천적 삶의 일상적 관심"(*Hua* XVI, 128), 즉 자연적 관심이다. 우리는 일상적 삶을 살아가면서 자연적 관심을 가지고 무수히 많은 대상들을 경험한다. 그러나 자연적 관심이 지각을 주도하는 유일한 관심은 아니다. "꽃에 대한 자연적 관심은 식물학자의 관심과는 다르며, 그래서 이 두 경우 가장 좋은 현출은 서로 다른 것이요, 그 안에서 관심이 충족되는바 온전한 소여성은 본질적으로 아주 다른 것이다. 이때 꽃은 동일한 꽃이며, 하나이며 동일한 현출연관, 더 자세하게 말하자면 하나의 동일한 지각연관이 존재하는데, 그 속에서 꽃이 소여로서 구성되고 그 안으로 통속적인 관심이라는 의미에서의 온전한 소여와 유형학적-식물학적 관심의 온전한 소여가 정돈되어 들어간다."(*Hua* XVI, 128) 이처럼 동일한 지각을 주도하는 다양한 관심이 존재하기 때문에 그 다양한 관심에 따라 다양한 유형의 온전한 지각이 가능하다.

둘째, 후설은『사물과 공간』에서 사물의 구성에 대해 논하면서『논리연구』나『이념들 I』에서는 거의 논의되고 있지 않은 키네스테제에 대해 상세한 분석에 들어간다. 앞서 논의되었듯이, 후설은『사물과 공간』에서 감각적 현출이 가능하기 위한 동기적 토대로서 키네스테제를 상세하게 분석하고 있다.『사물과 공간』에 따르면 모든 감각적 현출은 키네스테제가 없이는 불가능하며, 이러한 점에서 키네스테제는 감각적 대상의 현출뿐 아니라 지각대상으로서의 사물구성과 더불어 사물들이 현출할 수 있는 터인 공간구성을 위해서도 꼭 필요하다.

이처럼『사물과 공간』에서 사물구성에 대한 분석을 수행하면서 키네스테제가 논의되고 있음에도 불구하고, 우리는 키네스테제에 대한 분석 자체가 이 작품에 나타난 사물구성에 대한 분석과『지각의 현상학』에서 수행된 사물구성에 대한 분석 사이에 유사성이 존재한다는 사실을 담보 해주는 것은 아니라는 사실에 유의해야 한다. 실제로 우리는 『사물과 공 간』에서 분석되고 있는 키네스테제가 메를로-퐁티가 『지각의 현상학』에 서 사물구성의 핵심적인 요소로서 분석하고 있는 키네스테제와는 다른 차원의 것이라는 사실에 유의할 필요가 있다.

이 점을 이해하기 위해서 우리는 『사물과 공간』에서 사물구성과 관련 해 분석되고 있는 키네스테제의 정체를 정확하게 이해하도록 해야 한다. 그런데 거기서 분석되고 있는 키네스테제는 다름 아닌 표출적 감각의 동 기토대가 되는 키네스테제이며, 그러한 한 그것은 발생적 관점에서 볼 때 감각과 동일한 차원에 있는 키네스테제라 할 수 있다. 바로 이러한 맥락 에서 후설은 『사물과 공간』에서 이처럼 표출적 감각의 동기토대가 되는 키네스테제를 "키네스테제적 감각"(Hua XVI, 159) 또는 "운동감각"(Hua XVI, 161)이라고 부르는 것이다. 여기서 알 수 있듯이, 『사물과 공간』에서 분석되고 있는 키네스테제는 정확하게 말하자면 감각적 차원에 있는 키 네스테제이며, 따라서 우리는 그것을 '키네스테제적 감각'이라고 부르기 보다는 '감각적 키네스테제'라고 부르는 것이 더 합당할 것이다. 앞서 살펴 보았듯이, 발생적 관점에서 볼 때 다양한 차원의 키네스테제가 존재하며, 그중 감각적 차원에 머무는 키네스테제가 바로 감각적 키네스테제이다.

그런데 『지각의 현상학』에서 사물구성의 핵심적인 계기로서 분석되고 있는 키네스테제는 감각적 키네스테제가 아니다. 거기서 분석되고 있는 것은 감각작용과 결부되어 있는 키네스테제가 아니라 지각대상을 지각 대상으로 파악하는, 지각대상과 결합되어 있는 키네스테제이다. 앞서 우 리는 발생적 관점에서 볼 때 다양한 차원의 키네스테제가 존재하며 『사 물과 공간』에서 분석되고 있는 것은 감각적 키네스테제라는 사실을 지적 하였다. 발생적 관점에서 말하자면 『지각의 현상학』에서 자연적 사물의 구성과 관련하여 분석되고 있는 키네스테제는 감각적 키네스테제보다

한 차원 더 높은 데서 존재하는 키네스테제이며, 우리는 그것을 감각적 키네스테제와 구별해 지각적 키네스테제라 부를 수 있을 것이다.

이처럼 후설의 『사물과 공간』에 나타난 키네스테제와 『지각의 현상학』에 나타난 키네스테제가 다르다는 사실을 통해 우리는 양쪽에 나타난 지각작용으로서의 파악작용이 서로 다른 것이라는 사실에 유의해야 한다. 방금 전에 살펴보았듯이, 『지각의 현상학』에 나타난 지각작용으로서의 파악작용을 구성하는 한 가지 요소는 지각적 키네스테제이다. 이러한 점에서 그것은 단순한 지성적 작용이 아니라 이미 신체적 작용을 포함하고 있으며, 그러한 한 그것은 지성주의적 지각개념과 다르다고 할 수 있다. 그러나 『사물과 공간』의 경우는 사정이 다르다. 비록 후설이 이 작품에서 키네스테제를 분석하고 있으나, 앞서 살펴보았듯이, 그는 그것을 감각적 키네스테제로만 분석하고 있을 뿐 지각적 키네스테제로 분석하고 있지 않다. 말하자면 그는 표출적 감각이 자신의 동기토대인 키네스테제와 결합되어 있다는 사실을 인정함에도 불구하고, 아직 파악작용으로서의 지각작용 자체가 키네스테제와 결합되어 있다는 사실을 인정하지 않는다고 할 수 있다. 즉 그는 지각작용 속에 들어 있는 파악작용을 키네스테제와는 무관한 일종의 지성작용으로 여기고 있는 셈이다. 그는 비록 『사물과 공간』에서 지각현상과 관련해 키네스테제를 분석하고 있음에도 불구하고 지각적 키네스테제가 존재한다는 사실을 미처 몰랐으며, 그러한 점에서 『사물과 공간』에서도 『이념들 I』에서처럼 결정적인 지점에서 아직 지성주의적 편견에 사로잡혀 있었다고 할 수 있다.

그러면 이제 『이념들 II』에 나타난 사물지각이론을 살펴보자. 그것은 『사물과 공간』에 나타난 사물지각이론과 여러 가지 점에서 유사하지만, 이 후자가 가지고 있는 난점을 부분적으로 극복하면서 지각의 현상학에 나타난 사물지각이론과 보다 더 많은 유사성을 보이고 있다. 『이념들 II』에 나타난 사물지각이론과 『사물과 공간』에 나타난 사물지각이론 사이의 유사성과 관련해, 우리는 우선 후설이 『이념들 II』에서 키네스테제가 사물들의 공간을 구성하는 데 동기토대로서 작동하고 있다는 사실에 주목한다는 사실을 지적하고자 한다.(*Hua* IV, 57ff.) 더 나아가 후설은 『이념들 II』에서도 사물지각이론을 전개하면서 최적현상을 분석한다.(*Hua* IV, 59)

이처럼 『이념들 II』에 나타난 최적현상에 대한 분석이 그 근본취지와 전체적인 맥락에서 볼 때 『사물과 공간』의 분석과 유사함에도 불구하고 이 두 분석 사이에는 약간의 차이도 존재한다. 예를 들어 『이념들 II』에서 분석되고 있는 최적현상이 일상적인 삶 속에서 수행되는 자연적인 지각의 최적현상인 것과는 달리, 『사물과 공간』에서 분석되고 있는 최적현상은 자연적인 지각의 최적현상뿐 아니라 학문적인 차원에서 수행되는 지각의 최적현상까지 포함하고 있다. 이 점과 관련해 후설은 방금 전에 살펴보았듯이, 꽃에 대한 지각을 논하면서 자연적인 관심을 통해 지각된 꽃뿐 아니라 식물학자의 관심을 통해 지각된 꽃, 즉 학적인 차원에서 수행되는 지각도 언급하며 분석하고 있다. 그러나 후설은 『이념들 II』에서 일상적인 삶 속에서의 "직관적인 사물"(*Hua* IV, 58)과 "물리적 사물"(*Hua* IV, 75)을 구별하며 직관적 사물과 관련해 최적현상을 분석하고 있다.

그리고 『이념들 II』에 나타난 최적현상에 대한 분석은 『사물과 공간』에 나타난 그것보다 훨씬 더 구체적이며 생동적이다. 무엇보다도 주목할 점은 『이념들 II』에 나타난 최적현상에 대한 분석이 『지각의 현상학』에 나타난 그것과 여러 가지 점에서 유사하다는 사실인데, 이제 『이념들 II』에 나타난 최적현상에 대한 분석의 몇 가지 중요한 특징 및 그것이 어떤 점에서 『지각의 현상학』에 나타난 분석과 유사성을 가지고 있는지 살펴보자.

첫째, 후설은 『이념들 II』에서 최적현상을 분석하면서 동일한 지각대상도 그것이 지각되는 다양한 조건 및 상황 속에서 다양한 방식으로 드러난다는 사실을 지적하며 그중에서 최적의 방식으로 드러나는 것이 지각대상 자체라는 성격을 가지게 된다고 말한다. 이 점과 관련해 그는 사물의 색과 관련해 "여기서 도달하게 되는 '최적'이 색 자체로서의 자격을 가지게 된다"(*Hua* IV, 59)고 말한다. 그리고 여타의 색들은 어떤 의미에서 최적의 색으로서의 이러한 색 자체의 '외양' 또는 '현출'이라고 불릴 수 있으며, 이러한 최적의 색이 "정상적인 색"(*Hua* IV, 59)이라고 불린다. 이처럼 최적의 색을 정상적인 색으로 여기며 그것을 색 자체로 간주한다는 점에서 『이념들 II』의 최적현상에 대한 분석은 『지각의 현상학』에 나타난 그것과 유사하다.

둘째, 그러나 최적의 색으로서의 정상적인 색도 어떤 특정한 조건 또는 상황 속에서 파악된 것이요, 따라서 그것은 상황이 변화함에 따라, 예를 들어 "빛을 발하는 물체들, 밝거나 어두운 자연광이 나타남에 따라"(*Hua* IV, 59) 바뀐다. 그러나 이처럼 변화한 정상적인 색은 정상적인 상태로 다시 되돌아감으로써 원래의 모습을 되찾게 된다. 상황이 변화함에 따라 최적의 색으로서의 정상적인 색도 바뀐다는 이러한 후설의 분석은 '색의 수준'에 대한 메를로-퐁티의 분석과 유사하다고 할 수 있다.

셋째, 후설은 『이념들 II』에서도 최적현상으로서의 사물에 대한 지각을 추동하는 원리로서 '관심'을 들고 있는데, 이 점에 대해 그는 다음과 같이 기술한다. "그와 더불어 사물 일반 중에서 상대적으로 최상의 것이 주어지는바 어떤 사물소여가 가능한 현출계열 속에서 우선권을 가지며, 저 소여가 특별히 지향된 소여라는 성격을 가지고 '관심'이 특히 그것을 향해 있고, 경험 경향성은 그 속에서 종결되고 그곳에서 충족되며, 여타의 소여방식들은 '최적의 것'을 향한 지향적 관계를 가진다."(*Hua* IV, 60)

넷째, 후설은 앞서 지적한 정상적인 지각에 속하는 조건들 이외의 조건들을 지적한다. 이와 관련해 그는 "대기를 통한 시각작용", "직접적인 접촉을 통한 촉각작용"(*Hua* IV, 60) 등을 언급한다. 그리고 그는 비정상적인 지각을 낳는 여러 가지 조건들도 검토한다. 그는 눈과 사물 사이에 다른 매개물을 놓았을 경우의 지각, 내가 색안경을 쓸 경우의 지각, 비정상적인 신체 변형 경우의 지각, 산토닌과 같은 약물을 복용할 경우의 지각 등을 고찰한다.(*Hua* IV, 58ff.) 이 점과 관련해 우리는 메를로-퐁티와 마찬가지로 후설 역시 비정상적인 지각의 분석이 지각의 구조 해명에 도움을 줄 수 있을 것으로 생각했음을 알 수 있다. 물론 후설이 메를로-퐁티처럼 비정상적 지각의 구조를 구체적으로 분석하면서 지각의 구조를 적극적으로 해명했던 것은 아니며, 그러한 구체적인 분석은 메를로-퐁티에게 고유한 철학적 업적이라고 할 수 있다.

이처럼 『이념들 II』에 나타난 최적현상에 대한 분석은 여러 가지 점에서 『지각의 현상학』에 나타난 최적현상에 대한 분석과 유사성을 가지고 있다. 그런데 이 점과 관련하여 특히 주목을 끄는 사실은 후설 역시 메를로-퐁티와 마찬가지로 최적현상으로서의 지각적 사물이 현출하기 위한 조건 중 하나로 신체를 꼽는다는 것이다.(*Hua* IV, 55ff.) 이러한 분석에 따르면 모든 지각대상은 신체를 통해 현출한 대상이며, 지각대상에 대한 파악은 단순한 지성적 작용이 아니라 지각적 키네스테제를 자신의 구성요소 중 하나로 가지고 있다.

여기서 우리는 『이념들 II』에 나타난 최적현상에 대한 분석이 지각현상에 대한 지성주의적 편견으로부터 해방되었다는 사실을 지적하고자 한다. 이 점과 관련하여 특히 주목할 것은, 방금 전에 살펴보았듯이, 후설이 『이념들 II』에서 최적현상으로서의 사물이 현출하기 위한 조건으로서 신체를 분석하고 있으며, 그와 더불어 지각의 파악작용이 단순한 지성작용이 아니라 지각적 키네스테제를 구성요소 중 하나로 가지고 있는 것으로 간주한다는 사실이다. 우리는 메를로-퐁티가 『지각의 현상학』에서 최적현상을 비롯한 사물과 자연적 세계를 분석하면서 『이념들 II』로부터 커다란 영향을 받았다고 생각한다.

그럼에도 불구하고 우리는『이념들 II』에 나타난 지각이론이 모든 점에서『지각의 현상학』에 나타난 분석의 수준에 도달했다고 생각하지는 않는다. 실제로『이념들 II』에 나타난 사물지각이론은『지각의 현상학』의 그것과 비교해볼 때 나름의 한계를 지니고 있는데, 후설은 그 후 집필된 저술들에서 이러한 한계를 극복하고자 했다. 또한 그것을 통해 후설의 후기 발생적 현상학의 사물지각이론은 이전의 이론들보다 더 메를로-퐁티의 지각의 현상학에 나타난 사물지각이론과 유사성을 보이고 있다. 이 점과 관련해 우리는 다음 두 가지 사실을 지적하고자 한다.

첫째, 비록 후설이『이념들 II』에서 감각적 키네스테제와 구별되는 지각적 키네스테제가 사물지각의 파악작용을 구성하는 한 가지 요소라는 사실을 이해하고 있었음에도 불구하고 그는 그에 대해 상세히 논하고 있지 않다. 그런데 이 점과 관련해 후설은『이념들 II』이후의 저술들에서 이 문제를 더 상세히 분석해 들어가고자 하고 있다. 예를 들어 그는 1920년대에 행한『수동적 종합에 대한 분석』강의에서 지각적 키네스테제가 지각작용의 파악작용을 구성하는 한 요소라는 사실을 염두에 두고 지각의 지향성을 "실천적 지향성"(die praktische Intention, *Hua* XI, 61)이라고 부른다. 여기서 그가 실천적 지향성이라는 개념을 통해 표현하고자 한 사실은, 지각이란 단순히 사태를 객관적으로 파악하는 지성작용이 아니라 그러한 작용과 더불어 근원적으로 신체에서 유래하는 실천활동을 포함하고 있다는 사실이다.

둘째,『이념들 II』에 나타난 사물지각이론은 사물구성의 토대가 되는 세계구성의 문제를 천착하고 있지 못하다. 물론 후설은『이념들 II』에서 지각사물의 구성을 해명하면서 세계의 문제도 함께 언급하고 있다. 예를 들어 그는 "하나의 동일한 외적 세계"(*Hua* IV, 58)라고 말하기도 하고 정상적인 경험을 "그 속에서 세계가 '있는 바대로의' 세계로서 근원적으로 구성되는"(*Hua* IV, 60) 경험으로 규정하면서 세계의 문제를 이야기하고 있다. 그럼에도 불구하고 후설은 『이념들 II』에서 사물구성과 관련해서는 세계의 구조를 충분하게 해명하고 있지 않다. 앞서 살펴보았듯이, 사물구성을 위해서는 그 토대 혹은 지평인 세계의 구성 문제도 함께 논의되어야 한다. 그런데 후설은 1930년대에 가서 이 문제를 본격적으로 분석하고 있다. 잘 알려져 있듯이, 사물구성과 관련된 세계의 문제는 『위기』의 핵심적인 주제이다. 말하자면 후설은 『위기』에서 『이념들 II』에서 상세하게 분석하지 않은 사물구성과 관련된 세계구성의 문제를 해명하고자 하는데, 그는 사물경험과 세계경험의 밀접한 연관성에 대해 다음과 같이 적고 있다.

"세계는 깨어 있는, 늘 어떤 방식으로 실천적으로 관심을 가지고 있는 우리에게 어쩌다가 한 번 그런 것이 아니라 늘, 그리고 필연적으로 모든 현실적이며 가능한 실천의 보편적 장, 즉 지평으로서 앞서 주어져 있다. […] 이 경우 세계는 언제나 개별적 사물들이 주어지는 방식으로 앞서 주어져 있다. 그러나 세계의식과 사물의식의 방식 사이에는 […] 근본적인 차이가 존재하며, 다른 한편 이 두 가지는 불가분의 통일성을 이루고 있다. 사물은 […] 우리에게 […] 타당한 것으로 주어지나, 원칙적으로 세계지평 속에 있는 대상, 사물로서 의식되는 방식으로만 주어진다. 모든 것은 그 무엇, 즉 세계, 즉 우리에게 지속적으로 지평으로 의식된 세계에 존재하는 그 무엇이다."(*Hua* VI, 145-146)

우리는 『이념들 II』뿐 아니라 『위기』에서 수행된 사물과 세계의 분석이 『지각의 현상학』에서 수행된 동일한 사태에 대한 분석에 결정적인 영향을 미쳤다고 생각한다. 실제로 이 점과 관련해 우리는 메를로-퐁티가 『지각의 현상학』을 집필하기 위하여 이 두 저술을 비롯한 후설의 많은 저술을 심도 있게 연구했다는 사실을 다시 한 번 떠올릴 필요가 있다.

4) 타자와 인간적 세계

『지각의 현상학』 2부 4장 '타자와 인간적 세계'는 소위 상호주관성의 현상학을 전개하고 있다. 앞서 살펴보았듯이, 거기서 메를로-퐁티는 상호주관성 문제와 관련해 크게 다음 네 가지 견해를 피력한다. ① 타자인식과 관련한 유비추론의 부당성, ② 상호신체성으로서의 상호주관성, ③ 타자경험에 있어 언어가 지니는 핵심적 역할, ④ 실존의 한 차원으로서의 사회적 세계와 상호주관성으로서의 주관성.

이제 이러한 네 가지 견해가 후설의 상호주관성의 현상학과 어떤 관계에 있는지 살펴보기로 하자.[22] 앞서 3장에서 우리는 상호주관성의 현

---

[22] 후설의 상호주관성의 현상학에 대해서는 그동안 다음과 같이 많은 연구결과가 발표되었다. W. K. Andrew, "The Givenness of Self and Others in Husserl's Transcendental Phenomenology", in: *Journal of Phenomenological Psychology* 13(1982); F. A. Elliston, "Husserl's Phenomenology of Empathy", in: F. A. Elliston/ P. McCormick(eds.), *Husserl: Expositions and Appraisals*, Notre Dame: University of Notre Dame Press, 1977; J. Hart, *The Person and the Common Life*, Dordrecht: Kluwer Academic Publishers, 1992; K. Held, "Das Problem der Intersubjektivität und die Idee einer phänomenologischen Transzendentalphilosophie", in: U. Claesges/K. Held(eds.), *Perspektiven transzendental-phänomenologischer Forschung*, Den Haag: Martinus Nijhoff, 1972; P. Hutchson, "Husserl's Problem of Intersubjectivity", in: *Journal of the British Society for Phenomenology* 11(1980); P. Hutchson, "Husserl's Fifth Cartesian Meditation", *Man and World*, 15(1982); J. Ibarne, *Husserls Theorie der Intersubjektivität*, Freiburg: Karl Alber, 1994; G. Römp, *Husserls Phänomenologie der Intersubjektivität*, Dordrecht: Kluwer Academic Publishers, 1991; S. Strasser, "Grundgedanken der Sozialontologie Edmund Husserls", in: *Zeitschrift für philosophische Forschung* 29(1975); D. Zahavi, *Husserl und die transzendentale Intersubjektivität: Eine Antwort auf die sprachpragmatische Kritik*, Dordrecht: Kluwer Academic Publishers, 1996; J. Mensch, *Intersubjectivity and transcendental idealism*, Albany, N.Y.: State University of New York Press, 1988; N.-I. Lee, "Static-Phenomenological and Genetic-Phenomenological Concept of Primordiality in Husserl's Fifth *Cartesian Meditation*", in: *Husserl Studies* 18/3(2002); "Phenomenology of Intersubjectivity in Husserl and Buber", in: *Husserl Studies* 22/2(2006).

상학을 예로 정적 현상학과 발생적 현상학의 구별을 살펴보았는데, 거기서 상호주관성의 현상학을 검토하면서 부분적으로 밝혀졌듯이 이러한 네 가지 견해는 후설의 상호주관성의 발생적 현상학과 궤를 같이하고 있다.[23] 그러면 상호주관성 문제와 관련한 메를로-퐁티의 네 가지 견해를 따라가면서 이러한 사실을 살펴보기로 하자.

① 메를로-퐁티는 타자경험과 관련해 객관주의적 사유가 제시하는 유비추론이 부당하며, 타자경험이 직접적인 경험이라는 사실을 강조한다. 그런데 후설 역시 유비추론이 부당하다는 견해를 제시하며, 타자경험이 유비추론을 통한 인식이 아니라 타자의 신체를 매개로 한 직접적인 경험이라는 주장을 한다. 즉 그는 타자경험과 관련해 립스(Th. Lipps)의 감정이입이론과 더불어 에르트만(B. Erdmann)의 유비추론의 이론을 비판하고 있다.[24] 이 점에 있어서 후설은 메를로-퐁티와 유사한 견해를 가졌다고 할 수 있다.

---

23) 메를로-퐁티의 상호주관성의 현상학과 후설의 상호주관성의 현상학의 관계에 대해 다스튀르(F. Dastur) 역시 전반적으로 볼 때 필자와 유사한 견해를 피력하면서 다음과 같이 말한다. "사르트르와는 달리 메를로-퐁티는 상호주관성에 대한 후설의 접근을 자신의 출발점으로 삼는다[…]."(F. Dastur, "Merleau-Ponty and the Question of the Other", in: *Journal of the British Society for Phenomenology* 39/1 〔2008〕, 28). 다스튀르와는 달리 로베르(F. Robert)는 메를로-퐁티가 "'실존'과 '상황'의 이념들"(F. Robert, *Phénoménologie et ontologie. Merleau-Ponty lecteur de Husserl et Heidegger*, Paris: L'Harmattan, 2005, 79ff.)을 고려하고 있기 때문에 상호주관성 문제와 관련해『데카르트적 성찰』에서 상호주관성의 현상학을 전개하고 있는 후설과는 다른 입장을 취하고 있다고 말한다. 로베르가 이러한 견해를 가진 이유는, 그가 후설의 상호주관성의 정적 현상학만을 염두에 두고 상호주관성의 발생적 현상학은 도외시하고 있기 때문이다. 이 점과 관련해 그는『데카르트적 성찰』에서 전개된 후설의 상호주관성의 현상학을 "후설의 데카르트적 접근"(l'approache cartésienne de Husserl〔F. Robert, *Phénoménologie et ontologie. Merleau-Ponty lecteur de Husserl et Heidegger*, 81〕)이라 부르고 있다.

24) 이 주제에 대해서는 N.-I. Lee, 2006 참조.

이 점과 관련해 지적해야 할 점은 후설 역시 타인경험의 성격 규정과 관련하여 객관주의적 사유의 입장을 취하고 있지 않다는 사실이다. 객관주의적 사유는 즉자-존재와 대자-존재가 엄격하게 구별된다고 생각하면서, 나의 의식을 완전히 투명하며 명증적으로 파악될 수 있는 대자-존재로 간주하고 나의 신체, 타인의 신체, 타인의 의식 등 나의 의식 이외에 여타의 모든 것을 대자-존재에 의해 구성된 즉자-존재로 간주한다. 그러나 후설은 이러한 객관주의적 사유의 근본전제를 부정하는데, 이 점과 관련해 우리는 다음 두 가지 사실을 지적하고자 한다.

첫째, 후설은 나의 의식을 완전히 투명하며 명증적으로 파악될 수 있는 대자-존재로 간주하지만은 않는다. 물론 후설은 『이념들 I』에서 초월론적 의식을 필증적인 명증의 양상에서 파악될 수 있는 의식으로 규정하면서 나의 의식을 객관주의적 사유처럼 대자-존재로 간주한다. 그러나 뒤에서 살펴보겠지만, 이러한 생각은 나중에 수정된다. 발생적 현상학의 입장에서 보자면, 의식은 투명하게 주어지는 존재가 아니라 처음이 어딘지 끝이 어딘지 알 수 없는 불분명한 흐름의 연속체이다. 이러한 흐름의 연속체 중 반성하는 나의 의식을 통해 필증적인 명증의 양상에서 파악될 수 있는 체험은 단지 현재 반성작용을 수행하는 체험과, 동일한 현재 시점에서 존재하는 현전적인 체험뿐이다.

둘째, 후설은 나의 신체를 단순히 구성된 대상으로서 즉자-존재로 간주하지 않는다. 이중감각에 대한 그의 분석을 통해 알 수 있듯이, 신체는 구성하는 것이면서 동시에 구성된 것이다. 내가 내 오른손으로 왼손을 더듬어나가면서 내 왼손의 촉감을 느낄 경우, 나에게 오른손은 구성하는 신체로 현출하며 왼손은 구성된 신체로 현출한다. 그러나 내가 내 왼손으로 오른손을 더듬어나가면서 이전과는 달리 내 오른손의 촉감을 느낄 경우, 나에게 오른손은 구성되는 신체로 현출하며 내 왼손은 구성하는 신체로 현출한다. 더 나아가 후설은 나의 신체와 마찬가지로 타인의 신체 역시 단순한 즉자-존재로 간주하지 않는다. 타인의 신체 역시 타인의 입장에서 보자면 구성하는 존재이자 동시에 구성된 대상이다. 그리고 후설은 두말할 것도 없이 타인의 의식을 즉자-존재로 간주하지 않는다. 타인의 의식 역시 타인의 입장에서 보자면 그의 체험류 속에서 존재하며, 타인의 모든 현전적인 의식은 모두 그에게 필증적인 명증의 양상에서 파악될 수 있기 때문이다.

②후설 역시 상호주관성에 대한 발생적 현상학적 분석을 심화시켜나가면서 1930년대에 집필된 몇몇 유고들에서 상호신체성의 현상을 분석하고 있다. 예를 들어 그는 성적인 본능지향성을 분석하는 과정에서 상호신체성의 현상을 분석하고 있다. 이 점과 관련해 그는 원초적인 영역을 다양한 본능지향성들이 서로 얽혀 있는 충동체계로 간주하면서, 두 주체가 가지고 있는 원초적인 영역을 성적인 본능지향성의 "충족의 뒤섞여 있음을 통해 형성된 통일체"(*Hua* XV, 594)로 규정한다. 그런데 그는 이러한 성적인 본능지향성의 충족과 관련해 다음과 같이 기술하면서 상호신체성의 문제를 기술하고 있다.

"성적인 접근과 본능충족—원초적인 영역에서의 신체적인 합일 일반. 어떤 신체를 손으로 부여잡고 흔드는 일은 이미 그 신체를 나의 신체의 한 부분이 되도록 만든다. 성적인 육체적 합일—그 속에서 그럼에도 개별적인 신체들이 포함되어 있는바 하나의 신체성 안에 있는 두 영혼." (*Hua* XV, 602-603)

후설은 이 인용문에서 성적 지향성과 관련해 상호신체성의 문제를 분석하고 있다. 물론 후설이 여기서 분석하고 있는 상호신체성이 『지각의 현상학』에서 분석되고 있는 어린이와 성인 사이의 상호신체성의 구조와 완전히 일치하는 것은 아니다. 그럼에도 불구하고 양자 사이에는 근본적인 유사성이 있다. 메를로-퐁티가 『지각의 현상학』에서 상호신체성의 문제를 분석하면서 아이가 자신의 의도를 자신의 신체 안에서 직접 느끼며, 타인의 신체와 자신의 신체 그리고 자신의 신체 속에 있는 타인의 의도를 직접적으로 느낀다고 기술하고 있듯이, 후설 역시 성적인 육체적 합일 속에서 남녀는 자신의 신체 속에서 자신의 의도를 직접 느끼며, 타인의 신체와 자신의 신체 그리고 자신의 신체 속에 있는 타인의 의도를 직접적으로 느낀다고 기술하고 있기 때문이다.

후설은 "아이. 첫 번째 타인경험"(*Hua* XV, 604)이라는 제목으로 1935년에 집필된 한 유고에서 아이에게서 첫 번째 타인경험이 어떻게 가능한가 하는 문제를 해명하며 명료한 형태는 아니지만 상호신체성 현상을 기술하고 있다. 후설은 이 유고에서 세상에 나온 아이가 성장해가며 상호주관적 세계구성에 참여하는 과정을 분석하면서 다음과 같이 상호신체성의 문제를 언급하고 있다.[25]

"키네스테제적 동기화 속에서 개별적인 통일체의 형성. 비록 완성된 기억반복이 없이 나타나기는 하지만 동적인 재인식의 자기확인 속에서 전체 지각장의 추후의 형성. 시각적이며 촉각적인 통일체로서의 어머니, […] 그러나 단지 키네스테제적으로만 동기 지어진 통일체는 아니다. 아이는 그 속에서 근원적인 욕구가 충족되는바 정상적인 '시야' 안에 있는 어머니를 향해 갈망한다[…]. 아이는 아주 뒤늦게 공간적 사물을 가지고 있는 공간과 그 공간장 안에 있는 신체로서의 어머니를 가지고 있다. 동일한 자, 재인식된 자, 갈망의 충족을 위한 '전제'로서 처음의 이 어머니, 어머니가 와서 거기에 있으면 충족이 생겨난다. 그러나 그것은 아직 타인경험이 아니다. 자신의 신체, 이미 구성된 자신의 신체기관들, 말할 때의

---

25) 메를로-퐁티 역시 유아기에 타인들과의 상호주관적 관계가 형성되는 과정을 분석하고 있다. 이 점에 대해서는 M. Merleau-Ponty, "The Child's Relations with Others", in: *The Primacy of Perception*, trans. W. Cobb, Evanston: Northwestern University Press, 1964; M. Dillon, "Merleau-Ponty and the Psychogenesis of the Self", in: *Journal of Phenomenological Psychology* 9/1(1978) 참조.

입술, 눈과 눈운동 등이 어머니의 입술운동과 말하는 행위에 대해 가지는 관계 속에 있는 본능적인 것. 신체로서의 신체와 타인경험."(*Hua* XV, 605)

후설이 이 인용문에서 유아와 어머니 사이의 타인경험이 형성되는 과정을 분석하면서 상호신체성의 문제를 해명하고 있음은 분명하다. 이 인용문에 나타난 '자신의 신체, 이미 구성된 자신의 신체기관들, 말할 때의 입술, 눈과 눈운동 등이 어머니의 입술운동과 말하는 행위에 대해 가지는 관계'는 상호신체성의 한 예이며, 그것은『지각의 현상학』에서 분석되고 있는 상호신체성과 거의 유사한 현상이라 할 수 있다.

그러나 후설은 발생적 관점에서 볼 때 유아의 단계보다 더 근원적인 단계인 태아의 단계에서 이미 상호신체성의 현상이 작동함을 확인하고 그에 대해 분석한다. 방금 살펴본 인용문이 들어 있는 유고에서 그는 현상학적 상호주관성의 발생에 대한 분석을 시작하면서 "첫 번째 작용─그 '토대'는 무엇인가?"(*Hua* XV, 604)라는 질문을 제기한다. 이 경우 첫 번째 작용이란 첫 번째 지향작용을 뜻하는데, 후설은 그 토대를 '유전형질'로 간주하고 그것을 '근원지평'과 동일시하면서 다음과 같이 적고 있다.

"근원지평, 유전형질은 그 근원적인 의미에서 빈 지평이다. 첫 번째 질료, 첫 번째로 촉발하는 것은 처음으로 파악되는 것이 되며, 첫 번째 시선향함 속에서 그것은 첫 번째로 충족시키는 것으로서의 첫 번째 주제이다."(*Hua* XV, 604)

여기서 알 수 있듯이, 후설은 이 유고에서 초월론적 주관의 발생과정에서 첫 번째의 촉발·작용·세계구성 등이 어떻게 가능한지 추적하고 있다. 그런데 이러한 맥락에서 그는 태아의 세계구성 과정과 관련해 "태아─그것이 어떻게 자아로서 첫 번째 자료들을 극으로 해서 지향할 수 있으며, 그의 '본능적인 습성'의 정체는 무엇인가?"(*Hua* XV, 604)라는 질문을 제기한 후 "어머니 뱃속에 있는 아이는 이미 키네스테제를 가지고 있고 키네스테제를 통해 움직이면서 자신의 '사물들'을 가지고 있다 ─ 가장 근원적인 단계에서 원초적인 영역을 형성해가면서"(*Hua* XV, 604-605) 라고 지적한다. 비록 후설이 이 대목에서 상호신체성에 대해 명료한 형태로 언급하면서 그에 대해 분석하고 있지는 않지만, 그는 이미 어머니 뱃속에 있는 태아의 키네스테제를 분석하면서 상호신체성의 현상을 분석하고 있다고 할 수 있다. 어머니 뱃속에 있는 아이의 키네스테제는 태아와 어머니 사이의 근원적인 신체적 접촉을 통한 상호이해를 뜻하기 때문이다.

여기서 논의되고 있는 상호신체성의 현상이 태아의 상호신체성의 현상이기 때문에, 그것은 『지각의 현상학』에서 분석되고 있는 상호신체성보다 발생적 관점에서 볼 때 더 근원적인 현상임은 두말할 필요도 없다. 물론 후설은 앞서 살펴본 인용문에서 상호신체성의 문제를 간단히 언급하고 있을 뿐 그에 대해 자세하게 해명하고 있지는 않은데, 이 문제를 구체적으로 해명하는 일은 상호주관성의 현상학이 앞으로 해결해야 할 과제 중 하나이다.[26] 그럼에도 불구하고 우리는 상호신체성의 분석과 관련해서도 발생적 현상학의 영역이 얼마나 넓고 심원한지 이해할 수 있다.

③ 이제 타인경험을 위해 언어가 지니는 역할을 살펴보기로 하자. 후설은 제5 『데카르트적 성찰』에서 상호주관성의 문제를 해명하며 타인경험을 위해 언어가 지니는 역할을 분석하고 있지 않다. 바로 제5 『데카르트적 성찰』을 염두에 두고 혹자는 후설이 타인지각에서 언어가 담당하는 역할을 간과하고 있다고 주장할지도 모른다. 그러나 후설 역시 메를로-

---

26) 후설의 상호주관성의 현상학은 여러 가지 방향으로 수정·보완되면서 발전될 수 있는 가능성을 안고 있다. 최근 후설의 타인경험의 발생적 현상학을 발달심리학과 대화시킴으로써 타인경험의 발생적 현상학을 새롭게 정초하려는 시도가 있었는데, 이에 대해서는 다음을 참조할 것. 이종주, 「타자경험의 발생적 현상학 — 현상학과 발달심리학 사이의 대화를 토대로 삼아」(2012년 서울대학교 박사학위 논문); 「발달심리학과의 대화를 통한 메를로-퐁티의 타자경험의 현상학의 변용과 발전」, 『철학과 현상학 연구』 52(2012년 봄호).

퐁티와 마찬가지로 여기저기서 타인경험에 있어 언어가 지니는 중요한 역할을 인정하고 그에 대해 분석하고 있다.[27]

후설은 이미 『이념들 II』에서 타인경험을 위해 언어가 핵심적인 역할을 한다는 사실을 인정하고 그에 대해 분석한다. 그는 『이념들 II』의 85절 "인격체들의 연대 속에서의 인격체"(*Hua* IV, 190)에서 타인경험을 해명하며 의사소통 현상을 분석한다. 이 점과 관련해 그는 공동의 환경세계를 구성함에 있어 의사소통이 핵심적인 역할을 담당한다는 사실을 분석하면서, "사회성은 고유하게 사회적인, 의사소통적인 행위를 통해 구성된다"(*Hua* IV, 194)고 하고, 의사소통적 행위 속에서 "자아는 타인들을 향해 있고 이 자아에게 타인들은 그가 그들을 향해 있는 타인으로서 의식된다 […]."(*Hua* IV, 194)고 말한다. 이 경우 의사소통적 행위란 몸짓·손짓·얼굴표정 등 타인과의 의사소통을 위해 필요한 일체의 행위를 포괄하는 것으로, 그것은 두말할 나위 없이 언어를 통한 의사소통도 포함하는 것이다. 실제로 후설은 언어를 통한 의사소통적 행위와 관련해 다음과 같이 기술하고 있다.

"그렇게 의사소통의 관계가 형성된다. 누가 한 말에 대해 대답이 따르고, 어떤 한 사람이 다른 사람을 향해 가지게 되는바 이론적·가치평가적·실천적 요구에는 말하자면 대꾸가 따르는데, 동의(의견일치) 또는 거부(의견이 다름), 경우에 따라 반대제안 등이 그것이다."(*Hua* IV, 193)

이처럼 후설은 『이념들 II』에서 언어를 통한 의사소통 현상이 타인을 경험하는 데 중요한 의미를 지닌다는 사실을 인정하면서 그에 대해 분석하고 있다. 비록 그가 생전에 출간한 저술에서 타인경험과 관련해 언어가

---

27) 우리는 이 점을 앞서 후설의 발생적 현상학에 나타난 언어이론과 메를로-퐁티의 지각의 현상학에 나타난 언어이론을 비교하며 검토하는 자리에서 부분적으로 살펴보았다.

지니는 역할을 상세하게 분석하고 있지 않지만, 이 주제는 그의 현상학의 핵심적인 주제 중 하나다. 이 점과 관련해 우리는 그가 한 후기 유고에서 언어를 통한 의사소통의 문제를 본격적으로 분석하려 하고 있음을 확인한다. 1932년에 집필된 이 유고는 다음과 같은 제목을 달고 있다. "단순한 타인경험의 공동체(단순히 서로서로 옆에 있음)와 대비되는 의사전달 공동체의 현상학(말을 겪으로써의 말과 말을 접수함). 현상학적 인간학, 경험(독사)과 실천"(*Hua* XV, 461).

후설은 이 유고에서 언어적 의사전달 행위(die Mitteilung)의 "근원적 발생"(*Hua* XV, 473)을 해명하고자 한다. 말하자면 그는 의사전달 행위에 대한 발생적 현상학을 전개하고자 하고 있는 것이다. 그런데 현상학적 관점에서 의사전달 행위에 대한 발생적 현상학을 전개하기 위해 해야 할 일은 다름 아닌 의사전달 행위에 들어 있는 지향성을 해명하는 일이며, 바로 이러한 맥락에서 후설은 "그것[의사전달 행위] 자체를 그 지향성 속에서 해석할"(*Hua* XV, 473) 필요가 있다고 지적한다. 그런데 언어를 통한 의사전달 행위는 발생적 관점에서 볼 때 여러 가지 선행적인 것들을 전제한 상태에서 생겨난다. 의사전달 행위가 생겨나기 위해 전제되어야 할 것으로는 우선 나와 타인들이 타인경험을 할 수 있는 능력을 가지고 있어야 한다는 사실이다. 다시 말해 나는 타인을 타인으로서 이해할 수 있는 능력이 있어야 하고, 타인들 각각도 그들 편에서 그가 만나는 타인들을 타인들로 경험할 수 있는 능력, 즉 "타인경험"(*Hua* XV, 473) 능력이 있어야 한다. 그런데 타인경험 능력은 그 자체로 생겨나는 것이 아니라, 또 다른 전제가 충족되기 때문에 가능한 것이다. 그것은 바로 나와 너를 포함한 우리 모든 인간의 내면적인 마음은 외적으로 표현될 수 있으며, 우리는 이처럼 표현된 것을 이해할 수 있다는 사실이다. 이 경우 표현이란 언어적 표현뿐 아니라 몸짓·손짓·표정 등 인간의 내면적인 것들이 겉으로 드러난 일체의 것을 뜻한다.

이러한 전제조건들이 갖추어져야만 의사소통 행위가 가능하며, 더 나아가 공동체 구성이 가능하다. 그런데 이 점과 관련해 유의해야 할 점은 이러한 전제조건들이 갖추어졌다고 해서 곧바로 공동체가 형성되는 것은 아니라는 사실이다. 실제로 여러 사람들이 타인경험 능력을 가지고 있고, 내면적인 마음이 외적으로 표현되며, 우리가 그처럼 표현된 것을 이해할 수 있다고 해도 공동체가 형성되지 않음을 우리는 도처에서 확인할 수 있다. 분주하게 어딘가를 향해서 걷고 있는 많은 사람들의 경우, 비록 이러한 전제조건들이 갖추어져 있기는 하지만 그들이 공동체를 형성하고 있는 것은 아니다. 그들은 각자 자기 갈 길을 가고 있을 뿐, 아직 공동체를 형성한 것이 아니기 때문이다. 이 점과 관련해 후설은 공동체 구성의 필수적인 요건으로서 실제로 수행되는 의사전달 행위를 들면서 다음과 같이 적고 있다.

"모든 사회성에는 [⋯] 의사전달 사회의 구체적 연관, 즉 말을 걸고 그것을 받아들임의 단순한 사회, 또는 더 분명하게 말하자면, 말을 하고 그것을 경청함의 구체적 연관이 속해 있다. 이러한 언어적 결합체는 의사소통적 사회형성 일반의 근본형식이다[⋯]."(*Hua* XV, 475)

"본질적인 것은 어떤 행위를 수행하는 자, 즉 이 경우 우선 의사전달 행위를 수행하는 자로서 다른 자아와 그러한 의사–일치 속으로 들어갈 수 있다는 사실, 이 자아가 행위를 수행하는 자아로서, 적극적으로 활동하는 자아로서 나의 자아와 일치한다는 사실이다. [⋯] 말을 하고 이 말을 받아들임 속에서 나와 타인은 첫 번째로 통일되는 것이다. 나는 나에 대해서만 존재하는 것이 아니고 타인은 타자로서 [나와 무관하게] 내 저편에 있는 것이 아니다. 타인은 나의 너이며, 말하고 경청하고, 또다시 반박을 하면서 우리는 이미 특별한 방식으로 통일되고 사회화된 하나의 우리를 형성한다."(*Hua* XV, 476)

이처럼 의사소통 행위를 분석하면서 후설은 의사전달 행위의 내용으로서 "나의 의도"(*Hua* XV, 476)를 지적하고 있다. 그런데 이 점과 관련해 흥미로운 점은 그가 의사전달 행위를 분석하면서 의사전달 행위와 의사전달 행위를 통해 내가 최종적으로 목표로 하고 있는 행위를 구별하고 있다는 사실이다.(*Hua* XV, 474) 후설은 의사전달 행위를 분석한 후 "이제 여러 가지 개별적인 물음들을 제기하고 본질적으로 가능하며 서로 밀접히 연결된 사건들을 연구할 필요가 있다"(*Hua* XV, 477)고 말하면서 의사전달 행위와 관련해 해명되어야 할 문제들을 다음과 같이 열거한다.

• 우선 사회형성 과정에서 "존재정립작용"(*Hua* XV, 477)이 하는 역할, 투쟁과 일치를 향한 노력, 진리를 향한 노력, 세계를 변화시키는 "실천"(*Hua* XV, 477) 등에 대해 분석할 필요가 있다.

• 의사전달이 언제나 "일상적인 언어적 말"(*Hua* XV, 478)을 매개로 해서만 가능한 것은 아니다. 이미 동물의 경우에도 의사전달 행위가 존재하며, 이 경우 의사전달 행위는 좁은 의미의 인간의 언어를 통해서 수행되는 것은 아닌데, 그에 대한 분석 역시 필요하다.

• 일차적으로 고찰할 것은 "정상적인 사회적 행위"(*Hua* XV, 478)이지만, 거짓말 등 비정상적인 사회적 행위 역시 고찰해야 한다.

• 모든 사회적 행위는 "이미 구성된 상호주관적인 지각장 안에서"(*Hua* XV, 478) 전개되는 행위다. 그리고 사회적 행위가 전개되면서 잘못된 사회가 구성될 수 있는데, 이러한 사회 역시 "가능한 사회의 한 양태"(*Hua* XV, 478)이며 그에 대한 분석이 필요하다.

• 우선은 현실적으로 수행되고 있는 사회적인 작용이 분석되어야 하지만, 그에 대한 분석이 끝나면 "습성적인 우리의 습성적인 결합체로서의 사회적인 결합체에 대한 해명"(*Hua* XV, 479)이 필요하다.

• 이러한 작업을 토대로 "인격적 결합체와 그 결합된 인격적 존재에 관한 형식론의 구축작업"(*Hua* XV, 479)이 시작될 수 있으며 "이러한 존재론적 형식 속에서 발전, 역사"(*Hua* XV, 479) 등의 문제도 추적해야 한다.

이러한 논의를 통해 알 수 있듯이, 후설 역시 언어가 타자이해 및 다양한 유형의 공동체 형성에서 결정적인 역할을 담당한다는 사실을 인정하고 그에 대해 분석하고 있다. 이 점에서 후설의 발생적 현상학과 메를로-퐁티의 지각의 현상학 사이에는 유사성이 존재한다.

④그러면 이제 초월론적 상호주관으로서의 초월론적 주관과 실존의 한 차원으로서의 사회적 세계의 문제에 대해 살펴보자. 상호신체성과 언어에 대한 앞서의 논의를 통해서 짐작할 수 있듯이, 후설의 현상학에서 초월론적 주관은 유아론적 주관이 아니라 상호주관이다. 이 경우 모든 초월론적 주관이 상호주관이라 함은 그 어떤 초월론적 주관도 다른 초월론적 주관의 삶과 단절된 채 유아론적으로 살아갈 수 없으며, 늘 타인들과의 교섭 속에서 그들로부터 영향을 받고 그들에게 영향을 주면서 살아가는 주관이라는 사실을 의미한다.

모든 초월론적 주관은 그 삶의 첫 시작부터 상호주관적이다. 앞서 "첫 번째 타인경험"(*Hua* XV, 604)의 문제를 해명하면서 논의되었듯이, 초월론적 주관의 삶은 모태에서부터 시작되며 모태에서 자신의 삶을 시작하는 초월론적 주관은 이미 근원적인 생, 본능의 차원에서 상호신체성을 통해 어머니와 삶을 함께하고 있기 때문이다. 모태에서 어머니의 삶은 태아의 삶에 들어가 그에게 영향을 미치고 거꾸로 태아의 삶 역시 어머니의 삶 속으로 들어가 그에게 영향을 미치면서 살아간다. 그런데 상호주관으로서의 초월론적 주관의 삶은 모태에서 끝나는 것이 아니다. 초월론적 주관이 탄생과 더불어 세상의 빛을 보게 되면, 그는 이제 보다 더 다양한 방식으로 타자들과 교섭하면서 그들로부터 영향을 받고 또 그들에게 영향을 주기도 하면서 상호주관적인 삶을 살아간다. 모태에서 주로 촉각과 청각을 통해 상호주관적 삶을 살아가던 초월론적 주관은 이 세상에 발을 들여놓으면서 다양한 유형의 감각작용·지향작용을 매개로 하여 타인과 교섭하며 상호주관적 삶을 살아가고, 그를 통해 상호주관적인 세계를 구성해나간다. 초월론적 주관이 상호주관이라는 사실에 대해 후설은 한 후기 유고에서 세계의 구성과정을 해명하면서 다음과 같이 기술하고 있다.

"그러나 우리가 알고 있듯이 이것은[세계는] 이 자아의 우리에 대한 세계로서, 다시 말해 자신 안에 인간들을 담고 있고 동시에 이러한 인간들에 대한 세계인 세계로서 생겨난다. […] 모든 개별적인 주체는 그 근원 본능 속에서 이 전체 발전을 그의 유아론적 발전으로서가 아니라 인류의 발전으로서, 즉 초월론적 전체 사회의 발전, 초월론적 주체들의 사회의 발전으로서 자신 안에 지니고 있다— 말하자면 그는 '암묵적으로' 그가 만날 수 있는 모든 사람들을, 그들의 모든 작용들을, 전체 세계를 인간화된 세계로서, 문화세계로서 자신 안에 지니고 있다."(A VI 34, 37)

이 인용문에 나타나 있듯이, 모든 초월론적 주관의 삶은 처음부터 끝까지 상호주관적이며 이러한 점에서 모든 초월론적 주관은 초월론적 상호주관이다. 이 경우 모든 초월론적 주관이 초월론적 상호주관이라 함은 모든 초월론적 주관의 삶은 매 순간 다른 초월론적 주관의 삶 속에 들어가 있고 또 그의 삶 속에는 언제나 다른 초월론적 주관의 삶이 들어와 있음을 뜻한다. 말하자면 모든 초월론적 주관의 삶은 생의 매 순간마다 다른 초월론적 주관들의 삶과 뒤섞여 있는 것이다. 이러한 의미에서 후설은 "모나드들의 뒤섞여 있음"(das Ineinander der Monaden, *Hua* XV, 368), 즉 초월론적 주관들이 "지향적으로 서로 뒤섞여 있음"(intentionales Ineinander, *Hua* XV, 371)에 대해 논하면서 다음과 같이 적고 있다.

"나로서의 나는 나에 대해 존재하는 타자들이 없으면 존재할 수 없고, 이러한 타인들은 나 없이는 존재할 수 없다. 지향적으로 짜여 있음이란 초월론적 공존의 필연성이다."(*Hua* XV, 370)

"그 어떤 절대적인 존재[즉 초월론적 주관]도 보편적인 공존의 운명을 벗어날 수 없다. 그 어떤 것이 다른 어떤 것과 공존함이 없이 존재한다는 것, 그것이 홀로 있다는 것은 모순이다. 나만이 유아(solus ipse)가 아닌 것이 아니라, 우리가 생각해볼 수 있는 그 어떤 절대적인 존재도 유아가 아니다. 그것은 모순이다."(Hua XV, 371)

"구성의 뒤섞여 있음, 그리고 그와 더불어 인식에 있어서 지향적으로 서로서로의 안에 들어가 있음(das intentionale Inexistieren in der Erkenntnis)은 존재의 함께 있음이요, 사회화의 뒤섞여 있음이라고 하는 새로운 뒤섞여 있음의 토대다[…]."(Hua XV, 371)

이처럼 초월론적 주관은 언제나 초월론적 상호주관이며, 따라서 후설의 현상학은 유아론이 아니다. 물론 상호주관성에 대한 정적 현상학은 "유아론적 가상"(Hua I, 176)을 보이는 것이 사실이지만, 그러나 그것은 어디까지나 가상에 불과할 뿐 실상은 아닌 것이다. 다시 말해 상호주관성의 정적 현상학도 초월론적 주관들의 '뒤섞여 있음'을 전제하고 그것을 '타당성의 초시간적 정초관계'의 관점에서 해명하고자 하는 것이며, 따라서 그것은 유아론과는 무관하다.

모든 초월론적 주관이 초월론적 상호주관이라 함은 그것이 늘 사회 속에 존재하며 그 어떤 초월론적 주관도 한순간도 사회를 떠나서 살 수 없음을 뜻한다. 사회와 격리되어 살아가는 것처럼 보이는 초월론적 주관의 삶도 사실은 사회와 완전히 격리되어 있는 것은 아니며, 사회적 삶의 한 양상이라고 할 수 있다. 이러한 점에서 초월론적 주관이 몸담고 살아가고 있는 사회적 세계는 초월론적 주관의 실존의 필수적인 한 구성요소요, 그러한 점에서 그것은, 메를로-퐁티가 논의하고 있듯이, '실존의 한 차원'이라 불릴 수 있다. 자연적 세계, 시간, 공간 등이 초월론적 주관의 실존을 구성하는 한 차원이듯이 사회적 세계 역시 초월론적 주관의 실존을 구상하는 한 차원이다.

지금까지의 논의를 토대로 우리는 상호주관성의 문제와 관련하여 후설의 발생적 현상학과 메를로-퐁티의 지각의 현상학 사이에 유사성이 존재하며, 더 나아가 구체적인 분석내용에 있어서도 양자 사이에는 유사한 부분이 많음을 알 수 있다. 그런데 이 점과 관련해 지적하고 싶은 것은, 바로 메를로-퐁티 자신도 양자가 여러 가지 점에서 일치한다고 생각한다는 사실이다. 그는 『지각의 현상학』 서문에서 "후설이 말하듯이 초월론적 주관은 상호주관성일 수 있다"(PP, VII)고 말하며 후설의 현상학은 상호주관성의 문제를 제기할 필요조차 없는 칸트의 초월론적 철학과 근본적으로 구별된다고 말한다.

앞서 우리는 1장에서 상호주관성의 문제와 관련하여 후설의 현상학과 메를로-퐁티의 지각의 현상학 사이에 차이점이 존재한다는 견해를 가진 연구자와 유사성이 존재한다는 견해를 가진 연구자가 있음을 살펴보았다. 딜론은 후설의 초월론적 현상학은 관념론이며 유아론이기 때문에 양자 사이에 차이점이 존재한다는 견해를 피력하며, 자하비는 상호주관성의 문제를 다루고 있는 후설의 유고들을 검토하면서 양자 사이에 유사성이 존재한다는 주장을 한다. 우리는 자하비의 견해는 타당하며 딜론의 견해는 부당함을 알 수 있다. 그런데 딜론이 부당한 주장을 하는 이유는 그가 후설의 초월론적 현상학을 정적 현상학과 동일시하기 때문이다. 앞서 3장 3절에서 살펴보았듯이, 후설의 정적 현상학은 상호주관성의 문제와 관련해 '유아론적 가상'을 보이며, 따라서 딜론처럼 연구자들이 그것을 유아론으로 오해할 소지가 있으나 그것이 유아론과 무관한 것임은 물론이다. 그리고 정적 현상학과는 달리 발생적 현상학은 유아론적 가상을 전혀 보이지 않으며 여러 가지 점에서 메를로-퐁티의 지각의 현상학과 유사한 입장을 보이고 있다.

3 대자-존재와 세계로 향한 존재

메를로-퐁티는 『지각의 현상학』 3부에서 데카르트적 사유, 자유 등 전통적으로 대자-존재의 대표적인 예로 간주되던 현상들이 사실은 그 무엇에도 의존적이지 않은 독립적인 존재가 아니라 세계로 향한 존재, 즉 실존에 토대를 두고 있는 파생적 현상이라는 사실을 해명하고 있다. 그런데 후설 역시 발생적 현상학을 전개하면서 메를로-퐁티와 마찬가지로 데카르트적 사유, 자유 등을 실존에 토대를 두고 있는 파생적 존재로 간주하며, 이러한 점에서 메를로-퐁티의 지각의 현상학과 후설의 발생적 현상학은 유사성을 보이고 있다. 물론 이 주제와 관련하여 발생적 현상학과 지각의 현상학 사이에는 나름의 차이점도 존재하는데, 이 절에서 우리는 주로 양자 사이에 존재하는 유사성에 초점을 맞추어 살펴보면서 필요하면 차이점도 함께 검토할 것이다.

1) 사유

앞서 5장에서 살펴본 사유에 관한 메를로-퐁티의 입장은 크게 다음 두 가지로 요약될 수 있다. 첫째, 원초적인 지각의 세계에서 살아가고 있는 주체에 의해 수행되는 사유는 실존을 구성하는 하나의 계기이며, 따라서 사유는 실존적 성격을 가지고 있다. 둘째, 사유가 지닌 실존적 성격을 포착하지 못하고 사유를 보편적이며 초시간적인 것으로 간주하는 데카르트의 견해는 부당하다.

그런데 우리는 이러한 두 가지 근본입장을 후설의 발생적 현상학에서도 발견할 수 있다. 이러한 사실을 확인하기 위하여 우리는 우선 데카르트의 철학에 대한 후설의 견해를 살펴보면서 후설이 발생적 현상학에서 데카르트에 대해 비판적인 입장을 취하고 있음을 확인할 것이다. 거기에 이어 우리는 후설의 발생적 현상학에서 초월론적 주관이 실존하는 주관으로 규정되며, 따라서 사유 역시 실존적 성격을 지니고 있다는 사실을 살펴볼 것이다.

우선 데카르트의 철학에 대한 후설의 견해를 살펴보자. 후설은 자신의 현상학을 전개해나가면서 데카르트로부터 결정적인 영향을 받았다. 우리는 그의 저술 도처에서 그가 데카르트로부터 받은 영향을 확인할 수 있다. 그는 그의 저술 여기저기서 데카르트의 철학을 다루고 있다. 그는 『이념들 I』 2부 '현상학적 근본고찰'에서 데카르트의 방법적 회의를 해명하면서 초월론적 현상학적 환원의 방법을 해명하고 있으며, 1923-24년에 행한 『제일철학』 강의의 1부에 해당하는 철학사에 대한 고찰에서 데카르트에 관해 상세하게 다루고 있다. 그는 『데카르트적 성찰』의 입문에서 데카르트의 『성찰』을 "철학적 자기성찰의 전형"(*Hua* I, 43)으로 간주하며 『위기』에서도 여러 절에 걸쳐 데카르트의 철학에 대해 상세하게 다루고 있다.

이처럼 후설이 데카르트로부터 결정적인 영향을 받았음에도 불구하고 우리는 데카르트에 대한 후설의 평가가 이중적이라는 사실에 유의할 필요가 있다. 예를 들어 그는 『위기』에서 데카르트를 초월론적 주관주의의 선구자이며 동시에 물리주의의 선구자로 간주하고 있다.(*Hua* VI, 70ff.) 이러한 평가에 따르면 데카르트는 사유하는 자아를 철학의 제일차적인 주제로 설정하고 그것이 철학에 대해 지니는 결정적인 의미를 이해한 철학자이며, 그 일을 통해 초월론적 철학의 선구자로 평가받을 수 있다. 그러나 그는 다른 한편 근대과학의 비약적인 발전에 고무되어 수학과 근대과학의 방법에 대한 맹신을 가지고, 수리물리학을 모범으로 해서 모든 학문을 전개시킬 수 있으리라 생각하면서 물리주의의 선구자가 되었다.

그런데 우리는 초월론적 철학의 선구자로서의 데카르트에 대한 후설의 평가를 정확하게 이해해야 한다. 혹자는 후설이 1920년대 말에 『데카르트적 성찰』이라는 저술을 출간했고 1930년대에 집필된 『위기』에서도 데카르트를 초월론적 철학의 선구자로 간주하고 있다는 사실을 염두에 두고 후설의 현상학이 데카르트주의라고 평가할지도 모른다. 그러나 후설의 현상학에 대한 이러한 평가는 일면적일 뿐이다. 이 점과 관련하여 우리는 후설이 정적 현상학과 발생적 현상학이라는 두 가지 유형의 초월론적 현상학을 발전시켰다는 사실을 다시 한 번 주목할 필요가 있다. 앞서도 논의되었듯이, 이 두 유형의 현상학 중 정적 현상학은 데카르트주의라는 특성을 지니고 있지만 발생적 현상학은 그렇지 않다. 이 점과 관련해 란트그레베(L. Landgrebe)는 후설의 현상학이 데카르트의 철학과 다르다는 사실을 강조하기 위하여 '데카르트주의로부터의 후설의 결별'[28]이라는 표현을 사용하기도 한다. 후설의 발생적 현상학은 메를로-퐁티가 비판하고 있는 데카르트 철학의 한계를 넘어서 바로 메를로-퐁티의 지각의 현상학의 방향으로 나아간다. 그러면 이제 초월론적 주관 및 사유를 중심으로 발생적 현상학이 어떻게 데카르트주의를 넘어서 메를로-퐁티의 지각의 현상학의 방향으로 나아가는지 자세하게 살펴보기로 하자. 이를 위해서 우선 체험류에 대한 후설의 발생적 현상학을 살펴본다.

발생적 현상학은 "그 속에서 모든 의식과 그의 지향적 대상 그 자체가 들어 있는바 구체적인 전체 연관"(*Hua* XVII, 316), 즉 구체적인 전체적 체험연관을 해명함을 목표로 한다. 여기서 후설이 언급하고 있는바 발생적 현상학이 탐구주제로 삼고 있는 '구체적인 전체 연관'은 체험류를 뜻하며, 이 체험류는 과거로부터 현재를 거쳐 미래로 끊임없이 흘러가는 것이다. 이 체험류는 각각의 개별적인 초월론적 주관에게 우선 나의 체험류로서 경험된다. 그런데 나의 이 체험류는 단지 하나의 흐름이 아니라 다양한 흐름들로 구성되어 있다. 예를 들어 어떤 꽃을 감상하면서 어떤 새소리를 들을 경우, 나는 꽃을 감상하는 체험의 흐름과 새소리를 듣는 체험의 흐름을 가지고 있다. 이처럼 나는 매 순간 다양한 체험 흐름들을 포함하는 총체적인 체험류를 가지고 있다. 그리고 이러한 총체적인 체험류는

---

28) L. Landgrebe, "Husserls Abschied vom Cartesianismus", in: *Der Weg der Phänomenologie*, Gerd Mohn: Gütersloh, 1963.

발생적 현상학적 관점에서 보자면 중층적인 구조를 가지고 있다. 이 점과 관련해 우리는 초월론적 발생의 층을 능동적 발생의 층과 수동적 발생의 층으로 구별할 수 있는데, 이러한 구별에 대응해 우리는 능동적 발생의 체험류와 수동적 발생의 체험류가 존재함을 확인할 수 있다. 물론 능동적 발생의 층뿐 아니라 수동적 발생의 층 역시 한 층으로 이루어진 것이 아니고 다양한 층으로 세분될 수 있으며, 그에 따라 우리는 능동적 발생의 층뿐 아니라 수동적 발생의 층에서도 발생적으로 구별되는 다양한 체험류를 확인할 수 있다.[29] 그리고 이처럼 다양한 체험류들을 포괄하고 있는 나의 총체적인 체험류는, 현재에만 존재하는 것이 아니라 과거로부터 현재를 거쳐 미래를 향해 끊임없이 흘러간다.

그리고 나의 총체적인 체험류는 매 순간 "세계의식"(*Hua* VI, 146; *Hua* XXXIX, 67ff.)을 포함하고 있다. 그런데 세계의식은 그것이 체험류를 구성하는 하나의 요소이기 때문에 체험류 전체가 매 순간 부단히 흘러가듯이 부단히 흘러가는 의식이다. 세계의식이 가지고 있는 이러한 측면을 주목하면서 후설은 세계의식을 구체적으로 체험류와 더불어 부단히 "흘러가는 세계의식"(*Hua* XXXIX, 91)이라 부르고 있다. 이와 같이 부단히 흘러가는 세계의식은 모든 여타의 의식과 마찬가지로 노에시스적 측면과 노에마적 측면을 가지고 있다. 이 경우 세계의식의 노에시스적 측면은 세계의식이란 현재 내가 경험할 수 있는 나의 모든 체험들의 지평에 해당하는 의식으로, 그러한 체험들을 총괄하고 그것들에 통일성을 부여하면서 세계를 향하고 있다는 사실을 뜻하며, 그것의 노에마적 측면은 바로 이러한 세계의식이 지향하고 있는 것이 개별적인 대상들이 아니라 그것들의 보

---

29) 예를 들어 후설은 1905년에 행한 『내적 시간의식의 현상학』 강의에서 "구성단계의 층"(*Hua* X, 73)을 ① 객관적인 시간구성의 층, ② 선경험적 시간구성의 층, ③ 절대적인 의식흐름의 구성의 층 등 세 가지로 나누고 있다.

편적 지평인 세계라는 사실을 뜻한다. 그리고 세계의식은 이처럼 모든 대상들의 보편적인 지평인 세계를 향하면서 개별적 대상들이 초월론적 주관에게 현출할 수 있는 토대를 마련해준다.[30]

이러한 나의 체험류는 그 자체로 독립해서 존재하는 것이 아니며, 다른 초월론적 주관들의 체험류들과 상호연관 속에서 그들에게 영향을 주기도 하고 또 그들로부터 영향을 받아가면서 존재한다. 이 점과 관련해 후설은 앞서 살펴보았듯이 '모나드들의 뒤섞여 있음', 즉 초월론적 주관들이 '지향적으로 서로 뒤섞여 있음'에 대해 언급하며 그에 대해 논하고 있다. 말하자면 나의 총체적인 체험류는 타인들의 체험류 속에 들어가 살고 있고 타인들의 체험류는 나의 체험류 속에 들어와 살고 있다고 할 수 있다.

더 나아가 나를 포함하여 나와 공존하는 모든 초월론적 주관들의 총체적인 체험류는 역사 속에서 존재하며, 그것은 이전에 존재했던 체험류들의 영향을 받기도 하고 또 앞으로 올 초월론적 주관들의 체험류들에 영향을 주기도 한다. 여기서 알 수 있듯이, 나의 초월론적 주관의 총체적인 체험류에는 이전에 존재했던 초월론적 주관들의 체험류들이 들어와 살고 있고, 나의 총체적인 체험류는 앞으로 올 초월론적 주관들의 체험류 속에 들어가 살게 된다. 이처럼 그 어떤 초월론적 주관의 총체적인 체험류도 역사적 지평을 벗어나 존재할 수 없다. 바로 이러한 이유에서 후설은 발생적 현상학을 심화시켜나가면서 "초월론적 상호주관의 역사적 존재방식"(*Hua* XV, 387)에 대해 분석하고자 한다.

이러한 논의를 통하여 우리는 후설의 발생적 현상학에 나타난 초월론

---

30) 후설은 한 후기 유고에서 세계 및 세계의식을 분석하면서 "상황"(Situation, *Hua* XXXIX, 190)의 문제를 치밀하게 분석하고 있다. 실존과 상황은 밀접하게 결합되어 있는데, 우리는 8장에서 후설의 발생적 현상학에 나타난 상황의 문제 등을 분석하면서 그것이 일종의 실존철학으로 규정될 수 있다는 사실을 살펴볼 것이다.

적 주관이 메를로-퐁티의 『지각의 현상학』에 나타난 육화된 주관으로서의 초월론적 주관과 유사하다는 사실을 알 수 있다. 메를로-퐁티의 육화된 주관과 마찬가지로 후설의 발생적 현상학에 나타난 초월론적 주관은 실존하는 주관이다. 우선 그것은 능동적인 지향성들만 가지고 있는 주관이 아니라, 불투명한 양상에서 주어지는 다양한 차원의 수동적인 지향성도 가지고 있는 주관이다. 그리고 초월론적 주관은 세계의식을 가지고 있기 때문에, 세계와 무관하게 닫혀 있는 주관이 아니라 매 순간 세계에 대해 열려 있는 주관이다. 더 나아가 초월론적 주관은 상호주관적 지평을 가지고 있는 주관이며, 동시에 역사적 지평을 가지고 있는 주관이다.

앞서 우리는 1장에서 후설의 초월론적 주관과 메를로-퐁티의 육화된 주관 사이에 차이점이 존재한다고 생각하는 연구자와 양자 사이에 유사성이 존재한다고 생각을 가진 연구자가 있음을 살펴보았다. 드라이퍼스는 양자 사이에 차이점이 존재한다고 생각하고 모란은 양자 사이에 유사성이 존재한다는 생각을 가지고 있는데, 우리는 모란의 견해는 타당하며 드라이퍼스의 견해는 부당함을 알 수 있다. 드라이퍼스가 이처럼 부당한 견해를 피력하는 이유는 그가 후설의 발생적 현상학이 존재한다는 사실을 알고 있지 못하기 때문이다. 실제로 그는 후설의 현상학을 『이념들 I』에 나타난 정적 현상학과 유사한 것으로 간주하면서 논의를 진행한다. 앞서 1장에서 살펴보았듯이, 그는 후설의 현상학을 표상주의적 입장으로 간주하는데, 이 경우 표상주의는 인지를 표상적 내용이라 불릴 수 있는 지향적 내용을 매개로 해서 이루어지는 것으로 생각하는 입장을 뜻한다. 앞서 살펴보았듯이, 후설은 『이념들 I』에서 이러한 입장을 취했으나 발생적 현상학을 전개하면서 그것을 수정하였다.

이러한 논의를 통해 우리는 후설의 발생적 현상학에서 사유작용이 어떻게 규정되는지 이해할 수 있다. 사유작용에 대한 규정에 있어 후설의 발생적 현상학과 메를로-퐁티의 지각의 현상학 사이에는 유사성이 존재한다. 지각의 현상학에서처럼 발생적 현상학에서도 모든 사유작용은 일체의 다른 것으로부터 독립하여 자체적으로 존재할 수 있는 것이 아니라, 체험류 속에서 존재하면서 실존적인 성격을 지니는 것이다. 실존과 무관하게 존재하는 사유작용은 불가능하다. 후설은 『이념들 I』에서 데카르트를 염두에 두면서 사유작용, 즉 절대적인 의식은 "존재하기 위하여 그 어떤 '것'도 필요로 하지 않는다"(*Hua* III/1, 104)고 말하면서 절대적인 의식의 자족성을 주장한다. 이러한 주장은 타당성의 초시간적 정초관계를 연구하는 정적 현상학의 입장에서는 타당할지 몰라도 초월론적 발생의 구조를 해명함을 목표로 하는 발생적 현상학에서는 그렇지 않다. 발생적 현상학의 관점에서 볼 때 현재 이 순간 내가 경험하는 사유작용은 중층적인 나의 체험류의 한 부분을 차지하며, 따라서 그것은 나의 체험류에 의존적이다. 그리고 실존이 사회적 차원을 지니듯이 사유작용 역시 사회적 차원을 지니며 모든 사유작용은 타인들과의 교류 속에서 성장한 의식이다. 더 나아가 실존이 역사적 차원을 지니고 있듯이 모든 사유작용은 역사적 차원을 지니며 역사 속에서 성장한 의식이다.

이처럼 사유작용이 실존적 성격을 가지고 있기 때문에, 모든 사유작용은 초월론적 주관의 실천적인 삶에 대해 어떤 의미를 가지고 있다. 이 점에 있어서는 초월론적 발생의 관점에서 볼 때 가장 나중에 등장하는 사유작용인 초월론적 현상학적 반성작용 역시 예외가 아니다. 초월론적 현상학적 반성작용은 초월론적 주관의 삶에 대해 그 무엇과도 비교할 수 없을 정도로 중요한 의미를 가지는데, 이 점과 관련하여 후설은 『위기』에서 초월론적 현상학적 환원을 일종의 "종교적 개종"(*Hua* VI, 140), "가장 극단적인 실존의 변화"(*Hua* VI, 140)에 비유하기도 한다.

앞서 5장에서 우리는 메를로-퐁티가 사유작용의 명증과 관련하여 어떤 입장을 취하는지 살펴보았다. 그에 따르면 ①사유대상과 마찬가지로 사유작용 역시 필증적 명증의 양상에서 파악될 수 없고, ②외적 지각이 선행해야 내적 지각이 가능하며, 선반성적 차원에서 전개되는 지각적 의식의 경우 지각세계를 향한 의식과 선반성적 자기의식은 서로 공속적인 관계에 있다. 그러면 이 두 가지 문제에 대해 후설이 발생적 현상학을 전개하면서 어떤 입장을 취하는지 살펴보자.

우선 사유작용이 필증적 명증의 양상에서 파악될 수 있는가 하는 문제에 대해 후설이 발생적 현상학을 전개하면서 어떤 입장을 취하고 있는지 살펴보자. 메를로-퐁티는 후설의 초월론적 현상학이 모든 체험을 필증적인 명증의 양상에서 경험될 수 있는 것으로 간주한다고 생각하면서 그에 대해 비판한다. 그러나 후설은 발생적 현상학을 전개해나가면서 모든 체험이 필증적인 명증의 양상에서 경험될 수 있다는 입장을 밝히고 있지 않다. 그에 따르면 체험류 속에서 존재하는 무수히 많은 체험들 중 오직 한 부분만이 필증적 명증의 양상에서 파악될 수 있을 뿐 대부분의 것은 필증적 명증의 양상에서 파악될 수 없다. 후설은 『데카르트적 성찰』에서 이 주제를 다루면서 "초월론적 경험"(*Hua* I, 62) 속에서 "자아는 자기자신에게 근원적으로 접근가능하다"(*Hua* I, 62)고 말한 후 "그러나 이러한 경험은 그때그때 본래적으로 충전적으로 경험될 수 있는 것의 핵만을 제공하는데, 그것은 다름 아닌 '나는 생각한다'라는 문장의 문법적인 의미가 표현하는 생동적인 자기현재이다"(*Hua* I, 62)라고 말한다.

이러한 후설의 견해에 따르면, 반성하는 자아에게 생생하게 현재 주어지는 체험만이 필증적인 명증의 양상에서 파악될 수 있을 뿐이다. 그리고 전체 체험류 속에는 필증적 명증의 양상에서 파악될 수 없는 무수히 많은 체험들이 존재하는데, 그 이유는 그것들이 "본래적으로는 경험되지 않으나 필연적으로 함께 사념된 것의 지평"(*Hua* I, 62)에 속하기 때문이다. 후설은 이러한 지평에 속하는 것의 예로서 "대개 완전히 어두운 자기자신의 과거", "자아에게 속하는 초월론적 능력", "그때그때 주어지는 습성적인 속성들"(*Hua* I, 62)을 들고 있다. 그러나 이것들 이외에 어두운 의식의 심층, 타인의 초월론적 의식, 역사적 지평 속에 놓인 타인들의 체험 등 필증적 명증의 양상에서 경험될 수 없는 체험들은 무수히 많다.

이처럼 대부분의 체험들이 필증적 명증의 양상에서 경험될 수 없다고 한 점에서 후설의 입장은 메를로-퐁티의 입장과 유사하다. 그럼에도 불구하고 이 두 철학자가 이 주제와 관련해 완전히 일치된 견해를 보이고 있는 것은 아니다. 후설이 극히 제한적이나마 필증적 명증의 양상에서 경험될 수 있는 체험이 존재한다는 사실을 인정하는 데 반해 메를로-퐁티는, 앞서 5장에서 살펴보았듯이, 그러한 가능성을 전적으로 부정하기 때문이다.

후설의 발생적 현상학은 내적 지각과 외적 지각의 관계 및 선반성적 의식의 구조와 관련해서도 지각의 현상학과 유사한 입장을 취하고 있다. 앞서 살펴보았듯이, 메를로-퐁티는 반성적 의식의 경우 내적 지각이 외적 지각에 선행하는 것이 아니라 외적 지각이 존재해야만 반성적인 내적 지각이 가능하며, 선반성적 차원에서 전개되는 지각적 의식의 경우 지각세계를 향한 의식과 선반성적 자기의식은 서로 공속적인 관계에 있으며 양자 사이에는 시간적인 선후관계가 존재하지 않는다는 생각을 가지고 있다. 후설 역시 시간적인 발생적 정초관계의 관점에서 볼 때 반성적 의식은 외적 지각으로서의 선반성적 의식을 토대로 가능한 것이며, 이러한 점에서 선반성적 의식으로서의 외적 지각이 반성적 의식으로서의 내적 지각에 선행한다고 생각하고 있다. 이러한 사실은 그가 자연적 태도에서 출발해 초월론적 태도로 이행하는 것을 보면 알 수 있다. 그리고 그는 메를로-퐁티와 마찬가지로 선반성적 의식의 경우 대상 및 세계에 대한 의식은 언제나 자기의식과 함께 존재한다고 생각하고 있다. 이 점과 관련해 그는 『내적 시간의식의 현상학』 강의에서 모든 대상구성의 최종적인 토대가 되는 절대적 의식의 흐름을 분석하면서 이 의식의 흐름 속에서 "하나이며 동일한 사태의 두 측면처럼 서로를 필요로 하는 두 가지 지향성들이 서로 결합되어 있다"(*Hua* X, 83)고 말한다. 그런데 여기서 그가 말하는 두 개의 지향성은 "세로지향성"(Querintentionalität, *Hua* X, 82)과 "가로지향성"(Längsintentionalität, *Hua* X, 81)인데, 이 경우 세로지향성은 세계를 향한 지향성, 즉 대상 및 세계에 대한 의식을 뜻하고, 가로지향성은 파지적 의식을 향한 지향성, 즉 자기의식을 뜻한다. 여기서 알 수 있듯이, 후설역시 메를로-퐁티와 마찬가지로 근원적인 절대적 의식의 흐름 속에서대상 및 세계를 향한 의식인 세로지향성과 자기의식인 가로지향성이 분리할 수 없이 "서로 결합되어 있다"고 생각하는 것이다.

마지막으로 메를로-퐁티의 묵언의 자아의 문제와 관련해서 후설의발생적 현상학이 어떤 입장을 취하고 있는지 살펴보자. 우선 필자의 독서 범위 안에서 볼 때 후설이 '묵언의 자아'라는 개념을 사용하면서 명시적으로 그에 대해 논한 곳은 없다. 그럼에도 불구하고 그가 묵언의 자아와 관련된 문제를 다루고 있는 곳이 있는데, 그 대표적인 예는『위기』이다.[31] 그는『위기』40절에서 "생동하는 지평"(*Hua* VI, 152)의 문제에 대해 논하면서 묵언의 자아와 관련된 문제를 다루고 있다. 일상적인 삶을살아가면서 모든 초월론적 주관은 대상과 세계를 향하고 있는데, 이 경우초월론적 주관의 적극적인 의식작용은 '생동하는 지평', 즉 "숨어 있으나함께 기능하고 있는 묵언의 타당성들의 환경"(*Hua* VI, 152)에 둘러싸여있다. 여기서 알 수 있듯이, 후설은 '묵언의 타당성'을 적극적인 의식작용이 수행하는 명료한 타당성의 이면에 '숨어서 함께 기능하는' 타당성으로 이해하고 있다. 후설이 여기서 언급하고 있는바 '묵언의 타당성'은 적극적인 의식작용이 아니라 지각적 또는 감각적 의식작용에 의해 수행되는 원초적인 타당성을 뜻한다. 따라서 우리는 이러한 원초적인 묵언의 타

---

31) 후설은『데카르트적 성찰』에서도 "순수하며 말하자면 아직 말이 없는 경험"(die reine und sozusagen noch stumme Erfahrung, *Hua* I, 77)에 대해 언급하고 있다.

당성을 수행하는 자아를 메를로-퐁티처럼 '묵언의 자아'라 부를 수 있을 것이다.

후설의 경우 메를로-퐁티와 마찬가지로 '묵언의 자아'는 원초적인 지각의 세계에서 "자연적이며 정상적인 삶의 방식"(Hua VI, 152)으로 일상적인 삶을 살아가는 원초적인 자아라 할 수 있다. 그리고 후설의 경우에도 메를로-퐁티처럼 묵언의 자아 또는 원초적 자아는 신체를 가지고 살아가는 신체적인 자아요, 타인과 더불어 살아가는 상호주관적 자아이며, 시간성과 역사성을 가지고 있는 자아이다. 더 나아가 메를로-퐁티는 묵언의 자아의 경우 '나의 존재와 세계의 존재와의 동시적 접촉'이 가능하다고 말하는데, 이 점에 있어서는 후설의 원초적인 자아도 마찬가지다. 앞서 우리는 후설의 1905년 『내적 시간의식의 현상학』 강의에 나오는 가로지향성과 세로지향성의 문제를 다루면서 근원적인 절대적 의식의 흐름 안에서 세계의식과 자기의식이 서로 분리할 수 없게끔 원초적으로 결합되어 있다는 사실을 살펴보았다. 바로 그 근원적인 절대적 의식의 흐름이 원초적인 자아의 핵을 구성하는 것이며, 따라서 후설의 원초적인 자아 역시 '나의 존재와 세계의 존재와의 동시적 접촉'이 가능한 자아라 할 수 있다.

2) 시간성

메를로-퐁티는 후설이 1905년에 행한 『내적 시간의식의 현상학』(Hua X) 강의에 나오는 많은 내용을 받아들이면서 『지각의 현상학』에서 자신의 시간론을 전개하고 있다. 그럼에도 불구하고 『지각의 현상학』에 등장하는 시간론이 1905년의 『내적 시간의식의 현상학』에 나오는 시간론과 동일한 것은 아니다.[32] 메를로-퐁티는 『내적 시간의식의 현상학』에 나

---

32) 후설의 시간론에 대한 연구는 다양한데, 그에 대해서는 김태희, 「후설의 현상학적

오는 시간론을 독창적으로 해석하면서 실존적 시간론을 전개해나가고 있는데, 이제 그 점을 자세하게 살펴보자.

메를로-퐁티는 우선 방법론과 관련하여 후설의 1905년의 강의에 나오는 핵심적인 내용을 받아들이고 있다. 메를로-퐁티는 자신의 시간론을 전개하기 이전에 기존의 시간론을 비판하고 있는데, 그 핵심은 기존의 시간론이 객관주의적 사유에 빠져 근원적인 시간의식을 파악하고 있지 못하다는 것이다. 메를로-퐁티의 이러한 비판은 그 핵심적인 내용에 있어 후설이 1905년 강의에서 자신의 시간론을 전개하기 이전에 기존의 시간론에 대해 가하는 비판과 유사하다. 후설 역시 기존의 시간론이 객관주의적 사유에 집착하면서 근원적인 시간의식을 망각하고 있다는 이유에서 그것을 비판하고 있다. 이 점과 관련하여 그는 이 강의를 시작하면서 1절 '객관적 시간의 배제'에서 '객관적 시간과 관련된 모든 가정·확정·확신에 대한 완전한 배제'(*Hua* X, 4)가 필요하며, 이를 위해서 초월론적 현상학적 환원을 수행한 후 시간성에 대한 분석을 수행해야 할 필요성에 대해 역설하고 있다.

더 나아가 그 구체적인 분석내용에 있어서도 메를로-퐁티는 후설의 1905년의 강의에 나오는 많은 내용들을 받아들이고 있다. 예를 들어 그는 이 강의에 나오는 핵심개념들인 현재지향·파지·예지 등의 개념을 사용하여 시간성의 구조를 분석하고 있다. 그리고 『지각의 현상학』에 나타난 메를로-퐁티의 시간론에서 핵심적인 역할을 담당하는 것은 이 책에 나오는 시간도해인데(*PP*, 477 참조), 이것은 후설의 『내적 시간의식의 현상학』 강의에 나오는 도해(*Hua* X, 28)를 약간 보완한 것이다. 메를로-퐁

시간론의 두 차원: 정적 현상학적 분석과 발생적 현상학적 분석」(2011년 서울대학교 박사학위 논문)의 참고문헌을 참조할 것. 후설의 시간론에 대한 최근의 연구에 대해서는 D. Lohmar/I. Yamaguchi(ed.), *On Time — New Contributions to Husserlian Phenomenology of Time*, Dortrecht: Springer, 2010에 발표된 논문들을 참조할 것.

티는『내적 시간의식의 현상학』강의에 나오는 시간도해를 토대로 자신의 시간론에서 핵심적인 위치를 차지하고 있는 "시간은 하나의 선이 아니라 지향성의 직물이다"(PP, 477)라는 명제를 해명하면서 자신의 시간론을 전개하고 있다.

이처럼 메를로-퐁티가『지각의 현상학』에서 분석하고 있는 시간성은 그 본성상 후설이 1905년『내적 시간의식의 현상학』강의에서 해명하고 있는 시간성과 여러 가지 점에서 유사하다. 그럼에도 불구하고 우리는 양자가 모든 점에서 유사하다고 판단해서는 안 된다. 실제로『지각의 현상학』에서 분석되고 있는 시간성과 후설의 현상학에 등장하는 시간성의 관계는 다소 복잡한 양상을 보이고 있는데, 이제 그 점을 살펴보자.

우리는 양자의 관계가 복잡한 양상을 보이고 있는 일차적인 이유를,『내적 시간의식의 현상학』강의에 나오는 후설의 시간론뿐 아니라 그 이후에 전개된 후설의 시간론 전체가 일의적이지 않다는 데서 찾을 수 있을 것이다. 이 점과 관련하여 우리는 후설의 초월론적 현상학에서 시간론은 정적 현상학적 관점과 발생적 현상학적 관점에서 각기 다른 방식으로 전개될 수 있다는 사실에 유의해야 한다. 이 경우 우리는 정적 현상학적 시간론은 시간의식을 타당성의 초시간적 정초관계의 관점에서 해명함을 목표로 하고 발생적 현상학적 시간론은 시간의식을 시간적인 발생적 정초관계의 관점에서 해명함을 목표로 한다는 사실에 유의할 필요가 있다.[33]

후설은 1905년에 행한『내적 시간의식의 현상학』강의에서 시간론을 정적 현상학적 시간론으로 전개하고자 하고 있다. 이 점과 관련해 그는 이 강의의 목표가 "시간의 '근원'"(Hua X, 8)을 해명하는 데 있다고 밝히고, 이 경우 근원의 문제를 "경험의 본질에 관한 물음"으로서의 "경험의 가능성에 관한 물음"(Hua X, 8-9)으로 규정하며 그것을 "현상학적 (또

---

33) 김태희, 같은 글 참조.

는 인식론적) 근원의 물음"(Hua X, 8)과 동일시하고 있다. 더 나아가 그는 여기서 문제가 되고 있는 '근원에 관한 물음'은 "심리학적 근원에 관한 물음"(Hua X, 9)과 다른 물음이며, 시간의식의 '심리학적 근원에 관한 물음'은 이 강의의 관심사가 아니라고 밝히고 있다. 여기서 알 수 있듯이, 그는 '현상학적 근원'을 '인식론적 근원'과 동일시하고 그것을 '심리학적 근원'과 구별하면서 현상학의 목표는 '심리학적 근원'을 해명하는 데 있는 것이 아니라 '현상학적 근원 또는 인식론적 근원'을 해명하는 데 있다고 생각한다.

그러나 현상학의 목표가 '심리학적 근원'을 해명하는 데 있는 것이 아니라 '현상학적 근원 또는 인식론적 근원'을 해명하는 데 있다는 그의 입장은 1910년대 중후반 이후 수정된다. 그는 우선 그 이전까지 자신의 초월론적 현상학을 정적 현상학으로 전개해왔으나, 실제로 초월론적 현상학은 정적 현상학뿐 아니라 발생적 현상학으로도 전개될 수 있다는 사실을 인식하게 된다. 이 경우 정적 현상학은 그가 초기에 '현상학적 근원' 또는 '인식의 근원'이라 부르는 것과 더불어 타당성의 초시간적 정초관계를 해명함을 목표로 하는 현상학이며, 발생적 현상학은 '발생적 근원'과 더불어 시간적인 발생적 정초관계를 해명하는 현상학을 뜻한다. 그리고 초월론적 현상학의 전반적인 구도에 대한 이러한 인식의 변화와 더불어 그는 초기에 '현상학적 근원 또는 인식론적 근원'이라고 하던 것을 '현상학적–정적 근원'이라고 부르고, 이전에 '심리학적 근원'이라고 하던 것을 '발생적 근원'이라고 부르고 있다. 이 점과 관련해 그는 1916-17년경에 집필된 한 유고의 한 절의 제목을 "심리학적 근원과 현상학적 근원의 연관"(Hua XIII, 351)에서 "발생적 근원과 현상학적–정적 근원의 연관"(Hua XIII, 351-352)으로 바꾸었다.

이러한 전반적인 변화는 후설의 시간론에도 반영된다. 후설은 1905년의 강의에서 정적 현상학적 시간론을 전개시키고자 하였으나, 1917년에 집필된 베르나우 원고부터 1930년대에 집필된 C유고에 이르기까지 정적 현상학적 시간론뿐 아니라 발생적 현상학적 시간론을 전개하고자 하고 있다. 물론 후설이 시간론을 전개하면서 언제나 이러한 두 가지 유형의 시간론의 구별을 엄격하게 따랐던 것은 아니며, 이 두 유형의 분석이 혼재하는 경우도 많이 있다. 필자의 견해에 따르면 후설은 1905년의 강의에서 전개된 시간론을 정적 현상학적 시간론으로 전개하고자 시도하였음에도 불구하고 이 강의에는 시간의식에 관한 발생적 현상학적 분석도 등장한다.

이제 지금까지의 논의를 토대로 『지각의 현상학』에서 전개된 시간론과 후설의 시간론을 비교해보자. 『지각의 현상학』에서 전개된 시간론은 후설이 발전시킨 두 가지 유형의 시간론 중 정적 현상학적 시간론과는 그 이념에 있어서 근본적으로 다르지만 발생적 현상학적 시간론과는 그 이념을 공유하고 있다. 이러한 사실은 후설의 정적 현상학이 지각의 현상학과는 이념을 달리하고 있지만, 발생적 현상학은 그 전반적인 이념에서 볼 때 후자와 유사성을 지니고 있다는 데서 나오는 필연적인 귀결이다.

우선 『지각의 현상학』에서 전개된 시간론이 정적 현상학적 시간론과 이념을 달리한다는 사실을 살펴보자. 앞서 우리는 후설이 1905년의 『내적 시간의식의 현상학』 강의에서 선보인 시간론이 정적 현상학적 시간론이라는 사실을 살펴보았는데, 실제로 이 강의에서 전면에 등장한 시간론과 『지각의 현상학』에 나타난 시간론 사이에는 근본적인 차이점이 존재한다. 1905년의 강의에 나타난 시간론이 정적 현상학적 시간론이기 때문에 그것은 시간의식의 타당성 근원과 더불어 타당성의 초시간적 정초관계를 해명하고자 하며, 이러한 이유 때문에 도처에서 논리적인 관점 내지 초시간적 관점에서 명증의 문제를 다루고 있다. 예를 들어 이 강의의 절의 제목만 살펴보아도 '근원인상이 모든 파지에 선행해야 할 필연성 – 파지의 명증'(13절), '재생의 명료성의 단계'(21절), '재생의 명증'(22절),

'내재적 내용들의 명증'(41절) 등 여러 절에서 명증 또는 명료성이란 개념이 등장하며, 그렇지 않을 경우에도 많은 부분이 명증성을 해명하는 데 집중하고 있다. 그 이유는 명증적인 의식은 명증적이지 않은 의식의 타당성의 근원 또는 인식론적 근원으로서 후자의 타당성 정초토대가 되며, 따라서 정적 현상학적 시간론은 명증의 문제에 초점을 맞추어 논의를 진행할 필요가 있기 때문이다.

그러나 이와는 달리 『지각의 현상학』에 나타난 시간론에서는 명증의 문제는 거의 다루어지고 있지 않다. 그 대신 거기에는 시간의식의 발생의 문제가 핵심적인 주제로 분석되고 있다. 예를 들어 메를로-퐁티는 『지각의 현상학』에서 "탄생의 상태에 있고 막 출현하는 시간"(PP, 475)을 다루고 있는데, 이 경우 관심사로 등장하는 것은 근원적인 시간의 발생의 문제라 할 수 있다. 그리고 『지각의 현상학』에서 분석되고 있는 현재지향·예지·파지 사이의 근원적인 수동적 종합을 통한 "저 시간의 분출"(PP, 488) 현상 역시 시간의 발생현상 중 하나라 할 수 있다. 더 나아가 『지각의 현상학』에서는 시간의 다른 차원에 비해 현재가 특권을 가지고 있는 것으로 드러나는데, 이 경우 현재가 다른 차원에 비해 특권을 가지는 이유는 현재가 다른 차원의 명증성의 토대가 아니라 모든 시간 발생의 토대가 되기 때문이다. 이 점과 관련해 메를로-퐁티는 "내가 현재를 가지고 있기 때문에 나에 대해 시간이 있다"(PP, 484)고 말한다.

여기서 우리는 1905년의 강의에 나타난 후설의 시간론에 대한 메를로-퐁티의 독해의 성격을 짚고 넘어갈 필요가 있다. 실제로 메를로-퐁티는 『지각의 현상학』에서 시간도해뿐 아니라, 현재지향·예지·파지 등 시간의식과 관련된 근본개념들을 비롯해 후설의 1905년의 강의에 나오는 많은 내용들을 끌어들이면서 자신의 시간론을 전개한다. 이러한 점에서 우리는 『지각의 현상학』에 나타난 시간론이 후설의 1905년의 강의에 나타난 시간론과 유사하다고 생각할 수도 있다. 그러나 앞서 살펴보았듯,

1905년의 강의에 나타난 시간론은 정적 현상학적 시간론이며 『지각의 현상학』에 나타난 시간론은 발생적 현상학적 시간론 또는 실존적 현상학적 시간론이기 때문에 양자의 근본성격은 다르다.[34] 그러면 우리는 후설의 1905년의 시간론 강의에 대한 메를로-퐁티의 독해가 부당한 것이라고 평가해야 할 것인가? 필자의 견해에 따르면 그렇지 않다. 1905년의 강의에서 선보인 시간론이 비록 정적 현상학적 입장에서 전개되었음에도 불구하고 그 안에는 발생적 현상학적 분석내용도 많이 들어 있으며, 바로 이러한 분석내용을 토대로 우리는 그것을 발생적 현상학적 시간론으로 해석할 수도 있다. 필자의 견해에 따르면 메를로-퐁티는 『지각의 현상학』에서 후설의 1905년의 강의에 나타난 시간론을 발생적 현상학적으로 해석하면서 그것을 토대로 자신의 실존적 현상학적 시간론을 전개해나갔으며, 바로 여기에 그의 시간론이 지닌 독창적인 성격이 있다고 할 수 있다.[35] 실제로 메를로-퐁티는 시간성에 대한 분석과 관련하여 후설의

---

34) 로베르 역시 『지각의 현상학』에서 전개된 시간론의 관점에서 볼 때 『내적 시간의식의 현상학』에서 전개된 시간론이 가지고 있는 이중적인 성격에 주목하고 있다. 그는 한편으로 『내적 시간의식의 현상학』 강의에 나타난 '작동하는 지향성' 개념을 분석하면서 거기서 전개된 시간론이 『지각의 현상학』에서 전개된 시간론과 마찬가지로 실존적 현상학적 시간론의 요소를 보이고 있는 것으로 간주한다. 이 점에 대해서는 F. Robert, *Phénoménologie et ontologie. Merleau-Ponty lecteur de Husserl et Heidegger*, 107, 114, 116 등을 참조할 것. 그러나 그는 다른 한편으로 『내적 시간의식의 현상학』의 시간론이 '관념론적 구성개념'(une conception idéaliste de la constitution(F. Robert, *Phénoménologie et ontologie. Merleau-Ponty lecteur de Husserl et Heidegger*, 127))을 토대로 전개되었기 때문에 그것은 『지각의 현상학』에서 전개된 시간론과 차이가 있다고 평가한다.

35) 『지각의 현상학』에서 전개된 메를로-퐁티의 시간론이 지닌 독창성과 관련해 리쾨르(P. Ricoeur)는 그것이 후설의 『내적 시간의식의 현상학』에서 전개된 시간론과 하이데거의 『존재와 시간』에서 전개된 시간론이 '근원적인 차원에서 수렴한다는 사실'(P. Ricoeur, "Par-delà Husserl et Heidegger", in: *Les cahiers de philosophie* 7 (1989), 23)을 보여주었다는 데 있다는 견해를 피력한다. 이러한 그의 견해는 우리의 생각과 유사하다고 할 수 있다. 그 이유는 그 역시 우리와 마찬가지로 메를로-퐁티

1905년의 강의의 지평을 넘어서는 업적을 남겼는데, 그것은 바로 그가 시간을 공간·성·언어 등과 더불어 실존을 구성하는 핵심적인 요소로 간주하면서 실존적 현상학의 틀 안에서 시간성의 문제를 분석했다는 데 있다. 이 점과 관련하여 우리는 후설이 1905년의 강의에서 실존의 문제를 거의 다루지 않고 있으며, 시간성을 실존을 구성하는 하나의 요소로 간주하고 있지도 않다는 사실에 주목할 필요가 있다.[36]

물론 우리는 후설이 1917년의 베르나우 원고에서부터 시간성을 발생적 현상학의 관점에서도 분석하고 있으며, 이처럼 시간을 발생적 현상학적으로 분석할 경우 시간성이 실존을 구성하는 하나의 중요한 요소로 파악될 수 있다는 사실을 염두에 두어야 한다. 실제로 후설의 발생적 현상학적 시간론을 살펴보면, 우리는 비록 후설이 실존이라는 개념을 사용하고 있지는 않지만 그 사태에 있어서는 실존현상을 염두에 두고 시간성을 실존을 구성하는 요소로 파악하고 있음을 확인할 수 있다. 예를 들어 후설은 발생적 현상학을 전개하면서 세계의식·상호주관성·세대성·역사성 등 실존을 구성하는 핵심적인 사태들과 연관시켜 시간성의 문제를 분석한다.[37] 따라서 시간성에 대한 이러한 발생적 현상학적 분석은 『지각의 현상학』에 나타난 시간성에 대한 실존적 현상학적 분석과 맥을 같이한다고 할 수 있다.

여기서 우리는 메를로-퐁티의 시간론의 성격을 보다 더 잘 이해하기

가 후설의 『내적 시간의식의 현상학』에서 전개된 시간론을 일종의 실존적 현상학적 시간론으로 발전될 수 있는 것으로 간주한다고 생각하기 때문이다.

36) 이러한 이유에서 "메를로-퐁티는 후설의 제자이지만, 그러나 그는 맹목적인 추종자가 아니다"(S. T. Spicker, "Inner Time and Lived-Through Time: Husserl and Merleau-Ponty", in: *Journal of the British Society for Phenomenology* 4/3(1973), 246)라는 주장은 후설의 시간론을 『내적 시간의식의 현상학』 강의에 나타난 시간론에 한정시켜 논의를 진행시킬 경우 타당하다.

37) 김태희, 2011의 4부 '발생적 현상학의 시간의식 분석'을 참조할 것.

위하여 그것을 『존재와 시간』에 나타난 하이데거의 시간론과 관련해서 살펴볼 필요가 있다. 메를로-퐁티의 시간론과 마찬가지로 하이데거의 『존재와 시간』에 나타난 시간론 역시 일종의 실존적 시간론으로 해석될 수 있기 때문이다. 이 점과 관련해 우리는 하이데거가 『존재와 시간』에서 수행한 것이 인간의 실존에 대한 "실존론적 해석"(SZ, 231)이라는 사실을 염두에 두어야 한다. 그런데 필자의 견해에 따르면 메를로-퐁티는 『지각의 현상학』에서 『내적 시간의식의 현상학』 강의에서 선보인 후설의 시간론을 받아들이며 그것을 『존재와 시간』에 나타난 하이데거의 시간론과 연결시켜 자신의 시간론을 전개시키고 있다. 말하자면 그는 후설의 『내적 시간의식의 현상학』에서 전개된 시간론과 하이데거의 『존재와 시간』에서 전개된 시간론 사이에 유사성과 연속성이 존재한다고 생각하는 것이다. 바로 이러한 이유에서 그는 후설의 『내적 시간의식의 현상학』에서 현재지향·파지·예지 등 시간을 구성하는 핵심적인 요소로 등장하는 시간의 세 차원을 『존재와 시간』에 등장하는 시간론의 핵심개념인 '탈자태'(Extase) 개념과 연결시켜 해명하고 있다.(PP, 480ff. 참조)

그러나 이처럼 후설의 시간론과 하이데거의 시간론을 연결시키면서 자신의 시간론을 전개하고 있음에도 불구하고, 그가 하이데거의 시간론을 아무런 비판 없이 그대로 다 수용하는 것은 아니다. 앞서 우리는 메를로-퐁티가 시간의 세 가지 차원 중 현재가 가장 중요한 역할을 담당한다는 생각을 가지고 있음을 살펴보았는데, 그러면서 그는 부분적으로 하이데거의 시간론을 비판하고 있다. 하이데거는 『존재와 시간』에서 본래적 현존재의 시간성을 분석하면서 시간의 세 차원 중 미래를 가장 중요한 것으로 간주하기 때문이다. 여기서 우리는 선구적 결단의 의의를 강조하면서 본래적 현존재를 분석 모델로 삼아 시간의 세 가지 차원 중 미래를 가장 중요한 차원으로 간주하고 있는 하이데거의 『존재와 시간』에 나타난 시간론과 선구적 결단에 특별한 의의를 부여하지 않고, 실존을 구성하는 다양한 층들이 나름의 고유한 의미를 가지고 있음을 강조하며 현재를 가장 중요한 시간의 차원으로 간주하는 메를로-퐁티의 시간론의 차이를 확인할 수 있다.[38]

3) 자유

앞서 살펴보았듯이, 메를로-퐁티에 따르면 결정론이 주장하듯 자유란 허상에 불과한 것이 아니며, 그렇다고 해서 관념론이 주장하듯 그 무엇에도 의존적이지 않은 완전한 자유가 존재하는 것도 아니다. 자유란 언제나 '자유의 장' 속에서만 존재할 수 있으며, 그러한 한 모든 자유는 조건 지어진 자유이다.

그런데 우리는 이러한 의미의 자유개념을 후설의 현상학에서도 확인할 수 있다. 후설은 현상학을 전개해나가면서 자유의 문제를 체계적으로 전개하지 않았으며, 자유의 현상학이라는 제목을 단 저술이나 논문을 출간하지도 않았다. 그럼에도 불구하고 그는 여기저기서 자유의 문제에 대해 언급하고 있는데, 그 대표적인 예는 『이념들 II』이다. 『이념들 II』에 나타난 자유의 개념을 살펴보면, 우리는 자유의 문제에 있어서도 전체적으로 볼 때 후설과 메를로-퐁티는 유사한 견해를 가지고 있음을 알 수 있다. 이 점과 관련해 우리는 『지각의 현상학』에 나타난 자유개념이 『이념들 II』에 나타난 자유개념으로부터 결정적인 영향을 받았다고 생각한다. 그러면 이 점을 확인하기 위해서 『이념들 II』를 중심으로 후설의 자유개념을 살펴보자.

후설은 『이념들 II』 3부에서 '정신적 세계의 구성'의 문제를 해명하

---

38) 후설의 현재장 개념과 『지각의 현상학』에 나오는 현재장 개념의 관계에 대해서는 P. Burke, "Merleau-Ponty's Appropriation of Husserl's Notion of 'Präsenzfeld'", in: B. Hopkins(ed.), *Husserl in Contemporary Context*, Dordrecht: Kluwer Academic Publishers, 1997을 참조할 것.

면서 자유의 문제를 언급한다. 거기서 그는 자유를 '이성의 자율'(die Autonomie der Vernunft)과 동일시하면서 자유에 대해 다음과 같이 기술하고 있다.

"인격적 주체의 이성의 자율, '자유'의 본질은 내가 밖으로부터 오는 영향에 수동적으로 나를 맡기지 않으며, 스스로 나 자신으로부터 결단하는 데 있다. 그리고 그것은 더 나아가 내가 다른 경향성·충동에 의해 '이끌리지' 않고 자유롭게 활동하는 데, 그것도 이성의 방식으로 자유롭게 활동하는 데 있다."(*Hua* IV, 269)

여기서 알 수 있듯이, 후설은 자유를 이성의 자율과 동일시한다. 따라서 우리는 그의 자유개념을 보다 더 정확하게 이해하기 위해서 이성개념을 살펴보아야 한다. 후설은 『이념들 II』에서 동기를 "정신적 삶의 근본법칙"(*Hua* IV, 220)으로 규정하면서 연상, 경험적 동기, 타인경험의 동기 등 다양한 유형의 동기에 대해 분석하며, 그중 첫 번째 것으로서 "이성동기"(*Hua* IV, 220)를 해명하고 있다. 거기서 그는 이성동기를 "명증의 영역 속에 있는 동기"(*Hua* IV, 220)라고 부르고 있는데, 그에 따르면 우리의 어떤 활동이 이성동기를 통해 정초되었다 함은 그것이 "명증"(*Hua* IV, 220)에 토대를 두고 있음을 뜻한다. 이 점과 관련해 우리는 후설이 『이념들 I』의 4부 '이성과 현실'에서 명증의 문제를 다루면서 이성의 근원을 명증성에 두고 있다는 사실에 유의할 필요가 있다.(*Hua* III/1, 314ff. 참조) 말하자면 어떤 것이 이성적일 수 있으려면 명증에 토대를 두고 있어야 하는 것이다.

우리의 지향적 작용이 이처럼 이성적 동기를 지닐 경우 그러한 우리의 지향적 작용은 자유롭다고 불린다. 오직 그때에만 나는 '내가 밖으로부터 오는 영향에 수동적으로 나를 맡기지 않으며, 스스로 나 자신으로부터', 즉 이성적 동기에 따라 '결단할 수 있기' 때문이다. 바로 이러한 이유에서 후설은 "이성작용의 주체"와 "자유로운 자아"(*Hua* IV, 257)를 동일한 것으로 간주한다. 그리고 이 점과 관련해 한 가지 유의해야 할 점은 어떤 주관이 어떤 행위를 함에 있어 자유로울 경우 그 주관은 "스스로 책임을 질 수 있는"(Hua IV, 257) 주관으로 간주될 수 있다는 사실이다. 모든 주관은 자신이 수행하는 어떤 활동에 대해서도 그것이 오직 이성적인 것, 즉 명증적인 것에 토대를 두고 있을 경우에만 그에 대해 스스로 책임을 질 수 있기 때문이다.

여기서 알 수 있듯이, 후설의 자유개념은 단지 도덕적인 영역 또는 실천적인 영역에만 한정된 것은 아니다. 후설에 따르면 자유는 도덕적인 영역을 포함해 인간 삶의 모든 영역에 걸쳐 확인할 수 있는 현상이다. 자유에는 도덕적 자유뿐 아니라 인식적 자유, 가치평가적 자유, 정서적 자유, 종교적 자유 등 다양한 유형이 존재한다. 이 모든 영역은 나름의 이성적 명증을 가지고 있기 때문이다. 이 점과 관련해 후설은 다양한 유형의 자유로운 자아가 존재한다는 사실에 대해 다음과 같이 기술하고 있다.

"이처럼 우리는 근원적이며 고유하게 주체적인 것으로서 본래적인 의미의 자아, '자유'의 자아를 발견하는데, 그것은 즉 주목하고 고찰하고 비교하고 구별하고 판단하고 가치평가하고 무엇에 이끌리고 무엇을 싫어하고 무엇을 하려는 경향을 가지고 있고 무엇을 하지 않으려는 경향을 가지고 있고 바라고 의지하는 자아로서, 이것은 모든 점에서 태도를 취하는 '적극적인' 자아이다."(Hua IV, 213)

그러나 후설이 자유로운 자아에 대해 말한다고 해서 그가 인간 또는 초월론적 주관이 실제로 이러한 의미에서 완전히 자유로운 존재라고 주장하는 것은 아니다. 후설은 초월론적 주관이 앞서 살펴본 의미에서 완전히 자유로운 주관이라는 견해를 가지고 있지 않다. 이 점을 이해하기 위해서 우리는 초월론적 주관이 초월론적 발생의 관점에서 볼 때 다양한 층들로 이루어져 있다는 사실에 유의해야 한다. 후설은 『이념들 II』에서 동기의 문제를 다루면서도 능동적 동기로서의 이성동기와 더불어 그 발생적 토대로서 수동적 동기인 "연상"(Hua IV, 222)을 제시하고 있다. 그는 『이념들 II』의 다른 곳에서 인간 주체의 삶을 구성하는 층을 정신, 체험의 하부층, 자연의 하부층 등 세 가지로 나누며 다음과 같이 기술하고 있다.

"정신은 태도를 취하는 작용의 추상적인 자아가 아니라 완전한 인격성, 즉 태도를 취하고 생각하고 가치평가하고 행위하고 작품을 완성하는 등의 행위를 하는 자아─인간이다. 그 다음 나에게는 체험들의 하부층이 속하고 충동적인 체험활동을 통해 드러나는 자연('나의 자연')의 하부층이 속한다. 이러한 자연은 낮은 수준의 영혼적인 것이지만, 그것은 태도를 취함의 영역에까지 뻗어나가기도 한다. 내가 나의 태도 취함 속에서 동기들을 경험하기 위하여 바로 동기 지어주는 체험을 가지고 있어야 하고, 이러한 체험이 연상적 연관의 규칙성 아래서 연상적 연관 속에 있어야 하는 한 태도를 취하는 자아는 토대에 의존적이다."(Hua IV, 280)

여기서 알 수 있듯이, 후설은 인간의 삶의 층을 정신의 층, 체험들의 하부층, 자연의 하부층 등 세 가지로 나누고 있다.[39] 이 경우 정신의 층이 앞서 살펴본 이성의 층을 말하는 것임은 두말할 필요도 없다. 그리고 이 인용문에서 정신의 층 다음으로 언급되고 있는 체험들의 하부층은 감각의 층을 뜻하는 것이라 할 수 있다. 여기에는 앞서 살펴본 표출적 감각, 감각적 키네스테제 등이 속한다고 할 수 있다. 그런데 후설은 이러한 두 가지 삶의 층과 구별하며 제3의 층으로서 자연의 하부층에 대해 언급하면서 그것을 '낮은 영혼적인 것'이라고 규정하고 있다. 자연의 하부층은

---

39) 여기서 후설이 주관의 삶의 층을 세 층으로 나누는지 아니면 두 층으로 나누는지는 불분명하다. 후설은 정신의 하부토대를 "자연적 측면"(Hua IV, 281)이라 부르기도 하며, 이때 자연적 측면은 경우에 따라 능동적 발생의 토대가 되는 수동적 발생의 영역 전체를 가리키기도 한다. 그럼에도 불구하고 우리는 후설이 여기서 주관의 삶의 층을 세 가지 층으로 나누는 것으로 해석하고자 하는데, 그 이유는 그를 통해 주관의 삶의 다층적인 구조가 더 분명하게 드러날 수 있기 때문이다.

주관의 다양한 삶의 층 중 가장 아래에 놓여 있는 층으로서 충동적 삶, 본
능적 삶, 기계적이며 반사적인 삶까지 포함하는 층이라 할 수 있는데, 후
설은 그것을 인간의 '자연적 측면'이라고 부르며 그에 대해 다음과 같이
기술하고 있다.

"자연적 측면에는 직접적으로 낮은 감정적 삶, 충동적 삶이 속하며
[…] 주의의 기능 또한 속한다. 그것은 고유한 자아존재와 자아의 삶으로
나아가는 다리를 형성한다. 낮은 단계는 현출 및 현출대상의 세계의 구성
장소, 기계적인 것의 세계, 죽은 법칙성의 세계이다[…]."(*Hua* IV, 279)

이처럼 인간주관이 자유로운 자아의 층만을 가지고 있는 것이 아니라
그 하부에 있는 여러 가지 층을 가지고 있기 때문에, 인간주관은 전적으
로 자유로운 존재일 수 없다. 이 점과 관련해 우리는 태아나 신생아의 경
우처럼 이성을 결여하고 있는 주관도 존재하며, 이러한 주관의 경우 자유
로운 자아의 층을 가지고 있지 않기 때문에 전혀 자유로운 주관이 아니
라는 사실에 유의할 필요가 있다. 그리고 성숙한 주관의 경우도 그 주관
의 자유의 구체적인 모습은 자유로운 자아의 층뿐만 아니라 그 층을 비
롯해 그 밑에 놓여 있는 다른 층들의 상호작용을 통해 규정되며, 바로 이
러한 이유에서 인간은 완전한 자유를 누리는 데 여러 가지 한계를 가질
수 있다.

앞서 살펴보았듯이, 자유롭기 위해서 인간은 이성적이어야 한다. 그리
고 완전한 자유를 누릴 수 있으려면 인간은 완전히, 즉 순수하게 이성적
이어야 한다. "그런데 이성이 통찰적으로 그리고 철두철미하게 통찰적으
로 동기 지어진 것일 때, 그러한 한에서만 이성은 순수이성이라 불릴 수
있다. 그러나 꼭 이런 경우만 있는 것은 아니다. 오류추리 또한 이성동기
라는 표제 아래에 있다. 그 '재료'는 경우에 따라 이성적 작용의 침전물일
수 있으며, 그러나 지금은 혼란스럽게 통일적으로 나타나며 그렇게 정립
을 얻게 되는 것이다. 이 경우 이성은 '상대적이다'. 충동·경향성에 이끌

리는 사람은 [⋯] 비이성적으로 추동되는 사람이다. 그것들이 그에 상응하는 가치에서 도출되기 때문에 그 무엇을 참으로 간주하고 그 어떤 요구를 도덕적으로 간주하며 자유롭게 사념된 진리, 사념된 도덕적 선을 자유롭게 따를 때 나는 자유롭지만, 그러나 이 경우 내가 오류를 범하면 나는 상대적이다[상대적으로 자유롭다]."(*Hua* IV, 221-222)

여기서 알 수 있듯이, 후설에 따르면 인간주관은 그것이 지니고 있는 여러 가지 한계 때문에 늘 순수하게 이성적이지 않을 수 있으며, 그러한 한 현실적인 인간의 자유는 완벽한 자유에 도달하지 못할 경우가 많다. 이러한 점에서 후설의 발생적 현상학에 나타난 자유의 개념은 『지각의 현상학』에 나타난 자유의 개념과 유사하다고 할 수 있다. 이 점과 관련해 우리는 다음 두 가지 사실을 지적하고자 한다.

첫째, 후설의 발생적 현상학 역시 메를로-퐁티의 지각의 현상학과 마찬가지로 자유의 문제와 관련해 결정론과도 구별되고 관념론과도 구별되는 입장을 취한다. 후설의 발생적 현상학은 우선 인간주관이 자유의 자아만이 아니라 그것을 포함하여 다양한 삶의 층을 지니고 있으며, 자유의 자아가 다른 층의 영향을 받아 언제나 완전한 자유를 누릴 수 있는 것이 아니라고 주장하는 점에서 관념론적 입장과는 구별된다. 그렇다고 해서 그것이 결정론적 입장을 취하는 것은 더더욱 아니다. 후설의 발생적 현상학은 이성동기를 인정한다는 점에서 결정론일 수 없다. 그리고 그것은 수동적 동기를 포함한 체험들의 하부층 또는 주관의 자연적 측면이 기계론적으로 움직인다고 주장하는 것도 아니다. 이성동기 아래에 있는 층들은 모두 주관적 삶의 층으로 넓은 의미에서 목적론적 질서를 가지고 있으며, 그러한 한 그것들은 기계론적 질서에 따라 움직이는 것이 아니다. 앞서 메를로-퐁티의 자유개념을 살펴보면서 결정론과 관념론이 공통적으로 범하고 있는 오류는 양자 모두 즉자-존재와 대자-존재를 엄격하게 구별하고 그를 토대로 자유개념을 해명하려고 한다는 점이라는 사실을 검토해보았는데, 이 점과 관련해 우리는 후설 역시 즉자-존재와 대자-존재가 엄격하게 구별된다는 견해를 비판하고 있다는 사실에 유의해야 한다. 우리 인간의 삶은 단순히 투명하고 명증적으로 파악될 수 있는 지성의 층만 가지고 있는 것이 아니라 수동적 동기를 포함한 체험들의 하부층, 주관의 자연적 측면들을 지니고 있다. 그런데 이러한 삶의 층들은 결코 대자적인 존재도 아니요 즉자적인 존재도 아니라 할 수 있으며, 지성의 층 중에서도 투명하고 명증적으로 파악될 수 없는 부분이 있는데, 그것 역시 대자적인 존재도 아니요, 즉자적인 존재도 아니라고 할 수 있다.

둘째, 메를로-퐁티는『지각의 현상학』에서 자유개념을 분석하면서 그 모든 자유는 역사적 상황·사회적 상황 등 그것을 가능하게 하는 장에서 가능한 것이며, 이러한 의미에서 '자유의 장'에 대해 논의하고 있으나 후설은『이념들 II』에서 그에 대해 논의하고 있지 않다. 혹자는 이러한 사실을 지적하면서『이념들 II』의 자유개념과『지각의 현상학』의 자유개념이 전혀 다른 것이라고 주장할지도 모른다. 그러나 후설이『이념들 II』에서 자유의 장에 대해 논의하고 있지 않다고 해서 거기서 논의되고 있는 자유개념과『지각의 현상학』에서 논의되고 있는 자유개념이 다르다는 사실이 쉽게 추론될 수 있는 것은 아니다. 비록 후설이『이념들 II』에서 자유의 장에 대해 명시적으로 논의하고 있지 않음에도 불구하고『이념들 II』에는 그에 대해 논의할 수 있는 토대가 충분히 마련되어 있다. 예를 들어 앞서 살펴본 체험들의 하부층, 주관의 자연적 측면 등은 자유의 장을 구성하는 계기들이라 할 수 있다.

후설은『이념들 II』에서 무엇보다도 정신적 세계의 구성을 해명하고 환경세계에 대해 논의하는 과정에서 자아의 삶이 환경세계에서 전개된다는 사실을 지적한다. 이 경우 환경세계는 역사적·사회적 상황을 포함하는 것이며, 따라서 우리는 그것을 자유의 장이라 부를 수 있을 것이다. 물론 후설은『이념들 II』에서 메를로-퐁티가『지각의 현상학』에서 그랬던 것처럼 역사적·사회적 상황을 분석하고 그와 연관지어 인간의 자유를 구체적으로 분석하지는 않았다. 그럼에도 불구하고 그 핵심적인 내용에 있어서『이념들 II』에 나타난 자유개념은『지각의 현상학』에 나타난 자유개념과 일치한다. 우리의 견해에 따르면『지각의 현상학』에 나타난 자유개념은『이념들 II』에서 불충분하게 정립된 자유개념을 역사적·사회적 상황과 관련해 상세하게 분석하면서 구체화시킨 것이다. 이 점과 관련하여 지적할 점은, 앞서도 지적되었고 또 8장에서 논의되겠지만, 후설은 그의 후기 유고에서 "상황"(*Hua* XXXIX, 190ff.)에 대해 상세하게 분석하고자 하는데,[40] 이러한 점을 고려하면 우리는 자유에 대한 후설의 분석과 메를로-퐁티의 분석 사이에 실제로 근원적인 유사성이 존재한다고 말할 수 있다.

---

40) 우리는 후설의 발생적 현상학에 등장하는 상황의 문제를 8장 3절에서 자세하게 논의할 것이다.

8

후설의 초월론적 현상학과 메를로-퐁티의 지각의 현상학

■ 초월론적 현상학적 관념론으로서의 초월론적 현상학과 지각의 현상학

■ 후설의 정적 현상학에 대한 메를로-퐁티의 견해 검토

■ 실존철학으로서의 발생적 현상학과 지각의 현상학

■ 지각의 현상학과 발생적 현상학의 차이점 및 앞으로의 과제

지금까지 우리는 후설의 현상학을 정적 현상학과 발생적 현상학으로 나누어 그것을 메를로-퐁티의 지각의 현상학과 비교하면서 양자 사이의 관계를 다각도로 검토하였다. 지금까지의 논의를 통하여 우리는 메를로-퐁티의 지각의 현상학이 후설의 정적 현상학과는 그 근본이념에 있어서 다르지만, 발생적 현상학과는 유사성을 가지고 있음을 살펴보았다. 이제 우리는 지금까지 충분히 논의되지 않은 내용을 검토해보고 양자의 관계와 관련하여 앞으로 남은 과제가 무엇인지 살펴보고자 한다.

　우리는 우선 1절에서 후설의 초월론적 현상학과 메를로-퐁티의 지각의 현상학이 초월론적 현상학적 관념론이라는 사실을 살펴보면서 이 주제와 관련된 기존의 견해들을 비판적으로 검토할 것이다. 그리고 2절에서 우리는 후설의 정적 현상학과 메를로-퐁티의 지각의 현상학의 관계와 관련하여 지금까지 충분히 논의되지 않은 점을 검토하고자 한다. 이러한 맥락에서 우리는 무엇보다도 후설의 정적 현상학에 대한 메를로-퐁티의 이해를 비판적으로 검토하면서 정적 현상학이 가지고 있는 고유한 의의를 살펴볼 것이다. 거기에 이어 3절에서 우리는 후설의 발생적 현상학과 메를로-퐁티의 지각의 현상학이 모두 초월론적 실존철학으로 규정될 수 있다는 사실을 살펴보면서, 이 주제와 관련된 기존의 견해들을 비판적으로 검토할 것이다. 그렇다고 해서 우리는 지각의 현상학과 발생적 현상학이 모든 점에서 동일하다고 주장하는 것은 아니다. 비록 양자가 모두 초월론적 실존철학으로 규정될 수 있음에도 불구하고 그 사이에는 여러 가지 차이점이 존재하는데, 우리는 4절에서 양자 사이에 존재하는 이러한 차이점을 검토하고 그와 앞으로 해결해야 할 과제들을 살펴보면서 이 책 전체의 논의를 마무리하고자 한다.

1 초월론적 현상학적 관념론으로서의
초월론적 현상학과 지각의 현상학

후설은 『데카르트적 성찰』에서 자신의 초월론적 현상학을 "초월론적 현상학적 관념론"(*Hua* I, 119)이라고 부른다. 이 경우 초월론적 현상학적 관념론은 의미를 지닌 세계를 구성하는 토대를 초월론적 주관으로 간주하는 철학적 입장을 뜻한다. 지금까지의 논의를 통해 드러났듯이, 세계를 구성하는 토대인 초월론적 주관은 진정한 의미의 초월론적 장으로서 반성하는 자아에 의해 필증적 명증의 양상에서 포착될 수 있는 초월론적 의식뿐 아니라, 이러한 의식의 한계를 넘어서며 그러한 한에서 불투명한 양상에서만 파악될 수 있는 다양한 유형의 초월론적 의식의 지평을 가지고 있는 주관으로서 시간성·역사성·상호주관성을 가지고 있는 주관이다.

후설에 따르면 초월론적 현상학적 관념론은 지금까지 철학사에 존재했던 다양한 유형의 관념론과 구별된다. 예를 들어 그것은 "무의미한 감각자료들로부터 의미를 가지고 있는 세계를 도출하려고 하는 관념론"인 "심리학적 관념론"(*Hua* I, 118)과 구별된다. 그리고 그것은 "적어도 한계개념으로서 물자체의 세계의 가능성"(*Hua* I, 118)을 인정하는 '칸트적인 관념론'과도 구별된다. 잘 알려져 있듯이, 칸트는 자신의 초월론적 철학의 근본입장을 초월론적 관념론이라고 부른다. 후설 역시 자신의 초월론적 현상학을 종종 "초월론적 관념론"(*Hua* I, 118)이라고 부르기도 한다. 그러나 그는 이 경우 독자들이 자신의 초월론적 관념론을 칸트의 초월론적 관념론과 혼동할 우려가 있다고 생각하여, 자신의 초월론적 관념론을 "근본적으로 새로운 의미에서" "초월론적 관념론"(*Hua* I, 118)이라고 부르면서 그것을 칸트의 초월론적 관념론과 구별해 '초월론적 현상학적 관념론'(*Hua* I, 119)이라 부르는 것이다.

후설의 초월론적 관념론은 물자체의 세계의 문제와 관련해서뿐 아니라, 현상하는 세계를 구성하는 초월론적 주관 또는 초월론적 의식의 정체와 관련해서도 칸트의 초월론적 관념론과 근본적으로 구별된다. 앞서 반복해서 논의되었듯이, 칸트의 경우에는 초시간적이며 논리적인 단 하나의 초월론적 의식이 존재하지만 후설의 경우에는 다수의 초월론적 주관이 존재하며, 더 나아가 이 모든 초월론적 주관은 시간적이며 역사적인 주관이기 때문이다.

앞서 논의되었듯이, 후설의 초월론적 현상학은 정적 현상학과 발생적 현상학으로 나누어진다. 그런데 이 점과 관련해 우리는 정적 현상학과 발생적 현상학 모두 초월론적 현상학적 관념론이라는 성격을 가지고 있다는 사실에 유의해야 한다. 그 이유는 정적 현상학뿐 아니라 발생적 현상학 역시 초월론적 장을 세계구성의 토대로 간주하기 때문이다. 양자 사이에 차이가 있다면 그것은 초월론적 장을 구성하는 다양한 초월론적 의식을 분석하는 관점의 차이라 할 수 있다. 앞서 논의되었듯이, 정적 현상학은 초월론적 장을 타당성의 초시간적 정초관계의 관점에서 해명하고자 하며, 발생적 현상학은 동일한 장을 시간적인 발생적 정초관계의 관점에서 해명하고자 한다.

그러면 메를로-퐁티의 지각의 현상학은 초월론적 현상학적 관념론으로 간주될 수 있는가? 이 점을 해명하기에 앞서 우선 『지각의 현상학』에서 현상학과 관념론의 관계에 대해 메를로-퐁티 스스로 어떤 입장을 취하고 있는지 살펴보자. 메를로-퐁티는 『지각의 현상학』에서 지각의 현상학이 관념론이라는 사실을 부정하고 있다. 거기서 메를로-퐁티는 관념론을 실재론과 대비시키면서, 실재론이 자아를 자연의 인과관계의 망 속에 존재하는 것으로 간주하는 입장인 데 반해 관념론은 외재적인 것을 자아에 내재적인 것으로 만드는 입장으로 규정한다.(*PP*, 417, 489) 이 점과 관련하여 그는 관념론적 관점에 따르면 "그 어떤 것도 의식에 대한 대상 이외의 것이 아니며"(*PP*, 489), 실재론적 입장에 따르면 "의식들은 객관적인 세계의 조직 속으로 삽입된다"(*PP*, 489)고 말한다. 여기서 알 수 있듯이, 메를로-퐁티에 따르면 관념론은 의식을 대상이 현출하기 위한 가능조건으로 간주하는 철학적 입장을 뜻하는데, 그는 이러한 철학적 입장을 "초월론적 관념론"(*PP*, VI)이라 부르기도 한다.

그런데 대상이 현출하기 위한 가능조건인 의식을 어떻게 이해하느냐에 따라 다양한 유형의 초월론적 관념론이 존재한다. 칸트의 초월론적 철학은 초월론적 관념론의 대표적인 한 가지 유형이다. 앞서 살펴보았듯이, 칸트의 초월론적 철학은 나와 너의 구별도 없이 하나로서만 존재하는 '통각의 초월론적 통일체'를 대상이 현출하기 위한 가능조건으로 간주한다. 그리고 『이념들 I』에서 전개된 후설의 초월론적 현상학 역시 초월론적 관념론의 한 가지 유형이다. 후설은 『이념들 I』에서 파악작용-감각내용의 도식에서 출발하여 파악작용을 "의미부여작용"(*PP*, VI)으로 간주하는데, 메를로-퐁티에 따르면 이 경우 "세계는 '의미 세계' 이외의 것이 될 수 없다".(*PP*, VI)

메를로-퐁티에 따르면 칸트의 초월론적 철학 또는 『이념들 I』에서 전개된 후설의 초월론적 현상학이 초월론적 관념론인 것과는 달리 지각의 현상학은 초월론적 관념론이 아니다. 지각의 현상학에서는 칸트의 통각의 초월론적 통일체나 후설의 파악작용이 대상과 세계가 현출하기 위한 가능조건이 아니기 때문이다. 지각의 현상학에서 대상과 세계가 현출하기 위한 가능조건은 원초적인 지각작용이며, 메를로-퐁티는 세계가 현출하기 위한 가능조건을 원초적인 지각작용으로 간주하는 이러한 철학적 입장을 관념론이라고 부르지 않는다. 그렇다고 해서 그가 지각의 현상학을 실재론이라고 부르는 것은 더더욱 아니다. 앞서 살펴보았듯이, 그가 이해하고 있는 실재론에 따르면 "의식들은 객관적인 세계의 조직 속으로 삽입되는데"(*PP*, 489), 지각의 현상학의 관점에서 보자면 이러한 입장은 타당하지 않기 때문이다. 메를로-퐁티는 『지각의 현상학』에서 자신이 전개하고 있는 철학적 입장이 무엇인지 구체적으로 밝히고 있지 않다. 그는 이와 관련해 지각의 현상학이 "실재론과 관념론의 양자택일을 지양하는 방법"(*PP*, 492)을 택한다고 말하는데, 이는 지각의 현상학이 전통적인 지성주의와 경험주의를 극복하고 제3의 차원의 철학을 전개하고 있는 것과 맥을 같이하는 것이라 할 수 있다.

바로 이러한 사실을 염두에 두면서 혹자는 메를로-퐁티의 지각의 현상학이 관념론과 아무런 관계도 없는 철학이라고 주장할 수도 있을 것이다. 그러나 우리는 메를로-퐁티의 지각의 현상학 역시 일종의 관념론, 즉 발생적 현상학과 유사한 의미에서 초월론적 현상학적 관념론으로 규정될 수 있다고 생각한다. 그 이유는, 앞서 논의되었듯이, 지각의 현상학 역시 후설의 발생적 현상학과 마찬가지로 시간적인 발생적 정초관계의 관점에서 "세계의 참된 구성의 문제"(*PP*, 77)와 더불어 그러한 구성을 수행하는 "초월론적 주관"(*PP*, 415)을 해명하고자 하기 때문이다. 물론 이 경우 우리는 구성, 초월론적 주관 등의 개념을 지각의 현상학의 맥락에서 정확하게 이해하도록 노력해야 한다.

우선 초월론적 주관은 앞서 살펴보았듯이 유아론적인 주관, 능동적 작용의 담지자, 객관화적 작용의 담지자로서의 주관이 아니라 초월론적 상호주관이며, 능동적 작용뿐 아니라 수동적 작용의 담지자요, 객관화적 작용뿐 아니라 비객관화적 작용의 담지자이기도 한 주관, 즉 실존하는 '육화된 주관'이다. 그리고 구성은 능동적인 구성작용뿐 아니라 능동적인 구성작용이 작동하기 이전에 수동적인 차원에서 기능하는 '작동하는 지향성'에 의해 수행되는 구성작용까지 포괄한다. 실제로 메를로-퐁티는 수동적인 차원에서 확인할 수 있는 작동하는 지향성과 관련해 그것이 "세계와 우리의 삶의 자연적이고 선술어적인 통일체를 산출한다"(*PP*, XIII)고 말하면서 그것이 나름의 고유한 구성작용을 가지고 있다는 사실을 지적하고 있다. 바로 이러한 구성작용을 통해 초월론적 주관에게 세계는 나름의 의미를 지닌 것으로 현출하는데, 이 경우 의미는 명료하고 이성적이며 객관화된 의미뿐 아니라 객관화되기 이전의 불투명하며 막연한 의미까지 포함하며, 그러한 의미를 지닌 것으로 현출하는 세계 역시 과학적인 세계, 객관화된 세계뿐 아니라 막연하며 모호한 선객관적인 의미를 지닌 불투명한 세계의 층까지 포함하는 다층적인 구조를 지닌 세계이다. 그런데 초월론적 주관과 그것이 의미를 부여하는 세계는 분리할 수 없이 밀접하게 연결되어 있는데, 양자 사이의 관계에 대해 메를로-퐁티는『지각의 현상학』에서 다음과 같이 기술하고 있다.

"세계는 주체로부터 분리할 수 없는데, 이 경우 주체는 세계에 대한 기투 자체로서의 주체이며, 주체는 세계, 그러나 자신이 기투한 세계와 분리될 수 없다. 주체는 세계로 향한 존재이며 세계는 늘 주관적으로 머무는데, 그 이유는 세계의 직물과 구조가 주체의 초월운동을 통해 기획되었기 때문이다."(*PP*, 491-492)

지금까지의 논의를 통해 우리는 후설의 발생적 현상학과 마찬가지로 메를로-퐁티의 지각의 현상학 역시 초월론적 현상학적 관념론이라는 사실을 알 수 있다. 이 경우 초월론적 현상학적 관념론은 전통적인 지성주의가 추구하는 초월론적 관념론도 아니요 전통적인 경험주의가 추구하는 실재론도 아니며, 바로 "실재론과 관념론의 양자택일을 지양하는"(*PP*, 492) 철학적 입장이라 할 수 있다.

이처럼 후설의 초월론적 현상학과 메를로-퐁티의 지각의 현상학이 모두 초월론적 현상학적 관념론으로 규정될 수 있음에도 불구하고, 1장에서 살펴보았듯이, 많은 연구자들은 후설의 현상학과 지각의 현상학 사이에 근본적인 차이점이 존재한다고 생각한다. 그들의 견해에 따르면 후설의 현상학은 '관념론'으로 규정될 수 있는 데 반해 메를로-퐁티의 지각의 현상학은 관념론을 넘어선다. 그와 같은 생각에 의하면 후설의 현상학은 관념론을 대변하는 철학이지만 메를로-퐁티의 지각의 현상학은 그렇지 않다. 그러나 지금까지의 논의를 통해 우리는 이러한 연구자들의 견해가 부당함을 알 수 있다.

그런데 이처럼 후설의 초월론적 현상학과 메를로-퐁티의 지각의 현상학 사이에 근본적인 차이점이 존재한다고 생각하는 연구자들은 두 가지 점에서 문제점을 가지고 있다.

첫째, 그들이 후설의 초월론적 현상학을 관념론으로 규정할 경우 그들이 염두에 두고 있는 초월론적 현상학은 사실은 후설의 정적 현상학이다. 앞서 살펴보았듯이, 후설의 정적 현상학은 일차적으로 필증적 명증의 양상에서 파악될 수 있는 능동적인 의식을 초월론적 의식으로 간주하고 있으며, 그러한 점에서 후설의 정적 현상학은 이러한 연구자들이 생각하는 의미의 관념론이다.

둘째, 그들은 메를로-퐁티의 지각의 현상학의 정체에 대해서도 근본적으로 오해하고 있다. 그들의 견해에 따르면 메를로-퐁티의 지각의 현상학은 관념론이 아니다. 그러나 이들의 견해는 부당한데, 그 이유는 메를로-퐁티의 지각의 현상학 역시, 앞서 살펴보았듯이, 모든 대상을 육화된 주관인 초월론적 주관에 의해 구성된 것으로 간주하기 때문에 일종의 관념론, 즉 후설의 발생적 현상학과 마찬가지로 초월론적 현상학적 관념론으로 규정될 수 있기 때문이다.

초월론적 현상학적 관념론 문제와 관련하여 우리는 거비치의 견해와 제에봄의 견해 역시 문제점을 안고 있다고 생각한다. 앞서 살펴보았듯이, 거비치는 메를로-퐁티의 지각의 현상학이 객관과학적 세계에 대해서는 구성적 탐구를 수행하고 있음에도 불구하고, 그 밑바탕에 있는 지각의 세계에 대해서는 그것을 의식에 앞서 주어진 것으로 간주하면서 그에 대해 구성적 탐구를 수행하고 있지 않기 때문에, 그것이 완전한 의미에서 초월론적 현상학적 관념론이 아니라는 견해를 피력하고 있다. 이러한 점에서 토드바인은 거비치가 메를로-퐁티의 지각의 현상학이 '초월론적 실재론'[1]으로 규정될 수 있다는 견해를 피력하고 있다고 말한다.

그러나 이러한 거비치의 견해는 타당하지 않다. 메를로-퐁티의 지각의 현상학은 객관과학적 세계에 대해서뿐 아니라 지각의 세계에 대해서도 구성의 문제를 해명하고자 하기 때문이다. 실제로『지각의 현상학』1부와 2부의 중요한 목표 중 하나는 지각의 세계의 구성문제를 해명하는 데 있다. 이 점과 관련해, 앞서 살펴보았듯이, 메를로-퐁티는 작동하는 지향성이 "세계와 우리의 삶의 자연적이고 선술어적인 통일체를 산출한다" (*PP*, XIII)고 말하면서 지각의 세계가 작동하는 지향성에 의해 구성된 것임을 밝히고 있다. 따라서 지각의 현상학의 입장은 '초월론적 실재론'이 아니라, 완전한 의미의 초월론적 현상학적 관념론이다. 이처럼 지각의 현상학이 완전한 의미의 초월론적 현상학적 관념론이기 때문에 지각의 현상학을 대상이 소여되는 방식에는 관심이 없고 절대적으로 주어진 그 무엇을 직접적으로 기술하고자 시도하는 철학, 즉 실재론으로 규정하는 제에봄의 견해는 더 큰 문제를 안고 있다.

지금까지의 논의를 토대로 우리는 후설의 현상학과 메를로-퐁티의 지각의 현상학의 관계에 대한 전반적인 연구경향을 평가할 수 있는 지점에 이르렀다. 1장에서 살펴보았듯이, 후설의 현상학과 메를로-퐁티의 지각의 현상학 사이의 관계에 대한 기존의 연구들은 크게 두 가지로 나누어지는데, 그것은 양자 사이에 근본적인 차이점이 있다고 주장하는 연구들과 근본적인 유사성이 있다고 주장하는 연구들이다. 그런데 우리는 지금까지의 논의를 통해 이 두 유형의 연구들이 다음과 같은 한계를 지니고 있음을 알 수 있다.

첫째, 양자 사이에 근본적인 차이가 존재한다는 주장은 후설의 현상학을 총체적으로 이해하지 못한 데서 기인하는 그릇된 주장이다. 이러한 연

---

1) T. Toadvine, "Phenomenological Method in Merleau-Ponty's Critique of Gurwitsch", in: *Husserl Studies* 17/3(2000), 199.

구들은 후설의 현상학이 다양한 차원을 지니고 있으며 그중 초월론적 현상학은 다시 정적 현상학과 발생적 현상학이라고 하는 서로 다른 두 가지 유형의 현상학으로 나누어진다는 사실을 깨닫지 못한 채 후설의 초월론적 현상학을 암묵적으로 정적 현상학과 동일한 것으로 이해하고 있다. 앞서 살펴보았듯이, 후설의 정적 현상학은 그 구상·내용·방법 등에 있어서 메를로-퐁티의 지각의 현상학과 근본적으로 다르다. 이러한 연구는 후설이 발생적 현상학을 전개해나갔으며 발생적 현상학은 그 방법과 내용에 있어서 정적 현상학과 전혀 다르다는 사실을 깨닫지 못하고 있는 것이다.

자하비가 올바로 지적하고 있듯이,[2] 이러한 생각을 가진 연구자들은 메를로-퐁티 스스로 자신의 현상학과 후설의 현상학 사이에 유사성이 있다는 사실을 언급할 경우 메를로-퐁티가 후설의 현상학을 잘못 이해했다고 지적하면서까지 자신의 주장을 관철시키고자 하는 수도 있다. 이들이 이처럼 양자 사이에 근원적인 차이점이 있다고 주장하면서 타당할 뿐 아니라 매우 탁월하기까지 한 메를로-퐁티의 후설 독해까지도 비판하는 이유는, 그들이 후설의 현상학에 대해 일면적으로 이해하고 있기 때문이다. 그들의 시야에 들어온 후설의 현상학은 정적 현상학이며, 따라서 그들은 후설이 정적 현상학과는 근본적으로 이념을 달리하는 발생적 현상학을 전개해나갔다는 사실에 대해서는 올바로 알지 못했다.

둘째, 양자 사이에 근원적인 유사성이 존재한다고 생각하는 연구자들의 경우 앞선 연구자들의 단점을 보완하는 장점이 있다. 이들은 후설이 발생적 현상학을 발전시켰다는 사실을 알고 있으며, 바로 이 점을 염두에 두면서 후설의 현상학과 메를로-퐁티의 현상학 사이에 유사성이 존재한

---

2) D. Zahavi, "Merleau-Ponty on Husserl: A Reappraisal", in: T. Toadvine/L. Embree (eds.), *Merleau-Ponty's Reading of Husserl*, Dordrecht: Kluwer Academic Publishers, 2002, 4-5.

다고 주장하는 것이다. 이러한 주장은 두말할 것도 없이 타당한데, 그 이유는 앞서 살펴보았듯이 실제로 후설의 발생적 현상학과 메를로-퐁티의 지각의 현상학 사이에는 여러 가지 점에서 유사성이 존재하기 때문이다. 그럼에도 불구하고 이러한 연구들은 양자 사이의 유사성을 강조하면서 그 차이점을 간과할 여지를 남길 수도 있다.

이 절의 논의를 마무리하면서 우리는 메를로-퐁티가『지각의 현상학』에서 주체에 의해 구성되지 않는 세계의 차원이 존재한다는 사실을 언급하고 있음을 지적하고자 한다. 예를 들어 그는 암묵적인 자아에 대해 논하면서 "그것은 세계를 구성하지 않는다", "그것은 자신이 부여하지 않은 장으로서의 세계가 자신의 주위에 있음을 간파한다"(PP, 462)고 말한다. 이러한 메를로-퐁티의 언급은 지각의 현상학이 초월론적 현상학적 관념론으로 정의될 수 있다는 우리의 입장에 대해 근본적인 문제점을 제기하는 것으로 간주될 수 있다. 이 점과 관련해 우리는 다음과 같은 두 가지 사실을 지적하고자 한다.

첫째, 우리는 암묵적인 자아가 '세계를 구성하지 않는다'고 할 경우 구성을 '능동적인 구성'으로 이해하고, '자신이 부여한 장'이라 할 경우 '부여하다'를 '능동적으로 부여하다'로 이해할 수 있다. 그런데 우리가 '구성' 및 '부여하다'를 이러한 방식으로 이해할 경우 세계가 구성작용과 전혀 무관한 그 무엇으로 이해되어야 할 필요는 없다는 사실에 유의해야 한다. 이 경우 세계는 자아에게 수동적인 구성작용을 통해 주어질 수 있는 가능성이 존재하기 때문이다. 그리고 이처럼 지각의 현상학이 세계가 수동적인 구성작용을 통해 주어진다는 사실을 인정하는 한 그것은 넓은 의미의 초월론적 현상학적 관념론으로 간주될 수 있다.

둘째, 암묵적인 자아가 '세계를 구성하지 않는다'고 할 경우 세계는 그것이 능동적이든 수동적이든 그 어떤 형태의 구성작용을 통해서도 주어지기 이전의 세계를 의미할 수 있다. 이 경우 세계는 문자 그대로 구성하는 자아의 그 어떤 손길도 닿기 이전에 자아와 무관하게 자체적으로 존재하는 세계를 뜻한다. 이때 지각의 현상학은 초월론적 현상학적 관념론의 한계를 넘어서며 『지각의 현상학』은 메를로-퐁티의 후기철학인 살(la chair)의 존재론의 단초를 간직하고 있다고 말할 수 있다. 실제로 필자는 『지각의 현상학』이 초월론적 현상학적 관념론의 한계를 넘어서 살의 존재론의 단초를 부분적으로 담고 있다고 생각한다. 그러나 이러한 사실 때문에 우리가 지각의 현상학이 초월론적 현상학적 관념론으로 규정될 수 있다는 견해를 철회해야 하는 것은 아니다. 지각의 현상학은 총체적으로 볼때 역시 초월론적 현상학적 관념론이라는 성격을 가지고 있기 때문이다.

이 점과 관련해 한 가지 더 지적해야 할 것은, 후설 역시 발생적 현상학을 전개하면서 초월론적 현상학적 관념론의 한계를 벗어나는 차원을 모색하고 있다는 사실이다. 예를 들어 그는 1930년대에 집필된 한 유고에서 "초월론적 모나드의 총체"(das ganze transzendentale Monadenall, *Hua* XV, 609), "초월론적 초월세계"(die transzendentale Überwelt, *Hua* XV, 591)에 대해 논하는데, '초월론적 모나드의 총체', '초월론적 초월세계'는 초월론적 주관의 그 어떤 구성작용의 손길이 닿기 이전에 앞서 주어진 세계를 뜻한다. 이처럼 초월론적 주관의 그 어떤 구성작용의 손길이 닿기 이전에 앞서 주어진 세계를 탐색해가면서 후설은 메를로-퐁티의 후기철학인 살의 존재론이 해명하고자 한 사태를 탐색해 들어가고 있다고 할 수 있다.

2 후설의 정적 현상학에 대한 메를로-퐁티의 견해 검토

앞에서 반복해서 지적하였듯이, 정적 현상학과 발생적 현상학은 그 무엇에 의해서도 치환될 수 없는, 나름의 고유한 권리를 가지고 있는 초월론적 현상학의 두 가지 유형이다. 이처럼 후설이 초월론적 현상학의 두 가지 유형으로서 정적 현상학과 발생적 현상학을 전개해나간 것과는 달리, 메를로-퐁티는 『지각의 현상학』에서 정적 현상학은 도외시하고 발생적 현상학만 전개해나갔다. 이 점이 후설의 초월론적 현상학과 메를로-퐁티의 지각의 현상학 사이에 놓인 커다란 차이점 중 하나라 할 수 있다.

그러면 『지각의 현상학』에 정적 현상학이 결여된 이유는 무엇인가? 필자의 견해에 따르면, 그 이유는 메를로-퐁티가 정적 현상학의 정체 및 중요성을 충분히 파악하지 못했기 때문이다. 이 점과 관련해 우리는 지금까지의 논의과정에서도 후설의 정적 현상학에 대한 메를로-퐁티의 견해에 문제가 있음을 여러 차례 지적하였다. 예를 들어 우리가 3장에서 살펴보았듯이, 정적 현상학의 대표적인 예는 『이념들 I』에서 전개된 초월론적 현상학인데, 메를로-퐁티는 『이념들 I』에서 전개된 정적 현상학을 칸트의 초월론적 철학과 유사한 것으로 간주하고 있다. 그러나 우리가 3장에서 초월론적 주관의 문제를 검토하면서 살펴보았듯이 이러한 견해는 타당하지 않다. 칸트의 초월론적 주관이 보편적으로 구성하는 논리적인 주관인 데 반해 후설의 정적 현상학에 나타난 주관은 개별적인 주관이기 때문이다.

이러한 이유에서 그는 정적 현상학이 '현상'에 토대를 두고 전개된 올바른 철학이 아니라고 생각하면서 그에 대해 비판하고 있는 것이다. 그러나 정적 현상학에 대한 그의 비판이 정적 현상학에 대한 온당한 이해에 토대를 두고 있는 것이 아니기 때문에 그것은 여러 가지 점에서 한계를 보이고 있다. 예를 들어, 앞서 4장에서 정적 현상학적 의미의 초월론적 현상학적 환원을 검토하면서 살펴보았듯이, 그는 후설의 정적 현상학의 경우 초월론적 의식 앞에서 "세계는 절대적 투명성 속에서 [⋯] 전개된다" (PP, V)고 말한다. 그러나 이 점과 관련하여 유의해야 할 점은, 메를로-퐁티가 생각하는 것과는 달리 발생적 현상학과 마찬가지로 정적 현상학의 경우에도 세계가 절대적 투명성 속에서 파악될 수 있는 것은 아니라는 사실이다. 물론 현재 시점에서 생생하게 흘러가면서 반성적 의식에 주어지는 초월론적 의식은 절대적 투명성 속에서 파악될 수 있지만, 세계는 그렇지 않다는 것이 후설의 근본입장이다. 이 점과 관련하여 우리는 후설이 현재 시점에 존재하는 초월론적 의식은 절대적 명증의 양상에서 파악되기 때문에 절대적이며 필연적인 존재인 데 반해, 세계는 늘 개연적 명증 속에서 파악되기 때문에 상대적이며 우연적인 존재라고 주장한다는 사실에 유의해야 한다. 정적 현상학에서 세계의 일반정립을 배제해야 하는 이유 중 하나는 바로 세계가 절대적인 명증의 양상에서 파악될 수 없기 때문이다.

필자의 견해에 따르면, 메를로-퐁티는 정적 현상학이 발생적 현상학과 구별되는 독자적인 유형의 초월론적 현상학이라는 사실을 정확하게 깨닫지 못하였다. 이와 더불어 그는 정적 현상학을 그릇된 철학으로 간주하면서 정적 현상학적 분석을 도외시하고 모든 현상을 발생적 현상학적 관점에서 분석하고 있다. 그러면서 그는 경우에 따라 현상 분석과 관련하여 결정적인 문제점을 남기기도 한다. 그 대표적인 예는 내적 지각의 명증성과 관련된 그의 분석이다. 앞서 살펴보았듯이, 그는 지각작용이 실존을 구성하는 한 요소이며, 그러한 한 지각작용과 지각대상을 분리하는 일이 불가능하기 때문에 외적 지각, 즉 지각대상에 대한 지각이 명증적이지 못한 것과 마찬가지로 내적 지각, 즉 외적 지각작용에 대한 지각 역시 명증적이지 못하다고 말한다.

이러한 그의 견해는 비록 외적 지각이 명증적이지 못할지라도 내적 지각의 경우 그것이 현재 시점에서 생동하는 체험을 파악하는 경우에는 필증적 명증의 양상에서 파악가능하다는 후설의 견해와 대립된다. 이러한 맥락에서 그는 외적 지각과 비교하며 내적 지각을 분석하는 과정에서, 내적 지각의 경우 "나는 결코 달아나는 나의 삶과 일치할 수 없다"(*PP*, 439)고 말하며 나의 삶이 계속해서 반성하는 자아의 시선으로부터 달아나기 때문에 나의 삶, 즉 체험을 필증적 명증의 양상에서 포착하는 일이 원칙적으로 불가능함을 언급하고 있다. 바로 이러한 이유에서 메를로-퐁티는 "이처럼 자신에 대한 소유, 즉 자신과의 일치는 사유의 정의일 수 없다"(*PP*, 446)고 말한다. 그에 따르면 '자신과의 일치'는 "표현의 결과"(*PP*, 446)에 불과한 것, 즉 '언표된 자아'인 이념으로서의 자아, 보편으로서의 자아의 경우에만 해당되는 것으로서 실존을 지탱하며 실존의 핵이라 할 수 있는 '침묵하는 자아'에 대해서는 타당하지 않다. 침묵하는 자아의 경우 "자아에 의한 자아의 경험"(*PP*, 462)이 가능하기는 하지만, "그러나 격변화를 허용하지 않는 이러한 주관성은 미끄러져가는 형태로만 자기자신과 세계에 대해 지배권을 가지고 있다".(*PP*, 462)

이 주제와 관련해 필자는 후설의 입장이 타당하다고 생각한다. 후설은 데카르트와 마찬가지로 내가 어떤 대상을 지각하면서 그 대상을 녹색으로 경험할 경우, 그 대상이 실제로는 녹색이 아닐 수 있지만 "그 대상이 나에게 녹색으로 지각된다"는 사실은 나에게 필증적으로 참이라고 주장한다.

그러나 메를로-퐁티는 이 주장이 참일 수 없다고 주장한다. 그의 핵심적인 논지는, 의식작용은 언제나 의식대상과 불가분의 관계에 있으며 의식대상이 필증적 명증의 양상에서 경험될 수 없기 때문에, 그와 불가분의 관계에 있는 의식작용 역시 필증적 명증의 양상에서 경험될 수 없다는 것이다. 그러나 필자의 견해에 따르면 이러한 메를로-퐁티의 견해는 문제점을 가지고 있는데, 그 문제점은 바로 의식작용과 의식대상이 불가분의 관계에 있다는 주장이 언제나 타당한 것은 아니라는 데 있다. 이러한 주장은 시간적인 발생적 정초관계를 해명함을 목표로 하는 발생적 현상학의 경우에는 타당하다. 실제로 실존의 운동을 살펴보면 알 수 있듯이, 실존의 운동과정에서 의식작용과 의식대상은 분리할 수 없이 밀접하게 연결되어 있다. 그러나 정적 현상학의 경우는 사정이 다르다. 앞서 살펴보았듯이, 정적 현상학의 과제는 타당성의 초시간적 정초관계를 해명하는 데 있다. 그리고 그것이 내적 지각의 대상이든 외적 지각의 대상이든 대상을 향한 우리의 다양한 의식작용들은 타당성의 정도에 있어서 차이가 나며, 이러한 차이에 따라 우리는 다양한 의식작용들을 구별하고 그것들을 서로 분리해서 생각해볼 수 있다. 이러한 점에서는 ①사물적 대상을 향한 외적 지각이라는 의식작용과 ②이러한 외적 지각을 향한 내적 지각이라는 의식작용도 예외일 수 없다. 비록 양자가 발생의 관점에서 볼 때는 서로 분리될 수 없지만, 우리는 타당성의 관점에서 볼 때 서로 다른 정도의 타당성을 가지고 있기 때문에 그것들을 분리해서 생각해볼 수 있는 것이다. 그리고 타당성의 관점에서 볼 때 현재 내가 경험하고 있는 지각대상은 필증적 명증의 양상에서 경험될 수 없지만, 외적 지각에 대한 지각작용은 필증적 명증의 양상에서 경험될 수 있는 것이다.

이러한 논의를 통해서 알 수 있듯이, 정적 현상학은 발생적 현상학과 구별되며 나름의 고유한 가치를 가지고 있는 철학이다. 타당성의 초시간적 정초관계를 해명함을 목표로 하는 정적 현상학의 과제는 다양하다. 예를 들어 정적 현상학은 각각의 대상영역과 관련하여 그 다양한 소여방식과 함께 가장 근원적인, 명증적 소여방식을 해명하면서 각각의 대상영역을 탐구하는 학문에 대상을 탐구하기에 적합한 연구방법을 제공해줄 수 있다. 그 이유는 어떤 대상영역을 탐구하기 위한 방법은 이 영역의 본질적 속성을 토대로 규정되어야 하는데, 바로 이 영역의 본질적 속성을 해명함에 있어 그 소여방식은 결정적인 역할을 담당하기 때문이다. 이러한 이유에서 정적 현상학은 '방법론적 현상학[3]'이라 불릴 수 있으며, 방법론적 현상학으로서의 정적 현상학은 모든 유형의 학문이 올바로 전개될 수 있는 토대를 마련해준다는 점에서 학문론적 관점에서 볼 때 아주 중요한 의미를 지닌다. 이 점과 관련해 우리는 아직 적절한 연구방법을 발

---

3) 방법론적 현상학으로서의 정적 현상학에 대해서는 N.-I. Lee, "Static-Phenomenological and Genetic-Phenomenological Concept of Primordiality in Husserl's Fifth *Cartesian Meditation*", in: *Husserl Studies* 18/3(2002)을 참조할 것.

견하지 못한 학문의 경우 그것을 위한 적절한 연구방법을 확정하기 위해서 정적 현상학적 연구가 필요하며, 만일 이러한 연구가 선행하지 않을 때 그 학문은 방법론적으로 여러 가지 어려움을 겪을 수도 있다는 사실에 유의해야 한다.

이러한 사정은 지각의 현상학의 경우도 마찬가지다. 지각의 현상학을 진정한 학문으로 전개할 수 있으려면 메를로-퐁티는 우선 지각의 현상학의 연구방법을 확정해야 한다. 그리고 이러한 목표를 위하여 그는 지각의 현상학이 다루고자 하는 사태영역과 관련하여 정적 현상학적 탐구를 할 필요가 있다. 메를로-퐁티의 경우 현상학적 환원 등 후설이 개발한 다양한 연구방법들을 사용하면서 지각의 현상학을 전개해나가고 있다. 그럼에도 불구하고 후설이 개발한 연구방법만으로는 지각의 현상학을 전개하기에 충분하지 않다. 지각의 현상학이 해명해야 할 사태영역들 중에는 후설이 개발한 방법만으로는 충분하게 접근할 수 없는 영역들도 있기 때문이다. 바로 이러한 영역들을 적절하게 탐구하기 위해서는 그에 대한 방법론적 연구인 정적 현상학적 연구가 필요한 것이다. 필자의 견해에 따르면 메를로-퐁티는 정적 현상학적 관심이 거의 없었기 때문에 지각의 현상학을 전개하면서 그 방법론에 대한 고려를 충분히 하지 않았는데, 바로 이러한 사실이 방법론적 관점에서 볼 때 지각의 현상학에 적지 않은 부담으로 작용하였다. 실제로『지각의 현상학』에는 방법론적 논의가 결여되어 있어서 그 의미를 명확하게 파악하기 어려운 부분이 적지 않은 것이 사실이다.

그러나 메를로-퐁티가 지각의 현상학을 철두철미 발생적 현상학으로 전개하면서 정적 현상학을 도외시했지만, 그렇다고 해서 그가 정적 현상학적 문제의식으로부터 완전히 자유로웠던 것은 아니다. 우리는『지각의 현상학』에서 메를로-퐁티가 극히 제한적이긴 하지만 정적 현상학적 문제의식도 가지고 있었음을 확인할 수 있다. 그 대표적인 예는 나의 사유와 타자의 사유 사이의 정초관계이다. 발생적 정초관계의 관점에서 볼 때 나의 사유와 타자의 사유는 언제나 공속관계에 있으며, 따라서 발생적 정초관계를 해명함을 목표로 하는 발생적 현상학에서 나의 사유가 타인의 사유에 대해 절대적 우위를 가지고 있는 것은 아니다. 그러나 정적 현상학의 경우는 사정이 다르다. 정적 현상학의 경우 모든 타당성의 최종적인 토대는 나의 원초적인 의식이기 때문에 나의 사유는 타인의 사유에 비해 절대적인 우위를 차지한다. 메를로-퐁티는 지각의 현상학을 전개하면서 많은 경우 나의 사유와 타인의 사유의 관계를 상호공속적인 관계로 파악하고 있다. 이처럼 그가 나의 사유와 타인의 사유를 상호공속적인 관계로 파악하는 이유는 그가 양자 사이의 관계를 시간적인 발생적 정초관계의 관점에서 파악하고 있기 때문이다. 그러나 그는 이러한 전반적인 경향과는 달리 나의 사유와 타인의 사유의 관계와 관련해 나의 사유가 타인의 사유에 비해 절대적인 우위를 가지고 있다는 견해를 피력하기도 하는데, 다음의 구절이 그 예다.

"만일 내가 그의 논리가 우리의 그것이 아닌바 화성인들, 천사들, 신적 사유를 상상하려고 노력하면, 저 화성인의 사유, 천사의 사유, 신의 사유는 나의 세계 안에서 출현하며 그것을 폭파시키지 않는다. 나의 사유, 나의 명증은 다른 여러 것 중 하나가 아니라, 다른 가능한 모든 것을 포함하고 가능하게 하는 사실-가치이다."(*PP*, 456)

여기서 우리는 메를로-퐁티가 나의 사유와 타인의 사유 사이의 관계를 타당성의 초시간적 정초관계의 관점에서, 즉 정적 현상학적 관점에서 고찰하고 있음을 알 수 있다. 말하자면 메를로-퐁티는 지각의 현상학을 발생적 현상학으로 전개하고 있음에도 불구하고 정적 현상학적 통찰을 완전히 도외시할 수 있었던 것은 아니다.

그러나 이처럼 동일한 사태와 관련해 동일한 저술에서 서로 다른 견해가 개진되는 현상을 접하며 독자들은 혼란스러움을 느끼지 않을 수 없을 것이다. 독자들이 혼란스러움을 느끼는 가장 커다란 이유 중 하나는『지각의 현상학』에서 정적 현상학과 발생적 현상학에 대한 명료한 구별이 부재하고 그와 더불어 체계적인 정적 현상학적 분석이 결여되어 있기 때문이다. 두말할 것도 없이『지각의 현상학』에는 우리가 살펴본 혼란스러움 이외에도 다양한 유형의 혼란스러움이 존재하며, 이 점과 관련해 연구자들은 지각의 현상학을 '애매성의 철학'[4]이라 부르기도 한다. 물론 지각의 현상학에서 확인할 수 있는 애매성 중 사태 자체의 본성에서 유래하기 때문에 불가피한 성격을 지니는 것도 있을 수 있다. 그러나 사태 자체의 본성에서 유래하는 것이 아니라, 정적 현상학과 발생적 현상학의 구별의 부재 및 정적 현상학적 분석의 결여에서 유래하는 애매성은 지각의 현상학에 커다란 부담으로 작용할 수도 있는데, 그 이유는 이러한 애매성 때문에 지각의 현상학이 나쁜 의미의 '애매성의 철학'으로 전락할 수도 있기 때문이다.

3 실존철학으로서의 발생적 현상학과 지각의 현상학

메를로-퐁티가『지각의 현상학』에서 반복해서 언급하고 있듯이, 지각의 현상학은 실존의 구조를 해명함을 목표로 하며, 그러한 한에서 그것은 일종의 실존철학으로 규정될 수 있다. 그런데 우리의 견해에 따르면 지각의 현상학과 마찬가지로 후설의 발생적 현상학 역시 일종의 실존철학으로 규정될 수 있다. 실제로 우리는 이미 앞서 7장에서 초월론적 주관의 문제를 논하면서 후설의 발생적 현상학이 실존철학이라는 사실을 살펴보았다. 발생적 현상학이 실존철학으로 규정될 수 있는 이유는, 발생적 현상학에서 초월론적 주관은 세계의식을 통해 세계에 대해 열려 있는 주관으로서 그것

---

4) A. de Waehlhens, *Une philosophie de l'ambiguité*, Louvain: Publications universitaires de Louvain, 1967; 김형효,『메를로-퐁티와 애매성의 철학』, 서울: 철학과 현실사, 1996.

은 시간적이며 역사적인 주관이요, 다른 주관들과 더불어 살아가는 상호주관이며, 바로 이러한 점에서 그것은 실존하는 주관이기 때문이다. 그러면 앞서 7장에서 살펴본 세계의식을 '상황'의 문제와 더불어 검토하면서 후설의 발생적 현상학이 실존철학이라는 사실을 조금 더 구체적으로 살펴보자. 두말할 것도 없이 우리가 세계의식을 상황의 문제와 더불어 검토하려는 이유는 '상황'이 실존철학의 핵심적인 주제이기 때문이다.

세계의식은 상황과 밀접한 관계에 있다. 세계의식을 통해 초월론적 주관에게 모든 대상들의 보편적인 지평으로 현출하는 세계가 다름 아닌 저 초월론적 주관이 처한 상황이기 때문이다. 그런데 어떤 초월론적 주관이 처한 상황으로서의 세계는 다음과 같은 몇 가지 특징을 가지고 있다.

첫째, 상황으로서의 세계는 그 구성요소 중 하나로 역사적 상황을 포함한다. 세계의식은 단지 현재에만 존재하는 것이 아니라 매 순간 부단히 '흘러가는 의식'으로서 과거지평과 미래지평을 가지고 있으며, 그중 과거지평은 역사적 지평으로 확장될 수 있다. 이 점과 관련해 후설은 "역사성 속에서의 인간적 삶"(*Hua* XXIX, 3)에 대해 말하고 있다.[5]

둘째, 상황으로서의 세계는 그 구성요소 중 하나로 사회적 상황을 포함한다. 이 점과 관련해 우리는 초월론적 주관들의 모든 지향성이 서로 뒤섞여 있듯이, 세계의식 역시 타인들의 세계의식으로부터 고립되어 존재하는 것이 아니라 그것과 뒤섞여 있으며, 그러한 한 세계의식이 타인들에 대해 열려 있는 의식이며 상호주관적 지평, 즉 사회적 지평을 가지고 있

---

5) 따라서 후설의 생활세계는 역사적 세계이다. 이 점에 대해서는 P. Janssen, *Geschichte und Lebenswelt. Ein Beitrag zur Diskussion von Husserls Spätwerk*, Den Haag: Martinus Nijhoff, 1970을 참조할 것. 그러나 도르프맨(E. Dorfman)은 후설이 생활세계를 역사적인 세계로 간주하지 않았으며, 이 점에서 후설의 생활세계 개념은 메를로-퐁티의 생활세계 개념과 다르다고 주장하는데, 그의 견해는 타당하지 않다. 도르프맨의 견해에 대해서는 E. Dorfman, "History of the Lifeworld. From Husserl to Merleau-Ponty", in: *Philosophy today* 53/3(2009)을 참조할 것.

는 의식이라는 사실에 유의해야 한다. 이러한 맥락에서 후설은 "다소 일깨워진 상황과 상황 전체들의 뒤섞여 있음"(*Hua* XXXIX, 190)에 대해 논하면서 "사회적 상황"(*Hua* XXXIX, 190)에 대해 해명하고자 한다.

셋째, 상황으로서의 세계는 실천적 세계이다. 이 점과 관련해 우리는 초월론적 주관의 모든 지향성이 신체를 매개로 한 실천적 지향성이며, 따라서 어떤 초월론적 주관의 모든 지향성들을 포괄하는 세계의식이 저 주관의 "실천적 가능성"(*Hua* IV, 258; *Hua* XXXIX, 543)의 총체에 대한 의식이라는 사실에 유의해야 한다. 이러한 맥락에서 후설은 "실천적으로 이해된 상황"(*Hua* XXXIX, 204), 즉 실천적 상황에 대해 언급하고 있다.

그런데 이처럼 역사적 상황, 사회적 상황, 실천적 상황이라는 계기들을 가지고 있는 세계는 초월론적 주관이 처한 총체적인 상황을 뜻한다. 후설은 총체적인 상황으로서의 세계를 "모든 개별적인 상황들의 전체적인 상황"(*Hua* XXXIX, 200), "상황의 전체"(Situationsganzheit, *Hua* XXXIX, 190), "전체상황"(Allsituation, *Hua* XXXIX, 190) 등으로 부른다. 여기서 알 수 있듯이, 총체적인 상황으로서의 세계는 "개별적인 상황"(Sondersituation, *Hua* XXXIX, 190)을 포함하고 있다. 그런데 여기서 우리는 총체적인 상황과 관련하여 개별적인 상황이 무엇을 의미하는지 이해할 필요가 있다. 우리가 언제나 역사적 상황과 사회적 상황을 포함하는 총체적인 상황인 세계 속에 처해 있음에도 불구하고 때와 장소가 변화함에 따라 총체적인 상황은 다양한 모습으로 나타날 수 있는데, 이처럼 때와 장소가 변화함에 따라 총체적인 상황이 드러나는 다양한 모습이 개별적인 상황이다. 그리고 이러한 개별적인 상황이 순간순간 모습을 달리하면서 드러날 경우, 우리는 그것을 가리켜 특히 "순간적인 상황"(Momentansituation, *Hua* XXXIX, 190)이라 부를 수 있다.

이처럼 초월론적 주관은 세계라는 총체적인 상황 속에서 다양한 순간적인 상황에 처해 살아가는 실존하는 주관이다. 바로 이러한 이유에서 후설 자신도 초월론적 주관을 해명함을 목표로 하는 발생적 현상학이 실존의 문제를 다루는 철학, 즉 실존철학이 될 수 있다는 견해를 가지고 있다. 이 점과 관련해 그는 실존철학을 비롯해 "자신의 철학에 대립적인 현대의 철학사조들"(*Hua* V, 140)로부터 자신의 철학에 대해서 제기되는 반론, 즉 자신의 철학이 주지주의이며, 추상적인 방법을 사용하기 때문에 "근원적이고 구체적인 주관, 실천적으로 활동적인 주체"(*Hua* V, 140)에 접근할 수 없고 "소위 '실존'의 문제"(*Hua* V, 140)에 접근할 수 없다는 비판에 대해 그러한 비판이 근거 없는 것이라고 일축하고 있다. 바로 이러한 맥락에서 그는『위기』의 부록 텍스트로 출간된 한 유고에서 현상학적 "자기성찰"(Selbstbesinnung, *Hua* VI, 485ff.)에 대해 논하면서 이러한 자기성찰을 인간에 대한 객관과학적 성찰과 구별해 "실존론적 자기성찰"(die existenziale Selbstbesinnung, *Hua* VI, 486)이라고 부른다.[6]

물론 후설은 자신의 철학을 실존철학이라고 부르기를 주저했는데, 그 이유는 그가 당시 유행하던 실존철학이 학문성을 결여하고 있다고 판단했기 때문이다. 따라서 후설은 당시 유행하던 생철학을 비판하면서 자신의 현상학이 추구하는 것이 "학적인 생철학"(F I 32, 110)이라고 말한 적이 있는데, 우리는 그가 추구했던 발생적 현상학으로서의 실존철학을 당시 유행했던 실존철학과 대비시켜 '학적인 실존철학'이라 부를 수 있을 것이다. 학적인 실존철학이란 엄밀한 '현상학적 방법'을 통해 실존의 구조를 분석하고자 시도하는 철학을 뜻한다.

그런데 메를로-퐁티 역시 후설의 발생적 현상학이 실존철학이라는 사실을 인정하고 있다. 이 점과 관련해 그는『지각의 현상학』서문에서 후설의 발생적 현상학과『존재와 시간』에 나타난 현존재분석론의 관계를

---

6) D. Carr, *Phenomenology and the Problem of History. A Study of Husserl's Transcendental Philosophy*, Evenston: Northwestern University Press, 1974, 59-60을 참조할 것.

언급하면서, 현존재분석론이 후설의 발생적 현상학의 핵심적인 주제인 "자연적 세계개념 또는 생활세계에 대한 해명"(*PP*, I) 이외의 것이 아니라고 말한다. 여기서 알 수 있듯이, 그는 발생적 현상학과 현존재분석론을 궤를 같이하는 철학으로 간주한다. 그런데 메를로-퐁티는 하이데거의 현존재분석론이 현존재의 존재인 실존의 구조를 해명함을 목표로 하기 때문에 그것을 실존철학으로 간주한다.[7] 따라서 메를로-퐁티는 현존재분석론과 궤를 같이하는 후설의 발생적 현상학 역시 일종의 실존철학으로 간주하고 있다고 할 수 있다. 이 점과 관련해 그는 후설의 독창성은 단순히 지향성을 발견했다는 데 있는 것이 아니라 "표상적 지향성 밑에 있는 더 근원적인 지향성"(*PP*, 141), 즉 '작동하는 지향성'을 발견했다는 데 있다는 사실을 강조한 후, 바로 다른 사람들은 이러한 지향성을 "실존"(*PP*, 141)이라고 부른다고 말하면서 후설의 작동하는 지향성을 실존을 구성하는 핵심적인 요소로 이해하고 있다.[8]

---

7) 메를로-퐁티는 『지각의 현상학』 서문의 또 다른 곳에서 현상학적 환원과 실존철학의 관계에 대해 다음과 같이 적고 있다. "현상학적 환원은, 사람들이 믿고 있는 것과는 전혀 달리 관념론적 철학의 방법이 아니라 실존철학의 방법이다. 하이데거의 '세계-내-존재'는 현상학적 환원을 토대로 해서만 자신의 모습을 드러낼 수 있다."(*PP*, IX)

8) 우리는 후설의 지향성과 관련해 하이데거와 메를로-퐁티의 평가가 다르다는 사실을 지적하고자 한다. 이처럼 메를로-퐁티가 후설의 공적을 단순히 지향성이 아니라 실존으로 규정될 수 있는 작동하는 지향성을 발견한 데 있다고 평가하는 데 반해, 하이데거는 지향성에 대한 발견을 후설의 공적으로 인정하면서도 후설이 객관화적 지향성의 차원에 머물고 있을 뿐 원초적인 실존의 차원에서 확인할 수 있는 지향성의 존재에 대해서는 알고 있지 못하다고 평가한다. 이 점에 대해서는 M. Heidegger, *Prolegomena zur Geschichte des Zeitbegriffs*, Frankfurt / M.: Vittorio Klostermann, 1979, 140ff.를 참조할 것. 하이데거에 따르면 실존에 대한 현상학적 분석은 후설의 현상학의 한계를 넘어서는 것으로 그것은 자신의 고유한 업적이다. 그런데 메를로-퐁티가 후설에 대한 자신의 평가를 뒷받침할 수 있는 것으로 간주하는 후설의 텍스트 중 하나는 1905년의 『내적 시간의식의 현상학』 강의이며, 그가 작동하는 지향성이라고 부르는 것의 예는 이 강의에 나타난 '가로지향성', '세로지향성' 등이라 할 수 있다. 그런데 이러한 사실을 감안하면 우리는 후설의 지향성에 대한 하이데거의 평가가 지

앞서 '서론'에서 우리는 후설의 현상학이 실존철학으로 간주될 수 있느냐 하는 문제에 대한 몇몇 연구자들의 견해를 살펴보았는데, 이제 우리는 그들의 견해를 객관적으로 평가할 수 있는 지점에 도달했다.

우선 매디슨은 후설이 엄밀한 학으로서의 철학의 이념을 포기하지 않았으며, 엄밀학으로서의 철학은 전통적인 관념론을 함축하기 때문에 그의 현상학이 실존철학이 될 수 없다는 견해를 피력한다. 그러나 이 점과 관련해 그는 엄밀학으로서의 철학의 이념에 대해 오해하고 있다. 그 이유는 엄밀학으로서의 철학의 이념은 전통적인 관념론과 무관한 것, 또는 그와 정반대의 것이기 때문이다. 이 점과 관련해 우리는 후설이 전통적인 관념론을 비판하면서 자신의 철학을 전개한다는 사실을 유의해야 한다. 그런데 그가 전통적 관념론을 비판하는 이유는 바로 그가 전통적인 관념론이 사태 자체의 본성에 토대를 두고 전개되는 엄밀학으로서의 철학의 이념과 무관하게 전개되는 철학이라고 판단하기 때문이다. 그리고 매디슨의 경우 후설의 후기철학에 실존철학적 개념들이 등장한다는 사실을 알고 있었음에도 불구하고 그것이 실존철학과 무관하다는 견해를 피력한 이유는, 그가 후설의 후기철학에 등장하는 실존철학적 개념들의 정체를 충분히 이해하지 못한 채 그것을 관념론적 관점에서 그릇되게 해석했기 때문이다.

딜론은 후설의 초월론적 현상학은 순수현상학이요, 순수현상학은 본질학이기 때문에 후설의 현상학이 실존철학이 될 수 없다고 말한다. 물론 이러한 딜론의 견해는 당시 유행하던 실존철학만이 실존철학일 수 있다는 전제하에서 타당하다. 실제로 당시 유행하던 대부분의 실존철학은 엄

나치게 인색하다고 생각된다. 그 이유는 바로 하이데거 자신이 후설의 『내적 시간의식의 현상학』 강의를 편집하여 1928년에 출간하였으며, 따라서 그가 1928년 이전에 이미 거기에 등장하는 가로지향성, 세로지향성 등 표상적 지향성을 넘어서는 지향성에 대해 그 누구보다도 잘 알고 있었기 때문이다.

밀한 현상학적 방법을 토대로 전개되지도, 본질학으로 전개되지도 않았기 때문이다. 그러나 앞서 살펴보았듯이, 후설은 당시에 유행하던 실존철학이 엄밀한 현상학적 방법을 토대로도, 본질학으로도 전개되지 않았기 때문에 그에 대해 비판하면서, 그러한 비합리적인 실존철학 대신 엄밀한 현상학적 방법을 토대로 한 학적인 실존철학을 전개하고 싶었던 것이다.

스미스는 인식론과 존재론이 다르다는 전제에서 출발해, 후설의 현상학은 인식론이요, 메를로-퐁티의 지각의 현상학은 존재론이며 실존철학이기 때문에 후설의 현상학이 실존철학이 될 수 없다고 말한다. 그러나 이 점과 관련해 우선 지적해야 할 것은, 메를로-퐁티의 지각의 현상학이 존재론이라고 불릴 수 있다면 그와 마찬가지로 후설의 발생적 현상학 역시 존재론이라고 불릴 수 있다는 사실이다. 그리고 이와 더불어 지적해야 할 것은, 메를로-퐁티의 지각의 현상학이 인식론으로 규정될 수 없다면 그와 마찬가지로 후설의 발생적 현상학 역시 인식론으로 규정될 수 없다는 사실이다. 이 점과 관련해 우리는 스미스가 인식론 개념을 암암리에 전통적인 규범적 인식론으로 간주하고 있다는 사실을 지적하고자 한다. 그러나 인식론에는 이러한 규범적 인식론만 존재하는 것이 아니라 발생적 인식론도 존재하는데, 후설의 발생적 현상학과 메를로-퐁티의 지각의 현상학은 일면적인 규범적 인식론은 아니지만 인식의 발생과정을 추적하는 발생적 인식론으로 규정될 수 있다.

이러한 연구자들과는 달리 즈레츠는 후설의 후기 현상학이 실존철학으로 규정될 수 있다는 생각을 가지고 있는데, 지금까지의 논의를 통해 알 수 있듯이 이러한 견해는 타당하다. 그럼에도 불구하고 이러한 견해와 관련해 우리는 다음과 같은 두 가지 사실에 유의할 필요가 있다.

첫째, 즈레츠가 후설의 후기철학이라 할 경우 그는 생활세계의 문제를 다루고 있는 『위기』를 중심으로 전개된 철학을 염두에 두고 있다. 그러나 후설의 현상학 중 실존철학으로 규정될 수 있는 것은, 엄밀히 말하자면 후설의 후기철학이 아니라 그중에서도 발생적 현상학이다. 이 점과 관련해 우리는 후설의 후기철학이 정적 현상학과 발생적 현상학 두 가지를 모두 포함하고 있다는 사실에 유의할 필요가 있다.

둘째, 실존적 현상학으로 규정될 수 있는 발생적 현상학은 후설의 후기철학에서 처음으로 등장한 것이 아니다. 이 점과 관련해 우리는, 앞서 살펴보았듯이, 메를로-퐁티의 지각의 현상학에 결정적인 영향을 미친 후설의 『이념들 II』안에 이미 다양한 유형의 발생적 현상학적 분석이 들어있다는 사실에 유의해야 한다.

4 지각의 현상학과 발생적 현상학의 차이점 및 앞으로의 과제

이처럼 후설의 발생적 현상학과 메를로-퐁티의 지각의 현상학이 모두 실존철학으로 규정될 수 있으며, 그러한 점에서 양자 사이에 유사성이 존재함에도 불구하고 차이점도 존재한다. 그러면 이제 그 차이점 몇 가지를 살펴보자.

후설은 다양한 발생적 현상학적 분석들을 남겼지만 그것들을 아우르는 하나의 체계를 갖춘 철학을 발전시키지 못했다. 후설은 두더지처럼 여기저기 흩어져 있는 수많은 사태들을 분석해내긴 했지만 그것들이 서로 어떻게 연결되어 있는지 충분하게 추적하지 못했으며, 이러한 점에서 그의 발생적 현상학은 체계성을 갖춘 단계에 도달하지 못했다. 그러나 후설과는 달리 메를로-퐁티는,『지각의 현상학』의 전체적인 목차를 보면 알 수 있듯이, 지각의 현상학을 나름대로 하나의 체계를 갖춘 철학으로 정립하였다. 그렇다고 해서 우리가 지각의 현상학이 완결된 체계를 갖추고 있는 철학이라고 주장하는 것은 아니다. 뒤에서 논의하겠지만, 지각의 현상학은 여러 가지 점에서 한계를 가지고 있으며, 그러한 점에서 그것은 나름의 체계는 지니고 있으나 완결된 체계를 갖추고 있는 철학은 아니다.

그런데 양자 사이에는 이외에도 다양한 차이점들이 존재한다. 양자가 수행한 구체적인 분석내용을 살펴보면 양자가 각기 어느 면에서는 상대방에 비해 나름의 장점을 가지고 있다고 할 수 있는데, 이제 그것을 정리하면서 양자의 차이점을 검토해보자. 그러면 먼저 메를로-퐁티의 지각의 현상학이 후설의 발생적 현상학과 비교해볼 때 가지고 있는 장점을 살펴보자.

첫째, 우선 메를로-퐁티의 지각의 현상학의 장점으로 꼽을 수 있는 것은 그것이 신체현상을 치밀하며 체계적으로 분석하고 있다는 사실이다. 앞서 살펴보았듯이 후설도 '운동감각'(Kinästhese)의 문제와 관련해 신체의 구조를 다각도로 분석하고 있으며 그에 대한 방대한 양의 글을 남긴 것이 사실이다. 그럼에도 불구하고 그는 메를로-퐁티가『지각의 현상학』에서 그랬던 것처럼 신체현상을 치밀하고 체계적으로 분석하면서 하나의 철학체계를 위한 초석으로 삼지는 않았다. 신체도식에 대한 분석 등을 포함해 메를로-퐁티가『지각의 현상학』에서 수행하고 있는 신체에 대한 다양한 분석은 탁월한 학문적 업적이라고 할 수 있다.

둘째, 메를로-퐁티의 지각의 현상학이 가지고 있는 또 하나의 장점은 그것이 실존현상의 정체를 잘 드러내 보이고 있다는 사실이다. 지각의 현상학은 실존을 구성하는 다양한 요소들, 즉 세계·공간성·시간성·사회성·언어·성 등에 대한 독창적이며 풍부한 내용을 담고 있다. 더 나아가 지각의 현상학은 실존이 인격적 실존의 층과 선인격적 실존의 층으로 이루어져 있으며, 이 둘은 또다시 다양한 층으로 이루어져 있고 이 다양한 층들이 서로서로 영향을 주고받고 있다는 사실을 잘 보여주고 있다. 이 경우 실존은 타인과 세계를 향해 열려 있는 존재이며 사회적·역사적 상황에 처해 있는 존재이다. 그리고 지각의 현상학에서 실존은 단지 인간존재만을 지칭하는 것이 아니라 인간 이외 여타의 생명체의 존재까지 포괄하는 것이며, 이처럼 포괄적으로 규정된 실존개념은 인간

존재에만 국한되어 정의된 하이데거의『존재와 시간』에 나타난 실존개념과 대비된다. 우리는 메를로-퐁티의 실존개념이 하이데거의 실존개념보다 더 포괄적이기 때문에 그것이 후자에 비해 보다 더 뛰어나다고 평가한다.

이와 같이 메를로-퐁티가 실존에 대한 탁월한 분석을 수행한 것과는 대조적으로 후설은 실존을 구성하는 여러 가지 요소들을 상세하게 분석하고 있음에도 불구하고 언어·성 등과 관련해서는 초보적인 수준의 분석밖에 수행하지 못했다. 이처럼 후설이 체계적으로 분석하지 않은 실존의 구조를 메를로-퐁티가 체계적으로 해명하면서 지각의 현상학을 명료한 형태의 실존적 현상학으로 전개해나갔던 것이다.

셋째, 메를로-퐁티는 지각의 현상학에서 주관과 세계가 단순히 대응관계에 있을 뿐 아니라, 서로서로 영향을 주고받는다는 사실을 강조하고 있다. 그뿐 아니라 그는 자아와 타자도 서로에게 영향을 주고받는다는 사실을 강조하고 있다. 더 나아가 그는 앞서 살펴본 초월론적 발생의 다양한 층들과 관련해서도, 아래층이 위층에 일방적으로 영향을 미치는 것이 아니라 위층이 아래층에 영향을 미친다는 사실을 강조하고 있다. 이 점을 염두에 두면서 우리는 메를로-퐁티가 다양한 유형의 '뒤섞여 있음'이라는 현상에 특히 주의를 기울이고 그것을 부각시키면서 지각의 현상학을 전개하고 있으며, 이 점이 지각의 현상학의 중요한 특징 중 하나라 볼 수 있다. 그러나 이 점과 관련해 우리는 후설 역시 발생적 현상학을 전개하면서 '뒤섞여 있음'이라는 현상을 분석하고 있다는 사실에 유의해야 한다. 예를 들어 우리가 앞서 5장에서 상호주관성의 현상학을 살펴보면서 검토하였듯이, 후설은 자아와 타자 사이의 '지향적인 상호 얽혀 있음' 현상에 대해 분석하고 있다. 그리고 발생적 현상학적 분석을 수행하면서 그는 한편으로 주관이 세계를 구성하지만 주관에 의해 구성된 세계가 주관에게 새로운 동기를 부여하며 영향을 미치고 그를 통해 주관이 새로운 단계의 세계를 구성하는 것으로 간주하며 주관과 세계 사이의 '뒤섞여 있음'에 대해서도 분석하고 있다.[9] 그럼에도 불구하고 후설은 메를로-퐁티처럼 '뒤섞여 있음'의 현상을 강조하면서 그에 대해 치밀하게 분석하지 않았으며, 이 점이 메를로-퐁티의 지각의 현상학이 후설의 발생적 현상학에 대해서 가지는 장점 중 하나라 할 수 있다.

그러면 이제 후설의 발생적 현상학이 메를로-퐁티의 지각의 현상학과 비교해볼 때 가지고 있는 장점에 대해 살펴보자.

첫째, 비록 후설의 발생적 현상학이 체계성을 지니고 있지는 않지만 그 분석의 양에 있어 메를로-퐁티의 지각의 현상학과는 비교가 되지 않을 정도로 풍부하다. 예를 들어 상호주관성의 현상학의 경우 메를로-퐁티는 『지각의 현상학』에서 약 22쪽에 걸쳐 분석을 수행하고 있으나, 후설은 『상호주관성의 현상학 III』 및 여타의 저술을 통해서 알 수 있듯이, 몇 권에 걸쳐 그에 대한 분석을 수행하고 있다. 시간현상에 대한 분석도 마찬가지다. 메를로-퐁티가 『지각의 현상학』에서 약 27쪽에 걸쳐서 시간현상을 분석하고 있는 것과는 달리 후설은 1905년의 시간론 강의부터 시작하여 1917년에 집필된 베르나우 유고와 1930년대의 후기 유고에 이르기까지 다각도로 시간의식에 대한 분석을 수행하고 있다.

둘째, 후설은 발생적 현상학의 전 영역에 걸쳐 다양한 주제들에 대한 다양한 분석을 남겼다. 이 점과 관련해 우리는 메를로-퐁티가 『지각의 현상학』에서 비록 나름의 체계성을 갖춘 철학을 전개하고 있지만 많은 중요한 주제들을 거의 언급만 하고 있거나 충분하게 분석하고 있지 않다는 사실에 유의해야 한다. 그 대표적인 예로는 역사성·습성·세대성·충동·본능·감정 등을 들 수 있다. 메를로-퐁티는 『지각의 현상학』을 집필하고 난 후 이러한 주제들 중 일부를 천착해 들어가면서 지각의 현상학

9) D. Zahavi, 2002, 8ff. 참조.

의 새로운 차원을 모색하고 있으며, 그의 후기에 살 개념을 중심으로 전개되는 존재론 역시 지각의 현상학을 심화시키는 과정에서 나온 것이다.

그런데 후설은 역사성·습성·세대성·충동·본능·감정 등『지각의 현상학』에서 충분하게 분석되지 않은 중요한 현상들을 여러 유고에서 분석하고 있다. 예를 들어 후설은 초월론적 감성론을 통해 발생적·현상학적 분석을 심화시켜가면서 본능 및 충동의 구조에 대한 다각도의 분석을 수행하고 그것을 주제로 한 많은 유고를 남겼다. 그러나 메를로-퐁티는 『지각의 현상학』에서 본능 및 충동의 문제를 가끔 언급하긴 하지만(예를 들어 *PP*, 19, 93) 그에 대한 체계적인 분석은 수행하지 못했으며, 이 점이 메를로-퐁티의 지각의 현상학이 가지고 있는 한계 중 하나라 할 수 있다. 메를로-퐁티의 지각의 현상학이 분석하고 있는 신체·운동지향성 등의 현상은 그 핵심을 살펴보면 본능적 지향성과 밀접하게 결합된 현상이며, 따라서 그것들의 정체를 해명하기 위해서는 당연히 본능적 지향성의 구조를 치밀하게 분석할 필요가 있다. 그러나 메를로-퐁티는 지각의 현상학을 전개하면서 본능개념을 치밀하게 분석하는 것은 고사하고 그에 대한 정의도 시도하지 않으면서 통상적인 본능개념만을 간헐적으로 언급하고 있다. 반면 후설은 메를로-퐁티와는 달리 본능적 지향성을 발생적 현상학의 핵심적인 개념으로 간주하면서 그에 대해 분석하고 있다. 그는 식욕·성욕·생식욕 등의 동물적 본능, 객관화적 본능, 사회화의 본능, 자기보존의 본능, 초월론적 본능 등 다양한 유형의 본능을 구별하면서, 이러한 다양한 본능들이 어떻게 작동하며 세계와 대상을 구성하는지 분석하고 있다.[10]

본능현상을 비롯해 역사성·세대성·습성·충동 등의 현상에 대한 후설

---

10) N.-I. Lee, *Edmund Husserls Phänomenologie der Instinkte*, Dordrecht/Boston/London: Kluwer Academic Publishers, 1993을 참조할 것.

의 분석내용에 초점을 맞추어보면 우리는 발생적 현상학적 분석을 심화시켜나간 후설이 메를로-퐁티보다 더 메를로-퐁티적이었다고 평가할 수도 있을 것이다. 이러한 현상들을 분석하면서 후설이 메를로-퐁티보다 지각의 현상학의 정신에 더 충실하게 초월론적 발생의 심층까지 파고들었다고 할 수 있기 때문이다.[11]

그러면 이제 후설의 발생적 현상학과 메를로-퐁티의 지각의 현상학 사이의 관계와 관련해 앞으로 우리에게 주어진 과제가 무엇인지 살펴보자. 우리는 후설의 발생적 현상학과 메를로-퐁티의 지각의 현상학 및 그 이후의 철학과 관련해 앞으로 더 논의할 것이 많이 있다고 생각한다. 그리고 이 점과 관련해 우리는 무엇보다도 후설의 발생적 현상학과 메를로-퐁티의 지각의 현상학이 완성된 철학이 아니라 미완의 철학이라는 사실에 주목해야 한다.

앞서 우리는 메를로-퐁티가 지각의 현상학을 하나의 체계를 갖춘 철학으로 정립했다고 말했다. 그러나 우리의 이러한 주장은 메를로-퐁티가 지각의 현상학과 관련된 모든 문제들을 남김 없이 해명하면서 하나의 완결된 체계를 갖춘 철학을 전개했음을 뜻하는 것이 아니다. 앞서 살펴보았듯이, 지각의 현상학은 그것이 해명해야 할 여러 가지 주제들을 해명하지 않은 채 남겨두고 있으며, 바로 이러한 현상들을 해명하면서 메를로-퐁티는 『지각의 현상학』을 출간한 후 자신의 후기철학을 전개해나가고 있는 것이다. 메를로-퐁티의 후기철학을 염두에 두면 그의 지각의 현상학은 철학의 출발점에 불과하다고 할 수 있다.

---

11) 자하비는 하이데거, 사르트르, 메를로-퐁티를 언급하면서 이 세 명의 현상학자 중 메를로-퐁티가 '가장 후설적인 현상학자'(D. Zahavi, "Merleau-Ponty on Husserl: A Reappraisal", 29)라고 말하는데, 필자는 자하비의 이러한 견해에 전적으로 공감한다. 메를로-퐁티의 경우 하이데거에게서 발견할 수 있는 후설의 현상학에 대한 곡해 등의 문제점은 전혀 발견되지 않는다.

사정은 후설의 경우도 마찬가지다. 후설이 생전에 그처럼 많은 발생적 현상학적 분석을 수행했지만 이러한 분석은 어디까지나 발생적 현상학의 전체적인 내용 중 작은 한 부분에 불과하다. 이 점과 관련하여 우리는 후설이 말년에 「후기」에서 자신을 철학의 초심자라고 부르면서 자신이 평생에 걸쳐 일구어놓은 현상학을 되돌아보며 다음과 같이 말하는 대목을 살펴볼 필요가 있다.

"현상학적 철학의 보편적인 작업지평은 소위 지리학적인 근본구조에 따라 드러났고, 본질적인 문제층과 그 본질에 적합한 접근방법은 해명되었다. 필자는 참된 철학의 무한히 열려 있는 땅, 즉 '약속된 땅'이 자신 앞에 펼쳐져 있음을 보게 되는데, 이 땅을 그 자신은 더 이상 완전히 경작된 것으로서 경험하지 못할 것이다."(*Hua* V, 161)

여기서 후설은 자신이 평생에 걸쳐 현상학적 철학의 선구자로서 현상학적 철학의 보편적인 작업지평을 알게 되었고, 그중 일부만 경작했을 뿐 아직도 대부분은 경작되지 않은 채로 남아 있다고 고백하고 있다. 우리는 이러한 후설의 심경 고백을 진지하게 받아들일 필요가 있다고 생각한다. 이 점과 관련하여 우리는 그가 70세가 넘어서 「후기」를 쓰면서 자기 자신을 철학의 "초심자"(*Hua* V, 161)라고 부르고 있으며, 그때까지 출간한 주요 저작을 대부분 현상학으로의 입문으로 간주했다는 사실에 주목해야 한다.

여기서 우리는 이 책에서 수행한 작업과 연관되어 있으며 동시에 그것을 넘어서는 다음 두 가지 과제가 우리에게 주어져 있다는 사실을 지적하고자 한다.

① 우리는 메를로-퐁티가 『지각의 현상학』을 출간한 후 전개한 철학과 후설이 실제로 수행한 발생적 현상학이 어떤 관계에 있는지 하는 점을 추적할 필요가 있다. 이 점과 관련해 우리는 다음과 같은 두 가지 사실을 주목해야 한다. 첫째, 메를로-퐁티는 『지각의 현상학』을 출간한 후 거기서 전개된 철학의 차원을 넘어 새로운 철학을 개척해나갔으며, 이러한 작

업은 소위 살의 존재론이라고 불리는 그의 후기철학으로 연장된다. 둘째, 이 책에서 우리는 후설의 발생적 현상학을 그것이 메를로-퐁티의 지각의 현상학과 비교하는 작업을 위해 의미를 가지는 한에서만 다루었다. 그러나 후설이 실제로 전개해나간 발생적 현상학은 이 책에서 논의된 내용을 훨씬 넘어서는 많은 내용들을 담고 있다. 필자는 그러한 내용 중에는 메를로-퐁티의 살의 존재론에 해당하는 내용도 있다고 생각한다. 바로 그러한 이유에서 『지각의 현상학』을 출간한 이후 전개된 메를로-퐁티의 철학과 이 책에서 다루어지지 않은 후설의 발생적 현상학을 비교하는 연구가 필요하다.

　②앞서 우리는 후설이 「후기」에서 "참된 철학의 무한히 열려 있는 땅, 즉 '약속된 땅'이 자신 앞에 펼쳐져 있음을 보게 되는데, 이 땅을 그 자신은 더 이상 완전히 경작된 것으로서 경험하지 못할 것이다"라고 고백하고 있음을 살펴보았다. 이러한 후설의 고백을 통해서 알 수 있듯이, 그가 실제로 전개시킨 발생적 현상학은 저 '약속된 땅'의 극히 작은 한 부분에 불과하다. 그런데 메를로-퐁티의 경우도 사정은 마찬가지다. 그의 후기 저술인 『보이는 것과 보이지 않은 것』[12]에 수록된 '작업노트'를 보면 우리는 그가 거기서 '현상학적 환원', '지향성', '상호주관성', '초월론적 발생', '근원설립', '생활세계', '시간의식', '절대적인 것' 등 지각의 현상학의 핵심적인 개념들과 씨름하고 있음을 확인할 수 있다. 따라서 우리는 이제 이 두 현상학자가 평생에 걸쳐 해놓은 작업을 넘어서는 철학의 지평이 무엇인지 천착해 들어가야 한다. 그것은 이 두 현상학자의 철학을 극복하고 넘어서서 철학의 새로운 지평을 개척하는 작업을 뜻하는데, 이 책은 그러한 작업을 위한 토대로서의 의미를 지닌다.

---

12) M. Merleau-Ponty, *Le visible et l'invisible*, Paris: Galimard, 1964.

참고문헌

1. 후설의 저술

Husserl, E., *Cartesianische Meditationen und Pariser Vorträge*, Den Haag: Martinus Nijhoff, 1950(*Hua* I, 『데카르트적 성찰』).

_____, *Die Idee der Phänomenologie. Fünf Vorlesungen*, Den Haag: Martinus Nijhoff, 1950 (*Hua* II, 『현상학의 이념』).

_____, *Ideen zu einer reinen Phänomenologie und phänomenologischen Philosophie. Erstes Buch: Allgemeine Einführung in die reine Phänomenologie. 1. Halbband. Text der 1.-3. Auflage*, Den Haag: Martinus Nijhoff, 1976(*Hua* III/1, 『이념들 I』).

_____, *Ideen zu einer reinen Phänomenologie und phänomenologischen Philosophie. Erstes Buch: Allgemeine Einführung in die reine Phänomenologie. 2. Halbband. Ergänzende Texte(1912-1929)*, Den Haag: Martinus Nijhoff, 1976(*Hua* III/2, 『이념들 I』).

_____, *Ideen zu einer reinen Phänomenologie und phänomenologischen Philosophie. Zweites Buch: Phänomenologische Untersuchungen zur Konstitution*, Den Haag: Martinus Nijhoff, 1952(*Hua* IV, 『이념들 II』).

_____, *Ideen zu einer reinen Phänomenologie und phänomenologischen Philosophie. Drittes Buch: Die Phänomenologie und die Fundamente der Wissenschaften*, Den Haag: Martinus Nijhoff, 1952(*Hua* V, 『이념들 III』).

_____, *Die Krisis der europäischen Wissenschaften und die transzendentale Phänomenologie. Eine Einleitung in die phänomenologische Philosophie*, Den Haag: Martinus Nijhoff, 1954(*Hua* VI, 『위기』).

_____, *Erste Philosophie(1923/24). Zweiter Teil: Theorie der phänomenologischen Reduktion*, Den Haag: Martinus Nijhoff, 1959(*Hua* VIII, 『제일철학 II』).

_____, *Phänomenologische Psychologie. Vorlesungen Sommersemester 1925*, Den Haag: Martinus Nijhoff, 1962(*Hua* IX, 『심리학』).

_____, *Zur Phänomenologie des inneren Zeitbewußtseins(1893-1917)*, Den Haag: Martinus Nijhoff, 1966(*Hua* X, 『내적 시간의식의 현상학』).

_____, *Analysen zur passiven Synthesis. Aus Vorlesungs-und Forschungsmanuskripten 1918-1926*, Den Haag: Martinus Nijhoff, 1966(*Hua* XI, 『수동적 종합의 분석』).

_____, *Zur Phänomenologie der Intersubjektivität. Texte aus dem Nachlaß. Erster Teil 1905-1920*, Den Haag: Martinus Nijhoff, 1973(*Hua* XIII, 『상호주관성 I』).

_____, *Zur Phänomenologie der Intersubjektivität. Texte aus dem Nachlaß. Zweiter Teil: 1921-1928*, Den Haag: Martinus Nijhoff, 1973(*Hua* XIV, 『상호주관성 II』).

_____, *Zur Phänomenologie der Intersubjektivität. Texte aus dem Nachlaß. Dritter Teil: 1929-1935*, Den Haag: Martinus Nijhoff, 1973(*Hua* XV, 『상호주관성 III』).

_____, *Formale und transzendentale Logik. Versuch einer Kritik der logischen Vernunft*, Den Haag: Martinus Nijhoff, 1974(*Hua* XVII, 『논리학』).

_____, *Logische Untersuchungen, Zweiter Band: Untersuchungen zur Phänomenologie und Theorie der Erkenntnis. Erster Teil*, Dordrecht/Boston/London: Kluwer Academic Publishers, 1984(*Hua* XIX/1, 『논리연구 II/1』).

_____, *Logische Untersuchungen, Zweiter Band: Untersuchungen zur Phänomenologie und Theorie der Erkenntnis. Zweiter Teil*, Dordrecht/Boston/London: Kluwer Academic Publishers, 1984(*Hua* XIX/2, 『논리연구 II/2』).

_____, *Die Bernauer Manuskripte über das Zeitbewusstsein(1917/18)*, Dordrecht: Kluwer Academic Publishers, 2001(*Hua* XXXIII).

_____, *Aufsätze und Vorträge(1922-1937)*, Dordrecht/Boston/London: Kluwer Academic Publishers, 1989(*Hua* XXVII, 『강연집』).

_____, *Vorlesungen über Ethik und Wertlehre*, Dordrecht/Boston/London: Kluwer Academic Publishers, 1988(*Hua* XXVIII, 『윤리학』).

_____, *Die Krisis der europäischen Wissenschaften und die transzendentale Phänomenologie. Ergänzungsband. Texte aus dem Nachlass 1934-1937*, Dordrecht/Boston/London: Kluwer Academic Publishers, 1993(*Hua* XXIX, 『위기보충판』).

_____, *Aktive Synthesen : aus der Vorlesung "Transzendentale Logik" 1920/21. Ergänzungsband zu "Analysen zur passiven Synthesis"*, Dordrecht/Boston/London: Kluwer Academic Publishers, 2000(*Hua* XXXI).

_____, Natur und Geist. Vorlesungen Sommersemester 1927, Dordrecht/Boston/London: Kluwer Academic Publishers, 2001(*Hua* XXXII).

_____, *Zur phänomenologischen Reduktion. Texte aus dem Nachlass(1926-1935)*, Dordrecht/Boston/London: Kluwer Academic Publishers, 2002(*Hua* XXXIV, 『현상학적 환원』).

_____, *Die Lebenswelt. Auslegungen der vorgegebenen Welt und ihrer Konstitution. Texte aus dem Nachlass(1916-1937)*, Dordrecht: Springer, 2008(*Hua* XXXIX, 『생활세계』).

_____, *Méditations Cartésiennes*, Paris: Colin, 1931.

_____, *Erfahrung und Urteil. Untersuchungen zur Genealogie der Logik*, Hamburg: Claassen Verlag, 1948(EU, 『경험과 판단』).

_____, *Philosophie als strenge Wissenschaft*, Frankfurt/M.: Vittorio Klostermann, 1965 (『엄밀학으로서의 철학』).

_____, *Briefe an Roman Ingarden*, Den Haag: Martinus Nijhoff, 1968.

_____, *Späte Texte über Zeitkonstitution(1929-1934): die C-Manuskripte*, Husserliana Materialien Bd. 8, Dordrecht: Springer, 2006.

_____, "Phänomenologie und Anthropologie", in: *Philosophy and Phenomenological Research II-1*(1941).

미발간 유고(괄호 안의 숫자는 집필된 시기를 뜻함)

B III 9(1931-1934)

C 6(1930)

C 11 IV(1931)

C 16 V(1931)

D 12 V(1930-1931)

D 14(1930년 이전-1934)

E III 9(1931-1933)

F I 32(1927)

2. 메를로-퐁티의 저술

Merleau-Ponty, M., *La structure du comportement*, Paris: Presses Universitaires de France, 1977; 김웅권 옮김, 『행동의 구조』, 서울: 동문선, 2008.

_____, *Phénoménologie de la perception*, Paris: Gallimard, 1945(약호 *PP*); 류의근 옮김, 『지각의 현상학』, 서울: 문학과 지성사, 2002.

_____, *Sens et non-sens*, Paris: Nagel, 1948; 권혁면 옮김, 『의미와 무의미』, 서울: 서광사, 1985.

_____, *Signes*, Paris: Gallimard, 1960.

_____, *Le visible et l'invisible*, Paris: Galimard, 1964(약호 *VI*); 남수인·최의영 옮김, 『보이는 것과 보이지 않는 것』, 서울: 동문선, 2004.

_____, *L'Oeil et l'esprit*, Paris: Gallimard, 1964; 김정아 옮김, 『눈과 마음』, 서울: 마음산책, 2008.

_____, *La prose du monde*, Paris: Galimard, 1969.

_____, *Merleau-Ponty à la Sorbonne*, Grenoble: Cynara, 1988,

_____, *Notes de cours 1959-1961*, Paris: Gallimard, 1996.

_____, *L'institution. La passivité. Notes de cours au Collège de France(1954-1955)*, Paris: Belin, 2003.

_____, *The Primacy of Perception*, trans. J. Edie, Evanston: Northwestern University Press, 1964.

_____, *Phänomenologie der Wahrnehmung*, trans. R. Boehm, Berlin: Walter de Gruyter, 1966.

_____, 오병남 편역, 『현상학과 예술』, 서울: 서광사, 2003.

_____, 김화자 편역, 『간접적인 언어와 침묵의 목소리』, 서울: 책세상, 2005.

3. 기타

공병혜, 「메를로-퐁티의 몸의 현상학과 간호에서의 실천적 지식」, 한국현상학회 엮음, 『철학과 현상학 연구』 31(2006).

_____, 「메를로-퐁티의 신체의 현상학과 간호에서의 질병체험」, 한국현상학회 엮음, 『철학과 현상학 연구』 40(2009).

_____, 「현대의료실천에서의 몸에 대한 현상학적 이해」, 조선대학교 인문학연구원, 『인문학 연구』 37(2009).

김기복,「후설에서의 '인격적 동일성'」, 한국현상학회 엮음,『철학과 현상학 연구』 51(2011).

김태희,「후설의 현상학적 시간론의 두 차원: 정적 현상학적 분석과 발생적 현상학적 분석」(2011년 서울대학교 박사학위 논문).

김종헌,「메를로-퐁티의 몸과 세계, 그리고 타자」, 범한철학회 엮음,『범한철학』 30(2003).

_____,「막스 셸러의 몸과 메를로-퐁티의 몸과 살」, 범한철학회 엮음,『범한철학』 39(2005).

김형효,『메를로-뽕띠와 애매성의 철학』, 서울: 철학과 현실사, 1996.

김홍우,「모리스 메를로 퐁티에 있어서 보는 길」, 한국사회과학연구소 엮음,『사회과학의 철학』, 서울: 민음사, 1980.

_____,「Merleau-Ponty의 유기체론」, 서울대학교 사회과학연구소 엮음,『사회과학과 정책연구』13/2(1992).

김화자,「'잠재적인 것'으로서 몸감각에 대한 현상학적 연구」, 한국미학예술학회 엮음,『미학예술학 연구』30(2009).

_____,「기술적 대상(L'objet technique)의 존재: 디지털 이미지의 존재론을 위한 예비적 고찰」, 한국미학예술학회 엮음,『미학예술학 연구』32(2010).

김희봉,「지각과 진리 ― 후설과 메를로 퐁티를 중심으로」, 한국현상학회 엮음,『철학과 현상학 연구』12(1999).

_____,「시선의 미학: 시선에 관한 현상학적 반성」, 철학연구회 엮음,『철학연구』 89(2010).

류의근,「메를로-퐁티와 형이상학」, 새한철학회 엮음,『철학논총』10(1994).

_____,「메를로-퐁티의 코기토 에르고 숨」, 철학연구회 엮음,『철학연구』38 (1996).

_____,「메를로-퐁티에 있어서 신체와 인간」, 한국철학회 엮음,『철학』50 (1997).

_____,「메를로-퐁티의 공간분석과 그 의의」, 한국현상학회 엮음,『철학과 현상학 연구』10(1998).

_____,「메를로-퐁티: 시각과 회화」, 한국현상학회 엮음,『철학과 현상학 연구』 16(2000).

_____,「메를로-퐁티의 감각적 경험의 개념」, 한국현상학회 엮음,『철학과 현상학 연구』20(2003).

_____,「메를로-퐁티의 언어 현상학」, 새한철학회 엮음,『철학논총』61(2010).

문성원,「주변의 의미와 잠재성─몸과 타자의 문제」, 한국철학사상연구회 엮음, 『시대와 철학』 18/1 (2007).

박인철,「숭고의 현상학과 현상학적 예술론: 하이데거와 메를로-퐁티의 비교를 중심으로」, 철학연구회 엮음, 『철학연구』 85 (2009).

송석랑,『메를로 뽕띠의 현상학』, 대전: 문경출판사, 2001.

신인섭,「메를로-퐁티와 역사변증법으로서의 제3의 길」, 고려대학교 철학연구소 엮음, 『철학연구』 25 (2002).

_____,「제2인칭을 위한 윤리학의 현상학적 근거─메를로-퐁티의 레비나스 비판」, 철학연구회 엮음, 『철학연구』 58 (2002).

_____,「현대 프랑스 철학: 메를로-퐁티와 역사 변증법으로서의 제3의 길」, 고려대학교 철학연구소, 『철학연구』 25 (2002).

_____,「메를로-퐁티의 타자경험에 대한 레비나스와 리쾨르의 논쟁」, 한국현상학회 엮음, 『철학과 현상학 연구』 20 (2003).

_____,「메를로-퐁티와 시뮐라르크 현상학」, 한국철학회 엮음, 『철학』 77 (2003).

_____,「현상학적 프락시스를 위한 메를로-퐁티의 선험공동체」, 철학연구회 엮음, 『철학연구』 67 (2004).

_____,「지각에서 역사로의 교두보─메를로-퐁티의 언어현상학」, 철학연구회 엮음, 『철학연구』 70 (2005).

_____,「누보 로망과 메를로-퐁티의 유비커터스의 현상학」, 철학연구회 엮음, 『철학연구』 75 (2006).

_____,「현상학적 정신의학을 위한 메를로-퐁티의 상호신체성 이론」, 철학연구회 엮음, 『철학연구』 76 (2007).

_____,「메를로-퐁티의 창발론적 현상학 여정─샹쿼의 연결주의 뇌과학에 대한 리쾨르의 비판을 횡단하며」, 철학연구회 엮음, 『철학연구』 79 (2007).

_____,「제3의 정신의학적 토대로서 메를로-퐁티의 살의 공동체」, 한국철학회 엮음, 『철학』 93 (2007).

_____,「메를로-퐁티와 세잔─지각으로서의 회화」, 한국철학회 엮음, 『철학』 96 (2008).

_____,「M. 메를로-퐁티의 실존적 정신분석과 L. 빈스방거의 현존재 분석」, 철학연구회 엮음, 『철학연구』 84 (2009).

_____,「메를로-퐁티의 혼융적 존재론과 확장된 합리성: 막스 베버 이후의 현대 사회학을 횡단하면서」, 철학연구회 엮음, 『철학연구』 92 (2011).

신호재,「현상학적 공간구성에서 '깊이' 지각─후설의 '촉발적 부조'와 메를로-

퐁티의 '지각의 여로'」, 서울대학교 인문학연구원 엮음, 『인문논총』 64 (2010).

양해림, 「메를로-퐁티의 몸의 문화현상학」, 한국현상학회 엮음, 『철학과 현상학 연구』 14(1999).

오병남, 「M. Merleau-Ponty에 있어서 예술과 철학」, 한국현상학회 엮음, 『현상학 의 전개』, 서울: 양서원, 1988.

원승룡, 「후설 현상학과 심리학―지각이론을 중심으로」, 서울대학교 철학과 엮 음, 『철학논구』 12(1984).

_____, 「현상학적 관점에서 본 초월론 철학」, 전남대학교 엮음, 『전남대 논문집: 인문편』 33(1988).

_____, 「후설에서의 순수자아와 세속적 자아에 관하여」, 대한철학회 엮음, 『철학 연구』 45(1989).

_____, 「현상학적 방법에 대한 연구」, 철학연구회 엮음, 『철학연구』 32(1993).

이남인, 『현상학과 해석학』, 서울: 서울대학교출판부, 2004.

_____, 「후설의 초월론적 현상학과 메를로-퐁티의 지각의 현상학」, 철학연구회 엮음, 『철학연구』 83(2008).

_____, 「현상학적 환원과 현상학의 미래」, 한국현상학회 엮음, 『철학과 현상학 연구』 54(2012).

이소희, 「메를로-퐁티와 푸코의 신체 비교―선험적 주체와 자연주의적 신체를 넘 어서」, 고려대학교 철학연구소 엮음, 『철학연구』 37(2009).

_____, 「베르그손의 생성의 존재론과 메를로-퐁티의 살의 존재론」, 고려대학교 철학연구소 엮음, 『철학연구』 41(2010).

이종주, 「타자경험의 발생적 현상학―현상학과 발달심리학 사이의 대화를 토대 로 삼아」(2012년 서울대학교 박사학위 논문).

_____, 「발달심리학과의 대화를 통한 메를로-퐁티의 타자의 현상학」, 한국현상 학회 엮음, 『철학과 현상학 연구』 52(2012년 봄호).

정지은, 「메를로-퐁티의 몸-주체에 대한 연구―실존적 몸에서 존재론적 몸으로 의 이행」, 한국해석학회 엮음, 『해석학연구』 22(2008).

조광제, 「신체와 지각의 원초성」, 경남대학교 철학과 엮음, 『철학논집』 6(1991).

_____, 「현상학적 신체론: 후설에서 메를로-퐁티로의 길」(1993년 서울대학교 박 사학위 논문).

_____, 「메를로-퐁티의 몸 현상학으로 본 성」, 한국영미문학페미니즘학회, 『제6차 학술대회 대회보』(1998).

_____, 「메를로-퐁티의 후기 철학에서의 살과 색」, 한국현상학회 엮음, 『철학과

현상학 연구』16(2000).

_____, 「메를로-퐁티의 몸철학으로 본 현대인의 몸」,『새한영어영문학회 학술발표회 논문집』(2001년 2월).

_____,『주름진 작은 몸들로 된 몸』, 서울: 철학과 현실사, 2003.

_____,『몸의 세계, 세계의 몸―메를로-퐁티의『지각의 현상학』에 대한 강해』, 서울: 이학사, 2004.

_____, 「인간과 로봇의 의미소통―메를로-퐁티의 실존론적-변증법적 행동주의를 바탕으로」, 한국철학사상연구회 엮음,『시대와 철학』16/4(2005).

주성호, 「왜 메를로-퐁티는 신체의 현상학에서 살의 존재론으로 이행하는가?」, 한국현상학회 엮음,『철학과 현상학 연구』20(2003).

_____, 「메를로-퐁티의 지각이론과 진리문제」, 한국기호학회 엮음,『한국기호학회지』14(2003).

_____, 「현대 프랑스철학과 신체의 문제: 베르그송과 메를로-퐁티」, 철학문화연구소 엮음,『철학과 현실』60(2004년 봄).

_____, 「심신문제를 통해 본 메를로-퐁티의 몸 이론」, 서울대학교 철학사상연구소 엮음,『철학사상』39(2011).

최재식, 「메를로 뽕띠의 현상학에 있어 형태 개념에 의거한 사회성 이론(I)」, 한국현상학회 엮음,『철학과 현상학 연구』7(1993).

_____, 「삐아제의 발생적 인식론과 메를로-뽕띠의 현상학」, 한국현상학회 엮음,『철학과 현상학 연구』8(1996).

_____, 「영화에 대한 현상학적 이해―메를로-퐁티를 중심으로」, 한국현상학회 엮음,『철학과 현상학 연구』10(1998).

_____, 「메를로-퐁티에서 탁월한 경험으로서 미학적 경험―회화론을 중심으로 한 예술철학 연구」, 한국현상학회 엮음,『철학과 현상학 연구』35(2007).

_____, 「신체 개념을 통한 메를로-퐁티 현상학과 후설 현상학 연구」, 한국현상학회 엮음,『철학과 현상학 연구』40(2009).

한상연, 「문화적 담론과 몸(1)―현상학적 존재론에 있어서의 문화적 담론과 몸의 관계」, 한국현상학회 엮음,『철학과 현상학 연구』29(2006).

_____, 「문화적 담론과 몸(2)―현상학적 존재론에 있어서의 문화적 담론과 몸의 관계」, 한국현상학회 엮음,『철학과 현상학 연구』30(2006).

한정선, 「인간과 동물의 차이―사회생물학과 메를로-퐁티와의 대화」, 한국현상학회 엮음,『철학과 현상학 연구』24(2005).

_____, 「습관과 습관적 앎에 대하여―메를로-퐁티와 신경과학과의 대화」, 한국

현상학회 엮음,『철학과 현상학 연구』29(2006).

_____,「메를로-퐁티의 파울 클레: 그림은 보이지 않는 것을 보이게 한다」, 한국 현상학회 엮음,『철학과 현상학 연구』35(2007).

_____,「자아와 자기기만에 대하여」,『신학과 세계』63(2008), 감리교신학대학 교 출판부.

_____,「메를로-퐁티와 뇌과학: 환상지(phantom limb)에 대하여」,『신학과 세 계』66(2009), 감리교신학대학교 출판부.

_____,「초기 메를로-퐁티에게 있어서의 게슈탈트 심리학의 중요성과 한계」, 『신학과 세계』69(2010), 감리교신학대학교 출판부.

_____,「메를로-퐁티: 정신분열증적 체험과 삶의 공간에 대하여」,『신학과 세계』 72(2011), 감리교신학대학교 출판부.

하 피터,「메를로-퐁티와 쉴더에 있어서의 신체도식 개념」, 철학연구회 엮음,『철 학연구』85(2009).

홍경실,「베르그손으로부터 메를로-퐁티의 지각의 현상학으로—우리의 몸에 대 한 이해를 중심으로」, 한국현상학회 엮음,『철학과 현상학 연구』26(2005).

_____,「베르그손과 메를로-퐁티의 우리의 몸에 대한 이해 비교」, 한국철학회 엮음,『철학』95(2008).

Aguirre, A., *Genetische Phänomenoloige und Reduktion*, Den Haag: Martinus Nijhoff, 1970.

Almeida, G. A., *Sinn und Inhalt in der genetischen Phänomenologie E. Husserls*, Den Haag: Martinus Nijhoff, 1972.

Andrew, W. K., "The Givenness of Self and Others in Husserl's Transcendental Phenomenology", in: *Journal of Phenomenological Psychology* 13(1982).

Barbaras, R., *Le tournant de l'expérience. Recherches sur la philosophie de Merleau-Ponty*, Paris: J. Vrin, 1998.

_____, *Le Désir et la distance. Introduction à une phénoménologie de la perception*, Paris: J. Vrin, 1999.

_____, *Introduction à la philosophie de Husserl*, Chatou: Éditions de la Transparence, 2004.

Behnke, E. A., "Merleau-Ponty's Ontological Reading of Constitution in *Phénoménologie de la perception*", in: T. Toadvine/L. Embree(eds.), *Merleau-Ponty's Reading of Husserl*, Dordrecht: Kluwer Academic Publishers, 2002.

Bernet, R./Kern, I./Marbach, E., *Edmund Husserl. Darstellung seines Denkens*, Hamburg: Felix Meiner, 1989.

Boehm, R., "Vorrede des Übersetzers", in: *Phänomenologie der Wahrnehmung*, trans. R. Boehm, Berlin: Walter de Gruyter, 1966.

Burke, P., "Merleau-Ponty's Appropriation of Husserl's Notion of 'Präsenzfeld'", in: B. Hopkins(ed.), *Husserl in Contemporary Context*, Dordrecht: Kluwer Academic Publishers, 1997.

Burke P./van der Veken, J.(eds.), *Merleau-Ponty in Contemporary Perspective*, Dordrecht/Boston/London: Kluwer Academic Publishers, 1993.

Cairns, D., "The Ideality of Verbal Expressions", in: F. Kersten/R. M. Zaner(eds.), *Phenomenology: Continuation and Criticism. Essays in Memory of Dorion Cairns*, Den Haag: Martinus Nijhoff, 1973.

Carman, T./Hansen, M. B. N.(eds.), *The Cambridge Companion to Merleau-Ponty*, Cambridge: Cambridge University Press, 2006.

Carmen, T./Hansen, M. B. N., "Introduction", in: T. Carmen/M. B. N. Hansen (eds.), *The Cambridge Companion to Merleau-Ponty*, Cambridge: Cambridge University Press, 2006.

Carr, D., *Phenomenology and the Problem of History. A Study of Husserl's Transcendental Philosophy*, Evanston, Il.: Northwestern University Press, 1974.

Claesges, U., *Edmund Husserls Theorie der Raumskonstitution*, Den Haag: Martinus Nijhoff, 1964.

Coole, D., "The Aesthetic Realm and the Lifeworld: Kant and Merleau-Ponty", in: *History of Political Thought* 5(1984).

Dastur, F., "La temporalité chez Merleau-Ponty(Merleau-Ponty entre Husserl et Heidegger)", In: *Études d'anthropologie philosophique* 5(1994).

_____, *Chair et langage. Essai sur Merleau-Ponty*, Fougères: Encre Marine, 2001.

_____, "Merleau-Ponty and the Question of the Other", in: *The Journal of the British Society for Phenomenology* 39/1(2008).

_____, "The Question of the Other in French Phenomenology", in: *Continental Philosophy Review* 44(2011).

Depraz, N., "What about the Praxis of Reduction? Between Husserl and Merleau-Ponty", in T. Toadvine/L. Embree(eds.), *Merleau-Ponty's Reading of Husserl*, Dordrecht: Kluwer Academic Publishers, 2002.

_____, "The Phenomenological Reduction as Praxis", in: *Journal of Consciousness Studies* 6/2(1999).

Derrida, J., *La voix et le phénomène*, Paris: Presses Universitaires de France, 1967; 김상록 옮김, 『목소리와 현상』, 고양: 인간사랑, 2006.

Descartes, R., *Discours de la Méthode & Essais, Oeuvres de Descartes VI*, publiées par C. Adam & P. Tannery, Paris: Librairie philosophique J. Vrin, 1973.

_____, *Meditationes de prima philosophia, Oeuvres de Descartes VII*, publiées par C. Adam & P. Tannery, Paris: Librairie philosophique J. Vrin, 1973.

_____, *Regulae ad directionem ingenii, in: Oeuvres de Descartes X*, publiées par C. Adam & P. Tannery, Paris: Librairie philosophique J. Vrin, 1974.

Devettere, R. J., "Merleau-Ponty and Husserlian Reductions", in: *Philosophy today* 17/4(1973).

Dillon, M. C., *Merleau-Ponty's Ontology*, Evanston: Northwestern University Press, 1997.

_____, "Apriority in Kant and Merleau-Ponty", in: *Kant-Studien* 78/1-4(1987).

_____, "Merleau-Ponty and the Transcendence of Immanence: Overcoming the Ontology of consciousness", in: *Man and World* 19(1986).

_____, "Gestalt Theory and Merleau-Ponty's Concept of Intentionality", in: *Man and World* 4(1971).

_____, "Merleau-Ponty and the Psychogenesis of the Self", in: *Journal of Phenomenological Psychology* 9/1(1978)

Dorfman, E., "History of the Lifeworld: From Husserl to Merleau-Ponty", in: *Philosophy today* 53/3(2009).

Dreyfus, H. L., "Merleau-Ponty's Critique of Husserl's (and Searle's) Concept of Intentionality", in: L. Haas/D. Olkowski(eds.), *Rereading Merleau-Ponty: Essays beyond the Continental-Analytic Divide*, New York, NY: Humanity Books, 2000.

_____, "Intelligence without Representation—Merleau-Ponty's Critique of Mental Representation", in: *Phenomenology and Cognitive Sciences* 1/4(2002).

Drüe, H., *Edmund Husserls System der phänomenologischen Psychologie*, Berlin: Walter de Gruyter, 1963.

Drummond, J. J., "On Seeing a Material Thing in Space. The Role of Kinaesthesis in Visual Perception", in: *Philosophy and Phenomenological Research* 40(1978-1979).

_____, "Objects' Optimal Appearances and the Immediate Awareness of Space in Vision", *Man and World* 16(1983).

Edie, J. M., "Husserl's Conception of the Ideality of Language", in: *Humanitas* 11(1975).

Elliston, F. A., "Husserl's Phenomenology of Empathy", in: F. A. Elliston/P. McCormick(eds.), *Husserl: Expositions and Appraisals*, Notre Dame: University of Notre Dame Press, 1977.

Funke, G., *Zur transzendentalen Phänomenologie*, Bonn: Bouvier, 1972.

_____, *Phänomenologie—Metaphysik oder Methode?*, Bonn: Bouvier, 1972.

Gallagher, S., "Body Image and Body Schema in a Deafferented Subject", in: *The Journal of Mind and Behavior* 16/4(1995).

_____, "Body Schema and Intentionality", in: J. L. Bermúdez/A. Marcel/N. Elian(eds.), *The Body and the Self*, London/Cambridge: The MIT Press, 1995.

Gallagher, S./Meltzoff, A. N., "The Earliest Sense of Self and Others: Merleau-Ponty and Recent Developmental Studies", in: *Philosophical Psychology* 9/2(1996).

Gardner, S., "Merleau-Ponty's Trancendental Theory of Perception"(www.ucl. ac.uk/~uctyseg/merleauponty.pdf).

Geraets, T. F., *Vers une nouvelle philosophie transcendentale. La genèse de la philosophie de M. Merleau-Ponty jusqu'à la Phénoménologie der la Perception*, The Hague: Martinus Nijhoff, 1971.

_____, "Merleau-Ponty according to Madison", in: G. B. Madison, *The Phenomenology of Merleau-Ponty*, Athens, Ohio: Ohio University Press, 1981.

Gurwitsch, A., *The Field of Consciousness*, Pittsburgh: Duquesne University Press, 1964; 최경호 옮김, 『의식의 장』, 서울: 인간사랑, 1994.

Hall, H., "The A Priori and the Empirical in Merleau-Ponty's *Phenomenology of Perception*", in: Philosophy today 23(1979).

Han, Jung-Sun, "On Synaesthetic Experience: Merleau-Ponty and Neuroscience", in: *Theology and the World* 3(Sep. 2006), Methodist Theological University Press.

_____, "Merleau-Ponty's Concept of Body Schema and Neuroscience", in: Jung-Sun Han Heuer/Seongha Hong(eds.), *Grenzgänge. Studien zur interdisziplinären und interkulturellen Phänomenologie*, Würzburg: Königshausen & Neumann, 2011.

Hart, J., *The Person and the Common Life*, Dordrecht: Kluwer Academic Publishers, 1992.

Heidegger, M., *Sein und Zeit*, Tübingen: Max Niemeyer, 1972(*SZ*, 『존재와 시간』).

_____, *Prolegomena zur Geschichte des Zeitbegriffs*, Frankfurt/M.: Vittorio Klostermann, 1979.

Heinämaa, S., "Merleau-Ponty's Modification of Phenomenology: Cognition, Passionand Philosophy", in: *Synthese* 118/1(1999).

_____, "From Decisions to Passions: Merleau-Ponty's Interpretation of Husserl's Reduction", in: T. Toadvine/L. Embree(eds.), *Merleau-Ponty's Reading of Husserl*, Dordrecht: Kluwer Academic Publishers, 2002.

Held, K., *Lebendige Gegenwart. Die Frage nach der Seinsweise des transzendentalen Ich bei Edmund Husserl, entwickelt am Leitfaden der Zeitproblematik*, Den Haag: Martinus Nijhoff, 1966.

_____, "Das Problem der Intersubjektivität und die Idee einer phäno-menologischen Transzendentalphilosophie", in: U. Claesges/K. Held, *Perspektiven transzendental-phänomenologischer Forschung*, Den Haag: Martinus Nijhoff, 1972.

Holenstein, E., *Phänomenologie der Assoziation. Zur Struktur und Funktion eines Grundprinzips der passiven Genesis bei E. Husserl*, Den Haag: Martinus Nijhoff, 1972.

Hume, D., *A Treatise of Human Nature*, Oxford: Oxford University Press, 1987.

Hutchson, P., "Husserl's Problem of Intersubjectivity", in: *Journal of the British Society for Phenomenology* 11(1980).

_____, "Husserl's Fifth Cartesian Meditation", *Man and World*, 15(1982).

Ibarne, J., *Husserls Theorie der Intersubjektivität*, Freiburg: Karl Alber, 1994.

Janssen, P., *Geschichte und Lebenswelt. Ein Beitrag zur Diskussion von Husserls Spätwerk*, Den Haag: Martinus Nijhoff, 1970.

Kant, I., *Kritik der reinen Vernunft*, Hamburg: Felix Meiner, 1956.

Kelkel, A. L., "Merleau-Ponty et le problème de l'intentionnalité corporelle. Un débat non résolu avec Hesserl", in: A. T. Tymieniecka(éd.), *Maurice Merleau-Ponty, le psychique et le corporel*, Paris: Aubier, 1988.

_____, "Merleau-Ponty entre Husserl et Heidegger de la phénoménologie à la 'topologie de l'Être'", in: *Recherches sur la philosophie et le langage* 15(1993).

Kern, I., "Die drei Wege zur transzendental-phänomenologischen Reduktion in der Philosophie Edmund Husserls", in: *Tijdschrift voor Filosofie 24-1*(1962).

_____, *Husserl und Kant. Eine Untersuchung über Husserls Verhältnis zu Kant und zum Neukantianismus*, Den Haag: Martinus Nijhoff, 1964.

Kojima, H., "From Dialectic to Reversibility: A Critical Change of Subject-Object Relation in Merleau-Ponty's Thought", in: T. Toadvine/L. Embree(eds.), *Merleau-Ponty's Reading of Husserl*, Dordrecht: Kluwer Academic Publishers, 2002.

Kwant, R. C., *The Phenomenological Philosophy of Merleau-Ponty*, Pittsburgh: Duquesne University Press, 1963.

Landgrebe, L., *Phänomenologie und Metaphysik*, Hamburg: M. von Schröder, 1949.

_____, "Die Phänomenologie als transzendentale Theorie der Geschichte", in: Phänomenologische Forschungen 3(1976).

_____, *Faktizität und Individuation. Studien zu den Grundfragen der Phänomenologie*, Hamburg: Felix Meiner, 1982.

_____, "Husserls Abschied vom Cartesianismus", in: *Der Weg der Phänomenologie*, Gerd Mohn: Gütersloh, 1963.

Leder, D., "Merleau-Ponty and the Critique of Kant", in: *Graduate Faculty Philosophy Journal* 9(1983).

Lee, N.-I., *Edmund Husserls Phänomeologie der Instinkte*, Dordrecht/Boston/London: Kluwer Academic Publishers, 1993.

_____, "Edmund Husserl's Phenomenology of Mood", in: N. Depras/D. Zahavi (eds.), *Alterity and Facticity. New Perspectives on Husserl*, Dordrecht/Boston/London: Kluwer Academic Publishers, 1998.

_____, "Practical Intentionality and Transcendental Phenomenology as a Practical Philosophy", in: *Husserl Studies* 17(2000).

_____, "Active and Passive Genesis: Genetic Phenomenology and Transcendental Phenomenology", in: S. Crowell/L. Embree/S. J. Julian(eds.), *The Reach of Reflection. Issues for Phenomenology's Second Century*, Electron Press, 2001.

_____, "Static-Phenomenological and Genetic-Phenomenological Concept of Primordiality in Husserl's Fifth *Cartesian Meditation*", in: *Husserl Studies* 18/3 (2002).

_____, "Phenomenology of Intersubjectivity in Husserl and Buber", in: *Husserl Studies* 22/2(2006).

      , "Phenomenology of Language beyond the Deconstructive Philosophy of Language", in: *Continental Philosophy Review*, 42/4(2009).

      , "Husserl's Phenomenology and Merleau-Ponty's Phenomenology of Perception", in: YU Chung-Chi(ed.), *Phenomenology 2010: Volume 1: Selected Essays from Asia and Pacific Phenomenology in Dialogue with East Asian Tradition*, Zeta Books, 2010.

Lembeck, K. H., "'Faktum Geschichte' und die Grenzen phänomenologischer Geschichtsphilosophie", in: *Husserl Studies* 4(1987).

Lohmar, L./Yamaguchi, I.(ed.), *On Time—New Contributions to Husserlian Phenomenology of Time*, Dortrecht: Springer, 2010.

Luft, S., "Husserl's Theory of the Phenomenological Reduction: Between Life-world and Cartesianism", in: *Research in Phenomenology* 34/1(2004).

McClamrock, R., *Existential Cognition: Computational Minds in the World*, Chicago: University of Chicago Press, 1995.

Madison, G. B., *The Phenomenology of Merleau-Ponty. A Search for the Limits of Consciousness*, Athens: Ohio University Press, 1981.

Matthews, E., *The Philosophy of Merleau-Ponty*, Chesham: Acumen, 2002.

Mensch, J., *Intersubjectivity and Transcendental Idealism*, Albany, N.Y.: State University of New York Press, 1988.

Mohanty, J. N., *Edmund Husserl's Theory of Meaning*, Den Haag: Martinus Nijhoff, 1976.

Moran, D., "Husserl and Merleau-Ponty on Embodied Experience", in: T. Nenon/ P. Blosser(eds.), *Advancing Phenomenology. Essays in Honor of Lester Embree*, Dordrecht: Springer, 2010.

      , "Adventures of the Reduction: Jacques Taminiaux's Metamorphoses of Phenomenological Reduction", in: *American Catholic Philosophical Quarterly* 80/2(2006).

Pietersma, H., "Merleau-Ponty and the Problem of Knowledge", in: D. Welton/ H. Silverman(eds.), *Critical and Dialectical Phenomenology*, Albany: SUNY Press, 1987.

Priest, S., *Merleau-Ponty*, London: Routledge, 1998.

Rang, B., *Motivation und Kausalität: Untersuchungen zum Verhältnis von Perspektivität und Objektivität in der Phänomenologie Edmund Husserls*, Den

Haag: Martinus Nijhoff, 1973.

Reuter, M., "Merleau-Ponty's Notion of Pre-reflective Intentionality", in: *Synthese* 118(1999).

Ricoeur, P., "Par-delà Husserl et Heidegger", in: *Les Cahiers de philosophie* 7(1989).

Robert, F., *Phénoménologie et ontologie. Merleau-Ponty lecteur de Husserl et Heidegger*, Paris: L'Harmattan, 2005.

Römp, G., *Husserls Phänomenologie der Intersubjektivität*, Dordrecht: Kluwer Academic Publishers, 1991.

Schütz, A., "Das Problem der transzendentalen Intersubjektivität bei Husserl", in: *Philosophische Rundschau* 5(1957).

Seebohm, T. M., "The Phenomenological Movement: A Tradition without Method? Merleau-Ponty and Husserl", in: T. Toadvine/L. Embree(eds.), *Merleau-Ponty's Reading of Husserl*, Dordrecht: Kluwer Academic Publishers, 2002.

Smyth, B., "Merleau-Ponty and the 'Naturalization' of Phenomenology", in: *Philosophy today* 54, Supp(2010).

Smith, J., "Merleau-Ponty and the Phenomenological Reduction", in: *Inquiry* 48/6(2005).

Smith, M. B., "Transcendence in Merleau-Ponty", in: D. Olkowski/J. Morley (eds.), Merleau-Ponty, *Interiority and Exteriority, Psychic Life and the World*, Albany: State University of New York Press, 1999.

Spicker, S. T., "Inner Time and Lived-Through Time: Husserl and Merleau-Ponty", in: *Journal of the British Society for Phenomenology* 4/3(1973).

Spiegelberg, H., *The Phenomenological Movement: A Historical Introduction*, 2nd edition, Den Haag: Martinus Nijhoff, 1969.

Steinbock, A., *Home and beyond: generative phenomenology after Husserl*, Evanston: Northwestern University Press, 1995.

Strasser, S., "Grundgedanken der Sozialontologie Edmund Husserls", in: *Zeitschrift für philosophische Forschung* 29(1975).

Theunissen, M., *Der Andere. Studien zur Ontologie der Gegenwart*, Berlin: Walter de Gruyter, 1977.

Thyssen, J., "Das Problem der transzendentalen Subjektivität und die idealistischen Theorien", in: *Kant-Studien* 50(1958/59).

486

Toadvine, T., "Phenomenological Method in Merleau-Ponty's Critique of Gurwitsch", in: *Husserl Studies* 17/3(2000).

_____, "Merleau-Ponty's Reading of Husserl. A Chronological Overview", in: T. Toadvine/L. Embree(eds.), *Merleau-Ponty's Reading of Husserl*, Dordrecht: Kluwer Academic Publishers, 2002.

Toadvine, T./Embree, L.(eds.), *Merleau-Ponty's Reading of Husserl*, Dordrecht: Kluwer Academic Publishers, 2002.

Vanzago, L., "Body or Flesh? The Problem of Phenomenological Reduction in Merleau-Ponty's Philosophical Development", in: *Analecta Husserliana* LXXXVIII(2005).

Vetö, M., "L'eidétique de l'espace chez Merleau-Ponty", in: *Archives de philosophie* 71/3(2008).

Waehlhens, W. de, *Une philosophie de l'ambiguïté*, Louvain: Publications universitaires de Louvain, 1967.

Waldenfels, B., *Das Zwischenreich des Dialogs: Sozialphilosophische Untersuchung in Anschluß an Edmund Husserl*, Den Haag: Martinus Nijhoff, 1971.

Waldenfels, W./Broekman, J. M./Pažanin, A.(Hrsg.), *Phänomenologie und Marxismus* Bd. 1-4, Frankfurt/M.: Suhrkamp, 1977-1979.

Welton, D., "Intentionality and Language in Husserl's Phenomenology", in: *Review of Metaphysics* 27(1973-1974).

_____, *The Origins of Meaning*, Den Haag: Martinus Nijhoff, 1983.

_____, *The Other Husserl*, Bloomington: Indiana University Press, 2000.

Yamaguchi, I., *Passive Synthesis und Intersubjektivität bei Edmund Husserl*, Den Haag: Martinus Nijhoff, 1982.

Zahavi, D., "Husserl's Phenomenology of the Body", in: *Étude Phénoménologique* 19(1994).

_____, *Husserl und die transzendentale Intersubjektivität: Eine Antwort auf die sprachpragmatische Kritik*, Dordrecht: Kluwer Academic Publishers, 1996.

_____, "Merleau-Ponty on Husserl", in: T. Toadvine/L. Embree(eds.), *Merleau-Ponty's Reading of Husserl*, Dordrecht: Kluwer Academic Publishers, 2002.

Zaner, R. M., *The Problem of Embodiment: Some Contributions to a Phenomenology of Body*, Den Haag: Martinus Nijhoff, 1964.

찾아보기

이남인 李南麟

1958년 충남 천안에서 태어났다. 서울대학교 철학과를 졸업하고 같은 학교 대학원에서 철학석사 학위를, 독일 부퍼탈대학교 대학원에서 철학박사 학위를 받았다. 1995년부터 지금까지 서울대학교 철학과 교수로 있다. 한국현상학회 회장, 한국철학회 편집위원장을 지냈으며, 2008년 국제철학원(IIP) 정회원으로 선출되었다. 대한민국학술원상(인문사회과학분야, 2005), 철학연구회 논문상(1994), 독일 부퍼탈대학교 최우수 박사학위논문상(1992)을 수상했다. 『철학과 현상학 연구』『철학』을 비롯해 다수의 국내 학술지 편집위원을 역임했고, 『Continental Philosophy Review』『Phenomenology and Cognitive Sciences』 등 다수의 국제 학술지 및 학술총서의 편집위원과 자문위원으로 활동하고 있다.

한길사에서 펴낸『후설과 메를로-퐁티 지각의 현상학』『현상학과 질적 연구』(2013)를 비롯해『후설의 현상학과 현대철학』(2006),『현상학과 해석학』(2004),『Edmund Husserls Phänomenologie der Instinkte』(1993) 등의 저서가 있으며,「현상학적 사회학」, "Experience and Evidence", "Problems of Intersubjectivity in Husserl and Buber" 등 다수의 논문을 발표했다.